国家社科基金重点项目（12AFX009）

魏 东 ▎著

中国刑法解释学理论体系的
本土化构建

THE LOCALIZATION CONSTRUCTION
OF
CHINESE CRIMINAL LAW HERMENEUTICS
THEORETICAL SYSTEM

中国社会科学出版社

图书在版编目（CIP）数据

中国刑法解释学理论体系的本土化构建 / 魏东著. —北京：中国社会科学出版社，2022.12

ISBN 978 – 7 – 5227 – 1079 – 2

Ⅰ.①中…　Ⅱ.①魏…　Ⅲ.①刑法—法律解释—研究—中国　Ⅳ.①D924.05

中国版本图书馆 CIP 数据核字（2022）第 234853 号

出 版 人	赵剑英
责任编辑	孔继萍　郭如玥
责任校对	王　龙
责任印制	郝美娜
出　　版	中国社会科学出版社
社　　址	北京鼓楼西大街甲 158 号
邮　　编	100720
网　　址	http://www.csspw.cn
发 行 部	010 – 84083685
门 市 部	010 – 84029450
经　　销	新华书店及其他书店
印刷装订	北京君升印刷有限公司
版　　次	2022 年 12 月第 1 版
印　　次	2022 年 12 月第 1 次印刷
开　　本	710×1000　1/16
印　　张	47.5
插　　页	2
字　　数	725 千字
定　　价	258.00 元

凡购买中国社会科学出版社图书，如有质量问题请与本社营销中心联系调换
电话：010 – 84083683
版权所有　侵权必究

"法律解释"是法学方法论的一个子领域。法律解释将陪伴法律人整个职业生涯，因此初学者就应当开始学习。

——［德］罗尔夫·旺克

解释学是一门艺术，即从文本中得出其中没有的东西。问题在于：既然有了文本，还要解释干什么？

——［德］奥多·马克瓦德

献　给

我的母亲　王善英女士

探寻整全论功能主义刑法
解释学的时代使命与命题体系
（代序）

在中国特色社会主义法治体系建设已经较为完备，依法治国成为国家治理基本方略，法律解释适用受到高度重视的当下，中国刑法解释学研究与时俱进并取得了丰硕成果，研究内容已经触及世界范围内刑法解释学所论及的基础理论与前沿理论诸问题，形成了较为完备的中国刑法解释学理论系统。21世纪初以来，中国刑法解释学研究出现了难能可贵的三个维度学术之争：刑法的形式解释与实质解释之争（解释限度之争）[1]、主观解释与客观解释之争（解释立场之争）[2]、传统刑法解释论与功能主义刑法解释论之争（解释范式之争）[3]。如何看待当下中国刑法解

---

[1] 典型表现是《中国法学》2010年第4期同时发表了著名刑法学家陈兴良教授和张明楷教授的争鸣文章：陈兴良：《形式解释的再宣示》，《中国法学》2010年第4期；张明楷：《实质解释的再提倡》，《中国法学》2010年第4期。此外还参见刘艳红《走向实质的刑法解释》，北京大学出版社2009年版，"前言"第2页；刘艳红：《实质刑法观》，中国人民大学出版社2009年版，第254页；劳东燕：《刑法解释中的形式论与实质论之争》，《法学研究》2013年第3期；魏东：《刑法解释保守性命题的学术价值检讨——以当下中国刑法解释论之争为切入点》，载《法律方法（第18卷）》，山东人民出版社2015年版，第220—236页；魏东主编：《中国当下刑法解释论问题研究——以论证刑法解释的保守性为中心》，法律出版社2014年版，第122—123页。

[2] 参见许发民《论刑法客观解释论应当缓行》，载赵秉志主编《刑法论丛》（2010年第3卷，总第23卷），法律出版社2010年版，第165—191页；魏东：《刑法解释保守性命题的学术价值检讨——以当下中国刑法解释论之争为切入点》，载《法律方法（第18卷）》，山东人民出版社2015年版，第220—236页。

[3] 劳东燕：《能动司法与功能主义的刑法解释论》，《法学家》2016年第6期。

释学三维学术之争？目前较有影响的学术观点认为，通过刑法的形式解释与实质解释之争，逐步形成了较具有折中色彩的刑法解释学命题：刑法的形式解释论者声称其在先审查刑法规范条文的文义的前提下并不反对实质化审查，刑法的实质解释论者则主张在实质地审查刑法规范条文的规范目的和行为的可罚性的条件下应限定刑法规范条文的语义的射程范围①，从而在刑法的"保守的实质解释"与"开放的形式解释"之间形成某种共识性的刑法解释结论，由此形成了中国刑法解释学的大体一致的有限教义化，其效果历史显现出"我们对中国大陆当下司法样态的判断基本一致，给出的解决方案也大体一致"②，通过刑法的主观解释与客观解释之争，逐渐形成统一认识并走向刑法的客观解释论。③ 正如陈兴良教授指出："在刑法解释的立场上，我是主张客观解释论的。但在刑法解释的限度上，我又是主张形式解释论的，两者并行不悖。其实，主观解释论与客观解释论的问题，在我国基本上已经得到解决，即客观解释论几成通说。我国最高人民法院在有关的指导性案例中，也明显地倡导客观解释论。"④ 因此也可以说，传统刑法解释论范式具体包括刑法解释限度范式（形式解释与实质解释）、刑法解释立场范式（主观解释与客观解释），它们均与作为刑法解释范式的功能主义刑法解释学范式相对应，通过传统刑法解释论与功能主义刑法解释论之争，应当认为"在某种意义上，当前我国刑法学中方兴未艾的形式解释论与实质解释论之争，可

---

① 魏东：《刑法解释保守性命题的学术价值检讨——以当下中国刑法解释论之争为切入点》，载《法律方法（第18卷）》，山东人民出版社2015年版，第220—236页。

② 邓子滨：《中国实质刑法观批判》（第二版），法律出版社2017年版，第15页；陈兴良主编：《刑事法评论》第28卷，"主编絮语"第2—3页。

③ 陈兴良：《形式解释论的再宣示》，《中国法学》2010年第4期。

④ 陈兴良：《形式解释论的再宣示》，《中国法学》2010年第4期。陈兴良教授在本文中明确提出了"在刑法解释的限度上，我又是主张形式解释论"的观点，即主张刑法解释限度之形式解释论（可能类似于刑法解释限度之"法文语义说"），这是值得关注的学术见解。理论上，关于刑法解释限度的理论争议，主要有以下三种学说之争：一是法文语义说（又称语义可能含义说、语义可能说、文义射程说），主张从法律条文的语义中寻求的法文语义；二是法律逻辑含义说，主张在符合立法原意并在原有法律条文的逻辑含义内确定其含义，或者从法的犯罪定型中去寻求犯罪定型（又称犯罪定型说）；三是预测可能性说（又称国民预测可能性说、明显无突兀感说），主张从一般人的预测可能性中寻求符合国民预测可能性的含义。参见付立庆《刑法扩大解释与类推适用的区分标准——明显突兀感说的提出及其展开》，载魏东主编《刑法解释》（总第5卷），法律出版社2020年版，第1—14页。

谓是处在传统刑法解释论与功能主义的刑法解释论之争的延长线上"①，但是，由于"以往将二者理解为此消彼长的关系模式并不可取，按照该种模式处理，要么损耗刑法体系的自主性的一面，从而危及法的客观性乃至规则之治的价值，现有倡导实质论范式的相关研究都或多或少存在这方面的问题；要么对刑法体系的应变性的一面置若罔闻，根本不考虑或者很少考虑刑法体系如何根据外部环境进行适应性调整的问题，现有倡导形式论范式的相关研究，其根本性的缺陷即在于此"②，因此应当肯定发展方向是功能主义刑法解释论。③ 应当说，这些学术观察结论是比较客观的、基本成立的。但是，从严谨的学术研究立场看，某些学术论断还需要展开更进一步的反思检讨。

笔者认为，当下中国刑法解释学的三维学术之争仍然在相当意义上沿袭了西方刑法解释学的学术路径，无论是刑法的形式解释与实质解释之争，还是刑法的主观解释与客观解释之争，抑或是传统刑法解释论与功能主义刑法解释论之争，均没有真正超越西方刑法解释学的理论窠臼，从而，中国刑法解释学理论体系的本土化构建问题成为需要反思检讨的第一个问题；不但如此，中国刑法解释学有的学术研究成果（尤其是功能主义刑法解释论及其学术批评）可能落后于西方刑法解释学的既有水平，有的学术研究范式可能偏离了当下法律解释学的发展方向，有的学术观点可能脱离甚至违背了刑法教义学和刑事政策学原理而出现了较为明显的谬误，从而可能严重阻滞了中国刑法解释学研究的创新发展，这是需要反思检讨的第二个问题。这样两个问题应当说是相互关联的，其中第二个问题主要是当下中国刑法解释学范式转型及其关联命题的判断问题，更具有深刻检讨的紧迫性，因为在相当程度上，第二个问题更加

---

① 劳东燕：《能动司法与功能主义的刑法解释论》，《法学家》2016年第6期。
② 劳东燕：《功能主义的刑法解释》，中国人民大学出版社2020年版，第9—10页。
③ 参见劳东燕《能动司法与功能主义的刑法解释论》，载《法学家》2016年第6期；赖正直：《机能主义刑法理论研究》，中国政法大学出版社2017年版，第1—2页；劳东燕：《功能主义刑法解释论的方法与立场》，《政法论坛》2018年第2期；张庆立：《德日机能主义刑法学之体系争议与本土思考》，《华东政法大学学报》2018年第3期；赵运锋：《功能主义刑法解释论的评析与反思——与劳东燕教授商榷》，《江西社会科学》2018年第2期；劳东燕：《刑事政策与功能主义的刑法体系》，《中国法学》2020年第1期；劳东燕：《功能主义刑法解释的体系性控制》，《清华法学》2020年第2期。

深刻地影响着中国刑法解释学的科学性、合理性和创新发展方向性，并且第二个问题似乎并没有引起中国刑法学者的应有重视，很有必要大声疾呼引起理论界高度重视，只有在解决好了第二个问题之后才有条件解决第一个问题。因此，当下中国刑法解释学研究应当重点针对第二个问题意识，从中国刑法解释学的研究范式与创新维度展开深入的学术检讨，科学构建具有中国特色的整全论功能主义解释学理论体系。

基于上述理论观察和思考，《中国刑法解释学理论体系的本土化构建》系统地诠释了刑法解释学的基础理论，从反思原初的功能主义刑法解释立场出发，至倡导整全论功能主义刑法解释学立场收场，重点针对刑法解释学研究范式、系列命题进行学术批判、法理检讨和实证分析研究，力图证立整全论功能主义刑法解释学理论体系的"整体有效性"，并完成中国刑法解释学理论体系的本土化构建。

整全论功能主义刑法解释学，又称为整体有效性功能主义刑法解释学、结果与方法并重整全论的功能主义刑法解释学，是指坚持结果与方法并重整全论和整体有效性原则的功能主义刑法解释立场，由结果与方法并重整全论、整体有效性原则、刑法解释方法确证功能体系化、刑法解释结论整体有效性、司法公正相对主义、法官决策有效性、判例释法指引功能、刑法解释有限功能等核心命题组成的命题体系和理论系统。整全论功能主义刑法解释学是在反思原初功能主义刑法解释论所主张的偏重结果功能主义、偏重片面的预防功能合目的性、结果决定论、司法公正绝对主义、法官决策行动论、判例立法机能论、刑法解释功能超级使命观等系列命题的基础上，所提出的反对命题、限制命题和发展命题；是相对于原初功能主义刑法解释论而形成的创新发展理论，所重新构建提出的崭新的、具有中国本土化特色的刑法解释学理论体系。

刑法解释学既是解释学（诠释学）、法律解释学的一门分支，也是刑法学的一门分支，是以研究刑法解释活动的规律与方法为对象的一门学科，是在刑法原理、刑事政策原理、法秩序统一原理以及法律解释学原理的指导下，对刑法立法规定进行解释适用的理论知识体系。作为理论知识，刑法解释学博大精深、引人入胜，各种理论学说异彩纷呈、光芒四射，既充满哲学思辨，又富有实践理性，徜徉其间可以博古通今。作为方法论和技艺知识，刑法解释学好似身怀绝技的魔术师，习得者不但可以获得魔法、"活的法",还可以登高望远、行侠天下,遍览天下奇案疑难,遍数世间司法冷暖,能够在法律理论研究和实践工作中"指点江山,激扬文字"。由此可见,刑法解释学具有极大的学术魅力、强大的理论阐释力、鲜明的实践理性和实践能力,无论是刑法的理论研究者还是实践工作者,均应充分认识到"法律解释将陪伴法律人整个职业生涯,因此初学者就应当开始学习"[1],值得持之以恒地关注、学习和深入研究。

刑法解释学在伴随着法律解释学经历了"具有哥白尼式革命性质的两次转向:从局部解释学到一般解释学,从方法论解释学到存在论解释学"之后,现在已初步完成由存在论解释学转向存在论与认识论、方法论相结合的解释学,"我们也许可以将存在论、认识论、方法论的统一和结合的道路称之为解释学的第三次转向"[2],从而需要特别关注"这一解释学发展轨迹背后所蕴含的规律性,对于法律解释学研究范式的确定具有十分重要的启示和借鉴意义"[3]。这一学术发现(学术判断),促进了刑法解释学必须尽快实现由原初的功能主义刑法解释学转向整全论功能主义刑法解释学,并且以尽快构建具有学科前沿性、科学性的整全论功能主义刑法解释学作为刑法解释学者的重要学术使命。

正是基于一种学术使命感,笔者在近十余年时间里集中精力持续关注、学习、研究刑法解释学理论,在反思原初的功能主义刑法解释学的基础上,提出了构建具有中国本土化特色的整全论功能主义刑法解释学理论体系的学术构想,奉献给学术界和实务界的各位刑法同仁,抛砖引玉,供大家参考、批评、指正。

《中国刑法解释学理论体系的本土化构建》在写作风格上尽量照顾刑法解释学理论知识的周全性、深刻性和逻辑体系性,在论说方式上尽量做到理论抽象和实证分析相结合,在学术观点上尽量做到在引介、评述通识的和前沿的刑法解释学理论观点的基础上,提出具有反思性、批评性和科学实证性的刑法解释学理论见解,尽力阐释具有独到创新性、深

---

[1] [德]罗尔夫·旺克:《法律解释》(第6版),蒋毅、季红明译,北京大学出版社2020年版,"前言"第1页。

[2] 何卫平:《西方解释学的第三次转向——从哈贝马斯到利科》,《中国社会科学》2019年第6期。

[3] 姜福东:《法律解释的范式批判》,山东人民出版社2010年版,第13页。

刻性和逻辑体系性的整全论功能主义刑法解释学理论系统，真正实现中国刑法解释学理论体系的本土化构建。真诚希望，读者通过阅读本书能够获得较为系统的刑法解释学理论知识，能够较为系统地了解、熟悉并进一步反思整全论功能主义刑法解释学理论体系，掌握较为全面的解释技艺，从而有效提升刑法解释能力。

魏　东

2022 年 9 月 10 日

目 录

导论篇

第一章 原初的功能主义刑法解释学范式及其学术批评 …… (3)
 一 日本学术批评的三维抽象：方法论、刑事政策论、
  司法公正论 ………………………………………… (4)
 二 中国学术批评的偏执一端：就结果论结果的刑事政策论 …… (6)
 三 功能主义刑法解释学范式的方向性判断：回归方法论、
  刑事政策论、司法公正论的应有立场 ………………… (14)

第二章 当代整全论功能主义刑法解释学范式的三个核心命题 …… (16)
 一 功能目标限定立场：结果与方法并重整全论 ………… (16)
 二 方法论体系化立场：刑法解释方法确证功能体系化 …… (25)
 三 司法公正相对主义：法官决策有效性 ……………… (72)

第三章 刑法解释学的学科定位 ……………………………… (83)
 一 刑法解释学的学科独立性 …………………………… (83)
 二 刑法解释学的研究方法 ……………………………… (93)
 三 刑法解释学的重要性 ………………………………… (103)

第四章 西方国家刑法解释（学）的历史沿革 ……………… (114)
 一 西方国家刑法解释的实践历史 ……………………… (115)
 二 西方国家刑法解释学的理论沿革 …………………… (118)

第五章　中国刑法解释（学）的历史沿革 …………………（134）
　　一　中国刑法解释的实践历史 …………………………（134）
　　二　中国刑法解释学的理论沿革 ………………………（141）

上篇　本体论与方法论

第六章　刑法解释的概念 …………………………………（157）
　　一　关于刑法解释的概念逻辑 …………………………（157）
　　二　关于刑法解释的概念争议与回应 …………………（159）

第七章　刑法解释的特点 …………………………………（164）
　　一　司法适用性与立法漏洞甄别性 ……………………（167）
　　二　主客体性与主体间性 ………………………………（176）
　　三　主客观性与互动循环性 ……………………………（183）
　　四　结论性与方法性 ……………………………………（185）

第八章　刑法解释方法的实质与价值 ……………………（193）
　　一　刑法解释方法的实质 ………………………………（193）
　　二　刑法解释方法的价值 ………………………………（198）

第九章　文义解释方法 ……………………………………（200）
　　一　文义解释的概念 ……………………………………（200）
　　二　文义解释的特点 ……………………………………（203）

第十章　论理解释方法 ……………………………………（213）
　　一　体系解释 ……………………………………………（214）
　　二　历史解释 ……………………………………………（226）
　　三　目的解释 ……………………………………………（228）
　　四　当然解释 ……………………………………………（230）
　　五　反对解释 ……………………………………………（232）

六　补正解释 …………………………………………… (233)
  七　比较解释 …………………………………………… (234)
  八　扩张解释与限缩解释 ……………………………… (236)
  九　合宪性解释 ………………………………………… (241)

第十一章　法社会学解释方法 ……………………………… (244)
  一　法社会学解释（刑事政策解释）的概念 ………… (244)
  二　法社会学解释（刑事政策解释）的特点 ………… (245)

第十二章　刑法解释过程 …………………………………… (248)
  一　刑法解释过程的认知哲学 ………………………… (248)
  二　刑法解释过程的司法逻辑 ………………………… (254)

第十三章　刑法解释限度 …………………………………… (257)
  一　刑法解释限度的实质内涵 ………………………… (258)
  二　刑法解释限度的判断标准 ………………………… (269)
  三　刑法解释限度的诠释学功能 ……………………… (277)
  四　结语 ………………………………………………… (282)

第十四章　刑法解释融贯性 ………………………………… (283)
  一　刑法解释融贯性的概念 …………………………… (283)
  二　刑法解释融贯性的判例实证 ……………………… (285)

第十五章　刑法解释的保守性 ……………………………… (289)
  一　命题勾连性：中国刑法解释论之争的主要争点 …… (290)
  二　命题针对性：中国刑法解释论之争的内核与困境 … (294)
  三　命题有效性：中国刑法解释问题的解决之道 …… (299)
  四　结语 ………………………………………………… (308)

第十六章　刑法客观解释的限定理论 ……………………… (310)
  一　刑法客观解释的功能限定论 ……………………… (312)

  二　刑法客观解释的公正限定论（司法公正相对主义论）……（323）
  三　刑法客观解释的融贯性限定论 ……………………………（332）
  四　刑法客观解释的主体间性限定论 …………………………（339）
  五　结语 …………………………………………………………（345）

第十七章　刑法解释与立法原意 …………………………………（346）
  一　方法论解释学中的原意 ……………………………………（346）
  二　法解释学中的立法原意 ……………………………………（350）
  三　立法原意的刑法解释论价值 ………………………………（353）

第十八章　刑法解释与民间法 ……………………………………（359）
  一　能与不能：刑法适用的短板及解决之道 …………………（360）
  二　并非妥协：刑事民间法与国家制定法的良性互动 ………（365）
  三　经验法则：刑事民间法的刑法解释论价值 ………………（370）

第十九章　刑法解释的司法公正性 ………………………………（376）
  一　禁止司法上犯罪化 …………………………………………（377）
  二　反对法官以立法者自居 ……………………………………（378）
  三　反对以教条主义损害司法公正 ……………………………（379）
  四　尽量兼顾程序公正 …………………………………………（384）

第二十章　刑法解释的法律论证性 ………………………………（385）
  一　法律论证的特殊针对性 ……………………………………（385）
  二　法律论证的说理论证性 ……………………………………（386）
  三　法律论证的规范证立性 ……………………………………（387）

第二十一章　刑法解释结论 ………………………………………（390）
  一　刑法解释结论的多样性 ……………………………………（390）
  二　刑法解释结论的有效性 ……………………………………（391）
  三　刑法解释结论的相对性 ……………………………………（391）
  四　刑法解释结论的可证成性 …………………………………（393）

下篇　实证论

第二十二章　案例刑法学的研究方法 …………………………（397）
一　突出"刑法"的学科特色 …………………………………（398）
二　凝练"问题"的刑法法理 …………………………………（404）
三　深化运用刑法教义学的体系建构方法 …………………（406）
四　强化运用刑法解释学的法律论证方法 …………………（413）
五　特别强调规范刑法学的方法论贯通 ……………………（417）
六　结语 ………………………………………………………（421）

第二十三章　常识主义刑法观的指引功能 ……………………（424）
一　立法论与解释论的常识主义刑法观 ……………………（425）
二　方法论的常识主义刑法观 ………………………………（430）
三　语言论的常识主义刑法观 ………………………………（439）
四　结语：构建常识主义刑法观的刑法教义学 ……………（444）

第二十四章　刑法学的知识论与方法论 ………………………（451）
一　刑法学的知识论 …………………………………………（451）
二　刑法观 ……………………………………………………（479）
三　刑法学方法论 ……………………………………………（500）

第二十五章　规范性构成要件要素的认识错误 ………………（516）
一　规范性构成要件要素认识错误的类型归属 ……………（518）
二　规范性构成要件要素认识错误的层级划分 ……………（526）
三　规范性构成要件要素认识错误"外行人的平行评价"
　　标准及其反思 ……………………………………………（536）
四　规范性构成要件要素认识错误的分型判断 ……………（541）
五　结语 ………………………………………………………（555）

第二十六章　独立教唆犯条款与共犯法理 (557)
一　独立教唆犯条款的法理阐释 (558)
二　片面共犯 (562)
三　间接正犯 (575)

第二十七章　金融犯罪中的对向犯与目的犯 (587)
一　金融犯罪中的对向犯 (588)
二　金融犯罪中的目的犯 (594)
三　小额贷款公司与金融犯罪 (612)

第二十八章　职务侵占罪的刑法解释 (618)
一　职务侵占的行为定型：基于"业务便利肯定说"和"综合手段说"的解释结论 (621)
二　职务侵占罪的司法逻辑：基于贪污罪的解释论比较与法条竞合论的阐释 (637)
三　结语：刑法解释应遵从司法公正的相对性和合逻辑性 (648)

第二十九章　受贿罪的刑法解释 (650)
一　受贿罪的保护法益："职务廉洁性说"的内涵界定 (651)
二　约定受贿行为的定性处理 (655)
三　收受干股型受贿行为的定性处理 (678)
四　收受投资收益型受贿行为的定性处理 (682)

第三十章　强奸罪的刑法解释 (685)
一　强奸罪的立法演变 (689)
二　强奸双性人的行为定性处理 (698)
三　奸淫精神病人的行为定性处理 (700)
四　"先强奸后通奸"等行为的定性处理 (705)
五　"轮奸"情节的解释适用 (706)
六　强奸罪的既遂与未遂标准 (707)

主要参考文献 (712)

导 论 篇

第一章

原初的功能主义刑法解释学范式及其学术批评

原初的功能主义刑法解释论是功能（机能）主义刑法理论的重要内容，它最早由日本刑法学者平野龙一于20世纪60年代提出，后经由日本前田雅英、德国罗克辛等众多刑法学者近半个世纪的共同努力而在20世纪末至21世纪初获得较大发展，成为当代德日刑法学的一个重要理论流派。[1] 一般认为，功能主义刑法解释论是在反思传统的认识论、方法论的刑法解释论的基础上，运用功能主义刑法理论及其内含的功能主义社会学分析方法与刑事政策分析方法、现实主义法学与经验法学的利益衡量论等理论智识，从法哲学根基上对传统刑法解释学进行理论改造所重塑的新的刑法解释论，提出了从"体系性思考"转向"问题性思考"[2]，以及"刑法机能的可替代性、刑法的谦抑性、法官决策行动论、判例的立法机能论、国民参与司法论等一系列主张"[3]，其中"法官决策行动论与问题性思考以及实质犯罪论互为表里，构成了机能主义刑法理论的法哲学基础"[4]。

---

[1] 参见劳东燕《能动司法与功能主义的刑法解释论》，《法学家》2016年第6期；赖正直《机能主义刑法理论研究》，中国政法大学出版社2017年版，第1—2页；张庆立《德日机能主义刑法学之体系争议与本土思考》，《华东政法大学学报》2018年第3期。

[2] ［日］关哲夫：《论机能主义刑法学——机能主义刑法学的检讨》，王充译，载赵秉志主编《刑法论丛》总第17卷，法律出版社2009年版，第256—299页。

[3] 赖正直：《机能主义刑法理论研究》，中国政法大学出版社2017年版，第2页。

[4] 赖正直：《机能主义刑法理论研究》，中国政法大学出版社2017年版，第170页。

一　日本学术批评的三维抽象：方法论、刑事政策论、司法公正论

对于平野龙一所提出的原初的功能主义刑法解释理论，日本刑法学者提出了深刻的学术批评，主要内容可以归纳抽象为方法论、刑事政策论、司法公正论三个维度（方面）的学术批评：①

第一，是方法性与方法体系性问题。机能主义刑法理论最大的特色在于其现实主义色彩鲜明的方法论，而反对者批判的矛头也正集中指向了这些方法论，对机能主义刑法理论的批判主要是方法论的批判，认为方法性与方法体系性问题是机能主义刑法理论的最大问题，它在基本立场上忽视了刑法教义学方法和刑法解释方法及其体系性问题。批评者指出，批判刑法学过度重视体系性的倾向，倡导问题性思考，是机能主义刑法理论的基本主张，但是，将问题性思考作为结果取向性思考，忽视了体系性思考能够从形式上制约刑罚的范围（从而有利于保障人权）的问题，也忽视了问题性思考必须以体系性思考为前提的问题，因为如果不能提供适当的体系，问题性思考就只能是无秩序的概念大杂烩，因此最终仍然需要体系性思考。井田良教授指出，"平野主张问题性思考而不是体系性思考的路径，但是，即使是问题性思考，也不能仅仅是圆满地解决一个案件就行了，还要检讨案件解决方法之间的体系性关系，要求做到各个案件的解决居于整合性，在逻辑上和价值上不自相矛盾。平野是否认为可以无视这种意义上的案件解决的体系性，是不明确的"，并且"在犯罪论中重视机能主义和刑事政策论据的方法，和基于结果无价值这一单纯的一元视角展开的解释论，应该怎样整合，不得不产生疑问"。"如果把法官的政策判断作为刑法解释的指针"，就可能"打开了利用刑法充当政治工具的危险道路"②。曾根威彦认为："以受德国刑法影响的传

---

① 这里集中提出的学术批评内容，除特别说明出处的外，均参见赖正直《机能主义刑法理论研究》，中国政法大学出版社2017年版，第163—178、182页。

② ［日］井田良：《变革时代的理论刑法学》，庆应义塾大学出版社2007年版，第46页，转引自赖正直《机能主义刑法理论研究》，中国政法大学出版社2017年版，第165—167页。

统概念法学的体系性为背景的形式的人权保障原则,基于美国标准的实用经验主义的思考引发的危险性内在于现实展开的实质的犯罪论中。在此,过度强调刑法(刑罚)的机能与效果,其结果则是迫使犯罪本质论退居刑法理论的背后,由于决疑的问题解决得到重视,犯罪论的体系性、论理的一贯性也被稀薄化了。"[1] 同时,批评者还指出,平野龙一在方法论上主张机能主义,在具体解释论中主张结果无价值,但两者之间是何种关系,结果无价值论是否能够得到经验事实或实证研究的支持,由于平野龙一并没有进行严格的科学意义上的实际调查,因此未能将这些问题阐述清楚。

第二,是刑事政策论问题。批评者一方面批评平野龙一没有对"刑法的首要机能是保护法益"(首要机能论)这个理论之基进行经验或现实的验证,主要通过积极的一般预防来实现这一首要机能(积极的一般预防论)有扩大刑法处罚范围的疑问;另一方面提出,重视刑事政策虽然是必要的,但不能因此而忽视刑法条文的逻辑和刑法理论的体系的作用,应当主张既积极追求刑事政策的合目的性又重视刑法规范的逻辑整合性的"规范体系的机能主义犯罪论",如果采用无视形式性和体系性的实质犯罪论,就会危及刑法的人权保障机能。曾根威彦非常尖锐地指出:"即使在刑罚论中,从刑事政策的视角优先考虑犯罪预防效果,包含欠缺考虑对人权保障等宪法上的价值实现的危险……仅援用(一般)预防的话是不充分的,为了赋予现实的刑罚权行使以正当性基础,正义(报应)的观点也不得不被提出。笔者认为,仅仅从预防性这一点上来把握刑法是存在局限的。"[2]

第三,是司法公正论问题(司法哲学)。以"法官决策行动论""判例拥护理论""判例的立法机能""国民参与司法"等为典型代表,批评者认为,不能放松对判例偏离方向的警惕,也不能完全依赖于国民参与司法和裁判员制度来解决司法公正问题,在社会价值取向日益多元化的时代,企图用随机抽签的方式挑选几个人来代表全体国民的做法越来

---

[1] [日]曾根威彦:《日本刑法理论的发展动向》,徐宏译,载赵秉志主编《刑法论丛》2013年第1卷(总第33卷),法律出版社2013年版,第368页。

[2] [日]曾根威彦:《日本刑法理论的发展动向》,徐宏译,载赵秉志主编《刑法论丛》2013年第1卷(总第33卷),法律出版社2013年版,第368页。

显得缺乏合理性，裁判员制度存在构造性的缺陷，难以实现刑事司法中体现国民意识的立法宗旨，并不能确保司法公正的有效实现。中山研一指出："实质的合目的判断很容易走向法治的相反方向，因此，法律的形式约束仍然是必要的。判例在实质上发挥立法机能，也许是现代的一种要求，但如果不加制约，是不能将其正当化的。""无条件地肯定判例的立法机能，这是疑问的。其中虽然包含着对此前刑法学状况的正确批判，但对于学说为了获得对现实的有效性而向判例无原则妥协和追随的危险性，必须保持警惕。"①

二 中国学术批评的偏执一端：就结果论结果的刑事政策论

我国部分刑法学者对上列学术批评的关注不够，对于功能主义刑法解释论"问题性思考"等法哲学命题缺乏认识深刻性，甚至没有看到"问题"的实质，或者片面主张结果的功能主义刑法解释立场，或者表面上主张结果与方法体系性并重但是在实质上切割方法论体系完整性和科学性的功能主义刑法解释立场，直接导致理论误判。功能主义刑法解释论自 2010 年前后开始获得我国刑法学者关注和引介，② 但是直到 2016 年以后，我国才有劳东燕、赖正直等刑法学者展开较为深入的理论研究和学术批评，③ 强调"功能主义刑法解释论是对积极一般预防主义的回应，

---

① ［日］中山研一：《刑法总论》，成文堂 1981 年版，第 9 页。
② ［日］关哲夫：《论机能主义刑法学——机能主义刑法学的检讨》，王充译，载赵秉志主编《刑法论丛》总第 17 卷，法律出版社 2009 年版，第 256—299 页；周振杰：《日本刑法思想史研究》，中国法制出版社 2013 年版，第 266—273 页；［德］科讷琉斯·普赫特维茨：《论刑法的机能主义化》，陈昊明译，《北航法律评论》2014 年第 1 辑（总第 5 辑），第 46—61 页。
③ 参见劳东燕《能动司法与功能主义的刑法解释论》，《法学家》2016 年第 6 期；赖正直《机能主义刑法理论研究》，中国政法大学出版社 2017 年版，第 1—2 页；劳东燕《功能主义刑法解释论的方法与立场》，《政法论坛》2018 年第 2 期；张庆立《德日机能主义刑法学之体系争议与本土思考》，《华东政法大学学报》2018 年第 3 期；赵运锋《功能主义刑法解释论的评析与反思——与劳东燕教授商榷》，《江西社会科学》2018 年第 2 期；劳东燕《刑事政策与功能主义的刑法体系》，《中国法学》2020 年第 1 期；劳东燕《功能主义刑法解释的体系性控制》，《清华法学》2020 年第 2 期。

也是安全刑法观在解释论上的反映"①,其"具有目的导向性、实质性、回应性与后果取向性的特点",从而"有助于解决在复杂社会中刑法如何有效回应社会需求的问题"②。可以发现,当前中国刑法学者在引入功能主义刑法解释论并展开学术研究时,总体上肯定了原初的功能主义刑法解释学"刑事政策的合目的性"的基本立场,但是缺乏批判性,尤其是对国外学术界针对原初的功能主义刑法解释学"方法性与方法体系性""司法公正论"的学术批评缺乏应有的关注。

例如,劳东燕教授明确主张"在立法决策不太清晰的情况下"应当"软化"刑法解释结论合法性和合理性,认为"正是由于合理性与有效性的实体标准会应时应势地发生变化,这样一种刑事政策化的刑法体系,才具有软化刑法的刚性的功能,使刑法体系能够与时俱进地进行自我校正与调整"③,从而宣示了某种合目的性"唯我独尊"的立场。应注意的是,如果说传统刑法解释论强调罪刑法定原则和刑事政策理性的限定约束,强调刑事政策解释方法及其解释结论合目的性"强化"合法性和合理性,体现了刑法解释论的有限使命观;那么,劳东燕教授所阐释的功能主义刑法解释论强调通过结果合目的性的功能主义"软化"刑法的刚性,则体现了功能主义刑法解释论的超级使命观,因为一旦赋予"法规范外的"刑事政策解释方法及其结论合目的性具有"软化"刑法的刚性(即合法性和合理性)的使命,刑法解释必将成为无所不能的超级变形金刚,这是值得特别警惕和深刻反思的。深刻分析可以发现,劳东燕教授对功能主义刑法解释论的立场阐释中突出表现出以下两个倾向:

其一,在论述刑事政策解释方法对解释结论合目的性的确证功能命题时,存在某种顾此失彼的片面主义倾向。劳东燕教授仅仅将合目的性"以追求惩治犯罪与预防犯罪的有效性作为其价值目标"认定为功能主义刑法解释论的"有效性",即没有自始至终地将合法性和合理性纳入解释结论"有效性"的有机组成部分进行整全性考量,给人突出的感觉是功

---

① 赵运锋:《功能主义刑法解释论的评析与反思——与劳东燕教授商榷》,《江西社会科学》2018年第2期。
② 劳东燕:《能动司法与功能主义的刑法解释论》,《法学家》2016年第6期。
③ 劳东燕:《功能主义刑法解释论的方法与立场》,《政法论坛》2018年第2期。

能主义刑法解释论的结果导向性就是"合目的性",而合目的性就是指解释结论"有效性"的全部内容,"在立法决策不太清晰的情况下"的特殊情形下倾向于以解释结论"合目的性"取代"有效性",并且在此基础上"软化"了刑法解释方法对解释结论合法性和合理性的确证功能等内容;同时,劳东燕教授在合目的性本身的内涵界定上也存在某种片面性,认为刑事政策合目的性通常在刑法立法规范上能够充分体现,这是目的论解释就可以完成的解释功能,但是"在立法决策不太清晰的情况下,刑法解释需要根据刑事政策的要求,从预防必要性的角度,权衡与斟酌不同的解释结论所可能导致的后果",可以说,劳东燕教授将刑事政策合目的性转换成了"合预防必要性"甚至主要是指"一般预防的目标设定"[1],主张"刑事政策终归是以预防与控制犯罪作为自身的核心任务,并以秩序作为追求的价值目标。确切地说,本书所使用的刑事政策概念,主要是方法论意义上的,等同于合目的性考虑。如此一来,在刑法解释的领域,所谓的刑事政策与刑法体系的关系命题,在方法论上表现为如何处理合目的性与融贯性的双重要求的问题",并宣称其所主张的"功能主义并未放弃体系性思考,在方法论上也并不倡导问题性思考"并且"强调对自身的反思性控制""适当整合法的系统理论的一些洞见,在此基础上进行方法论层面的加工,展开相应的体系化构建"[2],不但在整体论上忽略了刑事政策合目的性的应然内涵——秩序(预防犯罪)、自由(保障人权)、公正、效率——中除秩序价值功能外的其他三项价值功能上的合目的性,而且在刑事政策预防论上还进一步将秩序价值中的特殊预防切割开而只强调一般预防(即"一般预防的目标设定"),这是较为明显的片面主义倾向。

  劳东燕教授在阐释功能主义刑法解释论时表现出片面主义倾向,根本原因正在于以片面偏重结果的功能主义立场而片面地阐释了刑事政策解释方法(对解释结论合目的性)的确证功能命题,从而没有全面揭示刑事政策解释方法的功能主义的应有内涵(其中包括合目的性的应有内涵)。因此,为纠正这种片面主义倾向,功能主义刑法解释论应当进行立

---

[1] 劳东燕:《功能主义刑法解释论的方法与立场》,《政法论坛》2018年第2期。
[2] 劳东燕:《功能主义的刑法解释》,中国人民大学出版社2020年版,第9页。

场转向,即由偏重结果的功能主义立场转向结果与方法并重的功能主义立场,才能全面、深刻地阐释刑事政策解释方法(对解释结论合目的性)的确证功能命题的应有内涵。

其二,在论述刑法解释方法对解释结论有效性的确证功能命题时,存在某种厚此薄彼甚至矛盾的实用主义倾向。劳东燕教授在片面地阐释刑事政策解释方法(对解释结论合目的性)的确证功能命题的同时,并没有将刑法解释方法的确证功能上升为一般方法论意义上的刑法解释方法论命题,她指出:"传统刑法解释论与功能主义的刑法解释论本质上的不同之处在于,前者将自身定位为方法论,认为解释方法的功能不过是发现立法者早已做出的决定,而后者则认为刑法解释便是刑法本身,解释者也积极参与了规范的形成,其在规范意义的建构过程中的作用并不逊于立法者。""刑法解释涉及的并非认识论问题,而是具有建构性,来自主体的理解是刑法解释本身的内在组成部分。"[1] 这里,在否定传统刑法解释(方法)论的前提下,劳东燕教授甚至提出了刑法解释结论决定刑法解释方法命题(简称"解释结论决定论"命题),主张"解释结论在决定解释方法的选择与适用,而不是解释方法决定着解释结论",刑法解释结论有效性并非通过传统刑法解释方法来确证和实现的,而是通过功能主义法学观所直接预设的刑法功能、规范刑法学之外的法社会学所预设期待的刑事政策功能来实现的,[2] 由此直接否定刑法解释方法的确证功能及其重要性。这里,劳东燕教授的实用主义倾向显现出不可调和的矛盾:一方面片面地阐释(即仅仅部分肯定)刑事政策解释方法(对解释结论合目的性)的确证功能命题,另一方面否定一般方法论意义上的刑法解释方法对解释结论有效性的确证功能命题。

劳东燕教授在阐释功能主义刑法解释论时所表现出的实用主义倾向,根源上既与其坚持片面偏重结果的功能主义立场有关,更与其偏重合目的性解释方法而忽视其他解释方法的功能主义立场有关。因此,为纠正这种实用主义倾向,功能主义刑法解释论还应当进行更进一步的立

---

[1] 劳东燕:《功能主义刑法解释论的方法与立场》,《政法论坛》2018 年第 2 期。
[2] 劳东燕:《能动司法与功能主义的刑法解释论》,《法学家》2016 年第 6 期。

场转向，即从偏重合目的性的解释方法的功能主义立场转向有效性"三性统一体"的解释方法群的功能主义立场，全面强化功能主义刑法解释论的方法论意识，重新审视、充分尊重并创新发展传统刑法解释方法对解释结论有效性的确证功能，才能在一般方法论意义上全面、深刻地阐释刑法解释方法对解释结论有效性的确证功能命题。

上述问题意识的实质内核，主要是针对劳东燕教授在刑法解释方法对解释结论有效性的确证功能命题论存在的个人倾向所提出来的。但是，进一步的问题意识还在于，当下中国刑法学者的学术批评并没有完全注意到上列问题意识的实质内核，从而存在问题意识欠缺深刻性的新问题，可以说刑法学界对劳东燕教授"个人倾向"学术批评上出现了问题意识深刻性"集体失察"。有批评者指出："功能主义刑法解释观过于侧重刑法解释的功能主义，会对罪刑法定原则形成威胁，并可能蕴含破坏形式法治的风险，应当引起理论界的关注与警惕"，"在回应形式法治诉求与过度解释等理论质疑时，该解释理论难以自圆其说"[1]，总体上"可能存在强化社会控制和弱化人权保障风险"[2]。这些学术批评主要是针对功能主义刑法解释论"结果"上的风险审查和批判，尽管是有一定道理的，但是应当注意的是，这些批评并没有揭示出造成功能主义刑法解释论这种并不令人满意的"结果"的根本原因，因而这些批评不但缺乏应有的理论深刻性和针对性，甚至可能还出现了某种程度上的批评错位与不当的新疑问。例如，赵运锋批评劳东燕"过于侧重刑法解释的功能主义"，其中也指出了作为刑法解释方法的目的解释可能存在"规范目的往往成为解读主体贯彻其意图的借口，经常通过目的限缩或目的扩张改变规范文义"等问题[3]，但是将批评聚焦于功能主义本身可能并不妥当，单纯地责难"通过目的限缩或目的扩张改变规范文义"的方法论思考并不充分。因为公允地讲，强调刑法解释结

---

[1] 赵运锋：《功能主义刑法解释论的评析与反思——与劳东燕教授商榷》，《江西社会科学》2018年第2期。

[2] 张庆立：《德日机能主义刑法学之体系争议与本土思考》，《华东政法大学学报》2018年第3期。

[3] 赵运锋：《功能主义刑法解释论的评析与反思——与劳东燕教授商榷》，《江西社会科学》2018年第2期。

果乃至刑法解释整体的功能主义立场并没有错,功能主义刑法解释论将刑法解释结论(结果)的功能性思考纳入功能主义刑法解释论整体的功能性思考是其显著特点,这些内容恰恰是值得充分肯定的。那么,功能主义刑法解释论"错"的症结在何处呢?笔者认为,劳东燕教授所阐释的功能主义刑法解释论对于刑法解释结论乃至刑法解释整体的功能性思考没有贯彻到底,遮蔽或者"软化"了刑法解释方法的功能性思考和整全性思考,直接导致对刑法解释方法的功能性思考不充分、类型化和体系化思考不足,这可能才是隐藏于劳东燕教授相关论说之中的重要缺陷。而以往的批评者就结果(作为结果的刑法解释结论)批评结果(结果的功能主义立场),其实并没有找准功能主义刑法解释论所秉持的哲学解释学"对方法的轻视"[①]、对刑法解释方法确证功能的"软化"这个关键问题。有的批评者表面上论及方法论问题,但是实际上死盯着目的解释(方法)而单纯地责难目的解释(方法),并没有从一般方法论意义上系统地检讨刑法解释方法对解释结论有效性的确证功能,也存在就事论事的不足,根本无法提出系统解决问题的可行方案。需要说明的是,笔者指出刑法学界针对劳东燕教授功能主义刑法解释论学术批评问题意识上的"集体失察",并非刑法学界在刑法解释方法确证功能命题论上也存在"集体失察",而是说刑法学界没有找准劳东燕教授关于功能主义刑法解释论的理论阐释中"错"的症结之所在。应当说,这也是本书展开刑法解释方法对解释结论有效性的确证功能命题研究的重要价值之所在。

  劳东燕教授是一位具有强烈反思精神的刑法学者,她在新近发表的论文中针对目的解释和刑事政策解释等方法论问题以及功能主义刑法体系构建问题进行了"自我反思",提出了新思考,指出:"我国有必要改采贯通模式。借助于目的的管道,刑事政策进入刑法体系之内,对体系的构建及相关的教义学理论产生影响。将刑事政策的目的性设定与法教义学的构建相贯通,代表的是刑法体系的功能化走向。功能主义的刑法体系能够合理地解决体系的自主性与应变性之间的紧张。它使犯罪论的

[①] 何卫平:《西方解释学的第三次转向——从哈贝马斯到利科》,《中国社会科学》2019年第6期。

构建不再以应罚性作为主导,而以需罚性作为主导,由此而重塑犯罪阶层体系。刑法体系的功能化发展,易于对法的客观性与统一性形成冲击,并对个体自由的保障构成威胁。这样的危险根源于其方法论上的目的性思维。有必要构建一种二元性的规制框架,即通过刑法教义学的内部控制与合宪性的外部控制,来实现对功能主义刑法体系的正当性控制。"①但是,结合劳东燕教授的"个人倾向"和"自我反思"进行综合检讨,我们仍然不难发现,劳东燕教授一方面宣示某种合目的性"唯我独尊"的立场,另一方面在反思"这样的危险根源于其方法论上的目的性思维"的基础上主张"将刑事政策的目的性设定与法教义学的构建相贯通"和"通过刑法教义学的内部控制与合宪性的外部控制",仍然只是部分解决了功能主义刑法解释论的立场问题,即仅解决了"刑事政策进入刑法体系之内"的法规范内的论理解释结论合理性这一"部分",而没有彻底解决根本问题,即没有在根本上解决"法规范外的"刑事政策解释方法对合目的性的确证功能及其与有效性之间的关系论问题。换言之,偏重结果的功能主义刑法解释论所倚重的解释结论合目的性,强调的是"法规范外的"刑事政策解释合目的性及其"软化"刑法的刚性,而不是强调"刑事政策进入刑法体系之内"的法规范内的论理解释结论合理性,它们分属于"法规范外的"刑事政策解释结论合目的性与"法规范内的"论理解释结论合理性,不是同一个范畴。因此,严格意义上讲,劳东燕教授这里"自我反思"的问题是仅属于"法规范内的"论理解释结论合理性的反思,而不属于"法规范外的"刑事政策解释结论合目的性的反思。罗克辛主张的刑事政策贯通命题,②经由陈兴良教授等学者的引入和推介目前业已成为中国刑法学的共识,③刑法教义学对于"通过刑法教义学的内部控制与合宪性的外部控制"这种"二元性的规制框架"应当说也没

---

① 劳东燕:《刑事政策与功能主义的刑法体系》,《中国法学》2020年第1期。
② [德]克劳斯·罗克辛:《刑事政策与刑法体系》(第二版),蔡桂生译,中国人民大学出版社2011年版,第7页,译者注;[德]克劳斯·罗克辛:《德国刑法学总论》(第1卷),王世洲译,法律出版社2005年版,第132—141页。
③ 陈兴良:《刑法教义学与刑事政策的关系:从李斯特鸿沟到罗克辛贯通——中国语境下的展开》,《中外法学》2013年第5期。

有太大争议①，在此前提下，功能主义刑法解释论需要进一步解决的根本问题是刑事政策贯通功能与"二元性的规制框架"之间复杂的关系论（立场）问题，包括刑事政策贯通功能内部的关系、"二元性的规制框架"功能内部的关系，还包括贯通功能与"二元性的规制框架"功能相互之间的关系。这些关系论（立场）问题，在功能主义刑法解释论上可以抽象出以下三个：一是刑法解释结论有效性之间的关系论问题，具体是指刑法解释结论合法性、合理性、合目的性三者之间的关系以及三者与有效性之间的关系论问题；二是刑法解释方法确证功能的内部关系论问题，具体是指刑法解释方法确证功能与刑法解释结论有效性的内部对应关系问题，对此本书前面已经指出了劳东燕教授"个人倾向"所存疑问，并明确提出了刑法解释方法对解释结论有效性的确证功能命题；三是刑法解释方法确证功能的外部关系论问题，具体是指（各种具体的）刑法解释方法确证功能相互之间的外部关联关系问题，对此，本书后面提出并论证刑法解释方法确证功能体系化命题。

针对劳东燕教授"自我反思"中所归纳出的新的问题意识，即刑法解释方法确证功能的外部关系论问题，为什么要提出刑法解释方法确证功能体系化命题？这是因为：劳东燕仍然试图"单向性"地从目的论刑法体系内即"方法论上的目的性思维"寻找病因，试图"单向性"地从法规范内的论理解释方法即"通过刑法教义学的内部控制与合宪性的外部控制"寻找治病良方，在方法论上较为明显地存在"单向性"的片面主义倾向，因为"合宪性"解释方法在本质上仍然属于法规范内的论理解释方法而非法规范外的"外部控制"，没有全面观照一般方法论意义上的刑法解释方法的多维性及其确证功能体系化特点，注定是难以实现刑法解释结论有效性的。因此本书认为，刑法解释方法确证功能的类型化和体系化思考，才是彻底解决刑法解释结论有效性的根本出路和正确立场。

---

① 关于刑法教义学上的宪法思考和刑法解释论上的合宪性解释方法，刑法理论界均有较为充分的讨论。参见陈兴良《刑法理念导读》，法律出版社2003年版，第47—74页；张明楷《宪法与刑法的循环解释》，《法学评论》2019年第1期；时延安《刑法规范的合宪性解释》，《国家检察官学院学报》2015年第1期。

三 功能主义刑法解释学范式的方向性判断：回归方法论、刑事政策论、司法公正论的应有立场

当代中国刑法解释学的研究范式（理论范式）应当是什么？这个问题只有极少数中国刑法学者（如劳东燕教授）显性地、鲜明地提出来。从研究范式相关性看，中国刑法解释学关注到了传统的刑法解释学主张方法论、认识论的解释学研究范式，现代的刑法解释学主张存在论、本体论的哲学解释学研究范式，以及起始于20世纪中叶的原初的功能主义刑法解释学研究范式；由于功能主义刑法解释学范式是在哲学解释学范式之后出现的、同哲学解释学范式一样秉持"对方法的轻视"[1]和反对"体系性思考"学术传统的共同立场，因此，我国有学者认为，当代中国刑法解释学的研究范式主要存在"传统刑法解释论与功能主义的刑法解释论之争"，进而主张中国引入功能主义刑法解释学范式。[2]这种学术观察结论如前所述是有一定道理的，功能主义刑法解释学及其学术批评在中国刑法学界引起了较大学术反响。但是，原汁原味地照搬国外"原初的"功能主义刑法解释学范式，或者在强调"功能主义并未放弃体系性思考""对自身的反思性控制""展开相应的体系化构建"[3]的同时仍然背离了刑事政策学科学原理和法律解释学最新发展方向的功能主义刑法解释学范式，均可能存在批判性关注不够、方向性判断不准等缺憾。具体地讲，中国刑法学者一方面对于国外针对原初的功能主义刑法解释学范式的学术批评缺乏应有关注，另一方面忽略了世界范围内诠释学、法

---

[1] 何卫平：《西方解释学的第三次转向——从哈贝马斯到利科》，《中国社会科学》2019年第6期。

[2] 劳东燕：《能动司法与功能主义的刑法解释论》，《法学家》2016年第6期。

[3] 劳东燕：《功能主义的刑法解释》，中国人民大学出版社2020年版，第9页。笔者认为，尽管劳东燕教授在该书中强调其所主张的"功能主义并未放弃体系性思考""对自身的反思性控制""展开相应的体系化构建"，但是，在实质立场上，劳东燕教授所具体阐释的功能主义刑法解释论仍然部分背离了刑事政策学原理和法律解释学最新发展方向，仍然秉持了哲学解释学"对方法的轻视"和反对"体系性思考"的学术传统，具体理由详见本书后部分所阐述的相关批评内容。

律解释学研究范式的最新发展方向，甚至没有注意到中国本土的法律解释学范式的创新发展成果，两方面因素的叠加，直接导致中国刑法解释学明显地出现了某种方向性判断失误，影响了中国语境下功能主义刑法解释论的健康发展和本土化构建，非常有必要进行理论归正。这种初步的学术观察所提出的问题意识非常重要，可以说，只有在充分关注并展开原初的功能主义刑法解释学范式的批判性与方向性研究之后，回归方法论、刑事政策论、司法公正论的应有立场并进行理论归正，才能正确回答当代中国刑法解释学的研究范式应当是什么的问题。

第二章

当代整全论功能主义刑法解释学范式的三个核心命题

基于原初的功能主义刑法解释学范式的学术批评和方向性判断，笔者认为，当代功能主义刑法解释学范式应包含以下三个核心命题：结果与方法并重整全论、刑法解释方法确证功能体系化、司法公正相对主义。

一 功能目标限定立场：结果与方法并重整全论

功能主义刑法解释论既要坚持结果的功能主义，又要并重方法的功能主义，充分发挥刑法解释方法（群）对解释结论合法性、合理性和合目的性的确证功能，切实实现从偏重合目的性的功能主义立场转向整体有效性的功能主义立场。这种论断的法理基础，在于作为传统认识论、方法论的刑法解释学的刑法解释结论有效性命题以及刑法解释方法对解释结论有效性的确证功能命题。刑法解释结论有效性，是指刑法解释结论所具有的合法性、合理性、合目的性，是该"三性"所共同型构的"三性统一体"。刑法解释结论有效性的真正实现及其充分阐释，离不开刑法解释方法确证功能的充分发挥，因此，刑法解释结论有效性与刑法解释方法确证功能之间具有紧密关联性。刑法解释方法确证功能，又可以称为刑法解释方法对刑法解释结论有效性的确证功能，是指刑法解释方法所具有的确证刑法解释结论有效性（即合法性、合理性、合目的性之"三性统一体"）的功能。其基本逻辑在于：首先，刑法的文义解释方法主要具有确证文义解释结论"合法性"层面有效性的基本功能，但是其并不完全具有确证合理性和合目的性的功能，因而其"单枪匹马"无法周全地确证刑法解释结论有效性；其次，（法规范内的）论理解释方法主要具有确证论理解释结论合理性的功能，但是其并不完全具有确证刑法解释结论合法性和合目的性的功能，因而其"单枪匹马"同样无法周全地确证刑法解释结论有效性；最后，（法规范外的）刑事政策解释方法主要具有"在法规范之外"确证刑事政策解释结论合目的性的功能，但是其并不完全具有确证刑法解释结论合法性与合理性的功能，因而其"单枪匹马"仍然无法周全地确证刑法解释结论有效性。质言之，刑法的文义解释方法、（法规范内的）论理解释方法和（法规范外的）刑事政策解释方法之中的任何"一种"解释方法，均仅具有单方面地确证刑法解释结论的某"一种"有效性——或者是合法性，或者是合理性，或者是合目的性——的功能，但是其中任何一种刑法解释方法"单枪匹马"均不具有周全地确证刑法解释结论有效性的"多种"功能。只有当三种刑法解释方法"齐心协力地"共同发挥其各自的确证功能之时，刑法解释方法（群）的三种确证功能才能立体地、一体化地发挥出来并周全地确证刑法解释结论有效性。至于刑法解释方法（群）的功能性关联关系的具体内容，需要在刑法解释方法确证功能体系化命题中再作详论，这里仅对此命题作如下简要归纳：刑法解释方法确证功能体系化，首先需要进行文义解释，确证解释结论合法性底线基础价值和合法空间；其次需要进行论理解释和刑事政策解释，在合法性底线基础价值之上合法空间范围之内进一步求证解释结论合理性和合目的性优化价值，并在合法空间范围可包容的各种优化价值中遴选出"最优化价值"，以确保实现刑法解释结论有效性"三性统一体"；解释过程中可以进行解释性循环，解释性循环并不否定刑法解释方法确证功能体系化。

因此，为真正实现从偏重合目的性的功能主义立场转向整体有效性的功能主义立场，必须切实做到以下三种具体立场的转向：

（一）有效性之下的合法性：必须由合法性的极端主义立场转向合法性的底线基础价值确证主义立场

如果说合理性、合目的性主要是分别从法规范内外进行价值目的性权衡并遴选出优化价值，那么，合法性就主要是针对法规范本身所限定的合法性底线基础价值进行审查确证（确定合法空间）。合法性通常不是抽象的价值权衡而是具体的底线基础价值审查，其审查依据是法规范本身的形式和内容（实质内涵），包括形式合法性和实质合法性的双重审查。其中实质合法性"内容"审查必然内含有实质价值判断并且与合理性和合目的性相交织，但是必须以符合形式合法性为底线基础，因此，形式合法性审查具有奠基意义。形式合法性主要由规范文本的文义解释结论来体现。之所以首先提出合法性底线基础价值确证主义立场问题，正在于问题性思考中后果取向性论、重置首要机能论都必须首先在法哲学根基上回答"合法性"这个本真问题，首要关注的重点就应当是确证解释结论合法性底线基础价值和合法空间的方法论路径（合法性的底线基础价值确证方法）。

  刑法的文义解释方法，传统理论上又称为刑法的语义解释、语意解释、文意解释、文理解释、文法解释、语法解释、语言解释、字面解释，是指根据刑法用语的文义来阐释刑法用语含义的解释方法。刑法的文义解释方法，根据其相关性观察，还涉及刑法的平义解释、当然解释等刑法解释方法（但是王政勋教授等学者对此持有不同看法[1]）。所谓刑法的平义解释，是指刑法用语的最平白的含义的阐释。有学者认为，平义解释一般是针对法律规定中的日常用语而采用的解释方法，但是对于专门的法律术语（如"故意""过失"等）则不宜采取平义解释方法，而只能按照刑法的解释性规定进行解释。[2] 所谓刑法的当然解释，是指根据刑法用语含义可以当然得出的解释结论的解释方法。如《刑法》第 236 条"二人以上轮奸的"，其含义当然包括"三人轮奸的"情形。有学者认为，刑法的当然解释"蕴含了在出罪时举重以明轻、在入罪时举轻以明重的当然道理"[3]；但是，"在入罪时举轻以明重"这种看法可能存在过于实质化、超规范化和类型模糊化的疑问，有时可能有违罪刑法定原则的要求，应当谨慎地注意审查犯罪行为定型的特别规则。应当说，刑法的平义解释方法因为客观上遗漏了"非平义"的文义解释结论而可能提高了

---

[1] 参见王政勋《刑法解释的语言论研究》，商务印书馆 2016 年版，第 194 页。
[2] 参见张明楷《刑法学》（第五版）（上），法律出版社 2016 年第 5 版，第 39 页。
[3] 参见张明楷《罪刑法定与刑法解释》，北京大学出版社 2009 年版，第 138 页。

合法性底线基础价值并缩小了"合法空间",刑法的当然解释方法既可能因为主观地"当然"解释而成为"想当然"解释,还可能因为实质化地"当然"解释而成为实质意义上的论理解释,因此,刑法的平义解释方法与当然解释方法都不宜作为刑法的文义解释结论合法性底线基础价值的确证方法,或者说,刑法的文义解释方法不宜被限定为平义解释方法与当然解释方法。

除此以外,文义解释(方法)本身还存在其他一些理论争议需要检讨。其中较为突出的理论争议是以下两种极端主义立场之间的尖锐对立:一是规范文本的字面意思限定论,认为文义解释方法只能是根据刑法用语的字面意思来阐明其含义。例如,针对《刑法》第236条"强奸"的刑法解释,有学者认为"奸"的字面语义只能婚外性行为(因为有"婚内无奸"之说),因此婚内强迫性行为不属于"奸",从而认为婚内强迫性行为不可能成立"强奸"。二是规范文本的规范目的决定论,认为文义解释方法可以根据刑法用语的规范目的来阐明其含义。例如,针对《刑法》第263条"冒充军警人员抢劫"的刑法解释,有学者认为应当从该法条(规范文本)的规范目的来解释,既包括假的军警人员冒充军警人员抢劫的情形,也包括真正的军警人员实施抢劫的情形。上述两种极端主义立场下的文义解释中,第一种可能极端限缩了规范文本用语的文义范围,亦即存在提高了合法性底线基础价值并缩小了"合法空间"的问题;第二种可能极端扩张了规范文本用语的文义范围,因为其实质上是以论理解释方法(目的解释)取代了文义解释方法,因而都存在不足,需要转向合法性的底线基础价值确证主义立场。

同时,还需要关注文义解释的限度理论和语言哲学的发展。刑法解释的限度,有广义和狭义之分,广义上是指刑法解释的界限和程度,狭义上是指刑法文义解释的界限和程度。关于刑法解释限度的理论争议,主要有以下三种学说之争:一是法文语义说(又称语义可能含义说、语义可能说、文义射程说),主张从法律条文的语义中寻求的法文语义;二是法律逻辑含义说,主张在符合立法原意并在原有法律条文的逻辑含义内确定其含义,或者从法的犯罪定型中去寻求的犯罪定型(又称犯罪定型说);三是预测可能性说(又称国民预测可能性说、明显无突兀感说),

主张从一般人的预测可能性中寻求符合国民预测可能性的含义。① 争议焦点在于，刑法解释是否严格遵循刑法条文的字面含义？如何确定在罪刑法定原则下刑法解释的边界，尤其是入罪解释的边界？笔者认为，狭义的刑法解释限度由于仅限于文义解释限度，实质上是确证解释结论合法性底线基础价值和合法空间，是刑法上罪刑法定原则和法律解释学上合法性原则的内在要求、刚性要求，应当主张语用论的法文语义说（可简称为"语用意义说"），即语义和语用必须结合起来。② 根据语用意义说，文义解释方法应当根据刑法用语在特定语境下的语用意义来确定其含义，其含义范围通常（但并非绝对）比字面语义大、比规范目的语义小。例如，"强奸"的语用意义，通常情况下，不包括合法婚姻关系期间夫妻之间的强迫性行为，但是可以包含非正常婚姻关系期间丈夫对妻子实施的强迫性行为，这样，"强奸"的语用意义实质上超出了其字面含义（因为在字面上有"婚内无奸"之说），但是没有超出其语用意义，有利于妥当确证"强奸"解释结论合法性底线基础价值，而不至于将离婚诉讼或者分居期间"丈夫"恶意强迫同"妻子"发生性行为的情形排除在"强奸"之外。"冒充军警人员抢劫"的语用意义只能包括假的军警人员冒充军警人员实施抢劫的情形，而不能包含真正的军警人员实施抢劫的情形，这样，其语用意义小于部分学者所主张的规范目的语义，也有利于妥当确证"冒充军警人员抢劫"解释结论合法性底线基础价值，而不至于将真正的军警人员实施抢劫的情形过度实质化地解释为"冒充军警人员抢劫"③。因此，合法性的底线基础价值确证主义立场应当反对合法性的极端主义（限缩或者扩张）立场，坚持语用论的文义解释方法确证解释结论合法性底线基础价值和合法空间。

关于刑法的文义解释方法的这些论述，应当说诠释了刑法的文义解释方法的确证功能类型化命题，即刑法的文义解释方法主要具有确证刑法解释结论合法性底线基础价值的功能，但是其并不完全具有确证刑法

---

① 付立庆：《刑法扩大解释与类推适用的区分标准——明显突兀感说的提出及其展开》，载魏东主编《刑法解释》（总第5卷），法律出版社2020年版，第1—14页。
② 王政勋：《刑法解释的语言论研究》，商务印书馆2016年版，第301页。
③ 张明楷：《刑法学》（第五版）（下），法律出版社2016年版，第994页。

解释结论合理性和合目的性优化价值的功能，后者有赖于刑法的（法规范内的）论理解释方法和（法规范外的）刑事政策解释方法来确证。

（二）有效性之下的合理性：必须由合理性的终结主义立场转向合理性的刑法教义学确证主义立场

罗克辛基于刑事政策贯通功能和目的理性的刑法体系，认为"正确的解释，必须永远同时符合法律的文言与法律的目的，仅仅满足其中一个标准是不够的"①。可见，罗克辛并没有赋予合理性作为法律解释终结者的地位，并非简单地主张"始于文义，终于目的"，而是坚持了"始于文义，终于目的，同时符合"这样一种整全主义的解释论立场。由于罗克辛强调了刑事政策贯通功能和目的理性的刑法体系，因此可以认为罗克辛所谓"法律的目的"在实质意义上包含了法规范内的目的性（即论理解释结论合理性）和法规范外的合目的性（即刑事政策解释结论合目的性），从而，罗克辛主张的刑法解释"必须永远同时符合法律的文言与法律的目的"，在实质含义上等同于本书所主张的刑法解释结论有效性必须是合法性、合理性、合目的性所共同型构的有效性"三性统一体"这一命题。因此，基于刑法解释结论有效性"三性统一体"命题，（法规范内的）合理性的终结主义立场并不具有妥当性，而应转向（法规范内的）合理性的刑法教义学确证主义立场，即合理性仅仅是"三性统一体"有效性中的一个要素，合理性主要是通过刑法的（法规范内的）论理解释方法确证功能来获得，并且由于合理性不能代替合法性和合目的性，因而合理性不具有单方面确证解释结论有效性的终结者意义。由此，我们认为应当强调刑法论理解释方法"在法规范内"和刑法教义学运用的突出特点，即主张：刑法的（法规范内的）论理解释方法，是指根据刑法规范目的及法教义学原理来审查说明刑法规定的规范含义并确证解释结论合理性优化价值的解释方法。在功能主义刑法解释论中，刑法论理解释方法对解释结论合理性优化价值的确证功能并非终结性的，而是还需要进一步发挥（法规范外的）刑事政策解释方法对解释结论合目的性优化价值的确证功能，从而全面确证刑法解释结论有效性。

---

① 转引自张明楷《刑法学》（第五版）（上），法律出版社2016年版，第35页。

（三）有效性之下的合目的性：必须由合目的性的片面主义立场倾向转向合目的性的整全主义立场

刑法解释结论合目的性，是指刑法解释结论所具有的符合法社会学效果和刑事政策目的（价值目标）的有效性，具体包括防控犯罪价值意义上的"秩序"、保障人权价值意义上的"自由"、社会发展意义上的"效率"与社会公正意义上的"公正"四项价值目的性及其权衡整合。刑事政策原理认为，四项价值目的性"权衡整合"首先意味着秩序、自由、效率、公正全部都有份，一个都不能少，缺少其中任何一个都是不可想象、不可接受的；其次意味着四项价值目的性之间的轻重权衡、位阶权衡与有效整合，并且应当将这种权衡整合作为合目的性考量的重点。由此，功能主义刑法解释论上结果的功能主义，必须强调刑法解释结论合目的性本身是秩序、自由、效率、公正四项价值目的性及其整合体（整全主义），而并非仅仅是其中某一种单项目的性（如劳东燕教授所强调的"秩序"价值目的性[①]）。四项价值目的性之间存在紧张关系，因而需要进行如下权衡整合：一是"三大一小"理念，即在秩序、自由、效率、公正四项价值目的性权衡的语境下，应当坚持最大限度地保障人权（自由）、最大限度地促进社会发展（效率）、最大限度地体现相对公正（公正）、最小限度地维持必要秩序（秩序），这种"三大一小"理念是现代刑事政策的基本品格和基本理念；二是"自由优先、兼顾秩序"理念，即在自由与秩序二者之间价值权衡的语境下，应当强调"自由至上（人权保障至上）"而反对"秩序至上（犯罪防控至上）"；三是"公正优先、兼顾效率"理念，即在公正与效率二者之间价值权衡的语境下，应当强调"公正至上"而反对"效率至上"[②]。在刑法实体法上，秩序与自由、秩序与公正、自由与公正、效率与公正之间的价值权衡经常性地出现，需要在刑法解释论上（以及刑法教义学上）予以充分关注，以防止出现某种顾此失彼式的价值判断。因此，功能主义刑法解释论上方法的功能主义，必须强调作为刑法解释方法的刑事政策解释方法——有的又称为

[①] 劳东燕：《功能主义刑法解释论的方法与立场》，《政法论坛》2018 年第 2 期。
[②] 魏东：《刑事政策原理》，中国社会科学出版社 2015 年版，第 91—95 页。

刑法的法社会学解释方法、非法学解释方法，是指运用刑事政策学原理以及社会学方法、统计学方法、经济学方法、伦理学方法等非规范法学方法，①通过"法规范外的"说理来审查说明刑法规定的规范含义并确证解释结论合目的性的解释方法——对刑法解释结论合目的性优化价值的确证功能，包括对作为合目的性的具体内容的秩序、自由、效率、公正四项价值目的性及其整合体的功能确证。这里必须特别说明的是：作为刑事政策解释结论合目性所内含的秩序、自由、效率、公正四项价值目的性的权衡整合，应当说立法者通常已经在立法时进行了充分考量并在立法文本（即刑法典）中有了充分反映，因此刑法的文义解释结论和（法规范内的）论理解释结论通常情况下也已经包含了（法规范内的）合目的性，尤其是论理解释结论合理性中必然包含了（法规范内的）合目的性的实质内容。但是，由于刑法的文义解释结论主要体现了合法性底线基础价值，（法规范内的）论理解释主要体现了合理性优化价值，它们对（法规范外的）合目的性的体现并不是专门针对性的体现，因此才需要（法规范外的）刑事政策解释方法"在法规范之外"对合目的性优化价值进行专门确证，并依据一定刑事政策原理（如"三大一小"理念、"两个至上"理念等）来专门确证解释结论合目的性优化价值，并以此来专门地确证论理解释结论合理性中的合目的性优化价值，或者适当甄别出论理解释结论合理性中部分具备合目的性优化价值成分而部分不具备合目的性优化价值成分，并在"剔除"不具备合目的性优化价值成分的基础上更加精准地"遴选"确证出合目的性优化价值成分。可以说，合目的性既在论理解释结论合理性中有所包含，是法规范内"合理性"意义上的合目的性，又在刑事政策解释结论合目的性中有专门确证，是法规范外刑事政策价值目的性优化价值权衡整合意义上的合目的性。

如果说结果的功能主义立场主要强调了对作为结果的刑法解释结论合目的性整合体的"后果考察"②，那么，方法的功能主义立场就主要强调了对作为方法的刑事政策解释方法对解释结论合目的性具体内容的确证功能与过程审查，只有将这种后果考察与方法路径审查（过程审查）

---

① 赵秉志主编：《刑法解释研究》，北京大学出版社2007年版，第413页。
② 姜涛：《刑法解释的基本原理》，法律出版社2019年版，第72—103页。

并重才能真正实现功能主义刑法解释论的既定目标,这正是结果与方法并重的功能主义命题的基本内涵。但是,劳东燕教授所主张的偏重结果的功能主义刑法解释论较为明显地表现出合目的性的片面主义倾向,其与本书所主张的合目的性的整全主义立场所界定的合目的性的实质内涵相去甚远。其中最突出的表现是:劳东燕教授在合目的性范畴的学术研究中,居然将合目的性转换成"合预防必要性"乃至"一般预防的目标设定"①,从而完全排除了自由、公正、效率等合目的价值内容。这种较为明显的片面主义倾向在前面已有初步揭示,这里有必要进一步展开深刻的、专门的检讨。

劳东燕教授认为,"由于具体罪刑规范的保护目的指向的是特定的法益,刑事政策对于刑法解释的形塑,需要借助方法论意义上的法益概念来实现",其中提到了四种典型形式及其合目的性判断。② 但是问题在于:劳东燕教授在论述"刑事政策对于刑法解释的形塑"时仅仅强调了需要借助方法论意义上的"法益"概念,而不是直接运用方法论意义上的"刑事政策"概念(即刑事政策解释方法),出现了方法论实质内涵指向上的错位问题。因为,"由于具体罪刑规范的保护目的指向的是特定的法益",借助方法论意义上的"法益"概念在实质上仅是"法规范内的"论理解释方法,这与"法规范外的"(即超规范的)论理解释方法(即刑事政策解释方法)并非同一范畴;不但如此,即使认为将方法论意义上的"法益"概念可以视为"刑事政策对于刑法解释的形塑"方法,这种方法论意义上的"法益"概念也仅仅反映了作为刑事政策合目的性所内含的秩序、自由、效率、公正等四项价值目的性之中的"秩序"价值目的性,而遗漏了另三项价值目的性(即自由、效率、公正),这里又出现了方法论逻辑问题,因而也难说是运用了真正意义上的(法规范外的)

---

① 劳东燕:《功能主义刑法解释论的方法与立场》,《政法论坛》2018年第2期。
② 劳东燕:《功能主义刑法解释论的方法与立场》,《政法论坛》2018年第2期。该文列举的四种典型情形是:"其一,在罪刑规范所保护的法益不明确时,借助刑事政策的目的性考虑,可合理确定值得保护的法益的内容,由此而对相关法条的解释产生影响。""其二,在立法指示不够清楚甚或存在矛盾的情形时,刑事政策的目的性考虑可为法益侵害程度的判断提供实质的依据,由此而对相关法条的解释产生影响。""其三,刑事政策的目的性考虑决定不同类型的法益在刑法保护中的位阶,由此而对相关法条的解释产生影响。""其四,在作为规范保护目的的法益的辐射范围过宽时,刑事政策的目的性考虑可用于对相关的概念做合理的限缩。"

刑事政策解释方法，这样就注定其难以获得真正意义上的解释结论合目的性。造成这种较为明显的方法论逻辑困境的根源仍然在于，劳东燕教授在基本立场上秉持了偏重结果的功能主义，相对地忽视了方法的功能主义，就必然造成对合目的性实质内涵的误解。因此，解决之道只能是由偏重结果的功能主义转向结果与方法并重的功能主义，重视并充分发挥（法规范外的）刑事政策解释方法对解释结论合目的性优化价值的确证功能，才能切实纠正合目的性的片面实用主义倾向并转向合目的性的整全主义立场，才能真正实现刑法解释结论合目的性优化价值。

二 方法论体系化立场：刑法解释方法确证功能体系化

在日本的功能主义刑法解释论中，为契合从"体系性思考"转向"问题性思考"的需要，整体上主张"法官决策行动论与问题性思考以及实质犯罪论互为表里"，其中"实质犯罪论"具有实质主义方法论意义。实质犯罪论，是指实质的犯罪论解释论（基于"是否值得处罚"的实质判断），实质的两个解释标准论（刑事政策和国民的规范意识）、实质的解释路径论（判例拥护理论）等实质主义立场。[①] 在极端的功能主义刑法解释论者看来，只要裁判者根据刑事政策和国民的规范意识可以得出具有值得（刑法）处罚的必要性并作出司法裁判的结论，形成判例，即可以"从判例中归纳法官的实质判断，在判例的基础上建构刑法理论"（判例拥护理论）[②]，成为实质犯罪论的基本立场。因此，功能主义刑法解释论中的实质犯罪论命题，密切关联后果考察论、非规范解释论（规则怀疑主义）、目的导向论，甚至主张超越规范解释论（超越规范有效主义）的立场，在将刑事政策作为方法论工具的表象之下"实质地"秉持了后果决定论（解释结论决定论）、目的导向决定论（目的决定论），从而"实质地"否定了解释方法论和解释方法确证功能。功能主义刑法解释论中的实质犯罪论命题，明显地呈现出过度偏重结果论乃至唯结果论、实

[①] 赖正直：《机能主义刑法理论研究》，中国政法大学出版社2017年版，第127—148页。
[②] 赖正直：《机能主义刑法理论研究》，中国政法大学出版社2017年版，第131页。

质否定方法论的规则怀疑主义特点，同当期盛行于世的哲学解释学理论"轻视方法论"的哲学思潮相呼应。但是，随着诠释主义哲学解释学自身理论发展，尤其是解释学第三次转向和方法论回归，功能主义刑法解释论在新的历史时期必须自觉进行自我反省、自我发展、自我完善，确立从偏重结果的功能主义转向结果与方法并重的功能主义的发展方向，由此才能真正确保刑法解释结论有效性。

结果与方法并重的功能主义，是在承认结果的功能主义乃至整体论的功能主义——这是既有的功能主义刑法解释论业已确证的立场——的前提下，强调必须同时坚持一般方法论意义上的"方法的功能主义"。后者（即一般方法论意义上的"方法的功能主义"）是既有的功能主义刑法解释论尚未真正明确的立场。那么，为什么在坚持结果的功能主义基础上还需要强调方法的功能主义，进而主张结果与方法并重的功能主义立场？应当说，前面在论述从偏重合目的性的功能主义立场转向整体有效性的功能主义立场并且必须切实做到三种具体立场的转向中，已经初步论证了功能主义刑法解释论既要坚持结果的功能主义又要并重方法的功能主义这一根本立场问题；在此基础上，这里从诠释主义方法论视域下法律解释学和功能主义刑法解释论自身的理论发展脉络来展开进一步论证。

（一）法律解释学第三次转向

解释学发现，西方解释学在经历了"具有哥白尼式革命性质的两次转向：从局部解释学到一般解释学，从方法论解释学到存在论解释学"之后，现在已初步完成由存在论解释学转向存在论与认识论、方法论相结合的解释学，"我们也许可以将存在论、认识论、方法论的统一和结合的道路称为解释学的第三次转向"[1]。法律解释学也持有相同看法，认为"西方解释学从特殊解释学（如神学解释学、法学解释学）发展到一般解释学（方法论解释学），再从方法论解释学、认识论解释学转向本体论解释学（哲学解释学），旋即又从哲学解释学的存在论、本体论返回解释学

---

[1] 何卫平：《西方解释学的第三次转向——从哈贝马斯到利科》，《中国社会科学》2019年第6期。

认识论、方法论",并且"这一解释学发展轨迹背后所蕴含的规律性,对于法律解释学研究范式的确定具有十分重要的启示和借鉴意义"①。

应当说,解释学第三次转向与法律解释学研究范式"返回解释学认识论、方法论"并非完全否定本体论解释学立场,而是在承认本体论解释学的前提下强调重视方法论,真正构建一种"可以将存在论、认识论、方法论统一和结合"的(法律)解释学,从而使方法论回归成为(法律)解释学第三次转向的重心。因此可以说,重视方法论(解释方法确证论)不但在传统的认识论、方法论的法律解释学中获得了充分确证,而且在哲学解释学的反思和转向中也逐渐获得了充分确证。伽达默尔尽管强调"理解不属于主体的行为方式,而是此在本身的存在方式",并且"也是一个先于理解科学的方法论及其规范和规则的问题"②,因而"反对方法"③或者"对方法的轻视"④成为哲学诠释学的必然逻辑结论,但是,在哲学解释学"反对方法""对方法的轻视"观念的本体论立场上,"为了澄清自己并未陷入别人所诟病的主观主义、相对主义的泥淖,伽达默尔不得不回过头来求助于传统的理解方法论"⑤,伽达默尔的解释理论由原先内在地包含了读者中心论与文本中心论的冲突、消解方法论与建构新方法论的冲突,到后来承认"就人们有意识的理解活动而言,首要的以及根本的任务仍然是努力获得某种相对正确的理解,而普遍有效的方法论就是其必要的前提,诠释学的认识论意义便在于此"⑥。这里,作为集哲学解释学大成者的伽达默尔在后期的反思中"被迫"承认"消解方法论与建构新方法论的冲突"以及"普遍有效的方法论就是其必要的前提",亦即承认"普遍有效的方法论"是"努力获得某种相对正确的理解"的前提,在笔者看来就是确证了方法论重要性的基本立场。自伽达

---

① 姜福东:《法律解释的范式批判》,山东人民出版社2010年版,第13页。
② [德]汉斯-格奥尔格·伽达默尔:《真理与方法——哲学诠释学的基本特征》(上卷),洪汉鼎译,上海文艺出版社2004年版,"第二版序言"第4页。
③ 姜福东:《法律解释的范式批判》,山东人民出版社2010年版,第69页。
④ 何卫平:《西方解释学的第三次转向——从哈贝马斯到利科》,《中国社会科学》2019年第6期。
⑤ 姜福东:《法律解释的范式批判》,山东人民出版社2010年版,第72页。
⑥ 潘德荣:《理解方法论视野中的读者与文本——伽达默尔与方法论诠释学》,《中国社会科学》2008年第2期。

默尔之后,哈贝马斯和利科开启解释学第三次转向,这一解释学转向的根本特点是"从存在论向认识论、方法论的回归"①。法律解释学界认同方法决定论可以说已然成为某种学术共识。例如有学者指出,"以为方法论诠释学是被本体论诠释学所超越的、扬弃了的、没有生命力的旧有传统,因而只具有思想史的价值,才是对诠释学的真正误解",实际上在西方国家本体论诠释学并不具有压倒性的优势,方法论传统的诠释学仍然受到广泛的重视;②那种对方法的简单改革或者对方法论予以解散的做法都是欠妥的,哲学诠释学反对方法、消解方法、抛弃方法是错误的。③正是认识到这种错误,哈贝马斯和利科才提出了新的学术见解并实现了解释学第三次转向。利科"主张真理与方法是可以并存的,方法也可以对真理作出重大贡献",强调"方法问题才是真理问题的核心""法律解释学返回以法律文本为中心的认识论和方法论的立场与范式,是十分重要的"④。

因此,功能主义刑法解释论应当认真对待(法律)解释学第三次转向,从中汲取理论创新发展的智力成果,获得理论指引力,而不能故步自封、抱残守缺。如果说那种对哲学解释学合理成分视而不见听而不闻的态度是一种错误立场,那么,只看到哲学解释学合理面而看不到其新的发展面则也是一种错误立场。正如有学者指出,"作为一场哲学运动,西方解释学从认识论、方法论'上升'到本体论有其必然,同时这种必然既体现为一种进步和质的飞跃,也存在着某种矫枉过正,因此辩证的否定之否定也必然会到来,而哈贝马斯和利科恰恰处于该环节上,充当了这个角色。如果说施莱尔马赫、狄尔泰主要建立起了认识论、方法论的解释学,海德格尔、伽达默尔建立起了存在论的解释学,那么可以说,哈贝马斯、利科开始建立起由存在论向认识论、方法论返回的解释学,

---

① 何卫平:《西方解释学的第三次转向——从哈贝马斯到利科》,《中国社会科学》2019年第6期。

② 潘德荣:《理解方法论视野中的读者与文本——伽达默尔与方法论诠释学》,《中国社会科学》2008年第2期。

③ 严平:《走向解释学的真理——伽达默尔哲学述评》,东方出版社1998年版,第252—253页。

④ 姜福东:《法律解释的范式批判》,山东人民出版社2010年版,第71、74—75页。

这是一条下降的道路,它显示了这三者统一的趋势"。"如果说解释学的三次转向体现为利科所表述的解释学的'上升的道路'和'下降的道路',那么第三次转向属于'下降的道路'。这条由哈贝马斯和利科本人所肇始的解释学的下降道路意义重大,它迈向一种更大的整合。""而这一点不仅对西方解释学,甚至对我们今天正在建构中的中国解释学(中国诠释学)也有着重要的启示意义。"① 因此,功能主义刑法解释论应当重视并借鉴吸纳当今时代解释学在走完"上升的道路"之后又返回"下降的道路"并"迈向一种更大的整合"的道路这一理论新成果,在承认结果的功能主义乃至整体的功能主义的基础上强调方法论回归的立场,从而转向结果与方法并重的功能主义。传统认识论、方法论的法律解释学均主张一般性地承认解释方法的确证功能及其重要性,认为"几乎所有法律诠释理论都是关乎法律诠释方法论的探讨"②,"解释方法选择是否科学决定着解释结论的合理与否"③。"重要的是合理地运用解释方法,以得出刑法解释的合理结论"④。法律解释通过解释方法获得有效的解释结论,承认解释方法具有确证(决定)解释结论有效性的功能(确证功能)及其重要性,从而"刑法解释方法确证功能""结果与方法并重的功能主义"应当成为功能主义刑法解释论的重要命题。

(二) 功能主义刑法解释论自身的理论发展

功能主义法学观是功能主义刑法解释论的重要理论基础。功能主义法学观强调法律规范内外的功能性思考,是一种"外部"的视角,将法学研究重心聚焦于法律与外部世界的关系、法律在社会中所发挥的功能等问题。⑤ 德日机能主义刑法学(功能主义刑法学)"在世界范围内影响甚巨,但并未形成统一的体系。罗克辛教授主张的刑事政策的机能主义

---

① 何卫平:《西方解释学的第三次转向——从哈贝马斯到利科》,《中国社会科学》2019年第6期。
② 谢晖、陈金钊:《法律:诠释与应用——法律诠释学》,上海译文出版社2002年版,第130页。
③ 赵运锋:《刑法实质解释的作用、适用及规制》,《法学论坛》2011年第5期。
④ 肖中华:《刑法目的解释和体系解释的具体运用》,《法学评论》2006年第5期。
⑤ 马姝:《论功能主义思想之于西方法社会学发展的影响》,《北方法学》2008年第2期。

刑法学、雅科布斯教授构建的以规范论为基础的机能主义刑法学以及平野龙一教授提出的可视性的机能主义刑法学，在建构路径、刑法目的、犯罪本质、构成要件、责任本质、刑罚目的等方面都存在差异"，并且"应当看到即使在德日国内也不乏对机能主义刑法学的质疑，那种认为其可能存在强化社会控制和弱化人权保障风险的观点也日益变得有力"[1]。应当说，功能主义刑法学重视法规范内外的"功能（主义）"的思考并不能得出功能性刑法解释论就抛弃了刑法"规范"的思考和"方法论"的思考的结论，而仅仅是强调功能主义刑法学与刑法解释论不能只关注形式主义与概念法学论的"规范"本身，还必须关注和观照刑法"规范"内外的"功能"。"规范内的功能"主要是指刑法教义学原理意义上的规范结果论功能与规范方法论功能，"规范外的功能"实质上是指法社会学与刑事政策学意义上的效果论功能（结果论功能）与方法论功能。例如，针对李斯特把刑法教义学与刑事政策加以分立与疏离的思想所形成的"李斯特鸿沟"，罗克辛所主张的目的理性刑法学理论体系与功能主义刑法学就特别强调必须在刑法学教义学之内进行刑事政策贯通的思考，提出了"罗克辛贯通"命题，即"罗克辛对李斯特鸿沟予以贯通，将刑事政策引入犯罪论体系，使构成要件实质化、违法性价值化、罪责目的化"[2]。因此，即使不考虑功能主义刑法学在其"生发国"（德日）内所存在的质疑，也难以得出功能主义刑法学的原初意旨在于忽略方法论功能的论断，更难以得出作为"输入国"的我国学者在引介功能主义刑法解释论时所主张的"刑法解释结论决定解释方法"（命题）的论断。应当认为，功能主义刑法学重视法规范内外的"功能（主义）"，不但强调了法规范内外功能主义的结果论审查，而且强调了法规范内外功能主义的方法论审查。可以说，重视法规范内外的"功能（主义）"结果论审查和方法论审查的并重与有机结合，才是"应然的"功能主义刑法学的根本旨趣。

---

[1] 张庆立：《德日机能主义刑法学之体系争议与本土思考》，《华东政法大学学报》2018 年第 3 期。

[2] 陈兴良：《刑法教义学与刑事政策的关系：从李斯特鸿沟到罗克辛贯通——中国语境下的展开》，《中外法学》2013 年第 5 期。

第二章　当代整全论功能主义刑法解释学范式的三个核心命题　31

功能主义刑法解释论强调刑法解释的工具性、目的性及防御性等价值要素，刑法解释的功能性描述由原来的规范内涵揭示转向社会治理工具，① 强调"刑事政策要对刑法解释产生影响，必须以方法论上实现从概念法学到利益法学及评价法学的转变为前提"②，因而在实质意义上仍然是强调某种方法论意义上的（法规范外的）刑事政策解释方法确证刑法解释结论有效性的法理意蕴。

"功能"毫无疑问地应当成为功能主义刑法解释论的关键范畴。法理学认为，法律解释的功能，是指法律解释在法治实践中所具有的价值与功用，具体包括自主整合与修复功能、信息交流与沟通功能、完善与发展功能。例如，法律解释的自主性，是指法律解释过程不受外界的干扰，法律人应该自己根据法律的意义阐释法律，尽量使法律的意义具有连续、融贯、稳定、可预测性并最终达到解决纠纷的目的；法律解释的恢复功能，表现为对法律与事实之间的裂缝必须经由解释弥合并迎合法治的要求，创造性解释在不但受规范的约束而且受法律解释方法的制约时仍然属于对法律的修改（修复性司法），体现法律解释的修复功能。③ 可以看出，法解释学关于法律解释的功能性思考在相当意义上宣示了功能主义法学观、功能主义法律解释论的基本立场，其中旗帜鲜明地融入了目的性思考，注重解释结论的政策与社会效果，注重法律所发挥的社会功能"受法律解释方法的制约"。这对于刑法解释的功能性思考具有指引作用。

遵循法理学关于法律解释的功能性思考，可以认为，刑法解释的功能，是指刑法解释在刑事法治实践中所具有的价值与功用。因此，刑法解释学中有时又将刑法解释的功能归纳为刑法解释的价值（价值目标或者价值功能），应当说其基本含义是一致的。如徐岱教授认为，刑法解释的价值目标有形式理性与实质理性双重价值目标，"刑法解释的功能，在于确保法律适用的透明性、有预测的可能性及对社会成员行为的可控制

---

① 赵运锋：《功能主义刑法解释论的评析与反思——与劳东燕教授商榷》，《江西社会科学》2018 年第 2 期。
② 劳东燕：《功能主义刑法解释论的方法与立场》，《政法论坛》2018 年第 2 期。
③ 参见陈金钊《法律解释学——权利（权力）的张扬与方法的制约》，中国人民大学出版社 2011 年版，第 133—141 页。

性，在形式合理性框架下实现实质合理性的目标"①。李希慧教授认为，刑法解释的功能是指由刑法解释自身所固有的特征决定的其可能发挥的积极作用，具体包括规范指导刑法司法功能、弥补刑法立法欠缺功能、促进刑法立法完善功能、刑法法制宣传教育功能、繁荣刑法理论功能。② 李佳欣教授认为，刑法解释的最重要的功能，是作为刑法立法到刑法适用的良性承继，做到解释立法、运用于司法，发挥其明确、安全、具体、可操作的功能。③ 王祖书教授指出，刑法"目的论解释的基本功能不是补充刑法漏洞，而是具有承载刑法价值评价的基本功能。对于刑法条文中需要补充价值的不确定概念，诸如模糊性概念、多义性概念、规范性概念以及概括性条款等，只能通过目的论解释才能获得其真正含义"。"其功能界限即在于和可能的字义界限一起标定刑法解释的边界，厘清目的论解释与类推解释的区别。"④ 结合刑法解释学原理和学术界已有见解，我们认为，基于刑法解释的功能性思考，刑法解释的功能可以类型性地概括为以下三项：一是确证刑法解释结论有效性功能，其中包括确证刑法规范文本含义及其与法律事实相对应的最终解释结论"有效性"等内容；二是推动刑法规范文本成长功能，其具体内容是通过发现真正的刑法立法漏洞以推动刑法立法的修订完善；三是促进刑法学理论知识生长功能，从而有利于繁荣整体刑法学理论知识体系。⑤ 其中，"确证"功能所体现的功能性是司法适用，是将文本的刑法规定确证为"活的法"并直接为司法审判（以及其他司法实务部门依法办案）服务的司法功能。针对非真正的立法漏洞则因为其可以通过司法填补方式以实现"活的法"这一司法任务从而其应归属于"确证"功能所涵摄的对象，因而针对非真正的立法漏洞所进行的解释性填补理应归属于"确证"功能。"推动"

---

① 参见徐岱《刑法解释学基础理论建构》，法律出版社2010年版，第114页。
② 参见李希慧《刑法解释论》，中国人民公安大学出版社1995年版，第54—70页。
③ 李佳欣：《刑法解释的功能性考察》，《当代法学》2014年第6期。
④ 王祖书：《刑法目的论解释的功能界定》，《北方法学》2016年第2期。
⑤ 魏东：《刑法解释学基石范畴的法理阐释——关于"刑法解释"的若干重要命题》，《法治现代化研究》2018年第3期。需要说明的是，该引文中指出："刑法解释的功能主要是司法适用（即实现刑事法治和人权保障）和司法甄别（即发现真正的刑法立法漏洞并有利于完善刑事立法）。"可以认为，"司法适用"功能是指确证法律文本含义最终解释结论"有效性"功能，"司法甄别"功能是指推动法律成长和漏洞填补功能。

功能所体现的功能性是立法完善,即推动文本的刑法规定更加完善,其中包括通过发现真正的立法漏洞而进行立法填补漏洞的方式使得文本的刑法规定更加完善。这种功能性思考和功能类型化思考,有利于明确刑法解释在解决立法漏洞问题上的功能定位,谨慎注意到了刑法解释功能"有所为"与"有所不为"以及"有不同为"等具体差异性,即刑法解释功能在解决非真正的立法漏洞时是"有所为"的,可以通过解释性填补达至"确证"功能的"活的法"效果,由此避免法条主义与机械司法的功能性缺陷;但是刑法解释在解决真正的立法漏洞时是在恪守罪刑法定主义前提下而理性地、客观地秉持"有所不为"的功能性保守立场(但在有利于实现罪刑法定原则人权保障功能时可以作为例外准许对真正的立法漏洞予以解释性填补),主张通过推动立法填补实现立法完善。"促进"功能所体现的是有利于实现刑法理论知识增量和学术创新发展,其"反哺"包括刑法教义学和刑法解释学在内的整体刑法学理论知识体系化发展,以及刑法立法与司法的良性互动发展。厘清刑法解释功能的实质内涵及其三种类型之后,我们完全可以明确:当我们聚焦于确证刑法解释结论有效性时,我们所讨论的刑法解释功能实质上仅限于刑法解释的"确证"功能,而非其他功能(如"推动"与"促进"功能),在此前提下,我们才能够有效观察和妥当解决刑法解释结论与解释方法确证功能的关系论问题。

应当说,通过刑法解释功能"有不同为"的功能性思考可以明确:确证刑法解释结论"有效性"功能离不开刑法解释方法。如果主张刑法解释结论决定刑法解释方法(刑法解释结论决定论),那么无异于主张刑法解释结论的"先在"性、"自我形成"与"自我决定"性,无异于主张刑法解释结论决定刑法解释结论的同语反复,从而刑法解释方法仅被作为一种点缀与装饰甚至是虚无化的观念性存在。刑法解释结论决定论与先在论,实质上消解了刑法解释的方法性、论证性和过程性,使得刑法解释结论成为无厘头的玄学结论,根本无法保证刑法解释结论有效性,而这是不可想象的。劳东燕教授也使用了"有效性"概念,指出:"从有效性出发,现代刑事政策有着鲜明的开放性,它必须不断根据犯罪态势、犯罪规律和政策导向、调控结果的变化进行自身的调整,这符合问题性方法的思维特点。"① 应当说，劳东燕教授是承认"有效性"与"问题性方法"之间的关联关系的，只不过没有在一般方法论意义上承认刑法解释方法对解释结论有效性的确证功能。真理与谬误之间有时仅有一步之遥，功能主义刑法解释论应当将"有效性"与"问题性方法"之间的关联关系再向前跨越一步，将其提升为一般方法论意义上的关系论命题，明确肯定刑法解释方法对解释结论有效性的确证功能（关系），从而使得"有效性"成为一个真正可以通过方法论确证的范畴。

功能主义刑法解释方法也需要进行功能性思考，尤其是功能性的类型化与体系化思考。堪称西方法律解释方法的经典四分法——将法律解释方法分为文义解释（语义解释）、体系解释（逻辑解释）、历史解释、目的解释——早已成为德国刑法学对刑法解释方法的经典分类法，例如德国权威刑法学教科书即是如此②，我国不少学者也认可此种经典四分法。目前我国较多刑法学教材采用了刑法解释方法的二分法，即将刑法解释方法分为文义解释（方法）与论理解释（方法）③；张明楷教授借鉴日本学者井田良的解释方法分类法而将刑法解释方法具体区分为解释技巧与解释理由两个大类（堪称某种特别的二分法）④；我国还有部分学者采用了刑法解释方法的三分法，即将刑法解释分为文理解释、法理解释和非法学解释三种⑤，或者将刑法解释分为文理解释、论理解释和进化解释⑥，或者分为范围性因素、内容性因素和控制性因素⑦，以及我国部分

---

① 劳东燕：《能动司法与功能主义的刑法解释论》，《法学家》2016 年第 6 期。

② 参见 [德] 汉斯·海因里希·耶赛克、托马斯·魏根特《德国刑法教科书》（总论），徐久生译，中国法制出版社 2001 年版，第 191—195 页。

③ 参见高铭暄、马克昌主编《刑法学》，北京大学出版社、高等教育出版社 2005 年版，第 24 页；贾宇主编《刑法学》（上册·总论），高等教育出版社 2019 年版，第 53 页。

④ 张明楷：《刑法学》（第五版）（上），法律出版社 2016 年版，第 33—42 页。张明楷在该书中，主张"将解释方法中的平义解释、宣言解释、扩大解释、缩小解释、反对解释、类推解释、比附、引证解释等（即条文的适用方法），称为解释技巧；将解释方法中的文理解释、体系解释、历史解释、比较解释、目的（论）解释等（即解释的参照事项），称为解释理由。对一个刑法条文中的某个概念的解释，只能采用一种解释技巧，但采用哪一种解释技巧，取决于解释理由，而解释理由是可以多种多样的"。

⑤ 赵秉志主编：《刑法解释研究》，北京大学出版社 2007 年版，第 395 页。

⑥ 陈兴良：《刑事司法研究》，中国方正出版社 1999 年版，第 403 页。

⑦ 黄茂荣：《法学方法与现代民法》，中国政法大学出版社 2001 年版，第 272—289 页。

法理学者和民法学者主张对狭义的法律解释方法采用三分法（即分为文义解释、论理解释、社会学解释）[1]，均可以认为是对法律解释方法进行了某种程度上的功能性思考、类型化与体系化思考的结果。如王利民教授指出，"原则上，狭义的法律解释应当从三个方面入手展开，即从确定文义可能包括的范围、探求立法目的、社会效果等考量。而这三个步骤既是法律解释的程序，也是法律解释方法运用的顺序"[2]，其阐释了法律解释方法的功能性、类型化与体系化思考的基本内容。再如陈金钊教授认为，法律诠释方法的功能性思考，可以将法律诠释方法的功能限定为追求客观性；法律诠释方法的类型性思考与体系化思考，可以将法律诠释方法"分为两种，这就是文义的方法（即在法律文本中追寻客观性的方法）和文本外追求客观性的方法"，其中"文义解释在法学教育和法律适用过程中起着非常重要的作用"，文义诠释的具体方法包括逻辑解释、扩充解释、限制解释、借助词典的诠释方法、反对解释、当然解释、合宪性解释，而文本外追求客观性的方法包括目的诠释方法、社会学的诠释方法、在个案中进行利益衡量的方法、价值衡量和价值补充。[3] 可以认为，法律解释学和部门法解释论对法律解释方法的功能性、类型化与体系化思考正在逐步形成理论共识，从不同视角诠释了法律解释方法确证功能论的基本立场，而这是值得功能主义刑法解释论严肃关注并借鉴吸纳的智识成果。

综上所述，刑法解释方法的功能性思考，是诠释主义方法论视域下法律解释学第三次转向和功能主义刑法学的内在要求，是基于刑法解释的功能性存在、解释方法与解释结论的功能关系存在而展开的。无论认为刑法解释结论是"自我存在（先在）""自我形成"而被发现的，还是认为刑法解释结论是"经解释形成"而被构建的，刑法解释结论均需要通过刑法解释方法确证功能的充分发挥才能够确证（即"发现"和"构建"）刑法解释结论有效性，正是在此意义上，证成了刑法解释方法确证

---

[1] 参见王利明《法律解释学导论——以民法为视角》，法律出版社 2017 年版，第 724—725 页；杨仁寿《法学方法论》，中国政法大学出版社 1999 年版，第 98 页。

[2] 王利明：《法律解释学导论——以民法为视角》，法律出版社 2017 年版，第 724—725 页。

[3] 谢晖、陈金钊：《法律：诠释与应用——法律诠释学》，上海译文出版社 2002 年版，第 132—143 页。

功能（命题）以及结果与方法并重的功能主义刑法解释论立场。

（三）功能主义刑法解释方法确证功能体系化命题的应有内涵

更进一步的问题意识在于：功能主义刑法解释论的方法论回归路径是什么？对此，不但偏重结果的功能主义刑法解释论由于遵循早期哲学解释学"对方法的轻视"的学术传统而缺乏必要的理论准备，直接决定了偏重结果的功能主义在转向结果与方法并重的功能主义时必须把探索方法论回归路径作为重大理论课题并完成相应的理论准备；而且传统认识论、方法论的刑法解释学由于欠缺功能主义和哲学解释学"事物本质"的洞察能力而缺乏可匹配的理论根基，直接决定了传统解释学的方法论在适应功能主义刑法解释论的方法论回归使命时必须把传统解释学的方法论改造（乃至重构）作为核心工程，使之匹配功能主义刑法解释论的方法论回归。申言之，功能主义刑法解释论的方法论回归路径无法通过功能主义刑法解释论同传统方法论的刑法解释学之间的简单耦合来获得有效的解决方案，而应该另辟蹊径。

笔者认为，在反思检讨传统刑法解释方法体系化的建构路径之不足的基础上，有必要提出并论证（结果与方法并重的）功能主义刑法解释论的方法论体系化回归的两条路径转向：一是外部路径依赖，即通过外部视角审查确立刑法解释结论有效性与解释方法确证功能之间的对应关系，完成对刑法解释方法确证功能的类型化建构，实现刑法解释方法论体系化回归的宏观目标；二是内部路径贯通，即在完成刑法解释方法论体系化回归于解释论之后，在刑法解释方法功能类型化的基础上，从解释方法确证功能的"内部"视角进一步进行刑法解释方法论内部的体系化建构，彻底实现解释方法体系内的整合、循环、填补、融贯的视域融合。

1. 传统刑法解释方法体系化命题的争议与检讨

传统认识论、方法论的刑法解释学对刑法解释方法的分类存在较为复杂的情况。目前较为通行的刑法解释方法分类法有四分法、二分法和三分法。例如，西方传统的经典四分法主张，法律解释方法可以分为文义解释、体系解释（逻辑解释）、历史解释（沿革解释）、目的论解释四种①。再如，中国传统的经典二分法主张，法律解释方法分为文义解释与论理解释两种②，"始于文义，终于目的"③ 成为二分法主张的经典表达；中国传统的经典三分法主张，法律解释方法分为文义解释、论理解释、法社会学解释（非法学解释）三种④。法律解释方法的经典四分法、二分法和三分法，主要是以法律解释方法的"构成要素""标准"或者"根据"等为依据所进行的类型划分⑤。此外，还有其他一些不太成熟的刑法解释方法分类法，具体见解有 16 种分类法之多⑥，呈现出观点分歧较大、争议较多的学术景观。相应地，传统刑法解释论对于刑法解释方法体系化命题，有肯定论、否定论、折中论三种观点。

肯定论认为，刑法解释方法的体系化是必要的、可行的。应当说，肯定论获得了法理学者和其他部门法解释学者的较多支持。法理学有观点认为，在法律解释的各种方法中存在适用上的先后顺序，如德国学者比德林斯基等人赞成这种观点⑦；我国也有法理学者认为文义解释具有严格的优先性，只有具备足够理由对文义解释结果表示怀疑时才考虑体系解释，其后才考虑法意解释（历史解释）和目的解释，而比较法解释和

---

① 参见严存生《西方法哲学问题史研究》，中国法制出版社 2013 年版，第 586—587 页；[德] 汉斯·海因里希·耶赛克、托马斯·魏根特《德国刑法教科书》（总论），徐久生译，中国法制出版社 2001 年版，第 191—195 页。

② 参见高铭暄、马克昌主编《刑法学》，北京大学出版社、高等教育出版社 2016 年第 7 版，第 24 页；赵秉志主编《刑法新教程》（第四版），中国人民大学出版社 2012 年第 4 版，第 24 页；贾宇主编《刑法学》（上册·总论），高等教育出版社 2019 年版，第 53—54 页。

③ 参见魏东《刑法解释的法理基础：概念、理性、特征与功能》，载《刑法解释》（第 5 卷），法律出版社 2020 年版，第 15—39 页；陈慧《刑法文义解释的基本法理》，载《刑法解释》（第 5 卷），法律出版社 2020 年版，第 40—69 页。

④ 参见杨仁寿《法学方法论》，中国政法大学出版社 1999 年版，第 98 页；赵秉志主编《刑法解释研究》，北京大学出版社 2007 年版，第 395 页；王利明《法律解释学导论——以民法为视角》，法律出版社 2017 年版，第 724—725 页。

⑤ 参见严存生《西方法哲学问题史研究》，中国法制出版社 2013 年版，第 586—587 页；魏东《刑法解释学基石范畴的法理阐释——关于"刑法解释"的若干重要命题》，《法治现代化研究》2018 年第 3 期。

⑥ 参见李希慧、龙腾云、邱帅萍编著《刑法解释专题整理》，中国人民公安大学出版社 2011 年版，第 34—37 页。

⑦ 参见王利明《法律解释学导论——以民法为视角》，法律出版社 2017 年版，第 720 页。

社会学解释是更次的选择，合宪性解释被看作最后的选择。① 我国刑法学者赵秉志、李希慧、陈兴良、梁根林、苏彩霞、时延安、周详、叶良芳等坚持肯定说。例如，赵秉志教授认为，刑法解释的通常做法是：先文理解释（语义解释），然后根据法理进行解释，最后根据其他学科知识对刑法条文的理解予以补充，所以，从解释活动的自然顺序看，刑法学理解释分为文理解释、法理解释和非法学解释三种。② 再如李希慧教授认为，各种具体的刑法解释方法之间的关系并非都是并列关系，而是具有层次上的高低之分的，文理解释处于高一层次（文理解释优先），相对于论理解释而言，系统解释和历史解释则是论理解释的下位概念（论理解释优势规则）。③ 再如陈兴良教授认为，"应当承认各种解释方法之间存在一定的位阶关系，但这种位阶关系不是固定不变的，尤其不能将位阶关系直接等同于顺序关系，如果这种解释方法的位阶关系得不到遵守，可能会影响解释结论的合理性"④。再如梁根林教授认为，"符合刑法文本特性、罪刑法定原则与刑法解释目标要求的刑法解释方法及其顺序，应当是文义解释、体系解释、历史解释、目的解释、合宪解释"⑤，并且"刑法适用解释应遵循同一律、排他律、只含同类、严格解释、正确解释及生活逻辑的规则"⑥。苏彩霞教授认为，解释刑法时应遵循"文义解释→体系解释→历史解释→目的解释→合宪性解释"的先后顺序，依次运用这五种解释方法；"重在体现安定性优先；刑法解释方法的效力等级是：（1）在可能文义的界限点上，文义因素绝对优先；（2）在可能文义的界限之内，目的解释是解释方法之冠；（3）合宪性解释是最后的检验，任何解释结论不得违宪"⑦。时延安教授认为，"在解释活动中使用不同解释方法时保持一定的次序，如此可以保障解释活动的论证完整、逻辑清晰"⑧。周折教授强调了"刑法适用解释的关键是解释方法的

---

① 参见陈金钊等《法律解释学》，中国政法大学出版社2006年版，第318—319页。
② 赵秉志主编：《刑法解释研究》，北京大学出版社2007年版，第395页。
③ 李希慧：《刑法解释论》，中国人民公安大学出版社1995年版，第96、132—133页。
④ 陈兴良：《刑法的知识转型（方法论）》，中国人民大学出版社2012年版，第111页。
⑤ 梁根林：《罪刑法定视域中的刑法适用解释》，《中国法学》2004年第3期。
⑥ 梁根林：《刑法适用解释规则论》，《法学》2003年第12期。
⑦ 苏彩霞：《刑法解释方法的位阶与运用》，《中国法学》2008年第5期。
⑧ 时延安：《刑法规范的合宪性解释》，《国家检察官学院学报》2015年第1期。

选择及其位阶安排问题"①。还有刑法学者对传统的经典四分法进行位阶排序,指出:"刑法解释方法之间存在一定的位阶关系,包括适用位阶和效力位阶。适用位阶遵从文理解释→体系解释→历史解释→目的解释的解释顺序。在效力位阶上,文理解释和目的解释具有决定的意义。"② 我国还有刑法学者主张,刑法解释应当以文义解释、体系解释以及目的论解释为主干,并以目的论解释为核心开展体系的构建③;我国刑法的形式解释论者认为,刑法解释方法的运用应当坚持先形式解释后实质解释的顺序④,肯定论的这些学术见解的共同特点,在于肯定刑法解释方法可以进行体系化位阶排序(位阶排序论)来确立刑法解释方法竞争关系,即通过对各种解释方法的先后逻辑顺序(逻辑顺序论)、层级关系(层级论)进行单向的竞争关系排序来建构刑法解释方法体系,如前所述,"始于文义,终于目的"可以说是刑法解释方法体系化命题的经典表述⑤,其强调了刑法解释方法位阶排序竞争关系体系化。

否定论则认为,各种具体的刑法解释方法是各自独立的、平行的关系(平行论),因此刑法解释方法的体系化是不必要的,也是不可行、不符合刑法解释客观实际的。否定说的观点在德国、日本和我国的法理学界和部门法学界大有市场,他们认为法律解释的各种方法都是法官可以自由选择的方式,如何选择使用,完全取决于法官的自由,在法律解释方法中并没有一个优先的顺序,只要一种解释方法更有利于得出一个正确的结论,即为可适用的办法。⑥ 例如,德国学者拉伦茨认为,"关于法律解释,或许可以认为,这里不需要什么科学方法,这项工作毋宁取决

---

① 周折:《刑事政策视野中的刑法目的解释》,《中外法学》2007年第4期。
② 戚进松:《刑法解释方法的位阶与运用》,《国家检察官学院学报》2015年第4期。
③ 李凯:《刑法解释方法的体系建构——以目的论解释之限定为视角》,《中国刑事法杂志》2014年第1期。
④ 刘志刚、邱威:《形式解释论与实质解释论之辨析》,《河南省政法管理干部学院学报》2011年第3期。
⑤ 参见魏东《刑法解释的法理基础:概念、理性、特征与功能》,载《刑法解释》(第5卷),法律出版社2020年版,第15—39页;陈慧《刑法文义解释的基本法理》,载《刑法解释》(第5卷),法律出版社2020年版,第40—69页。
⑥ 参见王利明《法律解释学导论——以民法为视角》,法律出版社2017年版,第719—720页。

于直觉的领会和正确的'判断'"[1]。劳东燕教授指出,"解释方法之间具有位阶性的命题不可能成立,解释方法实际上是为价值判断所左右。所有试图在传统的解释方法之间进行位阶性建构的学术性努力,基本上是人们的一厢情愿。无论是文义解释与历史解释,还是体系解释与目的解释,都充当的是论证解释结论所蕴含之价值判断合理与否的论据。在不同的案件中,这些论据或许在说服力与论证力上会存在强弱之分,有时甚至会对价值判断的得出构成一定的制约(比如,背离文义或有违体系性逻辑的解释结论往往难以获得支持),但都统摄于价值判断之下,受后者的统领与支配,彼此之间不可能存在固定不变的位序关系"[2]。周光权教授认为,在刑法解释的商谈、试错过程中,方法的采用有"各取所需"的特点,采用何种解释方法取决于对处罚必要性的判断,平衡好惩罚犯罪和保障人权的关系,是比刑法解释方法的位阶性更为重要的问题。[3] 我国刑法学者中,除劳东燕和周光权主张否定论外,还有张明楷[4]、林维[5]等坚持否定论立场。

折中论认为,刑法解释方法既要考虑文义解释的优先性,又不宜肯定各种解释方法之间具有"固定不变的位阶性"。民法学者王泽鉴(中国台湾)[6]、梁慧星[7]、王利明[8]以及刑法学者李国如[9]、徐岱[10]等,均主张某种意义上的"折中说",一方面承认文义解释是法律解释的基础(基石),论理解释"不得完全忽视法条之文义",另一方面宣称论理解释、目的解释甚至合宪性解释等诸方法又"可以居于优越性地位",不宜肯定各种解释方法

---

[1] [德]拉伦茨:《论作为科学的法学的不可或缺性——1966年4月20日在柏林法学会的演讲》,赵阳译,《比较法研究》2005年第3期。
[2] 劳东燕:《能动司法与功能主义的刑法解释论》,《法学家》2016年第6期。
[3] 周光权:《刑法解释方法位阶性的质疑》,《法学研究》2014年第5期。
[4] 张明楷:《刑法学》(上),法律出版社2017年版,第33—42页。
[5] 林维:《刑法解释的权力分析》,中国人民公安大学出版社2006年版,第82—144页。
[6] 参见王泽鉴《民法实例研习:基础理论》,中国台湾1981年印行,第154—157页,转引自李国如《罪刑法定原则视野中的刑法解释》,中国方正出版社2001年版,第198—199页。
[7] 参见梁慧星《民法解释学》,中国政法大学出版社1995年版,第245—246页。
[8] 参见王利明《法律解释学导论——以民法为视角》,法律出版社2017年版,第720—721页。
[9] 李国如:《罪刑法定原则视野中的刑法解释》,中国方正出版社2001年版,第198—200页。
[10] 徐岱:《刑法解释学基础理论建构》,法律出版社2010年版,第128—131页。

之间具有"固定不变的位阶性"①。徐岱教授认为，尽管可以说"语法解释是最基本的解释方法，法律解释通常是从语法解释开始的"，但是认为"所谓解释具有恣意"，历史解释和体系解释均可视为一种广义的文义解释，"凡是能实现法律解释的正当目的的法律解释方法就是正当的解释方法"，因而"只考虑方法是远远不够的"②。应当说，折中论在法律解释方法的体系性问题上是一种十分矛盾、十分纠结的观点表达，缺乏一以贯之的清晰的学术立场！但是从倾向性来看，折中论似乎更多地赞同肯定论的立场，可以说是某种基于纠结心态的肯定论。其中最典型的是王利明教授，他指出："各种法律解释方法之间很难说存在绝对的、非常明晰的优先次序，但是，各种解释方法之间也并不是不存在任何顺序，此种顺序主要是引导法官正确思考的路径或思维的方式。我们不能说某种方法绝对优先于另一种方法。例如，文义解释通常是优先于其他解释方法，但是，这并非意味着，文义解释方法得出的结论比其他方法得出的结论更准确"，但是"在法律解释中，文义解释具有相对的优先性"，应当肯定"各种法律解释方法之间存在优先次序"，并且"尤其需要强调的是，狭义的解释方法的优先顺序并不是一个倡导性的规则，而是一个寻求妥当的法律解释结论的必然要求，也是法官应遵守的一个解释规则"③。事实上，王利明教授在同一部专著里，在其表达了"纠结心态的肯定论"之后，他后面又转向了坚定的"肯定论"立场，因为他指出："原则上，狭义的法律解释应当从三个方面入手展开，即从确定文义可能包括的范围、探求立法目的、社会效果等考量。而这三个步骤既是法律解释的程序，也是法律解释方法运用的顺序。"④ 正是在这种学术观察的基础上，笔者认为，可以将"折中说"归入"肯定说"，或者说其是某种具有折中思想的"肯定论"。可以认为，以王利明教授为代表的折中论（折中的肯定论），之所以存在纠结心态和矛盾表述，其重要原因可能在于：没有区

---

① 参见李国如《罪刑法定原则视野中的刑法解释》，中国方正出版社2001年版，第198—200页。
② 徐岱：《刑法解释学基础理论建构》，法律出版社2010年版，第128—131页。
③ 参见王利明《法律解释学导论——以民法为视角》，法律出版社2017年版，第720—724页。
④ 王利明：《法律解释学导论——以民法为视角》，法律出版社2017年版，第724—725页。

分清楚法律解释方法的功能性内涵、功能性关联性与功能体系化定位，是由其在法律解释方法研究的"方法论"上缺失功能性分析方法所致。由于功能性分析方法论的缺失，研究者只看到了不同解释方法得出了不同结论的表象，但是没有看到可以将这些不同解释方法及其不同解释结论"统一"归属于功能性分析之中，文义解释与论理解释的"统一"的"功能性分析"其实是可以得出某种一体化地确证合法性和合理性的解释结论的，文义解释的功能性分析表明其确定了（文义）解释结论的形式合法性（形式正义性），论理解释的功能性分析表明其进一步限定了（论理）解释结论的法理上的实质合理性（实质合法性、实质正义性），这里所谓"解释结论的形式合法性"与"解释结论的法理上的实质合理性"两者都是统一于功能性分析的结果，从而两者在"统一"的"功能性分析"这一逻辑上是可能存在先文义解释后论理解释（即"始于文义，终于目的"）这种解释方法的顺序性与层级性以及其"合力"限定解释结论有效性的一体化功能属性的。因此，基于法律解释方法的功能性分析方法论，可以说，折中论的内在逻辑中由于没有彻底贯彻刑法解释方法的确证功能体系化命题，从而其仍然顽固地残存着层级论所难以避免的思维误区。

上述观点中，肯定论（位阶排序论）内部又有"逻辑顺序论"与"层级论"的差别，各自内在的体系化逻辑并非完全相同，因而还有必要对其再作进一步的具体检讨。逻辑顺序论一般性地强调刑法解释方法的先后顺序与逻辑顺序，客观上可能存在某种不当，因为其并非基于刑法解释方法的确证功能体系化思考，而是基于刑法解释方法的生成历史、运用技巧、思维习惯等的观察梳理所得出的结论，因此可以说其是某种历史性思考、技巧性思考、习惯性思考的结果而不是功能性思考的结果。历史性思考的结果是，由于刑法解释方法的生成历史表明文义解释方法是各种法律解释方法中最早形成的、不可或缺的解释方法，逻辑上将其排列在前（第一顺序）似属当然，其他论理解释方法如体系解释方法、历史解释方法、目的论解释方法以及合宪性解释方法等则是后来逐步生成发展起来的解释方法，因此逻辑上将这些"其他解释方法"排列在文义解释方法之后似乎也顺理成章。可见，逻辑顺序论在本质上同刑法解释方法的确证功能体系化思考相去甚远甚至格格不入，其主张的刑法解释方法体系化——将文义解释方法排列在先,将目的论解释方法等排列在后——这种逻辑顺序,表面上同刑法解释方法的确证功能体系化命题具有某种相似性,但实质上并非可以等值于刑法解释方法的确证功能体系化。层级论应当说是最接近刑法解释方法的确证功能体系化"事物本质"的见解,但是在功能性层级关系论上仍然存在认识不足甚至逻辑漏洞,其最突出的问题是试图确认不同解释方法的"优劣尊卑"而实质地背离一体化整合功能关系的根本要旨。因此,层级论由于一般性地强调刑法解释方法的层级高低与顺序,也可能存在不当。因为,层级论同样并非完全基于刑法解释方法的确证功能体系化思考,而是基于刑法解释方法的适用位阶、效力位阶的预设和考量所得出的层级论观点,因此也难以一以贯之地将其层级论主张贯彻到底。如主张"文义因素绝对优先,在可能文义的界限内,目的解释则为解释之冠;解释刑法时应运用与遵循这种位阶关系",这里"绝对优先"与"解释之冠"[①] 的层级性判断虽然有一定道理,但是从解释方法的层级性本身判断——而非从解释方法的确证功能体系化判断——是无法有效揭示出其内在法理的。再如主张刑法解释方法之间的"适用位阶"是"首先进行文理解释,客观地认识刑法条文的语言意义;其次,联系相关法条的含义,进行体系解释;最后,在上述解释仍不能释疑时,才可以进行目的论解释",进而提出"如果最终的目的论解释结论并未与之前的文理解释结论相冲突,那么,应该当然地选择最终的目的论解释结论,此时不存在效力上的位阶问题"[②],这里"适用位阶"与"效力位阶"的层级性判断也有其一定合理性,但是仅以此为据——而非完全以刑法解释方法的确证功能体系化为据——就难以证成层级性及其相关法理。不但如此,层级论主张中还有相当部分论断其实是难以成立的,例如,其由于对文义解释方法与论理解释方法和法社会学解释方法的功能性体系化思考不足,从而在功能性关联性判断上存在难以避免的以下疑问:(1)文义解释方法、论理解释方法、法社会学解释方法三者之间,到底是单纯的(层级上的)择一关系,即只有在文义解释方法"仍不能释疑时,才可以进行目的论解释"以及法

[①] 苏彩霞:《刑法解释方法的位阶与运用》,《中国法学》2008 年第 5 期。
[②] 程红:《论刑法解释方法的位阶》,《法学》2011 年第 1 期。

社会学解释，还是功能性整合关系（即三种解释方法均不能缺位）？（2）文义解释方法、论理解释方法与法社会学解释方法三者之间，到底是单纯的层级关系、单向的线性结构关系，还是可以回溯的功能性循环关系？（3）刑法文义解释方法、论理解释方法与法社会学解释方法三者在功能性上是否有区别于其他部门法解释方法（如民法解释方法）的特别之处，如针对刑法立法漏洞的解释论填补功能性审查中，是否可以如民法解释一样"一刀切"地确认解释方法的填补功能性，其中最突出的可能情形是在刑法典对入罪规定上存在"刑法立法漏洞"时是全面确认刑法解释方法的功能性绝对填补关系，还是仅确认其功能性相对填补关系？对于这些疑问，可以说，正是由于逻辑顺序论与层级论没有进行彻底的功能性体系思考而无法避免某种逻辑困境，也可以说由此才出现了某种纠结的折中论观点，但是折中论由于同样没有进行彻底的功能性体系思考而同样也无法有效解决其内含的逻辑悖论。

应当说，传统刑法解释方法分类中，绝大多数分类法均不是依据法律解释方法的确证功能类型化视角来进行的分类，而是将各种各样的分类标准所析离出来的方法群简单随意地杂糅起来，因而缺乏统一的功能论分类标准，不但否定论无法实现刑法解释方法体系化，而且肯定论（以及折中论）——试图采取位阶排序竞争关系建构路径进行方法论体系化，由此所形成的"逻辑顺序论"与"层级论"——也根本无法真正实现刑法解释方法体系化。正是由于传统刑法解释方法分类法欠缺功能主义类型化思考，其通过位阶排序竞争关系建构路径根本无法完成刑法解释方法体系化这一理论重任，才需要寻找新的建构路径。

2. 刑法解释方法确证功能的类型化与体系化

基于结果与方法并重的功能主义立场，功能主义刑法解释论的方法论体系化回归首先必须从刑法解释功能的"外部"视角对刑法解释方法进行功能类型化建构。这里的"外部"视角，是指在刑法解释方法之外的功能主义刑法解释论整体的功能性，尤其是解释结论有效性的立场上，来阐释刑法解释方法的功能类型化——因为类型化是体系化的前提——与功能共生融合关系体系化的具体内容。

综合传统的认识论、方法论的刑法解释学和功能主义刑法解释论关于解释结论有效性的基本法理，刑法解释结论有效性，是指刑法解释结论所具有的合法性、合理性、合目的性所共同型构的"三性统一体"有效性①。刑法解释结论只有在其同时具备了合法性、合理性和合目的性所共同型构的"三性统一体"之时才能称得上获得了"有效性";反之,刑法解释结论若仅具有合法性,或者仅具有合理性,或者仅具有合目的性,或者缺少合法性、合理性和合目的性中的任何一项,均不能获得完整意义上的"有效性"。换言之,刑法解释结论有效性意义上的合法性、合理性和合目的性之间的关系不是相互排斥的竞争关系,而是以合法性为底线基础价值、以合理性和合目的性为优化价值的共生融合关系:合法性作为底线基础价值当然必不可少,具体限定了解释结论的合法空间;合理性和合目的性作为优化价值当然不可或缺,但是优化价值的不可或缺性是有条件限制的,即只能是在合法性底线基础价值所限定的合法空间可包容的优化价值(可包容的优化价值论)才是不可或缺的,从而超出合法空间的所谓优化价值则是被排斥在外的。因此具体讲,有效性是指在合法性底线基础价值的基础上进一步追求实现合法空间可包容的合理性和合目的性优化价值的"三性统一体"有效性,是合法性底线基础价值、可包容的合理性和合目的性优化价值的共生融合关系。由此可见,刑法解释结论有效性(合法性、合理性、合目的性)的真正实现及其充分阐释,离不开刑法解释方法确证功能的充分发挥与共生融合关系体系化证成。

刑法解释方法确证功能,又称为刑法解释方法对刑法解释结论有效性的确证功能,具体是指刑法解释方法所具有的确证刑法解释结论有效性(合法性、合理性、合目的性)的功能。刑法解释方法确证功能必须结合(刑法)解释结论有效性来阐释,具体包括三个方面确证功能:刑法解释方法中的文义解释方法对(文义解释结论)合法性的确证功能、论理解释方法对(论理解释结论)合理性的确证功能、刑事政策解释方

---

① 例如,赵秉志、齐文远、李希慧、曾粤兴、周详等学者均认为,应当把合法性、合理性、合目的性(合刑事政策性或者正当性)作为刑法解释原则;其中李希慧认为,刑法解释原则有合法性原则、合理性原则、以刑事政策为指导原则、整体性原则以及明确、具体原则等五项。参见赵秉志《刑法基本问题》,北京大学出版社2010年版,第305页;齐文远、周详:《论刑法解释的基本原则》,《中国法学》2004年第2期;李希慧:《刑法解释论》,中国人民公安大学出版社1995年版,第82—92页。

法对（刑事政策解释结论）合目的性的确证功能，只有通过刑法解释方法"三性确证功能统一体"的充分发挥与共生融合关系体系化证成，才能完整实现刑法解释结论合法性、合理性和合目的性"三性统一体"有效性[①]。刑法解释方法确证功能的体系化逻辑，只能是将三类刑法解释方法的竞争关系论与平行论，改造为功能结构关系论与共生融合论：首先需要进行文义解释，确证解释结论合法性底线基础价值和合法空间；其次需要进行论理解释和刑事政策解释，在合法性底线基础价值之上进一步求证合法空间可包容的合理性和合目的性优化价值（可包容的优化价值论），并在合法空间可包容的各种优化价值中遴选出"最优化价值"（可包容的最优化价值论），以确保实现刑法解释结论有效性"三性统一体"。刑法解释方法确证功能的体系化路径，只能是先进行文义解释，后进行论理解释和刑事政策解释，解释过程中可以进行解释性循环（解释过程论与解释性循环论）。这是刑法解释方法确证功能体系化命题的基本内容。应当说明的是，刑法解释方法确证功能体系化命题与刑法解释过程论的解释性循环命题之间并不矛盾，既不能以刑法解释方法确证功能体系化否定解释性循环，也不能以解释性循环否定刑法解释方法确证功能体系化。

因此，刑法解释方法确证功能的类型化和体系化思考，才是彻底解决刑法解释结论有效性的根本出路和正确立场，从刑法解释功能的"外部"视角可以实现对刑法解释方法进行功能类型化和体系化建构。应当承认，正如合法性、合理性与合目的性之间存在一定程度上的内容交织，刑法的文义解释方法、（法规范内的）论理解释方法和（法规范外的）刑事政策解释方法的确证功能之间也存在一定程度上的内容交叉，这是一种客观存在的"事物本质"和实然状态，但是这种实然状态不影响刑法解释方法功能论研究中的类型化和体系化思考。因此，更准确地讲，刑法解释方法的确证功能类型化首先是指其"主要"确证功能的类型化，即刑法文义解释方法的主要确证功能是确证解释结论合法性，（法规范内的）论理解释方法的主要确证功能是确证解释结论合

[①] 魏东：《刑法解释学基石范畴的法理阐释——关于"刑法解释"的若干重要命题》，《法治现代化研究》2018年第3期。

理性，（法规范外的）刑事政策解释方法的主要确证功能是确证合目的性。其次，是刑法解释方法确证功能的体系化。如前所述，只有在刑法的文义解释方法、论理解释方法、刑事政策解释方法依次对合法性、合理性、合目的性的确证功能全部实现之时，才能真正完成刑法解释方法"三性确证功能统一体"审查，并最终确证刑法解释结论有效性"三性统一体"。

从刑法解释方法的确证功能类型化立场看，法律解释方法的经典四分法、二分法和三分法均值得重视。"经典四分法"将刑法解释方法分为文义解释、体系解释、历史解释、目的解释四种，由于其中除文义解释方法之外，其余三种解释方法均可以说都是论理解释方法，因此在实质上可以将其归属于"经典二分法"（即文义解释与论理解释的二分法）。"经典二分法"将刑法解释的基本方法分为文义解释和论理解释两种，其中论理解释方法下面还包括若干具体的解释方法①，如扩张解释、限制解释、当然解释、反面解释、系统解释、沿革解释、比较解释、目的论解释、合宪解释、社会学解释等方法。② 而"经典三分法"将刑法解释方法划分为刑法解释的文义解释方法、论理解释方法、法社会学解释方法（在刑法解释论上可转换为"刑事政策解释方法"③）。有的学者在具体术语使用上虽然存在一定差异，但是其表达的实质含义仍然是大体一致的。如有的将刑法学理解释（方法）分为文理解释、法理解释和非法学解释三种④，有的将刑法解释方法分为文理解释、论理解释和进化解释三种⑤，有的将刑法解释方法分为范围性因素、内容性因素和控制性因素三类⑥。应当说，"三分法"论者多数主张的基本观点，在法理学界和其他部门学界均逐渐获得了较为充分的法理支持，如法理学界杨仁寿、民法学界王利明等均认为，狭义的法律解释方法大致

---

① 高铭暄、马克昌主编：《刑法学》，北京大学出版社、高等教育出版社2016年第7版，第24页；赵秉志主编：《刑法新教程》（第四版），中国人民大学出版社2012年第4版，第24页；贾宇主编：《刑法学》（上册·总论），高等教育出版社2019年版，第53—54页。
② 参见王政勋《刑法解释的语言论研究》，商务印书馆2016年版，第194页。
③ 魏东：《刑法分则解释论要》，北京大学出版社2020年版，第71页。
④ 赵秉志主编：《刑法解释研究》，北京大学出版社2007年版，第395页。
⑤ 陈兴良：《刑事司法研究》，中国方正出版社1999年版，第403页。
⑥ 黄茂荣：《法学方法与现代民法》，中国政法大学出版社2001年版，第272—289页。

可以分为三类：文义解释、论理解释、法社会学解释[①]。就刑法解释方法的二分法与三分法的比较法立场而言，应当说二者具有融贯一致的法理逻辑：二分法所主张的文义解释与论理解释中，"论理解释"包含了"社会学解释"，可谓一种广义的论理解释；三分法则是在文义解释与论理解释的刑法解释方法二分法基础上，由于（广义的）论理解释还可以进一步区分为规范法理上的论理解释与非规范法理上（即法社会学原理上）的论理解释两种，有的学者直接称为法内的论理解释与法外的论理解释（或者法学的解释方法与非法学的解释方法），因此三分法实质上是在首先确认了文义解释方法之后再对二分法之（广义的）论理解释方法做出的进一步区分，即将论理解释方法进一步区分为"法内的""规范的"解释说理（可谓狭义的论理解释方法）与"法外的""超规范的"解释说理（可谓广义的论理解释方法，即非法学解释方法、法社会学解释方法与刑事政策解释方法），将解释说理从"法内的""规范的"层面扩大至"法外的""超规范的"层面，这种"进一步区分"非常有利于更加周全、立体、深刻地阐释解释结论有效性并较为充分地体现了刑法解释方法的功能性，从而这种"进一步区分"具有十分重大的方法论意义。如此一来，刑法解释方法二分法还可以根据其内在一致的法理逻辑而进一步细化划分为以下三种：刑法解释的文义解释方法、论理解释方法（即狭义的论理解释方法、法内的论理解释方法、规范法理上的论理解释方法）与法社会学解释方法（即广义的论理解释方法、法外的论理解释、刑事政策解释方法）。但是值得注意的是，"二分法"与"三分法"仍然是仅停留在结构性分类的逻辑上展开的类型性思考——"二分法"是从法律语言学知识与法律语言学之外的法理知识的"知识二元论"结构上展开的类型性思考，"三分法"是从法律语言学知识、法律内规范论知识与法律外社会学知识的"知识三元论"结构上展开的类型性思考——而不是基于解释方法功能

[①] 参见王利明《法律解释学导论——以民法为视角》，法律出版社 2017 年版，第 724—725 页；杨仁寿《法学方法论》，中国政法大学出版社 1999 年版，第 98 页。

性分类的逻辑上开展的类型性思考①，因而其在相当意义上并非"有意识地"而是"懵懵懂懂地"部分暗合了刑法解释方法的确证功能类型化命题。

为什么说刑法解释方法的"传统经典三分法"在相当意义上并非"有意识地"而仅仅是"懵懵懂懂地"部分暗合了刑法解释方法的确证功能类型化命题？以及，为什么说"传统经典三分法"对于刑法解释方法的确证功能类型化思考仍然存在不足？其原因可以说是基于这样一种学术观察："传统经典三分法"客观上较为充分地体现了刑法解释方法的确证功能类型化特点，但是在此前的学术研究中"传统经典三分法"论者对其确证功能类型化特点及其具体内容关注不够，对刑法解释方法的确证功能类型化与体系化的关联性观照不充分，因而需要进行进一步的深刻检讨。

其一，"传统经典三分法"对刑法解释方法的确证功能内涵的诠释不到位。绝大多数学者在论及刑法解释方法时，虽然都注意到"解释方法决定论"命题下刑法解释方法的功能性，但是，总体上并没有围绕刑法解释方法所具有的全面确证刑法解释结论有效性的这种"确证功能"进行充分检讨，具体层面上呈现出零碎化的方法群而没有类型化抽象归纳出各种刑法解释方法的个性功能，笼统地认为各种刑法解释方法的功能性就是可以得出各自的刑法解释结论本身，即仅仅停留在机械地将刑法解释方法与刑法解释结论之间的某种因果性、方法与结果对应性之表象，至于这些刑法解释方法及其相对应的解释结论在功能性上应当如何认识、如何评判等问题则缺乏应有的功能性阐释，其根本原因就是没有恰当诠释刑法解释方法的确证功能内涵。如前所述，刑法解释方法的确证功能表明：刑法文义解释方法堪称"合法性确证方法"，其内含的方法功能性是确证解释结论合法性的功能；相应地，刑法论理解释方法堪称"合理确证性方法"，其内含的方法功能性是确证解释结论合理性的功能；而刑

---

① 关于结构性分类与功能性分类的区分，在逻辑上并非完全是界限分明并且非此即彼的，而是还可能存在相互兼容而成的复合分类体系，具体可以表现为结构性分类主导下兼容功能性分类的复合分类体系与功能性分类主导下兼容结构性分类的复合分类体系两种情形。参见张力《法人功能性分类与结构性分类的兼容解释》，《中国法学》2019年第2期。

法的刑事政策解释方法堪称"合目的性确证方法",其内含的方法功能性是确证解释结论合目的性的功能。

此外,部分刑法解释论者仅仅在"解释结论决定论"命题下观察刑法解释方法的功能性,认为"解释是一种结果。通常是在结果早已确定之后,才选择解释的方法。所谓的解释方法只不过是对文本的补充的事后的注脚而已"①。这种观点主张"解释结论决定论"立场,其认为刑法解释方法的功能性并非积极上进的"确证"功能,而是消极待命式的"事后注脚"功能。这些见解应当说也没有恰当诠释刑法解释方法的确证功能的应有内涵,在相当程度上虚化了刑法解释方法的确证功能性。

其二,"传统经典三分法"对刑法解释方法的确证功能类型化与体系化的关联关系的诠释不足。理论上针对文义解释方法的"合法性"确证功能、论理解释方法的"合理性"确证功能性、刑事政策解释方法的"合目的性"确证功能三者之间如何发生关联的问题,存在平行论、逻辑顺序论与层级论等多种见解,并且平行论可谓在相当范围内大行其道,其根本原因正在于对确证功能类型化与体系化的关联关系的思考存在不足甚至谬误。平行论认为,"所谓的刑法解释方法的位阶性并不存在,讨论位阶性的有无并无理论上的实益"②。各种解释方法之间的关系错综复杂,难以进行简单的概括和归纳;不同解释方法各有优劣,不存在哪一种解释方法完全优于其他方法的情形,也没有任何一种解释结论能够完全排除另外一种解释结论。③ 逻辑顺序论认为,"在各基本诠释方法之间确立一个大体的逻辑顺序,有利于清理司法实践对于构成要件诠释混乱的思维,使对构成要件的诠释朝着一个客观的、理性的、可操作的方向发展"④。层级论认为,应当承认各种解释方法之间存在一定的位阶关系,尽管它并非固定不变,如果这种位阶关系得不到遵循,则可能影响解释结论的合理性。⑤ 显然,平行论、逻辑顺序论、层级论的上述见解,均对

---

① [德]伯恩·魏德士:《法理学》,丁小春、吴越译,法律出版社 2003 年版,第 315 页。
② 周光权:《刑法解释方法位阶性的质疑》,《法学研究》2014 年第 5 期。
③ 温登平:《刑法解释方法位阶关系否定论》,载陈金钊主编《法律方法》第 13 卷,山东人民出版社 2013 年版,第 366 页。
④ 吴学斌:《刑法适用方法的基本准则》,中国人民公安大学出版社 2008 年版,第 140 页。
⑤ 陈兴良、周光权:《刑法学的现代展开》,中国人民大学出版社 2006 年版,第 78 页。

刑法解释方法的确证功能类型化与体系化的关联关系的诠释不足。

还值得注意的是，逻辑顺序论与层级论有时交织在一起，论者通常认为刑法解释方法既有一定逻辑顺序又有一定层级并且二者是相互通融的。如苏彩霞教授认为，刑法解释应遵循文义解释→体系解释→历史解释→目的解释→合宪性解释的运用顺序，在可能文义的界限点上文义因素绝对优先，在可能文义的界限内目的解释则为解释之冠，解释刑法时应运用与遵循这种位阶关系。[①] 程红教授认为，刑法解释方法之间肯定存在一定的位阶关系，其一方面表现为刑法解释方法之间的"适用位阶"，应遵循"文理解释→体系解释→目的论解释"的序列，另一方面表现为刑法解释方法之间的"效力位阶"[②]。但是，逻辑顺序论、层级论以及二者交织论均没有深刻揭示出各种刑法解释方法之间的一体化整合功能关系。

其三，"传统经典三分法"对刑法解释方法的确证功能体系化重视不够。传统刑法解释论和功能主义刑法解释论的相当部分学者对于刑法解释方法的确证功能体系化问题要么持有反对态度，要么持有如前所述的平行论、逻辑顺序论与层级论的见解，应当说均没有深刻阐释清楚刑法解释方法的确证功能体系化命题。尽管有观点主张刑法解释方法的层级论[③]、功能性体系化论[④]命题，但是对相关命题的学理论证不充分，甚至出现错误，尤其是那种将"刑法解释方法体系化"命题简单地理解为"刑法解释方法位阶排序竞争关系体系化"的观点，完全背离了刑法解释方法体系化的应有内涵，这些问题均有待深入研讨。

基于以上分析可见，应将传统的刑法解释方法竞争关系论改造为刑法解释方法确证功能结构关系论，刑法解释方法确证功能具体包括文义解释方法确证功能、论理解释方法确证功能、刑事政策解释方法确证功能三方面，缺一不可；还应将传统的刑法解释方法平行论改造为刑法解释方法确证功能共生融合论，进行"三性确证功能统一体"的体系化融

---

① 苏彩霞：《刑法解释方法的位阶与运用》，《中国法学》2008 年第 5 期。
② 程红：《论刑法解释方法的位阶》，《法学》2011 年第 1 期。
③ 陈兴良、周光权：《刑法学的现代展开》，中国人民大学出版社 2006 年版，第 78 页。
④ 魏东：《刑法解释学基石范畴的法理阐释——关于"刑法解释"的若干重要命题》，《法治现代化研究》2018 年第 3 期。

合，以有效实现刑法解释方法确证功能的类型化与体系化，才能完整体系化地发挥刑法解释方法确证功能，才能最终确证刑法解释结论有效性"三性统一体"。

3. 刑法解释方法确证功能体系化的内部贯通

基于结果与方法并重的功能主义立场，功能主义刑法解释论从有效性与解释方法确证功能的对应融合关系出发证成了刑法解释方法体系化的外部路径依赖之后，还必须从解释方法确证功能的"内部"视角进一步进行刑法解释方法确证功能的体系化建构，才能完美实现解释方法体系内的整合、循环、填补、融贯的视域融合。

应当说，从刑法解释方法确证功能的类型化转向体系化仅有一步之遥。但是，不但传统的认识论、方法论刑法解释学尚未真正完成这种立场转向，这一点从前述有关刑法解释方法论体系化命题之争可以看出，刑法解释方法的确证功能体系化命题不完全等同于传统刑法解释方法体系化判断；而且功能主义刑法解释论在此问题上更是思考不足甚至莫衷一是，使得刑法解释方法确证功能体系化命题成为一项未竟事业，有待深入研讨。

可见，刑法解释方法的确证功能体系化命题尽管在表面上同层级论具有较强的亲近性，但是，该命题在功能性体系化的实质层面上具有超越层级论的根本特质。功能主义刑法解释论必须在完成方法论体系化回归任务的基础上，从方法论自身的"内部"视角进一步进行刑法解释方法确证功能的体系化建构，才能真正实现解释方法体系化。申言之，刑法解释方法体系化命题的实质内涵只能是刑法解释方法确证功能体系化，核心内容包括刑法解释方法确证功能的整合、循环、填补、融贯的视域融合。

（1）整合：刑法解释方法确证功能体系化并非各种刑法解释方法的单纯的竞争择一关系，而是功能性共生融合关系

刑法解释方法的确证功能整合关系，表现为刑法文义解释方法的合法性确证功能、（法规范内的）论理解释方法的合理性确证功能、（法规范外的）刑事政策解释方法的合目的性确证功能必须同时具备，全面融合，形成"三性确证功能统一体"，才能有效确证解释结论有效性"三性统一体"。如前所述，刑法解释方法确证功能的体系化整合路径是：先进

行文义解释确证解释结论合法性底线基础,后进行论理解释和刑事政策解释确证解释结论合理性和合目的性优化价值,解释过程中可以进行解释性循环。但是问题是,当刑法的文义解释方法、论理解释方法、刑事政策解释方法各自所得出的结论出现矛盾时,应当如何运用刑法解释方法确证功能共生融合关系体系化的立场来解决矛盾?这是刑法解释方法确证功能体系化命题所要解决的至关重要的问题。对此问题,本书提出的解决方案如前所述,即在合法性底线基础价值之上进一步求证合法空间可包容的合理性和合目的性优化价值(可包容的优化价值论),并在合法空间可包容的各种优化价值中遴选出"最优化价值"(可包容的最优化价值论),将超出合法空间的所谓优化价值排斥在外,依此规则进行解释性循环。以抢劫案中非军警人员冒充军警人员并与军警人员共同抢劫的(抢劫案第一种情形)、军警人员与军警人员共同抢劫的(抢劫案第二种情形)是否适用抢劫罪"冒充军警人员抢劫的"这一法定的加重处罚情节为例,刑法解释方法确证功能的整合论所强调的功能性共生融合关系可以作以下进一步诠释:

首先,必须符合文义解释方法确证功能所限定的解释结论"合法性"底线基础价值和合法空间,将论理解释方法和刑事政策解释方法所得出的结论框定在文义解释方法确证功能之内,排除那些不符合文义解释结论"合法性"要求的其他任何结论的合法性。文义解释方法所得出的解释结论(文义解释结论)通常具有多样性,其主要功能就是限定最终解释结论合法性底线基础价值,超越这一合法性底线基础价值就违背了刑法解释合法性原则(以及刑法的罪刑法定原则)。按照刑法文义解释方法,抢劫罪"冒充军警人员抢劫的"包括但不限于以下诸情形:非军警人员既冒充军人又冒充警察的,非军警人员只冒充军人的或者只冒充警察的,军人冒充警察的,警察冒充军人的,此军人冒充彼军人的,此警察冒充彼警察的,等等。那么,前述抢劫案第一种情形(即非军警人员冒充军警人员并与军警人员共同抢劫的)符合抢劫罪"冒充军警人员抢劫的"这一法定的加重处罚情节的文义解释结论,也符合论理解释结论和刑事政策解释结论,因此当然可以适用该情节;前述第二种情形(即军警人员与军警人员共同抢劫的)完全不符合抢劫罪"冒充军警人员抢劫的"这一法定的加重处罚情节的文义解释结论,不能认为根据刑事政策解释方法所确证的合目的性（对军警人员抢劫不能轻于非军警人员抢劫这一政策理性）来适用抢劫罪"冒充军警人员抢劫的"这一法定的加重处罚情节，但是可以根据"可包容的最优化价值"规则而予以"从重处罚"。

当然还需要注意，文义解释方法必须符合语言学基本原理，"务必使指控为犯罪的行为处于所用法律词义的普通常识的范围之内，而不曲解这些词义"[1]，不能"强词夺理"地随意增添文义。例如，有学者认为"冒充不等于假冒。换言之，'冒充'包括假冒与充当，其实质是使被害人得知行为人为军警人员，故军警人员显示其身份抢劫的，应认定为冒充军警人员抢劫"[2]。其实，文义解释方法客观上不能确证军警人员显示其真实身份抢劫属于"冒充军警人员抢劫"的解释结论合法性，因为即便认为"'冒充'包括假冒与充当"，"充当"（当然还包括"假冒"）仍然不能解释为"军警人员显示其真实身份"，"充当"本身始终无法得出"以真充真"这个语义（而只有"以假充真"语义），这才是文义解释的基本结论。

其次，必须符合论理解释方法确证功能所遴选的解释结论"合理性"优化价值，将刑事政策解释方法所得出的结论框定在论理解释方法（以及文义解释方法）确证功能之内，排除那些不符合论理解释结论"合理性"要求（当然还要排除不符合文义解释结论"合法性"要求）的其他任何结论的合理性。论理解释方法所得出的解释结论（论理解释结论）通常也可能具有多样性，其主要功能就是限定最终解释结论合理性优化价值范围，超越这一合理性优化价值范围就违背了刑法解释合理性原则。按照刑法论理解释方法，解释结论是前述第一种情形（即非军警人员冒充军警人员并与军警人员共同抢劫的）符合共同犯罪原理，因此可以适用抢劫罪"冒充军警人员抢劫的"这一法定的加重处罚情节；前述第二种情形（即军警人员与军警人员共同抢劫的）由于没有非军警人员冒充军警人员参与共同犯罪，依法理（以及文义）不能适用抢劫罪"冒充军警人员抢劫的"这一法定的加重处罚情节。

---

[1] 储槐植、江溯：《美国刑法》（第四版），北京大学出版社2012年版，第25页。
[2] 张明楷：《刑法学》（第五版）（下），法律出版社2016年第5版，第994页。

再次，必须符合刑事政策解释方法确证功能所遴选的解释结论"合目的性"优化价值，在文义解释方法和论理解释方法所得出的解释结论中进一步在刑事政策解释方法确证功能之内确证优化价值，按照"可包容的最优化价值"规则遴选出那些"更加"符合刑事政策解释结论"合目的性"要求的某种解释结论，而不能忽视刑事政策结论合目的性优化价值的要求。刑事政策解释方法所得出的解释结论（刑事政策解释结论）通常也可能具有多样性，有可能出现"完全符合""部分符合""完全不符合"刑事政策解释结论等多种情形，其主要功能就是遴选出最终解释结论合目的性范围，按照"可包容的最优化价值"规则进行刑事政策解释结论合目的性优化价值遴选。在某些特殊情形下，如果单纯按照刑事政策解释方法所得出的解释结论完全超出了文义解释结论和论理解释结论的范围，则应当否定该刑事政策解释结论的合法性和合理性（即使具备合目的性优化价值）。按照刑事政策解释方法，前述第一种情形（即非军警人员冒充军警人员并与军警人员共同抢劫的）当然可以适用抢劫罪"冒充军警人员抢劫的"这一法定的加重处罚情节；前述第二种情形则比较特殊，我国有学者认为，由于"从实质上说，军警人员显示其真实身份抢劫比冒充军警人员抢劫，更具有提升法定刑的理由"，因此主张也可以适用抢劫罪"冒充军警人员抢劫的"这一法定的加重处罚情节[①]，但是本书认为这种观点并不妥当，原因在于这种解释结论超出了刑法文义解释方法和论理解释方法所确证的解释结论合法性和合理性，违背了"可包容的最优化价值"规则。

最后，当刑法的文义解释方法、论理解释方法、刑事政策解释方法各自所得出的结论之间具有一致性时，才能承认刑法解释方法的合法性确证功能、合理性确证功能、合目的性确证功能均得到了有效发挥，实现了"三性确证功能统一体"，才能有效确证解释结论有效性"三性统一体"。但是，当刑法的文义解释方法、论理解释方法、刑事政策解释方法各自所得出的结论之间存在矛盾并且无法消除时，则违背了刑法解释方法"三性确证功能统一体"原理，不能有效确证解释结论有效性"三性统一体"，亦即就应当否定这种"存在矛盾并且无法消除矛盾"的解释结

[①] 张明楷：《刑法学》（第五版）（下），法律出版社2016年第5版，第994页。

论之有效性。这种情形下应当如何消除矛盾并解决问题？刑法解释方法体系化"三性确证功能统一体"整合的原则是：刑法文义解释结论合法性底线基础价值（合法空间）不得突破，刑法论理解释结论合理性优化价值和刑事政策解释结论合目的性优化价值只能按照"可包容的最优化价值"规则进行解释论整合。从刑法解释方法"三性确证功能统一体"的立场出发，可以发现：前述第一种情形（即非军警人员冒充军警人员并与军警人员共同抢劫的）可以适用抢劫罪"冒充军警人员抢劫的"这一法定的加重处罚情节，完全符合刑法解释方法"三性确证功能统一体"的体系性要求；但是，前述第二种情形不可以适用抢劫罪"冒充军警人员抢劫的"这一法定的加重处罚情节，这时仅可以按照"可包容的最优化价值"规则进行解释论整合，可考虑对前述第二种情形予以"从重处罚"（但不能适用加重处罚情节）。但是，不能说刑事政策解释方法"优于"刑法文义解释方法和论理解释方法，而不顾刑法文义解释方法和论理解释方法的确证功能，从而违背刑法解释方法"三性确证功能统一体"的体系性要求。在文义解释结论底线基础价值之上，再运用论理解释方法和刑事政策解释方法进行进一步的解释说理，其强调的是刑法解释方法"三性确证功能统一体"和解释结论有效性"三性统一体"，而并非简单地确认刑事政策解释方法"优于"刑法文义解释方法和论理解释方法，这是必须特别强调的。

　　应当说，层级论（以及逻辑顺序论）并非都主张刑法解释方法确证功能的整合关系论，有的模棱两可，有的避而不谈。例如，有的学者没有正确认识刑法解释方法的确证功能特点，给人感觉是在某种特定情形之下可以仅选用"某一种"刑法解释方法来确证刑法解释结论有效性而排斥或者忽视其他刑法解释方法的确证功能；有的学者一方面认为不同解释方法各有优劣，不存在哪一种解释方法完全优于其他方法的情形，也没有任何一种解释结论能够完全排除另外一种解释结论[1]，另一方面没有说清楚不同解释方法之间是一种什么样的关系以及是否需要进行功能性整合的问题；有的学者认为，在可能文义的界限点上文义因素绝对优

---

[1] 温登平：《刑法解释方法位阶关系否定论》，载陈金钊主编《法律方法》第13卷，山东人民出版社2013年版，第366页。

先，在可能文义的界限内目的解释则为解释之冠，解释刑法时应运用与遵循这种位阶关系①，但是仍然没有论及不同刑法解释方法的确证功能之间的整合关系。因此，刑法解释方法的功能性整合关系命题在实质内涵上是超越位阶排序论（如层级论和逻辑顺序论等）的，它不但强调了刑法解释方法"三性确证功能统一体"，而且强调了它和解释结论上"三性统一体"之间的紧密关联性与共生融合体系化。

　　刑法解释方法的功能性整合关系命题是否符合并能够指导刑法解释实践？这个疑问可能表现于下列情形：实践中我们针对某一个刑法条文（规范）与案情事实，通常都能够直接得出某种解释结论，例如针对张三强奸某女李四的案情事实，人民法院判决张三构成强奸罪，似乎没有感觉到刑法解释方法的任何运用，尤其没有感觉到（法规范外的）刑事政策解释方法的功能发挥，这种现象是不是说明刑法解释方法的功能性整合关系命题存疑？这种疑问其实是由人们对理论研究与实践做法的误解造成的，刑法解释论就是研究刑法解释实践现象所抽象出来的系统理论知识，"没有感觉到"理论不能等同于没有理论本身。以刑事政策解释方法的合目的性确证功能为例，应当承认许多情况下刑法规范条文的规范含义是明确的，案情事实是很容易对应于刑法规范条文的，刑法解释结论合法性、合理性和合目的性也就很容易获得确证从而获得了解释结论有效性，那么，这种情形下刑事政策解释方法的合目的性确证功能仍然应当认为得到了运用发挥，只不过这时的合目的性确证功能表现为某种"印证"的属性——刑事政策解释方法的合目的性确证功能印证了既有解释结论合目的性的性质；还应承认在某些特殊情况下刑法条文的规范含义不是很明确并且案情事实也很特殊，从而表现为解释结论合目的性存在两种以上的分歧意见，那么，这种情形下刑事政策解释方法的合目的性确证功能就表现为某种"甄别选择"的属性——刑事政策解释方法的合目的性确证功能"甄别选择"了正确的解释结论合目的性（判断）从而否定了错误的解释结论合目的性（判断）的性质。但是无论是哪种情形，均存在刑事政策解释方法的合目的性确证功能。

　　因此，刑法解释方法的功能性体系化命题主张，刑法解释方法的三

---

① 苏彩霞：《刑法解释方法的位阶与运用》，《中国法学》2008年第5期。

性确证功能"可以"并且"必须"同时存在并共同发挥作用，只有"三性确证功能统一体"才能共同完成对解释结论有效性"三性统一体"的确证功能。任何单一的某一类刑法解释方法由其功能性类型化特点所决定均不具有"单枪匹马"地周全确证刑法解释结论有效性的特异功能，而是需要三类刑法解释方法确证功能的完美整合才能证立刑法解释结论有效性。刑法解释方法的确证功能整合关系强调"三性确证功能统一体"，有助于我们审查判断有关刑法解释方法对解释结论有效性的确证功能是否完备的问题。例如，刘艳红教授针对当下网络犯罪的解释适用问题提出"主观的客观解释"命题，指出：结合主观解释论的法治基因优势，宜以"主观的客观解释论"重新塑造网络时代刑法的客观解释论，即在网络犯罪的解释适用中，以客观解释为基础，同时其解释不能超出"刑法条文的语言原意"之范围，以主观解释作为客观解释之限定。① 这里，刘艳红教授可能想表达的意思是：主观解释具有限定解释结论不能超出"刑法条文的语言原意"之范围，相当于运用文义解释方法确证功能限定了解释结论合法性底线基础价值，也部分解决了合理性（因为主观解释也具有论证法规范内的合理性的确证功能）；客观解释则相当于运用法规范内的论理解释方法确证功能限定了解释结论的合理性优化价值。即使如此理解，刘艳红教授所提出的"主观的客观解释论"仍然只解决了合法性和合理性的整合问题，但是尚缺乏合目的性的功能确证，因而仍然难以达成刑法解释方法的功能性整合关系论所强调的"三性确证功能统一体"完美整合。在本书看来，主观解释与客观解释本来应归属于法规范内的论理解释方法范畴，从刑法解释方法确证功能整合关系论上看，"主观的客观解释论"仅仅解决了解释结论合法性和合理性问题，但是仍然没有解决合目的性问题，因而仍然是不完备的。再如，欧阳本祺教授针对当下网络犯罪刑法解释的限度问题提出了"网络时代确定刑法解释的内部限度与外部限度的基本方法与基本规则"命题，指出：划定刑法解释的内部限度应该在坚持"法条用语的可能含义""一般人的预测可能性"这两条一般标准的前提下，先根据网络犯罪的类型确定刑法解

---

① 刘艳红：《网络时代刑法客观解释新塑造："主观的客观解释论"》，《法律科学》2017年第3期。

释的大致方向，再根据网络犯罪与传统犯罪的等价性确定刑法解释的具体限度；划定刑法解释的外部限度应该立足于现实主义的网络治理模式，探索刑法与准则、市场、技术各自作用的边界。[1] 这里，欧阳本祺教授针对刑法解释的限度问题展开讨论，从刑法解释方法的功能性整合关系论看，所谓"刑法解释的内部限度"应坚持"法条用语的可能含义""一般人的预测可能性"这两条一般标准，应当说主要归属于刑法文义解释方法对解释结论合法性确证功能论范畴，所谓"刑法解释的外部限度"应该"立足于现实主义的网络治理模式，探索刑法与准则、市场、技术各自作用的边界"的问题，应当说主要归属于刑事政策解释方法对解释结论合目的性确证功能论范畴，但是仍然没有在刑法解释方法的功能性整合关系论上解决合理性的确证功能问题，因而也难以达成刑法解释方法的功能性整合关系论所强调的"三性确证功能统一体"完美整合。因此，基于刑法解释方法的功能性体系化命题的应有立场，刘艳红教授针对当下网络犯罪的解释适用问题提出"主观的客观解释"命题，若能再嵌入刑事政策解释方法所确证的合目的性优化价值，则更周全；欧阳本祺教授针对当下网络犯罪刑法解释的限度问题提出"网络时代确定刑法解释的内部限度与外部限度的基本方法与基本规则"命题，若能融入论理解释方法所确证的合理性优化价值，则更完美。

（2）循环：刑法解释方法确证功能体系化并非各种刑法解释方法之间单纯的层级关系，而是可回溯的功能性循环关系

刑法解释方法的功能性整合关系阐释清楚了"三性确证功能统一体"特点，但是还需要关注刑法解释方法确证功能的整合过程。在刑法解释方法的功能性审查中，由合法性到合理性再到合目的性的功能性类型化排序中，可以认为合法性是底线基础（价值），因而必须首先获得确证，合法性尽管可能具有多样性但是其必不可少，因而其可谓确证刑法解释方法（与解释结论）有效性的第一次遴选；在合法性基础上，合理性必须获得确证方能实现合法性和合理性的有效整合，因而合理性的应然含义是在合法性基础上再确证合理性（即没有合法性基础时则没有合理性），从而合理性可谓有效性的第二次遴选；在合法性和合理性的基础

---

[1] 欧阳本祺：《论网络时代刑法解释的限度》，《中国法学》2017年第3期。

上，合目的性也必须获得确证才能实现合法性、合理性和合目的性的有效整合，因而，合目的性的应然含义是在合法性和合理性基础上再确证妥当性优化价值，从而合目的性可谓有效性的第三次遴选，也是最终一次遴选。在有效性的三次遴选——从文义解释方法开始第一次遴选，经由（法规范内的）论理解释方法第二次遴选，到（法规范外的）刑事政策解释方法第三次遴选——过程中，第一次遴选（合法性）应当逻辑地成为底线基础（价值），第二次遴选（合理性）和第三次遴选（合目的性）则逻辑地成为优化价值，这种"底线基础"和"优化价值"的功能性关联关系要求各种功能性类型既是彼此相对独立的又是必不可少的、不可相互可替代的，因而是必须同时具备并予以全面有效整合的，最终实现刑法解释方法"三性确证功能统一体"与解释结论"三性统一体"的功能性整合关系。

但是，三种解释方法的三次遴选并非单纯的层级关系，而是可以回溯的功能性循环关系。在刑法解释方法"三性确证功能统一体"整合过程中，有三种典型情形需要进行可回溯的功能性循环整合：一是，当刑法解释结论出现"合理但不合法"或者"合理合目的但不合法"的情况时，需要在论理解释方法和刑事政策解释方法的合理性和合目的性功能性审查中进行可回溯的文义解释方法合法性的确证功能审查，只能在可确证的合法性底线基础价值上合法空间范围之内遴选出合理性和合目的性优化价值（"可包容的最优化价值"规则），并排除那些无法获得合法性确证的论理解释结论和刑事政策解释结论；二是，当刑法解释结论出现"合目的但不合理"的情况时，需要在刑事政策解释方法的合目的性功能性审查中进行可回溯的论理解释方法合理性的确证功能审查，只能在可确证的合理性之中遴选出合目的性，并排除那些无法获得合理性确证的刑事政策解释结论；三是，当刑法解释结论出现"合法但不合目的性"或者"合法合理但不合目的性"的情况时，需要在文义解释方法和论理解释方法所确证的合法性和合理性功能性审查中进行可回溯的刑事政策解释方法合目的性的确证功能审查，只能在可确证的合法性底线基础和合理性优化价值之中遴选出可确证的合目性优化价值。需要强调指出的是，刑法解释方法可回溯的功能性循环关系并不否认刑法解释方法确证功能体系化。

例如，理发店里容留"手淫""波推"的行为，是否可以解释认定为容留卖淫罪？广东省东莞市中级人民法院认为不可以[①]，但是其他部分法院却认为可以，这里就存在一个"合法性判断"问题。本书同意东莞市中级人民法院作出的"不可以"认定为容留卖淫罪的解释结论。针对东莞市理发店容留手淫波推案，文义解释方法客观上不能确证"手淫""波推"属于卖淫这一解释结论合法性底线基础价值（合法空间），因为"手淫""波推"由于不具有"卖淫"文义上所内含的"性侵入"这一内容；论理解释方法也难以确证"手淫""波推"属于卖淫这一解释结论合理性（至少存有争议）；刑事政策解释方法在较大程度上能够确证"手淫""波推"属于卖淫这一解释结论合目的性（主要是有利于治安政策上防控"手淫""波推"）。也就是说，这时刑法的文义解释方法和刑事政策解释方法（以及论理解释方法）所分别确证的解释结论出现了明显的矛盾，通过刑事政策解释方法和文义解释方法进行解释性循环、回溯仍然无法解决这个矛盾，由于文义解释方法客观上不能确证"手淫""波推"属于卖淫这一解释结论合法性底线基础价值，因此根本无法实现刑法解释方法"三性确证功能统一体"，从而不能确证"手淫""波推"属于卖淫这一解释结论解释结论有效性"三性统一体"，据此，人民法院认为理发店里容留"手淫""波推"的行为不可以解释认定为容留卖淫罪。当然，治安政策上将"手淫""波推"解释认定为卖淫，从而可以进行治安处罚，这里涉及《治安处罚法》相关条款的文义解释结论有效性问题，它不同于刑法解释结论有效性问题，在此不作具体展开。

（3）填补：刑法解释方法确证功能体系化针对"刑法立法漏洞"并非全面确认刑法解释方法的功能性绝对填补关系，而是仅确认刑法解释方法的功能性相对填补关系

相较于其他部门法针对立法漏洞的解释性填补而言，刑法解释的功能性填补具有相对性和更大的有限性。基于罪刑法定原则和刑法谦抑性的立场，对于真正的刑法立法漏洞，刑法解释不得作出入罪（以及入重罪）方向的解释性填补，而只能进行有利于被告人出罪方向的解释性填

[①] 陈旭均、蒋小美：《提供手淫"服务"不构成介绍、容留卖淫罪》，《人民司法》2008年第16期。

补（单向性解释填补），这是刑法解释方法的功能性相对填补关系的基本内容。对于"非真正的"（刑法）立法漏洞，刑法解释方法的功能性填补才可以是"双向性"的解释性填补，即可以在出罪和入罪的双向性上进行解释性填补，并且应注意刑法解释的限度考量。由此可见，刑法解释只能针对"非真正的"（刑法）立法漏洞进行"双向性"的解释性填补，但是针对真正的（刑法）立法漏洞，刑法解释不能进行全方位"双向性"的解释性填补而只能进行有利于被告人出罪（以及出重罪）的"单向性"的解释填补，因为"此种填补徒增解释性侵害人权风险而并没有合理限制法官搞罪刑擅断的重大风险。在此点上，保守的刑法解释论则主张解释性构建人权保障屏障"[1]，因而禁止作出入罪方向的解释性填补（因为违反罪刑法定原则），充分体现了刑法解释方法的功能性相对填补关系。按照刑法解释方法的功能性相对填补关系原理，承认、发现"真正的"刑法立法漏洞，然后通过修订完善刑法立法以填补刑法立法漏洞，秉持"解开实然与应然冲突的途径只能从立法技术入手"的严谨态度[2]，而不是通过刑法解释技术来对"真正的"刑法立法漏洞进行司法填补，既是刑法解释的保守性命题所内含的基本立场[3]，也是实现刑法良法之治的基本要求。

例如，在前述军警人员与军警人员共同抢劫的行为不能适用抢劫罪"冒充军警人员抢劫的"这一法定的加重处罚情节，从刑法解释方法针对"刑法立法漏洞"的功能性相对填补关系看，《刑法》第 263 条第（六）项"冒充军警人员抢劫的"之规定，并没有规定"军警人员显示其真实身份"抢劫的情形，客观上是一种真正的（刑法）立法漏洞，按照刑法解释不能进行全方位的解释性填补而只能进行有利于被告人出罪（以及出重罪）的"单向性"的解释填补的原理，不能将"军警人员显示其真实身份"抢劫的情形解释为《刑法》第 263 条第（六）项"冒充军警人

---

[1] 魏东：《刑法解释保守性命题的学术价值检讨——以当下中国刑法解释论之争为切入点》，载《法律方法（第18卷）》，山东人民出版社2015年版，第220—236页。

[2] 王勇：《论我国〈刑法〉第147条的罪过形式——基于刑法立法的解读》，《法学杂志》2011年第3期。

[3] 魏东：《从首例"男男强奸案"司法裁判看刑法解释的保守性》，《当代法学》2014年第2期。

员抢劫的"(因为这种解释结论有效性无法获得刑法解释方法"三性确证功能统一体"的完整确证),而仅可以按照"可包容的最优化价值"规则予以"从重处罚"。

(4)融贯:刑法解释方法的确证功能体系化并非各种刑法解释方法的简单聚合,而是各种刑法解释方法确证功能的贯通关系

刑法解释方法的确证功能体系化还必须妥当处理好刑法解释方法的功能性融贯关系。刑法解释的融贯性问题仅有少数刑法学者提出和关注。有学者指出,刑法解释要达到法律体系的内在协调和论证结果的一致才能实现融贯性。① 但是,这种论述其实并没有对刑法解释的融贯性给出一个明确的概念。法律领域的融贯论一般认为可以分为三种,即法律论证中的融贯论、法律体系内的融贯论、法律融贯主义②。有学者认为,法律领域的融贯论分为认识性法律融贯论、构成性法律融贯论、整全性法律融贯论三种,认识性法律融贯论是一种关于法律知识的证成理论,构成性法律融贯论是一种关于法律本质以及正确裁判的理论,整全性法律融贯论是一种关于法律知识最优证成理论的广义融贯论,此三种融贯论互不具有可替代性,认识性法律融贯论属于真理证成计划,构成性法律融贯论属于真理形而上学计划,而整全性法律融贯论则对认识性法律融贯论的真理论价值给予元理论说明。③ 可以认为,法律解释学关注的融贯性主要是法律论证中的融贯论(认识性法律融贯论)、法律体系内的融贯论(构成性法律融贯论)。例如,法理学者雷磊指出,法律体系的融贯性,意味着法律体系各个部分之间的相互支持与证立,这是对于法律体系的道德要求,也是法治的目标之一;法律体系的融贯性包含连贯性、体系融贯性与理念融贯性三个层次,它是借助于一定的诠释方法建构出的产物;当代中国法律体系的融贯化面临特殊的难题,只有从制度体系、背景体系、方法体系三个方面努力才能建构出满足三个层面融贯性要求的

---

① 范玉、刘畅:《论刑法解释的融贯性——从刑法解释内容切入》,载魏东主编《刑法解释》(第4卷),法律出版社2019年版,第43页。
② 蔡琳:《融贯论的可能性与限度——作为追求法官论证合理性的适当态度和方法》,《法律科学》2008年第3期。
③ 陈曦:《法律融贯论辨析》,《北方法学》2017年第6期。

法律体系。① 根据宪法学者王锴的归纳，佩策尼克、德沃金、法农、阿列克西、劳伦斯·邦久等学者对法律解释的融贯性主要有以下研究成果②：①佩策尼克首次将融贯性（coherence）作为法律解释学（legal doctrine）的构成基础，其融贯性要求解释理由之间的相应证立与循环论证，法释义学就是在追求所有方面（知识、道德、正义）的融贯性；从非单调逻辑出发进行追问和扩展，这一追问和扩展越深远，遇到的问题就越多，问题之一就是非单调逻辑允许对推理前提的质疑或否定，一旦前提的反面情况出现，推理或论证的结论就应当改变，但是新的理由后面还有更新的理由，反面论证也有可能出现它自己的反面论证，如此追问下去就要求保持融贯性，即理由之间的相应证立与循环论证。②德沃金指出，融贯性解释理论要求法官对法律的解释与体制中的价值观念相一致。德沃金主张对法律的解释必须采取融贯性和整体性的立场③，以融贯论作为法律真理观，以罗尔斯的"反思性均衡"作为法律解释的方法，以信念之间、信念和经验之间的融贯性作为法律解释的标准，从而为"法律唯一正解"提供哲学上的正当化根据④。③法农认为，（宪法）解释的融贯性是指不同的解释方法最后都指向同一个结论，要求不同的（宪法）论证尽量符合法治、政治民主性、通过尊重个人权利推动实质正义的价值要求。④阿列克西认为，融贯性是指逻辑上一致、团结、综合。⑤劳伦斯·邦久将融贯性总结为以下七点：其一，它在逻辑上是一致的；其二，它拥有高度的无矛盾可能性；其三，它的组成信念之间有着相当数量、相当强烈逻辑蕴含的关系；其四，它是相对统一的，它没有分裂成相对无联系的子系统；其五，它只有很少的无法说明的例外情形；其六，它有一个相对稳定的、长期保持融贯（满足了前面五个条件）的世界观；其七，它满足了观察的要求，意味着它必须包含一套高度依赖许多合理

---

① 雷磊：《融贯性与法律体系的建构——兼论当代中国法律体系的融贯化》，《法学家》2012 年第 2 期。

② 除特别注明出处的内容外，主要内容参见王锴《宪法解释的融贯性》，《当代法学》2012 年第 1 期。

③ 宋振保：《法律解释方法的融贯运作及其规则——以最高院"指导案例 32 号"为切入点》，《法律科学》2016 年第 3 期。

④ 王彬：《论法律解释的融贯性——评德沃金的法律真理观》，《法制与社会发展》2007 年第 5 期。

的自发性信念，包括内省性的信念。

综上所述可见，尽管理论界对法律解释的融贯性概念尚未给出一个大家公认的定义，但是其基本含义还是比较明确的，即法律解释的融贯性，是指对法律解释必须具有在整体法秩序上的一致性、贯通性和协调性，在各部门法之间、部门法内部各要素之间必须具有协调一致性、贯通性和相互证立性，而不至于出现法律解释过程和结论上无法解决的矛盾。那么，参考法理学和宪法学者的研究成果，本书认为：刑法解释的融贯性，是指刑法解释基于整体法秩序上的一致性和协调性，以及协调一致的解释原则、目标、立场以及解释方法体系化，确保刑法解释方法、过程和结论的逻辑一致性、协调性和相互证立性。

例如，成都孙伟某醉驾致人死亡案[①]。孙伟某的行为到底是构成交通肇事罪，还是构成以危险方法危害公共安全罪？应当承认这一疑问是客观存在的，孙伟某的辩护人提出了将其行为定性为交通肇事罪的辩护意见，四川省和成都市两级人民法院均认定孙伟某的行为构成以危险方法危害公共安全罪。这一疑问的合理解决，必须谨慎观照刑法原理和刑法解释的融贯性。就成都孙伟某醉驾致人死亡行为的刑法解释结论而言，表面上看可能存在违背法律解释融贯性的疑问，因为，本案将孙伟某醉驾致人死亡的行为"解释"为故意（放任）致人死亡结果的发生，因而孙伟某的行为构成以危险方法危害公共安全罪，而在其他较多情形下醉

[①] 案例来源：2009 年 9 月 15 日，最高人民法院《关于醉酒驾车犯罪法律适用问题的意见》法发（2009）47 号附随案例一。案情与审判情况：2008 年 5 月 28 日，上诉人（原审被告人）孙伟某购买了车牌号为川 A43K66 的别克牌轿车。在未取得合法驾驶资格的情况下，孙伟某长期无证驾驶该车，并有多次交通违法记录。2008 年 12 月 14 日中午，孙伟某与其父母在成都市成华区万年场"四方阁"酒楼为亲属祝寿，其间大量饮酒。16 时许，孙伟某驾驶川 A43K66 车送其父母到成都市火车北站搭乘火车，之后驾车折返至城东成龙路向成都市龙泉驿区方向行驶。17 时许，行至成龙路"蓝谷地"路口时，孙伟某驾车从后面冲撞与其同向行驶的川 A9T332 比亚迪牌轿车尾部。其后，孙伟某继续驾车向前超速行驶，并在成龙路"卓锦城"路段违章越过道路中心黄色双实线，与对面车道正常行驶的川 AUZ872 长安奔奔牌轿车猛烈碰撞后，又与川 AK1769 长安奥拓牌轿车、川 AVD241 福特蒙迪欧牌轿车、川 AMC337 奇瑞 QQ 轿车发生碰撞及擦刮，致川 AUZ872 长安奔奔牌轿车内张景某及尹国某夫妇、金亚某及张成某夫妇死亡，另一乘客代玉某重伤，造成公私财产损失共计 5 万余元。交通警察接到群众报案后赶至现场将孙伟某抓获。经鉴定，孙伟某驾驶的车辆碰撞前瞬间的行驶速度为 134—138 公里/小时；孙伟某案发时血液中的乙醇含量为 135.8 毫克/100 毫升。本案一审和二审均认定孙伟某构成以危险方法危害公共安全罪，原一审判决孙伟某死刑立即执行，二审改判孙伟某无期徒刑。

驾致人死亡的行为是被"解释"为过失致人死亡结果的发生因而仅构成交通肇事罪的。这里需要特别的解释说理才能满足刑法解释的融贯性要求，然后才能够实现刑法解释的逻辑性自洽。

刑法解释融贯性的实现，还需要充分观照刑法教义学原理阐释的语境性。语境性是从语言论意义上强调语义阐释时所限定的具体情境，在犯罪学上同"情境性"相联系，因此可以说法理阐释的语境性和犯罪行为的情境性密切相关。孙伟某醉驾致人死亡的行为，发生在人员密集流动的闹市区（成都市区）之中，这一具体的语境性（情境性）就决定了孙伟某醉驾、严重超速行车、逆行尤其是跨越双实线逆行、连续发生多起撞击行驶中的机动车和行人并致多人死亡和重伤的系列行为，由于在"这一"具体情境（语境）下孙伟某的行为根本就不具有或者说几乎不具有避免车毁人亡危害结果发生的现实可能性，或者说孙伟某的行为在"这一"具体情境（语境）下具有发生危害结果的风险已经升高至极以至于客观上不大可能有效防范危害结果发生，依法应当解释为"故意"放任危害结果的发生（即间接故意），而不应解释为"过失"。

这里涉及风险升高理论。关于风险升高理论，周光权教授指出："对于交通肇事罪的认定，传统上认为超速行驶就提升了法益风险，行为就具有社会危害性，从而很容易得出被告人构成过失犯罪的结论。对这种判断逻辑必须进行反思。过失犯有不同于故意犯的客观构成要件，结果避免可能性是其中的核心内容，对此，新过失论和修正的旧过失论都予以承认。风险升高理论的功能极其有限，其对行为制造了法所禁止的风险这一点进行了揭示，但不能由此得出行为人一定实现了法所禁止的风险的结论。在超速驾驶提升法益风险的场合，对结果避免可能性是否存在需要仔细判断，抽象地认为行为提升了法益风险就可以成立过失犯的主张并不合理。在处理具体案件时，对被告人即便遵守规定，结果是否仍然也无法避免的关键事实无法查明，或不能证明结果发生的概率极高的，都不能将死亡结果算到行为人头上，只能做有利于被告的认定；控方只有证明到如果行为人合乎义务地行动，结果就近乎肯定会避免时，才符合事实清楚、证据确实充分的证明要求。"① 对此笔者必须指出，风险升高理论尽管通常适用于过失犯罪，但是，其完全可以作为故意犯罪（包括间接故意犯罪和直接故意犯罪）的一种解释理论。诚如周光权教授所指出"过失犯有不同于故意犯的客观构成要件，结果避免可能性是其中的核心内容"，如果说结果避免可能性不存在（或者存疑）是"客观情势"（尤其是客观环境条件）所决定的，而"抽象地认为行为提升了法益风险就可以成立过失犯的主张并不合理"；那么就可以说，如果结果避免可能性不存在或者几乎不存在是由于"行为人的行为"提升了法益风险所致，而非"客观情势"所决定的，则抽象地否定行为人的行为"故意"放任危害结果发生而成立过意犯的主张也不合理。由此，风险升高理论不但可以成为过失犯的解释理论，也可以成为故意犯（间接故意犯罪）的解释理论，将行为人的行为提升了法益风险以至于结果避免可能性不存在或者几乎不存在，而最终导致危害结果发生的，依法应认定为故意放任（间接故意犯罪）。这里强调法理阐释必须契合语境性（情境性），是指在具体阐释某种行为是否提升了法益风险、结果避免可能性不存在或者几乎不存在是由于客观情势所决定的还是由于行为人的行为所决定的，以及具体阐释行为定型和罪责类型为何的时候，必须谨慎审查具体语境（情境）：其一，如果结果避免可能性不存在（或者存疑）是"客观情势"（尤其是客观环境条件）所决定的，应依法认定行为人的行为不构成犯罪（包括不构成过失犯罪和故意犯罪）；其二，如果结果避免可能性不存在或者几乎不存在是由于"行为人的行为"提升了法益风险所致，而非"客观情势"所决定的，应依法认定行为人的行为构成故意犯罪；其三，如果结果避免可能性存在，"控方只有证明到如果行为人合乎义务地行动，结果就近乎肯定会避免时"，由于行为人的行为提升了法益风险而致危害结果发生的，应依法认定行为人的行为构成过失犯罪。对于上列第三种语境（情境）的行为，即一般情境下醉驾致人死亡的行为，尤其是在城市郊区或者野外情境下醉驾致人死亡的行为，由于客观上存在结果避免可能性（并且可能较大），仅仅因为行为人过于自信"轻信能够

---

① 周光权：《风险升高理论与存疑有利于被告原则——兼论"赵达文交通肇事案"的定性》，《法学》2018 年第 8 期。

避免"而未能避免并最终导致危害结果发生的,构成作为过失犯罪的交通肇事罪。而对于上列第二种语境(情境)的行为,如孙伟某在城市闹市区严重超速、跨越双实线逆行、醉驾、连续多次撞击多辆正常行驶中的机动车并致多车多人车毁人亡的行为,因为(危害)结果避免可能性不存在或者几乎不存在是由于"行为人的行为"提升了法益风险所致,而非"客观情势"所决定的,应依法认定行为人的行为构成作为故意犯罪(间接故意犯罪)的以危险方法危害公共安全罪。可以认为,刑法解释方法及刑法教义学法理阐释的融贯性和语境性是刑法解释学乃至整体刑法学理论研究中必须适当注意的重要命题,必须予以高度重视和适当运用。

4. 功能主义刑法解释方法确证功能体系化的学术价值

结果与方法并重的功能主义刑法解释论,必须深化研究刑法解释方法确证功能体系化命题。刑法解释方法体系化只能从刑法解释方法确证功能的类型化与体系化这一功能建构路径才能真正实现。传统认识论、方法论的刑法解释学所探索的刑法解释方法体系化——例如"逻辑顺序论"与"层级论"——由于欠缺功能主义的理论根基而无法完成这一学术使命,必须进行功能主义的路径转向。因此,刑法解释方法确证功能体系化,既是传统刑法解释方法论的创新发展方向,也是功能主义刑法解释论及其方法论应当严肃对待的重要命题,更是创新发展中国特色的功能主义刑法解释学的关键工程,具有十分重大的理论意义和实践价值。刑法解释方法的功能性思考、功能类型化和体系化思考是重要基础,应当坚持刑法解释方法确证功能论,主张刑法解释方法的新经典三分法,即将刑法解释方法功能性地划分为刑法的文义解释方法、(法规范内的)论理解释方法、(法规范外的)刑事政策解释方法,确认其分别具有确证刑法解释结论合法性、合理性、合目的性三类功能性。刑法解释方法的确证功能体系化,必须在全面强调刑法文义解释方法的合法性确证功能、论理解释方法的合理性确证功能、刑事政策解释方法的合目的性确证功能的基础上,特别强调刑法解释方法确证功能的整合关系、循环关系、相对填补关系、融贯关系,以周全确证刑法解释结论的整体有效性。整体有效的刑法解释结论都是刑法解释方法确证功能体系化的结果,都必须是同时经得起刑法文义解释方法、论理解释方法、刑事政策解释方法

"三性确证功能统一体"审查，在合法性底线基础价值上求证合理性优化价值，在合法性、合理性范围内求证合目的性优化价值，才能周全确证刑法解释结论有效性"三性统一体"。由刑法解释方法"三性确证功能统一体"命题和刑法解释结论有效性"三性统一体"命题可以推导出刑法解释的整体有效性原则：刑法解释的基本原则不但有合法性原则、合理性原则、合目的性原则，还必须有具体整合合法性、合理性、合目的性之间关系的第四项原则即整体有效性原则。

刑法解释的整体有效性原则，是指刑法解释必须同时符合合法性、合理性、合目的性"三性统一体"有效性，是在合法性底线基础价值范围内以"可包容的优化价值"规则整合的"三性统一体"整体有效性。"同时符合"的要求是：既要同时具备，又要消除矛盾，还要整体上协调一致；既要有刑法解释结论的整体有效性，又要有刑法解释方法确证功能的整体有效性，还要有刑法解释方法和刑法解释结论之间整体上协调一致性。可见，整体有效性原则是一项整合合法性、合理性和合目的性的原则，整合规则只能是：合法性原则是底线基础（价值），在合法性范围内遴选"（合法性）可包容的合理性优化价值"，在合法性和合理性范围内遴选"（合法性和合理性）可包容的合目的性优化价值"。可见，"（合法性）可包容的合理性优化价值""（合法性和合理性）可包容的合目的性优化价值"，是整体有效性原则内含的两个重要整合规则，这两个整合规则均以"合法性可包容的优化价值"规则为基础，可以合并简称为"可包容的优化价值"规则。对此，我国有学者提出了"技术导向性原则"的概念，认为技术导向性的原则是作为达到合法性、合理性原则的中立的桥梁和媒介而被提出的，能够防止出现在解释操作的有限空间内因合法性原则与合理性原则同时被要求满足所产生的、被波斯纳戏称为"变色龙"① 效应的合法性与合理性相互冲突、排挤的局面。②

刑法解释整体有效性原则，核心内容是刑法解释结论整体有效性。刑法解释结论有效性，是指刑法解释结论所具有的合法性、合理性、合

---

① ［美］理查德·A. 波斯纳：《法理学问题》，苏力译，中国政法大学出版社1994年版，第342页。

② 刘艳红：《实质出罪论》，中国人民大学出版社2020年版，第171—172页。

目的性所共同型构的"三性统一体"有效性。① 刑法解释结论只有在其同时具备了合法性、合理性和合目的性所共同型构的"三性统一体"之时才能称得上获得了"有效性";反之,刑法解释结论若仅具有合法性,或者仅具有合理性,或者仅具有合目的性,或者缺少合法性、合理性和合目的性中的任何一项,均不能获得完整意义上的"有效性"。换言之,刑法解释结论有效性意义上的合法性、合理性和合目的性之间的关系不是相互排斥的竞争关系,而是以合法性为底线基础价值、以合理性和合目的性为优化价值的共生融合关系:合法性作为底线基础价值当然必不可少,具体限定了解释结论的合法空间;合理性和合目的性作为优化价值当然不可或缺,但是优化价值的不可或缺性是有条件限制的,即只能是在合法性底线基础价值所限定的合法空间可包容的优化价值(可包容的优化价值论)才是不可或缺的,而超出合法空间的所谓优化价值则是被排斥在外的。因此具体讲,有效性是指在合法性底线基础价值的基础上进一步追求实现合法空间可包容的合理性和合目的性优化价值的"三性统一体"有效性,是合法性底线基础价值、可包容的合理性和合目的性优化价值的共生融合关系。

刑法解释方法确证功能体系化命题对于我国在社会转型新时代背景下有效应对新型智能化、网络化犯罪以及传统犯罪均具有重要意义。在刑法解释方法确证功能体系化研究中,可以深刻感受到功能主义刑法理论研究,尤其是功能主义刑法解释论研究中尚存在较多争议问题亟须进行理论厘清,刑法教义学原理研究,尤其是刑法解释学教义化研究中尚有较多基础性理论问题存在重大缺陷,某些重要范畴如"刑法解释方法确证功能体系化""刑法解释的任务""刑法解释学的范畴体系""刑法解释学教义化"等尚未进入多数学者的研究视野,诸如此类的重要理论问题均值得理论界高度关注和深入研究。例如"刑法解释的任务",刑

---

① 例如,赵秉志、齐文远、李希慧、曾粤兴、周详等学者均认为,应当把合法性、合理性、合目的性(合刑事政策性或者正当性)作为刑法解释原则;其中李希慧认为,刑法解释原则有合法性原则、合理性原则、以刑事政策为指导原则、整体性原则以及明确、具体原则等五项。参见赵秉志《刑法基本问题》,北京大学出版社2010年版,第305页;齐文远、周详《论刑法解释的基本原则》,《中国法学》2004年第2期;李希慧《刑法解释论》,中国人民公安大学出版社1995年版,第82—92页。

学界仅有很少学者偶尔提及，如劳东燕教授指出"法律解释的任务在于探求与把握法律意旨，并帮助它的实现，即在正义及其衍生价值的指引下，以衡平的、可以被理解的方式去满足人类共同生活所发生的法律上的需要"①；再如聂立泽教授和庄劲教授指出"法律解释的任务是创造（而非发现）法律的意义"，而"刑法意义具有无限性"②，但是其语焉不详，深意难察，从而使得"刑法解释的任务"成为刑法解释学上的谜团。刑法解释的机能是一个获得了较多理论共识的概念，但是刑法解释的任务与刑法解释的机能之间的关系为何，以及是否需要提出"刑法解释的任务"这一概念，这些问题均值得思考。初步的理论观察可以发现，刑法的任务（《刑法》第2条）有赖于刑法立法的任务与刑法解释的任务来有效诠释，如果说刑法解释的机能是得出刑法解释结论，而刑法解释结论的多样性存在（如文义解释结论、论理解释结论、法社会学解释结论）本身却在相当意义上表明其并没有完成刑法解释的任务，只有通过刑法解释方法的确证功能体系化对刑法解释结论多样性进行甄别遴选之后，以达至刑法解释结论的整体有效性之时才能说完成了刑法解释的任务，由此可见，刑法解释的机能和结论本身并不能代替刑法解释的任务，只有达至刑法解释结论的整体有效性才称得上完成了刑法解释的任务。初步的理论观察还可以发现，法理学上的法律解释论提出了"解释的任务"这一概念。拉伦茨在讨论法律解释时首要论及的问题恰恰是"解释的任务"，指出："司法裁判及法学以如下的方式来分配各自的解释任务：后者指出解释上的问题，并提出解决之道，借此为司法裁判做好准备；前者则将法学上的结论拿来面对个别案件的问题，借此来检验这些结论，并促使法学对之重新审查。"③拉伦茨从区分司法裁判者与法学家的立场来观察"解释的任务"，并提出了解释任务与解释结论之间的关系问题。法理学者魏治勋教授指出："法律解释的基本任务在于通过对作为法律解释对象的法律文本意义的阐发为司法判决

---

① 劳东燕：《功能主义刑法解释论的方法与立场》，《政法论坛》2018年第2期。
② 聂立泽、庄劲：《从"主客间性"到"主体间性"的刑法解释观》，《法学》2011年第9期。
③ [德]卡尔·拉伦茨：《法学方法论》，陈爱娥译，商务印书馆2003年版，第195页。

提供规范前提。"① 同时，民法解释论、诉讼法解释论等部门法解释论均提出并研究了其各自的"解释的任务"这一概念。民法学者黄茂荣教授指出："法律解释的任务在探求法律意旨，而这个意旨即追求正义在人类共同生活上的体现。即在正义及其衍生价值的指引下，以衡平的、可以被理解的方式去满足由人类共同生活所发生的法律上需要。"② 诉讼法学者宋小海指出：法律解释的任务，是基于客观主义的解释立场"重述"法律文本的公开性内容③。关于"解释的任务"这些学术观察表明："刑法解释的任务"应当成为刑法解释学必须反思和讨论的学术"任务"（学术使命），而深化刑法解释方法确证功能体系化命题的理论研究无疑将有助于完成这一学术"任务"。

三 司法公正相对主义：法官决策有效性

日本的功能主义刑法解释论中还包含了法官决策行动论命题。法官决策行动论，是指基于功能主义的问题性思考、实质犯罪论和判例拥护理论等立场，主张法官所作出的判决是创造性的、在综合考虑法律条文和各种情况而从案件处理的各种可能性中选择作出的一种决策活动，从而这种活动不可能是形式逻辑的三段论推理与刑法理论的被动套用；法官决策行动论也是一种主张刑法理论的作用不是"约束"而是"说服"法官，法官作为决策者居于中心、学者作为说服者居于一旁的新理论模型④。法理上，法官决策行动论命题内部包含一系列理论：一是判例的立法机能论（判例立法论与法官法源论）、判例拥护理论与司法立场的法律渊源理论，其主要含义是指接受美国现实主义法学"法官造法"观点的影响，并根据日本法院用判例创造普遍适用的法律规则的实践，主张判例具有立法机能，认为能被法官适用并对法官审判有约束力或影响力的法律规则都是"活法""现实中有效的法""现实中妥当的法"；二是抗

---

① 魏治勋：《法律解释：在对象与目标的张力中探寻规范含义》，《南通大学学报》（社会科学版）2017年第1期。
② 黄茂荣：《法学方法与现代民法》（第五版），法律出版社2007年版，第301页。
③ 宋小海：《程序自然法视域中法律解释的任务》，《浙江社会科学》2011年第6期。
④ 赖正直：《机能主义刑法理论研究》，中国政法大学出版社2017年版，第36—37、170页。

争处理学,把定罪量刑活动(犯罪和刑罚)理解为持有不同立场观点的人之间的抗争并对之加以看待的理论,司法活动不过是法官主导下犯罪化(含定罪量刑)与非犯罪化的抗争——包括立法机关、侦控机关、被告人(当事人)、被害人以及其他社会人共同参与的抗争——处理过程并作出结论的活动而已;三是国民参与司法论,由于刑法解释中考虑国民的规范意识(以及刑事政策),以国民的规范意识为标准判断处罚的必要性,为了保障在刑事司法过程中贯彻国民的规范意识,最有效的办法就是让国民直接参与司法,例如日本的裁判员制度就成为国民参与司法(论)的具体方式[①]。

应当指出,法官决策行动论命题及其内含的一系列理论在德日功能主义刑法学内部存在多种阐释和广泛批评,在我国刑法学界也是如此。那么,法哲学上到底应当如何评价法官决策行动论?笔者认为,这里"问题性思考"的法哲学主要涉及法官决策行动论命题的客观现象的事实判断与司法公正的价值判断,还涉及事实判断与价值判断之间的关联关系判断。就客观事实判断而言,日本、德国和我国刑法学界都在基本立场上持肯定观点,均赞同法官决策行动论,在此前提下还存在部分细节上的不同见解,例如存在绝对的法官决策行动论与相对的法官决策行动论、事实认识型的机能主义刑法理论(判例立法论)与价值判断型的机能主义刑法理论之争。就价值判断及其与事实判断之间的关系而言,目前日本、德国和我国刑法学界的学术批评业已出现,主要是从刑法解释学和刑事政策学的立场上提出了问题意识及其解决方案。但是,这些学术批评尽管也部分地涉及司法公正哲学的理论研讨(如有关国民参与司法论的检讨),却没有真正聚焦于司法公正哲学的价值论检讨,而是更多地聚焦于"是不是"与"如何实现"法官决策行动(论)的实用主义论证。因此,针对法官决策行动论进行聚焦于司法公正哲学的价值论检讨成为一个新的问题意识。

司法公正价值论是刑法解释论的重要法哲学基础,因为刑法解释(论)不但要"功能性"地解决社会治理问题(犯罪治理问题),还要

[①] 赖正直:《机能主义刑法理论研究》,中国政法大学出版社 2017 年版,第 36—42、110—115、168—170、176 页。

"公正性"地解决问题，或者说还要"功能性"地防止出现司法不公。为此，法官决策行动论试图通过内含的国民参与司法论（对司法公正）加以程序性地解决，平野龙一将"由什么人来从事审判"这一问题分解为适合性和信赖性两个方面，适合性是指具有怎样的资格和能力的人可以较好地完成审判工作，认为经过层层考验和淘汰才选拔出来任命为法官的人可以说都是法律职业者中的精英，以这些人的知识和智力，从事审判工作的适合性基本上是没有问题的；信赖性，是指哪些人的审判比较容易得到国民的信任，认为日本和德国的法官因为具有官僚性而在官僚体系之下"不同程度地具有为谋求升迁而服从上级的职业倾向"而"不能完全反映国民的正义感情"，从而也有可能得不到国民的信任，应对之策就是"让国民直接参与司法，也就是实行陪审或参审制度，由普通国民充当'业余法官'，参与司法审判的过程"以缓解职业法官的官僚性质，如此，将职业法官的适合性和业余法官的信任性结合起来，就可以较好地把国民的法律意识（即"存在的规范"）贯彻到审判中，实现司法的正当化和合理化。[①] 但是，适合性（通过职业法官）和信赖性（通过业余法官）在相当意义上只解决了法官决策行动论中的程序性问题（即决策主体性和过程性），而没有在实质意义上以及实体法意义上解决刑法解释结论的有效性问题，亦即作为刑法的实体法意义上的刑法解释论如何解决司法公正的问题却被部分忽略了，因此，作为刑法的实体法意义上的司法公正性（有效性）需要进行专门弥补。

　　刑法解释论的司法公正价值论，在领域论上是否应该同较为笼统的法律公正论一体论，尤其是"立法公正"区分开？换言之，司法公正与立法公正到底是一体论的公正论（法律公正论一体论），还是区分司法领域与立法领域的领域公正论区分论？对此问题，当下功能主义刑法解释论者应当说更多地倾向于较为笼统的法律公正论一体论，如前所述的法官决策行动论、判例的立法机能论（判例立法论与法官法源论）、判例拥护理论与司法立场的法律渊源理论，均主张法官在刑法解释适用领域基于较为笼统的法律公正立场并且以立法者自居进行功能性裁判，并没有区分立法公正与司法公正。但是，这种刑法解释适用领域的"司法公正"

[①] 赖正直：《机能主义刑法理论研究》，中国政法大学出版社2017年版，第40—42页。

论被抽象地置换为"法律公正"论的一体论是明显存在疑问的,尤其是在存在(真正的)立法漏洞的场合要求司法者以立法者的"外部"视角作出合乎法律公正的填补性法律解释和司法裁判时,就突出地存在逾越了罪刑法定原则和"司法公正"的底线的正当性。因为罪刑法定原则的形式侧面和实质侧面都是基于尊重既有立法所进行的司法公正裁判,尤其是我国《刑法》第3条明确规定了在立法上"法律没有明文规定为犯罪行为的,不得定罪处罚",禁止了法官以立法者自居、以立法公正论赋能而进行司法上犯罪化的做法,宣誓了法官必须在既有立法规范范围内进行有罪裁判的法治立场。在此意义上,法官决策行动论只能是符合现行刑法立法规定的、符合刑法司法公正价值论意义上的法官决策行动有效性论(可以简称为"法官决策有效性论"),其内含的相关命题也只能是承载司法公正价值有限使命的判例拥护理论,将司法公正作为与立法公正相对分离的"领域"公正价值,将较为笼统的法律公正论一体论转变为法律公正论的司法公正与立法公正二元论(法律公正论二元论),这种主张相对于立法公正而言的司法公正相对主义必须成为刑法解释的重要命题。基于司法公正相对主义(法律公正论二元论)的立场,功能主义刑法解释论的法官决策有效论应当注意以下几点:

其一,司法公正价值在功能主义刑法解释论上必须得到突出强调,立法公正价值就相应地必须隐退幕后,"法官造法"、判例的立法机能论(判例立法论与法官法源论)就必须在司法上犯罪化的方向方面被禁止(但是并没有禁止司法上非犯罪化的方向)。例如,在扫黑除恶专项斗争中的部分司法判决里,权利人(行为人)所实施的暴力讨债、自力救济、职业打假等维权行为被部分法官功能性地解释为"随意殴打他人""追逐、拦截、辱骂、恐吓他人""强拿硬要或者任意损毁、占用公私财物"的行为,进而被"功能性"地认定为寻衅滋事罪并被判刑,就可能存在严重违背司法公正的问题,其背后的法理误用就可能是功能主义刑法解释论者倾向于较为笼统的法律公正论一体论所致,是裁判者以立法者自居、以立法公正论自负而忽略了司法公正论所致。从司法公正论立场看,在我国《刑法》第293条明确规定了"随意殴打他人""任意损毁、占用公私财物"的情况下,法官就不能将维权行为通过超越现行立法规定的、"法官造法"式的功能性解释方法进行新的立法规范构建并判决认定为寻衅滋事罪，即使法官以立法者自居并认为将维权行为解释为寻衅滋事罪更符合"较为笼统的法律公正"也不能被准许，因为这里的"较为笼统的法律公正"已经超越了现行法律规定下的"司法公正"，从而无法确证法官决策有效性。所以，我国有学者指出，"刑事司法机关应当善待讨债、自力救济、职业打假等维权行为，即使这些行为违反民法、行政法等法律的规定，存在不当、越权等情形，也不能轻易追究刑事责任"①。这种见解是正确的，应当引起功能主义刑法解释论的重视。由此可见，与法官决策行动论命题紧密相关的判例拥护理论命题，在基本立场上只能是秉持具有中国特色的案例指导制度，通过最高人民法院进行司法公正价值论审查，谨慎提炼出裁判要旨、法条释义和指导意义，并由最高人民法院权威发布"指导案例"供全国各级人民法院参照执行，确立一种承载司法公正价值有限使命的判例拥护理论，在基本立场上反对判例的立法机能论（判例立法论与法官法源论）。像前述维权行为被部分法官认定为寻衅滋事罪的案例，就必须在进行司法公正论价值审查的基础上否定其"判例"功能，不能据此承认"法官造法"、判例的立法机能论（判例立法论与法官法源论）的正当性，更不能作为"指导案例"由最高人民法院权威发布供全国各级人民法院参照执行。需要说明的是，在《刑法修正案（十一）》新增规定了催收非法债务罪之后，对于使用暴力、威胁等方法催收非法债务的行为依法认定为催收非法债务罪，是符合罪刑法定原则和刑法解释适用领域的"司法公正"论原理的。

其二，基于法律公正论二元论的立场，司法公正价值观必须适当克制法律公正价值论一体论的观念冲动，功能主义刑法解释论必须合理权衡我国刑法的秩序维护机能与人权保障机能之间的紧张关系以及刑法立法公正与刑法司法公正之间的紧张关系，以最终达至某种最佳价值权衡状态。② 此种"最佳价值权衡状态"，按照现代刑法罪刑法定原则和刑法解释适用领域的"司法公正"论的要求，应当是在适当照顾刑法的一般

---

① 张明楷：《妥善对待维权行为，避免助长违法犯罪》，《中国刑事法杂志》2020年第5期。

② 魏东主编：《中国当下刑法解释论问题研究——以论证刑法解释的保守性为中心》，法律出版社2014年版，第123—125页。

公正、形式公正、秩序维护的前提下尽力实现刑法的个别公正、实质公正和人权保障①。尤其是在我国的社会主义法治建设进入成文法典时代——刑法典和民法典业已相继颁行——之后，我国整体法规范体系所秉持的权利本位的法治立场不可偏废，正如"我国民法的本位是突出权利本位，兼采社会本位，以权利本位为主、社会本位为辅的立法思想"②一样，我国刑法的本位也只能是以权利本位为主、社会本位为辅的法治立场，这一法治立场和权利本位思想必须在刑法司法论、刑法解释论上获得充分贯彻。由此可以得出的结论是：法官决策行动论命题的基本立场，只能是符合现行刑法立法规定的、符合刑法解释适用领域的"司法公正"论意义上的法官决策有效论，必须反对法官以立法者自居而超越现行刑法规定进行司法决策行动。

其三，基于法律公正论二元论的立场，刑法解释适用领域的司法公正价值观必须在法官决策行动论中获得应有尊重和适当张扬，防止理论上的刑法教义学教条主义倾向。这方面的典型例证是教唆未遂（教唆失败、无效的教唆、独立教唆犯）的法律解释适用问题。我国《刑法》第29条第2款规定："如果被教唆的人没有犯被教唆的罪，对于教唆犯，可以从轻或者减轻处罚。"对此，我国刑法学主要有以下几种看法：一是特殊预备犯说（预备犯说、预备说），认为教唆犯对被教唆人实施教唆行为同为了犯罪而寻找共同犯罪人没有本质的区别，而寻找共同犯罪人正是犯罪预备的一种表现形式③，《刑法》第29条第2款是对教唆未遂这种特殊预备犯的处罚规定，教唆未遂"在犯罪形态上"属于犯罪预备④；二是特殊教唆犯说（独立教唆犯说），认为在这种情况下，教唆犯不构成共同犯罪，是一种特殊教唆犯，应根据其本身的犯罪事实、犯罪性质、情节和社会危害程度，从轻或减轻处罚⑤；三是未遂说，认为在被教唆的人没

---

① 魏东：《刑法解释保守性命题的学术价值检讨——以当下中国刑法解释论之争为切入点》，载《法律方法（第18卷）》，山东人民出版社2015年版，第220—236页。
② 杨立新：《中国民法典精要》，北京大学出版社2020年版，第12页。
③ 赵秉志：《犯罪未遂的理论与实践》，中国人民大学出版社1987年版，第218页。
④ 刘明祥：《再释"被教唆的人没有犯被教唆的罪"——与周光权教授商榷》，《法学》2014年第12期。
⑤ 马克昌主编：《犯罪通论》，武汉大学出版社1991年版，第570—571页。

有犯被教唆的罪的情况下，教唆犯由于其意志以外的原因而未得逞，应视为未遂，称为教唆犯的未遂，这种情形下的教唆未遂可以称为教唆未成未遂①。其中，在主张未遂说的观点中，周光权教授认为，根据刑法客观主义限定教唆未遂的成立范围，按照共犯从属性说，《刑法》第29条第2款的解释结论应该是：当且仅当被教唆者着手实行犯罪并使法益遭受紧迫、现实的危险时，才能处罚教唆犯；相应地，教唆失败（被教唆者拒绝教唆）和无效的教唆（被教唆者尚未着手实行犯罪）不具有可罚性②。这种观点可以称为教唆未遂的正犯着手说，张明楷③、江溯④等学者也持有大体相同的看法。对于我国《刑法》第29条第2款的处罚范围问题，笔者认为，从功能主义刑法解释论立场看是可以确认特殊预备说（可罚的预备说或者预备犯说）、特殊教唆犯说（可罚的特殊教唆犯说）的正当性的，可以认为《刑法》第29条第2款规定了"独立教唆犯处罚原则"（又称为"特殊教唆犯处罚原则""非共犯教唆犯处罚原则""片面的教唆犯处罚原则""教唆未遂处罚原则"等）这一处罚原则，针对具体犯罪的教唆行为本身具有犯罪预备行为的性质（即符合《刑法》第22条的规定），因此，教唆行为若具有预备犯的可罚性（根据教唆行为的具

---

① 参见赵秉志《犯罪未遂的理论与实践》，中国人民大学出版社1987年版，第215—216页。
② 周光权：《刑法客观主义与方法论》（第二版），法律出版社2020年版，第91—92页；周光权：《"被教唆的人没有犯被教唆的罪"之理解——兼与刘明祥教授商榷》，《法学研究》2013年第4期。
③ 张明楷：《刑法学》（第五版）（上），法律出版社2016年版，第454页。需要说明的是：关于我国《刑法》第29条第2款规定的处罚范围，张明楷的看法经历了较大变化：他过去主张"这种情况在刑法理论上称为教唆未遂"，具体包括"被教唆的人拒绝教唆犯的教唆；被教唆的人虽然接受教唆，但并没有实施犯罪行为；被教唆的人虽然接受了教唆，但所犯之罪并非被教唆的罪；被教唆的人实施犯罪并不是教唆犯的教唆行为所致"的情况，因此"在上述情况下，教唆行为并没有造成危害结果，故对教唆犯'可以从轻或者减轻处罚'"（见张明楷：《刑法学》（上），法律出版社1997年版，第308页）；中间又曾经持限定肯定说的立场，认为如果所教唆的犯罪并不处罚未遂时（即未遂时并不作为犯罪处理，如甲教唆乙在公共交通工具上扒窃），而被教唆的人又没有犯被教唆的罪（教唆未遂），对于教唆者不应定罪处罚，只有在所教唆的犯罪处罚未遂时（如甲教唆乙盗窃金融机构），教唆未遂的才应适用《刑法》第29条第2款（见张明楷：《刑法学》（第二版），法律出版社2003年版，第351页）；他最新的见解是教唆犯的正犯着手说。
④ 江溯：《超越共犯从属性与共犯独立性之争——刑法第29条第2款的再解释》，《苏州大学学报》2014年第2期。

体内容确定,例如针对杀人和抢劫等重罪的教唆行为就具有预备犯的可罚性),即可适用《刑法》第29条第2款,并且在预备犯的基础上适用"可以从轻或者减轻处罚"。这种观点,现在已有部分学者明确主张,认为"我国《刑法》第29条第2款是关于预备犯的处罚规定"(预备说)[1],并且指出,"世界各国无一例外地处罚被教唆者未实施所教唆之罪情况下具有重大法益侵害危险性的教唆行为,也从实定法的维度否定了教唆行为是必须依附于正犯的实行行为才具有可罚性的共犯行为。基于对教唆行为本身的构造分析,可以得出教唆行为是所教唆之罪的犯罪预备行为的结论"[2]。当然,预备说在学界仍然有较多学者持反对立场,有的认为预备说"在我国法律上缺乏现实依据"[3],有的认为"预备说是没有法律依据的"[4],因此这个问题在"刑法教义学"层面上还有进一步研究的空间。但是,在功能主义刑法解释论层面上,基于以下理由可以确证特殊预备犯说的"独立教唆犯处罚原则"的正当性:第一,法官决策有效论视域下的问题性思考和后果考察论。为有效解决作为重罪预备行为的独立教唆犯的处罚和预防等司法实践问题(问题性思考),在刑法解释论上可以处罚煽动实施恐怖活动罪(第120条之三)、教唆他人吸毒罪(第353条)、引诱卖淫罪和引诱幼女卖淫罪(第359条)等教唆型犯罪的情况下,法官在司法裁判活动中可以功能性地确认性质相当甚至更恶劣的教唆杀人等重罪的独立教唆行为(正犯尚未着手时)的可罚性,也符合刑法解释论同质解释和同类解释规则的要求,具有法官决策有效论、问题性思考和后果考察论上的正当性。第二,法官决策有效论视域下的目的导向性论。刑法总则在规范指引刑法分则规定的解释适用时,通过刑法总则第29条第2款的明确规定而确认预备说的"独立教唆犯处罚原则",符合规范目的的实质内涵和目的导向,具有目的导向性论上的正当性。根据我国《刑法》第29条的规定,刑法解释论上教唆犯可以分为以下两种具体情形进行定罪处罚:一是共犯教唆

---

[1] 朱道华:《教唆犯研究》,法律出版社2014年版,第235页。
[2] 朱道华:《论教唆行为的法律本质》,《中国刑事法杂志》2011年第2期。
[3] 赵秉志:《犯罪未遂的理论与实践》,中国人民大学出版社1987年版,第218—219页。
[4] 陈兴良:《共同犯罪论》,中国人民大学出版社2006年版,第367页。

犯的处罚根据，即刑法第 29 条第 1 款规定"教唆他人犯罪的，应当按照他在共同犯罪中所起的作用处罚。教唆不满十八周岁的人犯罪的，应当从重处罚"，根据这一刑法规定，作为共犯的教唆犯通常应当予以依法定罪处罚，毫无疑问具有刑法解释论上的充分根据；二是非共犯教唆犯的处罚根据，即刑法第 29 条第 2 款规定了非共犯教唆犯"可以"予以依法定罪处罚（"独立教唆犯处罚原则"），例如"教唆杀人"的行为，即使"被教唆的人没有犯被教唆的罪"也可以对独立教唆犯定罪处罚，这种解释结论也具有刑法解释论上的充分根据，并且也有相应的生效判决（判例拥护理论）。第三，法官决策有效论视域下的判例拥护理论与刑法教义学创新发展。发生在广西壮族自治区南宁市的一起连锁教唆杀人案，是一起典型的教唆未遂案。

【案例】2013 年 10 月，被告人覃某某因商业纠纷而欲雇凶杀害被害人魏某，遂指使被告人奚某某雇用杀手，并约定支付给杀手酬金 200 万元（先支付 100 万元，并约定事成之后再支付 100 万元）。奚某某再找到被告人莫某某雇用杀手，约定并向莫某某支付雇凶酬金 100 万元。2014 年 4 月，莫某某以 77 万元酬金雇用被告人杨康某去操办杀害魏某一事（当场支付 27 万元，并约定事成之后再支付 50 万元）。杨康某又以 50 万元酬金雇用被告人杨广某去操办杀害魏某一事（当场支付 20 万元，并约定事成之后再支付 30 万元）。之后，杨广某又以 10 万元酬金雇用被告人凌某某去实施杀害魏某行为，并许诺事成之后支付。凌某某开始答应去杀害魏某，后反悔并决定放弃杀害魏某念头，于 2014 年 4 月 28 日告诉魏某真相，并让魏某配合照了一张手被反绑的照片，用于向上家交差。本案经被害人魏某报警后案发，被告人覃某某、奚某某、莫某某、杨康某、杨广某、凌某某相继落网，中间经过原一审法院于 2016 年一审、2018 年重审，两次宣判 6 名被告人无罪；再次被检方抗诉，南宁市中院经开庭审理后于 2019 年 10 月 17 日作出终审宣判，判决 6 名原审被告人犯故意杀人罪，判处覃某某有期徒刑五年、奚某某有期徒刑三年六个月、杨康某和杨广某有期徒刑三年三个月、莫某某有期徒刑三年、凌某

某有期徒刑二年七个月。①

从法理上看，本案属于较为典型的教唆未遂（教唆失败、无效的教唆、独立教唆犯），尽管经过层层连锁的教唆（多层级连锁的教唆、多层级教唆的教唆、多层级教唆），但是最终所有被教唆者均未着手实施被教唆的罪（故意杀人行为）。对此，人民法院生效判决依据《刑法》第29条第2款"如果被教唆的人没有犯被教唆的罪，对于教唆犯，可以从轻或者减轻处罚"的规定，对各个层级的教唆犯予以定罪判刑。这是符合功能主义刑法解释论的法官决策有效论、判例拥护理论和后果考察论的解释论原理的，因为故意杀人的教唆行为具有预备犯的可罚性，可适用《刑法》第29条第2款的规定，在故意杀人罪预备犯的基础上适用"可以从轻或者减轻处罚"规定。当然，笔者也注意到，本案对凌某某（最末端的被教唆人）的定罪可能还有值得商榷之处，因为凌某某是本案中唯一没有实施"教唆"他人杀人行为的人（而是最末端的被教唆人），他在接受教唆后能够自我反省并及时醒悟过来切断故意杀人行为，并且他客观上没有实施教唆（他人犯罪的）行为，依法不应将他认定为"教唆犯"并予以定罪处罚；但是，本案对凌某某的定性处罚疑问并不影响本案依法判决其他五名被告人（教唆失败中的"教唆犯"）定罪处罚的正当性。因此，法官决策有效论视域下的刑法理论发展论值得特别重视。功能主义刑法解释论的初衷就是充分反思检讨那种"刑法理论一意孤行，只倾心于理论的精密和体系的整合"从而忽略了"刑法本身的机能，也就是刑法作为社会控制手段发挥了何种作用"这个现实问题，从体系性思考转向问题性思考，根据问题性思考的结果，再回过头来重新审视理论和体系，旧有的体系性思考是以如何建构精致的犯罪论体系为目的的，而对具体问题的妥当性则被置于脑后，作为对此的反省，应采取将重点放在问题的解决上而不是体系完美性的解决方法，刑法理论的作用不是"约束"法官而是"说服"法官，能够约束法官的是立法和判例而不是刑

---

① 南方都市报报道：《200万雇凶杀人，遭层层抽水转包！结局来了！》，来源：http://www.infzm.com/contents/161336，2020年12月23日访问。

法理论①。因此，基于功能主义刑法解释论立场法官决策有效论视域下的刑法理论发展论，需要反思检讨既有理论（教唆犯的正犯着手说）本身的发展完善，而不是反过来画地为牢、刻舟求剑和自我设限。

其四，基于法律公正论二元论的立场，司法公正价值观也必须在刑事审判的庭审实质化程序正义中获得充分体现。为此，必须改革完善人民陪审员制度、证据的庭前开示和当庭质证制度、法庭辩论机制、法官裁判说理机制，借鉴抗争处理学和国民参与司法论的合理成分，确保庭审中的控辩双方充分阐述意见，建立健全法官公开听取社会各界意见（以及社会舆论）的有效机制并畅通渠道，切实将独裁性的法官决策行动论改变为主体间互动性基础上的民主的法官决策有效论。

---

① 赖正直：《机能主义刑法理论研究》，中国政法大学出版社2017年版，第21—23、37页。

第 三 章

刑法解释学的学科定位

功能主义刑法解释学作为一种崭新的刑法解释学范式转型，必须坚持刑法解释的科学主义刑事政策化、结果与方法并重整全论、刑法解释方法确证功能体系化、刑法解释结论有效性整体主义、司法公正相对主义的基本立场。

从学科建设的长远目标看，功能主义刑法解释论的中国本土化构建（改造性构建），必须充分体现学术继承性、学科发展方向性，必须在深刻检讨功能主义刑法解释论的系列法哲学命题的基础上提出新命题，赋予新能量，以构建一种"可以将存在论、认识论、方法论的统一和结合"的、具有中国本土化特色的功能主义刑法解释学理论体系为（长远）目标，以进一步深化融入刑法解释结论有效性与解释方法确证功能论为核心，以深刻嵌入当代刑事政策理性和整体有效性的问题性思考为取向，以结果与方法并重的功能主义实质犯罪论和刑法观为本体，以坚守司法公正论和主体间互动性的法官决策有效论为重要抓手，为切实解决中国问题提出中国方案。

一 刑法解释学的学科独立性

作为规范刑法学的重要内容的刑法解释学，在学科定位上需要解决的根本问题是：刑法解释学与刑法教义学之间的关系是什么？对此，首先有必要厘清刑法教义学的基本含义，然后才能够合理阐释刑法解释学与刑法教义学的关系问题，确立刑法解释学的学科独立性与理论体系。

(一) 基于"同质互补关系论"确立刑法解释学的学科独立性

刑法教义学,是指以现行有效的刑法规范和刑事法治理念为根据所构建起来的,具有最大通识性和权威性的法律概念、法律原则、法规范命题的刑法学方法论范式和知识体系。但是理论界较普遍地认为:法教义学——其中当然包括刑法教义学——难于精准界定。法理学研究表明,当下中国学界尚未就"什么是法教义学"这一前提性问题达成明确共识,法教义是围绕现行实在法展开的一般性权威命题或原理,与此相应的法教义学则具有双重含义,即知识与方法的统一,作为知识的法教义学是围绕一国现行实在法构造的"概念—命题"体系,而作为方法的法教义学是一种受一般权威拘束的思维形式("教义法学"),任何对于法教义学本身有意义的讨论乃至批评,都必须,也只能回到这种观念上来。[①] 而刑法学界还有刑法教义学与刑法信条学的不同称谓。例如,有学者指出,刑法教义学是指以刑法规范为根据或逻辑前提,主要运用逻辑推理的方法将各种相互区别而又相互联系的法律概念、规范、原则、理论范畴组织起来,形成具有逻辑性最大化的知识体系。[②] 另有学者以刑法信条学概念代替刑法教义学概念,认为:"刑法信条学是关于刑法基础理论的学问。刑法信条学中的基本概念是各种刑法理论都必须讨论的内容,构成了现代刑法学的基本支柱。""通过分析和总结来认识刑法信条学中的基本概念,不仅有利于降低法治建设的成本,而且有利于加快法治发展的速度。"[③] 不过应当承认,学界有关法教义学、刑法教义学与刑法信条学的较为典型的定义,它们与本书对刑法教义学的概念界定具有共通的法理观念和"视域融合",强调"教义学是以自身已经确定而无须再作任何检验的信条为前提的,而且通过对这些前提的深入思考可以进一步认识教义学"[④],同时还强调"刑法教义学是对刑法的一种体系性的研究,具

[①] 雷磊:《什么是法教义学?——基于19世纪以后德国学说史的简要考察》,《法制与社会发展》2018年第4期。
[②] 周详:《教义刑法学的概念及其价值》,《环球法律评论》2011年第6期。
[③] 王世洲:《刑法信条学中的若干基本概念及其理论位置》,《政法论坛》2011年第1期。
[④] [德]沃尔福冈·弗里希:《法教义学对刑法发展的意义》,赵书鸿译,《比较法研究》2012年第1期。

有一套完整的分析工具和话语体系"①。就我国刑法学术研究而言，刑法教义学的引入不意味着学术主体性的丧失，应当区分法教义学知识与法教义学方法，要仔细甄别域外教义学知识与中国刑法语境的兼容性，积极引入没有语境障碍的教义学知识，并运用教义学的一般方法创造立足本土的新教义。② 这些学术议论表明，刑法教义学是一种可以意会言传的概念。

那么，刑法解释学与刑法教义学之间的关系是什么？对此，有学者认为，二者是同质关系（同质论），即刑法解释学与刑法教义学二者都是规范刑法学原理，二者相对于刑法社科法学（以及刑法哲学）而言在强调"规范性"上具有较大相通性，主要解决刑法立法文本的规范诠释、理解和适用问题。而刑法社科法学更强调社科知识与法学知识的综合运用，其相对于刑法解释学和刑法教义学而言并不仅局限于"规范诠释"这一特点，正是在此意义上，同质论具有合理性。

在同质论内部，又有偏重刑法教义学与偏重刑法解释学的不同主张。有的学者主张偏重刑法教义学，如陈兴良教授认为，"刑法教义学与刑法解释学具有性质上的相同性。刑法教义学只是与刑事政策学、犯罪学、刑罚学以及刑法沿革学之间具有区隔性，但与刑法解释学则是一词二义而已。因此，并不存在一种刑法解释学之外的刑法教义学"。"不要试图在刑法教义学之外再建立一门刑法解释学"③，刑法教义学的核心是刑法解释，刑法教义学属于司法论的范畴而不是立法论的范畴。④ 德国学者更多地主张刑法教义学概念，并且认为刑法教义学中应当包含刑法解释学内容，如古斯塔夫·拉德布鲁赫认为，"法教义学是一门探究法的客观意义的科学，而非探究法的主观意义的科学。它确定法应当被如何理解，而未必是确定法被期望如何"。并且"狭义的法科学，即教义性、体系性

---

① 陈兴良：《中国刑法学研究 40 年（1978—2018）》，《武汉大学学报》（哲学社会科学版）2018 年第 2 期。

② 车浩：《理解当代中国刑法教义学》，《中外法学》2017 年第 6 期。

③ 陈兴良：《教义刑法学（第二版）》，"第二版前言"，中国人民大学出版社 2014 年版，第 2—3 页。

④ 陈兴良：《刑法教义学的逻辑方法：形式逻辑与实体逻辑》，《政法论坛》2017 年第 5 期。

的法科学，其作用主要包括三个层级：解释、建构与体系化"①。应当说，陈兴良教授是继受了拉德布鲁赫主张的这一刑法学术传统。有的学者主张偏重刑法解释学，如张明楷教授认为，刑法教义学就是刑法解释学，不要试图在刑法解释学之外再建立一门刑法教义学②。

冯军教授也持有同质论观点，他认为："在我国刑事法律体系已经基本建成之后，我国不少刑法学者都把主要精力转向理解刑法、解释刑法，也就是说，从刑事立法学转向了刑法教义学。""一种规范论的刑法教义学，要重视解释者个人的先见，更要重视解释者群体的经验，要让解释结论符合实践理性的要求，使解释结论建立在不可辩驳的法律基础之上。"③ 可以说，这些论述均坚持了同质论的基本立场。

除同质论外，也有学者主张刑法教义学与刑法解释学之间的关系"并行并重论"。这种观点认为，刑法教义学与刑法解释学之间的关系不能简单地以同质论来概括，而应当承认二者之间具有一定差异，进而主张二者应并行不悖（即"并行论"）、并重发展（即"并重论"），可谓一种"并行并重论"观点。如车浩教授认为，刑法教义学是当代中国刑法理论发展的方向，"刑法教义学与刑法注释学的区分，关乎学术方向，绝非无足轻重的概念游戏。注释研究的前提，是存在作为注释对象的法条文本。以往的刑法注释学，与狭义上的刑法解释学的意义接近，即以特定的文字作为解释对象，进而完成妥当解释的任务。这种研究的理想状态，主要是文义解释、历史解释、体系解释和目的解释等几种解释方法的娴熟且适当的运用。但是，刑法解释方法，只是法学方法论中的一部分；通过具体解释来寻求刑法条文本意，这也只是法教义学工作的一部分"④。因此"综上可知，从刑法注释学（或狭义上的刑法解释学）向刑法教义学的转变，在方法论层面上，意味着超越法条注释，创造法理概念，从而丰富法之形态，拓展法之范围。在研究方法上，法教义学以法

---

① ［德］古斯塔夫·拉德布鲁赫：《法教义学的逻辑》，白斌译，《清华法学》2016 年第 4 期。
② 张明楷：《也论刑法教义学的立场——与冯军教授商榷》，《中外法学》2014 年第 2 期。
③ 冯军：《刑法教义学的立场和方法》，《中外法学》2014 年第 1 期。
④ 车浩：《刑法理论的教义学转向》，《检察日报》2018 年 6 月 7 日第 3 版。

律文本为出发点，它包括狭义上的解释，但是不止于解释"①。李凯博士认为，"刑法教义学在刑法学之下更多地做着刑法知识的概念化、理论化、体系化工作，这其中包含着对刑法概念的创建、阐释，对刑法原理的推进，以及对刑法知识体系的调整、填充等工作，以上工作对于形成刑法的职业共同体举足轻重；而刑法解释学在刑法学之下则更多关注对刑法文本的解释工作，这其中包含着对刑法解释的对象、目的、原则、立场和方法等内容的研究，并将研究成果运用到文本解释和司法适用之中的工作，这对于刑法职业共同体实现刑法的安全和公正至关重要。简言之，前者具有更多的'理论意义'，侧重于解决'为什么'的问题，后者则更具'实践意义'，侧重于解决'是什么'的问题"。虽然"要严格区分刑法教义学与刑法解释学，在很多情况下并不容易做到，二者在很多时候呈现出'你中有我、我中有你'之情况，但将二者等同、混淆，却与它们的各自内涵确有不符，也会误导刑法学研究的基本方向。是故，刑法学之下应有刑法解释学和刑法教义学之界分，二者不可相互替代，而是一种互动、互补且相对独立之系，刑法学研究应当走向刑法解释学与刑法教义学并重的格局"②。

笔者认为，刑法解释学与刑法教义学二者之间的关系，应当坚持"同质互补关系论"（可简称为"同质互补论"），即宏观同质论与微观互补关系论的有机统一体。理由有以下两点：

首先，宏观上看，刑法解释学与刑法教义学二者之间的关系应当坚持宏观同质论。宏观上应当确认作为规范刑法学存在论、方法论乃至功能论的刑法解释学与刑法教义学——二者均是相对于刑法社科法学（以及刑法哲学）而言的、以刑法立法规范文本为研究对象的规范刑法学——之间具有同质性，应当坚持宏观同质论。一方面可以将刑法解释学作为刑法教义学的重要组成部分，亦即，刑法解释学本身也应当追求刑法解释学教义化，刑法解释学教义化是刑法学教义化的应然内容之一，在此意义上，狭义的刑法解释学是刑法教义学（以及诠释学）的分支学

---

① 车浩：《理解当代中国刑法教义学》，《中外法学》2017年第6期。
② 李凯：《刑法解释学与刑法教义学的关系》，《中国社会科学报》2018年2月7日法学版。

科，广义的刑法解释学实质上就是刑法教义学。陈兴良教授针对凯尔森所论纯粹法理论"本理论乃是法律科学而非法律政策"① 发表评论时指出，"凯尔森之所谓法律科学与法律政策学的区分，就相当于在刑法学中刑法解释学与其他刑法学的区别"②，这种见解是有道理的。另一方面可以将刑法教义学作为（广义的）刑法解释学的重要组成部分，亦即，广义的刑法解释学本身可以将刑法教义学原理作为法规范内的论理解释方法，以此获得刑法解释结论合理性（即不违背刑法教义学原理），与此相对应，刑法解释学还将文义解释方法和刑事政策解释方法作为与刑法论理解释方法相并列的刑法解释方法。在此意义上，张明楷教授主张"刑法教义学就是刑法解释学"的观点也是有理有据的。宏观同质论的学术价值在于，刑法解释学研究必须全面融入刑法教义学研究，反之亦然，刑法教义学研究也必须全面融入刑法解释学研究，由此实现刑法解释学（以及刑法教义学）的深刻理论化、教义学化、一体化，并在基本意义上摒除学科之间的学术壁垒与鸿沟。

其次，微观上看，刑法解释学与刑法教义学二者之间的关系应当坚持微观互补论。在坚持宏观同质论的前提下，之所以应当确认微观上刑法解释学与刑法教义学之间的同质互补关系与"并行并重论"立场，是因为二者在具体的方法论上还"可以"存在一定特色性差异，并且法律解释学和部门法解释学被作为独立的法学学科来对待的做法已经成为一种学术传统。（1）从方法论特色看，刑法解释学更重视、更突出法规范的诠释学方法论特色，而刑法教义学更重视、更突出法规范的理论模型建构特色。诠释学方法论特色在通常的刑法教义学原理中尽管有一定关注和运用，但是并没有获得全面、充分、一以贯之的重视，例如，解释学的诠释循环和"事物本质"的合法性原理，"前结构"（"前理解"）与"效果历史"，论证过程与说服（修辞学）原理，三个向度原理（即探求作者之原意、分析文本的原义、强调读者所领悟之

---

① ［奥］凯尔森：《纯粹法理论》，张书友译，中国法制出版社2008年版，第37页。
② 陈兴良：《教义刑法学》（第二版），中国人民大学出版社2014年版，第8页。

意义)①，用法律解释事实和用事实解释法律的两面性原理，刑法解释的双向性（双相性）与主体间性原理，刑法解释的视域融合与"对话"原理等②，这些诠释学方法论特色——通常是刑法解释学的必备理论工具并且需要重点展示、深刻阐释和具体运用的——在某种意义上使得刑法解释学"成为一个独立的学科，构成一个独立的知识体系"③，可以确认刑法解释学与刑法教义学之间的同质互补关系与"并行并重论"立场的合理性。(2) 从学术传统看，有学者指出，"从我国法制发展时间来看，部门法学在今后很长一段时间的任务之一就是立法论的研究，研究'应然'状态"，足以说明"法律解释学与部门法学是不同的学科，它们之间必定存在明显的差别"④。还有学者指出，"刑法解释学亦属于较为典型的交叉学科"，并且"刑法解释学以其独特的学科研究方法即解释方法、刑法解释权、刑法解释性为和刑法解释结论而形成独立的学科品格"⑤。可见，刑法解释学在学术传统意义上是作为法律解释学的分支来对待的，其当然可以成为作为部门法学有机组成部分的刑法学的一个重要分支；法律解释学在学术传统上也是作为区别于法教义学的独立学科面目呈现于世的，相应地，刑法解释学作为法律解释学的一个重要分支也可以成为作为区别于法教义学有机组成部分的刑法教义学的独立学科来对待。由此，可以相对地确认刑法解释学的独立学科品格。

应当说，刑法解释学与刑法教义学之间的关系论，是宏观同质论与微观互补关系论的有机统一体（即"同质互补论"）。基于深化刑法解释学（以及刑法教义学）的学术理想，秉持"同质互补论"是比较合理的学术立场。基于这种学术立场，一方面在刑法解释学中要有意识地吸纳刑法教义学原理并促进刑法解释学教义化，从而更进一步充实刑法解释

---

① 潘德荣：《西方诠释学史》（第二版），北京大学出版社2016年版，第1—15页；姜福东：《法律解释的范式批判》，山东人民出版社2010年版，第50—62页。
② 魏东：《刑法解释学基石范畴的法理阐释——关于"刑法解释"的若干重要命题》，《法治现代化研究》2018年第3期。
③ 王利明：《法律解释学导论——以民法为视角》（第2版），法律出版社2017年版，第18页。
④ 王利明：《法律解释学导论——以民法为视角》（第2版），法律出版社2017年版，第21页。
⑤ 徐岱：《刑法解释学基础理论建构》，法律出版社2010年版，第27页。

学的理论包容性和诠释有效性;另一方面在刑法教义学中要有意识地吸纳刑法解释学原理以进一步增强刑法教义学的诠释学方法论内容和动态阐释力。

(二) 刑法解释学的理论体系

刑法解释学的理论体系,是围绕刑法解释的规律与方法这一研究对象所建构起来的理论系统。建构具有中国特色和时代理性的刑法解释学的理论体系,需要秉持当下时代刑事法治理性,借鉴吸纳法理学意义上的法律解释学与其他部门法解释学的理论体系。

刑法解释学与法律解释学的关系可以简单描述为,法律解释学是一般原理、指导原理,刑法解释学是受法律解释学指导的特殊原理。因此,刑法解释学是应当遵行法律解释学的一般原理,因而通过观察法律解释学的基本问题,可以较为合理地确定刑法解释学的基本问题。

考察我国的法律解释学论著的理论体系可以发现,法律解释学原理所设置的基本问题通常包括以下内容:法律解释、法律解释学、法律解释价值目标、法律解释立场、法律解释原则、法律解释主体、法律解释权、法律解释体制、法律解释对象、法律解释方法、法律解释过程、法律解释结论,等等。关于法律解释学的基本问题到底有哪些,不同学者的具体见解应当说还是有所差异,如陈金钊教授认为,法律解释学的主要问题有法律解释学、法律解释的对象、法律解释的立场、法律解释的目标、法律解释的特征、法律解释的原则、法律解释权、法律解释方法、法律解释的方式、法律解释的结果等[①]。张志铭教授认为,"法律解释的原理问题"包括法律解释、法律解释的主体、法律解释权与法律解释体制、法律解释的对象、法律解释的目标目的、法律解释方法、法律解释的理论模型等[②]。周永坤教授讨论法律解释学所提出的主要问题有:法律解释学、法律解释、法律解释的对象、法律解释的客观性、法律解释方

[①] 陈金钊、焦宝乾等:《法律解释学》,中国政法大学出版社2006年版,"目录"第1—3页。

[②] 张志铭:《法律解释原理》,载朱景文主编《法理学专题研究》(第二版),中国人民大学出版社2010年版,第435—478页。

法、法律解释规则、法律解释体制①。严存生教授认为，"法律解释"中值得重点思考的问题有：法律解释，法律解释的性质、特点和目的，法律解释的构成要素、标准或者根据②。通观这些法理学者所作各有不同特色的具体论述，应当说关于法律解释学的基本问题的归纳还是有许多共同见解，这些共同见解可以作为刑法解释学的重要参考。

考察我国的法律解释学论著的理论体系还可以发现，法律解释学的理论体系通常是依次安排绪论（或导论）、本体论与方法论两大部分，或者依次安排绪论（或导论）、本体论与方法论、实证论三大部分。如陈金钊、焦宝乾等学者合著《法律解释学》一书共有 12 章，其中第 1—4 章安排了"绪论"性质的内容，依次是"导论：法律解释（学）的矛盾与选择""法律解释学的概念""法律解释学的历史发展""当代法律解释理论"，当然这其中也融入了不少刑法解释学的本体论与方法论内容；其中第 5—10 章安排的是比较纯粹的刑法解释学的本体论与方法论的内容，依次是"法律解释的目标""法律解释权研究""文义解释方法""目的解释方法""法律概念解释""法律事实解释"；其中第 11—12 章则是实证论内容，依次是"法律解释方法的应用"和"结语：法律解释学的困境"③。再如陈金钊教授独著《刑法解释学——权利（权力）的张扬与方法的制约》一书，因其理论研究重点和策略考虑而只安排了"绪论"和"本体论与方法论"内容而没有安排"实证论"内容，其第 1—2 章主要是"绪论"性质的内容，依次包括"当代法律解释学研究的境遇"和"对法律解释学的诠释"；其第 3—17 章主要是"本体论与方法论"性质的内容，包括"法律解释（学）的对象""法律解释（学）的特性""法律解释（学）的功能""法律解释的目标"等④。

刑法解释学必须以法律解释学的基本原理为法理基础，正视和解决法律解释学的"一般性"问题，进而提出并解决刑法解释学自身所特有

---

① 周永坤：《法律学——全球视野》（第四版），法律出版社 2016 年版，第 292—306 页。
② 严存生：《西方法哲学问题史研究》，中国法制出版社 2013 年版，第 583—587 页。
③ 参见陈金钊、焦宝乾、桑本谦、吴丙新、杨建军《法律解释学》，中国政法大学出版社 2006 年版，"目录"，第 1—3 页。
④ 参见陈金钊《法律解释学——权利（权力）的张扬与方法的制约》，中国人民公安大学出版社 2011 年版，"目录"，第 1—3 页。

的"特殊性"问题。按照这一思路,参照法律解释学原理所提出的基本问题,可以将刑法解释学的法理基础界定为针对以下十二个基本问题(基本范畴)的法理阐释:刑法解释、刑法解释价值(原则)、刑法解释功能(任务)、刑法解释类型,刑法解释立场、刑法解释限度,刑法解释主体、刑法解释权、刑法解释对象,刑法解释方法、刑法解释过程;刑法解释结论。

再如,作为部门法解释学的民法解释学,也主要是依次采用法理学意义上的法律解释学的这种体例结构。梁慧星著《民法解释学》依次分为三编,依次安排的内容是"第一编:民法解释学的沿革""第二编:民法解释学的理论""第三编:民法解释学的方法"①。这些法律解释学、民法解释学的理论体系安排,对于我们确定刑法解释学的理论体系安排均有参考价值。

我国既有的刑法解释学论著的理论体系,大体都是遵行法理学意义上的法律解释学与民法解释学的理论体系,即通常是依次安排绪论(或导论)、本体论与方法论两大部分,或者依次安排绪论(或导论)、本体论与方法论、实证论三大部分。如李希慧著《刑法解释论》,依次分"导言"和7章,其中7章的内容依次安排为"刑法解释的历史考察""刑法解释概述""刑法解释的基本思想和原则""刑法解释的方法""刑法立法解释""刑法司法解释""刑法学理解释"②。再如徐岱教授著《刑法解释学基础理论建构》,该书共有7章,其中第1—3章属于"绪论"性质的内容,如"刑法解释的历史渊源""刑法学与刑法解释学""刑法解释学基础论";其中第4—6章属于"本体论与方法论"性质的内容,其第4章的标题和内容是"刑法解释学本体论",其第5—6章属于"方法论"性质的内容并且依次论述了"刑法的立法解释"和"刑法的司法解释";其第7章属于实证论内容的"刑法的学理解释论",重点针对未成年人犯罪、吸收犯、犯罪所得之物、故意伤害罪和虚拟财产刑法保护等问题进行了刑法的学理解释③。

---

① 参见梁慧星《民法解释学》,中国政法大学出版社1995年版,"目录",第1—5页。
② 参见李希慧《刑法解释论》,中国人民公安大学出版社1995年版,"目录"第1—4页。
③ 参见徐岱《刑法解释学基础理论建构》,法律出版社2010年版,"目录",第1—2页。

参照法律解释学、其他部门法解释学以及既有刑法解释学的理论体系，我们可以将刑法解释学的理论体系依次安排为"导论"（即刑法解释学概述与学术史）、"本体论与方法论"（即刑法解释学基本范畴）、"实证论"（即刑法解释学实证分析），包括以下三大部分：

一是刑法解释学"导论"，内容包括刑法解释学概述、刑法解释（学）的学术史等。

二是刑法解释学"本体论与方法论"，内容包括刑法解释的概念与特点、刑法解释的功能与类型、刑法解释的基本原则、刑法解释方法、刑法解释过程与结论、刑法漏洞的解释性填补等。

三是刑法解释学"实证论"，内容包括刑法总则与分则的刑法解释学实证分析（举要）。

二　刑法解释学的研究方法

刑法解释学在相当意义上是一门方法论，因此必须重视刑法解释学的研究方法。如前所述，现代解释学主张从本体论解释学转向本体论的解释学、认识论和方法论的解释学相结合的解释学，有的学者称其为解释学第三次转向、解释学的方法论回归，这些都强调了刑法解释学的研究方法本身的极端重要性。可以认为，刑法解释学的研究方法是充分体现其学科特色（学科独立性）的重要内容。

（一）诠释学方法

拉伦茨认为整个法学都离不开诠释学方法，指出："因为法学至少也涉及文字内容（例如法律、法官的裁判、私人的契约及意思表示）的理解，因此，诠释学（即关于理解的理论）对于法学家这部分活动的理解，至少具有重大意义。"[①] 诠释学具有非常丰富的哲学思辨和方法论意蕴，诠释学原理是传统认识论、方法论的法律解释学和本体论的法律解释学的重要理论基础和智识资源，因此，诠释学方法是深刻研究刑法解释学

---

① ［德］卡尔·拉伦茨：《法学方法论》，陈爱娥译，商务印书馆2003年版，"引论"，第21页。

的重要研究方法。例如，除前面所提到的诠释学方法——诠释循环和"事物本质"、"前结构"（"前理解"）与"效果历史"、论证过程与说服（修辞学）、三个向度（即探求作者之原意、分析文本的原意、强调读者所领悟之意义）原理[1]，以及用法律解释事实和用事实解释法律的两面性、解释的双向性（双相性）与主体间性、解释的视域融合与"对话"原理[2]——之外，还有古典诠释学的"语言学与文学以及修辞学""隐喻""解经方法论""自然解释方法""情感诠释学""符号诠释学"，现代诠释学的"一般诠释学""体验诠释学""此在诠释学""语言诠释学""伽达默尔诠释学与理解的读者中心论"，以及贝蒂"作为精神科学一般方法论的诠释学"、利科"文本诠释学"、赫施"诠释的有效性"、阿佩尔"先验诠释学"、哈贝马斯"批判诠释学"、马克思"唯物主义诠释学"、德里达"解构主义诠释学"、罗蒂"新实用主义视野下的诠释学"[3]，还包括哈贝马斯和利科开启的"可以将存在论、认识论、方法论的统一和结合"的（法律）解释学[4]，都具有方法论意义[5]，均可以成为研究刑法解释学的重要方法。

可以说，诠释学方法总体上是刑法解释学的最重要、最根本、最独具特色且不可或缺的研究方法，是刑法解释学证立自身特质——主要是诠释学方法论特质——这一"事物本质"的基本证据和根本特色，也是刑法解释学区别于刑法学其他分支学科的方法论标签。在此意义上，没有诠释学方法的运用就谈不上刑法解释学，至少不算是真正的刑法解释学。

---

[1] 潘德荣：《西方诠释学史》（第二版），北京大学出版社2016年版，第1—15页；姜福东：《法律解释的范式批判》，山东人民出版社2010年版，第50—62页。

[2] 魏东：《刑法解释学基石范畴的法理阐释——关于"刑法解释"的若干重要命题》，《法治现代化研究》2018年第3期。

[3] 潘德荣：《西方诠释学史》（第二版），北京大学出版社2016年版，"目录"，第1—4页。

[4] 何卫平：《西方解释学的第三次转向——从哈贝马斯到利科》，《中国社会科学》2019年第6期。

[5] 所谓"方法论意义"，是指包括本体论诠释学在内的所有诠释学理论均具有方法论启发性和价值功能，如"伽达默尔诠释学与理解的读者中心论"，尽管其本义是消解"真理与方法"间的关联关系，但是在方法论上仍然具有反思和启迪的价值功能。

（二）逻辑学方法

刑法解释学经常性运用逻辑学概念、原理、原则、规则，如演绎与归纳、概念界定与法条的逻辑结构、涵摄模型与逻辑模式、司法三段论等逻辑原理，这些逻辑原理在刑法解释学中充分体现在逻辑解释方法、体系解释方法以及解释融贯性和整全性原理等之中，刑法解释方法体系化命题本身也是逻辑学方法的重要内容。应当说，逻辑解释方法主要强调刑法解释对逻辑学原理的运用，但是逻辑学原理在严格意义上尚不能完全取代体系解释方法以及解释融贯性和整全性原理的运用，因此在逻辑解释方法之外还将进一步讨论体系解释方法——但是在有的语境下体系解释方法（系统思维方法）也称为逻辑解释方法——以及解释融贯性和整全性原理的运用。诠释学方法中部分内容已经包含了逻辑学方法，这里只是强调必须在更加周全的意义上运用逻辑学方法。

例如，司法三段论中"大前提—小前提—结论"的演绎模式可谓刑法解释学对逻辑学方法的典型运用，尽管有学者指出"目前法律适用还存在诸多涵摄难题，单靠形式逻辑显然不够，要使法律适用同时经受法教义学和法律逻辑的双重评价和检验，还需要法学家和逻辑学家协力，发展更为精致、实用的逻辑操作技术"[1]，但是这种质疑在实质上仍然肯定了逻辑学方法的重要性，只不过是要求"发展更为精致、实用的逻辑操作技术"而已。这一点，正如科赫及吕斯曼基于法律拘束力与涵摄模型之间关系的关切，以维持法律的拘束力，希望能尽可能坚守古典的涵摄模型（演绎的说理模式）并使之更精致化的立场一样[2]。实际上，刑法解释学的概念逻辑、解释结论有效性逻辑、解释方法体系化逻辑、解释限度逻辑和解释过程逻辑等，均离不开逻辑学方法的充分运用。

---

[1] 徐雨衡：《法律原则适用的涵摄模式：基础、方法与难题》，《甘肃社会科学》2020年第2期。

[2] ［德］卡尔拉伦茨：《法学方法论》，商务印书馆2003年版，第33—38页。

（三）系统思维方法

系统思维方法又叫系统论方法。系统论原理认为，系统思维科学的体系结构包括系统科学哲学、基础科学、技术科学、工程技术四个层次，其中的系统科学哲学的内容包括系统本体论、系统认识论和系统方法论，基础科学包括简单巨系统学和开放的复杂巨系统学，而技术科学包括信息学、控制学、运筹学和事理学；系统则是指两个或者两个以上的元素相互作用而形成的统一整体，它具有多元性、相关性、整体性、等级结构性、动态平衡性、自组织性等基本特征。[1] 钱学森指出：系统思想是进行分析与综合的辩证思维工具，它在辩证唯物主义那里取得了哲学的表达形式，在运筹学和其他系统科学那里取得了定量的表述形式，在系统工程那里获得了丰富的实践内容。[2] 系统思维作为一种哲学方法，强调系统性、体系性、类型性、子系统与（复杂）巨系统关系性、部分与整体关联关系性等，是刑法解释学的重要研究方法。

刑法解释学运用系统思维方法，主要是强调将刑法规范体系的系统思维、刑法规范和全体法律规范的系统思维、法律与社会治理系统的体系性思维充分运用于刑法解释活动之中，从而获得正确的解释结论。刑法的体系解释方法和融贯性理论，可谓刑法解释学运用系统思维方法的重要体现。刑法的体系解释方法，又称刑法的逻辑解释、系统解释，是指根据刑法用语在刑法典中所处位置及其与其他法条、与整体法体系的相关性，系统地、逻辑地阐释其含义的解释方法。刑法的体系解释（逻辑解释）强调刑法解释"整体只能通过对其各部分的理解而理解，但是对其各部分的理解又只能通过对其整体的理解"，意在防止对刑法用语的断章取义和不协调。

刑法解释的融贯性问题仅有少数刑法学者提出和关注。尽管理论界对法律解释的融贯性概念尚未给出一个大家公认的定义，但是其基本含

---

[1] 苗东升：《系统科学精要》，中国人民大学出版社1998年版，第11—12、26—50页；许秀中：《刑事政策系统论》，中国长安出版社2008年版，第6页。

[2] 钱学森等：《论系统工程》（增订版），湖南科学技术出版社1988年版，第78页。转引自苗东升《系统科学辩证法》，山东教育出版社1998年版，第281页。

义还是比较明确的,即法律解释的融贯性,是指对法律解释必须具有在整体法秩序上的一致性、贯通性和协调性,在各部门法之间、部门法内部各要素之间必须具有协调一致性、贯通性和相互证立性,而不至于出现法律解释过程和结论上无法解决的矛盾。法律领域的融贯论,一般认为可以分为三种,即法律论证中的融贯论、法律体系内的融贯论、法律融贯主义①。那么,参考法理学和宪法学者的研究成果,本书认为:刑法解释的融贯性,是指刑法解释基于整体法秩序上的一致性和协调性,以及协调一致的解释原则、目标、立场以及解释方法体系化,确保刑法解释方法、过程和结论的逻辑一致性、协调性和相互证立性。有学者指出,刑法解释要达到法律体系的内在协调和论证结果的一致才能实现融贯性,当前无论文本解释还是案例解释都尚未达到融贯性的要求,必要的改良是将文本解释拉回刑法适用的原有位置,结合透彻表达刑法特有的严谨风格以及符合法理和人情具体结论的案例解释二者合力达到刑法解释之间和内部的一致性和总体协调性,最终实现刑法解释的融贯性。② 可以说,刑法解释的融贯性,也较为充分地体现了系统思维方法的运用,具有十分重大的方法论价值。

(四) 比较法学方法

比较研究古今中外的刑法解释思想、理论与实践,既是刑法解释学本身十分重要的研究内容(刑法解释史研究与刑法解释比较研究),也是刑法解释研究中一种十分重要的研究方法,应当予以高度重视。刑法的比较解释方法,是指在解释刑法的具体规定时,将刑法的其他相关规定或者外国立法例作为参照资料,借以阐明刑法具体规定的含义和内容的解释方法。有比较才有利弊得失的权衡和借鉴发展,刑法解释学中要充分运用历史比较、国家间法律比较、法律方法论比较、解释结论比较等比较法学方法,有利于获得更加有效的解释结论。

---

① 蔡琳:《融贯论的可能性与限度——作为追求法官论证合理性的适当态度和方法》,《法律科学》2008 年第 3 期。

② 范玉、刘畅:《论刑法解释的融贯性——从刑法解释内容切入》,载魏东主编《刑法解释》(第 4 卷),法律出版社 2019 年版,第 43 页。

比较法学方法运用于刑法解释学研究，要特别重视中外比较、大陆法系与英美法系的刑法解释理论的比较，从中汲取有益启发。按照李希慧教授的归纳，大陆法系国家的刑法解释在19世纪早期和中期奉行严格解释主义，但是"19世纪晚期以后，随着目的法学和利益法学的先后问世，法律的严格解释主义收到了严厉的批判，实践中对法律严格解释的做法也逐渐为对法律的灵活解释的做法所取代"[①]。英美法系国家制定法产生之后即出现了制定法解释（而英美法系国家的法律解释包括普通法和制定法解释），其中英国制定法产生于1215年英国自由大宪章，"由此拉开了制定法解释的帷幕"[②]，英国制定法解释起初即呈现出法律的灵活解释的历史面貌，19世纪的英国制定法解释受大陆法系国家奉行法律严格解释的影响则呈现出法律的严格解释的倾向，20世纪以来逐渐回归转向了法律的灵活解释主义；美国立国于西方法律较为发达、法律解释较为活跃的历史时期，其本身较多地承继了英国法传统并体现了普通法自由灵活解释法律的传统特点，美国制定法解释也经历了早些时期的法律的严格解释到后来乃至当今的法律的灵活解释的变化。[③]尽管西方国家刑法解释的历史源远流长，在其古代也有一些有关刑法解释的思想观点，但是刑法解释学术史却主要发端于古罗马帝国时期，刑法解释的方法论传统形成于近代，刑法解释的"客观说"转向于现代，刑法解释的"本体论"转型于当代。焦宝乾教授认为，西方法律解释学术史可以分为以下六个历史时期：一是古希腊时期法律解释思想的萌芽，二是古罗马时期法律解释学的产生，三是中世纪的法律解释思想，四是近代法律解释之方法论传统，五是现代法律解释思想，六是当代法律解释理论；而"从解释的技艺发展到关于理解的一门科学或理论，乃至与哲学的结合，无论如何是近代以来的事"[④]。值得注意的现象是，当代西方国家法律解释学的本体论转型在20世纪60年代基本完成并至今产生深刻影响，但自20世纪70年代开始即伴随着反思批

[①] 参见李希慧《刑法解释论》，中国人民公安大学出版社1995年版，第30—32页。
[②] 李希慧：《刑法解释论》，中国人民公安大学出版社1995年版，第32页。
[③] 参见李希慧《刑法解释论》，中国人民公安大学出版社1995年版，第35—36页。
[④] 陈金钊、焦宝乾等：《法律解释学》，中国政法大学出版社2006年版，第54—133页。

评并延续至今。西方解释学在经历了"具有哥白尼式革命性质的两次转向：从局部解释学到一般解释学，从方法论解释学到存在论解释学"之后，现在已初步完成由存在论解释学转向存在论与认识论、方法论相结合的解释学，"我们也许可以将存在论、认识论、方法论的统一和结合的道路称为解释学的第三次转向"①。法律解释学也持有相同看法，认为"西方解释学从特殊解释学（如神学解释学、法学解释学）发展到一般解释学（方法论解释学），再从方法论解释学、认识论解释学转向本体论解释学（哲学解释学），旋即又从哲学解释学的存在论、本体论返回解释学认识论、方法论"，"这一解释学发展轨迹背后所蕴含的规律性，对于法律解释学研究范式的确定具有十分重要的启示和借鉴意义"②。当下，功能主义刑法解释论作为我国学者新近引入并备受关注的一种学术新见，被认为"一定程度上，功能主义刑法解释论是对积极一般预防主义的回应，也是安全刑法观在解释论上的反映"，"是功能主义刑法观在解释论上的表征"③，其"有助于解决在复杂社会中刑法如何有效回应社会需求的问题"④，因而具有重要价值，在我国刑法学界引起了较大的学术反响。从学术史视角观察，功能主义刑法解释论是在反思传统刑法解释学并借鉴吸纳哲学解释学、功能主义刑法观和目的理性的刑法体系的基础上发展起来的重要理论，可能预示着刑法解释学发展的新方向。这些内容，可谓刑法解释学对比较法学方法的成功运用，所发现和获得的刑法解释学理论启迪对于构建并发展我国刑法解释学具有十分重大的理论价值。

（五）历史学方法

历史法学、文化传统、民族精神、法律解释学说史等，都是刑法解释学必须运用的解释方法，可谓历史解释方法的应有内容。刑法的历史

---

① 何卫平：《西方解释学的第三次转向——从哈贝马斯到利科》，《中国社会科学》2019年第6期。
② 姜福东：《法律解释的范式批判》，山东人民出版社2010年版，第13页。
③ 赵运锋：《功能主义刑法解释论的评析与反思——与劳东燕教授商榷》，《江西社会科学》2018年第2期。
④ 劳东燕：《能动司法与功能主义的刑法解释论》，《法学家》2016年第6期。

解释方法，又称沿革解释方法，是指根据刑法制定与实施的历史背景、演进沿革来阐明刑法条文的含义的解释方法。因此可以说，刑法解释学必须重视历史解释方法的运用，从刑法史、立法史、司法史、社会政治文化发展史的视角解释刑法规定，由此有利于得出符合历史法文化和地方性法律知识特点的解释结论。

有学者还指出："通过历史研究，我们也可以探求法律解释学的起源和发展，并掌握其发展趋势。另外，历史研究的方法还可以开拓法律解释学研究的视野，了解各个国家、各个历史时期的法律解释学。"[①] 通过历史学方法，我们可以仔细斟酌刑法解释源流与学术史，厘清刑法解释知行意义上的既有诸见解，梳理刑法解释学的既有诸理论体系，分析权衡其利弊得失，取乎更佳更美之刑法解释学体系，展开更具理论解释力和逻辑妥当性的刑法解释学术研讨，为研讨刑法解释的本体论诸问题提供历史经验方面的有益借鉴。中国历史上各个时期刑法解释的实践活动和学术研究均可谓源远流长，其间既有值得认真总结的辉煌成果，也有值得认真对待的学术思想，因此通过中国刑法解释史的理论研究和方法论运用，有利于充分发挥中国传统刑法解释文化的积极因素，有利于实现中国刑法解释学的本土化和现代化发展，有利于更加科学合理地解决中国刑法解释学问题。

（六）实证分析方法

著名经济学家约翰·凯恩斯指出，科学门类大致有三种：一是实证科学，是探讨"是什么"的系统知识体系；二是规范科学，是探讨"应该是什么"的标准的系统知识科学；三是人文科学，是为了达到特定目标而设立的规则体系[②]。刑法解释学可以说是同时具备实证科学、规范科学、人文科学特质的一门学问，因此必须重视实证分析方法。

---

① 王利明：《法律解释学导论——以民法为视角》（第2版），法律出版社2017年版，第30页。

② ［美］弗里德曼：《实证经济学方法论》，载《弗里德曼文萃（上）》，胡雪峰、武玉宁译，首都经贸大学出版社2000年版，第119页。转引自张卫平《在"有"与"无"之间——法学方法论杂谈》，《法治研究》2010年第1期。

实证研究就是经验研究，重要功能是发现事实真相和客观规律。[①] 针对客观真实的刑法解释实践展开大数据分析、传统的统计学分析，归纳总结既有做法的经验教训、发展规律和未来发展方向，检验既有理论和待证理论的利弊得失，确证相关解释理论的科学合理性，是实证分析方法的基本内容。

实证分析方法中还有一种非常重要的实证方法是判例研究方法或者案例研究方法。刑法学案例研究方法，有的学者进一步限定为刑法学判例研究方法，显然，刑法学案例研究方法与刑法学判例研究方法二者之间是有一定区别的。即前者并不局限于既有判例的研究，还包括尚未进入法院审判或者尚未出现生效判决的案例研究，甚至可以由研究者直接"编撰"一个非真实的教学案例来展开刑法学理论研究；而后者强调只能是针对真实判例，尤其是生效判决的案例展开学术研究，反对研究者在真实判例之外"编撰"教学案例的做法。研究中，研究者可以根据自己研究问题的需要，灵活采用刑法学案例研究方法或者刑法学判例研究方法，只要有利于研究论述所涉刑法学论题的需要即可。刑法学案例研究方法（判例研究方法）具有总结刑法解释适用经验、催化刑法改革和刑法修订的作用。[②] 案例研究方法必须重视问题意识的抽象化深刻性与理论方案的体系化深刻性。越是个案、具体的法理阐释，越能检验阐释者的理论知识体系化程度和创新阐释能力。笼统地叙说刑法理论知识，其实可能仍停留于"纸上谈兵"，只有在具体个案中恰当地提出解决法律问题的具体方案，深刻阐释法理根据，创新运用法理知识，方能彰显出法律学人"英雄本色"。应当说，案例刑法学研究就应当具有这种个案法理阐释的深刻性，其深刻性主要体现为两个方面，即问题意识的深刻性、法理阐释的深刻性。案例研究方法要突出刑法解释论的问题性研究与建构性研究。案例刑法学研究的重要特色是刑法解释性、司法面向性与司法

[①] 白建军：《法学研究中的实证发现——以刑事实证研究为例》，《政治与法律》2019年第11期。

[②] 这方面的代表作有赵秉志主编《中国刑法案例与学理研究》、陈兴良著《判例刑法学》、罗可辛著《德国最高法院判例刑法总论》，这些专著所研究的刑法案例主要是真实判例，因而更具有现实针对性和实践操作性。

论的思考①，其基于刑法解释论和一定的司法公正观立场所得出的刑法解释结论及其对个案裁判结果的法理评判，有利于审验刑法教义学原理的妥当性和刑法解释论原理的阐释力，意义非凡，价值重大。案例研究方法要强调法理阐释的融贯性与语境性。个案的案情事实、证据状况都是既定的，换言之其语境、情境是特定的，因此针对其提出的法律问题与法理阐释必须具有融贯性和语境性。

　　实证分析方法中还应当特别强调法理论证与实证分析相结合。如果仅有法理论证，则可能仅仅流于概念逻辑的演算分析，往往缺乏实践厚重感和可信度，这是实证主义学者所反复批评的现象；如果仅有实证分析，则也可能仅仅流于一些数字游戏的演算分析，容易造成缺乏法理厚重感和品位，甚至还可能得出一些比较错误的或者不当的结论。只有将这两种研究方法有机结合起来，才可能生产出高质量的优秀论文产品。在刑法解释研究中，尤其不能忽视法理正当性与合理性的论证推敲，哪怕是在做实证分析研究也是如此。当我们收集到的案例（其中包括非指导性案例）出现两种相互矛盾的解释结论或者其中明显存在错误的解释结论时，这时应当注意展开有理有据的、建设性的批评甚至批判，然后再进行解释性建构（建构合乎法治理性的解释结论）。如果不注意批判性地展开案例研究，仍然有失实证分析理性，甚至会得出错误结论。法学理论研究需要时刻警惕并防范简单粗糙的实证分析可能存在的一些缺陷与弊端。因为：实证分析方法由于涉及作为研究主体的"人"的价值立场问题，以及"实际上又必须承认，调查分析者的主观认识、价值都对调查结果有重大影响，不仅反映在诸如问卷调查的设计方面，而且反映在调查对象的选择上，也包括人为地对调查数据的取舍、修饰等主观行为"，且"当前有不少文章只是把实证分析作为一种讨巧的方法，把实证调查的数据作为文章的装饰，许多数据的获得是相当随意的。在研究中，实证分析所存在的问题是，实证调查很难复查，由此很难确定调查的真实性，完全以调查者的诚信作保障。在当前浮躁的学术生态环境中，调查者的学术忠诚度是很难把握的。就如人们所言，数字不会说谎，但说谎者在

---

① 陈兴良：《教义刑法学（第二版）》，吴爱明、李平等译，中国人民大学出版社2014年6月第2版，第2页。

使用数字"，"这是实证调查的局限性所致"。因此，我们必须认识到，"实证分析的消极方面主要在于，容易使人们消极、被动地承认现实的合理性，而不是以应然的、价值要求的，以法的基本原理为出发点，改革、修正现有制度，从而走向'现实就是合理的'保守主义的立场。以这种立场出发，则所有的法律构建、法治建设都可能是没有意义的，这对于法治建设和推动社会转型都会造成消极影响。因此，在这一点上我们必须加以注意。实证分析的结果虽然使人保持一种冷静、反省、反思的姿态，但同时也会使人形成缺乏激情、保守、消极、宿命的心理结构，这对于认可社会进步、持社会改造论的人而言是无法认同的"[1]。美国学者弗兰克·费希尔也指出："实证主义的政策评估受到广泛的批评，因为它既是'专家治国论者的世界观'的产物，又是其代理者。……实证主义者的研究用高度精确和数学抽象的符号来表示，目的在于回避党派政治利益。""实证主义的失败在于没能抓住这样的事实：社会行动'本身是有好坏标准的'，包括好的生活标准或理想的社会标准。"[2] 因此，实证主义方法论可能存在失败，甚至误导，需要实证科学之指导。因此，这些问题值得我们审查和防范，同时也应当保持适当的批判性反思立场。

三　刑法解释学的重要性

刑法解释学的重要性，可以说是由刑法解释活动本身的重要性和不可或缺性、刑法解释学理论的方法论价值和功能论价值所决定的。具体讲，刑法解释学的重要性可以归纳为以下几个方面：

（一）有效化解刑法司法适用中的解释性疑难

刑法规范文本的语义模糊性与不明确性，以及刑法规范文本与案情事实之间的关联性，导致经常容易出现解释性疑难和争议，必须通过刑法解释才能正确适用刑法并获得公众认同。例如，现在许多重要影响力

---

[1] 张卫平：《在"有"与"无"之间——法学方法论杂谈》，《法治研究》2010年第1期。
[2] ［美］弗兰克·费希尔：《公共政策评估》，吴爱明、李平等译，中国人民大学出版社2003年版，第11、14页。

案件——如四川孙某某案、山东于某案等——的司法审判（结果）出现较多争议，引起全社会广泛关注和热烈讨论，归根结底就是刑法解释问题，需要通过刑法解释学的理论阐释才能有效解释问题。

【案例】四川孙某某醉驾致人死亡案[①]

2008年5月28日，上诉人（原审被告人）孙某某购买了车牌号码为川A43K66的别克牌轿车。在未取得合法驾驶资格的情况下，孙某某长期无证驾驶该车，并有多次交通违法记录。2008年12月14日中午，孙某某与其父母在成都市成华区万年场"四方阁"酒楼为亲属祝寿，其间大量饮酒。16时许，孙某某驾驶川A43K66车送其父母到成都市火车北站搭乘火车，之后驾车折返至城东成龙路向成都市龙泉驿区方向行驶。17时许，行至成龙路"蓝谷地"路口时，孙某某驾车从后面冲撞与其同向行驶的川A9T332比亚迪牌轿车尾部。其后，孙某某继续驾车向前超速行驶，并在成龙路"卓锦城"路段违章越过道路中心黄色双实线，与对面车道正常行驶的川AUZ872长安奔奔牌轿车猛烈碰撞后，又与川AK1769长安奥拓牌轿车、川AVD241福特蒙迪欧牌轿车、川AMC337奇瑞QQ轿车发生碰撞及擦刮，致川AUZ872长安奔奔牌轿车内张某某及尹某某夫妇、金某某及张成某夫妇死亡，另一乘客代玉某重伤，造成公私财产损失共计5万余元。交通警察接群众报案后赶至现场将孙某某抓获。经鉴定，孙某某驾驶的车辆碰撞前瞬间的行驶速度为134—138公里/小时；孙某某案发时血液中的乙醇含量为135.8毫克/100毫升。本案一审和二审均认定孙某某构成以危险方法危害公共安全罪，原一审判决孙某某死刑立即执行，二审改判孙某某无期徒刑。

[①] 来源：2009年9月15日，最高人民法院《关于醉酒驾车犯罪法律适用问题的意见》法发〔2009〕47号附随案例一。

就四川孙某某醉驾致人死亡案中孙某某的行为定性而言，理论界存在以危险方法危害公共安全罪与交通肇事罪的争议。以危险方法危害公共安全罪的刑法解释适用中，难点就在于"危险方法""故意"的解释和限定，理论上讲这里涉及兜底条款（"兜底规定""兜底罪状""兜底罪名"）的同类解释（以及同质解释）、间接故意与有预见的过失之间的区分界限等刑法解释论和刑法教义学原理。孙某某醉驾发生在人口密集的城市闹市区、超速并逆行的时空条件下，危害公共安全致人死伤客观上成为一个高概率事件甚至在相当程度上成为不可避免的结果，这是普通人均能够认识的一个"常识"性现象，但是孙某某仍然如此行事，其主观心态上是"有认识"并且持有"放任"态度的，构成间接故意犯罪，而并非过失犯罪，因此，综合评价孙某某醉驾致人死亡行为就应当将其认定为以危险方法危害公共安全罪。这里除刑法解释方法原则和方法的运用之外，还有刑法解释学中主体间性、解释性循环、融贯性、沟通理论、法律论证理论等原理的有效运用，尤其是本案刑法适用中"危险方法"与"故意（放任故意）"之间的解释性循环原理的运用，非常有利于解决本案所涉及的疑难和争议问题：针对孙某某醉驾致人死亡行为，既要注意运用特定语境中本案各种客观要素来解释"危险方法""放任故意"，也要注意运用解释性循环原理在"危险方法"和"放任故意"之间进行往返循环，还要注意运用融贯性、沟通理论和法律论证理论，以有效确证（证立）本案孙某某行为与以危险方法危害公共安全罪之间的涵摄关系，确保刑法解释结论有效性，增强判决说理性。通过上述刑法解释学原理的运用和分析，本书认为，人民法院判决孙某某犯以危险方法危害公共安全罪并判处无期徒刑是恰当的。这里还涉及刑罚的解释适用问题，本案原一审法院判决孙某某死刑立即执行，二审法院改判孙某某无期徒刑，那么，为什么说判处孙某某无期徒刑是恰当的？因为，尽管以危险方法危害公共安全罪的最高法定刑是死刑，孙某某的行为客观上造成了多人死伤和重大财产损失，但是，当其主观方面是放任故意（即间接故意）时，按照我国刑法教义学和"慎用死刑"的死刑政策精神，依法不宜判处其死刑（尤其是不宜判处死刑立即执行）。因此，孙某某案二审改判孙某某无期徒刑，是比较合理的判决。可见，四川孙某某案涉及交通肇事罪、以危险方法危害公共安全罪、死刑等规定的刑法解释适用问题，其中有关定罪量刑问题的争议在实质上就是刑法解释学相关理论的理解与运用问题，足见刑法解释学的极端重要性。

当然，四川孙某某醉驾致人死亡案的定性处理中最具争议性的还是定罪问题，除了上述初步分析，还有一个疑问也需要进行刑法解释学分析：在孙某某案同一时间段发生的其他醉驾致人死亡案、飙车致人死亡案为什么又有不定以危险方法危害公共安全罪，而定交通肇事罪的情况？这个现象（疑问）在刑法解释学上应当如何理解和释明？本书认为，这些疑问的回答，主要涉及刑法解释学中融贯性理论和法律论证理论（以及刑法教义学原理）。例如杭州市胡某飙车致人死亡案。

【案例】杭州胡某飙车致人死亡案[①]

2009年5月7日晚，被告人胡某驾驶经非法改装的红色三菱轿车，与同伴驾驶的车辆从杭州市江干区机场路出发，前往西湖区文二西路西城广场，想看看该广场是否还在放映名为《金钱帝国》的电影。在途经文晖路、文三路、古翠路、文二西路路段时，被告人胡某与同伴严重超速行驶并时有互相追赶的情形。当日20时08分，被告人胡某驾驶车辆至文二西路德加公寓西区大门口人行横道时，未注意观察路面行人动态，致使车头右前端撞上正在人行横道上由南向北行走的男青年谭某。谭某被撞弹起，落下时头部先撞上该轿车前挡风玻璃，再跌至地面。事发后，胡某立即拨打120急救电话和122交通事故报警电话。谭某经送医院抢救无效，于当晚20时55分因颅脑损伤而死亡。事发路段标明限速为每小时50公里。经鉴定，胡某当时的行车速度在每小时84.1公里至101.2公里，对事故负全部责任。案发后胡某亲属与被害人亲属已就民事赔偿达成协议，胡某亲属已赔偿并自愿补偿被害人亲属经济损失共计人民币113万余

[①] 参见中新网《杭州飙车案被告胡斌一审获刑3年》：来源：新浪网，http://news.sina.com.cn/c/2009-07-20/165318259141.shtml，2011年4月6日访问。

元。杭州市西湖区人民法院认为，被告人胡某违反道路交通安全法规，驾驶机动车辆在城市道路上严重超速行驶，造成一人死亡并负事故全部责任，其行为构成交通肇事罪。

"杭州胡某飙车肇事案"中，胡某严重超速具有危险驾驶性质，其行为造成了致人死亡的严重后果，构成交通肇事罪。本案定性中，有人认为，胡某的行为与四川孙某某醉驾致人死亡的行为具有相当性，因此主张对胡某定以危险方法危害公共安全罪。本书不同意这种观点。刑法解释学融贯性理论和法律论证理论的运用中应当注意语境性，在讨论杭州市胡某飙车致人死亡中的语境中，胡某的严重超速行为发生在交通要道上（而并非城市闹市区），在经过十字路口时没有尽到谨慎注意义务和结果回避义务，结果导致交通肇事致人死亡，胡某在案发现场履行救助义务，其行为定型属于较为典型的交通肇事，其主观心态是过失，因此只构成交通肇事罪。可见，杭州市胡某飙车致人死亡行为与四川省孙某某醉驾致人死亡行为是存在较大差异的，将他们的行为分别定性为交通肇事罪与以危险方法危害公共安全罪是符合刑法解释学原理的。

那么，从刑法解释学立场分析，交通肇事罪与以危险方法危害公共安全罪的界限在哪里？四川省孙某某醉酒驾车致人死亡案发生后，最高人民法院及时组织召开了专家研讨会。媒体报道与会专家的一致见解是"两罪症结：故意过失难分"[①]。

参加研讨的几位专家均表示，对酒后驾驶和包括飙车在内的危险驾驶行为，法律上如何认定、适用哪个罪名，是个非常复杂的专业问题。按刑法理论和现有刑法规定，交通肇事罪是过失犯罪，即应当预见到自己的行为可能发生危害社会的结果，因为疏忽大意而没有预见或已经预见而轻信能够避免。以危险方法危害公共安全罪则为故意犯罪，主观上希望或者放任危害结果的发生。

与会人士认为，之所以难以定夺罪名，原因是放任的故意和过于自

[①] 参见《他的"醉驾"撞上了死刑》，来源：南方周末（广州），网易 http://focus.news.163.com/09/0730/10/5FFDS6I700011SM9.html，2009-07-30 10:58:11 访问。

信的过失，在实践中界限模糊、难以认定。

以成都案被告人孙伟某为例。有专家认为他第一次追尾是过于自信的过失，应定交通肇事罪。理由是，孙伟某长期无证驾驶说明他认为自己有一定驾驶能力，自信不会出事，主观上不可能是放任去撞人；其醉酒驾车的心态也是一样的，不存在故意。

而在逃逸过程中，孙伟某明知自己在大量饮酒情况下发生了交通事故，仍选择高速行驶，并轧过双黄线，这时就是预见到会与对面的汽车相撞，却对危害后果采取了放任态度，是故意行为，定危险方法危害公共安全罪并无不当。

主观态度的认定往往决定交通肇事罪和他罪的界限，进而决定刑罚的轻重。

1997年最高法院再审了福建省一起交通肇事案，后来被作为典型案例载入最高人民法院公报。该案中，被告人为逃避收费站检查，拐往逆行车道，加大车速强行冲关，撞死前方执行检查任务的一名武警。一审法院认定被告人以驾车的危险方法致人伤亡罪，判处死刑；二审法院撤销了该判决，以交通肇事罪改判被告人有期徒刑七年。

最高检对该案提起抗诉，认为被告人明知自己的行为可能会造成被害人死亡的危害后果，却采取放任态度，致使被害人被撞死，是故意杀人。最高人民法院经过重审认为，被告人冲关的行为是故意的，但故意的内容是为了逃避检查和扣车，当时无法预料到受害武警会突然出现在逆行车道上进行拦截，在他发现后，车速和距离已经决定了相撞是不可避免的，因此，被告人对撞死武警的后果并无故意。最高人民法院维持了二审法院的判决。

应当说，交通肇事罪与以危险方法危害公共安全罪之间的界限确实主要是"故意过失难分"。故意包括直接故意（希望故意）和间接故意（放任故意），而间接故意与过于自信的过失（有预见的过失）并不好区分，从而导致事实认定难、法律适用难，需要解释者正确运用刑法解释学原理谨慎从事（刑法解释活动）。从逻辑上、从更加客观的立场上应当认为是可以区分的：行为人对于客观上是否存在避免危害结果发生的可能性以及可能大小具有明确认识，如果行为人认识到存在避免危害结果发生的可能性较大，或者说危害结果发生的可能性不大，就成立过于自信的过失；相反，如果行为人认识到不存在避免危害结果发生的可能性或者危害结果发生可能性极大，则成立间接故意。

根据风险社会刑法理论，行为人只要认识到危害结果将不可避免或者发生可能性极大，但是仍然实施此行为的，则应认定为间接故意（风险升高与概率提升理论）；而一般的违章驾车行为，应当说行为人认识到存在避免危害结果发生的可能性较大，或者认识到危害结果发生可能性不大（过于自信的过失），或者因为疏忽大意而没有预见到危害结果发生（疏忽大意的过失），就仅成立过失（交通肇事罪）。四川省孙伟某醉驾致人死亡案就属于前者，因此可以认定孙伟某在主观上存在间接故意（放任故意），以危险方法危害公共安全罪定罪量刑是合理的。

再有山东省于欢防卫案，归根结底也可以说是刑法解释问题，需要通过刑法解释学的理论阐释才能有效解释问题。

【案例】山东于欢防卫案[①]

2014 年 7 月，山东某工贸公司负责人苏某向赵某 1 借款 100 万元，双方口头约定月息 10%。2016 年 4 月 14 日 16 时许，赵某 1 以欠款未还清为由纠集郭某 1、程某、严某等十余人先后到该工贸有限公司催要欠款。当日 21 时 50 分，杜某 2 等多人来到苏某及其子被告人于某所在的办公楼一楼接待室内催要欠款，并对二人有侮辱言行。约 22 时 10 分，冠县公安局经济开发区派出所民警接警后到达接待室，询问情况后到院内进一步了解情况，于某、苏某欲随民警离开接待室，杜某 2 等人阻拦，并强迫于某坐下，于某拒绝。杜某 2 等人卡于某颈部，将于某推拉至接待室东南角。于某持刃长 15.3 厘米的单刃尖刀，警告杜某 2 等人不要靠近。杜某 2 出言挑衅并逼近于某，于某遂捅刺杜某 2 腹部一刀，又捅刺围逼在其身边的程某胸部、严某腹部、郭某 1 背部各一刀。杜某 2 因失血性休克于次日 2 时许死亡，严某、郭某 1 伤情构成重伤二级，程某伤情构

---

① 来源：山东省高级人民法院《刑事附带民事判决书》（2017）鲁刑终 151 号。

成轻伤二级。

原审法院认为，被告人于某面对众多讨债人的长时间纠缠，不能正确处理冲突，持尖刀捅刺多人，致一人死亡、二人重伤、一人轻伤，其行为构成故意伤害罪。于某捅刺被害人不存在正当防卫意义上的不法侵害前提，其所犯故意伤害罪后果严重，应当承担与其犯罪危害后果相当的法律责任。鉴于本案系由被害人一方纠集多人，采取影响企业正常经营秩序、限制他人人身自由、侮辱谩骂他人的不当方式讨债引发，被害人具有过错，且于某归案后能如实供述自己的罪行，可从轻处罚。原审法院以故意伤害罪判处被告人于某无期徒刑，剥夺政治权利终身。

二审法院认为，于某持刀捅刺杜某2等四人，属于制止正在进行的不法侵害，其行为具有防卫性质；其防卫行为造成一人死亡、二人重伤、一人轻伤的严重后果，明显超过必要限度造成重大损害，构成故意伤害罪，依法应负刑事责任。鉴于于欢的行为属于防卫过当，于欢归案后能够如实供述主要罪行，且被害方有以恶劣手段侮辱于欢之母的严重过错等情节，对于欢依法应当减轻处罚。故二审法院改判于欢犯故意伤害罪，判处有期徒刑五年。

本案中于欢的行为属于防卫行为，这一刑法解释结论尽管在本案原一审期间可能存在争议，但自本案二审以来即已经成为没有争议的问题了，这一行为性质判断在阶层论犯罪论中直接关系到行为的违法性与违法阻却性审查判断，因为正当防卫是一项重要的违法阻却事由。但是，对于于欢案应认定为正当防卫还是防卫过当的问题，目前理论界尚存在较大争议，这方面争议的具体内容涉及正当防卫的正当化根据论、成立条件论以及防卫过当论等刑法教义学原理，更涉及刑法解释学原理的运用。本书倾向于认为，本案中于欢的防卫行为构成防卫过当，本案二审法院的判决是恰当的。可见，山东于欢案涉及正当防卫、防卫过当、有期徒刑与无期徒刑等法律规定的刑法解释学问题，由此也印证了刑法解释学的极端重要性。

(二) 妥当协调刑法规范文本的稳定性与适应性

刑法规范文本的稳定性与适应性之间存在紧张关系，必须通过刑法解释才能有效权衡适用。稳定性是刑法规范文本的一个基本要求，刑法规范文本不可能朝令夕改，否则刑法规范文本就缺乏严肃性和可预测性，国民也就会无所适从；但是另一方面，社会生活总是时刻发展变化并且丰富多彩的，形成了某种"法有限而情无穷"的社会生活常态。这种社会生活常态，必然导致刑法规范文本的稳定性与适应性之间存在紧张关系，必然需要通过刑法解释才能有效权衡适用，由此彰显了刑法解释学的极端重要性。例如，2020年年初发生的新冠肺炎疫情期间，妨害传染病防治罪（第330条）的解释适用出现了较大理论争议。

在处理协调刑法规范文本的稳定性与适应性之间的紧张关系时，应特别警惕司法续造与法官造法的问题。在相当意义上讲，司法续造与法官造法，甚至还包括能动司法，在刑事法治领域是难以成立的，除非这种做法并不直接侵犯被告人人权。为什么呢？因为刑法具有不同于民法与行政法的特殊性，刑法动辄剥夺被告人的自由、生命、财产，它的基本特性就是保守性，反对过度张扬、过度解释。司法续造与法官造法的前提，往往是法律漏洞，这时才可能提出司法续造与法官造法。但是，这种做法在法律体系上存在法律障碍以及刑事法治理性障碍。从法律障碍看，《立法法》第8条专门对此作出了规定："下列事项只能制定法律：……（四）犯罪和刑罚；（五）对公民政治权利的剥夺、限制人身自由的强制措施和处罚"。可见，该规定使得"刑法漏洞由立法填补"成为一个基本的法治原则。当然，作为原则，肯定也允许有例外存在，但是这个例外只能是个别的、特殊的、有理有据的例外，不能成为常态。如果在刑法研究中，到处都强调或者实际上可以任意作出司法填补、司法续造、法官造法，那就不是个别与例外，必定有问题。相应地，立法法并没有对民法与行政法作出像刑法一样的特别规定。这就表明，民法与行政法在一定意义上是可以主张司法续造与法官造法的，但是刑法不能。这是我们在研究刑法解释学，尤其是在处理协调刑法规范文本的稳定性与适应性之间的紧张关系时必须谨慎思考的重要问题。

（三）深刻回应刑法学"方法意识的觉醒"

现代刑法学特别重视"方法意识的觉醒",刑法解释学（刑法教义学）已经成为中西方法学的显学之一。首先看中国,刑法解释学已经逐渐成为刑法学主导,如法理学界强调的"方法意识的觉醒"[①]"对法律方法的探寻"[②],刑法学界赵秉志强调的"多元研究方法"[③]、陈兴良主张的刑法教义学和刑法形式解释论[④]、张明楷主张的刑法实质解释论[⑤]、陈忠林主张的"三常"刑法观（即常识、常理、常情刑法观）[⑥],以及其他一些刑法学者所主张的综合的方法、折中的方法、常识主义刑法解释论[⑦]、"刑法学研究方法的一般理论"[⑧]、实质出罪论的法教义学解释原则[⑨]和功能主义刑法解释论[⑩]等,都在法学理论界和司法实务界产生了深刻影响。

其次看西方,出现了一大批法律解释学大家,其中有论著引入中国的西方法律解释学著名学者有：德国学者如考夫曼、拉伦茨、茨威格特、哈马贝斯、伽达默尔、魏德士、阿列克西、耶赛克等,英国学者如梅因、霍布斯、哈耶克、哈特等,美国学者如梅利曼、伯尔曼、卡多佐、庞德、博登海默、波斯纳、德沃金等,其他国家和地区的学者如福柯（法国）、达维德（法国）、凯尔森（奥地利）等。因此,"方法意识的觉醒""解释论觉醒"均意味着我们必须高度重视刑法解释学。

几乎所有的刑法理论和实践问题都可以归结为刑法解释,由此决定

[①] 雷磊：《主题的拓展与方法意识的觉醒——四十年来规范法学的发展》，《北京航空航天大学学报》（社会科学版）2019年第1期。

[②] 陈金钊、焦宝乾、桑本谦、吴丙新、杨建军：《法律解释学》，中国政法大学出版社2006年版，"本书自序"，第1页。

[③] 赵秉志：《中国刑法哲学发展面临新机遇》，《人民日报》2015年12月13日第8版。

[④] 陈兴良：《中国刑法学研究40年（1978—2018）》，《武汉大学学报》（哲学社会科学版）2018年第2期。

[⑤] 张明楷：《实质解释论的再提倡》，《中国法学》2010年第4期。

[⑥] 陈忠林：《刑法散得集》，法律出版社2003年版，"序"第9页；陈忠林：《如何让法学成为科学——走向科学的法学变革与理论重构》，《学术论坛》2019年第5期。

[⑦] 周光权：《论常识主义刑法观》，《法制与社会发展》2011年第1期。

[⑧] 曾粤兴：《刑法学方法的一般理论》，人民出版社2005年版，第226—275页。

[⑨] 刘艳红：《实质出罪论》，中国人民大学出版社2021年版，第165—180页。

[⑩] 劳东燕：《功能主义刑法解释论的方法与立场》，《政法论坛》2018年第2期。

了刑法解释学的极端重要性。有一种比较通行的观点认为,"一部西方法学史,就是一部法律解释史"①,依此论断也可以说人类刑法学史就是一部刑法解释史。这种观点格外强调刑法解释的重要性,在已经生成刑法规范文本的大前提下是能够成立的,因为人类刑法实践的终端就是对刑法的解释适用。所以,我国有学者指出:刑法学的本体是解释论,亦即在妥当的法哲学原理、刑事政策的指导下,基于社会生活、联系具体案例,对刑法规范做出解释(实定刑法的解释学),发现刑法的真实含义;"解释学永远是刑法学的本体",德国、日本以及其他国家的学者所撰写的刑法学教科书,就是刑法教义学的载体,当然也是刑法解释学的载体。② 由此可见,历史上的刑法理论和实践问题都可以归结为刑法解释学,中外法学史就是一部法律解释史,由此可见刑法解释学的极端重要性。

---

① 陈金钊、焦宝乾等:《法律解释学》,中国政法大学出版社2006年版,第54页。
② 张明楷:《刑法学》(第五版)(上),法律出版社2016年版,第1—3页。

第四章

西方国家刑法解释（学）的历史沿革

为研讨刑法解释的本体论诸问题，需仔细斟酌刑法解释源流与学术史，厘清刑法解释知行意义上的既有诸见解，梳理刑法解释学的既有诸理论体系，分析权衡其利弊得失，取乎更佳更美之刑法解释学体系，展开更具理论解释力和逻辑妥当性的刑法解释学术研讨。

有一种比较通行的观点认为，"一部西方法学史，就是一部法律解释史"[1]，依此论断也可以说人类刑法学史就是一部刑法解释史。这种观点格外强调刑法解释的重要性，在已经生成刑法规范文本或者刑法习惯法的大前提下是能够成立的，因为人类刑法实践的终端就是对刑法的解释适用。当然，在刑法实践的整体意义上，刑法实践应当包括刑法立法（含刑法典文本和刑法习惯法的形成与确认）和刑法解释两个有机组成部分，从而，不但刑法解释仅属于刑法实践的一个有机组成部分而非刑法实践整体，而且刑法解释无法替代或者否定刑法立法的特殊意义。因而，仅仅在强调刑法实践的终端意义上，方可以成立人类刑法学史就是刑法解释史之命题。

人类刑法史上之刑法解释，其两大疑问必须追问："何为"与"为何"？关于"何为"刑法解释之追问，主要是通过刑法解释源流之考察，阐明刑法解释在本源意义上"是什么"的问题。关于"为何"刑法解释之追问，主要是通过刑法解释学术史之考察，诠释刑法解释学如何阐明

---

[1] 陈金钊、焦宝乾等：《法律解释学》，中国政法大学出版社2006年版，第54页。

刑法解释之本源意义（即为什么说其"是什么"、如何说明其"是什么"）、刑法解释之基本原理、原则与方法。

为了突出考察问题的典型性，以及考虑到学术研讨的策略性、技术性，本书选取西方大陆法系国家和英美法系国家作为研究中国刑法解释（"中国问题"）的重要参照对象，展开刑法解释的历史考察与学术史分析，以期得出某种合理的论断。至于西方两大法系国家以外的其他"外国"和地区的刑法解释及其学术史[①]，本书在论述中也可能偶有涉及并以此作为佐证性素材，后文对此不再作专门说明。

一 西方国家刑法解释的实践历史

（一）大陆法系国家

按照比较成熟的看法，大陆法系国家刑法解释的历史沿革，大致可以分为古代与近现代（广义上包括当下）两个宏观的历史阶段[②]。大陆法系国家刑法解释实践的历史与现状考察，主要是通过考察历史上乃至当下既存的刑法解释现象，从历史实证的维度"例证"刑法解释的本源意义。

古代大陆法系国家的刑法解释主要体现在古罗马的刑法解释和中世纪大陆法系国家的刑法解释。一般认为，古罗马的法律解释（包括刑法解释）是大陆法系国家的法律解释的开端。古罗马自公元前454年颁布其历史上第一部成文法《十二铜表法》开始，即开启并经历了"从严解

[①] 例如苏俄刑法解释及其学术见解，有的论著中也有较为系统的介绍。参见苏联科学院法学研究所编《马克思列宁主义关于国家与法权理论教程》，中国人民大学出版社1995年版，第511—517页；朱景文《比较法导论》，中国检察出版社1992年版，第253—254页；李希慧《刑法解释论》，中国人民公安大学出版社1995年版，第36—38页。

[②] 例如，严存生教授主张西方大陆法系国家法律解释可以"分古代、近现代两个阶段来介绍"。参见严存生《西方法哲学问题史研究》，中国法制出版社2013年版，第563页。再如，李希慧教授和董皞法官对西方大陆法系国家的法律解释的历史考察也是依次按照古代的法律解释（包括古罗马的法律解释和中世纪大陆法系的法律解释）、现代大陆法系的法律解释来具体展开的。参见李希慧《刑法解释论》，中国人民公安大学出版社1995年版，第25—32页；董皞《司法解释论》，中国政法大学出版社2007年版，第76—84页。

释到自由解释再到严格解释"的法律解释活动①：最初，在《十二铜表法》颁布初期，解释者只能就法条做严格的字面意义上的说明与注释，如该法第 8 表第 11 条规定"不法砍伐他人树木的，每棵处 25 阿司的罚金"，对其中"树木"的解释就十分严格，如不得将"葡萄蔓"解释为本法条中的"树木"；中间，自公元前 242 年开始，古罗马裁判官利用"告令"这种途径逐步出现了对法律进行超越字面意义的解释，罗马法学家也从原先仅对《十二铜表法》进行字面意义上的注释逐步进行着创制新的法律内容的解释，因此"裁判官和法学家的共同努力，促进了古罗马法从严格解释到灵活解释的过渡"；中后期，随着《查士丁尼法典》《学说汇编》和《法学阶梯》的编撰完成古罗马统治者即严令司法活动只能以这三部法律文件的规定为准并禁止对它们的规定做任何评议和改变原意的解释，从而古罗马的法律解释又从灵活解释再回归到严格解释。

而中世纪对古罗马法的法律解释则表现为"从严格解释到灵活解释的历程"，其突出表征是 12 世纪至 16 世纪意大利研究罗马法的注释法学派和后注释法学派的相继形成②，前者以意大利法学家伊尔内留斯为鼻祖，其着眼于对古罗马法文字的考证与释义、所采取的是严格拘泥于字面含义的方法；后者在对罗马法进行文字上的注释的同时还对罗马法的规定进行评议（故而又称为评论法学派），采用逻辑和论理的方法探求罗马法的原则和规则，使古老的罗马法条文能够面向社会实际并为处理社会现实问题服务，因此后注释法学派时期堪称中世纪大陆法系法律的灵活解释时期。

近现代乃至当下大陆法系国家的刑法解释实践，按照学者的归纳，大陆法系国家的刑法解释在 19 世纪早期和中期奉行严格解释主义，而在 19 世纪晚期开始直到 20 世纪以后逐渐转向了灵活解释主义。自 19 世纪早期开始直到中期，欧洲资产阶级革命派和启蒙主义者逐步成功地走上历史舞台，大陆法系国家在三权分立制衡思想和罪刑法定主义指导下开展了（成文）法典编撰运动，制定颁布了法条数量较多、体系较完备的

---

① 参见李希慧《刑法解释论》，中国人民公安大学出版社 1995 年版，第 25—29 页。
② 参见李希慧《刑法解释论》，中国人民公安大学出版社 1995 年版，第 29—30 页；杨仁寿《法学方法论》，文太印刷有限公司 1987 年版，第 21—22 页。

刑法典，如1810年法国刑法典和1871年德国刑法典即为典型代表。这一时期特别强调立法与司法的界限分明和各行其道，制定法律是立法机关行使立法权的结果，适用法律则是司法机关行使司法权的活动，对法律的解释只能限制在阐明法条字面含义的范围之内，体现出鲜明的严格解释主义立场。但是，"19世纪晚期以后，随着目的法学和利益法学的先后问世，法律的严格解释主义受到了严厉的批判，实践中对法律严格解释的做法也逐渐为对法律的灵活解释的做法所取代"[1]。应当说，在20世纪以来直到当下，伴随着犯罪防控方面众多新课题和新挑战的不断涌现，灵活解释主义作为一种刑法解释立场已经越来越被普遍接受。例如，针对网络时代出现的新型犯罪，大陆法系国家刑法解释表现出一种明显的实质化扩张解释的倾向，采取的解决办法"诸如扩大传统盗窃、诈骗、敲诈勒索等犯罪的内涵，把这些新型犯罪包括进去，或者扩大对刑法上'财产'的解释，使其最大限度地包括新的无形财产"，再如"日本法院的判例把窃电解释为构成盗窃罪，把伪造信用卡解释为符合伪造文书罪的构成要件"[2]，无不体现了灵活解释主义的刑法解释立场。

（二）英美法系国家

英美法系国家制定法产生之后即出现了制定法解释（而英美法系国家的法律解释包括普通法和制定法解释），其中英国制定法产生于1215年英国自由大宪章，"由此拉开了制定法解释的帷幕"[3]。其时大陆法系国家已有1600余年的成文法解释历史并且正处于"从严格解释到灵活解释的历程"（其时后注释法学派与评论法学派占据主导地位），受此影响以及普通法实践中法官所实际拥有的较为自由解释法律的传统特点所致，英国制定法解释起初即呈现出法律的灵活解释的历史面貌。其时直至18世纪的英国，"法规频繁地被扩大适用于它们不曾明确规定的情形。……14世纪初叶，普通法法官在对待法规方面具有很大的自由，这种自由之大，乃至由司法机关对成文法进行实质性的修改，已成家常便饭"，并且

---

[1] 参见李希慧《刑法解释论》，中国人民公安大学出版社1995年版，第30—32页。
[2] 何勤华、夏菲主编：《西方刑法史》，北京大学出版社2006年版，第527—530页。
[3] 李希慧：《刑法解释论》，中国人民公安大学出版社1995年版，第32页。

"法官也可以体面地得出结论说,议会在当时并未预见到那种结果,从而法官们有权按公平原则来解释该法规"①。19世纪的英国制定法解释受大陆法系国家奉行法律严格解释的影响则呈现出法律的严格解释的倾向,"法官的目标乃是以法规所运用的语词中搜觅立法机关的意图,即使这种解释的后果是具有危害的"②;法官也不得进行法律的自由解释;"法官的职责仅仅在于确定议会在其法规中所表述的内容是什么并将法规语词适用于他所受理的案件。在疑难案件中,法官给法规补充遗漏要点(除非不作这种补充,该法规就会变得毫无意义)或附加衡平法上的例外,都被认为是越权行为"③,由此可见法律严格解释之一斑。20世纪以来,英国法律解释同样受大陆法系国家奉行法律灵活解释的影响以及其自身普通法传统的影响而逐渐回归转向了法律的灵活解释主义。

美国立国于西方法律较为发达、法律解释较为活跃的历史时期,其本身较多地承继了英国法传统并体现了普通法自由灵活解释法律的传统特点。在制定法解释上,早些时期"每当一条法规包含一种背离普通法的立法性改革时,法院不仅可以拒绝将它作为类推推论的依据,而且可以用最为狭义的和最具限制的方式解释该法规的术语";而现在"美国法院,特别是美国最高法院,在对待那些赋予为普通法所不知的权利的补救性法规(如最低限度工资法规,社会治安法规或劳工赔偿法规等)时,往往持有一种慷慨豁达的态度",并且"当今最高法院判例中的趋势是倾向于朝侧重目的的法规解释政策的方向发展"④。这表明,美国制定法解释更多地体现出法律的灵活解释的特点。

二 西方国家刑法解释学的理论沿革

尽管西方国家刑法解释学的历史源远流长,在其古代也有一些有关

---

① [美]E. 博登海默:《法理学——法哲学及其方法》,邓正来译,华夏出版社1987年版,第508—509页。

② [英]丹宁勋爵:《法律的训诫》,杨百揆等译,群众出版社1985年版,第11页。

③ [美]E. 博登海默:《法理学——法哲学及其方法》,邓正来译,华夏出版社1987年版,第510页。

④ [美]E. 博登海默:《法理学——法哲学及其方法》,邓正来译,华夏出版社1987年版,第506—513页。

刑法解释的思想观点,但是刑法解释学术史却主要发端于古罗马帝国时期,刑法解释的方法论传统形成于近代,刑法解释的"客观说"转向于现代,刑法解释的"本体论"转型于当代。不过理论界对法律解释学术史的源起时间有一定分歧。严存生教授认为,"西方的法律解释思想的发展可分为两个大阶段,以萨维尼为界,之前只使用而没有从理论上进行阐述;之后开始研究并由许多人从理论上进行论述";而萨维尼之后"又可分为两个小阶段,以现代解释哲学的产生为标志,之前其理论坚持传统的解释哲学的基本观点,之后则广泛吸收现代解释哲学的观点"[①]。而焦宝乾教授认为,西方法律解释学术史可以分为以下六个历史时期:一是古希腊时期法律解释思想的萌芽,二是古罗马时期法律解释学的产生,三是中世纪的法律解释思想,四是近代法律解释之方法论传统,五是现代法律解释思想,六是当代法律解释理论;而"从解释的技艺发展到关于理解的一门科学或理论,乃至与哲学的结合,无论如何是近代以来的事"[②]。对此,我们认为,从既有史料分析,焦宝乾教授关于西方法律解释学术史的判断可能更为精准合理。本书在简要介绍西方古代的刑法解释思想的基础上,重点归纳介绍西方近现代和当代的刑法解释学术发展史。

(一)古代西方国家刑法解释思想(理论)的产生

古希腊已有刑法解释思想的萌芽,逐步形成一些影响深远的法律解释观点。其主要思想成果可以概括为以下三点[③]:其一,"在法的起源初期,法主要是通过解释得以呈现的。当时法律话语的最初垄断者——牧师、祭师、僧侣、占卜官等,在一定意义上也是最初的立法者与阐释者",因此"法律解释一开始是与宗教解释、语文解释、历史解释等共同构成解释学前史";其二,在词源上,解释学来源于作为古希腊神话中上帝的信使赫尔默斯(Hermes),是"作为一种实践技艺"并"带着理解进入解释的",并且"与古希腊的修辞学渊源甚深""不能忽略希腊修辞

[①] 严存生:《西方法哲学问题史研究》,中国法制出版社2013年版,第563页。
[②] 陈金钊、焦宝乾等:《法律解释学》,中国政法大学出版社2006年版,第54—133页。
[③] 参见陈金钊、焦宝乾等《法律解释学》,中国政法大学出版社2006年版,第55—57页。

术包含了法律解释的文化基因","从亚里士多德《修辞学》中所保存的法庭语录也显示出,当时对纯粹的法律问题往往是采用可能影响法官心理的各种理由进行辩论的",解释学曾经被隶属于作为古代三种技术学科之一的逻辑学(另两门技术学科是修辞学和语法学),"西方法律解释传统即依赖于古希腊逻辑学的知识支援";其三,法律解释思想中有关自由裁量观念和公平正义观念也滥觞于古希腊,柏拉图主张法官应当拥有很大的自由裁量权并且不希望法官受法定中所规定的固定且呆板的规则的约束,亚里士多德主张裁判者是"矫正正义"和"公正合理"的化身,亚里士多德在论述法律解释问题时提到"衡平法",提出法官本着公平精神解决特殊问题、"用弥补成文法的特别法的缺陷"使纠纷得到合理解决,在已有法律中没有相关规定的时候法官只能依据内心对正义的理解来判定纠纷的性质和寻找解决的办法[①],并且"这种观点在西方法律解释传统中的影响主要在于:一是公平、正义的高级法观念在法律解释中具有核心地位,法律解释合法性的观念即源于此。二是法学家所用的解释方法,无不受到'衡平法'或多或少的影响",乃至在英美法系,文本与目的解释的问题在历史上一直困扰着制定法解释,其最早亦可追溯及亚里士多德的这种理论。

法律解释学则早已"肇始于古罗马帝国时期",其时已形成法学家阶层并成为刑法解释学产生的重要标志,最杰出的法学家还被赋予司法解答权,并且"由法学家垄断法律解释,这种情形一直持续到近代"[②]。古罗马盖尤斯、乌尔比安、保罗、莫德斯蒂努斯、巴比尼安"五大法学家",古希腊亚里士多德、中世纪意大利注释法学派和后注释法学派的法学家,均归纳或者提出了一些有关刑法解释方面的思想、观点与论断。自古罗马五大法学家形成以来,古罗马的法律解释已经由初期严格拘泥于成文法字面含义的注释发展为"通过推测"和通过归纳或者引申的"解释原则"对成文法条文进行创造性的注解和法律解答。英国历史法学家梅因对此的观察结论是,古罗马法学家对《十二铜表法》的解释"不

---

① [古希腊]亚里士多德:《修辞学》,罗念生译,生活·读书·新知三联书店1991年版,第58—60页。

② 陈金钊、焦宝乾等:《法律解释学》,中国政法大学出版社2006年版,第57页。

断地变更、扩大、限制或在实际上废弃'十二铜表法'的规定","通过把原文凑在一起,通过把法律加以调整使适应于确实发生的事实状态以及通过推测其可能适用于或许要发生的其他事实状态,通过介绍他们从其他文件中看到的解释原则,他们引申出来大量的多种多样的法律准则,为'十二铜表法'的编撰者所梦想不到的,并且在实际上是很难或者不能在其中找到的"①。这里,古罗马法学家强调法律解释的拟制和衡平的方法,强调"通过推测其可能适用于或许要发生的其他事实状态,通过介绍他们从其他文件中看到的解释原则,他们引申出来大量的多种多样的法律准则"的思想,已经具有近现代法律解释学之客观解释论的雏形。梅因指出,法律拟制的方法是"用于表示掩盖,或目的在掩盖一条法律规定已经发生变化这事实的任何假定,其时法律的文字并没有被改变,但其运用已经发生了变化"并且"藏在其外衣里面的则是新的规定";衡平的方法是指"由于这些原则所固有的一种无上神圣,他们竟然可以代替民法"②,即离开法律规定径直依据法的精神处理社会纠纷的技术,其与法律拟制方法的不同在于其抛开法律文本,参照更高的权威和内心对正义观念的理解,来解决法律规则无法解决的法律问题。③ 对此,焦宝乾教授总结强调:"罗马法学对法律解释学的重要贡献在于具体方法层面。罗马法明显带有决疑论(casulistics)的性质与特征。因为罗马人从不偏离具体的案件,而同具体的法律生活保持永恒的联系。他们拥有并完善着精湛的法学技艺。现代西方法律解释与个案的关联性,自罗马时期开始被引入。罗马法中,真正的解释,是根据法学理论进行的学理解释,而由立法者自己发布的解释不是真正的解释。④ 从解释方法而言,古代罗马侧重于文字解释而轻论理解释。……自罗马帝政以来,逐渐采用以论理解释为主。用塞尔苏士的话说:'罗马法学最盛时代,凡解释法律者,不拘文字,而侧重法律之精神。'⑤ 这样,原来对少数情形有效的成文法

---

① [英]梅因:《古代法》,沈景一译,商务印书馆1984年版,第20页。
② [英]梅因:《古代法》,沈景一译,商务印书馆1984年版,第15—17页。
③ 严存生:《西方法哲学问题史研究》,中国法制出版社2013年版,第564页。
④ [意]彭梵得:《罗马法教科书》,黄风译,中国政法大学出版社1998年版,第19页。
⑤ 陈允、应时:《罗马法》,商务印书馆1931年版,第38页。

规，通过法学家的扩大解释就能够适用于那些司法中不断出现的新情况。"[1]

欧洲中世纪中叶以来的法学家强调法律解释的目的在于归真和弄清法律的本来面目，其基本方法是语义学的方法如考证、注释、概括、推断等；中世纪后期的法学家则强调法律解释从更多地尊重文本转向尊重实践，从实际出发并加进解释者自己的理解的因素，即从单纯的注释转向加进自己的理解的注解[2]。尤其是意大利后注释法学派（又名评论法学派）进一步强调法律解释要面向社会的实际和为处理社会现实问题而服务的思想，并主张采用逻辑和论理的方法探求罗马法的原则和规则[3]，应当说这也是与古罗马法学家法律解释之客观解释论思想一脉相承的并予以了进一步彰显。焦宝乾教授指出：尽管中世纪欧洲"法律解释学也大体上依附于神学解释学"，但是"自11世纪晚期，法律开始被作为一门独立的科学予以讲授和研究"，其中"罗马皇帝查士丁尼治下所编纂的法律作品的发现，对之加以分析与综合的经院主义方法以及欧洲大学中对于法律的讲授——都属于西方法律传统的根本成因"并且经院主义方法"使一种在整个西方占优势的法律思维模式存留至今"[4]，中世纪注释法学家将法律制度概念化，将法律系统化，使其成为一融合的知识体系，基于一种分析和综合的经院主义方法使得西方法学历史的解释品格由此形成，从而中世纪对塑造西方法律解释传统是一个非常重要的历史阶段[5]。

相较于古代大陆法系国家关于刑法解释的较为丰富的思想（萌芽），古代英国制定法解释实践中也萌生出有关刑法解释的思想端倪，诸如"无须遵循该法规的语词含义""法规的公平释义原则""准许在适度的限制范围内运用类推方法"[6] 等，带有浓厚的普通法传统倾向于自由解释和灵活解释的突出特点。

---

[1] 陈金钊、焦宝乾等：《法律解释学》，中国政法大学出版社2006年版，第57—58页。
[2] 严存生：《西方法哲学问题史研究》，中国法制出版社2013年版，第565页。
[3] 参见杨仁寿《法学方法论》，文太印刷有限公司1987年版，第21—22页。
[4] [美] 伯尔曼：《法律与革命》，贺卫方译，中国大百科全书出版社1993年版，第147页。
[5] 参见陈金钊、焦宝乾等《法律解释学》，中国政法大学出版社2006年版，第58—60页。
[6] [美] E. 博登海默：《法理学——法哲学及其方法》，邓正来译，华夏出版社1987年版，第508页。

（二）近代西方国家法律解释学的方法论传统

近代西方国家法律解释粗略的学术史轨迹可以概括为：首先是诠释学转向，即从特殊诠释学转向普遍诠释学，其显著特点是诠释学的对象从《圣经》和罗马法这样的神圣卓越的文本转而为一般世俗文本[①]；其次是这种诠释学转向随着法律的世俗化、理性化尤其是法典化发展，法律解释也开始同传统的人文与神学解释传统相分离，而日渐成为一门独立和专门的学科[②]，由此于19世纪正式形成西方法律解释的方法论传统，法律解释方法论乃至法律方法和技术由此成为西方法学的显学。

近代西方法律解释的方法论传统，与近代哲学采取理性主义与科学主义的认识论并扬弃中世纪注释法学所依赖的经院辩证法密切相关。理性主义传统的关键在于精神与肉体、主体与客体的分离，世界被区分为主观世界与客观世界，由此"在现象与本体、现象界与物自体、思维与存在、主体与客体、理想与现实、应然与实然之间截然二分"；而"规范与事实相分离"的原则成为近代西方法学在理论证成的关键一环，事实是客观的、是以是否"真"作为判断标准，规范是主观的、是以是否"善"作为判断标准，这种思维模式建立于主体与客体、主观与客观严格区分的认识论和世界观基础上；理性主义的自然法学派绝对地认为，主要通过理性的努力，法学家便能够塑造出一部作为最高立法智慧而由法官机械加以应用的完美的法典；实证主义法学（法律实证主义）将主观价值判断因素排除于客观法的体系之外，主张追求类似于自然科学意义上的客观性的法律的客观性和科学性以及法律解释的客观性、确定性和稳定性。[③]

相比于英美法系国家法官具有当然的法律解释权传统共识而言，大陆法系国家法官的法律解释权却经历了坎坷曲折，尤其是在近代国家主义、理性主义、民族主义、三权分立的观念影响下，大陆法系国家法官释法的合法性曾经被严格限制在"逐字遵守"的形式主义层面，更有甚

[①] 参见洪汉鼎《诠释学——它的历史和当代发展》，人民出版社2001年版，第27页。
[②] 陈金钊、焦宝乾等：《法律解释学》，中国政法大学出版社2006年版，第60页。
[③] 参见陈金钊、焦宝乾等《法律解释学》，中国政法大学出版社2006年版，第60—63页。

者，法官释法的合法性甚至被断然否定。在 18 世纪中后期，贝卡利亚出于反对欧洲中世纪罪刑擅断和保障人权的立场即主张严格罪刑法定主义，主张"刑事法官根本没有解释刑事法律的权利，因为他们不是立法者"，认为"当一部法典业已厘定，就应逐字遵守，法官唯一的使命就是判定公民的行为是否符合成文法律"，强调"法官对任何案件都应进行三段论式的逻辑推理。大前提是一般法律，小前提是行为是否符合法律，结论是自由或者刑法"①。此外，霍布斯、孟德斯鸠、罗伯斯庇尔等也持有排斥法官释法的见解，霍布斯主张"法律的解释便取决于主权当局"并且只能是"立法者的看法"②，孟德斯鸠主张法官仅仅是"宣布法律语词的喉舌，仅仅是被动的存在"③，罗伯斯庇尔主张"法律的解释权属于创制法律者"④。直到后来法国"上诉制"和德国"复审制"的出现才逐步确立了法官释法的合法性并且使得法律解释具有与个案之关联性⑤，并且随着近代法官解释法律传统的形成，以及法律现代性知识的发展，法律的职业化、专业化与技术化水平日益加深，由此导致了一种社会生活的不断被"司法主宰化"，展示了学者所谓的法律解释中的"大众话语"和"精英话语"对立的逻辑隐喻⑥。

法律解释的对象，主要是立法机关制定的法典文本。但是，"随着 17、18 世纪古典自然法学派的兴起，以《国法全书》作为法律解释对象的权威地位逐渐被自然法所取代。换言之，自然法成了法学解释的对象。所不同于《国法全书》者，自然法没有一个统一的、书面化的固定文本……作为西方渊源最深的自然法学毕竟有一些超越时空的共同的要素，如抽象的理性、正义、自由等"，可以说，自然法在司法裁判中充当了补充性法源的角色，显然有助于克服国家制定法一元的缺陷，由此可见，自然法已经从抽象的理论原则转化为各国法律制度的具体实践，在西方

---

① ［意］贝卡利亚：《论犯罪与刑罚》，黄风译，中国大百科全书出版社 1993 年版，第 12—13 页。
② ［英］霍布斯：《利维坦》，黎思复、黎廷弼译，商务印书馆 1986 年版，第 214—217 页。
③ ［英］维尔：《宪政与分权》，苏力译，生活·读书·新知三联书店 1998 年版，第 82 页。
④ ［法］罗伯斯庇尔：《革命法制与审判》，赵涵舆译，商务印书馆 1986 年版，第 28 页。
⑤ 参见陈金钊、焦宝乾等《法律解释学》，中国政法大学出版社 2006 年版，第 65—66 页。
⑥ 刘星：《法律解释中的大众话语与精英话语》，载梁治平编《法律解释问题》，法律出版社 1998 年版。

法律文化中法官成为法律和正义的化身。而"到19世纪后期，各国大体上建立起体系完备、结构严谨、和谐统一、具有形式合理性的法律体系"，其结果是"无形中，司法适用的法律渊源被一元化了。法律与立法的界限被模糊了"。近代法律解释对象问题的反思检讨，有助于我们明白的道理在于：个案中法律解释的对象除了作为"文本"的法律以外，还应该有经过解释主体选择并与成文法相关的事实，这与法律解释之个案关联性相一致；法律解释的文本不唯国家制定法，而应该是多元的、开放的，而非单一的、封闭的①。

19世纪的法律解释学试图从司法中排除人的因素和所有的个体化因素，呈现出一种严格解释并且追求法律解释客观性的独断型解释特点。这种解释学在作者、文本和解释者之间突出了作者的核心地位，认为作者的意义即作者的意图，解释作品的意义只能发现作者的意图，作品的意义是一意性的，解释的工作无非通过"文本"努力去体会作者的原意，理解就是从思想上、心理上和时间上设身处地地体验作者的意思。施莱尔马赫认为解释学是一门避免误解的学问，寻求重建作者原意的合法途径主要是语义解释和心理解释（心理转换），强调读者"能够比作者理解他自己理解得更好"。狄尔泰把理解视为人的心灵生活的重建，并且注重"移情"对解释学的意义。施莱尔马赫和狄尔泰共同的思想基础是客观主义，都力图使解释者摆脱自己的偏见和时代的拘束，由此达到像自然科学那样的客观性。法律解释的客观性成为法律解释的最高理想，因而法律解释的目标是探求历史上立法者的意图、想法和价值观（主观说），解释结论的正确与否的标准在于是否正确表达了立法者的主观意图②。

为了达到探求"立法者的意图"的法律解释目标，法律解释方法受到特别重视，其中以立法者为中心的法律解释方法论在大陆法系国家产生了决定性的持久影响，奠定了近代法律解释方法论的基本格局。因此，法理学认为，法律解释的方法史开始于近代，最早可以追溯到萨维尼在其《当代罗马法体系》中所提出的被奉为经典的法律解释四要素说，即语法的、逻辑的、历史的和体系的解释；英国法官也形成了一种保守的

---

① 参见陈金钊、焦宝乾等《法律解释学》，中国政法大学出版社2006年版，第66—67页。
② 参见陈金钊、焦宝乾等《法律解释学》，中国政法大学出版社2006年版，第68—70页。

限制性的解释制定法的传统，美国也继承了英国的这一法律传统[①]。而在此历史时期，法典法强调遵循先例与普通法注重形式化程序都具有强调某种形式理性法和形式理性化的共同特点。

（三）现代西方国家法律解释学的客观说转向

现代西方大陆法系国家法律解释论的"客观说"主流转向始于19世纪后期并延续至今，而此前长期占主流地位的是法律解释目标的主观说。法律解释的"客观说"立场，主张法律解释的目标是为满足法律解释时的正义要求而诠释法律规范的客观意思。法律的客观解释，"亦即在法律解释时，不考虑其历史渊源，不问原立法者的意图，而是赋予今天显得满足正义要求的意义"，如拉德布鲁赫认为"是对被思的透彻思考"，科勒认为是"择取"最合理最有利的意思，耶林认为是依照现存的目的和利益进行解释（目的论解释）[②]。我国有学者指出，现代西方法律解释学"更多是对前期法律解释理论的批判性的修补和完善"，社会学与司法视角的法律观以及功能性的研究方法取代了传统的概念分析方法，司法上"容许法院不仅仅适用法律条文，而且可以根据社会上的各种利益要求和国家的实质性判断从现实中归纳和创造出法律规范来"[③]，法律解释的对象业已超越了制定法一元论的局限而认为其包括习惯、传统、司法判决与学说探究、规范与事实，法律解释方法上引入了利益衡量（价值权衡）和社会学的解释方法，强调自由裁量、具有合理的实质内容和价值判断的司法观念，这些内容成为这一时期法学在知识论上的重要贡献[④]。

相应地，美国自20世纪以来占主导地位的法律解释论观点是目的论解释（现代目的论解释）和读者决定论，如庞德的假借诠释论（法院可以原有法律为根据而自立新例），霍布斯和格雷的读者决定论（法律的意义存在于并且决定于读者的解读），卡多佐的社会福利观念和法官诠释论（法官是社会观念的诠释者）[⑤]。英国制定法解释的灵活解释传统在经历

[①] 参见陈金钊、焦宝乾等《法律解释学》，中国政法大学出版社2006年版，第70—71页。
[②] 参见陈金钊、焦宝乾等《法律解释学》，中国政法大学出版社2006年版，第77页。
[③] 季卫东：《法治秩序的建构》，中国政法大学出版社1999年版，第93页。
[④] 参见陈金钊、焦宝乾等《法律解释学》，中国政法大学出版社2006年版，第71—79页。
[⑤] 参见陈金钊、焦宝乾等《法律解释学》，中国政法大学出版社2006年版，第77页。

"否定之否定"之后完成了某种具有衡平法性质的折中嬗变，其带有客观解释立场特点的目的论解释形成了如下制定法解释之"语言规则"：（1）同类规则。如果概括词只是在把某一种或类的人或物归类，而不是概括所有种类而得的，它们的解释应限制在事物的那种类上。除非立法的上下文或立法的总范围与权限清楚表明，国会有意要扩大它的含义。（2）从上下文求字义规则。立法用语，即使不是像有特指词在先的"诸如此类"或"其他"的概括词，也易于受与它们想联系的其他词的影响，因此解释法律时必须适当地关注词语的上下文。（3）明示其一规则。即如果在某一法规中明示某一特定种类的一种或多种成分，便认为默示地排除其他成分。例如，"土地"一词通常把全部矿山包括在内，但是如果法律采用了"土地、房屋和煤矿"的表述时，则意味着"矿山"被排斥在"土地"之外。（4）级别规则。即规定下一级事或人的法规，不能通过概括词而扩充到上一级。①

现代法律解释论的客观说主流转向，理论上形成了两种分支、两种传统：一是读者决定论，认为鉴于解释者的主体身份和解释过程中解释者自身的主观性，传统理论将客观解释理解为"解释者中心论"（读者决定论）；二是文本中心论，认为客观解释之客观含义应当立足于文本，解释主体只能在刑法规范文本与客观事实的结合中去寻求文本之具体含义。②应当说，无论是"读者决定论"还是"文本中心论"，其中都初露本体论法律解释学的细微端倪。19世纪后期以来西方社会学、心理学、生命哲学、精神分析学、实用主义哲学、新康德主义哲学逐步深刻影响了法学研究，传统自由主义和国家观念、立法和司法权力界限观念受到新的思想观念的冲击，法学认识论和方法论出现了许多新的观点。如庞德把法理学当作一门社会工程科学，"社会工程被认为是一个过程，一种活动，而不只是被认为是一种知识体系，或是一种固定的建筑秩序"③，

---

① 详见［英］鲁伯特·克鲁斯《法律解释》，孔小红等译，西南政法学院1986年印行，第148—154页；李希慧《刑法解释论》，中国人民公安大学出版社1995年版，第34—35页。
② 李红：《刑法客观解释研究》，博士学位论文，四川大学，2020年，"第二章"，第45页以下。
③ ［美］罗斯科·庞德：《法律史解释》，曹玉堂、杨知译，华夏出版社1989年版，第149页。

断言整部西方法学史就是在宽松的自由裁量和严格的具体规则、无法司法和严格司法之间不断循环反复的过程;再如韦伯突破法学固有的局限性,将法律纳入社会理论的分析框架,并且由于像韦伯这样的思想家的不懈努力,社会科学终于没有被自然科学完全吞噬,而是发展出一套以"理解"和"解释"为核心的独特研究方法。[1]

(四) 当代西方国家刑法解释学的本体论转型与新动向

20世纪中叶以来,西方国家法律解释学又出现了本体论转型,即从方法论意义上的法律解释转向本体论意义上的法律解释,影响至今。

焦宝乾教授对当代西方国家法律解释学的本体论转型进行了较为系统的归纳总结。他指出,在新的哲学和社会思想背景下,当代西方法律解释理论逐渐摆脱传统理论框架与西方思维模式的局限,在"解释的转向"基础上实现"本体回归"[2]。哲学在20世纪初发生了继古代本体论、近代认识论之后的第三次转向即"语言的转向"(语言哲学),在20世纪中叶哲学解释学的盛行,尤其是1960年伽达默尔《真理与方法》的出版,法律解释学将语言哲学、分析哲学和哲学解释学运用于法律解释研究之中,直接导致西方法理学和法解释学的"语言的转向"(以及"法律的语言运动")、"法学的哲学转向""法学的解释学"转向、从方法论到本体论的转换,这是"当今西方法律解释理论区别于传统解释理论的一个重要方面。但总的来说,基于哲学解释学和语言哲学的本体论上的法律解释大有超越传统科学方法论上的法律解释的趋势";并且"解释学的转向"深深地改变着法哲学研究的范式和研究路向,本体论意义上的法律解释即立足于哲学领域的这种转向及其所依托的范围更广泛的"语言的转向",认为解释并非认知者不带任何主观成分去认识客观的对象,而毋宁借着前理解才成为可能,人总是带着既有的经验和知识或"合法的偏见"进行理解和解释;解释就是解释者进入解释对象,通过辩证和对话的过程,通过在部分与整体之间循环往复的"解释学循环",从而在解释者和解释对象之间达致一种"视域融合";哲学解释学将理解、解释和

---

[1] 参见陈金钊、焦宝乾等《法律解释学》,中国政法大学出版社2006年版,第71—72页。
[2] 陈金钊、焦宝乾等:《法律解释学》,中国政法大学出版社2006年版,第81页。

应用三者合一，理解同时就是解释和应用，理解、解释和应用同是这一存在过程的各个时刻；立足于本体论的法律解释学，法律解释的文本或对象即不再是那种封闭、固定的，而是存在于人和人、人和物的相互关系当中，是一个开放的体系，否定规范性文本的独立性和客观性，而肯定其体现的毋宁是主体间性；主张法律解释的目标"毋宁是，理解一直同时是客观与主观的，理解者总是带着客观与主观进入'理解视界'，他不是纯消极地反映要被理解的现象，而是构建被理解的现象"[1]，通过法律论证即在各方主体（包括法律精英和一般大众）的对话和论辩过程中达至各方均可接受的裁判结果，裁判的过程毋宁是案件事实与法律规范的调适和对应；解释结果不再是"非此即彼"，而是"不仅……而且……也是"[2]，并且认为这是法律论证理论的重要理论前提[3]。

不过值得注意的现象是，当代西方国家法律解释学的本体论转型在20世纪60年代基本完成并至今产生深刻影响，但自20世纪70年代开始即伴随着反思批评并延续至今。焦宝乾教授指出，"但是自20世纪70年代以来，法解释学的思考方式开始受到一些学者的批判。颜厥安将其归纳为如下几点：第一，一个好的法学见解或裁判，它的标准不再是某种自然法的秩序或总体的法的内在价值体系，关键在于它是不是一个合理论证过程的结果。第二，基于此一理论转向，学者重新肯定了逻辑分析的重要性。如凯尔森对埃塞尔的批判意见。第三，在逐步脱离了总体性法秩序的预设后，新的理论发展便逐步转向于规范论的解析……20世纪70年代中期以后继受伽达默尔解释学的法学方法论学派开始受到新的理论挑战，其中重要的一支即以分析哲学和商谈理论为方法基础，侧重于对法学商谈结构进行理论分析的法律论证理论。颜厥安揭示的后两点实际上显示了哲学解释学和英美分析哲学融合的趋势"[4]。焦宝乾不但指出"西方法治遭遇现代哲学解释学时，确曾面临诸多理论上的困惑"，认为

---

[1] ［德］阿图尔·考夫曼、温弗里德·哈斯默尔主编：《当代法哲学和法律理论导论》，郑永流译，法律出版社2002年版，第145页。

[2] 郑永流：《出释入造——法律诠释学及其与法律解释的关系》，《法学研究》2002年第3期。

[3] 陈金钊、焦宝乾等：《法律解释学》，中国政法大学出版社2006年版，第81—89页。

[4] 陈金钊、焦宝乾等：《法律解释学》，中国政法大学出版社2006年版，第81—82页。

"就此对本体论的法律解释取代了方法论上的法律解释做一个完全肯定的判断，恐怕亦为不妥"，因为"在此仍需追问的是，本体论上的法律解释观的正当性价值何在？"，提出了"就方法论法律解释与本体论法律解释的关系而论，二者固然属于不同层面的知识谱系，毋宁说更应当是和谐共存、彼此包容的。法律解释将由此从'独断型解释'走向'探究型解释'"的学术见解①。姜福东博士也指出，"哲学诠释学的前理解、效果历史、诠释学循环、事物的本质、视域融合、对话以及解释的普遍主义、读者中心论、反对方法等基本概念、特征和原理，自身存在诸多问题，并不适合进入法律解释的教义学范式。我们必须高度警惕哲学诠释学向法学及法律解释范式的不当渗透"②。

法律解释学本体论转型的反思批评中出现了以下理论新动向：一是主张法律解释学第三次转向和方法论回归；二是倡导功能主义刑法解释论。

1. 法律解释学第三次转向和方法论回归

西方解释学在经历了"具有哥白尼式革命性质的两次转向：从局部解释学到一般解释学，从方法论解释学到存在论解释学"之后，现在已初步完成由存在论解释学转向存在论与认识论、方法论相结合的解释学，"我们也许可以将存在论、认识论、方法论的统一和结合的道路称为解释学的第三次转向"③。法律解释学也持有相同看法，认为"西方解释学从特殊解释学（如神学解释学、法学解释学）发展到一般解释学（方法论解释学），再从方法论解释学、认识论解释学转向本体论解释学（哲学解释学），旋即又从哲学解释学的存在论、本体论返回解释学认识论、方法论"，"这一解释学发展轨迹背后所蕴含的规律性，对于法律解释学研究范式的确定具有十分重要的启示和借鉴意义"④。

应当说，解释学第三次转向与法律解释学研究范式"返回解释学认识论、方法论"的预设前提，并非完全否定本体论解释学立场，而是

---

① 陈金钊、焦宝乾等：《法律解释学》，中国政法大学出版社2006年版，第82—92页。
② 姜福东：《法律解释的范式批判》，山东人民出版社2010年版，第49页。
③ 何卫平：《西方解释学的第三次转向——从哈贝马斯到利科》，《中国社会科学》2019年第6期。
④ 姜福东：《法律解释的范式批判》，山东人民出版社2010年版，第13页。

在承认本体论解释学的前提下强调重视方法论，真正构建一种"可以将存在论、认识论、方法论的统一和结合"的（法律）解释学，从而使得方法论回归成为（法律）解释学第三次转向的重心。因此可以说，重视方法论（解释方法确证论）不但在传统的认识论、方法论的法律解释学中获得了充分确证，而且在哲学解释学的反思和转向中也逐渐获得了充分确证。伽达默尔尽管强调"理解不属于主体的行为方式，而是此在本身的存在方式"，并且"也是一个先于理解科学的方法论及其规范和规则的问题"[①]，因而"反对方法"[②] 或者"对方法的轻视"[③] 是哲学诠释学的必然逻辑结果，但是在哲学解释学"反对方法""对方法的轻视"观念的本体论立场上，"为了澄清自己并未陷入别人所诟病的主观主义、相对主义的泥淖，伽达默尔不得不回过头来求助于传统的理解方法论"[④]，伽达默尔的解释理论由原先内在地包含了读者中心论与文本中心论的冲突、消解方法论与建构新方法论的冲突，到后来承认"就人们有意识的理解活动而言，首要的以及根本的任务仍然是努力获得某种相对正确的理解，而普遍有效的方法论就是其必要的前提，诠释学的认识论意义便在于此"[⑤]。这里，作为集哲学解释学大成者的伽达默尔在后期的反思中"被迫"承认"消解方法论与建构新方法论的冲突"以及"普遍有效的方法论就是其必要的前提"，亦即承认"普遍有效的方法论"是"努力获得某种相对正确的理解"的前提，在笔者看来就是确证了方法论重要性的基本立场。自伽达默尔之后，哈贝马斯和利科开启解释学第三次转向，这一解释学转向的根本特点是"从存在论向认识论、方法论的回归"[⑥]。法律解释学界可以说认同方法决定论

[①] ［德］汉斯-格奥尔格·伽达默尔：《真理与方法——哲学诠释学的基本特征》（上卷），洪汉鼎译，上海文艺出版社2004年版，"第二版序言"第4页。
[②] 姜福东：《法律解释的范式批判》，山东人民出版社2010年版，第69页。
[③] 何卫平：《西方解释学的第三次转向——从哈贝马斯到利科》，《中国社会科学》2019年第6期。
[④] 姜福东：《法律解释的范式批判》，山东人民出版社2010年版，第72页。
[⑤] 潘德荣：《理解方法论视野中的读者与文本——伽达默尔与方法论诠释学》，《中国社会科学》2008年第2期。
[⑥] 何卫平：《西方解释学的第三次转向——从哈贝马斯到利科》，《中国社会科学》2019年第6期。

已然成为某种学术共识。例如有学者指出,"以为方法论诠释学是被本体论诠释学所超越的、扬弃了的、没有生命力的旧有传统,因而只具有思想史的价值,才是对诠释学的真正误解",实际上在西方国家本体论诠释学并不具有压倒性的优势,方法论传统的诠释学仍然受到广泛的重视①;那种对方法的简单改革或者对方法论予以解散的做法都是欠妥的,哲学诠释学反对方法、消解方法、抛弃方法是错误的②。正是认识到这种错误,哈贝马斯和利科才提出了新的学术见解并实现了解释学第三次转向。利科"主张真理与方法是可以并存的,方法也可以对真理作出重大贡献","方法问题才是真理问题的核心","法律解释学返回以法律文本为中心的认识论和方法论的立场与范式,是十分重要的"③。

2. 功能主义刑法解释论

功能主义刑法解释论是功能(机能)主义刑法理论的重要内容,它最早由日本刑法学者平野龙一于20世纪60年代提出,后经由日本前田雅英、德国罗克辛等众多刑法学者近半个世纪的共同努力而在20世纪末至21世纪初获得较大发展,成为当代德日刑法学的一个重要理论流派。④一般认为,功能主义刑法解释论是在反思传统的认识论、方法论的刑法解释论的基础上,运用功能主义刑法理论及其内含的功能主义社会学分析方法与刑事政策分析方法、现实主义法学与经验法学的利益衡量论等理论智识,从法哲学根基上对传统刑法解释学进行理论改造所重塑的新的刑法解释论,提出了从"体系性思考"转向"问题性思考"⑤,以及"刑法机能的可替代性、刑法的谦抑性、法官决策行动论、判例的立法机能

---

① 潘德荣:《理解方法论视野中的读者与文本——伽达默尔与方法论诠释学》,《中国社会科学》2008年第2期。

② 严平:《走向解释学的真理——伽达默尔哲学述评》,东方出版社1998年版,第252—253页。

③ 姜福东:《法律解释的范式批判》,山东人民出版社2010年版,第71、74—75页。

④ 参见劳东燕《能动司法与功能主义的刑法解释论》,《法学家》2016年第6期;赖正直《机能主义刑法理论研究》,中国政法大学出版社2017年版,第1—2页;张庆立《德日机能主义刑法学之体系争议与本土思考》,《华东政法大学学报》2018年第3期。

⑤ [日]关哲夫:《论机能主义刑法学——机能主义刑法学的检讨》,王充译,载赵秉志主编《刑法论丛》总第17卷,法律出版社2009年版,第256—299页。

论、国民参与司法论等一系列主张"①，其中"法官决策行动论与问题性思考以及实质犯罪论互为表里，构成了机能主义刑法理论的法哲学基础"②。

应当说，法律解释学的这些理论新动向值得高度重视和深入研讨。

---

① 赖正直：《机能主义刑法理论研究》，中国政法大学出版社2017年版，第2页。
② 赖正直：《机能主义刑法理论研究》，中国政法大学出版社2017年版，第170页。

第 五 章

中国刑法解释(学)
的历史沿革

中国刑法解释的实践活动和学术研究均可谓源远流长，其间既有值得认真总结的辉煌成果，也有值得认真对待的学术思想。近现代中国刑法解释学的理论研究有过曲折颓废，但是知耻而后勇的当代中国刑法学人并没有退步，而是满怀大国崛起的时代使命奋起直追，勇攀刑法解释学术高峰。

一 中国刑法解释的实践历史

中国古代农业社会由于较早地大量出现了刑法规范文本（其整体内容相当于刑法典、单行刑法和附属刑法之文本总和），因而在刑法实践活动中逐渐出现了较为普遍的刑法解释现象，包括针对个案的刑法解释适用活动、针对文本的刑法解释文本制作，并形成了作为中国古代刑法解释理论的律学。[①] 中国古代第一部成文刑法的正式诞生，中国古代的刑法解释活动也相继而生，一般认为是自公元前536年郑国执政子产"铸刑书"开始。中国古代的刑法解释，在学理上可以从中国古代刑法的立法解释、司法解释、学理解释以及解释方法四个方面进行考察总结。中国古代刑法立法解释与司法解释的重要特点，是国家没有设立专司立法解释与司法解释的机构，仅由皇帝诏令国家官吏进行刑法解释活动或者直

[①] 魏东主编：《中国当下刑法解释论问题研究》，法律出版社2014年版，第12—13页。

接采用民间达人的刑法解释意见。如湖北云梦《秦简》中的《法律问答》即是由高级官员所作的刑法解释，东汉末年郑玄对《汉律》所作的章句解释，西晋张斐、杜预应皇帝诏令对《晋律》进行注解，唐朝长孙无忌等15人应唐高宗诏令解释《永徽律》而作《永徽律疏》，其后经唐末、五代、两宋直至元朝不断充实完善而最终形成代表中国古代刑法解释的最高成就的集大成者《唐律疏议》，均是在皇帝下旨认可后而获得权威性的。同时，古代中国刑法的立法解释文本可以独立颁行也可以附录于律文之中颁行，如自《永徽律疏》之后形成的《宋刑统》《大明律》《大清律》等都在律文之后附有注释疏解律文以阐发律文"难明之义"，补充其"未足之语"。而中国古代对民间达人进行的刑法解释活动大致经历了秦朝被禁锢到秦朝之后逐步开放、发展和鼎盛的过程，西晋之后至明朝为中国古代刑法学理解释的深化时期，清朝以来的刑法学理解释在集历代经验之大成的基础上达到了中国古代刑法学理解释的鼎盛状态，并最终形成了中国古代蔚为壮观的律学。①

中国近现代的刑法解释实践，大致可以分为清末、北洋政府时期、国民党政府统治时期三个阶段来描述。② 清末开始，国家明确规定了有权进行司法解释的主体，赋予了有权解释主体统一行使司法解释权，如光绪三十年（1909年）颁布的《大理院审判编制法》第19条规定"大理院之审判，于律例紧要处表示意见，得拘束全国审判衙门"，宣统元年12月28日（1910年2月7日）颁布的《法院编制法》第35条规定"大理院卿有统一解释法令必应处置之权"，以维护国家法律的统一适用。国家赋予有权解释主体统一行使司法解释权的传统由此自清末形成，并且这一司法解释传统在近现代中国100余年来不间断地沿袭采用，至今如此。北洋政府时期的刑法解释，继续规定由大理院统一行使司法解释权，其中在民国二年（1912年）至民国十六年（1927年）的15年间作出的刑

---

① 参见李希慧《刑法解释论》，中国人民公安大学出版社1995年版，第1—7页。
② 基于历史原因，这里所述中国近现代的刑法解释仅截至1945年中国的刑法解释，而中华人民共和国的刑法解释则纳入"中国当代的刑法解释"进行阐述。同时，本书所引用文献除特别注明出处的以外，均参考引自李希慧《刑法解释论》，中国人民公安大学出版社1995年版，第11—15页。

法解释例多达 2000 余件、汇编的判例达 3900 多件①；其解释内容包括了刑法总则规定和分则条文，其解释方法有文理解释和论理解释两类（其中论理解释兼有扩张解释和缩小解释两种）。国民党政府统治时期的刑法解释，依"中华民国宪法"规定由司法院行使，民国十八年（1929 年）至民国三十四年（1945 年）司法院作出的刑法解释例有 698 件，此外"最高法院"也有权作出法律解释和公布判例；这一时期刑法解释所采用的方法是以文理解释为主并辅以论理解释，刑法学理解释则开始学习借鉴西方刑法理论而有了重大进步，有的刑法学专著对刑法的解释达到了很高水准。国民党政府统治时期的刑法解释理论和实践，对于当代中国台湾地区的刑法解释实践和理论研究奠定了良好基础，对于当代中国大陆地区的刑法解释实践和理论研究也具有特殊的借鉴意义。

中国当代的刑法解释活动沿袭了近现代中国刑法解释的传统。大体可以这样描述：当代中国在 1979 年刑法典颁行之前的刑法解释活动比较活跃，而在 1979 年刑法典和 1997 年刑法典颁行之后的刑法解释文本则异常丰富。

在 1979 年刑法典颁行之前，作为刑法解释对象的刑法规范文本比较有限，当时仅有《中华人民共和国惩治反革命条例》《妨害国家货币治罪暂行条例》《中华人民共和国惩治贪污条例》等少数几部单行刑法规范文本，在国家刑法立法和国家法治极不健全的情况下，较多的有权解释文本存在解释主体繁多混杂、解释内容实质立法化的突出特点。② 其一，随着 1954 年《宪法》和 1955 年《关于解释法律问题的决议》的颁布施行，当代中国刑法解释的有权主体实现了从法无明文规定走向法有明文规定，但是释出多门现象长期普遍存在。在 1955 年 6 月 23 日全国人大常委会《关于解释法律问题的决议》颁布之前，由于法律没有明文规定刑法解释的有权主体，刑法的司法解释性文本出自多门，计有最高人民法院、最高检察署、公安部、政务院、中共中央、中央法制委员会、司法部、最高人民法院分院、中央节约检查委员会、政务院政法委员会党组干事会、

---

① 杨堪、张梦梅：《中国刑法通史》（第八分册），辽宁大学出版社 1987 年版，第 172 页。
② 参见李希慧《刑法解释论》，中国人民公安大学出版社 1995 年版，第 15—18 页。本自然段所引用文献除特别注明出处的以外，均引自李希慧所著此书。

大行政区司法部等；而即便在 1955 年《关于解释法律问题的决议》颁布施行之后，虽然法律明文规定司法解释权由最高人民法院行使，但是实际上仍然是释出多门，如最高人民法院、最高人民检察院、公安部、国务院、中共中央、中央十人小组、司法部、中央监委、中央政法小组、中国人民解放军军事法院等。其二，全国人大的立法解释很少，而其他国家机关和部门的司法解释活跃并且广泛存在解释内容实质立法化（司法解释立法化）的现象。1954 年《宪法》规定全国人大常委会行使解释法律的职权，赋予了全国人大常委会的刑法立法解释权，但据史料可查的当期进行的刑法立法解释只有 1 件，即 1956 年 5 月 8 日由全国人大常委会第 39 次会议作出的《关于被剥夺政治权利的人可否充当辩护人的决定》[1]；而同期的司法解释文本却有 300 多件（其中最高人民法院单独或者参与制定发布的司法解释性文件有 184 件）[2]。司法解释立法化现象的广泛而突出地存在，如最高人民法院 1956 年颁布的《对河北省高级人民法院关于处理精神病患者犯罪问题的批复》明确规定："精神病人在不能辨认或不能控制自己行为的时候实行对社会有危险性的行为，不负刑事责任；间歇性的精神病人，在精神正常时候的犯罪，应当负刑事责任；醉酒状态中的犯罪，应当负刑事责任。"[3] 像这种借刑法司法解释之名行刑法立法之实的情况在我国 1979 年刑法典颁行之前大量存在，既反映了我国当时在没有颁行刑法典时的刑法实践需要刑法司法解释立法化，也开启并强化了当代中国刑法司法解释立法化的滥觞。

在 1979 年刑法典和 1997 年刑法典颁布之后，我国的刑法解释活动十分活跃，刑法解释文本异常丰富。其突出特点可以概括为以下五个方面：

其一，以立法形式明确有权解释的刑法解释主体是全国人大常委会、最高人民法院和最高人民检察院（简称"两高"）等三个国家机关（简称"三机关"）。1982 年《宪法》第 67 条明确规定，解释法律是全国人

---

[1] 参见北京大学法律系刑法教研室编《刑法参考资料选编（三）》，北京大学法律系刑法教研室 1978 年 4 月编印，第 163 页。

[2] 周强主编：《最高人民法院司法解释汇编（1949—2013）》（上），人民法院出版社 2014 年版，第 1 页"出版说明"。

[3] 北京大学法律系刑法教研室编：《刑法参考资料选编（三）》，北京大学法律系刑法教研室 1978 年 4 月编印，第 111 页。

大常委会的职权之一。1981年全国人大常委会《关于加强法律解释工作的决议》规定："凡属于法院审判过程中具体应用法律、法令的问题，由最高人民法院进行解释。凡属于检察院检察工作中具体应用法律、法令的问题，由最高人民检察院进行解释。"由此可以看出，全国人大常委会是法定的刑法立法解释机关，最高人民法院和最高人民检察院（"两高"）是法定的刑法司法解释机关。

其二，作为最高权力机关常设机构的全国人民代表大会常务委员会的立法解释文本逐步受到重视并偶有作为。据资料介绍，在1979年刑法典颁行后的第一个15年期间（1980—1995年），全国人大常委会除了在有的"法律草案说明"中对有些刑法规定作过解释外，单独并且根据正当程序制作的刑法立法解释一件也没有，而只有一些由全国人大常委会的职能部门（如全国人大常委会办公厅和法制工作委员会等）为回答有关机关的咨询就刑法有关规定做的解释，或者由全国人大常委会的职能部门与其他国家机关联合制发的刑法解释或者解释性文件，但是"上述两种情形的解释，由于是全国人大常委会的职能部门单独或者与其他国家机关联合作出的，而不是以全国人大常委会的名义制定和公布的"，因而不能认为是完全规范意义上的刑法立法解释[1]。当然应当承认，这些不是完全规范意义上的刑法立法解释，如1981年7月16日全国人大常委会办公厅就最高人民法院提出的关于死刑的核准问题所作的复函、1984年3月24日全国人大常委会法制工作委员会会同最高人民法院、最高人民检察院、公安部、司法部、民政部作出的《关于正在服刑的罪犯和被羁押的人的选举问题的联合通知》、1986年7月10日全国人大常委会法制工作委员会会同最高人民法院、最高人民检察院、司法部作出的《关于劳教工作干警适用刑法关于司法工作人员规定的通知》等，在实质上具有刑法立法解释的价值和功能。此后，尤其是在1997年刑法典颁行后，全国人大常委会依法规范制作发布的刑法立法解释（文本）逐步形成、逐步增多，截至2016年12月已有规范的刑法立法解释（文本）13件[2]，包

---

[1] 参见李希慧《刑法解释论》，中国人民公安大学出版社1995年版，第21—22页。
[2] 参见全国人民代表大会常务委员会法制工作委员会刑法室审编《中华人民共和国刑法（2016年审编版）》，中国民主法制出版社2016年版，第1页"出版说明"、第223—237页。

括 2000 年 2 月 29 日通过的全国人大常委会《关于〈中华人民共和国刑法〉第九十三条第二款的解释》、2014 年 4 月 24 日通过的全国人大常委会《关于〈中华人民共和国刑法〉第一百五十八条、第一百五十九条的解释》等；除此之外还出现了一些不规范的刑法立法解释，如 2002 年 1 月 14 日全国人大常委会法制工作委员会《关于对"隐匿、销毁会计凭证、会计账簿、财务会计报告构成犯罪的主体范围"问题的答复意见》、2002 年 7 月 24 日全国人大常委会法制工作委员会《关于已满十四周岁不满十六周岁的人承担刑事责任范围问题的答复意见》等，但是总体上看刑法立法解释的数量仍然远远少于刑法司法解释的数量。

其三，作为最高司法机关[①]的最高人民法院和最高人民检察院的刑法司法解释文本（"两高"司法解释文本）大批量出台、大行其道，并且刑法司法解释文本规模甚至远超刑法典及其修正案、单行刑法规范文本的规模，从而使刑法司法解释文本成为刑法司法适用的重要依据和实质法规范依据。据资料介绍，仅最高人民法院单独或者联合制定发布的司法解释（文本）数量就很多：在 1980 年 1 月至 1997 年 6 月有 1520 件，在 1997 年 7 月至 2011 年 12 月有 1647 件[②]。2012 年 1 月以来五年多时间里的司法解释文本数量现在尚无法准确统计，但是估计应在 500 件以上。更加值得注意的现象是，"两高"甚至"三机关"独自制作或者联合其他国家机关以各种名义制作的"非法定的"规范性刑法司法解释性文本大量存在，而且有的文本对外公开，而有的文本则不对外公开，其数量无法准确统计。有学者认为应当"网罗一切刑法适用方面的规范性文件"，"但在当下，这几乎是一个不可能完成的任务，其中，最主要的障碍是很多规范性文件不对外公开，因而无法收集"，例如仅 2011 年"最高人民法院研究室答复高级人民法院法律适用问题的请示就高达 114 件"，而"公安部及其职能部门每年也会就公安机关办理刑事案件如何适用刑法规定作出各种批复"，然而"这些数量惊人的规范性文件，多数在报刊、互

[①] 按照我国有关法律规定和法理界说，我国的最高司法机关是指最高人民法院，同时也包括作为法律监督机关和公诉机关的最高人民检察院，统称"两高"。

[②] 周强主编：《最高人民法院司法解释汇编（1949—2013）》（上），人民法院出版社 2014 年版，第 1 页"出版说明"。

联网上是查询不到的"①。应当说,"两高"发布的"座谈会纪要""纪要""答复"和"意见"等非法定的司法解释性文本(文件)② 逐步获得司法解释适用的普遍性指引功能。

其四,"两高"指导性案例逐步成为刑法解释的新形式。最高人民法院于2010年11月26日发布《关于案例指导工作的规定》,自2011年12月20日发布第一批指导性案例以来,截至2019年12月26日共发布了24批指导性案例,其中许多批指导性案例中包含有刑事指导性案例;而最高人民检察院自2010年12月31日发布第一批指导性案例以来,至2020年7月共发布21批指导性案例,其中绝大多数都是刑事指导性案例。对于这些指导性案例,最高人民法院在发布指导性案例的通知中通常要求各地人民法院在审判实践中对这些指导性案例加以"参照"运用,即"供在审判类似案件时参照"。当前,最高人民法院发文明确要求司法审判中必须进行类案检索、类案同判,可以说是对指导性案例制度的进一步发展。

其五,地方各级司法机关,尤其是省级司法机关制定发布的地方性司法解释性文本(文件)和地方性指导案例逐步成为司法解释性质的地方性法律知识。大致可以说,全国省、自治区、直辖市高级人民法院都有制定发布(或者制定之后不对外发布)地方性司法解释性文本的做法,从各种媒体资料上可查阅的情况来看,这类地方性司法解释性文本数量巨大。以西部某省为例,近几年因为非法集资犯罪较为突出并且处理难度较大,因此,该省高级人民法院在省政法委、省检察院、省公安厅的深度合作之下制作并在机关内部发布了《关于当前我省办理非法集资案件若干问题的会议纪要》,其内容有"工作机制和办案指导原则""非法

---

① 参见李立众编《刑法一本通》(第十二版),法律出版社2016年版,第1页"第十二版前言"。

② 根据2007年《最高人民法院发布关于司法解释工作的规定》第6条规定,司法解释适用的形式分为"解释""规定""批复"和"决定"四种。据此,"两高"发布的非法定的司法解释性文本(文件),是指除"解释""规定""批复"和"决定"四种法定的司法解释形式之外的文本,主要包括"座谈会纪要""纪要""答复"和"意见"等形式的文本。有关司法解释性文本形式的法理问题,参见李立众编《刑法一本通》(第十一版),法律出版社2015年版,第1页"第十一版前言";孟庆华、王法《"意见"是否属于刑法司法解释表现形式问题探析》,载《临沂市师范学院学报》2010年第5期。

吸收公众存款罪与非罪的认定""刑民交叉案件的程序衔接与处置""跨区域案件的管辖""证据收集的范围及金额的认定""非法吸收公众存款罪与集资诈骗罪的界限""刑事追究人员的范围""漏罪的处理问题""犯罪数额认定""查封、扣押、冻结措施""赃款赃物追缴范围""涉案资产统一处置"等，文本字数将近5000字，涉及定罪量刑、资产处置和程序性规定的内容十分具体。再如，全国部分省级人民法院制定发布的《〈关于常见犯罪量刑指导意见〉实施细则》，应当说也是比较典型的地方性司法解释性文本，其对于当地所属法院的刑事司法审判具有直接的法规范效力。

二 中国刑法解释学的理论沿革

如前所述，中国古代刑法实践活动中逐渐出现了较为普遍的刑法解释现象，包括针对个案的刑法解释适用活动、针对文本的刑法解释文本制作，也较早地出现了针对这些刑法解释现象的学术研究活动，形成了中国古代刑法解释理论，即律学。而中国古代蔚为壮观的律学，其运用的刑法解释方法包括了文理解释与论理解释，且论理解释中较多地运用了扩张解释、缩小解释、比较解释、历史解释与类推解释等[1]。同时，中国古代律学的发达也是伴随着中国古代儒学和经学的发达而相得益彰的。有学者指出，中国古代律学的精髓是以经注律（以儒家经义注释律学），因此，"律学是中国古代特有的一门学问，是秦汉时期随着成文法典的出现，统治阶级为了使法典得以贯彻实施对其进行注释诠释因而形成的一个学术研究领域，它是中国法学的一个重要组成部分"[2]。而由于中国古代法律的主体内容是刑法，因而也可以说，中国古代律学不但可以笼统地认为是法律注释学，而且可以具体地认为其就是中国古代的刑法解释学。因此可以说，律学是我国古代封建社会法律解释理论的最高峰，其已具有反思以往的和当时的法律解释现象并且已经逐渐呈现出追求某种科学合理性的特点，尽管其中还明显存在欠缺现代法治要旨（主要欠缺

---

[1] 参见李希慧《刑法解释论》，中国人民公安大学出版社1995年版，第1—11页。
[2] 何勤华：《秦汉律学考》，载何勤华主编《律学考》，商务印书馆2004年版，第37页。

现代刑事法治之罪刑法定和人权保障观念）之不足。正如有学者指出的那样，"中国古代以经注律的诸事活动，不是单纯的、机械的注释法学，而是带有浓厚的论理、说理和学理的成分和色彩，为达到注释的结论能够被人接受特别是能够上升为官方判案的依据的目的，注释学家采用了多种形式进行解释"，从而使得中国古代律学"成为中国法文化最具特色的标签与识别标识"；同时，中国古代以经注律活动及律学，因无近代意义上的罪刑法定原则的限定而在很大程度上仍然是皇权和吏权的一种恣意适用，并导致法外用法、因人而异的恶果。① 尽管如此，但是我们还是应当看到，中国古代律学"以经注律"的文化传承，有助于避免天马行空式的随意阐释法律规范实质，表明其对于刑法规范的法律解释（刑法解释）已经具有某种意义上的保守性趋向。②

中国近现代刑法解释学术活动。对应前述我国清末、北洋政府时期、国民党政府统治时期三个阶段的刑法解释实践的描述，可以对当期的刑法解释学术活动进行某种概括性的讨论。其一，刑法解释的对象分析。刑法解释的学理上，其解释对象只能是刑法规范文本和相应法律事实，作为刑法解释对象的刑法规范文本有《大清新刑律》《暂行新刑律》和《中华民国刑法》等，从而有利于确保刑法解释适用的合法性。其二，刑法解释的权力分析。按照刑法解释主体的权威性可以将刑法解释划分为有权解释与学理解释两类，其中前者作为具有法律效力的刑法解释主体，必须有法律授权，从而有权解释主体所作解释有利于维护国家刑事法律的统一适用。其三，刑法解释的立场分析。当时的刑法解释学已经逐渐借鉴吸纳西方大陆法系国家的刑法解释理论，在刑法解释学上注意区分和讨论刑法的主观解释和客观解释。尤其是国民党统治时期的刑法解释学，关于刑法解释立场的主观解释、客观解释和折中解释的学术争议较为突出。其四，刑法解释的方法论分析。当时学术界已经提出了刑法的文理解释和论理解释的解释方法的区分，并且"刑法司法解释所采用的方法也是以文理解释为主。辅之以扩张解释和缩小解释等论理解释方法""开始自觉地运用刑法的基本原理来解释刑法的规定""解释往往具有很

---

① 徐岱：《刑法解释学基础理论建构》，法律出版社2010年版，第5—8页。
② 魏东主编：《中国当下刑法解释论问题研究》，法律出版社2014年版，第13—14页。

强的论证性"①。其五，刑法解释的学术成果分析。国民党统治时期出现了王觐《中华刑法论》和郗朝俊《刑法原理》等刑法学专著，其"由于受西方刑法理论的影响，较之以前各个时期的刑法学理解释有了重大的进步""对刑法的解释达到了颇高的理论水平"②。

中国当代刑法解释学术研究渐入佳境。当代中国在1979年刑法典颁行之前的刑法解释活动尽管比较活跃，但是"这一时期内部印行和公开出版的涉及刑法解释的教科书、普及读物仅有屈指可数的9本"，"刑法学专著仅有为数可怜的两本小册子"，这些专著以及其间发表的绝大多数论文"都难以认为是刑法学理解释之作"，可以说"新中国建立后至《刑法》颁布施行前长达30年的时间内，刑法学理解释是十分贫乏的"③。及至1979年刑法典和1997年刑法典颁行之后的刑法解释文本刑法学术研究活动均空前活跃和十分丰富，甚至可以说"《刑法》颁布后的15年，刑法学理解释的繁荣大概是中国历史上前所未有的，大量的学理解释对于刑法的正确适用以及刑法的修改补充起了重要的作用"④。但是，我们发现，尽管早在20世纪80年代中后期中国法理学界已经开始较为系统地关注法律解释学的引介和研究，如西南政法学院法学理论教研室1986年印制了英国学者鲁伯特·克罗斯著的《法律解释》（孔小红等译）、华夏出版社1987年出版了美国学者博登海默著的《法理学——法哲学及其方法》（邓正来译）等不少法律解释学著作，但是当代中国在1995年以前的刑法解释理论仍然停留在仅有一些碎片化的刑法解释学知识的水平，不但没有针对刑法解释学进行专题理论研究的学术专著，而且当时刑法学专著中所论及的刑法解释学知识十分有限而根本达不到刑法解释学知识体系化的基本要求，如当时全国统编教材《刑法学》也仅仅在第四章第二节简单介绍了"刑法的解释"的概念、刑法解释的分类⑤。文献检索表明，作为重要部门法的刑法学界和民法学界对相对应的部门法解释理论的系统化研究均大致始于1995年前后。如民法学界当时仅有徐国栋

---

① 李希慧：《刑法解释论》，中国人民公安大学出版社1995年版，第14—15页。
② 李希慧：《刑法解释论》，中国人民公安大学出版社1995年版，第14—15页。
③ 李希慧：《刑法解释论》，中国人民公安大学出版社1995年版，第19—20页。
④ 李希慧：《刑法解释论》，中国人民公安大学出版社1995年版，第25页。
⑤ 参见高铭暄主编《刑法学》，法律出版社1982年版，第46—48页。

《民法基本原则解释》（中国政法大学出版社1992年版）、梁慧星《民法解释学》（中国政法大学出版社1995年版）等屈指可数的民法解释学论著。刑法学界的情况是：直到1995年中国才有了真正意义上的较为系统的刑法解释学研究，其标志性事件正是李希慧教授的同名博士学位论文《刑法解释论》的公开出版，高铭暄教授为该书作序并指出"《刑法解释论》一书不仅对刑法解释作了古今中外的历史考察，而且对刑法解释的基本思想、概念、特征、功能、分类、原则、方法等都做了详尽的分析和探讨"，相信中国刑法学者阅读本书"将会对刑法解释这样一个科学领域和实践活动，获得更深一层的认识"[1]。

可以说，1995年对于当代中国的刑法解释学而言是一个真正开始走向学术化系统研究的新起点，自此以后中国刑法解释学的理论研究逐步繁荣并取得了辉煌成就。通过中国知网以"刑法解释"为关键词、以"中国社会科学引文索引（CSSCI）"为来源，共检索到中国自1995年至2020年6月的相关文献有：公开出版专题研究刑法解释学原理的重要专著有50余部，完成博士学位论文答辩的专题研究刑法解释学原理的重要博士学位论文有20余篇、重要硕士学位论文有100余篇[2]，专题研究刑法解释学原理的重要学术论文有200余篇[3]。从这一粗略统计可以看出，刑法解释学的专题研究专著和博士学位论文总数多达70余部（篇），其研究成果不可谓不丰硕，其研究的广度和深度不可谓不令人刮目相看。综合观察中国最近20余年刑法解释学的理论研究成果，大致可以概括为以下诸方面：

（一）刑法解释学的基本原理体系化

中国刑法解释学理论研究已经触及世界范围内法解释学和刑法解释

---

[1] 李希慧：《刑法解释论》，中国人民公安大学出版社1995年版，"序"，第1—2页。

[2] 以"刑法解释（学）"为主题的硕士学位论文统计数据增加较快：2016年6月的相关统计数据仅有80余篇，但在2019年5月3日的相关统计数据激增为100余篇。也就是说，2017年和2018年，平均每年有大约10篇硕士学位论文的选题是"刑法解释（学）"专题，这一现象值得关注。

[3] 魏东：《中国刑法解释（学）的学术考察》，载《刑法解释》总第6卷，法律出版社2021年版，第37页。

学所论及的全部基础理论与前沿理论诸问题,其主体内容是刑法解释学的基本范畴与重要原理。除此之外,还有数量巨大的刑法具体问题(包括刑法总则规定和分则规定)的解释适用研究成果,其中包含了刑法解释学基本原理问题研讨的研究成果。

关于刑法解释学的基本范畴问题,既有研究成果所论及的刑法解释学的基本范畴目前可以归纳为以下十二个,即刑法解释、刑法解释价值(原则)、刑法解释功能(任务)、刑法解释类型、刑法解释立场、刑法解释限度、刑法解释主体、刑法解释权、刑法解释对象、刑法解释方法、刑法解释过程、刑法解释结论。上列十二个基本范畴,依据一定逻辑关系可以组成刑法解释学范畴体系并构建刑法解释学的基本原理。针对刑法解释学的十二个基本范畴及其组成的范畴体系展开理论研讨,有利于形成较为完备的刑法解释原理。

例如,我国有学者提出了刑法解释权、刑法解释行为和刑法解释结论的三范畴体系理论,认为"刑法解释权是刑法解释学的基石范畴,刑法解释行为是刑法解释学的逻辑中介,而刑法解释论及其运用则是刑法解释学的逻辑终点",其中只有刑法解释权是刑法解释学的基本范畴(基石范畴、核心范畴与关键范畴),刑法解释权作为刑法解释学的学科开端或逻辑起点,使得刑法解释主体得以实施刑法解释行为[①]。解释权(刑法解释权)是法律解释学的重要范畴,法律解释史以及法律解释学术史上均对其予以了特别关注,但是在西方近现代法律解释(学)中,解释权问题应当说逐渐呈现出宽泛化和淡化的趋势,其原因可能是多方面的,既是民主政治论(司法民主)的内在要求,也是法律解释学诠释学化和哲学解释学化的内在逻辑,更是法律解释学科学论规范化的必然结论,法律职业共同体乃至全体公民均有遵从法治理念的"解释权",均有发表法律解释意见、解释性交谈、解释性沟通和意见交换、解释性论证的"解释权"。但是,一方面应当承认法官(以及其他执法人员)具有独断的、权威的、"有效力的"法律解释权,其法律解释(结论)具有确定司法裁判结论(裁判结果)的"活的法"效果;另一方面,中国所客观存在的公布司法解释文本(以及司法解释性质的文本)的传统至今强势发

---

① 参见徐岱《刑法解释学基础理论建构》,法律出版社2010年版,第16—18页。

展的现状，客观上也要求中国刑法解释学必须持续关注和认真对待"解释权"问题，以及与此强相关的"（司法）解释体制"问题，这可以说是中国特色的刑法解释学必须予以特别考量的问题。从而可以说，"刑法解释权"应当成为刑法解释学的一个重要范畴。还有学者在刑法解释学专著的体系安排中隐含指出了刑法解释学的基本范畴包括刑法解释（以及刑法解释的主体、刑法解释的对象/客体、刑法解释的目的和刑法解释的态式四个方面的内容），刑法解释的基本思想和原则，刑法解释的方法（以及刑法立法解释、刑法司法解释和刑法学理解释）等①。再有学者提出"刑法解释基本原理就包括刑法解释的理念、刑法解释的基本方法以及刑法解释的运用规则三个有机组成部分"②，即认为刑法解释学的基本范畴有刑法解释的理念、刑法解释的方法、刑法解释的运用规则三个。还有学者"从权力角度分析了刑法解释本身这一范畴"，明确提出了刑法解释权的范畴，深入分析了刑法解释中"最为关键的那些要素"如刑法解释对象、刑法解释主体、刑法解释场景、刑法解释形式、刑法解释结论，并专题讨论了刑法解释方法问题③，由此可以认为该学者提出的刑法解释基本范畴包括以下八个：刑法解释、刑法解释主体、刑法解释权、刑法解释对象、刑法解释场景、刑法解释形式、刑法解释方法、刑法解释结论。这些学者关于刑法解释学的基本范畴的提出和讨论，有利于刑法解释学的基本范畴体系化，进而有利于刑法解释学原理的逐步成熟、深化和体系化，尽管这方面的学术努力还有待进一步强化并有待形成进一步的学术共识，但是仍然可以说这是中国刑法解释学的基本原理体系化的最重要表征。

（二）刑法解释学的知识论本土化与适用论中国化

刑法解释学的知识论本土化，指的是刑法解释学的基本范畴与原理内化为中国刑法学整体理论的有机组成部分。刑法解释，这一基本范畴

---

① 参见李希慧《刑法解释论》，中国人民公安大学出版社1995年版，"内容摘要"第1—3页、第40—41页。

② 王海桥：《刑法解释的基本原理——理念、方法及其运作规则》，法律出版社2012年版，第34页。

③ 林维：《刑法解释的权力分析》，中国人民公安大学出版社2006年版，"摘要"第1页、第50—81页、第18页、第82—144页。

目前已成为我国全部刑法学教科书和刑法解释学论著的基本概念,尽管其内涵阐释上难免还存在差异,但是其均已内化为我国传统的和革新的刑法学与刑法解释学的最为基础性的刑法知识。例如,刑法解释价值(功能)、刑法解释立场、刑法解释限度和刑法解释原则,作为四个关联性十分紧密的概念亦成为中国各种刑法解释理论与实践中的"常客",如刑法的主观解释与客观解释之争、刑法的形式解释与实质解释之争,都惯常地运用刑法解释价值(功能)与刑法解释立场为其各自解释行为及其结论提供理论支撑。刑法解释主体、刑法解释权、刑法解释对象、刑法解释行为(过程)、刑法解释方法、刑法解释结论(论证性和可接受性),业已成为中国刑法的立法解释、司法解释和适用解释之理论研讨和实践应用中最为常用的"关键词",而无论其使用者运用中国传统的四要件犯罪论体系还是德日阶层论体系,均能够毫无障碍地把这些关键词充分地运用于其具体的解释论阐释之中。

刑法解释学的适用论中国化,指的是刑法解释学基本原理的实践应用旨在有效解决中国刑法适用问题和中国刑事法治建设问题(即"中国问题"),其最主要内容是对刑法总则和分则的解释适用。这方面的例证是大量的。例如关于刑法总则问题的解释适用,针对罪刑法定原则、犯罪成立和形态、刑罚及其具体运用等的理解适用,就其出现的解释结论的一致性分析与分歧性批评,再如关于刑法分则问题和具体个案的解释适用中出现的解释结论的一致性分析与分歧性批评,论证中均充分体现了刑法解释学的适用论中国化特征。

刑法解释学的知识论本土化与适用论中国化研究成果中,有以下两个重要命题值得特别提及:一是功能主义刑法解释论命题,二是刑法解释保守性命题。

关于功能主义刑法解释论命题。在当下"互联网+人工智能"时代人类社会面临复杂社会风险、积极预防刑法观和积极刑法立法观盛行的背景下,中国刑法学界积极开展功能主义刑法解释论的学术研究,有利于推动和实现中国刑法解释学的知识论本土化与适用论中国化。功能主义刑法解释论是新近引入我国并备受关注的一种学术新见,可以认为"一定程度上,功能主义刑法解释论是对积极一般预防主义的回应,也是安全刑法观在解释论上的反映","是功能主义刑法观在解释论上的表征"[1],其"有助于解决在复杂社会中刑法如何有效回应社会需求的问题"[2],有利于我国刑法在社会转型新时代背景下应对智能化的和网络化的重大社会风险。劳东燕指出:"将刑事政策的目的性思考整合其中的解释论,注重解释结论的政策与社会效果,注重刑法所发挥的社会功能。就此而言,这样的一种刑法解释论完全是功能主义导向的,故可称为功能主义的刑法解释论。"[3]"倘若将传统刑法解释论的特点归纳为逻辑性、形式性、封闭性与回溯性,那么,功能主义的刑法解释论的特点便是目的导向性、实质性、回应性(或开放性)与后果取向性(或前瞻性)。在某种意义上,当前我国刑法学中方兴未艾的形式解释论与实质解释论之争,可谓处在传统刑法解释论与功能主义的刑法解释论之争的延长线上。功能主义的刑法解释论的前述特点,从根本上而言乃是缘于,包括刑法解释在内的法解释,已不再被视为寻找与发现法律之真实含义的方法,而是作为法的实体而存在。"[4] 按照劳东燕的理解,功能性刑法解释论是指功能主义导向(性)、刑事政策目的导向性、回应性(或开放性)与后果取向性(或前瞻性)、实质正义导向性、哲学诠释学本体论导向性的刑法解释论,以此区别于"逻辑性、形式性、封闭性与回溯性""方法论"的传统刑法解释论。当然,刑法解释学的功能主义范式还有一些重要的基础理论问题值得进一步研究。

关于刑法解释保守性命题。刑法解释保守性有效契合了刑法所特有的罪刑法定原则和刑法谦抑性的基本要求,有利于合理权衡刑法的秩序维护与人权保障之间的价值紧张关系,具有十分重大的学术价值和实践意义[5],有利于准确把握当下中国刑法的主观解释与客观解释之争、形式解释与实质解释之争的实质内核,也体现了中国刑法解释学的知识论本土化与适用论中国化的特点。法理学一般认为,法学总体上看是一门比

---

[1] 赵运锋:《功能主义刑法解释论的评析与反思——与劳东燕教授商榷》,《江西社会科学》2018年第2期。
[2] 劳东燕:《能动司法与功能主义的刑法解释论》,《法学家》2016年第6期。
[3] 劳东燕:《功能主义刑法解释论的方法与立场》,《政法论坛》2018年第2期。
[4] 劳东燕:《能动司法与功能主义的刑法解释论》,《法学家》2016年第6期。
[5] 魏东:《刑法解释保守性命题的学术价值检讨——以当下中国刑法解释论之争为切入点》,载《法律方法(第18卷)》,法律出版社2015年版,第220—236页。

较保守的学科，保守性是法学的一种重要性质①。刑法解释保守性命题获得了较多刑法学者的认同②，因为罪刑法定原则的基本含义就是适当限制国家刑罚权以充分保障人权，其基本要求是刑法解释必须保守和内敛，反对过度解释和国家刑罚权的过度张扬。而"刑法谦抑性究其实质，无非限制刑法的扩张，使其保持在一个合理的范围之内，其可以通过刑事立法上的犯罪圈的划定、刑罚处罚范围、处罚程度和非刑罚处罚方式的适用、刑法解释等方面加以体现，其中刑法解释因是动态的刑法适用第一层次的问题，最能够体现刑法谦抑的精义"③。有的刑法学者强调了刑法解释的从属性、严格性等特征。如赵秉志教授明确指出，刑法解释的特征之一是"解释性质的从属性"，认为刑法解释具有从属于刑法立法的性质，刑法解释的任务只是对已有刑法规范的含义进行阐明，不能突破刑法立法所确立的刑法规范④。有的刑法学者指出，刑法解释的从属性是指刑法解释必须充分尊重和严格遵从刑事立法的内容、精神和权威，并且严格遵从刑法规定的字面含义、刑法立法的目的、刑法的效力等；刑法解释的严格性是指刑法解释必须格外慎重，当然需要严格操作、严格解释⑤。

（三）刑法解释学的学术之争与有限教义化

21世纪初以来，中国刑法解释学研究出现了难能可贵的三个维度学术之争：刑法的形式解释与实质解释之争（解释限度之争）⑥、主观解释

---

① 参见苏力《反思法学的特点》，《读书》1998年第1期。
② 参见魏东主编《中国当下刑法解释论问题研究》，法律出版社2014年版，第7页。
③ 徐岱：《刑法解释学基础理论建构》，法律出版社2010年版，第75页。
④ 参见赵秉志、陈志军《论越权刑法解释》，《法学家》2004年第2期。
⑤ 参见王季秋《论刑法解释的若干问题》，武汉大学硕士学位论文，武汉大学2004年印制，第9—18页；杨艳霞《刑法解释的理论与方法：以哈贝马斯的沟通行为理论为视角》，法律出版社2007年版，第182—186页。
⑥ 典型表现是《中国法学》2010年第4期同时发表了著名刑法学家陈兴良教授和张明楷教授的争鸣文章：陈兴良：《形式解释的再宣示》，《中国法学》2010年第4期；张明楷：《实质解释的再提倡》，《中国法学》2010年第4期。此外还参见刘艳红《走向实质的刑法解释》，北京大学出版社2009年版，（前言）第2页；刘艳红《实质刑法观》，中国人民大学出版社2009年版，第254页；劳东燕《刑法解释中的形式论与实质论之争》，《法学研究》2013年第3期；魏东《刑法解释保守性命题的学术价值检讨——以当下中国刑法解释论之争为切入点》，载《法律方法（第18卷）》，山东人民出版社2015年版，第220—236页；魏东主编《中国当下刑法解释论问题研究——以论证刑法解释的保守性为中心》，法律出版社2014年版，第122—123页。

与客观解释之争（解释立场之争）①、传统刑法解释论与功能主义刑法解释论之争（解释范式之争）②。如何看待当下中国刑法解释学三维学术之争？目前较有影响的学术观点认为，通过刑法的形式解释与实质解释之争，逐步形成了较具有折中色彩的刑法解释学命题：刑法的形式解释论者声称其在先审查刑法规范条文的文义的前提下并不反对实质化审查，刑法的实质解释论者则主张在实质地审查刑法规范条文的规范目的和行为的可罚性的条件下应限定刑法规范条文的语义的射程范围③，从而在刑法的"保守的实质解释"与"开放的形式解释"之间形成了某种共识性的刑法解释结论，由此形成了中国刑法解释学的大体一致的有限教义化，其效果历史显现出"我们对中国大陆当下司法样态的判断基本一致，给出的解决方案也大体一致"④，通过刑法的主观解释与客观解释之争，逐渐形成统一认识并走向刑法的客观解释论⑤。正如陈兴良教授指出："在刑法解释的立场上，我是主张客观解释论的。但在刑法解释的限度上，笔者又是主张形式解释论的，二者并行不悖。其实，主观解释论与客观解释论的问题，在我国基本上已经得到解决，即客观解释论几成通说。我国最高人民法院在有关的指导性案例中，也明显地倡导客观解释论。"⑥

---

① 参见许发民《论刑法客观解释论应当缓行》，载赵秉志主编《刑法论丛》（2010年第3卷，总第23卷），法律出版社2010年版，第165—191页；魏东：《刑法解释保守性命题的学术价值检讨——以当下中国刑法解释论之争为切入点》，载《法律方法（第18卷）》，山东人民出版社2015年版，第220—236页。

② 劳东燕：《能动司法与功能主义的刑法解释论》，《法学家》2016年第6期。

③ 魏东：《刑法解释保守性命题的学术价值检讨——以当下中国刑法解释论之争为切入点》，载《法律方法（第18卷）》，山东人民出版社2015年版，第220—236页。

④ 邓子滨：《中国实质刑法观批判》（第二版），法律出版社2017年版，第15页；陈兴良主编：《刑事法评论》第28卷，"主编絮语"第2—3页。

⑤ 陈兴良：《形式解释论的再宣示》，《中国法学》2010年第4期。

⑥ 陈兴良：《形式解释论的再宣示》，《中国法学》2010年第4期。陈兴良教授在本文中明确提出了"在刑法解释的限度上，我又是主张形式解释论"的观点，即主张刑法解释限度之形式解释论（可能类似于刑法解释限度之"法文语义说"），这是值得关注的学术见解。理论上，关于刑法解释限度的理论争议，主要有以下三种学说之争：一是法文语义说（又称语义可能含义说、语义可能说、文义射程说），主张从法律条文的语义中寻求的法文语义；二是法律逻辑含义说，主张在符合立法原意并在原有法律条文的逻辑含义内确定其含义，或者从法的犯罪定型中去寻求的犯罪定型（又称犯罪定型说）；三是预测可能性说（又称国民预测可能性说、明显无突兀感说），主张从一般人的预测可能性中寻求符合国民预测可能性的含义。参见付立庆《刑法扩大解释与类推适用的区分标准——明显突兀感说的提出及其展开》，载魏东主编《刑法解释》（总第5卷），法律出版社2020年版，第1—14页。

因此也可以说，传统刑法解释论范式具体包括刑法解释限度范式（形式解释与实质解释）、刑法解释立场范式（主观解释与客观解释），它们均与作为刑法解释范式的功能主义刑法解释学范式相对应，通过传统刑法解释论与功能主义刑法解释论之争，应当认为"在某种意义上，当前我国刑法学中方兴未艾的形式解释论与实质解释论之争，可谓处在传统刑法解释论与功能主义的刑法解释论之争的延长线上"①，但是，由于"以往将二者理解为此消彼长的关系模式并不可取。按照该种模式处理，要么损耗刑法体系的自主性的一面，从而危及法的客观性乃至规则之治的价值，现有倡导实质论范式的相关研究都或多或少存在这方面的问题；要么对刑法体系的应变性的一面置若罔闻，根本不考虑或者很少考虑刑法体系如何根据外部环境进行适应性调整的问题，现有倡导形式论范式的相关研究，其根本性的缺陷即在于此"②，因此应当肯定发展方向是功能主义刑法解释论③。应当说，这些学术观察结论是比较客观的、基本成立的。中国刑法学界通过学术讨论逐渐统一认识并走向刑法的客观解释、功能主义解释，应当说这也是我国逐步形成了较具有中国特色的刑法解释学的有限教义化的例证。

（四）刑法解释学的发展方向

作为一种学术史的源流梳理和理论观察，首先有必要简要归纳刑法解释的实践发展方向，这种实证性的观察总结有助于恰当展开刑法解释的学术分析；在此基础上，刑法解释学术史的考察分析才可能更有意义，才有条件审查对应于相应历史时期刑法解释实践的学术活动的根基，才使得分析刑法解释学术史提出的基本问题的理论研讨有理有据。

---

① 劳东燕：《能动司法与功能主义的刑法解释论》，《法学家》2016 年第 6 期。
② 劳东燕：《功能主义的刑法解释》，中国人民大学出版社 2020 年版，第 9—10 页。
③ 参见劳东燕《能动司法与功能主义的刑法解释论》，《法学家》2016 年第 6 期；赖正直《机能主义刑法理论研究》，中国政法大学出版社 2017 年版，第 1—2 页；劳东燕《功能主义刑法解释的方法与立场》，《政法论坛》2018 年第 2 期；张庆立《德日机能主义刑法学之体系争议与本土思考》，《华东政法大学学报》2018 年第 3 期；赵运锋《功能主义刑法解释论的评析与反思——与劳东燕教授商榷》，《江西社会科学》2018 年第 2 期；劳东燕《刑事政策与功能主义的刑法体系》，《中国法学》2020 年第 1 期；劳东燕《功能主义刑法解释的体系性控制》，《清华法学》2020 年第 2 期。

刑法解释的发展方向应该如何判断？这是我们在观察论述刑法解释学术史的时候需要审查思考的一个重要的实践问题和实证依据。

如前所述，西方国家法律解释实践经历了严格解释与灵活解释的交替反复之后，最终在当今时代走向了法律的灵活解释，可以说适当的灵活解释是当今刑法解释的基本面貌。古罗马开启并经历了"从严格解释到自由解释再到严格解释"的法律解释活动[1]，而中世纪对古罗马法的法律解释则表现为"从严格解释到灵活解释的历程"[2]；及至近现代，大陆法系国家的刑法解释在19世纪早期和中期奉行严格解释主义，在19世纪晚期开始直到20世纪以后逐渐转向了灵活解释主义；在20世纪以来直到当下，灵活解释主义作为一种刑法解释立场已经越来越被普遍接受。就英美法系而言，19世纪的英国制定法解释受大陆法系国家奉行法律严格解释的影响则呈现出法律的严格解释的倾向，但在20世纪以来英国法律解释逐渐回归转向了法律的灵活解释主义，美国制定法解释也经历了早些时期的法律的严格解释到后来乃至当今的法律的灵活解释的变化。

中国历史上的法律解释实践也是经历了严格解释与灵活解释的交替反复之后，最终在当今时代也走向了法律的灵活解释、客观解释和实质解释。古代中国的法律注疏活动始终体现了阐发律文"难明之义"、补充其"未足之语"的基本特点，近现代中国刑法解释也是在借鉴吸纳西方国家刑法解释实践做法的基础上经历了逐步发展探索的过程；及至当代中国，不但全国性的法律解释性文本大量出现，地方各级司法机关制定发布的地方性司法解释性文本（文件）和地方性指导案例逐步成为司法解释性质的地方性法律知识，而且法律适用解释活动也逐步体现了较为灵活的客观解释和实质解释的特点。

可以说，中国刑法解释的实践活动的基本面貌体现了与西方国家的刑法解释逐步倾向于灵活解释的发展方向上的一致性。换言之，中国和西方的刑法解释的发展方向具有趋同性，都表现为：反对机械的严格解释，主张适当的灵活解释、适当的客观解释和适当的实质解释，并且当

---

[1] 参见李希慧《刑法解释论》，中国人民公安大学出版社1995年版，第25—29页。
[2] 参见李希慧《刑法解释论》，中国人民公安大学出版社1995年版，第29—30页；杨仁寿《法学方法论》，文太印刷有限公司1987年版，第21—22页。

前共同趋向都是逐步走向功能主义刑法解释。相应地，中国刑法解释学和西方刑法解释学的共同发展倾向，都是功能主义的刑法解释学以及"将存在论、认识论、方法论的统一和结合"的刑法解释学。因此，当代中国刑法解释学必须尽快实现由原初的功能主义转向结果与方法并重整全论的功能主义的范式转型，以结果与方法并重整全论、刑法解释方法确证功能体系化、司法公正相对主义为重要创新维度，以"宏观同质、微观互补"的刑法教义学与刑法解释学关系论为基础维持刑法解释学的学科独立性，强化刑法解释学的方法论特色。

上 篇

本体论与方法论

第 六 章

刑法解释的概念

刑法解释，是指对刑法规定含义的理解、释明和具体适用。

如前所述，刑法解释概念中的"解释"，包括"解""释""具体适用"三个关键词。一是"解"，即理解。理解是以前理解（即"前见"）为基础的，前理解对理解具有基础价值和重大影响。二是"释"，即诠释、阐释、解释、释明、阐明、说明。这表明，解释需要在理解文本的基础上对文本的具体含义进行释明。三是"具体适用"，即具体适用于个案的过程以及得出的解释结论。例如，法官对于个案的审判（审理及其判决结果），就是法官对于刑法规定和个案事实的刑法解释，或者说是法官将刑法规定具体适用于个案的刑法解释（活动）。刑法解释概念中的"刑法规定"，在有的论著中表述为"刑法规范""刑法条文""刑法文本""刑法立法文本""刑法立法规范文本"等，应当认为它们的基本含义是一致的，只是表述的角度有所不同。

一 关于刑法解释的概念逻辑

概念界定在本质上是一种形式逻辑方法。刑法解释在形式逻辑上是法律解释的下位概念，因此刑法解释的概念界定必然遵从法律解释的概念逻辑，应当以法律解释的概念逻辑分析为起点。法理学认为，法理学上对于法律解释是否必要的疑问存在争议，"而要回答法律解释及法律解释学的必要性，我们就必须对法律解释或法律解释学是什么搞清楚"[①]；

[①] 陈金钊、焦宝乾等：《法律解释学》，中国政法大学出版社2006年版，第19页。

再者，法律解释作为法律解释学的一个十分重要的、奠基性的基本范畴，也有必要首先加以概念界定，这是深入展开法律解释学的理论研究所必须解决的首要问题。关于法律解释的概念，西方学者对此主要有以下四种用法或理解：一是解释性活动说或者"泛解释论"。如德沃金认为法律是一种解释性活动，是通过解释的方法解决新的法律问题和使法律自身不断地得到发展的法的运用，包括立法解释和司法解释等。二是执法活动说或者司法活动说。认为解释是法律运作过程的一个阶段，是与立法有别的执法活动，特别是司法或裁判活动。三是司法技术说。认为法律解释是一种与填补漏洞有别的司法技术，它是通过扩大或者缩小法律规定的文字内涵的办法解决所要处理的案件。四是学理解释说。认为法律解释是法学家对法律文本或社会事实进行研究，以阐述法律真实含义的活动。其中，第二种和第三种认识，即执法活动说或者司法活动说、司法技术说是西方法解释学关于"法律解释"的含义的主流见解。[1]

而我国法理学界关于法律解释的见解，经历了一个从与上列西方法理学见解不一致到接近一致的过程。我国的权威性文件中只承认立法机关、最高司法机关和最高行政机关有权进行法律解释，"是不允许或不承认一般的司法行政机关的工作人员所进行的'执法'活动为'法律解释'的"，对此意义上的"法律解释"学界一般称为"解释性立法"；我国法律解释学者后来逐步认识到"应该认真研究和科学地吸纳西方占主流观点的'法律解释'理解"，即认为法律解释的含义所指在总体上不以"立法"，而是以"执法"或处理社会纠纷为对象，讲的是审理案件中的法律的"适用"问题，是"适用"法律的一种方式或技术，即侧重于司法活动并且认为这一领域才是真正的"法律解释"[2]。因此，有学者指出，作为一种具有普适性的理解，法律解释一般是指在具体个案当中或者与法律适用相联系的一种活动[3]。鉴于此，一方面，我国法理学者针对中国法律解释的概念界定与西方法理学者视野里的法律解释的概念界定之间大

---

[1] 参见严存生《西方法哲学问题史研究》，中国法制出版社2013年版，第583—585页。
[2] 参见严存生《西方法哲学问题史研究》，中国法制出版社2013年版，第587—589页。
[3] 参见张志铭《法律解释原理》，载朱景文主编《法理学专题研究》（第二版），中国人民大学出版社2010年版，第435—478页。

异其趣，感叹"如果要和国外学者去交流，就请记住这句话，他们讲的法律解释必然是在个案裁判中适用法律这样一种解释，而不是我们国内所讲的法律解释。因为我们的法律解释概念是个抽象的概念，而他们的解释是在个案中法官的解释，这种分歧是非常大的。当然要承认他们的这种理解是更具普适性的，而我们的理解是关起门来的自我欣赏的理解"①。另一方面，我国法理学者还主张吸纳中西方两种不同的法律解释理论与实践，将法律解释分为广义的和狭义的两种，即"将西方针对个案的解释称为狭义的法律解释，将中国式的法律解释归入广义的法律解释。广义的法律解释指对法律内容的说明。狭义的法律解释仅指与个案相关的对法律内容的说明与选择、确定适用规范的推理过程"，"西方的法律解释是经审法官的行为，而在中国法官这类行为没有正当性；中国的法律解释在西方人看来又不是法律解释。也就是说，以西方的概念，中国没有法律解释；以中国的概念，则西方没有法律解释。为了求得一个可以用来描述东西方不同行为的'法律解释'概念，只能以此'偷懒'的办法"，这样，法律解释不仅包括对法律文字的理解，也包括对立法者意图的探究，还包括对社会利益的平衡、对社会公理的认同②。

综合中西方法理学界的学术见解，我们认为法律解释不仅包括对法律文字的理解，也包括对立法者意图的探究、对社会利益的平衡、对社会公理的认同，因此对法律解释的概念作以下界定比较合理：法律解释是指对法律规定含义的理解、阐明和具体适用。借助法理学对法律解释的概念界定方式，我们认为，对刑法解释的概念界定如下是合理的：刑法解释，是指对刑法规定含义的理解、释明和具体适用。

二 关于刑法解释的概念争议与回应

中国刑法解释学者对刑法解释的概念界定也有一个逐步摸索、逐步借鉴吸纳中西方的法律解释学尤其是西方刑法解释学原理、逐步臻于完

---

① 张志铭：《法律解释原理》，载朱景文主编《法理学专题研究》（第二版），中国人民大学出版社2010年版，第435—478页。

② 周永坤：《法律学——全球视野》（第四版），法律出版社2016年版，第294页。

善的发展过程。李希慧教授认为我国学者提出的刑法解释概念可以归纳为五种：一是规范含义阐明说，如认为"刑法的解释就是对刑法规范含义的阐明"[1]；二是规范含义及其适用阐明说，如主张"刑法解释就是阐明刑法规范的含义及其适用"[2]；三是规范的内容、含义及其适用原则阐释说，如认为刑法解释"是对刑法规范的内容、含义及其适用的原则等所进行的阐释"[3]；四是刑事法律意义、内容及其适用说明说，如提出"刑法的解释，就是对刑事法律的意义、内容及其适用所作的说明"[4]；五是规范、概念、术语、定义说明说，如主张刑法解释是"对刑法规范的含义以及所使用的概念、术语、定义等所作的说明"[5]。对此五种定义，李希慧教授认为其均存在以下缺陷：都未对刑法解释的主体加以描述；均没有对刑法解释的态式作全面的揭示；均未准确地反映刑法解释的对象范围；未能准确地确定刑法解释的目的。在此基础上，李希慧教授提出了刑法解释的"第六种定义"，即刑法解释，是指国家权力机关、司法机关或者其他机关、社会组织、人民团体、法律专家、学者、司法工作者或者其他公民个人，对刑法规定的含义进行阐明的活动，或者这些主体对刑法规定含义进行阐明的结论[6]。

　　李希慧教授关于中国学者提出的刑法解释概念的学术归纳较为客观、全面，其个人提出的有关刑法解释概念的学术见解在相当长一段时间内具有一定代表性，获得了一些刑法学者的明确支持。例如，赵秉志教授和陈志军教授认为"刑法解释是指国家机关、组织或者个人，根据有关法律规定、法学理论或者自己的理解，对刑法规范的含义等所作的说明"；刑法解释具有以下三个基本特征：解释主体的广泛性（即包括刑法解释的权力主体和权利主体），解释对象的特殊性（即解释的对象是刑法规范）、解释性质的从属性（即刑法解释具有从属于刑法立法

---

[1] 高铭暄主编：《中国刑法学》，中国人民大学出版社1989年版，第41页。
[2] 胡新主编：《新编刑法学　总论部分》，中国政法大学出版社1990年版，第20页。
[3] 金凯、章道全主编：《中华人民共和国刑法简明教程》，山东人民出版社1987年版，第20页。
[4] 杨春洗等：《刑法总论》，北京大学出版社1981年版，第71页。
[5] 杨敦先、张文：《刑法简论》，北京大学出版社1986年版，第29页。
[6] 李希慧：《刑法解释论》，中国人民公安大学出版社1995年版，第39—49页。

的性质）①。再如徐岱教授也认为，刑法解释的概念必须反映刑法解释的主体、刑法解释的对象、刑法解释的目的、刑法解释的样态四要素，因而刑法解释的概念应当界定为"刑法解释是指国家权力机关、司法机关、社会组织及公民对法律文本的意思，基于立法目的所进行的理解与说明"②。

自21世纪开启之交开始，中国刑法学者对刑法解释的概念界定逐渐走向简明、科学，高铭暄、马克昌、赵秉志、陈忠林、张明楷等著名学者均给出了较为一致的简明而合理的刑法解释概念，并对刑法解释的"真相"予以深刻揭示。例如，高铭暄、马克昌和赵秉志等主张，刑法解释是对于刑法规范含义的阐明③；张明楷教授认为刑法解释是对刑法规定意义的说明④，刑法解释的对象是刑法规定，刑法解释的目标应是存在于刑法规范中的客观意思，刑法解释必须同时适应保护法益和保障人权的需要⑤；陈忠林教授和袁林教授指出，刑法解释不仅限于对刑法规范意义的说明这种结果或行为，也包括对刑法规范的理解过程，因此刑法解释不一定要采用以书面或口头言辞进行阐释的形式，解释者"将自己的理解付诸行动"同样是一种"解释"⑥。除这些刑法学者外，最高人民法院刑事审判法官牛克乾提出的相关见解值得关注。牛克乾法官认为法理学界关于法律解释范畴的纷争对刑法学界关于刑法解释的概念界定影响不大，并且刑法解释的概念尽管存在分歧但是并没有成为学术研究的热点，大量刑法教科书对刑法解释的界定大致可以分为两种主张，一种主张刑法解释是对于刑法规范含义的阐明⑦，另一种主张刑法解释是对刑法规定

---

① 赵秉志、陈志军：《论越权刑法解释》，载赵秉志、张军主编《中国刑法学年会文集（2003年度）第一卷：刑法解释问题研究》，中国人民公安大学出版社2003年版，第175—195页。

② 徐岱：《刑法解释学基础理论建构》，法律出版社2010年版，第119页。

③ 高铭暄、马克昌主编：《刑法学（上编）》，中国法制出版社1999年版，第20—25页；赵秉志主编：《刑法学教程》，中国人民大学出版社2001年版，第25页。

④ 张明楷：《刑法学》，法律出版社2003年版，第39页。

⑤ 张明楷：《刑法学》（第五版）（上），法律出版社2016年版，第28—30页。

⑥ 陈忠林：《刑法的解释及其界限》，载赵秉志、张军主编《中国刑法学年会文集（2003年度）第一卷：刑法解释问题研究》，中国人民公安大学出版社2003年版，第39—57页；袁林：《以人为本与刑法解释范式的创新研究》，法律出版社2010年版，第21页。

⑦ 高铭暄、马克昌主编：《刑法学（上编）》，中国法制出版社1999年版，第20—25页；赵秉志主编：《刑法学教程》，中国人民大学出版社2001年版，第25页。

意义的说明①；牛克乾指出，关于刑法解释的概念及其内在意蕴，刑法学界大体共识有四点，即刑法解释的主体并无特别限制、刑法解释的效力可做有效和无效以及正式解释和非正式解释的区分、刑法解释的场合和目的并不做特别限定、刑法解释是动态解释活动和静态解释结论的统一，因而刑法解释的概念界定的最大分歧点在于对刑法解释对象的认识不同，即刑法解释究竟解释的是刑法规范还是刑法条文，进而认为法律解释的对象应该是法律条文（法律规定）而非法律条文所体现的法律规范，因而认为刑法解释是对刑法规定意义的说明；牛克乾还强调说，我国刑法解释学基于刑法解释分类的共识仍然存在两个明显的不足，一个是将立法解释和司法解释归结为正式解释的全部而对同样具有法律效力的适用性刑法解释尤其是法官的个案刑法解释适用未能得到体现，另一个是将学理解释等同于非正式解释但忽略了理应关注且对维持刑法解释范畴体系完整性和系统性至关重要的任意解释。②

我们认为，尽管刑法解释的主体、权力、目标和目的、体制以及刑法解释方法和结论等问题均可以成为刑法解释必然关注的要素，但是这些要素可以在刑法解释的概念涵摄下进行具体讨论，而无须在刑法解释的概念界定中予以特别列举，否则有违概念界定的形式逻辑，也有违概念界定的简明性和抽象性要求。刑法解释的概念界定应当是尽可能简明扼要地揭示其抽象性的共性特征，而刑法解释的这些抽象性的共性特征只能是"对刑法规定含义的理解、释明和具体适用"。刑法解释的这一概念界定充分说明了刑法解释主要有两项抽象性的共性特征：其一，刑法解释的性质是对刑法规定含义的"理解、释明和具体适用"，既包括作为动态的"理解、释明和具体适用"行动过程，也包括作为静态的"理解、释明和具体适用"结论；其二，刑法解释的对象是"刑法规定"（以及具体案情事实、文本对象与事实对象之间的关系）。至于刑法解释的主体、权力、目标和目的、体制以及刑法解释方法和结论等要素，其本身本来

---

① 张明楷：《刑法学》，法律出版社2003年版，第39页。
② 牛克乾：《刑事审判视野中的刑法解释与适用》，法律出版社2010年版，第4—8页。其中，牛克乾法官指出，适用性刑法解释可进一步分为侦查人员适用性刑法解释、公诉人员适用性刑法解释与法官适用性刑法解释。

就是具体的多样性存在，由于这些具体的多样性存在本身可以被刑法解释概念所涵摄，理应在刑法解释概念之下进行具体的多样性的讨论而不应当被纳入刑法解释的概念界定之中，否则将导致刑法解释的概念界定成为繁杂冗长的肥胖症患者。

第七章

刑法解释的特点

　　刑法解释是一种法律解释，刑法解释的特点（特性）既具有法律解释的特点，还具有刑法解释自身的特殊性，因此，法律解释的特点（特性）对于恰当认识和把握刑法解释的概念内涵和基本特点具有重要意义，有必要首先了解法律解释的特点。

　　法理学界对法律解释的特点有多种角度的观察描述。例如，有学者指出，从法律解释自身固有属性看，法律解释的特点有以下六点：一是主体特征（即法律解释的主体主要是法官），二是对象特征（即法律解释的对象主要是法律文本），三是目的特征（即法律解释的目的是确定个案中的裁判规则），四是方法特征（即法律解释是法律人运用特有的专业化的思维和解释方法阐明法律的活动），五是价值判断特征（即在法律解释中法官要采取一定的价值判断），六是效力特征（即法律解释具有拘束力）；从法律解释与一般解释的区别看，法律解释的特点可以概括为以下五点：一是法律解释的职业解释活动性，二是解释结论的唯一性，三是解释结论目的特定性（即服务于法律适用的目的性），四是解释方法的规范性，五是价值判断的特殊性（即需要着重考虑法的安定性与妥当性的关系并寻找一个平衡点）。[①]

　　再如，有的法理学者在"法律解释的性质、特点和目的"的标题之下将西方法律解释（理论）的特性归纳为以下几个方面：一是法律解释的本质，是法律运作的一个阶段、法发展或法令续造的一种方式；二是

[①] 参见王利明《法律解释学导论——以民法为视角》（第2版），法律出版社2017年版，第41—48页。

法律解释的方式，是裁决或者法的适用，即从性质上说法律解释不是立法活动而是执法活动或者适用法律的活动；三是法律解释的两面性，包含着用法律解释事实和用事实解释法律两面；四是法律解释的双向性（双相性），是解释者与法律文本（及其作者）之间的对话，即解释者带着自己的"前见"并站在新时代的立场上谈他对原法律文本的新理解，解释者在其中有很大的主观能动性；五是法律解释具有二重性，既有主观性又有客观性，其主观性表现在解释者带有"前见"和目的进行解释、解释的结果具有个性和倾向性，其客观性表现在解释活动不能离开法律文本并且必须以文本为基础和为解释对象、解释者的"前见"和目的不是纯个人的和偶然的而是与时俱进的并且受制于"法律解释共同体"的、解释的标准是客观的并且要遵守相关规则；六是解释的目的，是解决社会纠纷、建立和维护法律秩序、续造法律并使得法律获得新生[1]。可见，法理学界归纳出的法律解释的特点涵盖了法律解释的本质、法律解释行为过程、法律解释对象、法律解释主体、法律解释立场、法律解释结论、法律解释目的等内容。

此外，还有法理学者将法律解释的特点归纳为两种态度：一是将法律解释的突出"特征"简要归纳为独断与探究[2]；二是将法律解释的基本"特性"梳理为以下四组：解释的独断性与客观性，解释的探究性与创造性，解释的循环性与自主性，解释的正当性、有效性及其语境[3]。这种观点认为，法律解释采取的是独断的形式、探究的过程，因为，从司法过程的形式性来看，针对案件的法律解释只能是独断型解释，这是法律解释区分于文学解释的显著特征；但是，独断型解释并不意味着法律解释是专断或任意的，独断的解释形式并不排斥法律解释是过程的探究性，法官独断地解释法律是建立在审判过程中不断探究的基础上的，法官独断的意见是对诉讼参与人的各种意见整合的结果。其中，法律解释的这种独断性至少有两层意思：一是根据法律教义学原理，法官在个案中所

---

[1] 参见严存生《西方法哲学问题史研究》，中国法制出版社2013年版，第585—586页。
[2] 参见陈金钊、焦宝乾等《法律解释学》，中国政法大学出版社2006年版，第6—8页。
[3] 参见陈金钊《法律解释学——权利（权力）的张扬与方法的制约》，中国人民公安大学出版社2011年版，第108—132页。

释放出来的法律意义，被假定是早已存在于法律之中的应有之义，即个案中法官所表达的法律意义不是个人的意思，而是法律中的意思；二是（法官）在法律解释过程中，只能由一个独断的主体（即法官）来确定法律的意义。因此有法理学者强调指出：法律解释的独断性也许是当然的，"以法官为主体的法律解释，其最根本的特征就是解释的独断性"，而其探究性也是不能缺少的，没有探究的独断很可能是专断，没有独断的探究也可能走向任意①。

综上可见，法律解释的主要特点可以概括为：法律适用性、立法漏洞甄别性、主客体性、主体间性、主客观性、解释循环性、结论性、目的性、方法性等。值得注意的是，法律解释的这些特点必须结合法律解释价值、法律解释目标、法律解释原则、法律解释主体、法律解释权、法律解释对象、法律解释行为过程、法律解释方法、法律解释结论等法律解释范畴进行理解和循环阐释。

我国刑法解释学者在较为充分地借鉴吸纳法理学者有关法律解释的特点的理论知识的基础上，对刑法解释的特点（特性或者特征）已有一些归纳。如李希慧教授认为，刑法解释的特征应区分动态刑法解释的特征与静态刑法解释的特征，动态刑法解释的特征有三个，即解释主体的广泛性、解释对象的特定性（只能是"刑法规定"）、解释目的的唯一性（仅限于"阐释刑法规定的含义"）；静态刑法解释的特征也有三个，即与动态刑法解释的相联性、表现形式的多样性、作用的重要性②。再如徐岱教授认为，刑法解释的特征可以归纳为四个，即刑法解释主体的广泛性、刑法解释对象的特定性、刑法解释效力与解释主体的关联性、刑法法律解释目的的明确性（即"刑法解释要以实现法律正义与法律的人文关怀为导向，必须摒弃偏离这一目标的刑法解释"）③。应当说，这些归纳中，有的看法比较接近刑法解释的"本质特征"的提炼，有的看法则比较接近中国刑法解释的"现象特征"的描述，值得进一步审查和研究。

---

① 参见陈金钊、焦宝乾等《法律解释学》，中国政法大学出版社2006年版，第6—8页。
② 参见李希慧《刑法解释论》，中国人民公安大学出版社1995年版，第49—54页。
③ 参见徐岱《刑法解释学基础理论建构》，法律出版社2010年版，第122—125页。

我们认为，按照法律解释学对法律解释的特点归纳，参照刑法解释学者的既有研究成果，刑法解释的特点主要包括以下四个方面：司法适用性与立法漏洞甄别性、主客体性与主体间性、主客观性与互动循环性、结论性与方法性等。

一 司法适用性与立法漏洞甄别性

司法适用性与立法漏洞甄别性，可以说是刑法解释的两大功能性特点。

司法适用性，在法律解释学中又叫法律适用性，是法律解释的突出特点。法律适用，是指国家机关及其工作人员依法将法律适用于具体事项的活动。① 司法适用，是法律适用的重要领域和典型表现，是指国家司法机关及其工作人员（主要指法院与法官）依法将法律适用于具体案件的司法活动。因此，严格地讲，法律适用含义更广泛，法律适用中包括了司法适用；司法适用仅是法律适用中的一种典型表现，既具有法律适用性质，又具有司法性质。刑法解释的司法适用性，是指刑法解释具有刑法司法适用的性质，它必须主要围绕着司法适用展开，使刑法文本成为司法实践中"活的法"。当然，刑法解释只能说主要具有司法适用性，除此之外，还有一些非刑法方法、刑罚执行等内容仅属于广义的法律适用性质，而并非严格意义上的司法活动。如前所述，法理学界认为，法律解释的本质是法律运作的一个阶段、法发展或法令续造的一种方式，是法律解释适用的方式，是裁决或者法的适用，从性质上说法律解释不是立法活动而是执法活动或者适用法律的活动，这些论点的核心即在于确认法律解释的司法适用性这一特性②，由此可以较为充分地证成"刑法解释的司法适用性"命题。在中国语境之下，刑法解释包括司法解释（文本）、立法解释（文本），应当认为这些刑法解释（文本）都具有司法适用性，其起因于、服务于司法适用的需要；法官针对个案审判时的

---

① 王利明：《法律解释学导论——以民法为视角》（第 2 版），法律出版社 2017 年版，第 67—68 页。

② 参见严存生《西方法哲学问题史研究》，中国法制出版社 2013 年版，第 585—586 页。

刑法适用解释，当然围绕着司法适用展开。尽管其中部分问题还值得进一步深入探究，如立法解释（文本）到底是否可以归属于"法律解释"①、是否具有"司法适用性"，以及立法解释（文本）和司法解释（文本）是否可以"再解释"②等疑问，但是这些疑问的客观存在仍然不能否定刑法解释具有司法适用性的特点。

"刑法解释的司法适用性"命题具有区别于其他部门法解释适用的特殊性，这就是刑法解释所应当具有的适当保守性。刑法解释的保守性命题不但具备法律解释学意义上的正当性③，法理学一般认为，法学总体上看是一门比较保守的学科，保守性是法学的一种重要性质④；而且更重要的是，刑法解释的保守性命题有效契合了刑法所特有的罪刑法定原则和刑法谦抑性的基本要求，有利于具体恰当地解决刑法疑难案件的定罪量刑问题，获得了较多刑法学者的认同，从而获得了刑法解释学意义上更为充分的正当性⑤。因为，罪刑法定原则的基本含义就是适当限制国家刑罚权以充分保障人权，其基本要求当然是刑法解释必须保守和内敛，反对过度解释和国家刑罚权的过度张扬。而"刑法谦抑性究其实质，无非限制刑法的扩张，使其保持在一个合理的范围之内，其可以通过刑事立法上的犯罪圈的划定、刑罚处罚范围、处罚程度和非刑罚处罚方式的适用、刑法解释等方面加以体现，其中刑法解释因是动态的刑法适用第一层次的问题，最能够体现刑法谦抑的精义"⑥。因此，部分刑法学者强调了刑法解释的从属性、严格性等特征。如赵秉志教授指出，刑法解释的特征之一是"解释性质的从属性"，认为刑法解释具有从属于刑法立法的性质，刑法解释的任务只是对已有刑法规范的含义进行阐明，不能突破刑法立法所确立的刑法规范，否则罪刑法定主义和刑法的人权保障机能必将成为空谈⑦。再如有学者指出，刑法解释具有从属性和严格性特征，

---

① 张明楷：《立法解释的疑问》，《清华法学》2007年第1期。
② 曲新久：《刑法解释的若干问题》，《国家检察官学院学报》2014年第1期。
③ 参见魏东主编《中国当下刑法解释论问题研究》，法律出版社2014年版，第6—7页。
④ 参见苏力《反思法学的特点》，《读书》1998年第1期。
⑤ 参见魏东主编《中国当下刑法解释论问题研究》，法律出版社2014年版，第7页。
⑥ 徐岱：《刑法解释学基础理论建构》，法律出版社2010年版，第75页。
⑦ 参见赵秉志、陈志军《论越权刑法解释》，《法学家》2004年第2期。

刑法解释的从属性是指刑法解释必须充分尊重和严格遵从刑事立法的内容、精神和权威，并且严格遵从刑法规定的字面含义、刑法立法的目的、刑法的效力等；刑法解释的严格性是指刑法解释必须格外慎重，当然需要严格操作、严格解释①。再进一步观察还可以发现，客观上，刑法解释的保守性命题还有利于准确把握当下中国刑法的主观解释与客观解释之争、形式解释与实质解释之争的内核，有利于合理权衡刑法的秩序维护与人权保障之间的价值紧张关系，以最终达至在适当照顾刑法的秩序维护价值机能的前提下尽力实现刑法的人权保障价值机能（以及个别公正、实质公正）的最佳价值权衡状态②，具有十分重大的学术价值和实践意义。

刑法解释的立法漏洞甄别性，是指在刑法解释活动中甄别发现真正的刑法立法漏洞，以有利于完善刑事立法。"任何法律秩序都有漏洞"③，法律漏洞是法理学上一个十分重要的、异常纠结的理论问题，对其如何恰当界定、逻辑划分、可否填补以及如何填补等问题，均存在理论争议。法理学认为，法律漏洞，是某种"违反立法计划的不圆满状态"④，是指由于立法者在立法时未能充分预见待调整的社会关系，或者未能有效协调与现有法律之间的关系，或者由于社会关系的发展变化超越了立法者立法时的预见范围等原因导致立法缺陷，这种缺陷表现为调整特定社会关系的具体法律规范的缺失，或者既有法律规范之间存在矛盾，或者既有法律规则在今天的适用明显违背了法律对公平正义的基本要求；法律漏洞的分类有明显漏洞与隐藏漏洞、自始漏洞与嗣后漏洞、全部漏洞与部分漏洞、碰撞漏洞与非碰撞漏洞；尽管法律漏洞首先要通过立法来解决而不是通过司法来解决，但是通常要求法官在个案裁判中必须进行漏洞填补，其填补的方法包括类推适用、目的性扩张、目

---

① 参见王季秋《论刑法解释的若干问题》，武汉大学硕士学位论文，武汉大学2004年印制，第9—18页；杨艳霞《刑法解释的理论与方法：以哈贝马斯的沟通行为理论为视角》，法律出版社2007年版，第182—186页。
② 魏东：《刑法解释保守性命题的学术价值检讨——以当下中国刑法解释论之争为切入点》，载《法律方法（第18卷）》，法律出版社2015年版，第220—236页。
③ ［德］魏德士：《法理学》，吴越等译，法律出版社2005年版，第348页。
④ 黄茂荣：《法学方法与现代民法》（第5版），法律出版社2007年版，第377页。

的性限缩、基于习惯法和比较法填补漏洞以及基于法律原则填补漏洞①。但是，法理学以及非刑事法律意义上的法律漏洞填补原理，由于刑法及其罪刑法定原则的特殊性，通常需要刑法解释学予以特别审查和特殊处理。刑法解释学认为，刑法立法上的"法律漏洞"应当进一步区分其规范功能属性，将其划分为"真正法律漏洞"与"非真正法律漏洞"②，并分别作出不同处理。真正法律漏洞属于规范功能性法律漏洞，因其缺失堵截性法律规范为刑法解释提供指引，在法律上难以找到任何明确的扩张解释依据，因而原则上不允许以类推解释等法律解释技术加以填补，而只能予以立法完善；非真正法律漏洞则属于非规范功能性法律漏洞，因其终究有某种明确的堵截性法律规范提供解释指引，故允许以扩张解释或者限缩解释等法律解释技术对其加以填补（司法填补）③。对于真正的刑法立法漏洞，刑法解释依法不应通过解释入罪，而是确认其为真正的"刑法立法漏洞"并作为问题展现给社会公众和立法者，从而有利于完善刑法立法。可见，通过刑法解释可以甄别发现刑法漏洞，尤其是真正的刑法立法漏洞，然后通过修订完善刑法立法以填补真正的刑法立法漏洞，秉持"解开实然与应然冲突的途径只能从立法技术入手"④的严谨态度，最终有利于完善刑事立法并实现刑事法治领域的良法之治。

例如，针对教唆自杀、帮助自杀、相约自杀的行为的刑法解释，就较为充分地体现了司法适用性与立法漏洞甄别性的特点：在有条件予以"依法"定罪处罚时，刑法解释必将不辱使命，必将在确保刑法解释结论有效性的基础上予以"依法"定罪处罚；在甄别出真正的立法漏洞而无

---

① 王利明：《法律解释学导论——以民法为视角》（第2版），法律出版社2017年版，第546—566页。
② 任彦君：《论我国刑法漏洞之填补》，《法商研究》2015年第4期，第106页；魏东：《从首例"男男强奸案"司法裁判看刑法解释的保守性》，《当代法学》2014年第2期；邹治：《法律漏洞的认定与填补——司法的研究视角》，博士学位论文，中国政法大学，2008年，第24页。
③ 魏东：《从首例"男男强奸案"司法裁判看刑法解释的保守性》，《当代法学》2014年第2期。
④ 王勇：《论我国〈刑法〉第147条的罪过形式——基于刑法立法的解读》，《法学杂志》2011年第3期。

法进行"依法"定罪处罚时，刑法解释也有利于提出有理有据的立法完善建议。具体可以进行以下分析：

第一个刑法解释结论：单纯的教唆、帮助他人自杀，依法不应认定为"杀人"的行为（行为定型）。

【案例】电影《非诚勿扰Ⅱ》剧情中的秦奋教唆、帮助自杀案[①]

剧中人物李香山身患绝症、病入膏肓，他的朋友秦奋表示同意让他"有尊严地死去"。在为李香山举办了一场"人生告别会"后，秦奋用轮椅推着李香山到船头看海，李香山拍了拍秦奋搭在自己肩上的手，秦奋心领神会，转身进了船舱。接着，秦奋听见舱外"扑通"一声，出来就只有空空的轮椅了。

这是一个剧情介绍，艺术地展示出了实际生活中偶有发生的教唆、帮助他人自杀行为，这些行为应当如何解释、如何定性处理呢？

教唆自杀，是指唆使他人产生自杀念头的行为。帮助自杀，是指对于他人自杀给予精神帮助的意思表示或者物质帮助的具体行为。可见，电影《非诚勿扰Ⅱ》所出现的案情，是比较典型的教唆、帮助自杀的行为。

对于剧中李香山的自杀，有人认为属于安乐死，有人认为不属于安乐死。比如，北京大学法学院王世洲教授就认为，《非诚勿扰Ⅱ》中李香山跳海的死亡方式，就不能简单地等同于"安乐死"，因为"'安乐死'一般表现为一个人因为病痛等原因实在没办法结束自己的生命，由别人以某种方式，比如注射毒性药物、枪击等来结束其生命。"因此，王世洲认为，《非诚勿扰Ⅱ》中李香山跳进海里自杀是由其本人完成的，因此这

[①] 参见人民日报《贺岁片〈非诚勿扰〉剧情引争议，律师：涉嫌故意杀人》，来源：新华网，http://news.xinhuanet.com/legal/2011-01/25/c_121019282.htm，2011年1月25日访问。

能否算作"安乐死"是有待商榷的①。相应地，就有人认为秦奋的教唆、帮助自杀的行为涉嫌故意杀人罪。如北京律师徐勇认为：依李香山当时的身体状况自己不可能雇渔船，而且自己也上不了船，而秦奋告诉李香山会让其"死得有尊严"，这代表秦奋是整个自杀事件的方法提供者；而李香山坠海后，秦奋痛苦地挥拳击打船舱壁，可以看出秦奋早就知道是怎么回事，跳海都是他一手策划的。因此，徐勇律师认为，秦奋教唆、帮助他人自杀的行为涉嫌故意杀人②。这是媒体针对电影剧情所作的一些讨论。

那么，从刑法解释论上分析，教唆、帮助他人自杀到底是否属于"剥夺他人生命"之行为范围呢？对此，我有以下几点意见：（1）教唆、帮助他人自杀行为本身无法直接认定为"剥夺他人生命"之行为范围，但是，教唆、帮助之后当场不予以救助的行为可以"解释"为"剥夺他人生命"之行为范围（不作为）。（2）单纯教唆、帮助他人自杀的行为，当他人自杀时并不在现场，由于无法履行作为义务，因而应当"解释"为不属于"剥夺他人生命"之行为。（3）就帮助他人自杀而言，如果行为人所提供的物质上的帮助行为本身构成其他有关犯罪的话，则应依法认定为其他有关犯罪，如非法买卖枪支、弹药、爆炸物罪等。

现在，部分学者提出，刑法上应当增设"教唆自杀罪""帮助自杀罪"等，并明确规定其法定刑③。本书认为这个建议值得立法机关采纳。

第二个刑法解释结论：相约自杀的行为，依法不应认定为"杀人"的行为。

---

① 人民日报：《贺岁片〈非诚勿扰〉剧情引争议，律师：涉嫌故意杀人》，来源：新华网，http://news.xinhuanet.com/legal/2011-01/25/c_121019282.htm，2011年1月25日。

② 人民日报：《贺岁片〈非诚勿扰〉剧情引争议，律师：涉嫌故意杀人》，来源：新华网，http://news.xinhuanet.com/legal/2011-01/25/c_121019282.htm，2011年1月25日。

③ 参见魏东《刑法各论若干前沿问题要论》，人民法院出版社2005年版，第59页。

【案例】广西符某夫妇相约自杀案[①]

广西一位自由摄影师符某,与妻子覃某在广西柳州市从事个体摄影,夫妻感情较深。但符某患病十多年,一直痛苦不堪而多次流露轻生念头。2006年2月6日凌晨,符某在家中准备自杀,被覃某发现,覃某苦劝无果。无奈之下,覃某表示愿意同丈夫一起了断人生。于是,符某先杀死妻子后再用折叠刀朝自己身上刺杀了两刀,但没有死亡。当日下午4时许,符某到公安机关投案。后来法院对本案进行了审理,法院认为,符某经法医鉴定患有抑郁症,但案发时未发病,具有部分刑事责任能力;符某已经构成故意杀人罪,念其能主动投案自首,属于自首行为,依法可以从轻处罚,判处其有期徒刑14年。

【案例】全国首例QQ相约自杀案[②]

22岁的丽水人小张通过QQ发出死亡邀请,上海大学生小范应邀前往丽水与小张一起自杀。小张中途放弃自杀,而小范自杀身亡。死者小范的父母将小张以及深圳市腾讯计算机系统有限公司一起告上了法庭,索赔因小范死亡造成的损失。法院经审理认为,死者小范是一个有独立民事行为能力的成年人,在没有强迫、威胁的情况下自主地选择了以自杀的方式来结束自己的生命,从预备到实施自杀的整个过程中,一直表现出积极追求死亡结果的主观意志,对结果的发生有支配性的作用,应自负主要责任。小张在QQ群上发布自杀邀请,与小范联系,在小范到达丽水后共同购买自杀用具,去酒店开房,实施自杀,中断自杀后未采取有效的措施防止小范继续自

[①] 参见《约妻殉情丈夫"偷生"相约自杀应否承担法律责任》,《法制文萃报》2006年11月6日第13版。

[②] 参见魏东《刑法分则解释论要》,北京大学出版社2020年版,第82—83页。

杀并独自离开,这一系列行为是小范死亡的直接原因之一。故小张有过错,应承担20%的赔偿责任,共计赔偿人民币111225元。腾讯公司一直未采取措施停止传输"相约自杀"这一可能危害他人生命健康身体权的信息,长期放任违法行为和有害信息的存在,不履行监控、事后处理的法定义务,对死亡事件发生也有过错,应承担10%的赔偿责任,共计赔偿人民币55612.50元。2010年12月4日,丽水市莲都区人民法院对此案作出一审判决:小张承担20%的赔偿责任,共计赔偿人民币111225元;腾讯公司承担10%的赔偿责任,共计赔偿人民币55612.50元。一审判决后,腾讯公司和张某不服法院判决,提起上诉,丽水市中级人民法院依法公开开庭审理后作出改判,驳回范某父母对腾讯公司的诉讼请求(因小张在二审中撤回上诉,丽水市中级人民法院对一审法院判定的小张的实体权利义务未予审查,维持一审对小张部分的判决)。[①]

相约自杀又称为共谋自杀,是指相约共谋共决一起自杀的行为。相约自杀一般可以分三种情况来分析:第一,单纯相约自杀行为依法不应解释为杀人行为。单纯的相约自杀,如果相约者各自实施自杀行为,则相约自杀而未自杀成功者不应当负故意杀人的责任。第二,如果相约自杀者之一方依约受嘱托先杀死对方,继而相约自杀者未自杀成功的,则相约自杀者应当构成故意杀人罪,但是在量刑时可以从宽处罚。生活中这种例子发生不少。前述"广西符某夫妇相约自杀案"即是一例。第三,如果相约自杀者还有教唆或者帮助他人自杀的行为,且教唆者或者帮助者未自杀成功的,则是否应当构成故意杀人罪?笔者过去曾经提出原则上应当认定为故意杀人(但是量刑时应当从宽处罚)。但是,笔者发现过去的这种观点有必要予以适当限制,因为,对于那些真心相约自杀的人,由于相约自杀而未遂者当时所处的特别心神状况足以影响其刑事责任能

[①] 参见浙江在线《浙江法院二审判决"QQ相约自杀案"腾讯公司不担责》,来源:新华网,http://news.xinhuanet.com/legal/2012-02/12/c_122690030.htm,访问时间:2012年2月13日。

力，且能直接导致其作为义务进一步减弱，因而应当尽量考虑将此种行为解释为不属于"剥夺他人生命"之行为；而只有对那些并非真心相约自杀，但是有意胁迫、迷惑他人自杀的行为，才可以依法认定为故意杀人罪。

第三个刑法解释结论：胁迫、迷惑他人自杀（达到精神强制程度），以及教唆未成年人和精神病人等无责任能力者自杀，依法应认定为"剥夺他人生命"的行为。

我国过去发生过的法轮功练习者教唆自焚案等案例，均涉及胁迫、迷惑他人自杀（达到精神强制程度）的定性处理问题；此外，教唆未成年人和精神病人等无责任能力者自杀的定性处理也值得特别讨论。

应注意区分"胁迫、迷惑"行为不同于一般的"教唆"行为，前者达到了对他人的精神强制程度，后者则没有达到这种精神强制程度而仅仅是引起他人某种"精神上的意念"（但是仍有意志自由）。因此，胁迫、迷惑他人自杀（如法轮功练习者教唆自焚行为），由于达到了对自杀者的精神强制程度，其不同于"教唆"行为仅仅是引起自杀者的某种"精神上的意念"，因而可以"解释"为"剥夺他人生命"之行为。

这种解释论结论的合理性，有三个方面的理由：（1）法理依据。在法理上，因为胁迫者、迷惑者的行为导致他人受到精神强制，再利用这种状况而胁迫、迷惑他人自杀的行为整体，可以"解释"为"剥夺他人生命"之行为。因此，应注意的问题是，胁迫、迷惑他人自杀的行为在性质上并不同于一般意义上的教唆他人自杀行为，因为"教唆"行为仅仅是引起某种"精神上的意念"而非导致"精神上的强制"，二者在精神受影响的程度上有质的差异。（2）有关司法解释（文本）的明确规定。2001年6月4日最高人民法院、最高人民检察院公布的《关于办理组织和利用邪教组织犯罪案件具体应用法律若干问题的解释（二）》第九条规定：组织、策划、煽动、教唆、帮助邪教人员自杀、自残的，依照刑法第二百三十二条、第二百三十四条的规定，以故意杀人罪、故意伤害罪定罪处罚。这个司法解释虽然是针对邪教组织而言，但是它反映出最高司法机关对于教唆他人自杀的行为构成故意杀人罪是基本认可的，因为这种行为在实质上是胁迫与迷惑他人自杀的行为。（3）有关司法判决案例。民警邵建国案应当说并非属于单纯的教唆、帮助自杀的行为①，而是带有胁迫、迷惑他人自杀性质的行为，因而，有关司法机关认定其行为构成故意杀人罪（放任）并判处较轻刑罚（有期徒刑7年），具有刑法解释论上的合理性。

二　主客体性与主体间性

刑法解释的主客体性，是指刑法解释具有主体解释客体的性质，刑法解释者是解释主体，刑法文本是解释客体（解释对象），因此刑法解释者与刑法文本之间的关系在性质上是一种主客体性。这是传统认识论、方法论的法律解释学所主张的观点。

刑法解释的主体间性，是指刑法解释者作为实在的人（解释主体）与刑法文本作为拟制的人（解释对象）之间进行平等的"主体间"对话的性质，以及多元解释主体之间进行平等对话、互动和法律论证的性质。前者是诠释学范式意义上的主体间性，后者是方法论范式意义上的主体间性，刑法解释的主体间性是诠释学主体间性和方法论主体间性的有机统一体。这是哲学解释学以及存在论、本体论的法律解释学所主张的观点。

传统刑法解释学认为：解释主体（即解释者）与解释对象（解释客体）之间的关系是主客体关系，这种主客体关系又称为主客体性。因此，传统刑法解释学主张刑法解释具有主客体性特征。而现代刑法解释学认为，根据哲学解释学（诠释学）原理，解释对象实际上也可以作为一种"解释主体"来看待，这样，不但解释者是解释主体，而且解释对象（如刑法典文本）也是解释主体，从而刑法解释实质上就是解释者与刑法典文本之间的平等对话、双向对话（双相对话），具有两个平等的解释主体之间双向（双相）对话的性质（即双向性或双相性），这就是主体间性的基本含义（即诠释学范式意义上的主体间性）。

诠释学范式下的刑法解释主体间性（命题），意味着"刑法意义是使用者与文本'主体间'对话的产物，使用者天然是刑法意义的创造者"，

---

① 参见魏东《刑法分则解释论要》，北京大学出版社2020年版，第77—78页。

"法律解释就是读者与法律文本商谈的过程，法律意义是二者在商谈中达成的共识"；进而"可以将刑法意义生成的主体间性特征归纳如下：其一，刑法意义不是客体，而是读者意识和文本主体间关系的产物"，"其二，法律解释的过程就是法律意义生成的过程"，"其三，法律解释的任务是创造（而非发现）法律的意义"，"其四，刑法意义具有无限性"；因此"刑法的解释目标应是：在文本的意义界限内，立足于读者全部的案例经验，最大化地实现社会主流价值观认可的罪刑等价关系"[①]。可见，诠释学范式视野下的主体间性，同时也揭示了刑法解释的双向性（命题），其重要内容是将刑法文本予以拟人化并带有浓烈思辨性质：刑法解释者作为实在的人（解释主体）与刑法文本作为拟制的人（解释对象）之间进行平等的"主体间"对话（即主体间性），充分体现了刑法解释者与刑法文本之间的双向互动性（即双向性、双相性），刑法解释通过主体间性和双相性的互动对话，最终获得的"法律意义是二者在商谈中达成的共识"。

可见，传统刑法解释的主客体性，在诠释学视野中也表现出了主体间性和双向性，即刑法解释者（解释主体）与刑法文本（解释客体）之间的主体间关系和双向互动关系。解释者理解和解释刑法文本，刑法文本限定解释者的理解和解释根据，这样来理解，刑法解释的主体间性就有利于确保刑法解释的合法、合理、合目的的刑事法治理性。解释者与刑法文本之间的对话，即解释者带着自己的"前见"并站在新时代的立场上谈他对刑法文本的理解，解释者在其中有很大的主观能动性，包括解释立场、解释限度的选择与确定，既是刑法解释的主体间性和双向性（或者双相性）互动的体现，也是刑法解释的主客体性和二重性（即主观性和客观性）交织的体现。

刑法解释主体，是指刑法解释者，具体包括刑法解释的作出者、发布者、决定者、行动者以及其他所有参与刑法解释的组织与个人。值得注意的是，刑法解释主体的理论研究中，有时还涉及刑法解释权和刑法解释体制的问题。刑法解释权，广义上是指刑法解释主体所具有的进行

[①] 聂立泽、庄劲：《从"主客间性"到"主体间性"的刑法解释观》，《法学》2011 年第 9 期。

刑法解释的权力与权利（广义的刑法解释权），狭义上是指刑法解释主体所具有的进行刑法解释的权力（狭义的刑法解释权）。狭义的刑法解释权是指国家法律所赋予的、能够产生法律效力的刑法解释权力，在我国包括国家立法机关的立法解释权、最高司法机关的司法解释权、法官在审判活动中所享有的法律解释适用权。对于刑法立法解释权和司法解释权的这一制度性安排，我国学术界同时又将其归属于"刑法解释体制"问题加以研讨。我国有学者指出，把法律单列为一种权力，并在不同的国家机关之间对这种权力进行分配，构成了当代中国的法律解释体制[①]。刑法学者林维教授认为，刑法解释权力体制在我国的历史演变，可以分为一元单极刑法解释体制（1949年至1954年）、二元单极刑法解释体制（1954年至1981年）和二元多级刑法解释体制（1981年至今）[②]。对此，陈兴良教授指出，不仅法官，甚至最高人民法院以下的各级人民法院都是没有司法解释权的，而最高人民检察院具有司法解释权，又是中国特色之一，"在这种情况下，我国的司法解释更是一种权力之行使，在某种意义上甚至是一种准立法权。因而司法解释也就具有司法法的性质"；"称之为司法法，即司法机关制定的法"，即"我国司法解释是一种亚法"；在"刑法解释是一种权力运用"的视域下，学者"对刑法解释作出如下界定：一是作为法律活动或者行为的刑法解释；二是作为特定结论的刑法解释；三是作为技术或者方法的刑法解释；四是作为制度及其运作的刑法解释"[③]。因为在二元多级的刑法解释体制下，"附属于正式解释权力主体的部门或者个体也都以独特的方式进行着解释，并且现实地发挥着正式权力一般的效果，填补着正式权力所无法顾及的方面、领域，而更为众多的非正式解释主体又以丰富的形式参与着刑法的解释，他们可能在任何意义上都不具有任何的强制效力，但是通过特定的参与途径影响、制约着正式解释权力的实现。这一格局的形成都来源于系统中正

[①] 张志铭：《中国的法律解释体制》，载梁治平主编《法律解释问题》，法律出版社1998年版，第165页。
[②] 参见林维《刑法解释的权力分析》，中国人民公安大学出版社2006年版，第56—81页。
[③] 陈兴良：《序》，载林维《刑法解释的权力分析》，中国人民公安大学出版社2006年版，"序"第1—6页。

式权力和非正式权力的分界,充分地反映了刑法解释权力解释的复杂性"①。这些论述的启发意义在于,中国刑法解释学必须适当关注刑法解释主体及其权力分析、由刑法解释主体和刑法解释权所共同型构的刑法解释体制问题。

应当说,刑法解释主体在刑法史上曾经成为一个十分重要的问题,需要具体确定哪些机关、哪些人员的刑法解释具有法律效力。在当今世界范围内,无论是大陆法系国家还是英美法系国家,基本上一体化地承认法官是当然的刑法解释主体,法官针对具体个案具有无可争辩的刑法解释权。但是,现实主义的实践论者发现,在中国当下刑法解释实践中,立法上似乎仅仅承认了作为最高权力机关的全国人大常委会(刑法立法解释主体)、作为最高司法机关的最高人民法院和最高人民检察院(刑法司法解释主体)的刑法解释主体资格和权力,应当说这是指制定"法律解释文本"的有权主体,除此之外的其他国家机关和个人均没有制定"法律解释文本"的主体资格和权力;同时,实践中作为刑法解释(活动)的主体,还包括承办具体案件的司法人员(法官、检察官、公安人员和监察官),他们(尤其是法官)有权进行刑法解释,并且法官的刑法解释权是实实在在的司法权的有机组成部分,是具有司法裁决性质的、有法律效力的刑法解释(法官决策行动论和判例拥护理论)。法律解释学认为,有法律效力的法律解释主体还包括仲裁机构、行政执法机关、调解机构等。在仲裁领域,法律解释的主体还包括仲裁机构和仲裁员,"仲裁机构虽然是民间组织,但是,它是基于当事人的协议而依法裁决纠纷"。"仲裁机构作为一个整体,具有裁判者的功能。在仲裁过程中,仲裁机构也要解释法律,在这一点上与法院处理案件的模式是相同的。仲裁裁决的作出是由仲裁庭作出的,但仲裁庭是仲裁机构的代表";在行政执法领域,行政执法机关在行政执法过程中越要运用法律解释的方法;在多元化的纠纷解决机制下,在行业调解、行政机关的调解过程中,调解机构或调解人也要准确地理解和解释法律,以合理确定当事人

---

① 林维:《刑法解释的权力分析》,中国人民公安大学出版社2006年版,第81页。

的权利、义务和责任①。当然，有法律效力的刑法解释主体通常不包括仲裁机构、行政执法机关、调解机构等。至于参与办案并担任被告人或者犯罪嫌疑人的辩护人的律师以及其他当事人、法学学者或者其他公民，也具有刑法解释权利，但是他们的刑法解释仅属于学理解释（无权解释），仅具有参考价值，仅在被司法人员（尤其是法官）吸纳时才具有法律效力。

刑法立法解释主体，在我国是指作为国家最高立法机关的全国人大常委会。《立法法》第45条规定："法律解释权属于全国人民代表大会常务委员会。法律有以下情况之一的，由全国人民代表大会常务委员会解释：（一）法律的规定需要进一步明确具体含义的；（二）法律制定后出现新的情况，需要明确适用法律依据的。"所谓立法解释，是指立法机关（在我国是指全国人民代表大会常务委员会）依据其立法权对于成文法进行的有权解释。所谓刑法的立法解释，是指作为最高立法机关的全国人民代表大会常务委员会依据其立法权对于刑法进行的有权解释。例如，2000年4月29日第九届全国人民代表大会常务委员会第十五次会议通过的《全国人民代表大会常务委员会关于〈中华人民共和国刑法〉第九十三条第二款的解释》，就属于刑法的立法解释（文本）。应当说，我国的刑法立法解释还是不少，截至2021年4月底，全国人民代表大会常务委员会共通过和发布了13个刑法立法解释（文本），但是，刑法立法解释（文本）的数量远远不及司法解释（文本）的数量。所谓司法解释，是指最高人民法院、最高人民检察院依法进行的法律解释。所谓刑法的司法解释，是指作为最高司法机关的最高人民法院、最高人民检察院依法进行的刑法解释。同刑法的立法解释主要表现为文本一样，刑法的司法解释通常也是表现为文本。

因此，我们在提及刑法的立法解释与司法解释时，通常都是指刑法的立法解释文本与司法解释文本，而不是指具体个案的刑法解释适用；而只有在极个别、极特殊的情况下才存在规范性司法解释（文本）与个

---

① 王利明：《法律解释学导论——以民法为视角》（第2版），法律出版社2017年版，第83—84页。

别性（具体）司法解释之分①，例如，最高司法机关发布的指导性案例可以归属于个别性（具体）司法解释、具体个案的刑法解释适用。同时还应注意，刑法的立法解释（文本）依法理可以成为刑法解释的对象，而刑法的司法解释（文本）依法理不应成为刑法解释的对象，尽管刑法的司法解释（本文）本身可能还需要进行再次"解释"，因为刑法解释的对象只能是刑法立法（以及案情事实）；刑法解释学尽管也要努力观照刑法的立法解释文本（刑法解释的文本对象）、司法解释文本（刑法解释的重要参照内容），但是，刑法解释学是以个体（主要是法官）对刑法立法文本（文本对象）和案情事实（事实对象）的解释活动为中心展开的。

刑法解释的对象，包括刑法解释的文本对象与事实对象，即刑法文本与案情事实。法理学认为，法律解释的对象是指法律解释的标的，包括法律文本（规范文本）与案情事实（法律事实）②。其中，法律文本是法律解释的首要对象、基础对象，对于法律解释研究具有更为基础的意义，因而，法律文本通常是法解释学研究的重点对象。同时，案情事实也是法解释学必须关注和解释的对象，由此才能将法律文本与案情事实对接，将文本意义上的"死法"变成现实意义上的"活法"，并对现实社会生活发生实际作用。因此，作为刑法解释对象的文本，只能是刑法（刑法文本），即刑法典以及刑法修正案、单行刑法、附属刑法。"刑法"以外的其他规范文本以及全部"软法"文本③，其中当然包括我国最高司法机关出台的各种"司法解释"规范文本，均不属于作为刑法解释对象

---

① 范愉：《法律解释的理论与实践》，载《金陵法律评论》2003年秋季卷。
② 参见陈金钊《法律解释的哲理》，山东人民出版社1999年版，第56—57页。但是我国法理学界关于法律解释的对象似乎还有争议，大体有三种观点：一是法律规范或者法律条文与附随情况说，二是法律规范或者法律条文说，三是法律规范或者法律条文与法律事实说。参见杨艳霞《刑法解释的理论与方法——以哈贝马斯的沟通行动理论为视角》，法律出版社2007年版，第178页。
③ 罗豪才、宋功德：《软法亦法——公共治理呼唤软法之治》，法律出版社2009年11月版，第358页。罗豪才和宋功德在该书中指出："软法"，是指与国家权力机关依法制定的"硬法"相对的、原则上没有法律约束力但有实际效力的行为准则，既包括政策、章程、内部通知、指导性规则、官场潜规则，又包括那些"没有法律约束力，但有实际效力"的道德、伦理、风俗、习惯等社会行为规则。

的文本。作为刑法解释对象的案情事实,只能是"证据确实、充分"予以证实的并且能够排除合理怀疑的案情事实,而不能是诸如民事领域之中所要求的"优势证据"予以证实的案情事实。关于刑法解释对象事实与其他部门法之法解释对象事实的这一简单对比其实也表明,作为刑法解释对象的"案情事实"远比作为其他部门法之法解释对象的"案情事实"要严格得多、保守得多,其从刑法解释对象的角度十分鲜明地彰显了刑法解释的保守性(命题)[1]。

如前所述,刑法解释作为法律解释的主体间性,有诠释学范式与方法论范式两层意义的阐释。诠释学范式意义上的主体间性已如前所述,不再重复。方法论范式意义上的刑法解释主体间性(命题),实质上揭示的是解释主体上的多元性,以及多元解释主体之间在刑法解释活动中的对话性、互动性和法律论证性。如有学者指出,"刑法解释从来都不是一个解释问题,而是一个论证问题,现代刑法解释学应将刑法文本融入解释者的价值判断,来消解刑法文本及其所用语言过于僵化的弊端,建立一种基于主体间性的刑法解释理论,从而使刑法文本与案件事实有效地对接起来,并以法律论证实现刑法解释结论的可接受性"[2]。再如有学者指出,"刑法解释主体是具有多元价值观的解释者构成的解释共同体,刑法解释的标准是多元互动解释共同体通过对话协商获得的共识。制度化的对话协商可以通过求同存异的办法防止实质性价值冲突的激化,成为刑法解释及适用的合法性保障"[3]。应当认为,方法论范式意义上的刑法解释主体间性(命题)更值得重视,尤其是该命题所主张的多元互动解释共同体通过制度性的法律论证活动有助于刑法解释结论更加臻于完美。

综上所述,刑法解释的主体间性强调了作为刑法解释主体的解释者与作为刑法解释对象的刑法文本之间、多元解释主体之间的互动循环的特性,具有特别重大的解释论意义。

---

[1] 参见魏东主编《中国当下刑法解释论问题研究》,法律出版社2014年版,第9—10页。
[2] 姜涛:《基于主体间性分析范式的刑法解释》,《比较法研究》2015年第1期。
[3] 袁林:《超越主客观解释论:刑法解释标准研究》,《现代法学》2011年第1期。

三 主客观性与互动循环性

刑法解释的主客观性,又称为刑法解释的二重性,是指刑法解释活动同时具有主观性与客观性的二重性。刑法解释活动的主观性,表现在解释者带有"前见"和目的进行解释,解释的结果具有个性和倾向性;刑法解释活动的客观性,表现在刑法解释活动不能离开法律文本并且必须以法律文本为基础和解释对象,解释者的"前见"和目的不是纯个人的和偶然的而是与时俱进的并且受制于"法律解释共同体"的,解释的标准是客观的并且要遵守相关规则①。因此,刑法解释活动的主客观性(或者二重性),揭示了刑法解释活动的主观性与客观性二者交织于一体的重要特性。

刑法解释活动的主客观性(命题)涉及刑法解释立场问题,如刑法的主观解释与客观解释、形式解释与实质解释,以及刑法的折中解释(具体包括刑法的主观解释与客观解释的折中论、刑法的形式解释与实质解释的折中论)等立场②,相关的学术之争仍然浓烈,有待深入研讨。

刑法解释的互动循环性,又称为刑法解释的解释性循环、解释循环性,是指刑法解释活动所具有的解释主体与解释对象之间、各个解释主体之间、作为刑法解释对象的刑法文本与案情事实之间、各种解释方法之间、解释方法与解释结论之间以及解释过程与解释结论之间的互动循环性。其中,刑法解释的对象互动循环性,又称为刑法解释的对象互动两面性,是指刑法解释的对象包括刑法文本(含刑法典、单行刑法和附属刑法),也包括案情事实,刑法解释过程表现为刑法解释主体在刑法文本与案情事实之间的往返循环,既包括刑法解释主体用法律解释事实的一面,也包括刑法解释主体用事实解释法律的另一面,具有两面互动和

---

① 参见严存生《西方法哲学问题史研究》,中国法制出版社2013年版,第585—586页。
② 参见赵秉志主编《刑法总则要论》,中国法制出版社2010年版,第80—95页;王政勋《刑法解释的语言论研究》,商务印书馆2016年版,第60—210页;徐岱《刑法解释学基础理论建构》,法律出版社2010年版,第138—140页;赵运锋《刑法解释论》,中国法制出版社2012年版,第117—131页。

往返循环的特点。刑法解释对象（文本和事实）之间的两面互动循环性，要求解释者目光往返于文本与事实之间，因此，强调刑法解释的对象互动循环性特点，有利于最终形成法律规范匹配于案情事实、案情事实匹配于法律规范的两面性匹配，从而有利于得出具有合法性、合理性、合目的性的刑法解释结论。

【案例】北京庞某某单车飙车案①

2015年8月22日凌晨3点多，庞某某为寻求刺激，驾驶无牌照的雅马哈牌R1型摩托车，违反禁止标识，由北京市东城区玉蜓桥出发，仅用时13分43秒绕行二环主路外环一周，超过规定时速50%以上行驶，且多次违反禁止标线标识变道超车，摩托车迈速表显示最高时速达237km/h。经鉴定，其中部分路段的平均行驶速度为151km/h。庞某某在二环上共超过了180多辆车，在此过程中，他利用安装在头盔上的运动摄像机记录下了整个行驶过程，回到入住的酒店后，庞某某连夜将视频剪辑了出来，凌晨5点多，他将视频传至网上晒萌和炫耀。北京市东城区人民法院以危险驾驶罪判处庞某某拘役三个月，并处罚金3000元。

本案中，庞某某的"单车飙车"行为是否构成危险驾驶罪呢？对此行为的刑法解释适用，就能体现刑法解释的主客观性、互动循环性（解释性循环）的特点。庞某某一人飙车，其严重超速并在北京二环上共超过了180多辆车，构成"追逐竞驶，情节恶劣的"危险驾驶行为，被法院判决犯危险驾驶罪，本书认为这一判决是妥当的。虽然单车严重超速行驶的行为，并非一律要定危险驾驶罪，但是，只要其具有"追逐竞驶，情节恶劣的"情形就可能构成危险驾驶罪。那么，本案中庞某某的行为

---

① 参见岳亦雷《北京摩托二环十三郎被判拘役仨月 罚款3000元》，来源：新华网，http://www.xinhuanet.com/city/2015-10/31/c_128378959.htm，2018年8月18日访问。

为什么可以解释为"单车飙车"而不是单车严重超速行驶呢？这就需要解释者基于"前理解"具体分析庞某某的行为性质，将注意力聚焦在法律规定（即"追逐竞驶，情节恶劣的"）与案情事实之间进行往返来回的对照分析，可以得出结论：庞某某实质上是以其他180多辆汽车作为自己飙车的参照对象进行严重超速行车，最高时速达到237km/h、平均时速高达151km/h，其行为类型以及其对于交通运输安全所造成的危险均符合"追逐竞驶，情节恶劣的"情形，依法可以解释为危险驾驶罪。

通过对庞某某单车飙车案的刑法解释适用，可以更加周全地对"追逐竞驶"的含义进行诠释。所谓"追逐竞驶"，是指行为人驾驶机动车同其他车辆进行追逐竞赛，危害道路交通安全的驾驶行为。其具体情形有两种：一是行为人两人或者多人共同商议相互追逐竞驶；二是行为人一人单方面同他人追逐竞驶。对于第一种情形，追逐竞驶的两人或者多人均构成本罪，应该没有什么争议。但是，对于第二种情形，行为人一人是否也可构成追逐竞驶并构成本罪呢？有人认为，在道路上驾驶机动车追逐竞驶的行为人应为两人以上，一个人无法单独成立追逐竞驶行为[①]。但是本书认为，行为人一人单方面同他人追逐竞驶的情形是可以成立的，并且也是可以依法认定为危险驾驶罪的。因为，"只要产生了抽象的公共危险且情节恶劣，就值得科处刑罚"[②]。尽管其他车辆的驾驶人员可能没有意识到有人在同自己驾驶竞赛，但是，行为人自己一辆接一辆地追逐竞驶仍然可以成立"追逐竞驶"，其中"情节恶劣的"行为仍然可以成立本罪。再者，有时特种车辆如警车、军车、救护车等执行特殊任务的车辆，车速很快，而另外的行为人驾驶机动车对其进行追逐竞驶，同样也可以成立本罪。

四 结论性与方法性

结论性与方法性作为刑法解释的重要特性，具有丰富的内涵。它表

[①] 参见魏东《刑法分则解释论要》，北京大学出版社2020年版，第232页。
[②] 张明楷：《危险驾驶罪及其与相关犯罪的关系》，《人民法院报》2011年5月11日第6版。

示的含义有：(1) 刑法解释必须获得解释结论（刑法解释结论）。刑法解释结论体现了刑法解释结果导向性，必须具有有效性，刑法解释结论必须具备合法性、合理性、合目的性"三性统一体"之时才能获得有效性。(2) 刑法解释必须运用解释方法（刑法解释方法）。刑法解释方法体现了刑法解释方法论特质，必须充分发挥刑法解释方法对于刑法解释结论有效性的确证功能，才能获得刑法解释结论有效性。(3) 刑法解释必须坚持结论性与方法性并重的立场，既要重视刑法解释结果导向性，又要重视刑法解释方法功能性，切实做到刑法解释结论有效性与刑法解释方法确证功能性之间的互动融合，这种互动融合性贯穿于整个刑法解释过程之中，通过刑法解释过程才能有效完成刑法解释任务。

就刑法解释结论而言，法理学界认为，法律解释结论是指法律解释的结果，在存在论和认识论意义上，法律解释结果的多样性是正常的，"一方面是由文本本身的开放性多义性造成的，另一方面可能是由事实对本文的影响所致"；但是在司法论上，"法官必须拿出一个判决标准，但根据法治原则，又不能任意拿出一个标准。这就凸显出了法律论证的必要性。也就是说法官应经过综合论证（包括合法性、合理性、合事物本质的论证等）来确定一种可接受的解释结果。这种可接受的结果，不能是多解，而必须是一解，否则法官无法阐明判决的标准。当然，这种可接受的结果也很可能是多解结果的综合，但一旦综合，我们不能称为多解，而只能是一解"；而且"正是在多解事实与一解的追求目标的不断循环中，相对正确裁判标准才能出现"①。因此，刑法解释结论，是指刑法解释的结果。"我们必须牢记，刑法解释的核心、出发点和归宿点均在于保障人权，因为我们维护社会秩序价值本身的终极目标恰恰也在于保障人权。'人权自由最大化与必要社会秩序最低限度化'是一对紧张关系，在相当意义上是终极目标与必要手段的关系，应当以终极目标为核心、出发点和归宿点。因此，在具体个案中，不同的解释立场和解释方法可能会得出不同结论，这时就必须注意解释结论的保守性，即寻求倾向于保障人权机能的价值目标权衡的结论。刑罚的最后手段性、不得已性、

---

① 参见陈金钊、焦宝乾、桑本谦、吴丙新、杨建军《法律解释学》，中国政法大学出版社2006年版，第15—16页。

谦抑性，正是这种解释结论的保守性的深刻表达，亦即：可定罪可不定罪时，解释结论应当是不定罪（不逮捕、不定罪、不判刑）；可免除处罚可不免除处罚时，解释结论应当是免除处罚；可缓刑可不缓刑时，解释结论应当是缓刑；可杀可不杀时，解释结论应当是不杀，等等。"① 可见，刑法解释结论的最终得出，必须是通过刑法解释的综合性法律论证，根据刑事法治原则对多种刑法解释结果进行综合权衡之后得出的可接受的一种解释结果。

刑法解释的目的性，相对于一般法律解释的目的性而言，具有一定特殊性。如果说一般法律解释的目的，是解决社会纠纷、建立和维护法律秩序、续造法律并使得法律获得新生②，那么，刑法解释的目的性就只能是解决作为社会公共政策问题的刑事犯罪问题、维护刑事法治秩序和保障人权。在刑法解释的目的性中，在相当意义上是没有"续造法律并使得法律获得新生"的存在空间的，因为维护刑事法治秩序和保障人权本身，就要求不得通过刑法解释"续造法律"，更必须反对解释入罪（司法上犯罪化）。如果刑法规定存在真正的立法漏洞，正确的处理方式只能是罪刑法定原则所要求的"法无明文规定不为罪，法无明文规定不处罚"，原则上不得通过刑法解释来堵塞真正的立法漏洞，司法上可作出"无罪处理"，应考虑通过立法填补真正的立法漏洞。

刑法解释的方法论特点也十分突出，因此必须强调刑法解释方法性，坚持结果与方法并重的刑法解释论立场。刑法解释必须全面兼顾法律解释的本体论与方法论，尤其要合理审查、适当筛选并谨慎运用特定的法律解释方法，以充分体现刑法解释的方法性。刑法解释的方法性审查中，要注意充分运用法律解释的循环性与自主性以及通常的解释方法与解释规则，还要注意刑法解释方法论上的特殊性。换言之，刑法解释的方法性，不但必须得到充分的、必要的强调，同时还必须审查一般法律解释原理中哪些具体的解释方法和规则在刑法解释中所具有的合理性及其特别限定。例如一般法律解释的方法论内容中的"类推"、异质性整合法则，有的方法论内容就可能因为其有违罪刑法定原则和刑法

---

① 魏东主编：《中国当下刑法解释论问题研究》，法律出版社2014年版，第8页。
② 参见严存生《西方法哲学问题史研究》，中国法制出版社2013年版，第585—586页。

谦抑性原则的实质正当性而不能简单运用于刑法解释之中，这些问题就成为刑法解释方法的特殊性，需要在刑法解释方法论中予以特别注意。

【案例】 成都快递分拣员杨某窃取快递物品案[①]

四川省成都市某快递公司分拣员杨某在上夜班分拣快递包裹时将自己经手分拣的一个价值1999元的手机的快递包裹秘密窃走并占为己有。原一审法院判决杨某构成盗窃罪，后二审法院改判杨某构成职务侵占但因尚未达到定罪标准而不构成犯罪。

通过成都快递分拣员杨某窃取快递物品案的分析研讨，不但能够熟练运用案例研究方法，而且有利于正确理解其中涉及的刑法解释论、刑法公正观、法条竞合论。关于刑法解释论，本案讨论中依次运用了刑法的文义解释、论理解释、刑事政策解释，这种刑法解释方法"三分法"及其逻辑排序可能具有重要理论意义，体现了刑法解释的方法性，值得刑法解释论关注。针对本案的解释结论，理论界有盗窃论与侵占论之争，实务界观点有定罪与无罪之分歧。本书倾向于侵占论，赞同人民法院针对本案所作出的无罪判决。

就成都分拣员案而言，杨某利用劳务上的便利可以被评价为"利用职务上的便利"（而窃取本单位财物），因为职务侵占罪主体包括像"蓝领"工人这类在非国有公司中从事劳务性工作的人员在内，由于"蓝领"工人属于职务侵占罪的主体范围同时其通常从事的工作仅限于劳务性工作，所以职务侵占罪中"利用职务上的便利"不仅指利用自己职务形成的权力或从事管理性工作并主管、管理、经管、经手本单位财物的便利（狭义上的"利用职务上的便利"），而且包括利用自己从事劳务性工作并

[①] 判例：四川省成都市中级人民法院刑事判决书（2014）成刑终字第293号。

暂时经手本单位财物的便利（广义的"利用职务上的便利"）①。尽管刑法第271条采用的是"利用职务上的便利"的表述，但既然从事劳务者可以成为职务侵占罪主体，客观上也完全可能"经手"本单位财物，其也就具备了实施职务侵占的客观条件。在职务侵占罪的场合，一方面认为"经手"公共财物的方便条件也可以形成职务便利，另一方面试图将"经手"限定为具有一定的权限和管理的属性，这种解释并不合理：这不仅因为在贪污罪司法解释的场合是将"经手"与"主管""管理"相并列，还因为从文义解释的角度来说，"经手"原本也缺乏"权限"和"管理"的属性。这样，对刑法第271条中的"职务"作较为宽泛的理解、将一些通常认为是"劳务"的情形也纳入"职务"内涵之中，符合实质解释论的法益保护追求②。这里可能需要注意的是，职务侵占罪中"利用职务上的便利"采实质解释并作出广义的理解，即认为其包括行为人（单位人员）利用职务上和业务上（劳务上）的便利，不但符合文义解释结论，符合法益保护追求，而且由于这种解释结论不至于"增加"被告人刑事责任而有利于被告人的人权保障，因而在法理上和刑事政策上均具有妥当性。

从刑法解释结论与刑法解释方法之间的对应性分析，基于文义解释方法、论理解释方法、刑事政策解释方法看，均可以证成杨某的行为属于"将本单位财物非法占为己有"的解释结论。以文义解释方法的运用为例，综合手段说主张将职务侵占行为（核心内容是"将本单位财物非法占为己有"）解释为采用侵吞、窃取、骗取和其他方法将本单位财物非法占为己有的行为，其解释结论被限定在刑法规范文义之内，完全符合刑法的文义解释原理。当然，"综合手段说"在坚持其自身符合文义解释原理的前提下，并不否认"侵占单一手段说"也符合文义解释原理，而仅仅是要求确证"其解释结论被限定在刑法规范文义之内"并且显然是名正言顺的解释结论。针对"侵占单一手段说"，我们即使

---

① 苏云、张理恒：《快递公司分拣员窃取邮包行为定性分析——以杨某窃取邮包二审无罪案展开》，载魏东主编《刑法解释》（第2卷），法律出版社2016年版，第246—264页。

② 付立庆：《交叉式法条竞合关系下的职务侵占罪与盗窃罪——基于刑事实体法与程序法一体化视角的思考》，《政治与法律》2016年第2期。

承认"侵占单一手段说"——即将职务侵占行为（核心内容是"将本单位财物非法占为己有"）限定为"变占有为所有"而不包括采用窃取、骗取等其他方法将本单位财物非法占为己有——也有一定的文义解释依据，有的学者甚至认为这种结论更具有平义解释的特征（而事实上这一论断本身存疑），但是我们认为刑法解释论并非绝对地强调"平义解释优先性"，即不能简单地以此为据而否定"综合手段说"符合文义解释的要求。得出这种结论的解释论根据在于：语义解释的功能性定位仅限于确证"其解释结论被限定在刑法规范文义之内"，或者说仅限于确证其解释结论没有超出"文义射程""语用解释限度"，仅此即为已足。否则，如果坚持以平义解释必然优于非平义解释为准则（即"平义解释优先性"）的话，就可能将法律解释学沦落为纯粹的语义学、训诂学甚至文字游戏，如此就显然贬低了法律解释学的学术品格。在刑法解释理论研讨和司法实践中，大量存在的现象并非简单地采纳平义解释，而是主张在审查确证"其解释结论被限定在刑法规范文义之内"的基础上，进一步通过（狭义）论理解释和刑事政策解释以探求"更合理"的解释结论，这种"更合理"就是指更符合刑法规范法理和刑事政策原理，而不是简单地将平义解释视为"更合理"。其刑法解释论根据何在呢？答案只能是刑法文义解释的功能性定位仅限于确证"其解释结论被限定在刑法规范文义之内"，而不是必须恪守平义解释优先性。

更进一步观察可以发现，难说"侵占单一手段说"就比"综合手段说"更具有平义解释的特征。"侵占单一手段说"认为其解释结论更符合平义解释（结论）的特征，其认为从《刑法》第 270 条（侵占罪）和第 271 条（职务侵占罪）二者之间的紧邻法条逻辑关系看（从立法体例上看），二者均表述为"非法占为己有，数额较大"这一罪状，既然侵占罪之"侵占"是无可争议的"侵占单一手段说"，那么紧邻其后的职务侵占罪之"侵占"也应该是无可争议的"侵占单一手段说"；其还认为从《刑法》第 271 条和第 382 条（贪污罪）二者之间的法条表述上看，《刑法》第 271 条的规定并没有像第 382 条那样表述为"利用职务上的便利，侵吞、窃取、骗取或者以其他手非法占有本单位财物"，因而也应当认为职务侵占罪之"侵占"只能采用"侵占单一手段说"①。表面看上述论述有道理，但是仔细分析其解释方法，却可以发现其并非文义解释（从而也就无从谈起平义解释），而是体系解释（或者逻辑解释），而体系解释本身就是区别于文义解释的，尽管二者均以探求法条"妥当"含义为目标②。不但如此，上列解释结论其实在体系解释方法逻辑上仍然无法完全自圆其说，也就是说"侵占单一手段说"的上述解释结论并非真正符合体系解释原理。以《刑法》第183条的提示性规定为例，该条第一款规定"保险公司的工作人员利用职务上的便利，故意编造未曾发生的保险事故进行虚假理赔，骗取保险金归自己所有的，依照本法第二百七十一条的规定定罪处罚"，即其明确提示并规定"骗取"行为属于职务侵占行为定型；该条第二款规定"国有保险公司工作人员和国有保险公司委派到非国有保险公司从事公务的人员有前款行为的，依照本法第三百八十二条、第三百八十三条的规定定罪处罚"，也是明确提示并规定"骗取"行为属于贪污行为定型。那么，按照《刑法》第183条的提示性规定，"侵占单一手段说"论者就无法自证其平义解释结论的逻辑性，因为《刑法》第183条的提示性规定明显不符合"侵占单一手段说"而采用了"综合手段说"。由此可见，"侵占单一手段说"不但在其主张"平义解释优先性"论断上存在有违刑法解释论原理的疑问，而且在其自诩平义解释（方法）的论断上也存在解释方法上的"误判"，其采用的解释方法实质上并非文义解释（方法）而是体系解释方法，并且在其采用体系解释方法时仍然存在"体系性"漏洞（遗漏了《刑法》第183条的提示性规定）和逻辑悖论，从而"侵占单一手段说"主张其更具有平义解释的特征（以及"平义解释优先性"）、更符合体系解释的逻辑等论断均不能获得自圆其说的论证效果。

根据上述分析，"侵占单一手段说"基于其自身立场可能得出"综合手段说"是一种"扩张"文义内涵的论断，而"综合手段说"则基于其自身立场也可能得出"侵占单一手段说"是一种"限缩"文义内涵的论

---

① 张明楷：《刑法学》（第五版）（下），法律出版社2016年版，第1021页。
② 王利明：《法律解释学导论——以民法为视角》（第2版），法律出版社2017年版，第292—295页。

断，从而造成二者"各执一词"的局面。从刑法解释论立场看，文义解释方法本身仅能在"符合文义解释结论"这一层面上解决"侵占单一手段说"与"综合手段说"的合法性问题，而根本就无法解决"孰优孰劣"和谁"更合理"这一价值判断层面上的问题。依据刑法解释原理，"侵占单一手段说"与"综合手段说"的价值合理性问题有待（狭义）论理解释和刑事政策解释来完成。法律解释论关于文义解释与（狭义）论理解释和刑事政策解释的功能性定位与关系原理是，在文义解释存在多种解释结论时，需要进一步进行（狭义）论理解释和刑事政策解释以说明其中"某一个"解释结论在法理上的合理性和在刑事政策上的正当性，而不是简单地主张"平义解释优先性"。因此，即使承认"侵占单一手段说"和"综合手段说"均在不同程度上符合文义解释结论，甚至即使承认"侵占单一手段说"更具有平义解释特征（而事实上难以得出这一判断），那么仍然还需要进一步讨论，到底是采纳本原的文义解释结论还是被限缩的文义解释结论或者被扩张的文义解释结论更为妥当？对此争议，刑法解释论认为必须进一步运用刑法原理（即论理解释方法）和刑事政策原理（即刑事政策解释方法）进行说理论证，方能得出更为恰当的刑法解释论。

  关于论理解释方法和刑事政策解释方法，这里不再展开，仅以文义解释方法为例展开上述分析，以说明刑法解释的结论性与方法性这一重要特性。

第 八 章

刑法解释方法的实质与价值

一 刑法解释方法的实质

刑法解释方法，是指在刑法解释中所具体运用的各种法律解释方法的总称。

文献检索发现，法学界对法律解释方法的实质内涵存在不同理解，相应地对法律解释方法的称谓并不一致。德国拉伦茨称为法律解释的标准[1]。日本学者则在法律解释方法之下区分解释的参照事项与条文的适用方法，我国有学者主张借鉴日本观点将法律解释方法区分为法律解释技巧与法律解释理由，认为应将解释方法中的平义解释、宣言解释、扩大解释、缩小解释、反对解释、类推解释、比附、补正解释等（即条文的适用方法）称为解释技巧，将解释方法中的文理解释、体系解释、历史解释、比较解释、目的（论）解释等（即解释的参照事项）称为解释理由[2]。其中，宣言解释，是指法文的含义不明确，或者对法文存在争议，或者以往对法文的解释不妥当时，解释者通过论理分析、体系解释、历史解释等，主体性地确定不明确的法文的含义，或者选择与以往不同的更为妥当的含义，或者对以往的解释进行修正的一种解释技巧。[3] 除此之外，我国大陆地区学者一般称为法律解释方法，而我国台湾地区学者则既有法律解释方法之称，亦有法律解释规则之谓。黄茂荣称为法律解释

---

[1] 杨艳霞：《正当性刑法解释路径研究》，博士学位论文，中国政法大学，2004 年，第 127—128 页。

[2] 张明楷：《刑法学》（第五版）（上），法律出版社 2016 年版，第 34 页。

[3] 张明楷：《刑法学》（第五版）（上），法律出版社 2016 年版，第 39 页。

的因素，并解释说"所说明的只是法律解释时必须考虑到的因素，它根本就不是解释的方法"①。张志铭认为，法律解释方法是法律解释操作的可行路径，是法律解释操作所应该遵循的准则，是法律解释操作结果——法律解释论点或主张——的形态，是支持法律解释论点或主张的理由。这就是法律解释方法的四种"面相"：（1）规范类——解释的准则、规则、规范、标准、原则、指令、预设或格言等；（2）路径类——解释的路径、方式或方法等；（3）形态或结果类——解释论点；（4）理由类——解释的理由、论据、根据、前提、要素、因素、渊源等。并且指出，上面四种名称均反映出了法律解释方法某一方面的特性，四者是"既是……也是……"的关系②。综上可见，法律解释方法，同时还有法律解释的路径/方式/技巧、法律解释的标准/规范/规则/准则/原则、法律解释的理由/论据/根据/前提/要素/因素/渊源之称谓。可能正是受哲学诠释学"只要有理解，理解便不同"理论的影响，法学界对法律解释方法的不同称谓和理解本身就代表了某种多样性和任意性。可以认为，法律解释方法的四种"面相"，展示出了法律解释方法的四种不同特点：规范类"面相"展示的是法律解释方法的严格性、规则主义的特点，路径类"面相"展示的是法律解释方法的方法论性质的特点，结果类"面相"展示的是法律解释方法的价值导向特点，而理由类"面相"展示的是法律解释方法的逻辑性、说理性特点。当我们对"法律解释方法"所反映的内涵有所了解之后，我们对法律解释方法的理解和运用无疑更加透彻了。

法律解释学认为，通常所说的法律解释方法是指狭义的法律解释方法。凡是在可能的文义范围内进行法律解释的方法，都是狭义的法律解释方法。③ 因为，狭义的法律解释，就是在待决案件已有法律规定的情况下，裁判者在法律文本的可能文义范围之内进行的解释，它是在法律文

---

① 杨艳霞：《正当性刑法解释路径研究》，博士学位论文，中国政法大学，2004年，第127—128页。
② 张志铭：《法律解释学》，中国人民大学出版社2015年版，第46—47页。
③ 王利明：《法律解释学导论——以民法为视角》（第2版），法律出版社2017年版，第220页。

义范围之内,采用文义解释、论理解释等方法来确定法律文本的含义。[①]狭义的法律解释方法的具体表述各不相同,存在较大争议,例如,萨维尼曾经归纳了四种,即文义解释、逻辑解释、历史解释和体系解释[②];拉伦茨提出,法律解释方法包括文义解释、关联解释、历史解释、目的解释、合宪性解释[③]。狭义的法律解释方法的最大特点,就是其必须处于法律文本的可能文义范围之内,即解释结果不能超出法律文本文义的可能范围或者说射程范围,包括核心文义和边缘文义,核心文义(又称为概念核心)是指法律文本的最基本含义,边缘文义是指法律文本中除核心文义的部分;狭义的法律解释方法的突出特点还包括:它适用于法律规定的情形,它在本质上是解释性而非创造性的方法,它是最为基础、最为常用、最先适用的法律解释方法,必须从文义解释出发并且最终要回到法律的文义的范围之内,当出现复数解释结论时要运用多种方法相互验证并进行充分的说理论证,要考量立法目的、兼顾法律的安定性和妥当性、遵循各种狭义的法律解释方法的规则。[④]

归纳起来,狭义的法律解释方法主要有文义解释、体系解释、历史解释、目的解释、当然解释、反对解释、补正解释、比较解释、软法解释、扩张解释、限缩解释、合宪性解释、法社会学解释等多种方法。这些狭义的法律解释方法可以进一步进行归类,有的学者将其分为文义解释方法与论理解释方法两大类(二分法,又称为经典二分法),有的学者将其分为文义解释方法、论理解释方法、法社会学解释方法三大类(三分法,又称为经典三分法)[⑤],德国学者将其分为文义解释、体系解释(逻辑解释)、历史解释、目的解释四大类(四分法,又

[①] 杨仁寿:《法学方法论》,(台北)三民书局1986年版,第119—123页。

[②] 王利明:《法律解释学导论——以民法为视角》(第2版),法律出版社2017年版,第221页。

[③] [德]卡尔·拉伦茨:《法学方法论》,陈爱娥译,商务印书馆2003年版,第225页以下。

[④] 王利明:《法律解释学导论——以民法为视角》(第2版),法律出版社2017年版,第221—232页。

[⑤] 参见魏东《刑法解释学基石范畴的法理阐释——关于"刑法解释"的若干重要命题》,《法治现代化研究》2018年第3期。

称为经典四分法)①。除此之外，还有其他一些归类方法，例如，将法律解释方法分为内在解释和外在解释两大类，或者分为基础性的解释方法和非基础性的解释方法两大类。所谓内在解释，是指依据所要解释的法律文本自身的要素（如法律文本及其内在逻辑和目的等）而进行的法律解释；所谓外在解释，是指依据所要解释的法律文本之外的要素（如立法资料和社会学效果等）而进行的法律解释；所谓基础性的解释方法，主要是指文义解释，因为文义解释是法律解释的基础；所谓非基础性的解释方法，是指在法律解释中并非起基础性作用，而只是发挥辅助、验证、协助等作用的解释方法，其常常配合其他方法发挥作用。②本书这里按经典三分法（即将刑法解释方法分为文义解释方法、论理解释方法、法社会学解释方法三大类）的立场对刑法解释方法进行分类介绍。

广义的法律解释方法，是指法律解释的思路、方式和程序，既包括准确阐释法律的具体方式和路径也包括完善法律的具体方式和路径，既包括狭义的法律解释方法也包括解释性填补和价值补充（即不确定概念和一般条款的具体化）。有学者认为，"从广义上理解，法律解释方法是以狭义的法律解释、价值补充和漏洞填补三种基本类型来构建法律解释学的基本体系"③，但是这种观点在"学理上还没有形成共识"④。

价值补充，即不确定概念和一般条款所进行的具体化，是指在不确定概念和一般条款所作的概括性、抽象性价值判断框架下，针对特定待决案件的纠纷，就此种价值判断予以进一步的具体化、类型化和明确化。法律解释学认为，不确定概念和一般条款的具体化主要是指类型化⑤，是

---

① 参见［德］汉斯·海因里希·耶赛克、托马斯·魏根特《德国刑法教科书》（总论），徐久生译，中国法制出版社2001年版，第191—195页。
② 参见王利明《法律解释学导论——以民法为视角》（第2版），法律出版社2017年版，第148—149页。
③ 王利明：《法律解释学导论——以民法为视角》（第2版），法律出版社2017年版，第127—128页。
④ 参见王利明《法律解释学导论——以民法为视角》（第2版），法律出版社2017年版，第220页。
⑤ 王利明：《法律解释学导论——以民法为视角》（第2版），法律出版社2017年版，第523页。

"就此种价值判断予以进一步具体化和明确化",可以将价值补充和具体化"这两个概念等同使用"①,学理上多称为"价值补充"②。不确定概念和一般条款的具体化可以分别进行阐释。

不确定概念的具体化,是指通过法律解释的过程,使不确定概念的内涵和外延得以明晰,从而能够作为裁判依据,适用于具体个案。不确定概念是作为与确定概念相对应的术语被提出来的,是指在内涵和外延上都具有不确定性的概念。不确定概念最早是由奥地利法学家藤策尔(Tenzer)针对行政法上的自由裁量权问题所提出来的③,后来这一概念被法律解释学所采纳④。不确定概念可以区分为描述性不确定概念与规范性不确定概念、事实型不确定概念与价值型不确定概念、量的不确定概念与质的不确定性概念。⑤

一般条款的具体化,是指将一般条款所涵盖的情况类型具体化,使之可适用于特定的具体案件。一般条款是指在成文法中居于重要地位的、能够概括法律关系共通属性的、具有普遍指导意义的条款。⑥ 一般条款可以区分为法律原则性一般条款与裁判规则性一般条款、直接作为价值补充依据的一般条款与作为兜底条款的一般条款。⑦

漏洞填补,又称为法律补充、漏洞填补、解释性填补,是指在存在法律漏洞或者法律规定之间相互冲突的情况下,通过运用习惯法、法律的基本原则、类推适用、目的性扩张和目的性限缩等方式方法填补法律漏洞,确定待决案件中的大前提。⑧

---

① 王利明:《法律解释学导论——以民法为视角》(第2版),法律出版社2017年版,第489页。
② 杨仁寿:《法学方法论》,(台北)三民书局1986年版,第167页。
③ 参见翁岳生《行政法与现代法治国家》,(中国)台大法学丛书1982年版,第37页。
④ 王利明:《法律解释学导论——以民法为视角》(第2版),法律出版社2017年版,第497页。
⑤ 王利明:《法律解释学导论——以民法为视角》(第2版),法律出版社2017年版,第500—501页。
⑥ 张新宝:《侵权责任法的一般条款》,《法学研究》2001年第4期。
⑦ 王利明:《法律解释学导论——以民法为视角》(第2版),法律出版社2017年版,第507—519页.
⑧ 参见王泽鉴《民法总则》,中国政法大学出版社2001年版,第64页;王利明《法律解释学导论——以民法为视角》(第2版),法律出版社2017年版,第147页。

需要注意的是，法律解释方法的广义与狭义之区分具有相对性，例如比较法的方法既可以作为狭义的法律解释方法又可以作为漏洞填补的方法，"某些法律解释方法在适用中究竟属于狭义的法律解释方法还是属于漏洞填补，并非泾渭分明"①，法律解释中需要谨慎处理好法律解释方法之间的关系。

二　刑法解释方法的价值

刑法解释方法具有非常重大的理论和实践价值，主要内容有以下三个方面②：

一是限制解释过程的任意性，恪守罪刑法定的人权保障价值。法律解释学的漫长历史中，解释态度总是在严格解释和灵活解释之间摇摆。"权力会一直行使，直到遇到障碍为止。"法律解释也是一样，它总是呈现一种扩张的、不愿意受到束缚的面相。"以解释为核心的方法助长了权力与权利扩张的趋势，并为权力与权利的争夺提供了方法论的支撑"③。而法律解释方法便是作为解释的"障碍"而出现的。当前，实质解释论正在成为理论界和实务界较为认同的解释理论，但是过度实质化的现象值得我们警惕。如将冒充军警人员抢劫中的"冒充"解释为"假冒"和"充当"，就是某种意义上的过度实质化（解释）。在过度实质化的解释论中，可能存在不重解释方法、随意超越既有的解释方法、以泛价值化的解释方法取代规则主义的解释方法的现象。所以，坚守解释方法的底线，即是对过度实质化、过于任意的法律解释的限制。

二是确保解释结果具有预测可能性，限定刑法漏洞的司法填补范围。预测可能性是整个法治的内涵之一。法律解释是对法规范含义的阐明，自然涉及阐明之后的法条含义是否超越一般人预测可能性的问题。虽然

---

① 王利明：《法律解释学导论——以民法为视角》（第2版），法律出版社2017年版，第148页。

② 魏东、田馨睿：《刑法解释方法：争议与检讨》，载《刑法论丛》2018年第3卷（总第55卷）。

③ 陈金钊：《法律解释学——权利（权力）的张扬与方法的制约》，中国人民大学出版社2011年版，第4页。

预测可能性是针对解释结果,但是如果解释结果是完全依照既定的解释方法(解释规则)而得出的必然结果,我们几乎可以肯定,这种结果是符合预测可能性的。相反,在无解释方法、解释方法不明确、不遵守既定解释方法的情况下作出的解释结果,则有可能超出国民的预测可能性。

三是具有独立的方法论意义,恰当平衡秩序与自由的紧张关系。目前,越来越多的学者逐渐认识到法学方法论对于法治的重要意义。[①] 法治既要关注结果的合理性,也要关注过程的合理性。"刑法教义学""刑法解释学"都关注从微观的层面以规范的方式来解释刑法,这其实是对法学方法论的提倡。法律解释学本身就属于法学方法论的范畴[②],如果说解释立场、解释目标是宏观层面的价值引领,解释方法就是微观层面的方法论。

[①] 舒国滢:《并非有一种值得期待的宣言——我们时代的法学为什么需要重视方法》,《现代法学》2006 年第 5 期。

[②] 王利明:《论法律解释学》,载《中国法学教育研究》第 1 辑,第 5 卷。

第九章

文义解释方法

一 文义解释的概念

文义解释的概念,在法律解释学上有多种界定方式,有纯粹的文义解释概念与不纯粹的文义解释概念之分,也有完整意义上的文义解释概念与非完整意义上的文义解释概念之别。所谓纯粹的文义解释概念,是指仅限于法律规范文本的文义范围内所进行的文义解释;不纯粹的文义解释概念,是指不限于法律规范文本的文义范围,而是融入了法律规范目的和价值判断等文义之外的因素所综合进行的论理解释。可见,不纯粹的文义解释概念,超越了纯粹的文义解释范畴,混淆了(纯粹的)文义解释与论理解释的界限,在逻辑分类上存在界限模糊的疑问。所谓完整意义上的文义解释概念,是指以穷尽阐释法律规范文本的全部含义为特点所进行的文义解释;所谓非完整意义上的文义解释概念,是指仅以阐释法律规范文本的字面含义、通常含义、核心含义等为限度,但是不以穷尽阐释法律规范文本的全部含义为特点所进行的文义解释。可见,非完整意义上的文义解释概念,人为地限缩了文义解释的应有范围,遗漏了部分文义的应有内容,违背了文义解释的语言学原理,也不具有合理性。因此,文义解释的概念,应当采用纯粹的、完整意义上的文义解释概念进行逻辑界定。

基于上述分析,本书认为:刑法的文义解释,是指根据语言学知识(如语用学理论等)阐释刑法文本规定的具体含义的解释方法。语言学发展的最新动向是语用学(理论),可以将刑法的文义解释称为语用解释。语用学理论,根据格莱斯、莱文森等人的会话含义理论,在理解会话含义时理解者必然进行语用推理,根据语境信息扩展说话人的话语内容,推导出话语在会话中的含义;根据马林诺夫斯基等人的语境理论,语境对于语言意义的产生、形成,对于语言意义的理解和解释具有至关重要的作用,语言只有在特定语境中才有意义,只有和特定语境结合起来才能理解话语的意义。① 由于语言学认为"语境可以分出言内语境、言伴语境和言外语境三种"②,因此,我国有学者指出,刑法文义解释的语境可以分为以下三种情况:言内语境是指由文章的段落、语篇等所构成的语境,它受语言知识规则如语言结构规则、语义搭配规则、语用适合规则等的制约,由于上下文的意义依赖于具体的词语、句子,而每个句子、词语的意义又必须通过上下文来显现,所以言内语境对于理解和诠释具有决定性意义;言伴语境包括现场语境和伴随语境,现场语境是指和交际现场直接联系的语境因素如时间、地点、场合、境况、话题、事件等所构成的语境,伴随语境是指和交际者个人特点相联系的因素如语体、风格、目的、体态、关系等所构成的语境,言伴语境对于理解刑法具有重要价值;言外语境,是指包括社会文化语境和认知语境,理解文本时不可能离开对社会心理、思维方式、民族习俗、文化传统、认知背景等言外语境的把握,通过对这些言外语境因素的把握,能够更加准确地理解文字的意义,刑法的言外语境对于确定刑法文字的意义,对于正确进行刑法的文理解释,也具有重要意义。③ 因此,语用解释,作为纯粹的、完整意义上的文义解释概念,是指根据语言学知识的语用论立场阐释刑法文本规定的具体含义的解释方法。

如前所述,刑法的文义解释,传统理论上又称为刑法的文意解释、文理解释、语意解释、语义解释、语言解释、语用解释、语法解释、文法解释、字面解释(严格解释)、平义解释等。我国有学者使用刑法的文理解释概念,认为文理解释又可分为字面解释和语法解释两种,指出:所谓刑法的文理解释方法,是指从词义后语法结构上对刑法规定的含义

---

① 王政勋:《刑法解释的语言论研究》,商务印书馆2016年版,第57页。
② 王建华:《关于语境的构成与分类》,《语言文字运用》2000年第3期,转引自王政勋《刑法解释的语言论研究》,商务印书馆2016年版,第308页。
③ 王政勋:《刑法解释的语言论研究》,商务印书馆2016年版,第308—309页。

和内容予以注释阐明的方法；字面解释，是指从词义上对刑法规定所使用的词汇予以注释，从而阐明刑法规定的含义；所谓语法解释，是指对刑法规定的词组关系、句子结构、文字排列和标点符号等进行语法上的分析，从而阐明刑法规定的含义和内容。[1] 这种观点将"文理解释"限定为字面解释和语法解释两种，不符合语言学的语用论立场，应当注意从语用论立场来界定文理解释的实质内涵。字面解释在有的论著中又称为严格解释、平义解释，例如，有学者认为：严格解释，是指按照法律规范的字面含义对法律规范所作的解释[2]，平义解释，是指以文本的通常字义、最平白的字义为基本依据，对刑法文本的具体含义所作的解释；平义解释一般是针对法律规定中的日常用语而采用的解释方法，但是对于专门的法律术语（如"故意""过失"等）则不宜采取平义解释方法，而只能按照刑法的解释性规定进行解释。[3] 显然，不能将文义解释（以及文意解释、语意解释、语义解释、语言解释）简单地等同于平义解释、字面解释、文理解释和严格解释。显然，文义解释的各种称谓和概念界定中，有的称谓和概念仅仅描述了文义解释所应有的部分内容或者部分特征，并不具有周全性，属于非完整意义上的文义解释概念。如"语法解释""文法解释"等称谓，仅描述了作为语言学知识的语法与文法等知识的运用，而没有将语义、词义、语用等内容涵摄在内；"字面解释""平义解释""严格解释"等称谓，仅描述了作为语言学知识的"字面""通常含义"等知识的运用，而没有将"语用含义""语义射程（范围）"等内容涵摄在内，因此，语法解释、文法解释、字面解释（严格解释）、平义解释、文理解释等称谓仅能够部分反映"文义解释"的应有内涵，仅可以作为"文义解释"之下的若干具体类型，而不能直接将它们简单地等同于文义解释本身。相对而言，刑法的文义解释、文意解释、语意解释、语义解释、语言解释、语用解释等称谓所表达的意思较为周全，在没有特别声明的情况下可以作为纯粹的、完整意义上的文义解释概念并交替使用。文义解释（以及文意解释、语意解释、语义解释、语言解

---

[1] 李希慧：《刑法解释论》，中国人民公安大学出版社1995年版，第97—104页。
[2] 参见孔祥俊《法律方法论》（第2版），人民法院出版社2006年版，第724页。
[3] 参见张明楷《刑法学》（第五版）（上），法律出版社2016年第5版，第39页。

释）在当代社会语境下秉持了语用论立场，只是没有特别强调语用论立场而已，而语用解释则直接宣示了语用论立场。本书在通常情况下沿用语义解释称谓时，其实质含义是指语用解释，换言之，本书通常在相同意义上交替使用语义解释和语用解释的称谓。

二 文义解释的特点

传统法律解释学认为，文义解释的突出特点是解释法律文本的字面含义。例如，有学者认为，文义解释具有以下五个特点：第一，文义解释旨在解释法律文本的字面含义；第二，文义解释是对法律文本的字面含义所进行的具体化的阐释；第三，文义解释原则上不考虑法条字面含义以外的因素；第四，文义解释应当在可能文义的范围内进行解释；第五，文义解释原则上要求按照通常的理解进行解释。[①] 但是本书认为，传统法律解释学对于文义解释的特点归纳仅适用于狭义的文义解释（字面解释），并不符合作为纯粹的、完整意义上的文义解释（概念）所体现出的特点。文义解释（作为纯粹的、完整意义上的文义解释概念）的特点有以下几个方面：

（一）文义解释以"根据语言学知识"解释文本含义为根本特点

文义解释的根本特点，是根据语言学知识（如语用学理论等）来阐释刑法文本规定的具体含义，而不是根据语言学知识以外的其他因素来阐释刑法文本规定的具体含义。因此，所有那些根据语言学知识来阐释刑法文本规定的具体含义的方法，例如，根据语法、字面含义、语用学理论等来解释刑法的方法（即语法解释、字面解释、语用解释），都属于文义解释范畴。所有那些根据语言学知识以外的其他因素来阐释刑法文本规定的具体含义的方法，都不是文义解释。例如，在解释刑法文本规定的具体含义的方法中，根据刑法立法体系和逻辑来解释刑法的（体系解释与逻辑解释），根据立法史和法文化传统来解释刑法的（历史解释），

[①] 王利明：《法律解释学导论——以民法为视角》（第2版），法律出版社2017年版，第235—238页。

根据刑法立法规范目的来解释刑法的（目的解释），根据法社会学、刑事政策知识来解释刑法的（法社会学解释、刑事政策解释），根据软法规定来解释刑法的（软法解释），根据比较法知识来解释刑法的（比较解释），根据宪法规定和宪法精神来解释刑法的（合宪性解释）等，都属于根据语言学知识以外的其他因素来阐释刑法文本规定的具体含义的方法，因而都不属于文义解释范畴。

（二）文义解释以文本的语用意义为解释限度

文义解释只能在可能文义的限度（范围）内进行解释，文义解释方法所得出的结论通常具有多样性。文义具有一定辐射范围和多样性，但是文义必须在可能文义的限度与范围之内，恪守"文义"这一本质属性；超出"文义"所可能辐射的限度与范围的，就超出了文义解释范畴。因此，文义解释又被学者称为"范围性因素"[1]。为了确保文义解释不超出应有的范围（限度），法律解释学提出了"文义的可能范围""文义射程范围""核心文义""边缘文义""通常文义""可能文义""字面含义""语用意义""语境意义"等概念，这些概念均强调根据语言学知识（如语用学理论等）来阐释刑法文本规定的具体含义这一根本特点，因而这些概念有利于确保文义解释（作为纯粹的、完整意义上的文义解释概念）的充分性、多样性和逻辑自洽性。应当说，"字面含义""核心文义""通常文义"等相对比较容易确定，有时可以通过查阅字典、词典来确定，有时可以通过语言的经验法则来确定，但是也应当注意随着社会生活和语言实践的发展而发展、变化；而"文义的可能范围""文义射程范围""边缘文义""可能文义""语用意义""语境意义"等相对比较容易出现争议，因此应当注意运用语言学，尤其是语用学理论来谨慎确定。从奠定刑法解释的合法性基础的立场来看，应当全面确认文义解释中"字面含义""核心文义""通常文义"以及"文义的可能范围""文义射程范围""边缘文义""可能文义""语用意义""语境意义"等的多样性存在和合法性基础。

因此，那种强调文义解释只需要解释法条的"字面含义""核心文

---

[1] 黄茂荣：《法学方法与现代民法》（第5版），法律出版社2007年版，第334页。

义""通常文义"的观点是不合理的。我国有学者指出："文义解释原则上不考虑法条字面含义以外的因素。文义解释是一种独立的法律解释方法，其与其他法律解释方法的区别就在于，它仅仅考虑法条的字面含义，而不考虑其他因素。"[1] 这种观点是不符合文义解释的基本原理的，因为如果文义解释只需要解释法条的"字面含义""核心文义""通常文义"，那就实质上否定了文义解释的多样性特点，具体否定了文义解释中"文义的可能范围""文义射程范围""边缘文义""可能文义""语用意义""语境意义"等的合法性存在，这种观点将"非法"限缩文义解释的应有内涵和基本功能。

至于在刑法解释的某些场合下，解释者认为需要特别地选择法条文义中的"字面含义""核心文义""通常文义"，或者认为需要特别地排除法条文义中的其他"文义的可能范围""文义射程范围""边缘文义""可能文义""语用意义""语境意义"，只要解释者不跳出文义解释方法而增加选择其他解释方法（如目的解释方法、体系解释方法等），则均无法"有理有据地"否定各种文义解释结论的合法性，这也说明了文义解释方法的有限功能性：即文义解释仅具有确证合法性的功能，但是文义解释不具有确证合理性和合目的性的功能。换言之，解释者若欲否定法条文义中的其他"文义的可能范围""文义射程范围""边缘文义""可能文义""语用意义""语境意义"的（实质）合法性，就不能仅停留于文义解释范畴之内，而必须运用论理解释进行进一步的说理才能完成解释任务。

（三）文义解释应遵循特别的解释规则

文义解释应遵循特别的解释规则，主要有以下十项：尊重文本的规则，解释法律不可拘泥于文字，按照通常理解进行解释的规则，专业用语应依据专业含义进行解释，误载不害真意，不可断章取义，指示规则，同一解释规则，尽可能采纳用语清晰的文义，尽可能选择最有利于纠纷

---

[1] 王利明：《法律解释学导论——以民法为视角》（第 2 版），法律出版社 2017 年版，第 236 页。

解决的解释方案。① 这些解释规则主要归纳了传统的方法论、认识论法律解释学中文义解释方法的特点，但实际上有些内容可能已超出了文义解释范畴（而属于论理解释范畴），需要进行适当甄别和重新诠释。

1. 尊重文本的规则

"尊重文本的规则"的完整表达是"尊重法律文本的规则""尊重成文法文本的规则"，它强调法律的文义解释必须尊重法律文本（成文法文本）并对法律文本的语义进行解释，而不能脱离法律文本进行文义解释，否则就会导致裁判权的滥用。法律解释学上"文本中心论"实质上也是强调尊重文本的规则，只不过文义解释强调对文本的语义进行解释，而客观解释强调对文本的客观意思进行解释，主观解释强调对文本的立法原意（立法者意思）进行解释。

2. 解释法律不可拘泥于文字

这一解释规则同法谚"法官不可拘泥于文字"表达了相同的意思，它表达的含义是"法律解释不可拘泥于文字的字面意思"，而是要考虑语境、语用等语言学因素的影响来确定的语义。有学者认为，"解释法律不可拘泥于文字"规则是在强调法律解释必须尊重法律文本的前提下，进一步强调"尊重文本并不是说，要拘泥于文字而死抠字眼，关键是要考虑立法者的立法目的和意旨，准确地阐释法律的真意"②。不过值得注意的是，"考虑立法者的立法目的和意旨"的法律解释方法已经不属于文义解释范畴了，而是属于论理解释范畴（即主要是法律价值判断）。

作为文义解释的基本限制的"黄金规则"，与"解释法律不可拘泥于文字"规则有较大程度的相似性。我国法理学者指出：（1）"黄金规则"，又称为"不列颠规则"，是指如果运用自己解释规则出现荒谬的结果时，法官应当寻求字词的其他含义以避免荒谬结论的出现。也就是说，为了避免荒谬的裁判结果，法官遵循黄金规则可以脱离某语词的正常含义去对该语词进行解释，尽管黄金规则看似介于平义规则（字面规则）

---

① 王利明：《法律解释学导论——以民法为视角》（第 2 版），法律出版社 2017 年版，第 272—279 页。

② 王利明：《法律解释学导论——以民法为视角》（第 2 版），法律出版社 2017 年版，第 272 页。

和除弊规则之间,但是在严格意义上黄金规则却不是对两者(平义规则和除弊规则)的调和。(2)黄金规则作为一种指示和限制法官文义解释的形式性规则,它同"字义规则""除弊规则"一起构成英国法律界推崇的三大法律解释规则,它是经由一系列有关文义解释的判例而被逐渐确立和精练的,从最开始强调语词的语法与通常含义可以被修正但是不可过度引申,逐步发展到后来趋于更多语言学知识的综合运用,比如,黄金规则的运用需要强调将整个成文法看作一体并附加"语境"条件,并且可以是在狭义和广义两种意义上予以运用。狭义上的黄金规则针对的是语词意义模糊或者包含荒谬后果的情形,广义上的黄金规则针对的是有悖于公共政策价值取向的荒谬结果的情形,在这两种情形下均需要运用黄金规则以避免出现荒谬的结果。(3)黄金规则具有限制文义解释和引导文义解释两种完全不同的规范向度,由此,黄金规则成为从文义解释向其他法律解释方法让渡的寰转之枢。黄金规则首要的要求是,除非解释结果出现了明显脱离法律精神和社会普遍理解的荒谬结论,法官应当坚守文义解释的优位性并以解释结论进行法律推理;而一旦运用文义解释方法得出荒谬的结果时,法官应当寻求字词的其他含义以避免荒谬结论的出现,既然在文义解释的方法规则范围内解决不了问题,则此时法官寻求其他解释方法就是合理之举了。[①]

3. 按照通常理解进行解释的规则

这一规则又称为避免荒谬解释的规则,它要求原则上应按照文本的通常理解和特定语境来解释法律的语义。因此,文义解释必须坚持大众化、通俗化,依照社会一般观念来解释法律文本的语义,对于特定概念、术语等已经有一致认识的共识性结论应当予以尊重,对于不同的时代法律文本的不同含义也应当予以尊重,不得作出违背常理的、背离时代精神和特定语境的荒谬解释,也不得作出与客观文义相反的解释。

4. 专业用语应依据专业含义进行解释

这一规则要求对法律文本中的专业用语的语义,必须按照法律文本的明确规定和概念体系逻辑进行专门解释,应当解释它的特定含义、立

[①] 参见魏治勋《法律解释的原理与方法体系》,北京大学出版社2017年版,第173—177页。

法者的真实意思，而不能按照社会一般人的通常理解来解释专业用语的语义。① 例如，刑法文本中规定的"犯罪""共同犯罪""单位犯罪""刑事责任""刑罚""数罪并罚""以上""以下"等专业术语，必须严格按照刑法文本规定和概念体系逻辑来解释这些专业术语的特定的专业含义。

5. 误载不害真意

罗马法"误载不害真意""矛盾行为不予尊重"的规定应当在法律解释中适用，准确解释出法律文本应当表达出来的文义，而不应拘泥于法律文本的错误表述。② 例如，《刑法》第 270 条第 2 款规定"将他人的遗忘物或者埋藏物非法占为己有，数额较大，拒不交出的"构成侵占罪，其中"遗忘物"的文义解释应当遵循罗马法"误载不害真意""矛盾行为不予尊重"的规定，将"遗忘物"解释为"遗失物"更符合文义解释的规则。尤其是我国《民法典》只规定了"遗失物"概念（而没有规定"遗忘物"概念）的法治语境下，刑法解释应当遵循法秩序统一原理来解释侵占罪（这种理由同时带有论理解释的性质），应当对"遗忘物"进行语用解释并将"遗忘物"的语用意义解释为"遗失物"。

6. 不可断章取义

法谚云"最佳的解释，要前后对照"③，法律文本的文字表达是一个整体，文义的具体解释必须结合法律文本的整体表达、上下文逻辑关系来进行，这些内容即构成了文义解释不可断章取义的规则。

7. 指示规则

指示规则，又称为指示理论，是指在规范文义不清晰、不明确的时候，只允许得出文义中有所表达的（即使是不完美的）解释结果，也就是有所"指示"的解释结果。④ 我国学者认为，指示规则确定了指示的范围和指示的对象，指示的范围和对象应当按照法律文本的含义来确定，

---

① 王利明：《法律解释学导论——以民法为视角》（第 2 版），法律出版社 2017 年版，第 274 页。
② 王利明：《法律解释学导论——以民法为视角》（第 2 版），法律出版社 2017 年版，第 275 页。
③ 郑玉波：《法谚（一）》，法律出版社 2007 年版，第 310 页。
④ ［德］伯恩·魏德士：《法理学》，丁小春、吴越译，法律出版社 2003 年版，第 324—325 页。

包括其核心文义和边缘文义，尤其在确定指示对象时，要根据语法、逻辑、生活经验、语境等综合考虑，即文义解释确定了法律解释结论的可能选择范围，按照指示规则的要求，法官解释法律时，要尊重法律条文所表达出来的文义，只能在法律条文所表达出来的可能文义范围之内进行选择，而不能逾越这一范围，因此指示规则表明了文义解释的一个重要功能。① 但是值得注意的是，德国学者伯恩·魏德士指出：法律适用不能拘泥于文字，而应当通过解释来纠正或者消除立法者的编撰疏忽和评价矛盾，因为法律适用者对法律的义务不是对文字上的服从，而是有思考地服从，因此指示理论在近来的司法实践和方法论中几乎没有市场了，并且（德国）联邦宪法法院判决说理中特别声明了"基本法并没有规定，法官应当局限于可能的词义来将立法的指示适用于具体案件"；魏德士同时指出，"然而在刑法中，如果解释不利于被告，那就与此不同"②。申言之，魏德士认为，指示规则（指示理论）由于是基于"法律文义是探究立法者意志的重要的认识工具"这种主观解释论立场而提出的解释规则，它现在德国"几乎没有市场了"，但是刑法解释（如果解释不利于被告）仍然应当例外地遵循指示规则。

8. 同一解释规则

同一解释规则，又称为同类解释规则，是指同一概念在同一法律部门内部（乃至在不同法律部门之中）应当尽可能保持含义的一致性，应当原则上作同样的解释。法律解释学认为，原则上应强调同一解释规则（同类解释规则），强调法律概念体系化并消除"体系违反"现象③，这是体现法律体系一致性和"法律的意义脉络"④ 的需要，也是保证法律文义解释的客观性、预测可能性和安定性的需要，如果没有特别的理由，原则上承认立法者在同一文本中应该对同一概念赋予同一意义，解释者

---

① 王利明：《法律解释学导论——以民法为视角》（第2版），法律出版社2017年版，第276页。
② ［德］伯恩·魏德士：《法理学》，丁小春、吴越译，法律出版社2003年版，第324—326页。
③ 参见王利明《法律解释学导论——以民法为视角》（第2版），法律出版社2017年版，第291页。
④ ［德］卡尔·拉伦茨：《法学方法论》，陈爱娥译，商务印书馆2003年版，第204页。

原则上应该对同一概念作同样的解释；但是"如果确实有特殊原因，也可以进行不同的解释"①。例如，《刑法》第 236 条（强奸罪）"以暴力、胁迫或者其他（手段）"与第 263 条（抢劫罪）"以暴力、胁迫或者其他（方法）"的解释适用，应在运用同一解释规则的同时，注意区分强奸行为与抢劫行为的具体含义和违法性内涵，精准阐释各自不完全相同的具体含义。强奸罪的"胁迫"手段，包括以"将来我要杀你全家""立即将你的丑事曝光"等内容相胁迫，但是强奸罪的这些胁迫手段（胁迫内容）不能成为抢劫罪的"胁迫"方法；强奸罪的"其他（手段）"，包括利用妇女醉酒、熟睡、受骗（而冒充情人）等情形，但是强奸罪的这些"其他（手段）"通常也不能称为抢劫罪的"其他（方法）"。再如，《刑法》第 237 条（强制猥亵、侮辱罪）"以暴力、胁迫或者其他方法强制猥亵他人或者侮辱妇女"与第 246 条（侮辱罪）"以暴力或者其他方法公然侮辱他人"之中都有"侮辱"概念，对于"侮辱"的解释适用也应注意在运用同一解释规则的同时，适当区分不同法条中"侮辱"的具体含义和违法性内涵，精准阐释各自不完全相同的具体含义。侮辱罪中的"侮辱"只侵害他人的名誉，而强制猥亵、侮辱罪中的"侮辱"侵害了他人的性的自己决定权，前后两罪中"侮辱"的含义是不同的，应当作出不同的解释。

9. 尽可能采纳用语清晰的文义

在存在多个解释方案时，应尽量选择文义清晰且妥当的解释方案，这也是法谚"当法律的字义出现模糊时，应尽可能地采纳没有缺陷的含义"所表达的文义解释的规则。②

10. 尽可能选择最有利于纠纷解决的解释方案

在某个法律规则出现了多个含义时，法律解释应当尽可能地采取有利于解决纠纷的解释来确立法律规则的含义，法谚"如果一个表述包含两种含义，应采纳更适合于事务处理的含义"也表达了这一解释

---

① 王利明：《法律解释学导论——以民法为视角》（第 2 版），法律出版社 2017 年版，第 276—278 页。

② 王利明：《法律解释学导论——以民法为视角》（第 2 版），法律出版社 2017 年版，第 278 页。

规则。① 需要注意的是，尽可能选择最有利于纠纷解决的解释方案这一解释规则，在实质上已经不仅是一项文义解释的规则，同时也是在文义解释的基础上进一步运用论理解释（以及法社会学解释）时所应遵循的解释规则。

（四）文义解释具有确定解释结论合法性范围（合法空间）的有限功能

文义解释仅具有限定和确证刑法解释结论合法性范围（合法空间）的有限功能，但是不具有证成合理性和合目的性的超级功能。文义解释所具有的确证并限定法律解释结论的合法性这一功能（合法性限定功能、合法空间限定功能），尽管是有限的功能，但是又是非常重要、非常关键的功能，其具体限定了其他任何法律解释方法所得出的解释结论的合法空间，超出了文义解释结论合法空间的任何解释结论都不具有合法性，正是在这个意义上可以说"文义是法律解释的开始，也是法律解释的终点"②，可能的文义显示出文义解释方法的范围功能，划出了法律解释活动的最大回旋余地。③ 文义解释所具有的合法性限定功能（合法空间限定功能），不能代替论理解释和法社会学解释所具有的价值解释功能（即论理解释具有确证解释结论合理性的功能，法社会学解释具有确证解释结论合目的性的功能），因此，在文义解释的基础上，通常还需要进一步展开论理解释和法社会学解释，以周全确证解释结论的合法性、合理性和合目的性。我国有的学者认为，文义解释的功能是确定文本的字面含义、可能文义范围并"决定是否可以运用其他狭义的法律解释方法"，即"如果文义解释的结果是，其核心文义和边缘文义是明晰的，对于核心文义也是没有争议的，就不需要运用其他方法进行解释"。"而对于边缘文义，文义解释往往难以胜任，就必须运用论理解释和法社会学解释方法。对于该区域发生的争议，法官必须借

---

① 王利明：《法律解释学导论——以民法为视角》（第 2 版），法律出版社 2017 年版，第 278—279 页。

② 王泽鉴：《民法概要》，中国政法大学出版社 2003 年版，第 19 页。

③ 黄茂荣：《法学方法与现代民法》（第 5 版），法律出版社 2007 年版，第 340 页。

助其他解释方法来解释。"① 这种观点将文义解释的限定功能进一步阐释为"决定功能"（即认为文义解释具有"决定是否可以运用其他狭义的法律解释方法"的功能），这种观点不符合刑法解释方法确证功能体系化（命题）的基本原理，具体理由可参见本书后面的相关内容。

---

① 王利明：《法律解释学导论——以民法为视角》（第2版），法律出版社2017年版，第242—244页。

第十章

论理解释方法

　　论理解释方法有广义和狭义之分。广义的论理解释方法，是指运用法规范内外的理论知识来解释法律的方法，具体包括法规范内的论理解释（狭义的论理解释）和法规范外的论理解释（即法社会学解释），后者是指运用社会学方法、统计学方法、经济学方法、伦理学方法等非法学方法来解释法律。[1] 狭义的论理解释方法，又称为［法］规范内的论理解释方法，是指根据法规范内的理论知识如立法精神、规范目的、法律原则和规则、法理逻辑等法教义学原理知识来解释法律的方法。狭义的论理解释方法主要有体系解释、历史解释、目的解释、当然解释、反对解释、同质同类解释、补正解释、比较解释、软法解释、扩张解释、限缩解释、合宪性解释等方法。关于狭义的伦理解释方法的概念与分类，理论界有一些不同表述可以参考，例如，有的论著认为，狭义的论理解释，是指"按照立法精神，联系有关情况，对刑法条文从逻辑上所作的解释。论理解释又分为扩张解释、限制解释和当然解释"[2]。本节只针对狭义的论理解释方法展开论述，在没有特别声明的情况下"论理解释方法"就是指狭义的论理解释方法。因此，刑法的论理解释方法，又称为刑法的［法］规范内的论理解释方法，是指根据法规范内的理论知识如立法精神、规范目的、法律原则和规则、法理逻辑等法教义学原理知识来解释刑法规定的具体含义的方法。

　　刑法的论理解释方法，具有以下主要特点：第一，刑法的论理解释

---

[1] 赵秉志主编：《刑法解释研究》，北京大学出版社2007年版，第413页。
[2] 贾宇主编：《刑法学》（上册·总论），高等教育出版社2019年版，第53页。

方法的根本特点是其方法论上的法理论证性，即它根据法规范内的理论知识如立法精神、规范目的、法律原则和规则、法理逻辑等法教义学原理知识来解释刑法规定的具体含义，而不是根据语言学知识、法社会学知识等非规范法学知识来解释刑法规定的具体含义。第二，刑法的论理解释方法的功能性特点是有限功能性，即它具有确证刑法解释结论的合理性（符合法理的性质）的有限功能，但是不具有确证刑法解释结论的合法性和合目的性的超级功能。第三，刑法的论理解释方法所得出的解释结论通常具有多样性，应当以不超出刑法的文义解释方法所确证的解释结论合法性范围（合法空间）为原则遴选出"合法的"论理解释结论，并排除那些超出了文义解释结论合法性范围（合法空间）的论理解释结论。

一　体系解释

体系解释，又称为系统解释、逻辑与系统解释、体系与逻辑解释、整体解释、结构解释，是指根据法规范文本之外在形式的编章节条款项的逻辑体系、内在实质的法秩序统一性的价值体系等法理逻辑，来系统解释法律的方法。所谓形式体系，又称为法规范的形式体系、逻辑体系、外在体系或者外部体系，是指法律规范文本所表现出来的编章节条款项的结构和内容安排等形成的逻辑体系。所谓法秩序统一性，又称为法规范的实质体系、价值体系、内在体系或者内部体系的统一性，是指整个法律系统的价值体系性、各单个法律制度之间的基本价值的内在联系性与统一性。因此，体系解释的突出特点，是一种主要运用法律的形式逻辑学和价值系统论等知识，兼用文义解释和论理解释等方法，兼顾形式体系性和实质体系性，来解释法律规定具体含义的刑法解释方法。

（一）体系解释的基本情形

德国刑法解释学对于体系解释有较深入的论述。德国学者伯恩·魏德士指出：体系解释的基础是整个法律秩序，也就是大量有效的具体规范与所有法律部门的法律的总和形成一个统一体、一个"体系"，法律秩序应该是由协调的并且规范的价值标准所组成的有序的规范结构；通常只有了解法律规范在规范群、法典、部分领域或者在整个法律秩序中的地位，才能对规范内容进行切合实际的理解，在解决法律问题或者在判决具体纠纷的时候，民法、刑法和宪法的规范和原则通常必须联合起来适用，通常应当以内部无矛盾的、适用的法律（民法典、刑法典、商法典）的评价统一体为出发点；体系解释的概念，一方面用于对法律材料进行形式上的划分（如拥有各自部分领域的民法、功法、刑法），可称为外部的形式的程序体系，另一方面是按照人们追求的、协调的价值结构所形成的法律规范内部秩序，即菲利普·赫克所称的"内部体系"，它指的是实质性的序位排序、价值体系或者说是将整个法律秩序理解并解释为内部无矛盾的统一体或"意义整体"；对任何法律规范，只能按照它们在整个法律秩序的"内外体系"中的地位和功能切合实际地解释与适用；体系解释要注意三个层面，首先是具体规范存在于各自法律的上下文中，其次是必须考虑法律秩序中的其他法律，最后是具有远程影响的价值（主要是宪法的价值）发挥着显著的作用。[①] 此外，德国学者英格博格·普珀提出，体系解释的出发点有以下四个要素：一是无矛盾的要求，即法律不会自相矛盾，二是无赘言的要求，即法律不说多余的话；三是完整性的要求，即法律不允许规定漏洞；四是体系秩序的要求，即法律规定的编排都是有意义的。[②] 德国学者伯阳提出了体系解释的六个类型：(1) 如果某个法律章节的内容受其标题的限制，则该章节中的某项规定亦受此限制；(2) 如果法律在不同的地方采用相同的概念与规定，则应认为这些概念与规定实际上是一致的，有疑义时某项概念的内容则与另一处的相同；(3) 如果其他法律或规定中的表述含义不同，则应对讨论中的规定作出不同的解释；(4) 在某项法律规范或概念存有疑义时，对其做出的解释不应使得其他的某项规定成为多余；(5) 允许从法律所依赖的原则中得出结论。(6) 解释遇到难度较大的问题时，亦可考虑国外

[①] [德]伯恩·魏德士：《法理学》，丁小春、吴越译，法律出版社2003年版，第328—330、339页。

[②] 转引自张明楷《刑法份额的解释原理（上）》（第二版），中国人民大学出版社2011年版，第57页。

（比较法解释）。① 德国刑法学者关于体系解释的上述论述多数值得参考借鉴，少数论述略显片面，应当采取借鉴吸纳其合理成分、批判其不合理成分的态度来对待。例如，在立法存在体系性漏洞等不足时，就不应机械地坚持同一概念作出相同解释、不同概念作出不同解释这一体系解释规则，解释者必须结合其他解释方法（如补正解释等）进行合理解释。②

我国刑法解释学者所主张的体系解释方法基本上符合（或者是较大程度符合）德国刑法学者所阐释的体系解释上述原理。例如，李希慧教授指出，系统解释（即体系解释），是指联系整个刑法典、单行刑法、非刑法法律中刑法规范的相关规定，对刑法某一规定的用语的含义予以阐明的方法，简言之，就是将被解释对象置于刑法系统之中阐明其含义的方法。③ 再如徐岱教授认为，系统解释（即体系解释）是指运用系统论的方法，将需要解释的法律规范与其他法律规范联系起来，全面系统地分析法律规范的含义，避免断章取义地解释法律。④ 李国如博士认为，体系解释，又称为逻辑、系统解释，指以法律条文在法律体系上的地位，即以其编、章、节、条、款、项之前后关联位置，或相关法条之法意，阐明其规范意旨。⑤ 张明楷教授认为，体系解释，是指根据刑法条文在整个刑法中的地位，联系相关法条的含义，阐明其规范意旨的解释方法。⑥ 我国刑法学者关于体系解释的理解，总体上坚持了体系解释兼顾形式体系性和实质体系性的突出特点。

值得注意的是，我国部分民法学者对体系解释的理解有所不同，他们认为体系解释中的"体系"主要是（甚至只能是）指形式体系（外部体系），而不是指实质体系（内部体系）。例如，民法学者王利明教授认为，体系解释，也称为体系与逻辑解释、系统解释、整体解释和结构解

---

① 参见［德］伯阳《德国公法导论》，北京大学出版社 2008 年版，第 24—25 页。转引自张明楷：《刑法份额的解释原理（上）》（第二版），中国人民大学出版社 2011 年版，第 58 页。
② 参见张明楷《刑法份额的解释原理（上）》（第二版），中国人民大学出版社 2011 年版，第 57—59 页。
③ 李希慧：《刑法解释论》，中国人民公安大学出版社 1995 年版，第 121 页。
④ 徐岱：《刑法解释学基础理论建构》，法律出版社 2010 年版，第 129 页。
⑤ 李国如：《罪刑法定原则视野中的刑法解释》，中国方正出版社 2001 年版，第 180 页。
⑥ 张明楷：《刑法份额的解释原理（上）》（第二版），中国人民大学出版社 2011 年版，第 54 页。

释，它是指以法律条文在法律体系中的地位（依其编章条节项款的前后关联位置）或相关法条的法意，阐明法律条文含义的解释方法；体系解释中的"体系"是指外在体系，不包括内在体系，比德林斯基就主张"体系解释，法律规范的含义，可以通过法律的外在体系获得"；内在体系属于目的解释和文义解释的范畴，外在体系属于体系解释的范畴，但是体系解释与文义解释具有密切的联系，甚至在很多情况下难以区分，根据概念、条文在文本中所处的位置进行解释，既可能是文义解释，也可能是体系解释；通过体系解释可以减少和消除各个法律条款相互之间可能发生的冲突和矛盾，消除"体系违反"现象；但是，法律体系仅仅属于法律的外在形式，利用体系解释也不过是根据外在形式而解释法律，这就可能忽视法的实质目的和本义，因此体系解释有一定的局限性。[1] 民法学者梁慧星教授也认为，体系解释方法亦有其局限性，因为，法律体系仅属于法律之外在形式，运用体系解释方法，不可过分拘泥于形式而忽视法律之实质目的，因此，体系解释仅为方法之一，不可过分强调，应同时参酌其他解释因素以决定解释结论。[2] 我们认为，体系解释应当采用兼顾形式体系性和实质体系性的立场，这种立场有利于充分发挥体系解释的方法论功能，从形式体系性和实质体系性两个方面系统地论证法律解释结论合理性。

因此，体系解释既要注重根据法规范外在形式的编章节条款项的逻辑体系来系统解释法律，也要注重根据法规范内在实质的法秩序统一性的价值体系来系统解释法律，具体可分为以下三种基本情形：

1. 根据同一部法律之外在形式的编章节条款项的逻辑体系来系统解释法律

例如，《刑法》第 236 条之一（负有照护职责人员性侵罪）中"发生性关系"的解释，应结合该法条位于第 236 条之后、该法条第 2 款规定"有前款行为，同时又构成本法第二百三十六条之罪的，依照处罚较重的规定定罪处罚"等逻辑体系进行体系解释，将这里的"发生性关系"解

---

[1] 参见王利明《法律解释学导论——以民法为视角》（第 2 版），法律出版社 2017 年版，第 280—291 页。

[2] 参见梁慧星《民法解释学》，中国政法大学出版社 1995 年版，第 218—219 页。

释为"进行性交"以及以网络视频方式进行的虚拟性交。

2. 根据同一部法律之内在实质的法秩序统一性的价值体系来系统解释法律

例如,《刑法》第271条（职务侵占罪）中"将本单位财物非法占为己有"的解释,应结合该法条规定"公司、企业或者其他单位的工作人员,利用职务上的便利,将本单位财物非法占为己有,数额较大的"构成职务侵占罪的规定,以及《刑法》第183条规定"保险公司的工作人员利用职务上的便利,故意编造未曾发生的保险事故进行虚假理赔,骗取保险金归自己所有的,依照本法第二百七十一条的规定定罪处罚"的规定,确定职务侵占罪的实质违法性是"公司、企业或者其他单位的工作人员,利用职务上的便利,将本单位财物非法占为己有"的行为侵害了本单位财产所有权和职务行为人的职务廉洁性,从而将《刑法》第271条（职务侵占罪）中"将本单位财物非法占为己有"解释为包括采用"诈骗"等行为在内,因此可以得出以下解释结论：公司、企业或者其他单位的工作人员,利用职务上的便利,采用诈骗等方法将本单位财物非法占为己有,数额较大的行为,依法构成职务侵占罪,而不构成诈骗罪。

3. 根据国家法律体系以及不同部门法律之外在形式体系与内在实质的法秩序统一性的价值体系等法理逻辑来系统解释法律

即根据国家法律体系以及不同部门法律之外在形式的编章节条款项的逻辑体系、内在实质的法秩序统一性的价值体系等法理逻辑来系统解释法律。行政犯（法定犯）的刑法解释尤其需要注意运用体系解释,遵循法秩序统一性的价值体系判断。例如,《刑法》第225条（非法经营罪）中"违反国家规定""未经许可经营法律、行政法规规定的专营、专卖物品或者其他限制买卖的物品"的刑法解释,需要进行法律的形式体系和价值体系的审查,"国家规定""法律、行政法规"的解释认定必须符合《立法法》的明确规定,"违反国家规定""未经许可""经营""法律、行政法规规定的专营、专卖物品或者其他限制买卖的物品"等要素均必须进行形式的、实质的法律判断,才能得出有效的刑法解释结论。例如,获得烟草专卖许可证（零售）的行为人,擅自进行跨区域的、大批量的烟草经营活动的行为（批发）,就不能解释为《刑法》第 225 条规定的"非法经营行为",其法理在于形式的体系解释(即没有"违反国家规定",不属于"未经许可")以及实质的体系解释(没有违反行政法"许可即解除禁止"这种法秩序的实质价值判断),因此这种行为就不能被解释为"非法经营行为";至于行为人没有遵守"零售"的限制而改采"批发",其行为并没有违反行政法"许可即解除禁止"这种法秩序的实质价值,而仅仅属于违反部门规定或者地方规定(但不属于行政法上的违法行为),不构成行政法上的违法,从而不构成行政犯(法定犯)。

4. 根据法律效力体系(效力规则体系)来解释法律

在法律解释出现矛盾时,应当注意体系化地运用上位法优于下位法、特别法优于普通法、新法优于旧法、立法(文本)优于司法解释(文本)等原则来确定解释结论有效性。其中还应注意不同部门法对效力体系的特别规定,例如《刑法》第 12 条关于刑法的溯及力问题规定了从旧兼从轻原则,它也影响对相关法条的具体含义的解释。例如,《刑法》第 293 条"寻衅滋事行为"的解释,不但要注意在法秩序统一性的价值体系上同《刑法》第 293 条之一(催收非法债务罪)之间的协调,而且要注意从旧兼从轻原则能够"影响"特定情形下的体系解释:对于在 2021 年 3 月 1 日(即《刑法修正案(十一)》开始生效之日)之前发生的尚未审结的刑事案件,行为人针对非法债务的关系人实施的"随意殴打他人,情节恶劣的""追逐、拦截、辱骂、恐吓他人,情节恶劣的""强拿硬要或者任意损毁、占用公私财物,情节严重的"行为,均不能解释为《刑法》第 293 条规定的"寻衅滋事行为",而只能依据从旧兼从轻原则将这些行为解释为"催收非法债务罪"。

(二)体系解释的重要规则

体系解释的规则,主要包括以下十项内容:一是法律制度体系化的推定;二是清晰的规则应当优先于模糊的规则而适用;三是借助整体来理解个别;四是未定范围,即指全体;五是同类解释;六是明示其一,排斥其他;七是法律不作无意义的次序编排;八是例示性规定优先于概括性规定；九是例外规定应严格解释；十是法律无赘言。①

1. 法律制度体系化的推定

法律制度体系化的推定规则，又称为法律不会自相矛盾的规则，它是指解释者在进行法律解释时，应当推定法律制度是已经经过了体系化过程，形成了一个完整的、具有内在一致性的体系。② 因为只有推定法律制度的体系化，才具备进行体系解释的前提条件，法律解释应当遵循法律制度的统一体系，促进法律制度的统一性，防止出现类似案件不同处理的法律解释现象发生。"一个法律体系当中的所有法律规则应当尽可能不相互冲突，以为人类共同生活确立有效的秩序。"③ 基于法律制度体系化的推定，宪法作为国家根本大法，刑法和其他基本法律作为宪法的子法，共同构建起我国社会主义法律体系，整个法律制度应当保持协调一致性；刑法内部的法律规范之间、法律制度之间、总则与分则之间、总则条纹内部之间以及分则条文内部之间均保持协调一致，这是体系解释成为可能的解释方法的基本前提条件，也是体系解释应当成为一种解释方法的重要原因。当法律解释出现矛盾时，应当运用体系解释（以及补正解释等）消除矛盾，以得出符合法律体系要求的解释结论。

2. 清晰的规则应当优先于模糊的规则而适用

运用体系解释方法解释法律时，应注意在两个规则之间尽可能优先适用清晰的规则，而不是模糊的规则④，或者参照清晰的规则来解释模糊的规则。如果两个规则之间存在一般规定与特别规定的关系，则应当按照特别规定优于一般规定的规则进行解释适用。

3. 借助整体来理解个别

按照系统论的观点，整体（系统）是由"个别"（部分）有机整合而成的系统，"个别"（部分）是作为系统的整体的有机组成部分，整体

---

① 参见王利明《法律解释学导论——以民法为视角》（第 2 版），法律出版社 2017 年版，第 312—318 页。本书这里关于体系解释的规则的阐释，除特别声明出处之外的内容，均主要参考、引用了王利明教授该书的相关内容。特此说明，并向王利明教授致谢！

② 参见［德］Ingeborg Puppe《法学思维小学堂》，蔡圣伟译，（台北）元照出版有限公司 2010 年版，第 77 页。

③ ［德］齐佩利乌斯：《法学方法论》，金振豹译，法律出版社 2009 年版，第 126 页。

④ 参见黄异《法学方法》，（台北）元照出版有限公司 2009 年版，第 93 页。

与个别的关系是系统与部分的关系，应当根据系统论的观点来理解部分（个别），这是"借助整体来理解个别"的系统论观点。按照解释性循环论的观点，对整体的解释与对部分（个别）的解释应当结合起来进行解释并进行解释论循环，这是"借助整体来理解个别"的解释论观点。按照系统论、解释性循环论的观点，在法律解释中，解释者必须对法律整体（法律体系）有全面的理解，在此基础上才能妥当解释具体法律规定的含义，以避免断章取义等现象发生，这是体系解释的核心要义。借助整体来理解个别的规则，主要适用于以下两种情形：一是根据法律条文的具体位置和上下文联系形式来理解具体法律规定的含义；二是根据法律规范整体与部分的价值关系（实质）来理解具体法律规定的含义。

4. 未定范围，即指全体

如果法律对于其适用范围没有作出特殊规定，则应当理解为其属于一般法，可以适用于所有的主体、所有的事项、所有的地域；只有在法律有特别规定的情形下，才适用特别规定。这是"未定范围，即指全体"规则（法谚）的基本含义，也是体系解释的基本要求。

5. 同类解释

同类解释规则，是指如果法律上列举了具体的人、物、行为或者其他事项，然后将其归属于"一般性的类别"，那么，这种"一般性的类别"就应当与具体列举的人、物、行为或者其他事项属于同一类型。由于文义本身存在多义性，解释者应当从体系解释出发来对概念和术语进行同一的解释，将概念和术语置于特定语境中进行同一表述，以尽可能避免概念和术语含义的冲突并满足体系协调性的要求。

在体系解释语境下强调"同类解释"，这与前面在文义解释语境下强调"同一解释"形成对比，但是实际上，"同类解释"和"同一解释"的基本含义是大体一致的。如前所述，同一解释规则，又称为同类解释规则，是指同一概念在同一法律部门内部（乃至在不同法律部门之中）应当尽可能保持含义的一致性，应当原则上作同样的解释。

6. 明示其一，排斥其他

"明示其一，排斥其他"的规则，又可以简称为"明示排除其他"，是指法律文本明确规定了特定种类事项中的一种或者多种事项，可以理解为以默示的方式排除了同一类别中未被明确规定的其他事项。例如，

《刑法》第225条（非法经营罪）中"（一）未经许可经营法律、行政法规规定的专营、专卖物品或者其他限制买卖的物品"的解释适用，就排除了"法律、行政法规规定"许可经营物品之外的其他物品，即不包括地方性法规规定许可经营的物品、国务院内设职能部门（如国家工商行政管理部门等）规定许可经营的物品。

"明示排除其他"规则的适用应注意的问题是：（1）必须明确法律规定所进行的列举是封闭式列举还是开放式列举，只有在封闭式列举（完全列举、完备列举）的情况下才能适用本规则。（2）必须明确法律规定所进行的列举是"排他性"列举还是"示例性"列举，只有在"排他性"列举的情形下才能适用本规则，并禁止类推解释。例如，《刑法》第224条之一（组织、领导传销活动罪）中"组织、领导以推销商品、提供服务等经营活动为名"的解释适用，应当认为"组织、领导"是排他性列举（也是封闭性列举），应当适用"明示排除其他"规则，将"参加""协助"等行为排除（即"参加""协助"等行为不构成本罪）；而"以推销商品、提供服务等经营活动为名"则属于示例性列举，不能适用"明示排除其他"规则。但是，《刑法》第229条（提供虚假证明文件罪）"承担资产评估、验资、验证、会计、审计、法律服务、保荐、安全评价、环境影响评价、环境监测等职责的中介组织的人员故意提供虚假证明文件"，属于示例性列举（也属于开放式列举），不能排除其他承担中介服务职责的人员可以构成本罪，因而该法条的解释不能适用"明示排除其他"规则；《刑法》第236条（强奸罪）中"以暴力、胁迫或者其他手段强奸妇女的"则属于示例性列举（也属于开放式列举），不能说除暴力、胁迫外的其他手段都不构成强奸罪，因而该法条的解释不能适用"明示排除其他"规则。（3）必须进行实质的体系性解释，只有在法律未提及的事项符合立法规范目的时，才能将未提及的事项排斥在外。例如，《刑法》第270条第2款（侵占罪）中"将他人的遗忘物或者埋藏物非法占为己有"的解释适用，没有列举"遗失物"，这不符合刑法规范体系所确立的规范目的，不适用"明示排除其他"规则。关于侵占"遗失物"的刑法解释，解释论上有扩张解释说、区分不必要说、体系解释说等不同观点。① （4）必须注意封闭式列举与开放式列举的相对性，在某些情况下，相对于特定的事项是封闭式列举，而相对于其他事项又是开放式列举，也需要进行具体判断。如前所述，《刑法》第224条之一"组织、领导以推销商品、提供服务等经营活动为名"这一规定中，"组织、领导"是封闭性列举，而"以推销商品、提供服务等经营活动为名"则属于开放式列举，只能对封闭式列举适用"明示排除其他"规则。

7. 法律不作无意义的次序编排

"法律不作无意义的次序编排"规则，是推定法律体系合理性的延伸，也是体系解释的出发点。例如，《刑法》第20条（正当防卫）的规定有三款，第3款规定"对正在进行行凶、杀人、抢劫、强奸、绑架以及其他严重危及人身安全的暴力犯罪，采取防卫行为，造成不法侵害人伤亡的，不负刑事责任"（特别防卫权），按照体系解释"法律不作无意义的次序编排"规则，该款规定是紧随第1款、第2款之后的，应当注意结合前两款的规定进行体系解释：首先，特别防卫权必须在基本法理上同正当防卫权保持法秩序统一性，必须是"正当防卫"并且符合正当防卫的一般法理；其次，"以及其他严重危及人身安全的暴力犯罪"对于其前面列举的"行凶、杀人、抢劫、强奸、绑架"也有体系性制约的功能作用，例如"行凶"不能解释为一般意义上的行凶，而必须是"严重危及人身安全的暴力犯罪"意义上的行凶；再次，特别防卫权并不等于"无限防卫"，对于那些造成严重公共安全后果（如爆炸引起多人死伤等后果）的行为，仍然不能适用"不负刑事责任"的规定。再如，《刑法》第237条第1款规定"以暴力、胁迫或者其他方法强制猥亵他人或者侮辱妇女的"（强制猥亵、侮辱罪），第3款规定"猥亵儿童的"（猥亵儿童罪），根据体系解释"法律不作无意义的次序编排"规则，应当将该条第1款规定中"他人""妇女"分别解释为"除儿童外的他人""除儿童外的女性"，以此保持刑法解释结论的协调一致性（体系性）。

8. 例示性规定优先于概括性规定

例示性规定，是指法律通过具体列举的方式所作的规定。概括性规

---

① 参见魏东《侵占罪犯罪对象要素之解析检讨》，《中国刑事法杂志》2005年第5期。

定，是指法律通过不确定概念和一般条款所作的规定。"例示性规定优先于概括性规定"规则适用于以下这种情况：基于立法技术的考虑，立法者为了同时实现法律的可操作性和法律的适应性目标，同时作出了例示性规定和概括性规定①，在适用时应当优先适用例示性规定。例如，《刑法》第354条规定："容留他人吸食、注射毒品的，处三年以下有期徒刑、拘役或者管制，并处罚金。"《刑法》第357条规定："本法所称的毒品，是指鸦片、海洛因、甲基苯丙胺（冰毒）、吗啡、大麻、可卡因以及国家规定管制的其他能够使人形成瘾癖的麻醉药品和精神药品。"因此，在确定《刑法》第354条"毒品"的含义时，就应当按照《刑法》第357条的规定进行解释适用。

9. 例外规定应严格解释

法律在作出一般规定的同时，有时还要对例外情形作出特殊规定，对于这些特殊规定的解释适用，通常应当进行严格解释，不能随意进行扩张解释，禁止进行类推解释，这就是法谚"例外规定应严格解释"的基本含义。例如，《刑法》第21条第3款规定"第一款中关于避免本人危险的规定，不适用于职务上、业务上负有特定职责的人"的解释适用，意味着"职务上、业务上负有特定职责的人"，即使在无法排除和避免正在发生的危险时，也不能进行紧急避险，他们必须依据自己特定义务积极地履行自己的职责，同一定的危险作斗争，例如，面对战死沙场的危险，军人仍然必须服从命令参加战斗；面对被熊熊烈火烧伤的危险，消防队员必须奋力救火；面对坠机的危险，民航客机机组成员仍然必须坚守岗位，不能率先逃生。这里，对于"职务上、业务上负有特定职责的人"必须严格解释，不能将"职务上、业务上负有特定职责的人"宽泛地解释为具有职务或者从事业务的人。因此，即使行为人具有一定的职务或者从事一定的业务，只要其不负有特定的职责，其就可以为避免本人的危险进行紧急避险。②"例外规定应严格解释"规则可以说是体系解释的基本要求。

---

① 参见黄异《法学方法》，（台北）元照出版有限公司2009年版，第93页。

② 参见《刑法学》编写组《刑法学（上册·总论）》，高等教育出版社2019年版，第204页。

10. 法律无赘言

"法律无赘言"规则，同法谚"文句应作有效之理解"，本身是法律体系合理性的要求①，也是法律的体系解释的要求。解释者在进行体系解释时，应当避免某一法律规范无任何适用对象的现象发生，所得出的解释结论应当是系统解释各个法律规则的结果，该解释结论不应当使部分法律条文失去意义而成为具文。例如，《刑法》第 270 条第 1 款规定"将代为保管的他人财物非法占为己有，数额较大，拒不退还的"，第 2 款规定"将他人的遗忘物或者埋藏物非法占为己有，数额较大，拒不交出的"，刑法解释论上对其中"非法占为己有"与"拒不退还""拒不交出"之间的关系问题出现了较大争议，部分学者认为，"非法占为己有"的含义已经包含了"拒不退还""拒不交出"（包容说），或者说"拒不退还""拒不交出"只是进一步补充强调和印证了"非法占为己有"这一事实（印证说），因此只需要规定"非法占为己有"即可，"拒不退还""拒不交出"显属多余；另有部分学者认为，"非法占为己有"与"拒不退还""拒不交出"之间是并列关系（并列说），必须同时具备才能构成侵占罪，如果行为人在被要求退还或者交出时不存在"拒不退还""拒不交出"的行为，则不能成立侵占罪。我们赞同并列说，这是体系解释"法律无赘言"规则的要求和体现。②

但是，也有学者认为，"法律无赘言"规则的要求是难以全面贯彻的一个要求，因为刑法是有人起草的，起草者也会犯错误，法律文本的规定中完全可能出现多余的表述。③ 有的刑法条文所表述的罪状或规定的要素，表面上看是一种并列关系，分则条文甚至使用"或者"一词表示了选择关系，但实际上，条文所并列规定的几种罪状或者要素之间，是一种包容关系，即其中一种行为包含了另一种行为，在这种情况下，关键在于理解包容的要素，即只要理解了包容的要素，被包容的要素便迎刃而解了。例如，《刑法》第 128 条第 1 款规定"违反枪支管理规定，非法

---

① 参见［德］Ingeborg Puppe《法学思维小学堂》，蔡圣伟译，（台北）元照出版有限公司 2010 年版，第 84 页。

② 参见魏东《刑法分则解释论要》，北京大学出版社 2020 年版，第 179—180 页。

③ 参见张明楷《刑法份额的解释原理（上）》（第二版），中国人民大学出版社 2011 年版，第 57 页。

持有、私藏枪支弹药的",其中"私藏"只是"持有"的一种表现形式,或者说"持有"概念包含了"私藏"概念;再如,《刑法》第237条规定中"强制猥亵"概念包含了"侮辱妇女"概念,第238条规定中"非法剥夺他人人身自由"包含了"非法拘禁""扣押",第239条规定中"绑架他人作为人质"包含了"以勒索财物为目的绑架他人",这些重复性规定都值得商榷,都不宜以"法律无赘言"规则来对这些具有包容与被包容关系的法律规定进行区分和生硬解释。①

二 历史解释

历史解释,又称为沿革解释、法意解释,是指根据立法过程和立法资料等因素探求立法目的和意旨,从而释明法律文本规定的含义。

德国学者魏德士认为:(1)历史解释力图从法律规定产生时的上下文中确定规范要求的内容和规范目的,历史解释的目的在于重建立法者赋予法律规范的意义和目的,只有弄清楚了对规范颁布具有决定性意义并且决定着最初具有约束力的要求内容的动机、价值标准和规范目的,才能在有疑问的情况下确保达到安定性。(2)历史解释所涉及的考量因素包括:历史—社会的上下文,导致立法的社会利益、冲突状况和目的观;思想史和信条史的上下文,必须注意酝酿和表达立法时所处的、概念史和信条史的初始状态;立法的调整意旨,即要查明立法的法政策上的意图和调控目标,他们决定性地影响着立法过程的表达以及法政策的贯彻,这是核心目标。(3)查明历史的规范目的具有特别意义,因为规范调整目的的产生历史常常能够给出较文义或体系地位更加可靠的答案,历史解释可以作为限制解释和法律续造的工具,历史解释最终证明是具有决定性意义的方法可靠性的标准。(4)反对历史解释的观点认为,对唯一的立法者的统一意志的设想来自绝对化的思想传统,并认为这种思想传统是不现实的,产生历史以及历史的规范目的常常不能充分准确地

---

① 参见张明楷《刑法分则的解释原理(下)》(第二版),中国人民大学出版社2011年版,第758—774页。

查明。①

我国学者对历史解释主要有两种理解（两种立场）：

一种理解认为，历史解释是主观解释论的特有立场，只适用于主观解释。例如，王利明教授认为：（1）历史解释既是探求立法意旨的一种方法，也是确定文本真实含义的一种有效的方式。（2）历史解释的特点表现为三个方面：一是借助于历史资料所进行的解释；二是旨在探求立法者在立法时的意思；三是通过探明立法者的真意来阐明文本的含义。（3）历史解释的功能主要有两个方面：一是探求历史上的立法者真意，从而确定法律文本的含义；二是通过探究历史上的立法者真意，确定是否存在法律漏洞。（4）历史解释的局限性主要表现为四个方面：一是立法资料的获取比较困难；二是立法者真意的探求比较困难；三是法律颁布时间的长短对历史解释影响较大，法律颁行的时间越久远则历史解释的价值就越低，法律颁行的时间越短暂则历史解释的价值就越高；四是立法者真意可能不符合现实的需要。（5）历史解释需要考虑的因素，包括法律本身的演进历史、立法草案的说明、立法过程中的相关资料、立法当时的社会环境等。（6）历史解释应当遵循的规则，包括注重立法历史、尊重历史上立法者的意思、采用多种方式对历史解释得出的结论予以论证。②

另一种理解认为，历史解释既是主观解释论的立场，又是客观解释论的立场，历史解释可以同时适用于主观解释和客观解释。例如，梁慧星教授认为：历史解释（法意解释）与解释目标相关，而法律解释学上关于解释目标存在主观解释论与客观解释论的对立，主观说主张法律解释之目标在于探求立法者于立法当时的主观意思，客观说主张法律解释之目标在于探求法律所具有的合理意思，19世纪主观说占支配地位，20世纪客观说居于通说地位；因此，当今时代的历史解释是探求法律于当下所应有的合理意思（而不是探求历史上的立法者于立法当时的主观意

---

① ［德］伯恩·魏德士：《法理学》，丁小春、吴越译，法律出版社2003年版，第340—345页。

② 参见王利明《法律解释学导论——以民法为视角》（第2版），法律出版社2017年版，第409—432页。

思），在作历史解释时，一切立法资料只是解释法律之参考资料，必须依社会现有观念，对立法资料予以评估，进行价值判断，以发现法律客观的规范意旨。①

本书认为，历史解释对于主观解释和客观解释均具有重要意义，一方面，应当承认历史解释强调从立法过程的考察出发探求立法者在立法当时所力图赋予成文法的立法目的和意旨（主观解释论立场、主观说立场）；另一方面，历史解释有助于探求不同历史条件下法律所具有的合理意思，包括探求立法者在立法当时所追求的法律的规范目的和法律真意（主观说立场），也包括适当限定解释者在解释适用法律时所探求的法律的规范目的和法律真意（客观说立场）。换言之，应当全面确认历史解释与解释目标之间的相关性，历史解释的主要任务是探求法律于当下所应有的合理意思（而不是探求历史上的立法者于立法当时的主观意思），同时必须依社会现有观念对立法资料、立法者意思予以评估和价值判断，承认立法者意思对于立法客观意思的判断具有适当的参考价值和限定作用，以发现法律客观且合理的规范意旨。

三　目的解释

目的解释，是指根据法律规范目的来解释法律的方法。因此，刑法的目的解释，又称为刑法的目的论解释，是指根据刑法规范保障人权和维护秩序的双重目的的指引，阐明刑法条文的具体含义的解释方法。

目的解释首见于德国学者耶林于1877年出版的《法的目的》一书之中，认为法律乃是人类意志的产物，有一定目的，故解释法律，必先了解法律所欲实现何种目的，以此为出发点加以解释，方能得其要领，目的为解释法律之最高准则，自此以后，目的解释遂成为法律解释的重要方法。② 德国学者认为，目的解释在今日是"解释的王冠"③

---

① 参见梁慧星《民法解释学》，中国政法大学出版社1995年版，第219—220页。
② 参见梁慧星《民法解释学》，中国政法大学出版社1995年版，第226页。
③ ［德］Ingeborg Puppe：《法学思维小学堂》，蔡圣伟译，（台北）元照出版有限公司2010年版，第96页。

"桂冠"[1];中国学者认为,目的解释可以成为解释方法上的瑰宝[2]、"基本指导原则"和"最高准则"[3]。

目的解释之目的(法律规范目的)是指什么?对此,有的学者(例如杨仁寿)认为是仅指某法之整个目的,有的学者(例如王泽鉴)认为是指既包括法律之整个目的,又包括个别法条和个别制度之规范目的,现在后者的见解越来越更具有合理性和说服力。[4]

刑法的目的解释,强调根据法律规范目的来解释刑法规定的具体含义,必须注意协调好刑法的目的解释与罪刑法定原则和刑法谦抑性等的关系。德国学者魏德士认为,通常情况下,规范目的是一切解释的重要目标,在解释目标(规范目的)与规范条文之间出现矛盾关系时则可识别的规范目的通常占据优先地位,但是应当注意"稍微不同的是刑法或公法根据对公民的信赖保护所作的解释",并且"规范目的是首要的,但不是最后和最终的解释目标"。"当规范所调整的素材的事实结构或者整个法律秩序的评价标准(=体系解释)已经改变时,就必须检验历史的规范目的是否仍然具有重要意义"[5]。

目的解释具有一些很特殊的功能,例如,通过发现立法目的和立法意旨来确定妥当的解释结论,贯彻立法目的和立法意旨,探求法律文本的含义,充分发挥解释者的能动性,为漏洞填补和价值补充提供借鉴,验证其他解释方法得出的结论等;但是应注意,目的解释也具有一定局限性,例如,目的解释中"目的"的确定难免介入解释者的主观因素,解释者很可能超越文本的可能含义而以其主观目的来代替文本的含义,因此目的解释潜藏着主观随意的价值判断并损害法的安定性价值等危险,这可以说是目的解释的局限性;因此,目的解释应当遵守一些特定的规

---

[1] [德]汉斯·海因里希·耶塞克、托马斯·魏根特:《德国刑法教科书》,徐久生译,中国法制出版社2001年版,第193页。该书指出"解释方法的桂冠当属于目的论之解释方法……其他的解释方法只不过是人们接近法律意思的特殊途径"。

[2] 参见王利明《法律解释学导论——以民法为视角》(第2版),法律出版社2017年版,第366页。

[3] 梁慧星:《民法解释学》,中国政法大学出版社1995年版,第65页。

[4] 参见梁慧星《民法解释学》,中国政法大学出版社1995年版,第227页;李希慧《刑法解释论》,中国人民公安大学出版社1995年版,第129页。

[5] [德]伯恩·魏德士:《法理学》,丁小春、吴越译,法律出版社2003年版,第322页。

则，例如，立法者意图的阐释最大化，考虑法律规则的特定目的，将省略之规定视为故意省略，"法律不作区分，则解释不必作出区分"，尽量作有效解释，发展性规则（主要指目的解释要适应社会生活和法律规范目的的发展性）等。①

四 当然解释

刑法的当然解释，又称为自然解释、勿论解释，是指根据刑法规定的当然逻辑来推导阐释刑法规定的具体含义的解释方法。我国《唐律·名例篇》明确规定了当然解释（经典表达方式）："诸断罪而无正条，其应出罪者，则举重以明轻；其应入罪者，则举轻以明重。"②

当然解释中的当然逻辑，包括当然的形式逻辑、当然的事理逻辑。当然的形式逻辑，亦即形式逻辑上的当然道理，是指从逻辑上看，刑法规定所使用的概念当然包含被解释的概念，二者之间存在着属种关系，例如将小轿车解释为刑法规定中的"机动车"就属于当然解释（因为"机动车""小轿车"之间具有属种关系）。再如《刑法》第236条"二人以上轮奸的"，其含义当然包括"三人轮奸的"情形。当然的事理逻辑，亦即事物属性上的当然逻辑，在刑法上特指出入罪两种情形下当然的事理逻辑，一是"其应出罪者，则举重以明轻"，二是"其应入罪者，则举轻以明重"。我国有学者用"当然道理"来概括当然解释中当然的事理逻辑，认为刑法的当然解释"蕴含了在出罪时举重以明轻、在入罪时举轻以明重的当然道理"③。

但是应注意，不加限制地、一般性地主张"在入罪时举轻以明重"这种立场，可能存在过度实质化、超规范化和类型模糊化的疑问，可能违背罪刑法定原则，应当谨慎地注意审查犯罪行为定型的特别规则。④ 我国有学者指出，所谓举轻以明重，是指刑法对某一事项未有明确规定，

---

① 参见王利明《法律解释学导论——以民法为视角》（第2版），法律出版社2017年版，第366—370、385—387页。
② 《唐律疏议》，中华书局1983年版，第134页。
③ 参见张明楷《罪刑法定与刑法解释》，北京大学出版社2009年版，第138页。
④ 参见魏东《刑法分则解释论要》，北京大学出版社2020年版，第68页。

但该事项与刑法明确规定的事项具有同样的属性且程度更为严重，因而当然适用刑法明确规定的事项。这里所强调的是，并非凡与刑法明确规定的事项具有同样的属性且更为严重的刑法未明确规定的事项都可以当然适用刑法明确规定的事项的，这种当然适用、当然解释应当限制在刑法未明确规定的更为严重的事项是由刑法明确规定的事项发展而生的范围内。但是，如果不将"举轻以明重"的当然道理局限在刑法未明确规定的事项与刑法明确规定的事项之间具有发展关系的范围内，就无疑会导致当然解释的滥用，从而造成对刑法的恣意解释，最终破坏罪刑法定原则。[1] 例如，《刑法》第227条第2款规定了"倒卖车票、船票"，能否以举轻以明重的当然解释的方法将倒卖飞机票的行为解释为"倒卖车票、船票"？对此，答案显然是否定的，理由就在于车票、船票的概念不能包含飞机票，超出了文义解释的合法性底线，同时也不符合当然解释的要求，因为当然解释应当限制在刑法未明确规定的更为严重的事项是由刑法明确规定的事项发展而生的范围内。再如，《刑法》第263条规定的"冒充军警人员抢劫"，能否以举轻以明重的当然解释的方法将真正的军警人员抢劫的行为解释为"冒充军警人员抢劫"？对此，我国有学者认为可以，并且认为这是"根据举轻以明重的当然解释原理"所得出的解释结论，对真正的军警人员抢劫适用"冒充军警人员抢劫"的规定，这种解释结论"具有实质的合理性"[2]。但是我们认为，这里误用了当然解释方法，因为当然解释应当限制在刑法未明确规定的更为严重的事项是由刑法明确规定的事项发展而生的范围内，真正的军警人员抢劫这一事项（刑法未明确规定其是否属于加重法定刑情节）难说就是由"冒充军警人员抢劫"发展而生的范围内的事项，并且这种解释结论也超出了文义解释的合法性底线，因此这种解释结论不能成立。

当然，在出罪场合下"举重以明轻"的当然解释是需要其他限制条件的。所谓举重以明轻，是指如果刑法明确规定损害更为严重的行为不构成犯罪，或者虽然构成犯罪但减轻处罚，那么，性质相同或者相似且

---

[1] 参见李希慧《刑法解释论》，中国人民公安大学出版社1995年版，第117—118页。
[2] 参见张明楷《刑法分则的解释原理（上）》（第二版），中国人民大学出版社2011年版，第67页。

损害更加轻微的法无明文规定的行为，也就当然地适用该刑法规定，不按犯罪处理或者在构成犯罪时减轻处罚。

五　反对解释

反对解释，又称为反面解释、反面推论、反向推论，是指根据刑法条文的正面表述，推导出其反面含义的解释方法。反对解释的逻辑前提是，刑法条文已从正面规定了引起某一法律效果的全部条件（充分必要条件）或者必要条件。例如，《刑法》第201条第4款规定"有第一款行为，经税务机关依法下达追缴通知后，补缴应纳税款，缴纳滞纳金，已受行政处罚的，不予追究刑事责任；但是，五年内因逃避缴纳税款受过刑事处罚或者被税务机关给予二次以上行政处罚的除外"，对此，可以得出如下反对解释结论：有第一款行为，经税务机关依法下达追缴通知后，不补缴应纳税款，不缴纳滞纳金，没有实际受到行政处罚的，应予追究刑事责任。

如果刑法规定不具备上述逻辑前提，例如法条所确定的条件只是法律效果的充分条件（而不是充分必要条件或者必要条件），则不得进行反对解释。例如，《刑法》第253条之一第3款规定"窃取或者以其他方法非法获取公民个人信息的，依照第一款的规定处罚"，对此不得作出如下反对解释："没有窃取或者以其他方法非法获取公民个人信息的，不得依照第一款的规定处罚。"因为，即使没有实施"窃取或者以其他方法非法获取公民个人信息的"行为，但是实施了"违反国家有关规定，向他人出售或者提供公民个人信息，情节严重的"行为，仍然可以构成侵犯公民个人信息罪。

法律解释学认为，反对解释的特殊性在于其具有比较严格的适用条件、比较特殊的适用规则、比较独特的功能价值等，即：（1）反对解释的适用条件，主要有三点：第一，构成要件是法律效果的必要条件或充分必要条件，符合逻辑推论的要求，第二，所要解释的法条必须是确定的法律规范，并且法律规范的适用范围和法律后果具有封闭性，第三，反对解释必须不违反法律的规定，在公法领域适用"法无明文允许则为禁止"，而在私法领域适用"法无明文禁止即为允许"，因此在公法领域进行反对解释的可能性较小，而在私法领域进行反对解释的空间比较大①；（2）反对解释的适用规则，主要有三个：一是非此即彼的推论规则，二是例示性规定不适用反对解释的规则，三是开放性规定不适用反对解释的规则②；（3）反对解释的独特功能价值，在于其不过是一种"拒绝类推"的表示③，以及其从反面揭示刑法规定不适用之情况，使其含义更加明晰，从而更有利于刑法规定的正确适用。④

六 补正解释

补正解释，是指根据法秩序统一性、立法规范目的性和体系性等法教义学原理，对刑法条文中的个别规定及其应有含义加以适当补正的解释方法。可见，补正解释只是"个别"特殊情形下的"适当"补正，而不能成为普遍存在形式的、过度的补充。我国有学者指出：刑法学中的补正解释的核心解释在于"正"，而不是在于"补"，即刑法学中的补正解释的核心，在于纠正刑法的文字表述错误与体系安排错误，以阐明法条的真实含义，而不是将刑法没有明文规定的"犯罪"补充解释为犯罪，否则便违反罪刑法定原则。⑤

根据补正解释所涉及的内容特点，补正解释可以分为以下两种情形：（1）直接影响定罪量刑的补正解释。这种直接影响定罪量刑的补正解释还可以进一步细分为以下几种情况：一是倾向于扩大犯罪范围与刑罚量的补正解释，由于事关罪刑法定原则和刑法解释合法性，因此这种情形下的补正解释必须特别谨慎；二是倾向于缩小犯罪范围与刑罚量的补正解释；三是多维影响定罪量刑的补正解释。例如，《刑法》第323条规定

---

① 参见王文胜、周晓晨《重构法律解释学中的反面解释》，载王利明主编《判解研究》2007年第6辑（总第38辑），人民法院出版社2008年版，第157—179页。
② 参见王利明《法律解释学导论——以民法为视角》（第2版），法律出版社2017年版，第340—343、352—353页。
③ 参见［德］Ingeborg Puppe《法学思维小学堂》，蔡圣伟译，（台北）元照出版有限公司2010年版，第121—122页。
④ 参见李希慧《刑法解释论》，中国人民公安大学出版社1995年版，第121页。
⑤ 参见张明楷《刑法分则的解释原理（上）》（第二版），中国人民大学出版社2011年版，第108页。

的"永久性测量标志"(即破坏永久性测量标志罪的犯罪对象),破坏永久性测量标志罪虽然规定在"妨害国(边)境管理罪"一节中,但是并不属于妨害国(边)境管理的犯罪,永久性测量标志也不限于"国家边境的永久性测量标志",这便是对破坏永久性测量标志罪的补正解释,并且就本罪而言,对犯罪性质的补正解释的结果是扩大了本罪的处罚范围;再如,《刑法》第301条规定的聚众淫乱罪,应强调该罪必须具有扰乱公共秩序性并具有某种程度的公然性,而不能认为三人以上聚集起来实施淫乱活动的行为一律构成本罪,由此适当补正并缩小本罪的成立范围;《刑法》第301条规定的引诱未成年人聚众淫乱罪,即"引诱未成年人参加聚众淫乱活动的",尽管本罪本来规定于扰乱公共秩序罪之中,但是刑法理论应当将本罪补正解释为对个人法益的犯罪,由此决定了对本罪中的"参加"应作广义解释,不要求引诱未成年人实际从事淫乱活动,引诱未成年人观看他人从事淫乱活动的,也成立本罪;本罪中的聚众淫乱活动不要求具有公然性,换言之,引诱未成年人参加秘密聚众淫乱活动的,也可以成立本罪。[①] (2)非直接影响定罪量刑的补正解释。例如,《刑法》第191条第1款中"没收实施以上犯罪的所得及其产生的收益",这里"没收"概念的使用存在明显错误(背离了《刑法》第64条的规定),应对这里的"没收"解释为"没收或者返还被害人",以使其符合立法目的和刑法的整体规定[②],但是这里的"没收"概念的解释并不直接影响定罪量刑。

七 比较解释

比较解释,是指根据比较法原理来阐明刑法规定的具体含义的解释方法,具体是指在解释刑法的某项规定时,将刑法的其他相关规定或者外国立法例作为参照资料,借以阐明该项规定含义的解释方法。

[①] 参见张明楷《刑法分则的解释原理(上)》(第二版),中国人民大学出版社2011年版,第106—108页。

[②] 参见张明楷《刑法分则的解释原理(上)》(第二版),中国人民大学出版社2011年版,第105页。

比较解释的具体表现形式有两种：

一是将刑法的某一规定与其他相关规定进行比较，即将其他规定作为一项参照因素，以阐明所欲解释的刑法规定的具体含义。例如，我国《刑法》第271条规定"公司、企业或者其他单位的工作人员，利用职务上的便利，将本单位财物非法占为己有"，这是职务侵占行为定型的法律规定，那么，对职务侵占行为定型的解释应当限定为（单位人员）利用职务上和业务上（劳务上）的便利，以侵吞、窃取、骗取和其他方法将本单位财物非法占为己有的行为。关于职务侵占行为定型的这一解释结论，应当说同贪污罪之贪污行为定型的解释结论是基本一致的，即贪污行为定型的刑法解释结论应当遵从《刑法》第382条规定的（国家工作人员）"利用职务上的便利，侵吞、窃取、骗取或者以其他手段非法占有公共财物"的立法文义，采用"综合手段说"是当然结论。这种解释方法可谓借鉴贪污罪的行为定型论来对职务侵占罪的行为定型作出的比较解释。

二是将刑法的某一规定与外国刑法的有关规定进行比较，即将外国刑法中的规定作为参照因素，以阐明所欲解释的刑法规定的具体含义。例如，我国《刑法》第264条"盗窃公私财物"的刑法解释，我国有学者认为："盗窃"的含义是平和取得他人控制占有的财物，而不要求行为具有秘密窃取的性质，德国和日本的刑法理论都不要求盗窃行为具有秘密性，这一解释结论的得出运用了比较解释的结果。而反对这一解释结论的学者指出，德国和日本的刑法并没有规定抢夺罪，而是视抢夺的不同情形分别认定为盗窃罪与抢劫罪，正因为我国刑法规定了抢夺罪，所以才要求（我国刑法中的）盗窃罪具有秘密性。这也说明，在进行比较解释时，不可忽视中外刑法在实质、内容、体例上的差异，不能只看文字上的表述与犯罪的名称，而应注意规定某种犯罪的条文在刑法体系中的地位，从而了解相同用语在不同国家的刑法中所具有的不同含义。[1]

---

[1] 参见张明楷《刑法分则的解释原理（上）》（第二版），中国人民大学出版社2011年版，第76页。

八 扩张解释与限缩解释

扩张解释和限缩解释，相互之间具有较强的相关性，可以放在一起来论述。首先，扩张解释和限缩解释都是在可能的文义范围内进行解释，因此它们都是狭义的法律解释方法。这一点很重要，表明扩张解释和限缩解释是与"目的性扩张""目的性限缩"不同的，因为后者（即"目的性扩张""目的性限缩"）超出了可能文义的范围，或者说已经超出了法条的"文意的可能射程范围"，进入了漏洞填补、类推解释的领域。根据罪刑法定原则，刑法的扩张解释和限缩解释是具有合法性的；但是，"目的性扩张""目的性限缩"在不利于行为人的场合（即在倾向于入罪或者重罚的场合）都是公然违法的做法，即违反违背罪刑法定原则。其次，扩张解释和限缩解释都要遵守一些相同的解释规则，如尊重立法目的规则，以文本为基础的规则，为个人创设负担的规范应作严格解释、为个人创设权利的规范要作扩张解释的规则，例外应作严格解释的规则。[①] 再次，限制解释和扩张解释虽然是两种相反的解释方法，但是，在刑法解释中并不排除对同一法律规定的同一用语同时采用这两种解释方法进行解释。[②] 最后，扩张解释和限缩解释在形式上看是相互对立的两个解释倾向，但是在实质上看却既有可能是不同的解释倾向，又有可能是相同的解释倾向。例如，刑法条文多数都是直接规定犯罪的成立条件和处罚条件的，因此，扩张解释通常都表现出扩张处罚范围（包括扩张入罪范围和扩张重罚范围）的倾向，而限缩解释通常都表现出缩小处罚范围的倾向，这是两种不同的解释倾向。但是，有的刑法条文规定的是消极的构成要件或者是有利于从宽处罚的情节，这种情况下的扩张解释（在实质上）反而具有缩小处罚范围的倾向，而这种情况下的限缩解释（在实质上）却具有扩张处罚范围的倾向。因此，在扩张解释和限缩解释的具体运用中，必须结合立法目的、立法意图和案情事实等因素的综合

[①] 参见王利明《法律解释学导论——以民法为视角》（第2版），法律出版社2017年版，第405—407页。

[②] 参见李希慧《刑法解释论》，中国人民公安大学出版社1995年版，第116页。

考虑，具体审查刑法解释所针对的事项本身的性质来确定扩张解释还是限缩解释。

（一）扩张解释

扩张解释，又称为扩大解释、扩充解释，是指根据立法规范目的、刑事政策理性和社会现实发展需要等因素的综合考量来阐明刑法规定的具体含义时，将刑法规定的具体含义扩大到比通常的字面含义更广泛的语义。刑法的扩张解释主要有三种具体表现形式：一是行为对象扩张，二是行为方法扩张，三是行为主体扩张。扩张解释不能超出刑法规定用语的可能含义、可能文义或者文义的"射程"（日本学者碧海纯一之语），否则就可能滑入任意的扩张解释、扩张解释的泛化或者类推解释的泥潭。[①] 例如，《刑法》第133条之一"在道路上驾驶机动车"的解释中，根据立法规范目的可以将"在道路上"作出扩大解释，除机动车通行的各种普通公路、高速公路外，开放的娱乐广场、停车站等均可以解释为"在道路上"，这是对行为方法（具体是行为地域范围）的扩张解释。

扩张解释的理解适用中，应谨慎区分扩张解释与类推解释的界限。[②]

首先，类推解释的含义是什么？

对此，学者对类推解释的定义有：类推解释是超出法律条文规定的原有意义的范围，运用类推的方法进行的解释，使该条文能适用于相类似的事物或事项。[③] 或者是指对刑法分则中没有明文规定的事项，可以通过类比推理，援引最相类似的条文加以解释的一种方法。并且类推与类推解释联系密切，类推解释是适用类推的必要方法，类推适用离不开类推解释。[④] 或者是指对法律规定不明确或法律无明文规定之事项，就刑法中最相类似的事项加以解释的方法。[⑤] 或者是指在需要判断的具体事实和

[①] 参见李希慧《刑法解释论》，中国人民公安大学出版社1995年版，第110—113页。
[②] 参见魏东、田馨睿《刑法解释方法：争议与检讨》，载《刑法论丛》2018年第3卷（总第55卷）。
[③] 何秉松主编：《刑法教程》，法律出版社1987年版，第16页。
[④] 利子平：《试论刑法中之类推与扩张解释》，《南昌大学学报》1988年第3期。
[⑤] 王勇：《定罪导论》，中国人民大学出版社1990年版，第201页。

法律规定的要件之间基本相似之时，将后者的法律效果适用于前者的解释。① 或者是指凡是超出法律条文原来普通语言意思界限，运用类推方法作出的解释。② 或者是指对刑法条文没有明确规定的除行为之外的事项，比照最相类似的条文规定的相关事项，作超出该含义范围而推论适用的解释。③ 或者是指对法律无明文规定的事实，援引相类似的条文而作出的超出该条原意范围的类比阐明。④

可见，学界对类推（解释）的定义分歧较大。一是多数定义认为类推（解释）的对象为"法律条文无明确规定的事项"，少数定义包括"不明确的事项"或者不定义对象。笔者认为应当为"法律条文无明确规定的事项"。"不明确的事项"是所有解释的对象，但类推（解释）与此相比应当是有着本质上的区别。二是关于"类推"一词的含义，有"类比推理""比照最相类似""超出语言含义（法条原意或语言普通意思）"等。关于语言含义的范围，笔者认为参照上文扩张解释中区分文字的通常含义、可能的含义以及不可能的含义的方式，应当限定为"可能含义"。即类推是对法律条文无明确规定的事项比照最相类似的条文适用，并且这种适用超出了被比照条文文字的可能含义。

其次，关于类推、类推解释、类推思维方式的区别是什么？

随着研究的深入，学界逐步认识到类推、类推解释、类推思维方式等之间是有区别的。首先，类推思维方式是法律自身的内在逻辑。将作为事实的内容与法条结合在一起的"涵摄"，所谓大前提、小前提到结果的过程本身就是类推的过程。"刑事立法构建类型或典型事实，本身即具有类推的性格。"⑤ 法律拟制也是一种类推，但是因为其是以法定的方式出现，因此是合法有效的。同时，刑法中兜底条款的适用也是类推。例如"以放火、投放危险物质、决水或其他方法……""暴力、胁迫或其他

---

① 张明楷：《刑法学》，法律出版社2007年版，第48页；黎宏：《"禁止类推解释"之质疑》，载《法学评论》2008年第5期。
② 何秉松主编：《刑法教科书》，中国法制出版社1993年版，第41页。
③ 陈泽宪：《刑法修改中的罪刑法定问题》，《法学研究》1996年第6期。
④ 薛瑞麟：《论刑法中的类推解释》，《中国法学》1995年第3期。
⑤ 邓多文：《论刑法的合理解释》，博士学位论文，西南政法大学，2010年，第147—148页。

方法",这里的其他方法,就是比照前者的一种类推。以上三种是作为法律思维方式的被允许的类推。因此,作为一种法律思维的基本模式,类推是不可避免的,因此也是无法禁止的。刑法解释中要禁止的不是作为思维方式和思维规律之一的类推方法,而是创制法条的类推适用。①

关于法律解释与类推的关系问题。有学者认为,法律解释的过程即为类推。"从解释的概念到涵摄的过程,解释无不表现出类推的因素与类推的过程。二者具有一致性、统一性,并没有本质差异和根本区别。""刑法解释是刑法规范与案件事实之间的类推过程。……规范类推与价值类推相互贯穿、彼此渗透"②"法本来就带有类推的性质,法律解释与类推间并不具有本质上的区别。"③ 如果上述观点成立,区分解释与类推就没有了意义。有学者进一步认为,类推解释具有实质上的正义性与合理性,传统的罪刑法定主义及禁止类推是法治口号下的"一个美丽的乌托邦",类推是法学无法回避的思维类型,禁止类推主要是由于类推解释具有强大的修辞功能以及人们对国家权力的忌惮和防范。④ 相反,也有学者反对将类推解释和类推思维、法律解释与类推相混淆。陈金钊认为,类推与法律推理密切相关,法律推理是直接适用法律的方法,当出现法律意义不清时,法律推理就难以应对,必须借助法律解释。而类推是法律推理的一种而非法律解释。⑤ 陈兴良认为,刑法解释中的类比解释与类推解释并不相同,这取决于类型化的程度是否能够涵摄于法条的文义之中。"在类比解释的情况下,这种类似性是一种强类似,即相同大于相异,因而可以根据事物之本质将其归入某一概念或者类型之中。而在类推推理的情况下,这种类似性是一种弱类似,即相异大于相同,因而不能按照一般的法律解释方法将其涵括在某一概念或者类型之中,也就是属于法无明文规定的情形。在这种情况下非要适用这一法律,就需要类推推

---

① 王凯石:《刑法适用解释研究》,博士学位论文,西南政法大学,2006年,第89页。
② 参见邓多文《论刑法的合理解释》,博士学位论文,西南政法大学,2010年,第145—159页。
③ 杨艳霞:《正当性刑法解释路径研究》,博士学位论文,中国政法大学,2004年,第159页。
④ 参见吴丙新《修正的刑法解释理论》,山东人民出版社2007年版,第275—276页。
⑤ 陈金钊:《法律解释及其基本特征》,《法律科学》2000年第6期。

理。……考夫曼提出一切类型,甚至一切概念都是类推的,其实是对类推的一种误用。"[1] 以上两位学者的观点虽有差异之处,但是他们的共同点在于,认为类推和解释本质上不同——类推(作为推理的一种)是在条文意思清楚(没有规定需解释的内容)的前提下的适用,而解释是在条文意思不明的前提下的适用。因此,类推根本就不是一种解释方法,所谓类推解释的称呼是一种误用。

本书赞同后一种观点,认为类推适用与法律解释是本质上不同的两类方法论。所谓允许或禁止类推的争议,从根本上来说就源于上述争论。允许类推的理由就是扩张解释和类推解释本质上一致,都是法律解释,只是扩张文字含义量上的区分,因此实际上无法区分。但是从上述讨论我们可以看出,理论上"法条含义不清"对应解释、"法条没有规定"对应类推,是可以本质区分的;解释的类似性"强相似"、类推的类似性"弱相似"也是可以本质区分的。并且,罪刑法定原则禁止类推,这既是法律明确规定,又是价值论上的要求,对于我们理论上认识类推的性质是有引领作用的。即使在实然的、技术的层面上,类推与解释(扩张解释)尚有不清之处,但是在理念上必须清楚地区分开。

最后,扩张解释与类推的界分问题。

关于类推与扩张解释的具体区分方法,学者总结一是是否处于刑法条文用语可能具有的含义之中,二是是否具有一般公民的预测可能性,三是是否采用了符合形式逻辑的推论。扩张解释所作的是符合形式逻辑的推论,它重视大前提的规定性,在大前提与小前提之间进行由内向外的演绎,类推适用所作的是符合实质的考察,它重视事项之间的比较,在需要解决的事项与被解释的事项之间进行由外向内的归纳。四是是否从罪刑法定主义的理念出发。[2] 这显然是一种静态的并且是主流的观点。张明楷对此持不同看法,他认为,"某种解释是类推解释还是扩大解释,并不是单纯的用语含义问题。换言之,某种解释是否被罪刑法定原则所

---

[1] 陈兴良:《刑法教义学方法论》,载梁根林主编《刑法方法论》,北京大学出版社2006年版,第17—19页。

[2] 冯军:《论刑法解释的边界和路径——以扩张解释与类推适用的区分为中心》,《法学家》2012年第1期。

禁止，要通过权衡刑法条文的目的、行为的处罚必要性、国民的预测可能性、刑法条文的协调性、解释结论与用语核心含义的距离等诸多方面得出结论。在很多情况下，甚至不是用语的问题，而是如何考量法条目的与行为性质，如何平衡法益保护机能与人权保障机能的问题"[1]。后者的观点与其极其重视目的解释、区分解释技巧与解释理由的观点相一致。实际上是将目的、体系、文义、比较法等诸多解释理由均用于考量这一问题。本书认为，上述两种观点其实是不矛盾的，只是在不同层面上叙述问题。如冯军所列区分方法的背后当然存在张明楷所列的影响因素。可能的含义、预测可能性这些概念同样是动态的概念。而张明楷的观点近似于：在以具体标准区分类推和扩张解释时应当站在实质主义的立场（或以客观解释为目标）。当然，类推与扩张解释的纠缠不清的背后始终缠绕着形式主义与实质主义、规则主义与人文主义、法与道德、权力与权利、经验与逻辑等理念的对立。可以说已经成为理念交锋的战场和试金石。

（二）限缩解释

限缩解释，又称为限制解释、缩小解释，是指根据立法规范目的、刑事政策理性和社会现实发展需要等因素的综合考量来阐明刑法规定的具体含义时，将刑法规定的具体含义缩小到比通常的字面含义更窄的语义。限制解释的根据主要有以下几种：一是根据党和国家的刑事政策和刑法基本原理对刑法的某一用语进行限制解释；二是根据刑法条文所规定的内容的性质对其用语进行限制解释；三是根据刑法所要保护的社会关系对刑法规定用语进行限制解释；四是根据刑法条文的"但书"规定或者其他的专门规定对刑法条文中的用语进行限制解释。[2]

九 合宪性解释

合宪性解释，是指根据宪法的原则、价值和规则来解释法律，使得

---

[1] 张明楷：《刑法分则的解释原理（上）》（第二版），中国人民大学出版社2011年版，第102—103页。

[2] 参见李希慧《刑法解释论》，中国人民公安大学出版社1995年版，第113—116页。

法律解释结论符合宪法规定的解释方法。

合宪性解释不是宪法解释本身，而是在刑法（以及民法等基本法律）的解释中运用宪法原理、价值原则等对相关解释结论进行合宪性审查，它虽然以宪法为依据，但是并非直接适用宪法进行解释和裁判，也不是运用宪法来填补法律漏洞。因此，我国有学者指出，在合宪性解释中，有必要区分作为解释对象的文本和作为解释依据的文本：作为解释对象的文本，是拟适用于具体案件中的部门法规定，而作为解释依据的文本，是宪法文本；合宪性解释是要运用解释的依据来确定解释对象的含义，并非直接对解释的依据本身进行解释，这也是合宪性解释和宪法解释的区别所在。[1]

合宪性解释是否是一种独立的解释方法？理论界对此有肯定说与否定说之争，肯定说认为，合宪性解释不但是法律解释的一种独立的解释方法，而且是法律解释的一般方法，所有法律的解释都必须遵循这一规则，即下位法不能与上位法相冲突原则；否定说认为，合宪性解释实际上难以与其他解释方法截然分开，它依附于或者涵摄于体系解释、目的解释等具体的解释方法，因此合宪性解释不是一种独立的解释方法。[2] 现在的通说观点是肯定说，认为：合宪性解释是一种独立的法律解释方法，它不能凌驾于其他解释方法之上，并且在各种狭义解释方法中应该处于最后的序位，只有在其他方法不能适用的情况下，才能采用合宪性解释[3]；有的学者进一步指出，合宪性解释"其应用时，先应为法意解释，其次为目的解释，在此方可用合宪性解释"[4]。本书认为，合宪性解释是一种独立的法律解释方法，属于论理解释方法，具有确证刑法解释结论合理性（合宪性之合理性）的功能。合宪性解释所具有的确证刑法解释结论合宪性（即合宪性之合理性）的功能，具体内容有以下两项：一是

---

[1] 王利明：《法律解释学导论——以民法为视角》（第2版），法律出版社2017年版，第465页。

[2] 参见王利明《法律解释学导论——以民法为视角》（第2版），法律出版社2017年版，第469页。

[3] 参见王利明《法律解释学导论——以民法为视角》（第2版），法律出版社2017年版，第470页；时延安《刑法规范的合宪性解释》，载《国家检察官学院学报》2015年第1期。

[4] 梁慧星：《民法解释学》（第四版），法律出版社2015年版，第234页。

指示功能，又称为选择功能、内容性功能，是指合宪性解释方法具有正面指示法律解释结论的具体内容的功能；二是排除功能，又称为限制功能、约束功能、控制性功能，是指合宪性解释方法具有将不符合宪法规定的解释结论予以排除的功能。①

刑法解释学认为，将合宪性解释作为刑法解释方法，有利于确保刑法解释结论的正当性，它通过发挥宪法规范的指示和限制功能来约束刑法解释活动，尤其是发挥宪法中权利规范的限制作用，可以有效抑制通过刑法解释来扩张刑罚权适用的意图及做法。一方面检验通过之前运用的解释方法得出的解释结论是否与宪法规范矛盾，检验其是否会导致刑罚权的扩张适用进而导致侵犯公民权利的情形出现；另一方面将人权观念渗透到刑法适用活动当中，确保刑事司法能够真正全面地保障人权。从这个意义上讲，合宪性解释方法会将人权观念更为深入地贯彻于刑事司法当中，并推动人权司法保障制度实体层面的实现。②

---

① 参见梁慧星《民法解释学》（第四版），法律出版社2015年版，第234页；王利明《法律解释学导论——以民法为视角》（第2版），法律出版社2017年版，第467页；时延安《刑法规范的合宪性解释》，《国家检察官学院学报》2015年第1期。

② 时延安：《刑法规范的合宪性解释》，《国家检察官学院学报》2015年第1期。

第十一章

法社会学解释方法

一 法社会学解释（刑事政策解释）的概念

刑法的法社会学解释方法，又称为刑法的非法学解释方法、刑法的刑事政策解释方法，是指运用（法）社会学、政治学、统计学、经济学、伦理学、刑事政策学等非法学方法来解释刑法，将社会效果等因素的考量引入刑法解释，以解释刑法规定的具体含义。

法理学认为，法社会学解释方法，又称为非法学解释方法，是指运用（法）社会学、政治学、统计学、经济学、伦理学等非法学方法来解释法律[1]，将社会效果等因素的考量引入法律解释，以解释法律规定在当前社会生活中应具有的具体含义。[2]

法社会学解释方法可以适用于民法、刑法以及宪法等部门法的解释。基于刑法上罪刑法定原则和刑事政策原理的特殊立场（这是除刑法外的其他部门法所不具备的特殊立场），在刑法解释的法理上可以将"法社会学解释方法"转化成"刑事政策解释方法"，因为刑事政策原理可以包容法社会学（刑法社会学）的全部内容，而法社会学原理却可能难以精准表达刑事政策原理（尤其是其中的罪刑法定等刑事政策价值理念），从而"刑事政策解释方法"这种称谓上的转换更加符合刑法解释论特质，更加具体而贴切，可以成为刑法解释方法类型论的一个"创新点"。如果说，

---

[1] 赵秉志主编：《刑法解释研究》，北京大学出版社2007年版，第413页。
[2] 参见王利明《法律解释学导论——以民法为视角》（第2版），法律出版社2017年版，第434页。

法社会学解释方法意在运用"法外"的社会学原理解释法律,从而该方法作为"法外"的非规范法理的论理解释方法就能够成为区别于作为"法内"的规范法理的论理解释方法;那么可以说,刑事政策解释方法作为运用"法外"的刑事政策原理解释刑法的论理解释方法就是一般意义上的法社会学解释方法在刑法解释中的进一步具体化、特别化,是刑法解释方法中唯一区别于其他非刑事法律解释方法的、具有独占性和标签性的特别解释方法。刑事政策解释方法作为运用"法外"的刑事政策原理解释刑法的论理解释方法,同样也能够成为区别于作为"法内"的规范法理的刑法解释的论理解释方法。[1]

二 法社会学解释(刑事政策解释)的特点

法社会学解释方法(刑事政策解释方法)的突出特点有以下三点:

一是法社会学方法、刑事政策方法的运用。社会学方法,是指结合特定社会在某一特定时期的各项要素,包括当时的思想潮流、社会需要、风土人情、经济社会形势等情况,而研究社会发展规律的方法,将这种方法引入法学中来,就形成了法社会学,而"法社会学"的概念最早由昂齐洛迪在《社会哲学和社会学》(1892年)一书中提出[2],在19世纪末期法律社会学首先在欧洲大陆兴起,以后逐渐扩展到北美地区。[3] 19世纪末20世纪初,迅速工业化的西方资本主义国家发生了一场以整个社会为背景来看待和研究法律的运动,这场运动在学术上的表现就是名之为"法律社会学"的这一专门性学科的兴起,其后,西方的法律社会学家提出了一系列经典理论,例如,萨维尼关于法律与"民族精神"的思想,埃利希"活的法律"思想,庞德的社会法理学理论,卢埃林和弗兰克"行动中的法律"思想,迪尔凯姆和韦伯所共同形塑的西方古典法律社会学等[4];马克思主义创始人也提出了法律社会学观点和方法,例如,主张

---

[1] 参见魏东《刑法分则解释论要》,北京大学出版社2020年版,第71—72页。
[2] [法]布律尔:《法律社会学》,廖美天译,(中国)台北1990年版,第89页。
[3] 参见王利明《法律解释学导论——以民法为视角》(第2版),法律出版社2017年版,第435—436页。
[4] 参见赵震江主编《法律社会学》,北京大学出版社1998年版,第3—25页。

把法律放在与社会的相互关系之中加以考察，强调法律的社会侧面，重视研究理论素材的客观性和可验证性，通过实践范畴使价值与事实、主观与客观获得统一，着重从功能的视角对法律进行解释，强调法律相对于一定社会目标的工具性等[1]；法律社会学研究方法是对传统法学研究方法的突破和创新[2]，西方法律社会学除了实证主义和实用主义这两大基本的哲学方法论以外，在发展过程中逐步形成了自己的一系列部门方法论，这些部门方法论基本上是从社会学以及其他社会科学和自然科学学科中引进的一些可用以解释、说明社会法律现象的理论模型，例如功能主义、现象学、结构主义、系统论、冲突论、进化论、行为主义等重要理论模型，以及角色分析法、组织分析法、规范分析法、制度分析法、比较分析法基本方法和社会调查方法、社会实验方法、统计分析方法等具体手段。[3] 可见，法社会学解释方法将如此丰富、深刻的法社会学理论智识成果运用于法律解释之中，非常有利于深刻阐释法律（例如刑法）的法理内涵。

刑事政策方法的运用，主要是刑事政策学原理、刑事政策价值理念、基本原则与具体规则等的科学应用，例如"三大一小"理念、"两个至上"理念、"单向校正"理念的具体展开就具有非常突出的刑法解释特色，它们只适用于"刑法"解释，而原则上不能适用于除刑法外的其他部门法解释。

二是法的妥当性判断。法社会学解释方法以法律在当前社会的妥当性为价值判断标准，法的妥当性是指法律适用中要实现的最佳效果，因此，法的妥当性的判断不能仅仅局限于法律内部，还必须将视野拓展到法律之外，即立足于社会来考察。[4] 法律之外的社会考察要素很多，如政治、经济、文化、人口、宗教、社会发展等，都可以成为法的妥当性判断的影响因子。

三是法的社会效果考量。法社会学解释方法以法的社会效果的考量

---

[1] 参见赵震江主编《法律社会学》，北京大学出版社1998年版，第25—31页。
[2] 参见赵震江主编《法律社会学》，北京大学出版社1998年版，第44页。
[3] 参见赵震江主编《法律社会学》，北京大学出版社1998年版，第49—70页。
[4] 参见王利明《法律解释学导论——以民法为视角》（第2版），法律出版社2017年版，第436页。

为依据来阐释法律规定的具体含义，是一种注重法律适用的后果审查、效果审查的功能主义立场。需要注意的是，法的社会效果考量，主要是针对法的自由、秩序、效率、公正四项价值进行价值权衡判断，追求符合特定历史时期社会发展需要的最佳的价值权衡状态。

第十二章

刑法解释过程[*]

刑法解释既可以是指刑法的解释过程，也可以是指刑法的解释结论（结果），还可以是指刑法解释过程和刑法解释结论（结果）的整体；从解释过程与解释结论之间的逻辑关系看，可以说只有通过刑法解释过程才能得出刑法解释结论，或者说刑法解释结论都是通过刑法解释过程才能有效获得。由此可见，刑法解释过程的理论研究具有重要价值。

所谓刑法解释过程，是指由刑法解释主体所主导实施的理解、释明和适用刑法的一种人类认知实践过程（认知哲学），其在刑法司法活动中是指司法人员（例如法官）发现、解释、适用刑法的逻辑展开过程（司法逻辑）。因此，刑法解释过程可以从认知哲学和司法逻辑（学）两个层面来阐述。

一 刑法解释过程的认知哲学

关于刑法解释过程的认知哲学，我国有学者指出，刑法解释过程就是由刑法解释主体、解释立场、解释角度、解释行为、解释对象、解释目的、解释原则、解释规则和解释方法九种构成要素所组成的一种人类认知实践过程，可以由此系统检讨刑法解释过程的内涵、本质、构成要素、表现形式以及基本特征等内容，具体地讲，刑法解释过程可以作出

---

[*] 本章内容系作者和田杜国博士的合作研究成果。

以下五方面内容的解读①:

第一,过程思想与理论。在国外,有关过程思想理论的阐述,最早可以追溯到古希腊时期的哲学家赫拉克利特的"流变说"。赫拉克利特认为:"人不能两次踏入同一条河流,因为无论是这条河还是这个人都始终处于不断发展变化的过程中。"② 随后,在赫拉克利特"流变说"的基础之上,过程思想理论逐步受到重视并获得发展。康德的"二律背反"过程哲学思想理论认为:"宇宙的时间与空间有无限制、事物是否可以被无限可分、自由意志与决定论之间的关系、唯理论与经验论之间的关系这四组现象从人类逻辑思维上来讲是相互矛盾的,但这些矛盾却又共同存在于同一个人类理性认知过程中。"③ 费希特的"行动哲学"过程思想理论也主张:"人类的历史发展就是'世界计划'实现的过程。而'世界计划'的内容就是人类自由的,按照理性建立自己的一切关系,因而整个人类历史就是理性不断摆脱本能、权威等外在的统治,而最终获得一种客观自由的过程。"④ 谢林的"自然哲学"过程思想理论还指出:"自然与精神二者彼此之间往往经历着向对方进行发展的过程。自我意识的寻求要以自我直观活动不断得到提高为依据。而自我直观活动的提高是一种由最初级的自然中的自我到最高级的自我意识的发展过程。"⑤ 在对以上朴素机械的过程思想理论进行反思和批判的基础上,黑格尔提出的"历史过程论"认为:"现实的东西是在理性的支配下进行运动的,而理性的实现就是一个过程的体现,并且该过程是现实的东西的过去、现在和将来的连续性。世界上的任何事物都不是永久存在的,都有其各自产生、发展和灭亡的历史。无论是自然界还是人类社会历史都是一个不断

---

① 本书这里有关刑法解释过程认知哲学的解读,主要参考和引用了田杜国博士所作的理论归纳,特此说明并致谢。参见田杜国《刑法解释过程论》,博士学位论文,四川大学,2020年,第1—15页。
② 北京大学哲学系外国哲学史教研室编译:《古希腊罗马哲学》,生活·读书·新知三联书店1957年版,第20页。
③ [德]康德:《纯粹理性批判》,邓晓芒译,人民出版社2004年版,第361、366、374、390页。
④ 李秋零:《德国哲人视野中的历史》,中国人民大学出版社1995年版,第200页。
⑤ 黄振地:《谢林"绝对同一"自我的建构过程》,《广西师范大学学报》(哲学社会科学版)2012年版第6期。

向前发展和运动的过程。"① 而"人类的认识活动如同自然界和人类社会那般,同样是一种过程的体现,这种过程表现为思维和存在二者之间的矛盾转化。思维和存在并不是静止不变的,相反,二者的同一转化则是由相对走向绝对的发展过程"②。

在黑格尔的"历史过程论"的基础上,马克思和恩格斯提出了"实践过程论",认为"世界不是既成事物的集合体,而是过程的集合体"③。"无论是自然和社会还是人都应该是一种实践活动的过程。在这一实践过程中,自然界中的某一特定之物的存在必定会导致该特定之物以外的对象得以产生。而我们所谈论的社会历史是人为了实现自己特定的目的,通过实践活动将理想的世界转化为现实的过程。无论是自然还是社会都只能是在某一特定的认知过程中才被称其为对象。"④ "认知对象都是在一定的时间和空间内得以外化,一成不变的事物根本不存在。而时间与空间对客观事物的限制则具体就表现为过程。为此,面对认知对象时,我们必然要将其放置在由特定的时空所组成的过程中来加以认知。"⑤ 随后,在黑格尔的"历史过程论"和马克思的"实践过程论"的基础上,怀特海进一步地提出了"机体过程论"。在怀特海看来,"世界是一个存在一定条件下由性质和关系所构成的机体,而机体的本质就是其内部的各个因子之间的相互作用、持续创造性的活动过程。自然、社会和思维都是由永恒的创造和进化过程所构成的历史轨迹。任何东西只要在主体身上能够唤起某种特定的活动,那么,它就是人类的认知客体。就主客体之间的关系而言,在认识过程现实地发生之前,根本无所谓主体和客体之分,二者是在实际存在物的相互作用过程中逐渐生成的,主体与客体的关系以及主体对客体的认知也是

---

① 沈顺祥:《黑格尔历史过程论思想的方法论及其当代启示》,《甘肃社会科学》2009年第4期。
② 霍桂恒:《黑格尔、马克思和怀特海——从"过程"所体现的西方哲学思维方式的转变看科学与人文之间的冲突》,载《江苏行政学院学报》2006年第5期。
③ [德] 恩格斯:《费尔巴哈和德国古典哲学的终结》,人民出版社1997年版,第36页。
④ 闫顺利:《论马克思社会实践过程辩证法的确立》,《哈尔滨工业大学学报》(社会科学版) 2009年第5期。
⑤ 张远新:《马克思主义哲学过程论初探》,《东岳论丛》1994年第4期。

一个渐进生成的过程"①。

在我国古代,有关过程思想理论的详细论述最早可以追溯到春秋战国时期。成书于春秋战国时期的《老子》和《易传》中都曾明确地指出:"一切事物的产生和变化都是有和无的统一。天地万物通过道物转换、有无相生相化的过程得以体现。事物的变化和发展体现为一种生生不息、变化无穷的复杂演进过程。"② 从两汉时期的扬雄所著的《法言》和王符所著的《潜夫论·本训》中可以了解到:"宇宙自然就是一种以道为气之根、气为道之使的演化过程的具体体现。换句话说,天地万物之间的相互作用就是一种两极相通、循环周始并且同时兼具了继承与变革特性的自然演化过程。"③ 从唐代元结所著的《浪翁观化》一书来看,"一种有无相生、有无相化、有无相对的整体统一的过程思想理论以天地万物相互转化和社会的不息变化的视角被完全揭示出来"④。

近现代以来,我国学界在过程思想理论方面的研究和发展更多的是受到了国外的过程思想理论的影响,尤其是马克思的"实践过程论"和怀特海的"机体过程论"对我国过程思想理论的研究和发展产生了巨大的推进作用。毛泽东先生在其所著的《矛盾论》中指出:"矛盾是普遍的、绝对的,存在于事物发展的一切过程中,又贯串于一切过程的始终。过程就是旧的统一和组成此统一的对立成分让位于新的统一和组成此统一的对立成分。旧的过程完结意味着新的过程产生。而新的过程又包含着新的矛盾,并开始了它自己的矛盾发展过程。"⑤ 在闫顺利教授看来,"过程就是指物质由于其内部矛盾所推动和外部条件所制约而呈现出来的运动、变化、发展的次序,是事物发展阶段性和连续性相统一的存在状

---

① [英]怀特海:《过程与实在》,杨福斌译,中国城市出版社2003年版,第21、73、89、406、517、564页。

② 邬焜:《〈老子〉、〈易传〉及汉唐时期哲学家们的过程论和生成论思想》,《江南大学学报》(人文社会科学版)2008年第4期。

③ 邬焜:《〈老子〉、〈易传〉及汉唐时期哲学家们的过程论和生成论思想》,《江南大学学报》(人文社会科学版)2008年第4期。

④ 邬焜:《〈老子〉、〈易传〉及汉唐时期哲学家们的过程论和生成论思想》,《江南大学学报》(人文社会科学版)2008年第4期。

⑤ 毛泽东:《矛盾论(1937年8月)》,人民网2000年5月29日文:http://www.people.com.cn/GB/channel1/10/20000529/80822.html,最后访问时间:2018年9月21日。

态,它表明发展的动力、状态和趋势"①。张远新教授则认为:"过程就是事物发展在时间上的持续和空间上的延伸,它的存在表明了事物有着产生、发展和灭亡的历史。"② 而赵明仁教授更是简单明了地指出:"过程就是指事物的发生、发展和灭亡的历史。"③

第二,刑法解释既是行为又是过程。申言之,刑法解释活动不仅是一种解释行为的体现,更是一种认知和理解的过程思维的外化形式。黑格尔曾言:"人类的认识活动如同自然界和人类社会那般,同样是一种过程的体现。"④ 恩格斯也曾说道:"世界不是既成事物的集合体,而是过程的集合体。"⑤ 齐佩利乌斯认为:"眼光的往返流转是一个多阶段的、逐步深入的选择过程;通过这一过程,不相关的规范、解释可能和事实被一步步地排除出去。"⑥ 拉宾认为:"法学研究之所以杂乱无序的原因多数在于作为统一话语的法律过程的崩溃,以及对法律过程的崩溃负主要责任的学术运动之间的分歧。"⑦ 国内众多学者也有类似的言论。张明楷教授指出:"刑法解释就是在心中充满正义的前提下,目光不断地往返于刑法规范与生活事实之间的过程。"⑧ 李希慧教授认为:"从动态方面而言,刑法解释是指一定的主体阐明刑法规定的含义的活动或过程;就静态方面而言,刑法解释则是上述活动或过程一定表现形式的结论。"⑨ 陈金钊教授认为:"司法过程中关于法律适用的争论,绝大多数都起因于一些法律概念意义的模糊,或者由于司法过程中对法律概念的意义期待与立法者

---

① 闫顺利:《哲学过程论》,《北方论丛》1996 年第 3 期。
② 张远新:《马克思主义哲学过程论初探》,《东岳论丛》1994 年第 4 期。
③ 赵明仁:《对"过程"认识的过程及其意义——重读〈反杜林论〉中关于过程的思想》,《中共贵州省委党校学报》2004 年第 6 期。
④ 霍桂恒:《黑格尔、马克思和怀特海——从"过程"所体现的西方哲学思维方式的转变看科学与人文之间的冲突》,《江苏行政学院学报》2006 年第 5 期。
⑤ [德] 恩格斯:《费尔巴哈和德国古典哲学的终结》,人民出版社 1997 年版,第 36 页。
⑥ 牟治伟:《法官如何通过方法实现正义——读齐佩利乌斯〈法学方法论〉有感》,中国普法网:http://www.legalinfo.gov.cn/index/content/2018-01/05/content_7440374.htm,最后访问时间:2018 年 10 月 20 日。
⑦ [美] 爱德华·L. 拉宾:《新法律过程、话语综合和制度微观分析》,王保民、刘言译,《地方立法研究》2018 年第 2 期。
⑧ 张明楷:《刑法学研究中的十关系论》,《政法论坛》2006 年第 2 期。
⑨ 李希慧:《刑法解释论》,中国人民公安大学出版社 1995 年版,第 41 页。

对该概念的意义设定发生冲突。因而，法律适用的过程就是法律解释的过程，对法律概念的解释就成为法律适用的核心工作。"[1] 很显然，以上的论断为我们揭示出，无论研究者是有意还是无意，在对刑法解释论域中的相关问题进行分析和讨论时，过程思维理论肯定存在于研究者的大脑中并对研究者产生着制约和影响的作用。

第三，刑法解释过程的时间性与空间性。刑法解释过程的时间性，是指一种带有不可逆转性、绝对性、永恒性和无限性特点，用来表征刑法解释过程的存在以及用来衡量与检测刑法解释过程展开的标准和尺度。该种标准和尺度在对刑法解释过程进行标注、衡量与检测时具体表现为顺序性、阶段性及延续性三种形式。刑法解释过程的空间性，是一种有别于自然地理空间特点，由社会关系和社会结构所组成并且带有暂时性、相对性和有限性特点的社会空间性，广延性和综合复杂性是其所具有的表现形式。由于凝集在刑法解释过程中的社会时间与社会空间之间具有"时间空间化"和"空间时间化"两种相互转化的特性，所以，刑法解释过程所具有的时空性便具体表现为时空的约束性、时空的可调控性和时空的本土转化性这三种形式。

第四，刑法解释过程的规范性与开放性。人类认知实践过程所具有的有限性与无限性特征在刑法解释过程中进一步地演化成规范性和开放性这两种特征。刑法解释过程的规范性，是指对刑法解释过程所作出的一种带有人为设定性的严格限制和要求，其是刑法解释过程理论得以科学化的前提和基础。刑法解释过程的开放性，是指刑法解释主体在作出刑法解释行为时通过将刑法解释过程的内部因素与外部因素进行有效融合，进而在一定程度上突破或者摆脱既有的刑法解释限制或要求所体现出来的一种特性，其是刑法解释过程理论水平和质量得以提升的必要途径。

第五，刑法解释过程的承继性与建构性。刑法解释过程的承继性，是指在以经验为其内核的演进理性的作用下，处于不同社会时空维度内的刑法解释过程之间以对话解释的方式加以呈现时所体现出来的传承性和吸收性。刑法解释过程的建构性，是指在以逻辑为其内核的建构理性

---

[1] 陈金钊、熊明辉：《法律逻辑学》（第二版），中国人民大学出版社2015年版，第79页。

的作用下，处于不同社会时空维度内的刑法解释过程之间以建构解释的方式加以呈现时所体现出来的批判性和创新性。无论是从经验与逻辑之间的关系来看，还是从继承与创新之间的关系来看，承继性与建构性作为刑法解释过程所必然具有的两种基本特征，在同一个刑法解释过程中必然会体现出辩证统一的逻辑关系。为了能够充分地实现刑法解释过程客观性这一终极价值目标，刑法解释主体在开启刑法解释过程时应该尽量避免唯经验论、唯逻辑论、唯继承论和唯创新论等极端解释现象的出现。

二 刑法解释过程的司法逻辑

刑法解释过程的司法逻辑，即从司法逻辑展开过程来看刑法解释过程，是指在刑法司法活动中司法人员（例如法官）发现、解释、适用刑法的司法逻辑展开过程，具体经历法律的发现（找法）、解释（释法）、涵摄（论证）等过程。无论是刑事案件还是民事案件都要经过这样的三个阶段，"就是根据一般性的法律规范（大前提）与事实认定（小前提），按照符合演绎的方式将判决从一般性的法律规范之中演绎出来。因为法律规范的抽象性和概括性，需要借助法律解释的桥梁，将其适用于具体个案"[①]。

（一）法律的发现过程（找法）

法律的发现过程，即"找法"过程，按照逻辑三段论方法"找法"。在形式逻辑上，三段论的推论形式与公式可以描述如下[②]：

三段论的推论形式：大前提是 T，小前提是 S，如果 T 有法律效果 R，则当 S 与 T 相对应时，也能够产生 R 的法律效果；

三段论的推论公式：

大前提：T→R（如果具备 T 的要件，则适用 R 的法律效果）

[①] 王利明：《法律解释学导论——以民法为视角》，法律出版社2017年版，第152页。
[②] 参见王利明《法律解释学导论——以民法为视角》，法律出版社2017年版，第152—153页。

小前提：S = T（特定的条件事实 S 符合 T 的要件）

结论：S→R（得出结论即适用 R 的法律效果）

例如，张三故意杀害李四案的"找法"过程三段论逻辑是：

大前提：《刑法》第 232 条规定"故意杀人的，处死刑、无期徒刑或者十年以上有期徒刑"，如果具备 T 的要件（即"故意杀人"），则适用 R 的法律效果（即"处死刑、无期徒刑或者十年以上有期徒刑"）。

小前提：张三故意杀害李四的行为这一条件事实 S，符合 T 的要件（即"故意杀人"）。

结论：张三故意杀害李四的行为这一条件事实 S，适用 R 的法律效果（即"处死刑、无期徒刑或者十年以上有期徒刑"）。

在张三故意杀害李四案的"找法"过程中，确定了小前提即确定张三故意杀害李四的行为这一条件事实 S 符合 T 的要件（即"故意杀人"），在法律逻辑上即属于大前提"涵摄"小前提，这是"找法"并且得出结论的关键。

（二）法律的解释过程（释法）

在完成"找法"之后，"释法"成为必要环节（过程），主要内容就是在确定法律解释对象的基础上，合理运用法律解释方法，以确定法律解释对象的精准内涵。法律解释对象包括法律文本（文本对象）、案情事实（事实对象）、法律文本与案情事实之间的涵摄关系（关系对象），法律解释方法包括文义解释、论理解释和刑事政策解释方法所形成的法律解释方法系统（体系）。通过"释法"（即法律的解释过程），确证大前提的精准内涵，同时确证小前提的客观真实性（以及大前提可以涵摄小前提的逻辑属性）。

（三）法律的涵摄过程（涵摄）

涵摄，是指在三段论推理的过程中，通过一定的方法将大前提中的规范要件和小前提中的事实要件密切地结合在一起，以得出妥当的裁判结论。因此，涵摄的根本功能是实现特定案件中事实要件与规范要件的密切联系与妥当对应（有效涵摄），但是涵摄并不止于最密切联系规则的寻找而是更在于裁判结论的作出。①

上述刑法解释过程中的每个过程都需要进行法律论证（法律的论证过程），唯有通过法律论证才能证立找法、释法、涵摄的正当合理性（有效性）。广义的法律的论证过程包括了法律的发现过程、解释过程、涵摄过程，因为它们每一个过程都是需要论证的过程，"这些命题通常是有一定论证联系的，所以理论的论证可以归结为判断的论证"②。狭义的法律的论证过程，是指针对具体解释结论有效性的论证过程，是在已经对法律的发现过程、解释过程、涵摄过程确定之后所集中进行的法律解释结论有效性的论证过程。一般来说，相关的解释结论离法律规则可能的文义越近，则法官的说理论证义务越轻，反之，则法官的论证义务越重，"尤其是在漏洞填补的情形下，并不直接可援引的具体法律规则，法官需要进行法律的续造，为限制法官的自由裁量权，需要课以法官较重的论证义务"③。关于法律论证，后文进行专门阐述。

---

① 王利明：《法律解释学导论——以民法为视角》，法律出版社2017年版，第155页。
② 梁慧星：《民法解释学》（第四版），法律出版社2015年版，第104页。
③ 王利明：《法律解释学导论——以民法为视角》，法律出版社2017年版，第156页。

第十三章

刑法解释限度

刑法解释限度范畴所欲解决的"真问题"是什么？对此，目前理论上存在两种不同看法：一种是传统观点，认为刑法解释限度就是解释（扩张解释）与类推之间的界限，所欲解决的问题是刑法解释的合法限度（即"合法限度论"、狭义说）；另一种是新近观点，认为刑法解释的限度既包括解释与类推之间的界限，也包括合理的扩张解释与不合理的扩张解释之间的界分，应在"合法＋合理"两个层次上来论述这一问题，所欲解决的问题既有合法限度问题也有合理限度问题（即"价值优化论"、广义说），并且现在越来越多的学者支持"价值优化论"这种广义说观点。[①] 那么，刑法解释限度在法理上到底应该秉持合法限度论还是价值优化论，法理依据是什么？

对此问题，笔者在近期曾撰文明确主张合法限度论，指出：刑法解释的限度，即刑法解释的合法限度，是指刑法解释不能超出法律文本所规定的界限和程度，以确保刑法解释结论合法性；因此，刑法解释限度主要是指文义解释的限度，所欲解决的主要问题是刑法解释结论合法性的问题（即合法底线和空间范围的问题），而不是解决刑法解释结论合理性与合目的性的问题，这是因为，刑法解释结论的合理性、合目的性应当分别通过论理解释与刑事政策解释来实现，合理性和合目的性属于优化价值，是在文义解释合法性限度内进行合理性和合目的性的进一步价值优化，价值优化的目标是越优化越好，而不存在独立于文义解释结论

[①] 田馨睿：《刑法解释限度论》，博士学位论文，四川大学，2020年，第7—8页。

合法性限度之外的解释限度问题。① 应当说，笔者关于刑法解释限度的上列论述还仅停留于简单"表态"，仅隐含了某种"从价值优化论回归合法限度论"的倾向性观点，尚缺乏深入系统的法理论证。

为此，本章重点围绕着刑法解释限度的实质内涵、判断标准、诠释学功能三个问题展开法理研讨，力图在真正厘清刑法解释限度"事物的本质"的基础上，构建起更加科学合理的刑法解释限度理论并证立刑法解释学相关命题。

一　刑法解释限度的实质内涵

欲理解刑法解释限度，需要针对目前理论上存在的价值优化论和合法限度论展开分析，还需要检讨强制解释论对于刑法解释限度的诠释学意义。通过具体检讨和比较研究价值优化论、合法限度论、强制解释论针对刑法解释限度的不同诠释，有利于深刻理解和合理界定刑法解释限度的应有的实质内涵。

（一）应防止价值优化论对刑法解释限度的价值误导

刑法解释限度的价值优化论在当下中国理论界受到极大追捧。龚振军教授认为，刑法解释限度是刑法解释所能达到的具体、客观的程度和范围，应具有内在规范性、客观性与确定性的品质，应是质的限度与量的限度的统一体，是事实与规范关系性的限度②；强调刑法解释限度是"刑法解释正确性限度"，主张"犯罪定型—事物本质说"，因为"事物本质的考察，犯罪定型的把握，来源于在法律意旨、意义关系同质性的寻求前提下，演绎与归纳等置模式的推论"，表明"刑法解释不仅关注条文的语言学意义，更关注条文的论理意义……说明了法条语义的最宽含义并不是刑法解释的限度"③。可以看出，在龚振军教授的论述中，刑法

---

① 魏东：《案例刑法学的研究方法》，《政法论丛》2021年第6期。
② 龚振军：《刑法解释限度理论之关系论纲》，《法制与社会发展》2011年第4期。
③ 龚振军：《刑法解释限度新论——以日本刑法学说为主要切入点》，《当代法学》2010年第2期。

解释限度不但要解决"条文的语言学意义"等问题,还要解决"法律意旨、意义关系同质性""条文的论理、规范意义""正确性限度"等问题,而后者显然属于价值优化范畴。

再如,王充教授认为,刑法的价值体现为确定性(安定性)与公正性(处罚必要性),刑法解释的限度就是要在明确性与妥当性之间实现均衡。① 刘志远先生认为,应当在刑法解释限度中区分合理的扩张解释与不合理的扩张解释,不合理的扩张解释如同类推一样,都是违反了刑法规范的基本规则与要求,都是超出刑法解释限度的不能接受的解释。② 张明楷教授认为,刑法解释不仅是要禁止类推,还要禁止一切违反民主主义、违反预测可能性的不合理解释。③ 在这几位学者的论述中,刑法解释限度同样需要解决"妥当性""合理性"等价值优化问题,甚至"禁止一切违反民主主义"这种更显抽象的优化价值也被纳入刑法解释限度之中。

上述观点比较具有代表性,其特点是主张刑法解释限度的价值优化论立场,没有明确将刑法解释限度问题限定在文义解释合法性范畴之内,给人的感觉是论理解释和刑事政策解释也有各自独立的"解释限度"问题。实际上,所有的价值优化问题,例如前述论者所提及的"法律意旨""条文的论理、规范意义""正确性""妥当性""合理性""禁止一切违反民主主义"等价值优化问题,正是论理解释和刑事政策解释的价值追求,即论理解释和刑事政策解释都必须在文义解释合法性限度之内进行进一步的价值优化。价值优化的法理是(在合法性限度内)越优化越好,而不需要在合法性限度之外再设立其他新的解释限度。如果非要说刑法的论理解释和刑事政策解释还有"解释限度"的话,那么应当认为这个"解释限度"仍然只能是文义解释的解释限度(合法性限度、合法限度),而不存在独立于文义解释合法性限度之外的合理性限度或者合目的性限度。如果将价值优化问题纳入刑法解释限度范畴,很容易混淆刑法解释合法性底线价值(合法限度或者合法空间)与优化价值(即合理性和合

---

① 王充:《明确性与妥当性之间——论刑法解释界限的设定标准》,《社会科学研究》2012年第1期。

② 刘志远:《刑法解释的限度——合理的扩大解释与类推解释的区分》,《国家检察官学院学报》2002年第5期。

③ 张明楷:《罪刑法定与刑法解释》,北京大学出版社2009年版,第62页。

目的性等优化价值）之间的关系，最终结果是很容易模糊刑法解释限度的应有内涵和功能，不利于刑法解释限度的法理阐释。因此，应在基本立场上避免价值优化论在刑法解释限度之内添加合理性和合目的性价值，避免在合法限度的基础上泛化价值判断，干扰合法限度的聚焦。

需要特别说明的是：本书强调刑法解释限度的理论构建需要从价值优化论回归合法限度论，并不是主张在刑法解释中放弃"价值优化"，而仅仅是强调在文义解释中聚焦于解决"合法性"底线价值问题（合法限度问题），而将"价值优化"问题放置于论理解释和法社会学解释（刑事政策解释）之中，即论理解释聚焦于解决"合理性"价值优化问题，法社会学解释（刑事政策解释）聚焦于解决"合目的性"价值优化问题。所谓刑法解释的合法性，是指刑法解释（结论）所具有的符合宪法和法律的明文规定与基本精神的属性，这是刑法解释的底线价值和合法空间（合法性限度、合法限度）；所谓刑法解释的合理性，是指刑法解释（结论）所具有的符合宪法和法律规定的实质法理、刑法教义学原理和常识情理的属性，这是刑法解释的"合理性"优化价值（价值优化范畴）；所谓刑法解释的合目的性，是指刑法解释（结论）所具有的符合刑事政策目的价值目标，具体包括防控犯罪价值意义上的"秩序"目的性、保障人权价值意义上的"自由"目的性、社会发展意义上的"效率"目的性与"公正"目的性四项价值目的性及其权衡整合的属性，这是刑法解释的"合目的性"优化价值（价值优化范畴）。由此，通过体系性的文义解释、论理解释、法社会学解释（刑事政策解释），依次解决刑法解释的合法性、合理性、合目的性等问题，最终实现刑法解释结论"三性统一体"[①]。

（二）应将强制解释论引入刑法解释限度论

强制解释论是一个重要的解释学理论，目前仅有少数解释学学者注意到这个理论，刑法解释学迄今为止尚没有引入这个理论，而笔者认为，在刑法解释学中引入强制解释论有利于实现刑法解释学理论创新。笔者曾撰文指出：刑法解释学不但通过文义解释来证立刑法解释结论合法性，

[①] 参见魏东《刑法解释方法体系化及其确证功能》，《法制与社会发展》2021年第6期。

还通过解释限度论和强制解释论来证立刑法解释合法性问题。① 笔者此前提出的这一论断,显然是将刑法解释限度论和强制解释论作为证立刑法解释合法性的两种并列理论来看待的。值得思考的问题是:解释限度论是从肯定面(肯定合法性角度)来限定文义解释结论合法性限度,强制解释论是从否定面(否定合法性角度)来反向证立并限定文义解释结论合法性限度,二者的共同点都是限定文义解释结论合法性限度,既然如此,是否可以将强制解释论纳入解释限度论之中进行一体化思考?

所谓强制解释,又称为强制阐释,是指背离文本话语,消解文学指征,以前在立场和模式,对文本和文学作符合论者主观意图和结论的阐释。② 强制解释论认为,"强制阐释的一个普遍表现是,偷换对象,变换话语,借文本之名,阐本己之意,且将此意强加于文本,宣称文本即为此意。如此阐释,违反阐释逻辑规则和阐释伦理,其合法性当受质疑"。"阐释是有对象的,对象是确定的,背离确定对象,阐释的合法性立即消解。"③ 可以认为,强制解释论原理是从更基础的阐释学立场(即解释对象的确定性与合法性的立场),从否定面(否定合法性角度)来反向证立刑法解释合法性命题。但是,从"解释对象"的确定性与合法性来证立刑法解释合法性命题的全部内容,是否可以纳入"解释限度"之内来证立刑法解释结论合法性,这是一个值得检讨的法理问题。本书认为,强制解释论在本质上就是解释限度问题,强制解释论所揭示和反对的"借文本之名,阐本己之意"现象,可谓超出解释限度的极端的现象,这种极端现象在强制解释论中可以解读为"解释对象确定性缺失""解释对象合法性缺失""解释结论合法性缺失"等。可以认为,将强制解释论引入解释限度论,有利于更加周全、深刻地阐释解释限度的实质内涵。例如,针对那些"借文本之名,阐本己之意"的文义解释现象,不但可以运用"语用意义的国民预测可能性说"来判断其已超出解释限度(详见后文论述),同时,在将强制解释论引入解释限度之后,完全可以借助强制解释论"解释对象合法性缺失"等命题来强化解释限度的判断,从而有利于

---

① 魏东:《案例刑法学的研究方法》,《政法论丛》2021 年第 6 期。
② 参见张江《强制阐释论》,《文学评论》2014 年第 6 期。
③ 张江:《再论强制阐释》,《中国社会科学》2021 年第 2 期。

进一步增强解释限度的理论阐释力。

因此，在引入强制解释论直接以"解释对象"的确定性与合法性等命题来强化诠释解释限度（并证立解释结论的合法性）时，不但不会形成对刑法解释限度范畴的任何程度的忽略与消解，反而更有利于从强制解释论"解释对象合法性缺失"等命题的否定面来更加周全、深刻地阐释解释限度的实质内涵。

依解释学原理，解释对象的确定性与合法性至少包括（但不限于）以下内容：解释对象是否客观存在，解释对象是否确定，解释对象是否合法等。那么，在解释限度中引入强制解释论后，凡是否定解释对象的客观性、确定性、合法性的强制解释均可以被认定为超出解释限度。例如，2007年7月8日公布的"两高"《关于办理受贿刑事案件适用法律若干问题的意见》（以下简称《意见》）第9条规定："国家工作人员收受请托人财物后及时退还或者上交的，不是受贿。"这一条规定应该如何解释适用？对此问题的回答主要有以下三种看法：第一种看法是"既遂后例外出罪说"，认为"既遂之后不出罪"的刑法教义学原理是存在例外情况的，这一条规定属于"既遂后出罪"的例外规定。① 第二种看法是"无故意不归责的注意规定说"，认为这一条规定没有修改并且也无权修改刑法关于受贿罪的明文规定，它只是对刑法规定的具体解释，并非刑法的渊源，只能根据刑法规定将那种在客观上收受他人财物但是在主观上没有受贿故意的情形排除在受贿罪之外，将没有受贿故意的"及时退还或者上交"的行为解释为不构成受贿罪②，充其量属于一种注意规定（而非创设新的立法规范的拟制规定）。第三种看法是"刑事政策说"，认为这一条规定包含两种情形：一是收受他人财物并不具有受贿故意的情形；二是虽有受贿故意但基于刑事政策的理由而不以受贿罪论处的情形，即"司法解释……是以非犯罪化处置来鼓励那些受贿的人及时改正错误"③，"是根据《刑法》第13条规定的'情节显著轻微危害不大的，不

---

① 参见储槐植、闫雨《"赎罪"——既遂后不出罪存在例外》，《检察日报》2014年8月12日第3版。

② 参见张明楷《受贿罪中收受财物后及时退交的问题分析》，《法学》2012年第4期。

③ 参见李建明《收受他人财物后退还或者上交对受贿罪构成的影响》，《人民检察》2007年第16期。

认为是犯罪'而认为该行为不是犯罪……正所谓在犯罪的道路上'架设一条后退的黄金桥'"①。那么，从刑法解释限度来看，上列三种观点"合法性"应当如何评判？

笔者认为，上述三种观点中"无故意不归责的注意规定说"坚守了刑法解释限度"合法性"底线，其中涉及强制解释论"解释对象确定性缺失""解释对象合法性缺失"等命题的运用。在法理上，刑法解释活动的解释对象只能是刑法文本（刑法立法规范文本），《意见》本身就是对刑法文本的解释适用，那么，《意见》的解释性规定的具体含义就只能作为刑法文本的解释结论来对待，从而，（作为刑法文本的解释结论的）《意见》的解释性规定的具体含义就必须依据刑法文本来确定：依据刑法文本所得出的解释结论（即《意见》的解释性规定的具体含义）才具有合法性，不依据刑法文本（而是游离于刑法文本之外）所得出的解释结论就不具有合法性。那么，理论上可能面临的追问是：《意见》也需要解释，在《意见》的解释活动中，解释对象难道不是《意见》本身而是刑法文本吗？这个问题正好是强制解释论所欲回答的核心问题、根本问题：只要承认《意见》是对刑法文本的解释（解释结论），就应当承认《意见》不是解释对象（即刑法文本才是解释对象），《意见》只是解释结论；只要承认《意见》是对刑法文本的解释（解释结论），就应当以刑法文本为依据来确定《意见》的解释性规定的具体含义（解释结论）的合法性限度，凡是超出刑法文本所可能包含的具体含义的解释结论就不具有合法性。可见，刑法文本与《意见》的关系属性需要谨慎判断：刑法文本是解释对象，《意见》解释结论（即《意见》的解释性规定的具体含义），二者之间的关系属性是解释对象与解释结论的关系，凡是不以刑法文本作为解释对象所得出的解释结论（即《意见》的解释性规定的具体含义），就存在强制解释论"解释对象确定性缺失""解释对象合法性缺失""解释结论合法性缺失"等命题所揭示的合法性危机。

刑法解释的解释对象只能是"刑法文本"，而"刑法文本"以外的其

---

① 参见何显兵《论收受财物后退还或者上交的认定》，http://zz.chinacourt.org/detail.php?id=3346，最后访问日期：2011年2月18日。转引自张明楷《受贿罪中收受财物后及时退交的问题分析》，《法学》2012年第4期。

他法律文本以及全部"软法"① 文本（例如《意见》）均不属于作为刑法解释对象的刑法文本。刑法解释学尽管承认"软法"对于刑法解释具有极其重要的意义，尤其是承认"软法"对于解释者"前见"的形成和影响等方面均具有刑法解释论价值；但是，"软法"并不能成为、不能等同于作为刑法解释对象的"刑法文本"，一旦以"软法"文本取代"刑法文本"并将"软法"作为刑法解释对象来对待，就超出了刑法解释限度"合法性"底线，即属于强制解释论"解释对象确定性缺失""解释对象合法性缺失""解释结论合法性缺失"等命题所揭示的超出刑法解释限度"合法性"底线的情形。因此，"无故意不归责的注意规定说"在理解上述《意见》第9条的解释性规定的具体含义时，坚持以刑法文本关于受贿罪的明确规定为依据，而不是将《意见》第9条的规定直接作为刑法条文予以适用，这一见解堪称精当。② 由此可见，在审查《意见》第9条规定的解释结论的合法性（以及合理性）时，实质上是在审查作为解释对象的"刑法文本"的解释限度问题：到底是以《意见》第9条（属于"软法"）作为刑法解释对象合法，还是以《刑法》第385条（受贿罪）作为刑法解释对象合法？显然，将《意见》第9条规定的解释结论的合法性审查的核心和关键聚焦于刑法文本的"解释限度"（解释对象合法性限度）问题上，实质上正是运用强制解释论"解释对象确定性缺失""解释对象合法性缺失""解释结论合法性缺失"等命题所揭示的刑法解释限度"合法性"底线这一原理，在确认以《刑法》第385条（受贿罪）作为刑法解释对象合法的基础上，应当否定以《意见》第9条（属于"软法"）作为刑法解释对象的合法性，因为《意见》第9条本身就只能被看作对"刑法文本"（《刑法》第385条）的解释，凡是否定解释对象"刑法文本"（《刑法》第385条）的客观性、确定性、合法性的强制解释均应被认定为超出解释限度。

综上，由于强制解释论堪称解释对象合法性理论（即通过否定强制解释来证立解释对象合法性的理论），强制解释论关于解释对象合法性的论述，对于进一步丰富解释限度论具有重要意义。强制阐释论也承认文

---

① 参见魏东主编《中国当下刑法解释论问题研究》，法律出版社2014年版，第33—50页。
② 参见魏东《论在"打虎拍蝇"中的法治理性》，《法治研究》2014年第10期。

本的自在性，认为文本独立于阐释者而存在，其自身蕴含的意义是有限的、确定的；同时也承认文本的开放性，认为理解者对文本的合理阐释与发挥也是客观存在的现象，但是应注意"确定的意义不能代替开放的理解，理解的开放不能超越合理的规约"①，必须尊重文本的自在性与阐释对象的确定性。② 这些理论智识可以说极大地丰富、深化了解释限度论，它赋予了解释限度更加丰富、深刻的内涵，解释对象的自在性、客观性、确定性与合法性等均应当成为解释限度的内在规定性；不仅如此，对文本——"自在性、客观性、确定性与合法性"确定之后的文本——进行文义解释，还应当以法律文本的语言意义为标准进一步确定解释结论合法性限度。

（三）应强化合法限度论对刑法解释限度的有效诠释

有学者指出，纵览我国学者关于刑法解释限度的论述，多集中于解释与类推的界限命题上展开研究，以"解释与类推的区分"（具体是刑法扩张解释与类推解释的区分）的研究取代"刑法解释限度"的研究，形成了隐性的"刑法解释限度"研究这一现象。③ 这种观察结论尽管并不周全，因为刑法解释限度论是较多学者关注和直接讨论的重要问题（而并非作为一个隐性问题来对待），并且刑法解释限度论并非仅限于解决"解释与类推的区分"，因为不合法的（文义）解释并不一定就是类推解释，还可能是其他类型的强制解释或者随意解释；但是，也应当承认这种观察结论确有一定道理，因为刑法的文义解释限度论中基本都涉及"解释与类推的区分"的讨论（但是并非仅限于这一讨论），并且通常是以文义解释限度作为刑法扩张解释与类推解释之间的区分标准，即超出刑法的文义解释限度的"扩张"解释在多数情况下属于类推解释（但是在部分情况下也可能属于其他类型的强制解释或者随意解释），没有超出刑法的文义解释限度的"扩张"解释属于合法的扩张解释。通过前面的讨论可

---

① 张江：《再论强制阐释》，《中国社会科学》2021年第2期。
② 泓峻：《"强制阐释论"的基本立场、理论建树与学术关怀》，《社会科学辑刊》2021年第3期。
③ 参见田馨睿《刑法解释限度论》，博士学位论文，四川大学，2020年，第7页。

以发现，刑法解释限度在实质上就是文义解释限度，所欲解决的问题是文义解释的法治底线和合法空间问题，即"刑法解释禁止超越文义"①，要求"案件必须在法律的名义下被裁决，这是法治最低限度的要求"②。可以认为，这些论述都是基于合法限度论立场对刑法解释限度所作的法理诠释。

合法限度论立场强调必须尽力避免价值优化论的极端倾向，即防止价值优化论在刑法解释限度之内"额外添加"合理性和合目的性价值判断，干扰合法限度的聚焦。一方面，应借鉴吸纳强制解释论主要通过审视"解释对象的合法性"限度问题（以及强制解释论"解释对象确定性缺失""解释对象合法性缺失""解释结论合法性缺失"等命题），直接排除"解释对象的合法性"限度缺失现象以初步保障"解释结论的合法性"限度，进而将"解释对象的合法性"限度作为"解释结论的合法性"限度的基础（前置性条件），并且将"解释对象的合法性"限度作为解释限度的应有内容；另一方面，要充分认识到，解释限度的实质内涵并不能简单地等同于、停留于"解释对象的合法性"限度判断，而是在"解释对象的合法性"限度判断基础上还需要进一步进行"解释结论的合法性"限度的进一步审查，真正将刑法解释限度周全地限定在（刑法文义解释的）解释对象合法性限度和解释结论合法性限度等两个维度的判断上。由此可以得出以下结论：

刑法解释限度，是指刑法文义解释所不能超越的、法律文本（刑法文本）所限定的文义界限和程度，以确保刑法解释对象和解释结论的合法性（限度）。

因此，刑法解释限度的"真问题"只能是刑法文义解释的合法限度问题，所欲解决的主要问题是刑法文义解释的解释对象合法性限度和解释结论合法性限度的问题，而不解决合理性与合目的性的问题。基于合法限度论立场，刑法解释限度的实质内涵及其关联问题可作如下具体诠释：

---

① 蒋熙辉：《刑法解释限度论》，《法学研究》2005年第4期。
② 孙海波：《"后果考量"与"法条主义"的较量——穿行于法律方法的噩梦与美梦之间》，《法制与社会发展》2015年第2期。

其一，刑法解释限度的名称，根据其所涵摄的"真问题"和实质内涵，又可以称为刑法的解释限度、刑法解释的限度、刑法解释的合法限度、刑法解释的文义限度、刑法文义解释的限度。

本书关于刑法解释限度的论述中，尽管在不同语境中分别使用了前述不同称谓，但是在基本含义上表达的内容是一致的。

其二，刑法解释限度的类型，可以区分为（刑法文义解释的）解释对象合法性限度和解释结论合法性限度两类。

关于刑法文义解释的解释对象合法性限度，应当运用强制解释论进行诠释学判断，确保解释对象的自在性、客观性、确定性、合法性等"四性"，在法理上可以将解释对象"四性"统称为解释对象合法性限度。同时需要说明的是，按照强制解释论，解释对象"四性"的核心是合法性，而自在性、客观性、确定性都是合法性的内在规定性[1]，因此，尽管可以将"四性"并列，但是它们都归属于解释对象合法性范畴，在通常语境中的解释对象合法性可以包括"四性"，在特殊语境中才有必要区分"四性"的具体内涵。因此，通常语境下所言的（刑法文义解释的）解释对象合法性限度，就是指刑法解释的解释对象只能是刑法文本（即刑法的立法文本），即充分体现解释对象"自在性、客观性、确定性、合法性"等"四性"属性的刑法文本，凡是悖离、超出刑法文本的刑法文义解释都超越了刑法解释的解释对象合法性限度，都不具有合法性。关于刑法文义解释的解释结论合法性限度，只能是在刑法文义解释的解释对象合法性限度内所确定的、刑法文义解释结论所不能超越的、法律文本（刑法文本）所限定的文义界限和程度。凡是超出刑法文本所限定的文义界限和程度的解释结论都不具有合法性。

因此，解释与类推的区分标准在实质意义上就是刑法解释限度：凡是既符合作为解释对象的刑法文本"自在性、客观性、确定性、合法性"要求，又符合法律文本（刑法文本）所限定的文义界限和程度的文义解释，即同时符合刑法文义解释的解释对象合法性限度和解释结论合法性限度的刑法解释，就具备文义解释合法性，就不属于类推（解释）；反之，凡是不能同时符合刑法文义解释的解释对象合法性限度和解释结论

---

[1] 张江：《再论强制阐释》，《中国社会科学》2021 年第 2 期。

合法性限度的，就不具备文义解释合法性，就很可能属于类推（解释）。

其三，作为刑法解释限度的合法限度，主要是指法律语言学意义上的形式合法性限度。

合法限度论内部还存在形式合法性限度论与实质合法性限度论的分歧。本书认为，合法限度主要是指法律语言学意义上的合法限度，因此主要是指形式合法性限度，而不是实质合法性限度。为什么要将实质合法性限度排除在刑法解释限度之外？本书给出的答案在于：实质合法性在本质上是价值优化问题，它的有效解决应当依赖于论理解释合理性和法社会学解释合目的性（或者刑事政策解释合目的性）来实现，而不能依赖于文义解释合法性限度来解决。因此，在形式合法性与实质合法性的纠结中，应当确认形式合法性限度。

例如，刑法文本的对象合法性限度判断中，将刑法典、单行刑法、附属刑法作为刑法文本，应当说仍然是形式合法性判断，而不是实质合法性判断。司法解释文本、司法文件以及其他刑事政策文件等，均由于不具有刑法文本（即刑法的立法文本）的形式合法性，因此尽管其中可能规定了"实质"的刑法规范内容，但是仍然应当认为这些司法解释文本、司法文件以及其他刑事政策文件等不符合解释对象合法性限度。

再如，刑法文义解释结论合法性限度判断中，仍然应当坚持法律语言学意义上的解释结论合法限度，而不能背离、超出法律语言学意义上的解释结论合法限度这一形式判断。例如，按照法律语言学意义上的解释结论合法限度来判断，《刑法》第385条中"财物"的解释结论中就不得包括"性""爱情""友情"等精神财富在内，因为"财物"的法律语言学意义只可能包括财产、财产性利益。如果将法律规范用语"财物"硬性解释为包括"性""爱情""友情"等精神财富，就明显违反了法律语言学意义上的形式合法性限度：一是背离了解释对象"财物"的自在性、客观性、确定性、合法性等"四性"要求，应当给归属于强制解释，超出了解释对象合法性限度；二是超出了法律文本（刑法文本）"财物"所限定的文义界限和程度，即超出了解释结论合法性限度。当然，行为人为某官员嫖娼支付嫖资的行为，将"嫖资"解释为"财物"，没有超出"财物"所限定的文义界限和程度，并不是直接将"性"解释为"财物"

(而是将"嫖资"解释为"财物")。

二 刑法解释限度的判断标准

关于刑法解释限度的判断标准,既有理论存在以下几种观点:一是犯罪定型说,认为应当以法的犯罪定型为标准来判断解释限度;二是语义说(又称为"文义说""法文语义说""文义射程说""可能的字义说"等),认为应当以法律条文的语义为标准来判断解释限度;三是一般人预测可能性说(又称为"国民预测可能性说"),认为应当以一般人的预测可能性为标准来判断解释限度。[1] 目前理论界对于刑法解释限度的判断标准的上述学说并没有形成共识。例如,有的学者认为法文语义说存在"宽泛性与抽象性的缺陷以及自身限度的虚设性"等疑问,一般人预测可能性说在根本上"不符合刑法解释限度的特征标准",因而主张采用犯罪定型说。[2] 再如,有的学者认为应当兼采"文义射程说"和"国民预测可能性说",从而可以在国民可预测范围内的"文义射程"范围内来确定刑法解释限度。[3] 有的学者主张,应从区分刑法扩张解释与类推解释各自所得出的解释结论"合理限度"的视角来确定刑法解释限度,衡量合理限度的标准是:通过扩大解释所包含进去的事项是否具有被解释的概念的核心属性。[4] 总之,理论界关于刑法解释限度的判断标准问题还存在较大争议。产生争议的根本原因在于不同学者对刑法解释限度到底应该秉持合法限度论还是价值优化论的问题上持有不同立场,不同学者对刑法

---

[1] 参见〔日〕关哲夫《论禁止类推解释与刑法解释的界限》,王充译,载陈兴良主编《刑事法评论》第 20 卷,北京大学出版社 2007 年版,第 367 页。还有学者指出,哈斯默尔从根本上否认"可能的字义"作为解释的界限,并坚持将类型代替"可能的字义"作为解释的界限;以埃塞尔为代表,并不全面否定"可能的字义"作为解释的界限,只是对此提出质疑;以拉伦茨为代表,完全站在通说的立场,对"可能的字义"作为解释的界限持肯定态度;按照法治的基本精神,必须保留"可能的字义"理论作为法律解释的界限。参见王祖书《法诠释学视域内"可能的字义"界限理论之反思》,《北方法学》2015 年第 1 期。

[2] 参见龚振军《刑法解释限度理论之关系论纲》,《法制与社会发展》2011 年第 4 期。

[3] 参见蒋熙辉《刑法解释限度论》,《法学研究》2005 年第 4 期。

[4] 参见刘志远《刑法解释的限度——合理的扩大解释与类推解释的区分》,《国家检察官学院学报》2002 年第 5 期。

解释限度的实质内涵存在不同理解。因此，只有在明确学术立场并且厘清刑法解释限度的实质内涵的基础上才能有效解决刑法解释限度的判断标准问题。

笔者认为，必须以能够充分反映并契合刑法解释限度"从价值优化论回归合法限度论"的基本立场和实质内涵为准则，才可能在客观公正地评判相关理论学说的基础上，合理确定刑法解释限度的判断标准。由此准则可以确认，关于刑法解释限度的判断标准的既有理论学说中，各种可以归属于法律语言学意义上的语义说（例如"文义说""法文语义说""可能的字义说""文义射程说"等）能够在一定程度上反映并契合刑法解释限度"从价值优化论回归合法限度论"的基本立场和实质内涵，而犯罪定型说均难以契合刑法解释限度"从价值优化论回归合法限度论"的基本立场和实质内涵。既有理论学说中的"语义说"（以及"文义说""法文语义说""可能的字义说""文义射程说"等）还存在机械地进行说文解字的缺陷，有的语义说论者将刑法解释限度过于机械地限制在法律用语的"字面含义""核心语义""通常含义"等之内，忽略了语言哲学发展的应然要求，不当地将边缘语义、动态发展的语义、特定语境中的语义等排除在刑法解释限度之外，从而不当地限缩了法律用语的语义范围和合法空间；另有的语义说论者将刑法解释限度过于宽泛地扩张至无限大，完全忽视解释对象的自在性、客观性、确定性、合法性等"四性"要求，将刑法解释限度宽泛地理解为"自说自话"的范围，在实质上消解刑法解释限度并堕落到刑法解释无限度的境地。因此，在确认既有理论学说中兼采"文义射程说"（以及"语义说""文义说""法文语义说""可能的字义说"等）和"国民预测可能性说"的判断标准能够在一定程度上反映并契合刑法解释限度"从价值优化论回归合法限度论"的基本立场和实质内涵的同时，必须正视"文义射程说"（以及"语义说""文义说""法文语义说""可能的字义说"等）可能存在不当地限缩语义范围或者无限制扩大语义范围等两个极端倾向，从语言哲学发展论的立场修正完善既有"文义射程说"（以及"语义说""文义说""法文语义说""可能的字义说"等）的应有内涵。如何修正完善既有的"文义射程说"（以及"语义说""文义说""法文语义说""可能的字义说"等）？对此，新近的法律解释学发现，语言哲学发展中出现的语用学

（语用论），是对于传统语言哲学"文义射程说"（以及"语义说""文义说""法文语义说""可能的字义说"等）的具体内涵产生革命性的深刻影响的重要理论，"在刑法的理解和解释中，语义分析之后必须进行语用分析，语用解释保证了客观解释的实现"[①]。语用意义说对于有效确定刑法解释限度的判断标准具有重要意义。

因此，笔者认为，刑法解释限度的判断标准应当采用"语用意义的国民预测可能性说"（也称为"语用意义＋国民预测可能性说"）[②] 是能够成立的，其法理主要在于：一方面，语用意义说更符合语言哲学的发展论并且具有强大的理论阐释力，有利于确保文义解释合法性空间范围不至于被不当缩小，以区别于传统静态意义上的"语义说""文义射程说"；另一方面，国民预测可能性说有利于适当限制语用意义说的意义范围，同时承认在特别专业领域（如生命科学、医学领域和人工智能领域等）中国民预测可能性可以特别地表现为同行专家预测可能性，以确保刑法解释结论合法性（合法底线和合法空间）不至于被无限扩大，两个方面的一张一弛有利于实现刑法解释限度的张弛有度。

（一）语用意义的强大阐释力

语言哲学发展观认为，语言论转向在 20 世纪前半期表现为语义学的发展，在 20 世纪后半期表现为语用学的诞生和发展，如果说语义学强调语言的意义是"反映"了现实的、一种静态的、不受语境和语言的使用者影响的意义，那么可以说，语用学强调语言的意义在于使用，这是一种对现实的"反应"（而不是"反映"），是动态的意义，只有在使用中语言才有意义，因而语用学十分重视语言的使用，重视语言使用的环境和语言的使用人。[③] 正是由于发现"语言意义产生于使用过程中，同样词汇由于语境不同会产生不同的意义，原本的'意义'是不存在的"[④]，语

---

① 参见王政勋《刑法解释的语言论研究》，商务印书馆 2016 年版，第 301 页。
② 参见魏东《案例刑法学的研究方法》，《政法论丛》2021 年第 6 期。在该文中，作者表述为"语用意义的同行专家预测可能性说"；对此，本书修正为"语用意义的国民预测可能性说"（也称为"语用意义＋国民预测可能性说"），特此说明。
③ 参见王政勋《刑法解释的语言论研究》，商务印书馆 2016 年版，第 33—38 页。
④ 王政勋：《刑法解释的语言论研究》，商务印书馆 2016 年版，第 209—210 页。

用学（语用论）的语言分析方法"逐渐渗透和扩展到社会科学和自然科学的各个领域中，日益鲜明地呈现出自身所独具的特征和意义"[1]。按照笔者的理解，语言哲学中关于语义（文义）的静态意义转向动态意义（命题），可以将语义的静态意义概括为"语义学的文义说"（文义说、语义说、静态意义说），相应地可以将语义的动态意义概括为"语用意义说"（语用学的文义说、语用学的语义说、动态意义说），由此逻辑可以将语义（文义）的静态意义转向动态意义这一命题转换为（概括为）：语义说（文义说、文义射程说）转向语用意义说。根据语言哲学发展观，可以认为，语用意义说更符合语言学"事物的本质"，更具有有效"反应"（而不是"反映"）语言世界现实的、动态的意义（而不是仅限于静态意义），更具有强大的阐释力。因此，语用意义说对于有效确定刑法解释限度的判断标准具有重要的诠释学意义：语用意义说不是排斥传统的语义说所包含的静态意义，而是在传统的语义说所包含的静态意义的基础上增添了动态意义，因此语用意义说的涵摄范围通常大于传统的语义说（文义说、文义射程说等），由此可以确保文义解释合法性空间范围不至于被不当缩小。

例如，夫妻之间发生的强迫性交行为（俗称"婚内强奸"，通常是指丈夫对妻子实施的强迫性行为），如果采用传统的语义说来分析，由于"奸"的词源学阐释结论是仅限于"婚外性行为""奸的原始含义是指婚外性行为""婚内无奸"[2]，就不能将丈夫对妻子实施的强迫性行为解释为"强奸"（因为"婚内无奸"），换言之，传统的语义说认为将丈夫对妻子实施的强迫性行为解释为"强奸"的解释结论不具有合法性（因为这一解释结论超出了刑法文义解释的解释限度的"语义说"标准）。我国司法实践中，人民法院就对一些婚内强奸案作出无罪判决，例如：1997年辽宁省义县白某某婚内强迫性行为案，法院

---

[1] 郭贵春、贺天平主编：《现代西方语用哲学研究》，科学出版社2006年版，"序言"第2页。转引自王政勋《刑法解释的语言论研究》，商务印书馆2016年版，第38页。

[2] 参见陈兴良《婚内强奸犯罪化：能与不能———一种法解释学的分析》，《法学》2006年第2期。

判决被告人无罪[1]；2000年四川省南江县吴某某婚内强迫性行为案，法院同样判决被告人无罪。[2] 但是，如果采用语用意义说来分析，由于语用学强调语言的意义（语用意义）是一种对现实的"反应"（而不是"反映"）、动态的意义，就可以确认强奸的语用意义可以将"婚内强奸"行为包含在内，"奸"的语用意义已经扩张了（超出了）"奸"的传统文义，并没有超出我国刑法文本用语的语用意义，同时还可以从我国《刑法》第236条关于"强奸妇女""奸淫幼女"的规定中并没有在犯罪对象上排除"妻子"这一语用立场来分析，进一步确证强奸的语用意义可以包含婚内强奸行为在内，由此，语用意义说可以确证：将丈夫对妻子实施的强迫性行为解释为"强奸"的解释结论具有合法性（因为这一解释结论没有超出刑法文义解释的解释限度的"语用意义说"标准）。同时，"妇女"在当今时代的语用意义完全可以说包含了作为妻子的女性在内，这种语用意义也符合国民预测可能性。正因如此，我国司法实践中对于一些特殊情形下的婚内强奸行为作出了有罪判决，例如，1989年的河南省信阳县靖某某婚内强迫性行为案，法院以强奸罪判处被告人有期徒刑6年[3]；2000年的上海市青蒲县王某某婚内强迫性行为案，法院也以强奸罪对被告人判处其有期徒刑3年，缓刑3年。[4]

关于婚内强奸行为的刑法解释限度问题，有必要补充说明以下两点：其一，刑法解释限度的判断标准不宜采用传统的"语义学的文义说"（文义说、语义说、文义射程说、法文语义说、静态意义说）以及"可能的字义说"，它们均难以证成法律规范用语"强奸"的解释结论合法性，但是刑法解释限度的判断标准采用"语用意义说"则可以解决上述难题。其二，文义解释仅仅具有确证刑法解释结论的合法底线、合法空间限定

---

[1] 参见《白俊峰强奸案［第20号］——丈夫强奸妻子的行为应如何定罪》，载最高人民法院刑事审判第一庭编《刑事审判参考》总第3辑，法律出版社1999年版，第23—26页。

[2] 魏东：《刑法分则解释论要》，北京大学出版社2020年版，第123页。

[3] 参见李盾《个体权利与整体利益关系》，载陈兴良主编《刑事法判解（第1卷）》，法律出版社1999年版，第395—418页。

[4] 参见《王卫明强奸案［第51号］——丈夫可否成为强奸罪的主体》，载最高人民法院刑事审判第一庭编《刑事审判参考》总第7辑，法律出版社2000年版，第26—29页。

功能，这一功能是通过刑法解释限度范畴来具体限定，刑法解释限度的判断标准采用"语用意义说"是基本可行的，但是文义解释（以及文义解释的解释限度）并不能解决解释结论的合理性和合目的性等优化价值的功能。因此，在确证文义解释合法性的基础上仍然需要进行论理解释和法社会学解释（刑事政策解释），由此才能在合法性的基础上进一步确证刑法解释结论的合理性和合目的性。例如，针对婚内强奸行为的刑法解释，除了确证解释限度问题（合法性问题），还需要确证合理性和合目的性问题，在法理上不应当将婚内强奸行为同其他情形下的强奸行为等同对待。笔者认为，从婚姻的本质和强奸罪的本质看（均属于论理解释和法社会学解释的范畴，而不属于文义解释范畴），对婚内强奸行为定罪时应当从严掌握，可以限定在婚姻处于非正常状态下（如已经分居或者处于离婚诉讼中等状态下）的、情节特别恶劣的"婚内强迫性行为"才认定为强奸罪，而不宜一律定罪。① 可见，对夫妻之间发生的强迫性行为定强奸罪时还需要进行进一步的适当限制，这种"进一步的适当限制"是论理解释和刑事政策解释的"任务"，以进一步论证解释结论的合理性和合目的性（价值优化范畴），通过论证解释结论的合理性和合目的性可以更进一步限缩处罚范围。

（二）通过国民预测可能性对语用意义进行适当限制

在语用意义说的基础上进一步增添国民预测可能性标准，有利于防止语用意义的主观任性和过度扩张，更加合理地确定刑法解释限度。例如，针对女性进行的强制性行为能否解释为"强奸"的问题，如果单纯从刑法解释限度的语用意义说标准来判断，就可能会出现过度解释现象。我国有学者认为，将针对女性进行的强制性行为定性为强奸罪并"按强奸罪来处罚也完全没有问题"，理由是这种解释结论更符合刑事政策合目的性。② 这里，论者论证了其得出的解释结论的合目的性（价值优化范畴），却没有提及刑法解释限度和合法性问题。在逻辑上可以作如下"推断"：论者可能也认为将针对女性进行的强制性行为解释为"强奸"符合

---

① 参见魏东《刑法分则解释论要》，北京大学出版社 2020 年版，第 124 页。
② 劳东燕：《功能主义刑法解释论的方法与立场》，《政法论坛》2018 年第 2 期。

刑法解释限度的语用意义说标准。但是，更进一步分析还可以提出新的问题，即针对"男性"进行的强制性行为能否解释为"强奸"？单纯从刑法解释限度的语用意义说标准来判断，似乎也可以得出肯定的答案（即针对"男性"进行的强制性行为能解释为"强奸"）。而事实上，当下我国的刑法教义学认为，针对女性进行的强制性行为是比较恶劣的强制猥亵，应定性为强制猥亵、侮辱罪[①]；按照我国刑法规定，针对"女性""男性"进行的强制性行为的解释结论也只能是构成强制猥亵罪，这种解释结论可以说是多数人见解。那么，从刑法解释限度的判断标准来看，语用意义说确实带有一定程度的主观任性和过度扩张的特点，这是语用意义说的强大阐释力所带来的"副作用"，因而需要适当限制，即通过国民预测可能性对语用意义进行适当限制。语用意义说强调特定的语境（如语言的时空条件等），在我国现行刑法规定了强奸罪、强制猥亵、侮辱罪、猥亵儿童罪的语境下，强奸行为的语用意义尽管可能在客观上存在多种诠释，例如，狭义的观点认为强奸行为只能是男性侵犯女性的行为，广义的观点认为强奸行为既包括男性侵犯女性的行为，也包括针对女性和男性进行的其他形式的性侵入行为，但是，通过国民预测可能性说对语用意义可以进行适当限制，从而可以将国民因为产生"明显突兀感"[②]或者"根本不能理解""根本不可接受"而超出国民预测可能性的语用意义排除在刑法解释限度之外，以确保刑法解释结论合法性（合法底线和合法空间）不至于被过度扩张，合理确定刑法解释结论合法性（合法底线和合法空间）。

因此，应当运用"语用意义的国民预测可能性说"的判断标准进行刑法解释限度判断，基本要求是：

第一，"语用意义的国民预测可能性说"要求刑法解释限度必须以语用学所可能确定的语用意义为限，而不能超出法律规范用语的语用意义，但是也不能仅限于静态意义上的文字的字面含义、文字的文义射程。正如我国有学者指出："根据会话含义理论，立法者预料到并期待解释者会

[①] 张明楷：《刑法学》（第五版）（下），法律出版社2016年版，第869页。
[②] 付立庆：《刑法扩大解释与类推适用的区分标准——明显突兀感说的提出及其展开》，载《刑法解释》2020年卷（总第5卷），法律出版社2020年版，第1—14页。

根据文本的语义结构、读者的心理图式、生活中的常规关系等解读出刑法文本的语用意义，司法者必然会根据语境因素对刑法文本的意义进行语用推理，解读出字面意义之外的隐含意义、形式意义之外的实质意义、语义意义之外的语用意义，并且在不同语境下解读出不同意义。刑法文本为语用推理划定了大致范围，语用推理实现了文本静态意义向动态意义的转化……"①

第二，"语用意义的国民预测可能性说"要求刑法解释限度必须符合国民预测可能性，而不至于使得国民因为产生"明显突兀感"②或者"根本不能理解""根本不可接受"而超出国民预测可能性。法律规范用语中普通用语的法律解释限度应当符合国民预测可能性，但是应注意，这一原理并不影响同行专家预测可能性和专业解释的运用，即法律专业用语的法律解释限度应当符合国民预测可能性（以及法律专业的同行专家预测可能性），生命科学的、医学的、环境科学的、人工智能的、军事科学等专业用语的法律解释限度同样应当符合国民预测可能性（以及相关专业的同行专家预测可能性）。这是因为，专业用语应依据专业含义进行解释，本来就是文义解释规则，这一规则要求对法律文本中的专业用语的语义，必须按照法律文本的明确规定和概念体系逻辑进行专门解释，应当解释它的特定含义、立法者的真实意思，而不能按照社会一般人的通常理解来解释专业用语的语义。③例如，刑法文本中规定的"犯罪""共同犯罪""单位犯罪""刑事责任""刑罚""数罪并罚""以上""以下"等专业术语，必须严格按照刑法文本规定和概念体系逻辑来解释这些专业术语的特定的专业含义，而不能认为这种文义解释规则违背了国民预测可能性。

第三，为防止对语用意义的过度扩张而超出法规范用语所限定的合法空间，同时为防止法律解释明显背离国民守法意识和法律认同意识，

---

① 王政勋：《刑法解释的立场是客观解释——基于会话含义理论的分析》，《法律科学》2012年第3期。

② 付立庆：《刑法扩大解释与类推适用的区分标准——明显突兀感说的提出及其展开》，载《刑法解释》2020年卷（总第5卷），法律出版社2020年版，第1—14页。

③ 王利明：《法律解释学导论——以民法为视角》（第2版），法律出版社2017年版，第274页。

以及为防止法律解释过度疏离于特定历史时期法律用语的语用意义，应当将语用意义限定在特定历史时期的国民预测可能性范围之内，或者说，应当既考虑语用意义又考虑国民预测可能性，这是"语用意义的国民预测可能性说"的应有含义。在此意义上，"语用意义的国民预测可能性说"也可以表示为"语用意义＋国民预测可能性说"。如前所述，《刑法》第236条规定的强奸罪中"妇女"的刑法解释限度，应当符合国民预测可能性，而不至于将"男性"解释为"妇女"。再如，《刑法》第116条规定的破坏交通工具罪中"汽车"，是否可以将"用于载人的大型拖拉机"解释为"汽车"？应当审查"汽车"的语用意义以及国民预测可能性，在此基础上确定"汽车"的语用意义可以包括"用于载人的大型拖拉机"在内。再如，《刑法》第140条规定的生产、销售伪劣产品罪中"以假充真""冒充"（原话是"以不合格产品冒充合格产品"）的语用意义，以及《刑法》第263条规定的抢劫罪加重法定刑情节中"冒充"（原话是"冒充军警人员抢劫的"）的语用意义，是否可以解释为没有任何虚假成分（即全部为真）情形下的"以真充真"？对此，一般人（国民预测可能性）都会较为一致地给出答案："以假充真""冒充"的语用意义不可能包含有"以真充真"，一般人会说"这是不可思议的""这是不合常识、常理、常情的"（国民预测可能性）。通过审查法条规定的语用意义以及国民预测可能性，应当能够有效确证法规范用语所限定的合法空间。

三　刑法解释限度的诠释学功能

刑法解释限度理论必须充分关注刑法解释限度的诠释学功能。刑法解释限度的诠释学功能的基本属性，应归属于刑法解释功能论的范畴。所谓刑法解释限度的诠释学功能，又称为"刑法解释限度的限定功能""刑法解释限度的限定合法性功能""限定合法性功能"，是指刑法解释限度在诠释学意义上所具有的限定刑法解释合法性（解释对象合法性与解释结论合法性）的功能。

（一）刑法解释限度的诠释学功能有限性

从广义看，刑法解释的功能包括刑法解释的诠释学功能（确证刑法解释结论有效性的功能）、推动刑法立法完善的功能、促进刑法学理论知识体系化发展的功能等多项功能；从狭义看，刑法解释的功能是指刑法解释的诠释学功能，即确证刑法解释结论的合法性、合理性、合目的性以及整体有效性的功能。① 因此，刑法解释限度的诠释学功能，应当在"存在论、认识论和方法论相统一的解释学"②、整全论功能主义刑法解释学③的意义上，基于合法限度论立场来限定：刑法解释限度的诠释学功能，在具体层面上是指刑法解释的诠释学功能中的确证（限定）刑法解释结论的合法性功能；但是，刑法解释限度的诠释学功能不包括确证（限定）刑法解释结论合理性、合目的性以及整体有效性的功能。因此，刑法解释限度的诠释学功能是一种有限功能（仅具有限定刑法解释结论合法性的功能），而不是超级功能（而不具有限定刑法解释结论合理性和合目的性等优化价值的功能）。

刑法解释限度的有限功能是由刑法文义解释的根本特点和有限功能所决定的。文义解释的根本特点，是根据语言学知识（如语用学理论等）来阐释刑法文本规定的具体含义，而不是根据语言学知识以外的其他因素来阐释刑法文本规定的具体含义。因此，所有那些根据语言学知识来阐释刑法文本规定的具体含义的方法，例如，根据语法、字面含义、语用学理论等来解释刑法的方法（即语法解释、字面解释、语用解释），都属于文义解释范畴；所有那些根据语言学知识以外的其他因素来阐释刑法文本规定的具体含义的方法，都不是文义解释。刑法文义解释仅具有限定和确证刑法解释结论合法性范围（合法空间）的有限功能，但是不具有证成合理性和合目的性的超级功能，这是理解刑法解释限度的诠释学功能的重要根据。文义解释所具有的限定并确证法律解释结论的合法

---

① 参见魏东：《刑法解释学的功能主义范式与学科定位》，《现代法学》2021年第5期。
② 何卫平：《西方解释学的第三次转向——从哈贝马斯到利科》，《中国社会科学》2019年第6期。
③ 魏东：《刑法解释学的功能主义范式与学科定位》，《现代法学》2021年第5期。

性这一功能（合法性限定功能、合法空间限定功能），尽管是有限的功能，但是又是非常重要、非常关键、最为基础的功能，其具体限定了其他任何法律解释方法所得出的解释结论的合法空间，超出了文义解释结论合法空间的任何解释结论都不具有合法性，正是在这个意义上可以说"文义是法律解释的开始，也是法律解释的终点"[①]，可能的文义显示出文义解释方法的范围功能，划出了法律解释活动的最大回旋余地。[②] 由于文义解释所具有的合法性限定功能（合法空间限定功能），不能代替论理解释和法社会学解释所具有的优化价值解释功能，因此，在文义解释的基础上，通常还需要进一步展开论理解释和法社会学解释，以周全确证解释结论的合法性、合理性和合目的性。

但是，理论界对于文义解释的有限功能存在误解，错误地认为文义解释具有"决定功能""优位选择功能""解释循环功能"等功能，进而也导致对文义解释限度的有限功能存在不正确的看法。

例如，我国有的学者认为，文义解释的功能是确定文本的字面含义、可能文义范围并"决定是否可以运用其他狭义的法律解释方法"，即"如果文义解释的结果是，其核心文义和边缘文义是明晰的，对于核心文义也是没有争议的，就不需要运用其他方法进行解释"。"而对于边缘文义，文义解释往往难以胜任，就必须运用论理解释和法社会学解释方法。对于该区域发生的争议，法官必须借助其他解释方法来解释。"[③] 很明显，这种观点将文义解释的限定功能进一步阐释为"决定功能"（即认为文义解释具有"决定是否可以运用其他狭义的法律解释方法"的功能），应当说这种观点不符合刑法解释方法确证功能体系化（命题）[④] 的基本原理。

再如，有观点认为，文义解释可以通过其自身的解释努力获得解释结论有效性，有的学者将这种论断称为"优位性"或者"优位选择"，只有在这种解释努力仍然无法获得令人信服的"唯一结论"时才需要进入下一步的"次位选择"解释、继续解释（如体系解释和目的解释等）。王

[①] 王泽鉴：《民法概要》，中国政法大学出版社 2003 年版，第 19 页。
[②] 黄茂荣：《法学方法与现代民法》（第 5 版），法律出版社 2007 年版，第 340 页。
[③] 王利明：《法律解释学导论——以民法为视角》（第 2 版），法律出版社 2017 年版，第 242—244 页。
[④] 参见魏东《刑法解释方法体系化及其确证功能》，《法制与社会发展》2021 年第 6 期。

政勋教授指出：刑法解释包括语义解释和语用解释两个步骤，即先进行语义解释，再进行语用解释。语义解释是在刑法文本的范围内考察刑法用语的可能意义、静态意义，语用解释是在此范围内通过对语境因素的应用，将刑法用语的意义落到实处，得到刑法用语的现实意义、动态意义，因此刑法解释是语义解释和语用解释的结合，结合的方式是解释论循环。[①] 实质上，王政勋教授赋予了文义解释超强的诠释学功能，尤其是法社会学解释功能（法社会学解释结论合目的性的确证功能）。对此，陈兴良教授指出："根据王政勋的理解，语用解释……不同于语义解释……语用解释的功能已经在一定程度上超出了单纯的语言分析的境界，而与语言的外部环境紧密地联系在一起了。这个意义上的语言学，应该是一种语言社会学。"[②] 依笔者理解，语用解释在本原意义上仍然属于文义解释范畴，即语用学的文义解释，它采用语用意义说标准来限定刑法文义解释限度，有利于确保文义解释合法性空间范围不至于被不当缩小，仅此而已；至于文义解释结论中哪些结论内容合理、哪些结论内容不合理的问题，这些问题属于价值优化问题，在基本功能上不能归属于文义解释，而应归属于论理解释和法社会学解释（以限定和确证优化价值）。在此意义上，语言社会学意义上的语用解释中已经融入了法社会学解释的因素，但是在逻辑上必须区分：语言学和语用解释仅能归属于文义解释合法性范畴，在文义解释合法性范围内再进一步运用社会学（以及语言社会学）的原理来限定、确证解释结论合目的性等优化价值，后者应归属于法社会学解释合目的性这一价值优化范畴，二者分别归属于不同的诠释学范畴，不可混淆。

再如，有学者认为，文理解释是刑法解释的优位选择，论理解释是刑法解释的次位选择，后者只有在前者不能得出唯一结论时才具有适用的可能性，即证成文理解释结论正当性的功能；马乐案的争点是利用未公开信息交易罪法定刑的解释问题，根据不同的文理解释方法将得出部分援引和全部援引两种截然不同的解释结论，通过体系解释、目的解释

[①] 参见王政勋《刑法解释的语言论研究》，商务印书馆2016年版，第28—59页。
[②] 王政勋：《刑法解释的语言论研究》，商务印书馆2016年版，"序"，第5页。

的校验，可以印证全部援引这一解释结论具有正当性。[①] 这里出现了无法令人清晰理解的逻辑：一方面强调文义解释是"优位性"或者"优位选择"的解释方法（及其解释结论），另一方面强调需要"次位选择"解释来化解矛盾并最终解决问题，那么，到底如何理解"优位选择"与"次位选择"的逻辑关系？难道真的是"优位选择"反而被"次位选择"所最终决定吗？对此问题，笔者的看法是：需要从刑法解释方法确证功能体系化命题来正确阐释，刑法解释方法（群）内部各种解释方法之间的关系不能简单地认为是位阶关系，而是功能性整合关系，文义解释合法性通过解释限度论以确定解释结论合法性范围（合法空间）问题，它以多样性（多样性合法性）为特征，虽然不能说文义解释结论"越多越好"，但是应当承认文义解释结论"应有尽有"才好；论理解释合理性和法社会学解释合目的性则通过价值优化论确定解释结论"合法性可包容的优化价值"问题。在刑法解释方法确证功能体系化命题中，只有文义解释才存在解释限度问题，因为它需要确定解释结论合法性范围（合法空间）；而论理解释是不存在解释限度问题的，因为不能说合理性不能超过某种限度，也不能说合目的性不能超过某种限度。即使在某种特定语境下出现了合理性和合目的性"限度"这种说法，这时的"限度"实质上仍然只能指涉"合法性限度"（合法空间），即合理性和合目的性作为优化价值只能是越优化越好，但是不能超出文义解释"合法性限度"（合法空间），所谓的"解释限度"最终仍然回归于文义解释限度（即文义解释"合法性限度"、合法空间）。可见，刑法解释限度的诠释学功能，只能是确证刑法解释结论合法性范围（合法空间），只能解决合法性（限度），而不具有解决合理性和合目的性（价值优化）的功能。

（二）刑法解释限度的诠释学功能层级性

刑法解释限度本来是针对文义解释（方法和结论）的合法性而言的，在本原意义上只有文义解释才存在解释限度问题。但是，由于主观解释与客观解释、实质解释与功能主义刑法解释等其他解释方法（与结论）

[①] 参见叶良芳、申屠晓莉《论理解释对文理解释的校验功能——"两高"指导性案例马乐利用未公开信息交易案评释》，《中国刑事法杂志》2018 年第 1 期。

都必须以文义解释的合法性为基础，只有在具有合法性这一基础价值之上的刑法解释结论才可能具有有效性。因此，刑法解释限度的限定功能可以细分为直接限定功能与间接限定功能两个层级：直接限定功能，是指刑法解释限度所具有的直接限定刑法解释结论合法性的功能；间接限定功能，是指刑法解释限度所具有的间接地限定刑法解释结论整体有效性的功能，即通过直接限定刑法解释结论合法性而间接地限定刑法解释结论整体有效性，因为缺失合法性的解释结论（即使存在合理性和合目的性）当然就不具有整体有效性。由此可见，从逻辑周全性看，刑法解释限度的诠释学功能，既可以是刑法解释限度所具有的直接限定刑法解释结论合法性的诠释学功能，也可以是刑法解释限度间接地限定刑法解释结论整体有效性的功能。

四 结语

综上，作为刑法解释学重要范畴（理论）的刑法解释限度的法理阐释和理论构建，需要在基本立场上从刑法解释限度的价值优化论回归合法限度论，明确刑法解释限度所欲解决的主要问题是刑法解释合法性（底线价值）问题，而不解决合理性与合目的性等价值优化的问题；在基本路径上依次展开对刑法解释限度的实质内涵、判断标准、诠释学功能及其关系论等诸方面的深入研究和法理论证，才能真正实现刑法解释限度的理论归正和理论体系化。

刑法解释限度的判断标准，应当坚持"语用意义的国民预测可能性说"，既要确保文义解释合法性空间范围不至于被不当缩小，又要确保刑法解释结论合法性（合法底线和合法空间）不至于被无限扩大。刑法解释限度的诠释学功能，是指刑法解释限度在诠释学上所具有的限定刑法解释合法性的功能，其特点是有限性和层级性。应当明确刑法解释限度论的有限使命，刑法解释限度的诠释学功能中并不具有限定和确证刑法解释结论的合理性和合目的性等价值优化的功能。

第十四章

刑法解释融贯性

一 刑法解释融贯性的概念

刑法解释的融贯性，是指刑法解释基于整体法秩序上的一致性和协调性要求，以协调一致的刑法解释原则、目标、立场和解释方法体系，确保刑法解释方法、过程和结论的逻辑一致性、协调性和相互证立性。

关于刑法解释的融贯性问题，目前仅有少数刑法学者提出和关注。有学者指出，刑法解释要达到法律体系的内在协调和论证结果的一致才能实现融贯性。[1] 然而，这种论述其实并没有对刑法解释的融贯性给出一个明确的概念。那么，刑法解释的融贯性应该如何理解？融贯性又被简称为融贯论。法律领域的融贯论，一般认为可以分为三种：法律论证中的融贯论、法律体系内的融贯论、法律融贯主义。[2] 另有学者认为，法律领域的融贯论，还可以分为认识性法律融贯论、构成性法律融贯论、整全性法律融贯论三种，认识性法律融贯论是一种关于法律知识的证成理论，构成性法律融贯论是一种关于法律本质和正确裁判的理论，整全性法律融贯论是一种关于法律知识最优证成理论的广义融贯论。这三种融贯论之间互不具有可替代性，认识性法律融贯论属于真理证成计划，构成性法律融贯论属于真理形而上学计划，而整全性法律融贯论则对认识性法律融贯论的真理论价

---

[1] 参见范玉、刘畅《论刑法解释的融贯性——从刑法解释内容切入》，载魏东主编《刑法解释》（第4卷），法律出版社2019年版，第43页。

[2] 参见蔡琳《融贯论的可能性与限度——作为追求法官论证合理性的适当态度和方法》，《法律科学》2008年第3期。

值给予元理论说明。[①] 可以认为，法律解释学关注的融贯性主要是法律论证中的融贯论（认识性法律融贯论）、法律体系内的融贯论（构成性法律融贯论）。例如，法理学者雷磊指出，法律体系的融贯性意味着法律体系各个部分之间的相互支持与证立，这是对于法律体系的道德要求，也只是法治的目标之一。法律体系的融贯性包含连贯性、体系融贯性与理念融贯性三个层次，它是借助于一定的诠释方法建构出的产物。针对当代中国法律体系的融贯化面临特殊的难题，只有从制度体系、背景体系、方法体系三个方面努力才能建构出满足三个层面融贯性要求的法律体系。[②]

根据宪法学者王锴的归纳，佩策尼克、德沃金、法农、阿列克西、劳伦斯·邦久等学者对法律解释的融贯性主要有以下研究成果[③]：第一，佩策尼克首次将融贯性（coherence）作为法律解释学（legal doctrine）的构成基础。融贯性要求解释理由之间的相应证立与循环论证，法释义学就是在追求所有方面（知识、道德、正义）的融贯性。若从非单调逻辑出发进行追问和扩展，这一追问和扩展越深远，遇到的问题就越多，问题之一就是非单调逻辑允许对推理前提的质疑或否定，一旦前提的反面情况出现，推理或论证的结论就应当被改变。然而，新的理由后面还有更新的理由，反面论证也有可能出现它自己的反面论证，如此追问下去就要求保持融贯性，也就是理由之间的相应证立与循环论证。第二，德沃金指出，融贯性解释理论要求法官对法律的解释与体制中的价值观念相一致。德沃金主张对法律的解释必须采取融贯性和整体性的立场[④]，以融贯论作为法律真理观，以罗尔斯的"反思性均衡"作为法律解释的方法，以信念之间、信念和经验之间的融贯性作为法律解释的标准，从而为"法律唯一正解"提供哲学上的正当化根据。[⑤] 第三，法农认为，（宪法）解释的融贯性是指不同的解释

---

① 参见陈曦《法律融贯论辨析》，《北方法学》2017年第6期。
② 参见雷磊《融贯性与法律体系的建构——兼论当代中国法律体系的融贯化》，《法学家》2012年第2期。
③ 除特别注明出处的内容外，主要内容参见王锴《宪法解释的融贯性》，《当代法学》2012年第1期。
④ 参见宋振保《法律解释方法的融贯运作及其规则——以最高院"指导案例32号"为切入点》，《法律科学》2016年第3期。
⑤ 参见王彬《论法律解释的融贯性——评德沃金的法律真理观》，《法制与社会发展》2007年第5期。

方法最后都指向同一个结论，（法农教授的）融贯性宪法解释理论要求不同的宪法论证尽量符合法治、政治民主性、通过尊重个人权利推动实质正义的价值要求。第四，阿列克西认为，融贯性是指逻辑上一致、团结、综合。第五，劳伦斯·邦久将融贯性总结为以下七点：其一，它（即"融贯性"）在逻辑上是一致的。其二，它拥有高度的无矛盾可能性。其三，它的组成信念之间有着相当数量的、相当强烈逻辑蕴含的关系。其四，它是相对统一的，它没有分裂成相对无联系的子系统。其五，它只有很少的无法说明的例外情形。其六，它有一个相对稳定的、长期保持融贯（满足了前面五个条件）的世界观。其七，它满足了观察的要求，意味着它必须包含一套高度依赖许多合理的自发性信念，包括内省性的信念。

综上所述，尽管理论界对法律解释的融贯性概念尚未给出一个大家公认的定义，但是其基本含义还是比较明确的，即法律解释的融贯性，是指法律解释必须具有在整体法秩序上的一致性、贯通性和协调性，在各部门法之间、部门法内部各要素之间必须具有协调一致性、贯通性和相互证立性，而不至于出现法律解释过程和结论上无法解决的矛盾。所以，参考法理学者和宪法学者的研究成果，本书将刑法解释的融贯性的概念界定为：是指刑法解释基于整体法秩序上的一致性和协调性要求，以协调一致的刑法解释原则、目标、立场和解释方法体系，确保刑法解释方法、过程和结论的逻辑一致性、协调性和相互证立性。

二 刑法解释融贯性的判例实证

以成都孙伟某醉驾致人死亡案为例。[①] 孙伟某的行为到底是构成交通

---

① 2008年5月28日，上诉人（原审被告人）孙伟某购买了车牌号为川A43K66的别克牌轿车。在未取得合法驾驶资格的情况下，孙伟某长期无证驾驶该车，并有多次交通违法记录。2008年12月14日中午，孙伟某与其父母在成都市成华区万年场"四方阁"酒楼为亲属祝寿，其间大量饮酒。16时许，孙伟某驾驶川A43K66车送其父母到成都市火车北站搭乘火车，之后驾车折返至城东成龙路向成都市龙泉驿区方向行驶。17时许，行至成龙路"蓝谷地"路口时，孙伟某驾车从后面冲撞与其同向行驶的川A9T332比亚迪牌轿车尾部。其后，孙伟某继续驾车向前超速行驶，并在成龙路"卓锦城"路段违章越过道路中心黄色双实线，与对面车道正常行驶的川AUZ872长安奔牌轿车猛烈碰撞后，又与川AK1769长安奥拓牌轿车、川AVD241福特蒙迪欧牌轿车、川AMC337奇瑞QQ轿车发生碰撞及擦刮，致川AUZ872长安奔牌轿车内张景某及

肇事罪，还是构成以危险方法危害公共安全罪？应当承认这一疑问是客观存在的，孙伟某的辩护人提出了将其行为定性为交通肇事罪的辩护意见，四川省和成都市两级人民法院均认定孙伟某的行为构成以危险方法危害公共安全罪。若要合理解决这一疑问，必须谨慎观照刑法原理和刑法解释的融贯性。就成都孙伟某醉驾致人死亡行为的刑法解释结论而言，表面上看可能存在违背法律解释融贯性的疑问，因为，本案将孙伟某醉驾致人死亡的行为"解释"为故意（放任）致人死亡结果的发生，因而孙伟某的行为构成以危险方法危害公共安全罪，而在其他较多的情形下，醉驾致人死亡的行为是被"解释"为过失致人死亡的行为的（即构成交通肇事罪）。这里需要特别的解释说理，还需要充分观照刑法教义学原理阐释的语境性，才能使得解释结论满足刑法解释的融贯性要求，然后才能够实现刑法解释的逻辑性自恰。语境性是从语言论意义上强调进行语义阐释时限定的具体情境，语境性在犯罪学上同"情境性"相联系，因此，可以说法理阐释的语境性和犯罪行为的情境性密切相关。孙伟某醉驾致人死亡的行为发生在人员密集流动的闹市区（成都市区）之中，这一具体的语境性（情境性）就决定了孙伟某醉驾、严重超速行车、逆行尤其是跨越双实线逆行、连续发生多起撞击行驶中的机动车和行人并致多人死亡和重伤的系列行为，依法应当被解释为孙伟某"故意"放任危害结果的发生（即间接故意），而不应被解释为"过失"，其理由在于：孙伟某的行为在前述"这一具体的语境性（情境性）"之下，根本就不具有或者说几乎不具有避免车毁人亡危害结果发生的现实可能性，或者说具有发生危害结果的风险已经升高至极以至于客观上不大可能有效防范危害结果发生。这种释法说理既充分观照了刑法教义学原理的语境性，又满足了刑法解释方法确证功能体系化的功能性融贯关系，周全确证了刑法解释结论有效性。

（接上注）尹国某夫妇、金亚某及张成某夫妇死亡，另一乘客代玉某重伤，造成公私财产损失共计5万余元。交通警察接群众报案后赶至现场将孙伟某抓获。经鉴定，孙伟某驾驶的车辆碰撞前瞬间的行驶速度为134—138公里/小时，孙伟某案发时血液中的乙醇含量为135.8毫克/100毫升。本案一审和二审均认定孙伟某构成以危险方法危害公共安全罪，原一审判决孙伟某死刑立即执行，二审改判孙伟某无期徒刑。参见最高人民法院《关于醉酒驾车犯罪法律适用问题的意见》附随案例一。

这里涉及风险升高理论。关于风险升高理论，周光权教授指出："对于交通肇事罪的认定，传统上认为超速行驶就提升了法益风险，行为就具有社会危害性，从而很容易得出被告人构成过失犯罪的结论。对这种判断逻辑必须进行反思。过失犯有不同于故意犯的客观构成要件，结果避免可能性是其中的核心内容，对此，新过失论和修正的旧过失论都予以承认。风险升高理论的功能极其有限，其对行为制造了法所禁止的风险这一点进行了揭示，但不能由此得出行为人一定实现了法所禁止的风险的结论。在超速驾驶提升法益风险的场合，对结果避免可能性是否存在需要仔细判断，抽象地认为行为提升了法益风险就可以成立过失犯的主张并不合理。在处理具体案件时，对被告人即便遵守规定，结果是否仍然也无法避免的关键事实无法查明，或不能证明结果发生的概率极高的，都不能将死亡结果算到行为人头上，只能做有利于被告的认定；控方只有证明到如果行为人合乎义务地行动，结果就近乎肯定会避免时，才符合事实清楚、证据确实充分的证明要求。"① 对此笔者必须指出，风险升高理论尽管通常适用于过失犯罪，但是，其完全可以作为故意犯罪（包括间接故意犯罪和直接故意犯罪）的一种解释理论。诚如周光权教授所指出的，"过失犯有不同于故意犯的客观构成要件，结果避免可能性是其中的核心内容"，如果说结果避免可能性不存在（或者存疑）是"客观情势"（尤其是客观环境条件）所决定的，而"抽象地认为行为提升了法益风险就可以成立过失犯的主张并不合理"；那么就可以说，如果结果避免可能性不存在或者几乎不存在是由"行为人的行为"提升了法益风险所致，而非"客观情势"所决定的，则抽象地否定行为人的行为"故意"放任危害结果发生而成立故意犯的主张也不合理。由此，风险升高理论不但可以成为过失犯的解释理论，也可以成为故意犯（间接故意犯罪）的解释理论，将行为人的行为提升了法益风险以至于结果避免可能性不存在或者几乎不存在，而最终导致危害结果发生的，依法应认定为故意放任（间接故意犯罪）。这里强调法理阐释必须契合语境性（情境性），是指在具体阐释某种行为是否提升

---

① 周光权：《风险升高理论与存疑有利于被告原则——兼论"赵达文交通肇事案"的定性》，《法学》2018 年第 8 期。

了法益风险、结果避免可能性不存在或者几乎不存在是由于客观情势所决定的还是由于行为人的行为所决定的，以及具体阐释行为定型和罪责类型为何的时候，必须谨慎审查具体语境（情境）：其一，如果结果避免可能性不存在（或者存疑）是"客观情势"（尤其是客观环境条件）所决定的，应依法认定行为人的行为不构成犯罪（包括不构成过失犯罪和故意犯罪）；其二，如果结果避免可能性不存在或者几乎不存在是由于"行为人的行为"提升了法益风险所致，而非"客观情势"所决定的，应依法认定行为人的行为构成故意犯罪；其三，如果结果避免可能性存在，"控方只有证明到如果行为人合乎义务地行动，结果就近乎肯定会避免时"，由于行为人的行为提升了法益风险而致危害结果发生的，应依法认定行为人的行为构成过失犯罪。对于上述第三种语境（情境）的行为，即一般情境下醉驾致人死亡的行为，尤其是在城市郊区或者野外情境下醉驾致人死亡的行为，由于客观上存在结果避免可能性（并且可能较大），仅仅因为行为人过于自信"轻信能够避免"而未能避免并最终导致危害结果发生的，构成作为过失犯罪的交通肇事罪。而对于上述第二种语境（情境）的行为，如孙伟某在城市闹市区严重超速、跨越双实线逆行、醉驾、连续多次撞击多辆正常行驶中的机动车并致多车多人车毁人亡的行为，因为（危害）结果避免可能性不存在或者几乎不存在是由于"行为人的行为"提升了法益风险所致，而非"客观情势"所决定的，应依法认定行为人的行为构成作为故意犯罪（间接故意犯罪）的以危险方法危害公共安全罪。

可以认为，刑法解释方法及刑法教义学法理阐释的融贯性和语境性，是刑法解释学乃至整体刑法学理论研究中必须适当注意的重要命题，必须予以高度重视和适当运用。

第十五章

刑法解释的保守性

笔者近年来提出并初步论证了"刑法解释的保守性"命题,主张:在入罪解释场合下,为侧重贯彻刑法人权保障价值,应以刑法主观解释和刑法形式解释为原则(即主张坚守刚性化、形式化的入罪底线的原则立场),同时为适当照顾刑法秩序维护价值,仅应谨慎地准许例外的、个别的且可以限定数量的刑法客观解释与刑法实质解释对被告人入罪(即入罪解释的例外方法);在出罪解释场合下,为侧重贯彻刑法人权保障价值,应主张准许有利于被告人出罪的刑法客观解释与刑法实质解释这样一种常态化刑法解释立场,不得以刑法主观解释与刑法形式解释反对有利于被告人出罪的刑法客观解释与刑法实质解释;在刑法(立法)漏洞客观存在的场合,应在坚持刑法漏洞由立法填补的原则下,准许有利于被告人出罪的刑法解释填补,反对入罪的刑法解释填补(即司法填补)。[1]应当说,刑法解释的保守性命题在学界引起了一定关注。有的学者比较认同[2],有的学者则在部分认同的基础上提出了较多质疑,其中尤以陈兴良教授和劳东燕教授批评"刑法解释的保守性"命题在基本立场上难以区别于刑法的形式解释论,并且是"以对形式解释论的误解为前提"的

---

[1] 参见下列论著:魏东:《论社会危害性理论与实质刑法观的关联关系与风险防范》,《现代法学》2010年第6期;魏东:《保守的实质刑法观与现代刑事政策立场》,中国民主法制出版社2011年版,第8—10页、第17—30页;魏东主编:《中国当下刑法解释论问题研究——以论证刑法解释的保守性为中心》,法律出版社2014年版,第125—130页。

[2] 参见王蕾、王德政《形式与实质的艰难权衡——评魏东教授〈保守的实质刑法观与现代刑事政策立场〉》,《中外企业家》2013年第2期。

观点具有一定代表性。①

应当说,"刑法解释的保守性"命题具有十分鲜明的针对性,既是针对刑法解释之不同于其他部门法解释的"整体个性"的一体阐释,更是针对刑法解释论内部学术之争的"具体个性"的具体权衡。就后者而言,中国当下刑法解释论学术之争尽管广泛而深刻,关涉刑法解释的价值、立场与方法等诸方面内容,但是其中主要的,也是最受关注的学术争论是刑法的主观解释与客观解释之争、形式解释与实质解释之争。正是针对中国当下刑法解释论学术之争,笔者提出了"刑法解释的保守性"命题,以求化解矛盾并解决问题。那么,中国当下刑法解释论学术之争与刑法解释的保守性命题之间有着怎样的勾连关系?进而,刑法解释的保守性命题有无充分的法理基础与学术价值,有无化解矛盾并解决问题之功效?对于这些重大理论问题,本书在此前已作出初步回应的基础上②,再作深入检讨。

一 命题勾连性:中国刑法解释论之争的主要争点

观察了解学界关于刑法的主观解释与客观解释之争、形式解释与实质解释之争的主要争点,剖析刑法解释学术之争的内核与困境,是深刻阐释刑法解释的保守性命题的重要前提和基础。

刑法的主观解释与客观解释之争在德日刑法学界早已存在,其作为德日刑法解释理论(法解释学)的伴随物在其引入中国之际即在中国出现,可以说,中国学界关于刑法的主观解释与客观解释之争就是德日刑

---

① 参见陈兴良主编《刑事法评论》第28卷,"主编絮语"第2—3页;劳东燕《刑法解释中的形式论与实质论之争》,《法学研究》2013年第3期;蔡鹤《"刑法解释的保守性"论评析》,载魏东主编《中国当下刑法解释论问题研究——以论证刑法解释的保守性为中心》,法律出版社2014年版,第235—246页;邓君韬《关于刑法解释问题的思考——兼评魏东教授"刑法解释保守性"学术见解》,载魏东主编《中国当下刑法解释论问题研究——以论证刑法解释的保守性为中心》,法律出版社2014年版,第253—260页;陈自强《合理性原则是刑法解释的根本原则》,载魏东主编《中国当下刑法解释论问题研究——以论证刑法解释的保守性为中心》,法律出版社2014年版,第246—253页。

② 主要参见魏东主编《中国当下刑法解释论问题研究——以论证刑法解释的保守性为中心》,法律出版社2014年版,第125—130页。

法解释论学术论争在中国的部分沿袭，是当下中国刑法解释论之争的重要方面，值得认真对待。之所以说其是德日刑法解释论学术之争的"部分沿袭"，是因为当下中国刑法的主观解释与客观解释之争既有部分争论内容雷同于德日刑法解释论之争，还有部分争论内容是中国"自己的"，即中国刑法的主观解释与客观解释之争之中融入了当下中国国情，尤其是当下中国法治发展水平的特别考量。

刑法的主观解释论，又称为主观说、立法者意思说，主张刑法解释的目标在于阐明刑法立法时立法者的意思，或者说刑法的立法原意与立法本义。在"刑法的立法原意与立法本义"的意义上，主观解释论还可以成为立法原意说、立法本义说。主观解释论有其特定的哲学基础、政治理论基础和法理基础。① 刑法的主观解释论的法理基础是强调刑法的安定价值和人权保障机能（同时也需要适当兼顾秩序维护机能），突出强调在现行刑法规定之下应当确保无罪的人不受刑事追究，较为充分地体现了传统罪刑法定原则的基本精神。刑法的客观解释论，又称为客观说、法律客观意思说，主张刑法解释的目标在于阐明解释时刑法规范文本客观上所表现出来的意思，而非刑法立法时立法者的意思，以适应与时俱进的社会现实之客观需要。刑法的客观解释论的法理基础在于强调司法公正和秩序维护机能（但是并不公开反对人权保障机能），尤其强调在现行刑法框架之下确保法益保护和秩序维护的现实需要。除主观解释论与客观解释论外，学术界还有学者提出了折中说与综合解释论。我国台湾地区学者林山田即主张综合解释论，强调对于新近立法或者立法时间间隔不久的法律，采用主观说；对于立法时间间隔较长的法律，则"应着重客观意思，以为解释"②。因此，周全地考察，应当说刑法解释论客观上存在主观解释论、客观解释论与综合解释论之争，而不仅仅是主观解释论与客观解释论之争。

那么，中国刑法学者对刑法的主观解释与客观解释之争的基本态度如何？有学者指出，就刑法解释立场而言，目前不但德日刑法解释立场

---

① 许发民：《论刑法客观解释论应当缓行》，载赵秉志主编《刑法论丛》2010 年第 3 卷（总第 23 卷），法律出版社 2010 年版，第 165—191 页。

② 参见魏东《保守的实质刑法观与现代刑事政策立场》，中国民主法制出版社 2011 年版，第 18 页。

是客观解释，而且中国也当然是客观解释，此点不存在争议或者说不应存在争议。如陈兴良教授和王政勋教授等学者明确主张客观解释并反对主观解释，认为这是中国的刑法解释应当坚持的立场和目标问题。① 但是，另有学者考证指出，尽管德日等法治发达国家已经较多地主张采用刑法客观解释立场，但由于我国具有特殊国情②，现阶段不适宜完全采用客观解释论。再者，我国台湾地区也有刑法学者（如林山田等）主张原则上应采用主观解释、例外采用客观解释的综合解释立场（即折中说立场），这对于我国现阶段不宜完全采用客观解释论也提供了佐证。

而刑法的形式解释与实质解释之争，是在相当意义上独具"中国特色的"刑法解释论之争。③ 我国刑法学界大约在21世纪之交开始出现刑法的形式解释与实质解释之争，这一学术争论常常也放置于更为广阔的形式刑法观与实质刑法观之争之中。我国刑法学界甚至认为，关于刑法的形式解释（形式刑法观）与实质解释（实质刑法观）之争十分深刻并特别引人瞩目④，可以说是中国刑法学界开始出现所谓的"刑法学派之争"的一个重大事件。陈兴良教授较早关注到中国刑法学界出现的关于形式主义刑法学与实质主义刑法学之争这一学术现象，其中明确指出我国出现了形式解释论与实质解释论的区分，并且指出这是在德日刑法学中并未发生过的现象。

刑法的形式解释论认为，形式解释以罪刑法定原则为核心，主张在对法条解释时，先进行形式解释——刑法条文字面可能具有的含义，然后再进行实质解释——刑法条文规定的是有严重社会危害性的行为方式；

---

① 陈兴良教授称："在刑法解释的立场上，我是主张客观解释论的。但在刑法解释的限度上，我又是主张形式解释论的，两者并行不悖。其实，主观解释论与客观解释论的问题，在我国基本上已经得到解决，即客观解释论几成通说。我国最高人民法院在有关的指导性案例中，也明显地倡导客观解释论。"参见陈兴良《形式解释论的再宣示》，载《中国法学》2010年第4期。

② 参见许发民《论刑法客观解释论应当缓行》，载赵秉志主编《刑法论丛》2010年第3卷（总第23卷），法律出版社2010年版，第165—191页。

③ 魏东主编：《中国当下刑法解释论问题研究——以论证刑法解释的保守性为中心》，法律出版社2014年版，第122—123页。

④ 典型表现是《中国法学》2010年第4期，同时发表了著名刑法学家陈兴良教授和张明楷教授的争鸣文章：陈兴良：《形式解释的再宣示》，《中国法学》2010年第4期；张明楷：《实质解释的再提倡》，《中国法学》2010年第4期。

在判断某一行为是否构成犯罪时，先对行为进行形式解释——看该行为是否包含于刑法条文之中，然后再作实质解释——看行为是否具有严重的社会危害性。刑法的实质解释论认为，刑法解释应以处罚的必要性为出发点，主张对法条解释时，首先应直接将不具有实质的处罚必要性的行为排除在法条范围之外，亦即首先实质地判断某种行为是属于具有处罚必要性的社会危害性行为；在对行为进行解释时，应先从实质解释出发——看行为是否具有处罚的必要性，然后再进行形式解释——看刑法条文的可能含义是否涵盖了该行为方式。①

那么，中国刑法学者对刑法的形式解释与实质解释的基本态度是怎样的？大致可以说，目前我国刑法学界形式解释以陈兴良教授和邓子滨研究员等为代表，实质解释以张明楷教授、刘艳红教授和苏彩霞教授等为代表。作为中国刑法学大家举臂的陈兴良教授和张明楷教授于 2010 年同时在我国权威法学理论刊物上发表文章，各自系统地阐述了其所坚持的刑法的形式解释与刑法的实质解释的基本立场观点。② 邓子滨研究员在关注到我国刑法解释论出现形式解释与实质解释之争的基础上，明确主张刑法的形式解释并反对刑法的实质解释，提出对于中国实质主义刑法观应当予以批判，而不是轻描淡写的批评。③ 刘艳红教授针对刑法的形式解释与实质解释之争也进行了论辩，明确主张刑法的实质解释并反对刑法的形式解释。④ 笔者曾经提出过应坚持保守的实质解释（或者单面的实

---

① 参见刘志刚、邱威《形式解释论与实质解释论之辨析》，《河南省政法管理干部学院学报》2011 年第 3 期。
② 参见张明楷《实质解释论的再提倡》，《中国法学》2010 年第 4 期；陈兴良：《形式解释论的再宣示》，《中国法学》2010 年第 4 期。
③ 陈兴良教授在本书序中称："甫见《中国实质刑法观批判》这一书名，就令人眼前一亮，似乎嗅到了扑面而来的学术火药味，但我还是为之叫好。……以'批判'一词而入书名的，不仅法学界没有，人文社会科学界也极为罕见。"邓子滨：《中国实质刑法观批判》，法律出版社 2009 年版，（序）第 1 页。
④ 刘艳红教授称："在陈兴良教授的建议下，出版时我将题目修改为目前的'实质刑法观'"，见刘艳红《实质刑法观》，中国人民大学出版社 2009 年版，第 254 页；同时又强调"应倡导实质的刑法解释观"，见刘艳红《走向实质的刑法解释》，北京大学出版社 2009 年版，（前言）第 2 页。对此，陈兴良教授曾经强调说，在中国刑法学者中，刘艳红教授是当时公开声明坚持实质主义刑法观立场的唯一一位刑法学者。参见陈兴良《走向学派之争的刑法学》，《法学研究》2010 年第 1 期。

质解释）的学术见解，其中分析提出了激进的实质解释（或者双面的实质解释）可能存在严重侵犯人权的巨大风险的某种担忧并对激进的实质解释论进行了有利于充分实现人权保障机能并适当限缩秩序维护机能的某些修正，并主张应当适当吸纳形式解释的某些合理因素，因而可以说笔者在总体立场上主张应当兼顾吸纳刑法的实质解释和形式解释的合理内核①，而并非片面地主张刑法的实质解释或者刑法的形式解释。

二　命题针对性：中国刑法解释论之争的内核与困境

中国刑法的主观解释与客观解释之争、形式解释与实质解释之争之间有无共同内核？通过梳理中国刑法解释论之争的主要争点的基本内容，尽管我们可以说，刑法的主观解释与客观解释之争所关注的是刑法解释的立场和目标，刑法的形式解释与实质解释之争所关注的是刑法解释的方法与限度②；但是，我们仍然可以发现中国刑法解释论之争的内核在于，如何合理权衡中国刑法的秩序维护机能与人权保障机能之间的紧张关系（同时还包括合理权衡刑法立法公正与刑法司法公正之间的紧张关系），以最终达至某种最佳价值权衡状态。③ 此种"最佳价值权衡状态"，按照现代刑法罪刑法定原则的要求，应当是在适当照顾刑法的一般公正、形式公正、秩序维护的前提下尽力实现刑法的个别公正、实质公正和人权保障，其中至为重要和关键的价值权衡原理应当说是在适当照顾刑法的秩序维护机能的前提下尽力实现刑法的人权保障机能。所谓"尽力实现"，应当理解为"最大限度地实现"，即最大限度地实现刑法的人权保障（以及个别公正、实质公正）。应当说明的是，之所以特别强调人权保

---

① 参见魏东《保守的实质刑法观与现代刑事政策立场》，中国民主法制出版社 2011 年版，第 3—10 页。

② 理论上一般认为，刑法的主观解释论与客观解释论之争，不能完全对应于刑法的形式解释论与实质解释论之争；反之也一样，刑法的形式解释论与实质解释论之争，也不能完全对应于刑法的主观解释论与客观解释论之争，因为，前者争论所针对的问题是刑法解释的立场和目标并以此作为划分标准，而后者争论所针对的问题是刑法解释的方法与限度并以此作为划分标准，两种争论不应混同。

③ 魏东主编：《中国当下刑法解释论问题研究——以论证刑法解释的保守性为中心》，法律出版社 2014 年版，第 123—125 页。

障机能，主要是因为，尽管个别公正和实质公正必须言说并加以考量，但是理论上对于个别公正、实质公正的具体界定往往存在较大"任性"和模糊性，有些论述甚至是非难辨，给人某种莫衷一是的感觉；但是，理论上对于人权保障（价值机能）通常不会产生歧义，其是指罪刑法定原则下被告人（以及犯罪嫌疑人和已决罪犯）之人权保障。这是刑法解释论学术研讨时必须予以特别关注和申明的理论问题，刑法解释论不但要强调人权保障价值机能的确定性、可把握性，更要强调刑法解释价值权衡时所必须达至的"最大限度地实现人权保障"（同时必须兼顾最低限度的必要秩序维护价值），如此，方能完美契合现代刑法罪刑法定原则的人权保障价值侧面。

刑法的主观解释与客观解释，其在刑法解释的不同立场和目标问题上存在某种突出的矛盾与质疑，二者之任何一种刑法解释论若独立行事则均存在有得有失的理论困境：

其一，刑法的主观解释特别强调了刑法立法的一般公正和刑法司法的形式公正，但是，在刑法立法存在不足，尤其是存在不适应"当下"社会发展需要之不足（包括当下应定罪而没有定罪的立法规定与当下不应定罪而有定罪的立法规定）的情况下，刑法的主观解释难免部分地忽视了"当下"刑法司法的个别公正和实质公正（此外还有刑法的主观解释所强调的"立法者的原意"或者说"文本原意"与"立法本义"本身难于获得准确认定等质疑）。刑法的主观解释作为一种理论解决方案其应该说是有得有失：其"有得"在于，对于"当下应定罪而没有定罪的立法规定"之情形，严格按照罪刑法定原则的要求，刑法的主观解释通常能够确保司法上作出出罪的解释结论（但对于个别例外情况的例外解释问题待后文详述），从而有利于实现罪刑法定原则的人权保障功能；其"有失"在于，对于"当下不应定罪而有定罪的立法规定"之情形，因机械执行罪刑法定原则的要求，刑法的主观解释通常会确认司法上作出入罪的解释结论，却不利于实现罪刑法定原则实质侧面的人权保障功能。这个简单分析表明，单纯采用刑法的主观解释是存在矛盾和疑问的，其在"当下不应定罪而有定罪的立法规定"的情形下刑法的主观解释可能并不利于实现刑法司法的个别公正和实质公正，从而也并不利于有效实现人权保障机能，因而让主观解释在刑法解释上独行其是可能不合理。

其二，刑法的客观解释似乎是为了弥补前述主观解释之不足而特别强调了刑法司法的个别公正和实质公正，其预设的理论前提是即使刑法立法公正不足是难免的且是随着社会发展而更加凸显的，但刑法司法公正是必须实现的且可以实现的，其理论解决方案就是通过刑法的客观解释填补立法不足以实现司法上的个别公正和实质公正。但是，刑法的客观解释这个理论解决方案应该说也是有得有失：其"有得"在于，对于"当下不应定罪而有定罪的立法规定"之情形，通过刑法的客观解释，有利于得出出罪的解释论，有利于实现司法上的个别公正、实质公正（以及罪刑法定原则实质侧面的人权保障功能）；但是，其"有失"在于，对于"当下应定罪而没有定罪的立法规定"之情形，即在刑法立法之文本原意并不具备涵摄现实社会生活，尤其是不具备涵摄"当下"社会具有社会危害性行为的情况下（其属于立法不公正情形之一），解释者也可能试图通过刑法的客观解释对"当下应定罪而没有定罪的立法规定"的立法漏洞加以解释性填补并予以定罪（从而有利于实现刑法的秩序维护机能），则此种情形下刑法的客观解释就难免在相当程度上"被迫"背离了"当下"刑法司法不得超越罪刑法定原则所要求的"法无明文规定不为罪、法无明文规定不处罚"的基本限度，反而有违个别公正和实质公正，客观上走向了刑法的人权保障机能的反面。

刑法的形式解释与实质解释，其在刑法解释的不同方法与限度问题上也存在某种矛盾与质疑，并且这种矛盾和质疑大致对应于刑法的主观解释与客观解释在刑法解释的不同立场和目标问题上所存在的矛盾与质疑。刑法的形式解释特别强调了刑法立法的形式正义，但在刑法立法欠缺实质正义，尤其是欠缺不适应"当下"社会发展需要之实质正义的情况下（包括当下应定罪而没有定罪的立法规定与当下不应定罪而有定罪的立法规定），则刑法的形式解释对于"当下不应定罪而有定罪的立法规定"之情形，因形式地执行（机械执行）罪刑法定原则的要求而通常会确认司法上作出入罪的解释结论，必然不利于实现"当下"刑法司法的实质公正、个别公正和人权保障机能；而刑法的实质解释特别强调了刑法司法的实质正义，对于"当下应定罪而没有定罪的立法规定"之情形，即在刑法立法之文本原意并不具备涵摄现实社会生活，尤其是不具备涵摄"当下"社会具有社会危害性行为的情况下（其属于立法不公正情形之一),解释者将"有理由"试图通过刑法的实质解释对"当下应定罪而没有定罪的立法规定"的立法漏洞加以实质的解释性填补并予以定罪(从而有利于实现刑法的秩序维护机能),则此种情形下刑法的实质解释同样难免在相当程度上背离了"当下"刑法司法不得超越罪刑法定原则所要求的"法无明文规定不为罪、法无明文规定不处罚"的基本限度,也有违个别公正并走向实质公正的反面,重创刑法的人权保障机能。

以非法制造大炮的行为的刑法解释为例。由于我国现行刑法第 125 条在形式上(即在规范语言形式上)只规定了非法制造"枪支、弹药、爆炸物",其在刑法立法文本规范形式上遗漏了"大炮"(即在立法形式上存在不当遗漏的现象),在刑法立法文本原意上不能涵摄制造"大炮"(即刑法立法文本原意不具备涵摄"当下"社会具有社会危害性行为)的情况下,那么,其在刑法司法(刑法解释)上就面临如下理论困境:主观解释和形式解释由于强调立法公正和形式正义,主张遵从立法文本原意和形式正义而排除对非法制造大炮的行为予以司法定罪(即使非法制造大炮行为具有严重社会危害性),从而有利于实现刑法的人权保障机能(但是不利于实现刑法的秩序维护机能);而客观解释和实质解释由于强调司法公正和实质正义,主张遵从立法适应"当下"社会发展需要的客观意思和实质正义而肯定对非法制造大炮的行为予以司法定罪(因其属于具有处罚必要性的社会危害性行为),从而有利于实现刑法的秩序维护机能(但是不利于实现刑法的人权保障机能)。① 针对非法制造大炮行为这种"当下应定罪而没有定罪的立法规定"之情形,主观解释和形式解释之解释结论是无罪,从而有利于实现刑法的人权保障机能(因其对行为人不定罪),但不利于实现秩序维护机能(因其不能有效惩治社会危害性行为)。

再以"重庆男子捉奸索财案"的刑法解释为例。② 2010 年 8 月 28 日中午,重庆男子张明(化名)到妻子工作的美发店找妻子吃饭,没想到

---

① 参见魏东《保守的实质刑法观与现代刑事政策立场》,中国民主法制出版社 2011 年版,第 5 页。

② 参见新华网报道《男子捉奸在床勒索触法 检察院不予批捕》,载新华网:http://news.xinhuanet.com/legal/2010-09/18/c_12582991.htm,最后访问日期:2010-09-18。

撞见妻子与一男子赤身裸体躺在床上，张明血往上涌，回身到厨房拿了菜刀，用刀背对着男子一阵乱砍。张明仍不解气，又要求男子再付5000元精神赔偿费。重庆市万盛区检察院受理批捕此案后，经慎重研究，认为此案系家庭内部矛盾产生，且张明已将勒索的钱退还给被害人，没有造成严重后果，社会危害性不大；张明系初犯、偶犯，又事出有因；张明妻子也表示对其行为追悔莫及，希望司法机关对张明从宽处理，夫妻之间仍存有感情，对张明不批捕有利于维系夫妻感情和家庭稳定，有利于社会和谐——综合以上因素考虑，人民检察院依法作出不批捕决定，最终将张明作出了无罪处理。该案中张明的行为在形式上完全符合刑法文本规定的敲诈勒索罪（《刑法》第274条），属于"当下不应定罪而有定罪的立法规定"之情形，主观解释和形式解释的解释结论即可对张明定罪，不利于实现刑法的人权保障机能（以及个别公正和实质公正）；而客观解释和实质解释的解释结论却可以不对张明定罪，反而有利于实现刑法的人权保障机能（以及个别公正和实质公正）。推而广之，我们司法实践中出现的一些微罪不诉、酌定不诉、附条件不起诉，以及不少案件以"情节显著轻微危害不大的，不认为是犯罪"为由而不定罪的情形，均属于通过客观解释与实质解释而出罪的情况，而这恰恰是主观解释和形式解释所无法"符合逻辑"地得出的解释结论。针对众多类似张明行为这种"当下不应定罪而有定罪的立法规定"之情形，主观解释和形式解释之解释结论可能是定罪，从而不利于实现刑法的人权保障机能（因其对行为人定罪），但有利于实现秩序维护机能（因其不主张机械地或者形式地惩治社会危害性行为）。

正是基于对这种理论困境的不同侧面的考量，有的学者主张刑法的主观解释或者客观解释、形式解释或者实质解释。但是，如前所述，笼统地、纯粹地、"一刀切"地主张某一种解释方法（以及解释立场）并准许其独立行事地"任性"并绝对地反对另一种解释方法（以及解释立场），并不具有当然合理性，或者说某一种解释方法（以及解释立场）均仅具有相对的、有限的合理性。刑法解释论之争的理论困境正在于：刑法的客观解释和实质解释之"有失"，在某些情形下可能正是刑法的主观解释和形式解释之"有得"；反之，刑法的主观解释和形式解释之"有失"，在某性情形下可能正是刑法的客观解释和实质解释之"有得"。

三 命题有效性：中国刑法解释问题的解决之道

那么，如何妥当解决刑法的主观解释与客观解释、刑法的形式解释与实质解释之各自得失，正是刑法解释论必须加以特别关注和倾力解决的焦点问题。这个焦点问题的解决之道，就是要根据罪刑法定原则，全面吸纳各种刑法解释论（含刑法的主观解释和客观解释、形式解释和实质解释）之"有得"，同时妥当杜绝各种刑法解释论之"有失"，以有效实现刑法解释"最佳价值权衡状态"即在适当照顾刑法的一般公正、形式公正、秩序维护的前提下尽力实现刑法的个别公正、实质公正和人权保障。这个理论发现十分重要，尤其是从是否有利于恰当实现刑法的人权保障机能的独特视角来考察刑法解释论及其具体的刑法解释方法（以及解释立场），为刑法解释论恰当甄别某种具体的刑法解释方法（以及解释立场）的利弊得失，以及恰当整合各种具体的刑法解释方法（以及解释立场）并形成合理的刑法解释方法体系（以及体系化的刑法解释立场），提供了判断标准。为此，因应刑法解释论上列焦点问题的解决之道，为了妥当解决片面强调和单纯应用某一种刑法解释论（诸如刑法的主观解释论与客观解释论、刑法的形式解释论与实质解释论）的缺陷，又能恰当吸纳各种刑法解释论合理内核的新的刑法解释论，就必须秉持笔者提出的刑法解释的保守性命题（或者刑法的保守解释命题、保守的刑法解释命题）。申言之，从有利于刑法的人权保障机能（当然要同时兼顾刑法的秩序维护机能）的特别考量而言，下列两种特别情形的刑法解释现象值得注意：

其一，对于"当下应定罪而没有定罪的立法规定"之情形，刑法的主观解释和形式解释因有利于恰当实现刑法的人权保障机能（因其解释结论更大可能是行为人无罪）而具有合理性，但刑法的客观解释和实质解释因不利于恰当实现刑法的人权保障机能（因其解释结论更大可能是行为人有罪）而具有不当性。为有效回应此种情形下的刑法解释现象，刑法解释的保守性命题提出了以下基本主张：在入罪解释场合下，为侧重贯彻刑法人权保障价值，应以刑法主观解释和刑法形式解释为原则（即主张坚守刚性化、形式化的入罪底线的原则立场）。

最典型的事例，一如前述非法制造大炮的行为的刑法解释，由于非法制造大炮的行为属于"当下应定罪而没有定罪的立法规定"，应当说以刑法的主观解释和形式解释得出行为人无罪的解释结论更为合理，"依法"不应以刑法的客观解释和实质解释为由而对行为人定罪。再如上海"肖永灵投寄虚假炭疽恐吓邮件案"司法判决的刑法解释。2001年10月18日，肖永灵将家中粉末状的食品干燥剂装入两只信封，在收件人一栏内书写上"上海市人民政府"与"东方路2000号（上海市东方电视台）"后，分别寄给上海市人民政府某领导和上海市东方电视台新闻中心陈某。同年10月19日、20日，上海市人民政府信访办公室工作人员陆某等人及东方电视台陈某在拆阅上述夹带有白色粉末状的信件后，出现精神上的高度紧张，同时也引起周围人们的恐慌，经有关部门采取大量措施后，才逐步消除了人们的恐慌心理。针对此案，上海市第二中级人民法院于同年12月18日以"以危险方法危害公共安全罪"判处肖永灵有期徒刑4年（被告人没有提出上诉）。[1] 这个案子在刑法解释论上应当作何判断？上海市有关审判机关在当时法无明确规定的情况下，认定肖永灵的行为成立"以危险方法危害公共安全罪"，根本就不符合罪刑法定原则的基本要求。那么，当地司法机关是如何将肖永灵的行为解释定罪的呢？从刑法解释论上审查可以发现，有关审判机关将肖永灵的行为解释为以危险方法危害公共安全罪的"理论武器"就是所谓的刑法客观解释与刑法实质解释，将"粉末状的食品干燥剂"这一无毒、无害的物质解释为"危险物质"，进而将肖永灵的投放行为解释为以危险方法危害公共安全的行为和以危险方法危害公共安全罪，明显超越了刚性化、形式化的入罪底线的原则立场。这一案例也较为充分地说明，过度激进的刑法客观解释和刑法实质解释具有"超大"解释能力并存在容易将一般违法行为解释为犯罪行为的解释特质，从而使得人权保障机能面临被侵蚀的重大风险，必须加以有效防范。[2] 而事实上，《中华人民共和国刑法修

---

[1] 游伟、谢锡美：《罪刑法定的内在价值与外在要求》，载赵秉志主编《刑事法判解研究》2003年第一卷，人民法院出版社2003年版，第77页。

[2] 魏东主编：《中国当下刑法解释论问题研究——以论证刑法解释的保守性为中心》，法律出版社2014年版，第126～127页。

正案（三）》是在2001年12月29日才获得通过并于当日才开始生效的。该修正案第8条规定：在刑法第291条（即"聚众扰乱公共场所秩序、交通秩序罪"，属于妨害社会管理秩序罪）后增加一条，作为第291条之一："投放虚假的爆炸性、毒害性、放射性、传染病病原体等物质，或者编造爆炸威胁、生化威胁、放射威胁等恐怖信息，或者明知是编造的恐怖信息而故意传播，严重扰乱社会秩序的，处五年以下有期徒刑、拘役或者管制；造成严重后果的，处五年以上有期徒刑。"这一规定的出台时间刚好在肖永灵案生效判决之后，其从另一个侧面印证了肖永灵案司法判决在刑法解释论的失当。肖永灵案作为一个鲜活的刑事判例，实证性地诠释了刑法解释的保守性命题之合理性、必要性及其十分重大的刑法解释论意义。应当说，肖永灵的行为也属于"当下应定罪而没有定罪的立法规定"（指其在《刑法修正案（三）》颁行之前的"当下"属于"当下应定罪而没有定罪的立法规定"），应当说以刑法的主观解释和形式解释得出行为人无罪的解释结论更为合理，"依法"不应以刑法的客观解释和实质解释为由而对行为人定罪。

当然这个原则可以有一定例外，即主张在坚守刚性化、形式化的入罪底线的原则立场，准许有利于被告人出罪的实质解释、客观解释的常态化立场的前提下，也应当谨慎地准许例外的、个别的且可以限定数量的客观解释与实质解释对被告人入罪（以适当照顾刑法解释适应秩序维护价值之需要）。这是原则立场之下的例外，只要不将这种例外作为常态来处理，我们也应当"务实地"认可这是保守的刑法解释的原则立场的一种特别体现，是刑法解释的保守性立场对于刑法解释的适应性（适应社会有序发展需要的属性）的谨慎观照。例外的、个别的且可以限定数量的不利于被告人的入罪之刑法客观解释与实质解释，必须严格限定一系列条件，诸如这种解释是长时间的司法实践做法，甚至是人类世界的普遍做法，国际公约已有明确规定，已经成为理论界的共识，甚至老百姓的共识，等等。据初步观察，目前刑法理论界和司法实务部门对五个罪名之入罪的"例外解释"已经获得了比较一致的认同，这就是贪污罪、受贿罪、诈骗罪、盗窃罪、侵占罪。比如，贪污罪、受贿罪、诈骗罪、盗窃罪的犯罪对象"财物"可以例外地允许进行客观解释和实质解释,即将"财物"解释为"财物和财产性利益"①。理由是,除已有大量的确认财产性利益为侵财性犯罪对象的生效判决的案例外,法律规范(刑法规定)上交叉使用了"财物""财产""合法收入、储蓄、房屋和其他生活资料""生产资料""股份、股票、债券和其他财产"等刑法规范用语,如刑法(总则)第91条、第92条等的规范用语。此外,刑法(分则)第265条更是直接规定了"盗窃财产性利益"(使用盗窃)行为依法定盗窃罪;司法解释文本《最高人民法院、最高人民检察院关于办理受贿刑事案件适用法律若干问题的意见》(2007年7月8日发布)更是大量规定了"以交易形式收受贿赂""收受干股""以开办公司等合作投资名义收受贿赂"等"收受财产性利益"行为依法定受贿罪。因而实际上,法解释论上承认盗窃、诈骗、贪污、受贿财产性利益的行为构成犯罪,已经逐渐成为世界范围内的一种基本共识,总体而言理论上争议不大。当然,在此前提下也应当承认,我国刑法理论界目前对盗窃"财产性利益"行为之入罪解释客观上还存在一定争议,部分学者并不赞同这种解释结论,因此可以说,中国学者对这种解释结论的完全认同还有一个循序渐进的过程。不过从刑事法治理性发展方向而论,对盗窃财产性利益的行为做入罪化处理是一个基本结论,其方法路径有两种主张:一是主张以刑法的立法修订方式予以明确,笔者曾经坚持这一立场并明确提出过在刑法上增加设置"使用盗窃罪"罪名的立法建议②;二是主张以刑法的解释方式予以明确,其法理依据等同于诈骗罪、贪污罪和受贿罪的解释原理,符合作为例外的、个别的实质解释入罪的基本条件,因而可以将盗窃财产性利益的行为予以实质解释入罪。近年来,笔者对此进行了较多反思和斟酌之后逐步倾向于认为,盗窃财产性利益的行为,诸如盗窃财物使用价值(尤其是重要财物的使用价值)、盗窃虚拟财产等行为不但在刑法解释论上可以作为特例予以入

---

① 参见魏东主编《中国当下刑法解释论问题研究——以论证刑法解释的保守性为中心》,法律出版社2014年版,第128—129页。
② 参见魏东《论"使用盗窃"犯罪的立法设置方案》,《中国刑事法杂志》2006年第4期。

罪解释，逐渐地有学者明确主张赞同并论证这种解释结论①，而且在司法实践中已经越来越多地出现赞同这种解释结论的生效判决，因而应当将盗窃财产性利益行为同诈骗、贪污、受贿财产性利益的行为一样通过例外的实质解释入罪，这种仅限于例外的、个别的且可以限定数量的实质解释入罪的做法并不违反刑法解释的保守性的基本立场。不过笔者认为，从比较谨慎的刑法解释的保守性立场而论，"盗窃利益"入罪解释的范围和步伐均需要适度限制。再如，侵占罪的犯罪对象"遗忘物"，可以例外地允许进行客观解释和实质解释，即解释为"遗忘物和遗失物"（国外统称为"脱离占有物"）②。

但需要特别指出的是，在解释论上主张"谨慎地准许例外的、个别的且可以限定数量的客观解释、实质解释对被告人入罪"之例外解释方法，是刑法解释的保守性立场不完全等同于形式解释论立场的根本点之一，也是刑法解释适当兼顾"适应性"的重要体现。③ 刑法的形式解释绝对地堵塞了通过实质解释补充规则对被告人入罪的渠道，尽管在形式逻辑上有利于绝对地坚守罪刑法定原则之形式合法性，但是其并不完全符合，也无法适当阐释刑事司法实践状况，这一点从前述所列贪污罪、受贿罪、诈骗罪、盗窃罪、侵占罪五个罪名之入罪的"例外解释"可以看出。同时，刑法的形式解释对于其准许通过实质解释出罪之立场，也无法在其所宣示的形式逻辑上获得说服力——因为溢出"形式"进行刑法解释为何还可以归属于形式解释，这是其无法自圆其说的一个"问题"。因而如前所述，陈兴良教授和劳东燕教授批评"刑法解释的保守性"命题是"以对形式解释论的误解为前提的"，认为"刑法解释的保守性"命题在基本立场上难以区别于刑法的形式解释论④，应当说是其对笔者所提

---

① 参见黎宏《论盗窃财产性利益》，《清华法学》2013年第6期；郑泽善《网络虚拟财产的刑法保护》，《甘肃政法学院学报》2012年第5期；代玉彬《使用权纳入盗窃罪客体之探析》，硕士学位论文，四川大学，2012年，第34—37页。

② 关于侵占罪之犯罪对象"遗忘物"的刑法解释论争议，详见魏东《侵占罪犯罪对象要素之解析检讨》，《中国刑事法杂志》2005年第5期。

③ 魏东：《刑法解释的保守性应谨慎关照适应性》，来源：正义网法律博客，http://weidong1111.fyfz.cn/b/823105，最后访问日期：2015-02-28。

④ 参见陈兴良主编《刑事法评论》总第28卷，"主编絮语"第2—3页；劳东燕《刑法解释中的形式论与实质论之争》，《法学研究》2013年第3期。

出的"刑法解释的保守性"命题本身可能还缺乏周全的认识,才最终导致了学术上的误读误判。

其二,对于"当下不应定罪而有定罪的立法规定"之情形,刑法的客观解释和实质解释因有利于恰当实现刑法的人权保障机能(因其解释结论更大可能是行为人无罪)而具有合理性,但刑法的主观解释和形式解释因不利于恰当实现刑法的人权保障机能(因其解释结论更大可能是行为人有罪)而具有不当性。而为有效回应此种情形下的刑法解释现象,刑法解释的保守性命题相应地又提出了以下基本主张:在出罪解释场合下,为侧重贯彻刑法人权保障价值,应主张准许有利于被告人出罪的刑法客观解释与刑法实质解释这样一种常态化刑法解释立场,不得以刑法主观解释与刑法形式解释反对有利于被告人出罪的刑法客观解释与刑法实质解释。典型事例如前所列"重庆男子捉奸索财案"的刑法解释,由于该重庆男子捉奸索财的行为属于"当下不应定罪而有定罪的立法规定",应当说以刑法的客观解释和实质解释得出行为人无罪的解释结论更为合理,"依法"不应以刑法的主观解释和形式解释为由而对行为人定罪。当然,形式解释论者宣称可以通过"社会危害性"的审查将该重庆男子的行为作出出罪解释结论,但是实际上所谓的"社会危害性"审查其实就是实质解释,因而如前所述,刑法的形式解释对于其准许通过实质解释出罪之立场,也无法在其所宣示的形式逻辑上获得说服力(因为溢出"形式"进行刑法解释为何还可以归属于形式解释,这是其无法自圆其说的一个"问题")。

上述考量似乎表明,刑法解释论具体甄别和整合刑法解释方法(以及解释立场)利弊得失之判断标准是以是否有利于最大限度地实现刑法的人权保障机能,而所谓最大限度地实现刑法的人权保障机能在较多场合表现为是否有利于行为人无罪,难道刑法解释的宗旨在于行为人无罪?对此需要特别说明三点:其一,强调最大限度地实现刑法的人权保障机能,并非一律主张被告人无罪,而是强调在最大限度地实现人权保障机能的同时必须适当地兼顾秩序维护价值机能,其仅仅是反对秩序维护机能的最大化、优越化甚至压倒了人权保障机能,因而应定罪的仍然应当定罪(以有效确保最低限度的必要秩序之维护),但是不应定罪的则不能定罪、只应定轻罪的则不能定重罪,杜绝罪刑擅断;其二,对于众多刑法文本规定十分明确的犯罪行为（有罪行为），各种刑法解释方法（以及解释立场）均能得出行为人有罪的解释结论，因而这种"众多"明确情形并不会产生解释结论歧义。其中对于部分轻微"犯罪行为"作出无罪的解释结论既是现代刑事政策的要求，也符合罪刑法定原则实质侧面的主旨，体现了刑法解释的保守性特质；其三，仅有数量较少部分刑法文本规定不是十分明确而具有一定模糊性的行为（其中有一部分属于刑法立法漏洞），不同的刑法解释方法（以及解释立场）才存在解释结论上的差异性和争议性，才需要特别审查并适当观照行为人无罪的解释结论，而这恰恰是罪刑法定原则特别强调需要侧重彰显刑法的人权保障机能并有效防范罪刑擅断的灰色地带，在这种灰色地带作出行为人无罪的解释结论通常是必要的，也是必需的，其同样充分确证了刑法解释的保守性特质。尤其是其中"刑法（立法）漏洞"，十分尖锐地考验着刑法解释论的合理性。如前所述，刑法解释的保守性命题主张，刑法立法漏洞如果必须填补，其救济途径选择是立法修改补充，原则上应反对司法填补与解释填补（尤其是在入罪的场合）。这种刑法漏洞的立法填补原则立场其实正是我国宪法所明确宣示的，因而具有宪法根据。同时，这种立场也是我国《立法法》所明确限定了，因而具有《立法法》根据（如《立法法》第8条明确规定"下列事项只能制定法律：……（四）犯罪和刑罚；（五）对公民政治权利的剥夺、限制人身自由的强制措施和处罚"），并使得这个问题成为一个基本的立法原则。

保守的刑法解释立场尤其坚决反对过度激进的刑法客观解释和刑法实质解释，其中最为突出之处正在于反对后者所主张的刑法漏洞可以由司法填补和解释填补，此种填补徒增解释性侵害人权风险而并没有合理限制法官搞罪刑擅断的重大风险。在此点上，保守的刑法解释论则主张解释性构建人权保障屏障。前述所列客观解释论者和实质解释论者关于上海肖永灵投寄虚假炭疽病菌的行为、非法制造大炮的行为之有罪的刑法解释结论，基本上就属于对刑法（立法）漏洞的司法填补和解释填补，断然不具有合法性和合理性；而刑法解释的保守性命题在此问题上绝不糊涂，坚定地反对通过司法填补与解释填补而将行为人之行为解释入罪。可见，承认、发现刑法漏洞（亦即刑法立法漏洞），尤其是真正的刑法立法漏洞，然后通过修订完善刑法立法以填补刑法立法漏洞，秉持"解开实然与应然冲突的途径只能从立法技术入手"的严谨态度①，而不是通过刑法解释技术来对刑法立法漏洞进行司法填补，是刑法解释的保守性命题所内含的基本立场②，也是实现刑法良法之治的基本要求。

不过应注意，我们要防止把某些解释者自己的错误理解和解释也当作"刑法漏洞"，以免出现该定罪而不定罪的情况发生。比如，受贿罪"关于收受财物后退还或者上交问题"的刑法解释。2007 年 7 月 8 日公布的"两高"《关于办理受贿刑事案件适用法律若干问题的意见》第 9 条规定："国家工作人员收受请托人财物后及时退还或者上交的，不是受贿。国家工作人员受贿后，因自身或者与其受贿有关联的人、事被查处，为掩饰犯罪而退还或者上交的，不影响认定受贿罪。"这一条应该如何解释适用？笔者注意到三种观点：（1）有学者（如储槐植教授等）认为，该司法解释显然是关于既遂后出罪的规定，"既遂之后不出罪"是存在例外情况的，原则并不排除例外的存在。③（2）有学者（如张明楷教授）认为，在理解上述《意见》第 9 条关于收受财物后退还或者上交的规定时，也必须以刑法关于受贿罪的犯罪构成为指导，而不是将《意见》第 9 条的规定，作为刑法条文予以适用。罪刑法定主义是刑法的基本原则，其中的"法"是指由国家立法机关制定的成文法，而不包括司法解释。换言之，司法解释虽然具有法律效力，但它只是对刑法的解释（而且不得类推解释），并非刑法的渊源。刑法没有规定为犯罪的行为，司法解释不可能将其解释为犯罪；反之，刑法明文规定为犯罪的行为，司法解释也不能没有根据地将其解释为无罪。不以刑法规定的犯罪构成为指导理解司法解释的规定，将司法解释当成了独立的法律渊源，必然出现违反罪刑法定原则的现象。《意见》第 9 条的表述是，"收受"请托人财物后及时退还或者上交的，不是受贿，并没有将"索取"包含在内。《意见》第 9 条第 1 款的宗旨与精神是将客观上收受了他人财物，主观上没有受贿故

---

① 王勇：《论我国〈刑法〉第 147 条的罪过形式——基于刑法立法的解读》，《法学杂志》2011 年第 3 期。

② 魏东：《从首例"男男强奸案"司法裁判看刑法解释的保守性》，《当代法学》2014 年第 2 期。

③ 参见储槐植、闫雨《"赎罪"——既遂后不出罪存在例外》，《检察日报》2014 年 8 月 12 日第 3 版。

意的情形排除在受贿罪之外，亦即没有受贿故意的"及时退还或者上交"才能适用《意见》第 9 条第 1 款。① （3）还有其他学者观点指出，《意见》第 9 条第 1 款包含两种情形：一是收受他人财物并不具有受贿故意的情形；二是虽有受贿故意但基于刑事政策的理由而不以受贿罪论处的情形。持这种观点的学者指出："司法解释对于收受财物后及时退还或上交的行为以非犯罪化论处，当然也适用于收受请托人财物的当时就有受贿故意，其行为已经构成受贿罪的情形。因为司法解释没有区分收受财物者在当时是否具有受贿故意的情形，应当认为无论当时是否就有受贿故意，收受后只要及时退还的，就不再认为是受贿。但司法解释如此规定并非对于故意收受财物行为的肯定性评价，也不是确认这类当时就有受贿的行为不具有受贿的性质，而是以非犯罪化处置来鼓励那些受贿的人及时改正错误。这是宽严相济刑事政策在这一问题上的具体贯彻，因为宽严相济政策的要点之一就是区别对待。"② 还有人指出："司法解释认为收受财物后及时退还或者上交不是受贿罪的根本理由，是根据《刑法》第 13 条规定的'情节显著轻微危害不大的，不认为是犯罪'而认为该行为不是犯罪。将这种行为不认为是受贿罪，有利于鼓励国家工作人员悬崖勒马，及时自行纠正错误，正所谓在犯罪的道路上'架设一条后退的黄金桥'。"③

这些观点中，笔者认为张明楷教授的观点更具有合理性。其中涉及刑法解释论问题，刑法解释的对象只能是刑法典（以及刑法修正案、单行刑法、附属刑法），而"刑法"以外的其他法律文本以及全部"软法"文本，其中当然包括我国最高司法机关出台的各种"司法解释"规范文本，均不属于作为刑法解释对象的文本。但是，"软法"对于刑法解释具有极其重要的意义，尤其是对于解释者"前见"以及"效果历史、视域融合、对话、事物的本质、诠释学循环"之形成，对于"常识、常情、

---

① 参见张明楷《受贿罪中收受财物后及时退交的问题分析》，《法学》2012 年第 4 期。
② 参见李建明《收受他人财物后退还或者上交对受贿罪构成的影响》，《人民检察》2007 年第 16 期。
③ 参见何显兵《论收受财物后退还或者上交的认定》，http：//zz. chinacourt. org/detail. php？id＝3346，最后访问日期：2011－02－18。转引自张明楷：《受贿罪中收受财物后及时退交的问题分析》，《法学》2012 年第 4 期。

常理"之确证等诸方面,均具有刑法解释论价值;这种刑法解释论价值仅限于针对"刑法规范文本"进行解释时予以审查,而不是将"软法"(尽管"软法"客观上也需要进行解释)自身也等同于"作为刑法解释对象的文本"。因此,张明楷教授强调在理解上述《意见》第9条关于收受财物后退还或者上交的规定时,也必须以刑法关于受贿罪的明确规定为依据,而不是将《意见》第9条的规定直接作为刑法条文予以适用,这一见解精当。① 当然,从立法论立场看,笔者认为可以参照行贿罪的规定,"行贿人在被追诉前主动交代行贿行为的,可以减轻处罚或者免除处罚"(刑法第390条第2款),由法律明确规定"受贿人在被追诉前主动交代受贿行为并全部退赃的,可以从轻或者减轻处罚。其中,犯罪较轻的,可以免除处罚"。这样规定,大致相当于"自首"情节的处罚原则,其对于体现宽严相济刑事政策、震慑行贿犯罪也是有益的,也体现了对受贿人在被追诉前就积极认罪悔罪态度的公正对待,有利于实现刑法功能。

四 结语

刑法解释的保守性有效契合了罪刑法定原则和刑法谦抑性的基本要求,有利于具体恰当地解决刑法疑难案件的定罪量刑问题,获得了较多刑法学者的认同,具备刑法解释学意义上的充分的正当性。发现并提出刑法解释保守性的正当性具有十分重大的刑法解释论意义。② 法治理性中的合法性原则存在抽象化现象,且正是由于合法性判断标准本身被抽象化,因而几乎所有的刑法解释立场都可以为自己进行合法性辩护(无论其本身是否具有合法性),使得合法性成为一个难以言说的"公说公有理婆说婆有理"的问题,因而在表面上,合法性原则不足以成为否定任意解释的充足理由,其既不能成为否定任何意义上的刑法的客观解释与实质解释的依据,也不足以成为拒绝任何意义上的刑法的主观解释与形式

---

① 参见魏东《论在"打虎拍蝇"中的法治理性》,《法治研究》2014年第10期。
② 参见魏东主编《中国当下刑法解释论问题研究——以论证刑法解释的保守性为中心》,法律出版社2014年版,第7—8页。

解释的理由。法治理性中的客观性原则，反过来又很容易在客观解释与实质解释之中被消解、被突破，因为客观解释与实质解释通常具有脱离客观性的倾向，从而存在突出的法治风险，而这种法治风险无法依据合法性原则予以有效防范，因为如前所述，合法性原则本身存在抽象化现象而无法有效杜绝任意解释现象的发生；同时，主观解释与形式解释尽管在相对意义上有利于实现客观性，但又难以充分自证其实质合法性与正当性。但是，刑法解释保守性的正当性却能够在相当意义上有效防范刑法解释的合法性之抽象化与客观性之被消解的现象，从而有助于恰当限定刑法解释的合法性与客观性的合理限度，有助于更加理性地权衡和评判刑法解释论上出现的主观解释与客观解释之争、形式解释与实质解释之争。因而，刑法解释保守性的正当性成为一个具有特别重大的刑法解释论意义的全新命题。

第十六章

刑法客观解释的限定理论*

刑法客观解释具有明显的入罪化扩张倾向,应当受到适当制约。尤其是在当下网络时代和社会转型时期,传统犯罪呈现出网络异化,各种新型犯罪层出不穷,刑法治理面临着前所未有的众多难题和巨大挑战,积极主义刑法观受到全社会追捧,在这种背景下,刑法客观解释如果缺乏应有的限定,就可能成为脱缰的野马,横冲直撞法治根基,使刑事司法偏离法治轨道,造成法治灾难,因此,刑法客观解释的限定非常重要。在我国,刑法客观解释论已成为主流观点,并且刑法客观解释的限定(命题)也已成为一种理论共识。陈兴良教授指出:"在刑法解释的立场上,我是主张客观解释论的。但在刑法解释的限度上,我又是主张形式解释论的,两者并行不悖。其实,主观解释论与客观解释论的问题,在我国基本上已经得到解决,即客观解释论几成通说。"[①] 可以认为,陈兴良教授在肯定刑法客观解释立场的基础上提出了刑法客观解释的限定问题,即他主张以"刑法解释的限度"(形式解释论)作为对刑法客观解释的限定,这种观点可以称为刑法客观解释的形式解释限定论。刘艳红教授针对当下网络犯罪的解释适用问题提出"主观的客观解释"命题,指出:结合主观解释论的法治基因优势,宜以"主观的客观解释论"重新塑造网络时代刑法的客观解释论,即在网络犯罪的解释适用中,应当以客观解释为基础,同时其解释不能超出"刑法条文的语言原意"之范围,需以主观解释作为客观解释之

---

* 本章系本书作者和李红博士的合作研究成果。

① 陈兴良:《形式解释论的再宣示》,《中国法学》2010 年第 4 期。

限定。① 这里，刘艳红教授同样在肯定刑法客观解释立场的基础上提出了刑法客观解释的限定问题，即她主张以主观解释"刑法条文的语言原意"作为客观解释之限定，这种观点可以称为刑法客观解释的主观解释限定论。应当说，刑法客观解释的主观解释限定论（命题）也获得了法律解释学的基本认同。王利明教授认为，考虑到主观说和客观说都具有一定的缺陷，其中"客观说也存在明显的缺陷。一方面，其因过度强调文本的客观含义，而可能忽略了对立法者意图的探讨……另一方面，其可能导致法的安定性受到影响"，因此主张采用折中说，以化解主观说和客观说的对立，多数人的立场是主张以客观说为主的折中说（即仅有少数人主张以主观说为主的折中说），"虽然法律解释应当以客观说为主，但是，也应当兼顾主观说。这就是说，法律解释也应当考虑立法者的原意"②。可见，以客观说为主的折中说实质上认为（纯粹的）客观说本身是存在缺陷的，主张以主观说（立法者的原意）作为对客观解释的限定因素，这种观点显然是主张客观解释的主观解释限定论。

但是，学术界对刑法客观解释的限定理论的研究并不充分。主要表现在以下两个方面：一是既有理论研究成果缺乏深刻性。刑法客观解释的形式解释限定论和主观解释限定论，在相当意义上都是以刑法客观解释自身的对立理论（即形式解释论和主观解释论）作为自身的限定理论，这样的限定理论在逻辑上存在难以调和的矛盾，难以实现逻辑自洽，到底如何化解这些矛盾以有效实现对刑法客观解释的限定，既有研究成果对此缺乏深刻论证，需要展开更加深入的理论研究。二是除形式解释限定论和主观解释限定论外，还有无其他理论智识可以借鉴吸纳作为对刑法客观解释的限定理论，以及应当如何系统归纳总结刑法客观解释的限定理论（体系），目前理论上也缺乏应有的理论探索。

我们认为，刑法客观解释必须借鉴吸纳刑法解释学既有理论研究成

---

① 参见刘艳红《网络时代刑法客观解释新塑造："主观的客观解释论"》，《法律科学》2017年第3期。

② 王利明：《法律解释学导论——以民法为视角》，法律出版社2017年版，第99—112页。

果（尤其是最新和最前沿的理论研究成果），遵循刑法解释学基本法理，以刑法解释的有限功能主义、司法公正相对主义、融贯性、主体间性等解释学特色理论为基础，构建和确证刑法客观解释的限定理论。申言之，刑法客观解释的限定理论主要有功能限定论、公正限定论、融贯性限定论、主体间性限定论四种理论，它们可以共同构建起刑法客观解释的限定理论体系。

一 刑法客观解释的功能限定论

基于刑法解释功能的限度理论和文本中心论的诠释学理论，刑法客观解释的功能应限定于对刑法规范文本含义和刑法解释结论有效性的确证。换言之，刑法客观解释的功能限定论应强调以下两个方面的内容：一方面，刑法客观解释只能在文义可能的范围内探求文本的客观现实含义；另一方面，刑法客观解释在解释结论的价值选择上，只能将秩序维护机能（即犯罪防控机能）限定在罪刑法定原则所准许的范围内，并且应当将刑法的人权保障机能置于优先位置。

（一）刑法解释有限功能论

功能主义法学观是功能主义刑法解释论的重要理论基础。功能主义法学观强调法律规范内外的功能性思考，是一种"外部"的视角，将法学研究重心聚焦于法律与外部世界的关系、法律在社会中所发挥的功能等问题。[1] 德日机能主义刑法学（功能主义刑法学）"在世界范围内影响甚巨，但并未形成统一的体系。罗克辛教授主张的刑事政策的机能主义刑法学、雅科布斯教授构建的以规范论为基础的机能主义刑法学以及平野龙一教授提出的可视性的机能主义刑法学，在建构路径、刑法目的、犯罪本质、构成要件、责任本质、刑罚目的等方面都存在差异"，并且"应当看到即使在德日国内也不乏对机能主义刑法学的质疑，那种认为其可能存在强化社会控制和弱化人权保障风险的观点也日

---

[1] 马姝：《论功能主义思想之于西方法社会学发展的影响》，《北方法学》2008年第2期。

益变得有力"①。应当说，功能主义刑法学重视法规范内外的"功能（主义）"的思考并不能得出功能主义刑法解释论就抛弃了刑法"规范"的思考和"方法论"的思考的结论，而仅仅是强调功能主义刑法学与刑法解释论不能只关注形式主义与概念法学论的"规范"本身，还必须关注和观照刑法"规范"内外的"功能"。"规范内的功能"主要是指刑法教义学原理意义上的规范结果论功能与规范方法论功能，"规范外的功能"实质上是指法社会学与刑事政策学意义上的效果论功能（结果论功能）与方法论功能。例如，针对李斯特把刑法教义学与刑事政策加以分立与疏离的思想所形成的"李斯特鸿沟"，罗克辛所主张的目的理性刑法学理论体系与功能主义刑法学就特别强调必须在刑法学教义学之内进行刑事政策贯通的思考，提出了"罗克辛沟通"命题，即"罗克辛对李斯特鸿沟予以贯通，将刑事政策引入犯罪论体系，使构成要件实质化、违法性价值化、罪责目的化"②。应当认为，功能主义刑法学重视法规范内外的"功能（主义）"，不但强调了法规范内外功能主义的结果论审查，而且强调了法规范内外功能主义的方法论审查。可以说，重视法规范内外的"功能（主义）"结果论审查和方法论审查的并重与有机结合，才是"应然的"功能主义刑法学的根本旨趣。

功能主义刑法解释论强调刑法解释的工具性、目的性及防御性等价值要素，刑法解释的功能性描述由原来的规范内涵揭示转向社会治理工具③，强调"刑事政策要对刑法解释产生影响，必须以方法论上实现从概念法学到利益法学及评价法学的转变为前提"④，因而在实质意义上仍然是强调某种方法论意义上的（法规范外的）刑事政策解释方法确证刑法解释结论有效性的法理意蕴。

---

① 张庆立：《德日机能主义刑法学之体系争议与本土思考》，《华东政法大学学报》2018年第3期。
② 陈兴良：《刑法教义学与刑事政策的关系：从李斯特鸿沟到罗克辛贯通——中国语境下的展开》，《中外法学》2013年第5期。
③ 赵运锋：《功能主义刑法解释论的评析与反思——与劳东燕教授商榷》，《江西社会科学》2018年第2期。
④ 劳东燕：《功能主义刑法解释论的方法与立场》，《政法论坛》2018年第2期。

"功能"毫无疑问地应当成为功能主义刑法解释论的关键范畴。法理学认为,法律解释的功能,是指法律解释在法治实践中所具有的价值与功用,具体包括自主整合与修复功能、信息交流与沟通功能、完善与发展功能。例如,法律解释的自主性,是指法律解释过程不受外界的干扰,法律人应该自己根据法律的意义阐释法律,尽量使法律的意义具有连续、融贯、稳定、可预测性并最终达到解决纠纷的目的;法律解释的恢复功能,表现为对法律与事实之间的裂缝必须经由解释弥合并迎合法治的要求,创造性解释在不但受规范的约束而且受法律解释方法的制约时仍然属于对法律的修改(修复性司法),体现法律解释的修复功能。[1]可以看出,法解释学关于法律解释的功能性思考在相当意义上宣示了功能主义法学观、功能主义法律解释论的基本立场,其中旗帜鲜明地融入了目的性思考,注重解释结论的政策与社会效果,注重法律所发挥的社会功能"受法律解释方法的制约"。这对于刑法解释的功能性思考具有指引作用。

遵循法理学关于法律解释的功能性思考,可以认为,刑法解释的功能,是指刑法解释在刑事法治实践中所具有的价值与功用。刑法解释学中有时又将刑法解释的功能归纳为刑法解释的价值(价值目标或者价值功能),应当说两者的基本含义是一致的。结合刑法解释学原理和学术界已有见解,我们认为,基于刑法解释的功能性思考,刑法解释的功能可以类型性地概括为以下三项:一是确证刑法解释结论有效性功能,其中包括确证刑法规范文本含义及其与法律事实相对应的最终解释结论"有效性"等内容;二是推动刑法规范文本成长功能,其具体内容是通过发现真正的刑法立法漏洞以推动刑法立法的修订完善;三是促进刑法学理论知识生长功能,从而有利于繁荣整体刑法学理论知识体系。[2] 其中,

---

[1] 参见陈金钊《法律解释学——权利(权力)的张扬与方法的制约》,中国人民大学出版社 2011 年版,第 133—141 页。

[2] 魏东:《刑法解释学基石范畴的法理阐释——关于"刑法解释"的若干重要命题》,《法治现代化研究》2018 年第 3 期。需要说明的是,该引文中指出:"刑法解释的功能主要是司法适用(即实现刑事法治和人权保障)和司法甄别(即发现真正的刑法立法漏洞并有利于完善刑事立法)。"可以认为,"司法适用"功能是指确证法律文本含义最终解释结论"有效性"功能,"司法甄别"功能是指推动法律成长和漏洞填补功能。

"确证"功能所体现的功能性是司法适用,是将文本的刑法规定确证为"活的法"并直接为司法审判(以及其他司法实务部门依法办案)服务的司法功能。针对非真正的立法漏洞所进行的解释性填补理应归属于"确证"功能。这种功能性思考和功能类型化思考,有利于明确刑法解释在解决立法漏洞问题上的功能定位,谨慎注意到了刑法解释功能"有所为"与"有所不为"以及"有不同为"等具体差异性,即刑法解释功能在解决非真正的立法漏洞时是"有所为"的,可以通过解释性填补达至"确证"功能的"活的法"效果,由此避免法条主义与机械司法的功能性缺陷;但是刑法解释在解决真正的立法漏洞时是在恪守罪刑法定主义前提下而理性地、客观地秉持"有所不为"的功能性保守立场(但在有利于实现罪刑法定原则人权保障功能时,可以作为例外准许对真正的立法漏洞予以解释性填补),主张通过推动立法填补实现立法完善。厘清刑法解释功能的实质内涵及其三种类型之后,我们完全可以明确:当我们聚焦于确证刑法解释结论有效性时,我们所讨论的刑法解释功能实质上仅限于刑法解释的"确证"功能,而非其他功能(如"推动"与"促进"功能),在此前提下我们才能够有效观察和妥当解决刑法解释结论与解释方法确证功能的关系论问题,从这种功能关系论出发,可以发现和确证刑法解释有限功能论命题。

(二)刑法客观解释文本中心论的限定功能

解释应围绕刑法规范文本而展开,这是确证刑法解释结论有效性的必然要求。哲学诠释学对解释和理解的研究为法律解释方法论奠定了理论根基。"文本中心论"观点的提出,使解释范式重新回归方法论领域,消解了"作者中心论""读者中心论"中主体与客体、主观与客观之间的矛盾冲突。"文本中心论"的诠释学内涵为,文本是理解和解释的中心,是连接作者、读者和解释语境的中介,文本具有独立自主性,具有客观的意蕴。客观解释论以探寻文本的客观现实含义为解释目标,一般认为,客观解释论的诠释学基础是文本中心论。"文本中心论"代表人物利科尔认为,"本文"(即文本)是书写的作品,以此区分口头话语,文本脱离了创作时的特定语境,获得了一种自主性,文本的意义与作者的主观意图不尽一致，因此，文本的意义需要"建构"①。"文本中心论"的另一位代表人物贝蒂则认为，理解是解释的目的，解释是"作为主动的能思的精神的解释者""被客观化于富有意义形式里的他人精神"和"富有意义的形式"三位一体的过程；应将解释分为三种类型，即再认识或再构造的解释、再创造的解释和规范的应用；贝蒂还提出了诠释学方法论四规则，即诠释学的对象自主性规则、诠释学意义的融贯性规则（整体规则）、理解的现实性规则、理解的意义正确性规则。诠释学对象的自主性原则强调文本自身的独立性，解释者在解释过程中应当尊重文本自身的逻辑与结构，阐明"富有意义的形式"内在蕴含的意义与精神，避免主观随意性的解释。意义的融贯性原则（整体规则）含义为，解释的对象自身具有整体性，其蕴含的意义和精神亦具有整体性。对法律条文和规则的理解亦需要整体规则，个别规则、规则与规则之间的关系均存在有机内在联系，具有依赖性和融贯性。理解的现实性规则即解释者只能在现实中基于现有的经验框架去转换作者的思想，在理解过程中，存在对意义和精神的重新认识和重新构造，这种主观性就是对解释者自身主观性客观化的过程。诠释学的意义符合规则或理解的意义正确性规则，即解释者应当将现实性融入对解释对象的精神共鸣之中，解释者与作者之间达成心灵上的接近和个性上的共鸣，实现理解的和谐一致。② 从两位哲学家的观点来看，均赞同以文本为中心进行"建构"性诠释；贝蒂的诠释四原则实际上是文本解释确证功能的方法论展开，对法律解释方法体系的建构具有深刻启示。

从解释立场和方法角度而言，刑法客观解释重视社会情势变更对刑法文本含义的影响，具有灵活性和开放性，能够接纳社会各主体和因素对刑法的现实主义期待，从而对刑法规范调整范围作出修正，具有适应社会发展需要的特性（适应性）。同时，客观解释又具有天然的扩张性，主张对于具有刑事实质违法性、能通过扩大解释或实质解释方法入罪的行为，应予以入罪，但是，一旦过度实质化而不顾及形式法治底线，就

---

① 参见保罗·利科尔《解释学与人文科学》，陶远华等译，河北人民出版社1987年版。
② 参见贝蒂《作为精神科学一般方法论的诠释学》，载洪汉鼎主编《理解与解释——诠释学经典文选》，东方出版社2001年版，第124—165页。

会逾越罪刑法定原则，损害刑法的安定性与谦抑性，将本属于行政领域规制的一般违法行为"解释"为刑事犯罪，或者将本属于轻罪的行为"解释"为重罪。例如，《刑法修正案（十一）》新增规定的高空抛物罪、妨害安全驾驶罪、催收非法债务罪等罪名所涉及的相关行为，在《刑法修正案（十一）》颁行之前本来不构成犯罪或者不构成重罪，但是，在《刑法修正案（十一）》颁行之前不少司法判例将高空抛物和妨害安全驾驶行为认定为以危险方法危害公共安全罪，将催收非法债务行为认定为敲诈勒索罪或非法拘禁罪，出现了司法上的犯罪化、重罪化处理现象，这些现象值得刑法客观解释论进行反思检讨。因此，对刑法客观解释进行限定，应秉承"文本中心论"立场，明确刑法客观解释的价值目标（解释结论有效性）应当接受刑法解释确证功能的限定。即在建构性诠释刑法文本客观现实含义的主体活动中兼顾合法性与适应性，一方面确保刑法解释结论涵摄于刑法文本之中，尊重立法原意，尊重文本自身的逻辑与结构，确保客观解释具有合法性；另一方面根据现实需要阐明刑法文本"富有意义的形式"内在蕴含的意义与精神，确保刑法客观解释的结论具有适应性（合理性和合目的性），尽力避免主观随意性的解释。刑法客观解释要克服其可能存在的滥用司法权之缺陷，应当妥善处理文本与现实之间的关系，从文本出发，最终还应回到文本，这样才能使解释结论经得起罪刑法定原则的检验。

基于刑法解释的确证功能论和文本中心论对解释立场的限定功能，刑法客观解释文本中心论的限定功能表现在：文本的客观现实含义应受文义限度论的限定，刑法客观解释的功能应受人权保障机能与秩序维护机能的关系制约，必须兼顾人权保障。

法学的任务在于理解法律的语言表达及其规范性意义。[1] 文义解释是最基础的规范解释方法。关于刑法解释的限度理论中，大部分学者主张刑法解释的限度为法文语义与国民预测可能性的综合说，即解释应当在国民可预测的"文义射程"之内。[2] 刑法客观解释对于文本客观现实含义的阐释，需要关注社会发展和解释语境的变化对文义的影响，判断文本

---

[1] 参见［德］卡尔·拉伦茨《法学方法论》，陈爱娥译，商务印书馆2005年版，第85页。
[2] 参见蒋熙辉《刑法解释限度论》，《法学研究》2005年第4期。

的客观现实含义尤其是"非通常含义"是否能通过文义限度予以确证。在对文本语义"射程"进行研究时,确定语义范畴是重要的研究路径。哲学上范畴理论的缘起与发展促进了认知语言学和语义学的研究。亚里士多德在《范畴篇》里提出了十个哲学基本范畴:实体、性质、地点、时间、数量、关系、姿态、状况、主动、被动,其对范畴的研究被认为是经典的范畴观思想,核心观点是范畴具有明显的边界,事物之间的共同属性是范畴的决定因素;维特根斯坦在《哲学研究》中提出了语言游戏说理论,其中的"家族相似性"原理对经典范畴理论提出了批判,认为建立语义范畴的基础是相似性而不是共同属性;美国语言学家罗施(Rosch)将"家族相似性"理论运用于自然范畴的研究,提出了原型范畴理论;此后,又有语言学家将原型范畴理论运用于语义学,语义范畴的边界具有开放性和模糊性,语义范畴内的各个成员的地位不平等,有典型性成员,也有非典型性成员,处于中心位置的典型成员就是这一范畴的原型,非典型性成员和新增成员是在原型基础上发展而来的。[①] 在范畴理论中,我们能够得到的启示是,范畴是人们认识和解释世界的重要方法,语义范畴或概念范畴的相似性保证了语义的相对稳定性,使我们得以认知世界,某一范畴内的核心语义或原型就是这一范畴保持稳定性的基础;而非典型性成员则影响语义范畴的外延,使范畴具有变动性。刑法文义的安定性取决于其确定性,尽管社会在不断变迁,语言与文字的含义不断丰富,但刑法文本文义的核心含义尤其是日常语义,在短期内不会发生大的改变,变动较大的是非典型性文义,这种非典型性文义正是基于社会现实与法律事实之间的融合变化而产生,也是刑法客观解释需要解决的疑难问题。刑法规范文本"可能文义"之范畴是一个可依据解释主体的主观意愿和目的予以扩大或者缩小的相对边界,具有一定弹性。为防止这一范畴过度膨胀,需要对文本的边缘含义或非典型性文义的扩张进行适当限制,避免因现实需求超越文义的边界;而且,对于刑法规范文本中特定概念的解释,必须考量该概念在具体条文中的特定含义以及与其他法律规范中的含义是否协调。为避免类推解释,客观解释应吸收形式解释的精髓,但也不可机械地套用形式解释,更不能过于

[①] 参见王政勋《范畴理论与刑法解释立场》,《法律科学》2009年第6期。

强调形式解释，因为机械套用形式解释可能导致刑法规范的适用滞后于社会发展的后果。总体上看，文本的客观现实含义通过文义限度论的限定，能够实现刑法客观解释文本中心论的限定功能。

例如，刑法分则第五章侵犯财产罪中"财物"的含义，正随着网络时代的到来呈现扩张趋势；在理论界，一般认为，"财产性利益"可作为诈骗罪之对象，但对于其可否成为盗窃罪的对象，则存在争议。部分学者认为，应将"财物"扩大解释为包括"财产性利益"，例如，张明楷教授认为，财物具有价值性、可管理性和可转移性三个特征，盗窃罪中的"财物"应当包括"财产性利益"[①]；也有部分学者认为，将财产性利益纳入盗窃罪"财物"范畴，破坏了刑法谦抑性，应当予以限制[②]。基于上述争议，学者针对网络虚拟财产的刑法保护问题也展开了讨论，有学者认为，网络虚拟财产具有财产属性，可以成为财产犯罪包括盗窃罪的客体[③]；也有学者持反对观点，认为应限制将网络虚拟财产解释为盗窃罪的财物范畴等入罪化和扩张化解释[④]。在司法实践中，对虚拟财产是否应当成为盗窃罪对象尽管存在争议，但是，越来越多的司法判例将虚拟财产作为盗窃罪的对象予以认定。上述解释结论是否正确，仍然值得研究和探讨。值得关注的是，虚拟财产和数据是否具有财产属性，在民法上尚存在争议。《民法典》总则部分第五章"民事权利"第 127 条规定："法律对数据、网络虚拟财产的保护有规定的，依照其规定。"从以上规定来看，民法已经确定了数据和网络虚拟财产的权利属性，但该规定仅属于原则性立法，并没有确定数据和网络虚拟财产的具体权利属性。当前理论界逐步认可了数据产品的经济价值，但对数据的具体分类和权利归属仍存在较大分歧，关于权利属性存在人格权属性、财产权属性、知识产权属性等不同观点，或者根据数据权利的主体不同，将数据从个人信息

[①] 参见张明楷《论盗窃财产性利益》，《中外法学》2016 年第 6 期。
[②] 参见聂立泽、高猛《论财产性利益的刑法保护》，《法治社会》2016 年第 3 期；刘明祥：《论窃取财产性利益》，《政治与法律》2019 年第 3 期；姚万勤、陈鹤：《盗窃财产性利益之否定——兼与黎宏教授商榷》，《法学》2015 年第 1 期。
[③] 参见陈兴良《虚拟财产的刑法属性及其保护路径》，《中国法学》2017 年第 2 期。
[④] 参见刘艳红《网络时代刑法客观解释新塑造："主观的客观解释论"》，《法律科学》2017 年第 5 期。

或初始数据的角度分为人格权益和财产权益，或者从数据经营企业的角度将其分为数据经营权和数据资产权。① 本书认为，在对私有财产的保护路径上，民法对民事权益的确认是刑法保护的前提，民法上对虚拟财产和数据的法律属性之规定，对侵犯他人虚拟财产或数据的刑事案件定性有重要影响，在民法尚无明确规定认定数据和网络虚拟财产的财产属性时，现阶段将虚拟财产和数据一律认定为财产或财物，并作为侵犯财产类犯罪的对象，过于激进，丧失了刑法的谦抑性，有违罪刑法定原则。尤其是针对数据的刑法保护问题，从现行刑法分则对信息数据保护的罪名设置来看，针对侵犯公民个人信息数据的行为，《刑法》第253条之一规定了侵犯公民个人信息罪；针对非法获取信息数据和侵犯具有保密性质的商业数据、国家数据、军事数据的行为，刑法分别规定了非法获取计算机信息系统数据罪、侵犯商业秘密罪、非法获取国家秘密罪、非法获取军事秘密罪等罪名，上述刑法规定对于侵犯公民个人信息数据和其他数据的行为已经设置了较为严密的法网。2021年6月颁布的《数据安全法》从国家安全角度建立了数据安全防控体系，也并未对数据的法律属性进行明确界定。在数据的财产属性和数据财产权利尚未得到立法明确确认时，刑法解释可适用现有规定，对侵犯数据权利、具有可罚性的行为只能"依法"定罪，而不应轻易适用侵财罪罪名定罪处罚。正如欧阳本祺教授所言："将数据认定为财物已经不属于'解释'的范畴，而是基于'数据利用的价值'与'财物的价值'所具有的类似性将侵犯数据的行为类推适用财产犯罪的刑法规范，属于典型的类推适用。"②

基于转型时期社会治理的需求，积极主义刑法观和功能主义刑法解释论均强调刑法的工具性和社会保护机能，而相对忽视刑法的人权保障机能，这也导致在司法实践中，司法机关对部分危害社会秩序的案件更倾向于入罪解释或适用重刑罪名。学界对于刑法客观解释论诟病之一也在于，客观解释为满足社会现实需求，以社会保护机能为优先，将人权保障机能置于次要位置，故当国家利益或社会利益与个人利益冲突时，

---

① 参见龙卫球《数据新型财产权构建及其体系研究》，《政法论坛》2017年第4期。
② 欧阳本祺：《论网络时代刑法解释的限度》，《中国法学》2017年第3期。

会牺牲公民权利与个人利益，而作出入罪解释。客观解释在对疑难案件刑法文本的解释与适用中，应当严守保障人权的底限，这是客观解释遵循合法性原则的基本要求；防止根据司法打击犯罪、维护秩序的现实需求，进行任意解释和过度的扩张解释。在个案适用解释中，当因文本含义不明确导致存在多种矛盾解释时，司法机关对被告人是否定罪的考量，实际是对法益保护与人权保障价值的衡量。而在大部分案件中，司法机关均会倾向于法益保护目的，而非对被告人的人权保障，这是值得警惕的现象。时延安教授认为，被告人是法治社会的参与者，也是法律主体，有利于被告作出解释，是将法律不明确的后果由国家来承担。[①] 当刑法条文含义存疑时，不应当忽略对被告人有利的解释，这也是罪刑法定原则的应有之义。只有对存疑的文本进行合理解释与限制，才能把握好解释的尺度，并正确理解"有利于被告人"原则的含义。"存疑有利于被告人"是解决刑法安定性与处罚合理性矛盾的重要原则。刑法适用"存疑有利于被告人"原则的基础是保障人权，并非所有案件都适用这一原则，而必须是当法律规定不明确，在适用时存在极大疑问，通过不同的解释路径和方法得出相互矛盾的结论，且存在对被告人有利的解释结论时才能适用；"存疑有利于被告人"原则适用的结果也不是被告人一律无罪，或者只允许对被告人有利的类推解释，而是在对案件的多种解释路径中，寻找"最适宜"的解决方案，平衡案件中保护法益与保障人权之间的关系。在对新型疑难案件的定性存在疑问时，当解释结论只有罪与非罪可供选择时，采取严格解释原则，兼顾考量立法目的与社会效益，谨慎定罪；当定罪依据不充分时，依法不应定罪。尤其要谨防适用口袋罪名与兜底条款进行类推解释，当不能明确被告人行为方式或方法是否符合口袋罪或兜底条款，或不能确定被告人的行为与参照罪状规定之行为具备相当的社会危害性和刑事处罚必要性时，则应当作出对被告人有利的出

---

① 参见李希慧《刑法解释论》，博士学位论文，中国人民大学，1993年，第79页；储槐植《善解罪刑法定》，载中国人民大学刑事法律科学研究中心编《刑事法学的当代展开》，中国检察出版社2008年版，第144页；熊伟《主观解释论之提倡》，《中国人民公安大学学报》（社会科学版）2013年第5期；许发民《论刑法客观解释论应当缓行》，载《刑法论丛》2010年第3卷；等等。

罪解释①；当有轻罪和重罪可供选择，且适用轻罪更为妥当时，应适用轻罪；在量刑明显违背罪刑均衡原则、不利于被告人时，可考虑"以刑制罪"，适用刑罚更为轻缓的罪名。可以认为，刑法客观解释的功能由于受到人权保障机能与秩序维护机能的机能关系制约，必须兼顾人权保障，从而实现了刑法客观解释文本中心论的限定功能。

以生产、销售假药罪为例。从刑法分则章节设置来看，《刑法》第141条（生产、销售假药罪）规定在"破坏社会主义市场经济秩序罪"这一章之中，如果仅从法益对于刑法分则行为的类型化作用来判断，刑法规制生产、销售假药行为保护的法益是社会主义市场经济秩序。生产、销售假药罪的罪状为简单罪状，司法实践中，对"假药"的界定，主要是依据药品管理法之规定，因此，从形式上看，该罪名所保护的具体法益应当为药品管理秩序。但从药品的特殊用途来看，其保护的法益也应包括人的生命与健康，因此，理论和实务界普遍认为，生产、销售假药罪不仅破坏了市场经济秩序，而且危害了人民群众生命健康安全，其保护法益属于复合法益。该复合法益中，药品管理秩序属于集体法益，生命健康安全属于个人法益；或者说，前者归属于秩序价值，后者归属于自由价值；前者体现的是刑法的保护机能，后者体现的是保障机能。一般情况下，脱离药品行政监管、破坏药品市场秩序的行为会危及人的生命健康安全，但在特殊情况下，两种法益也可能会出现矛盾和冲突。当二者存在冲突时，是否需要以及应当如何调整法益保护之位阶，是需要进一步研究的问题。法益保护前置是抽象危险犯处罚正当化的重要依据，刑法规范作为行为规范，具有行为规制作用和一般预防功能；但是，刑法规范还作为裁判规范而存在，在司法适用中，仍然需要结合具体行为，对法益保护的正当性和妥当性进行判断。在价值定位上，当优位法益或主要法益与低位法益或次要法益发生冲突时，应当坚持优位法益和主要法益优先于低位法益和次要法益的原则；在秩序价值与自由价值发生根本冲突时，秩序价值应当让位于自由价值。生命健康权是人类生存和发展的前提和基础，生命和人身法益在所有法益中，属于最优位法益，个

---

① 参见于志刚《"双层社会"中传统刑法的适用空间——以"两高"〈网络诽谤解释〉的发布为背景》，《法学》2013年第10期。

人及社会成员的生命健康安全是刑法设置生产、销售假药罪所保护的主要法益。在"陆勇案"中，这一法益冲突体现得尤为明显，该案不起诉决定书中所附释法说理书确认了保护人的生命权、健康权是销售假药罪立法的核心意旨，并认为，"陆勇的行为没有侵犯他人的生命权、健康权"[①]。对于违反药品管理秩序，但不侵犯人的生命权、健康权的行为，以生产、销售假药罪定罪处罚就违背了刑法对个人法益与人权的保障功能，故对陆勇作出不起诉决定。陆勇案对立法目的的解释不仅解决了刑法解释的妥当性问题，而且推动了国家对《药品管理法》的修订，原《药品管理法》第98条中"'依照本法必须批准而未经批准生产、进口'，以假药论处"的规定被删除，并明确了"药品管理应当以人民健康为中心"这一立法目的和保护法益，从而为明确生产、销售假药罪的规范保护目的提供了前置法律依据。

二 刑法客观解释的公正限定论（司法公正相对主义论）

法律公正理论包含立法公正和司法公正，因此，（实体法意义上的）司法公正应当具有不能完全等同于"立法公正"的相对性，刑法解释必须限定于实现司法公正（而不是笼统的法律公正）。司法公正相对主义对刑法客观解释的限定具有双重价值和意义，一是确认法官的司法决策权仅限于司法领域；二是确认司法填补的对象和功能具有相对性。

（一）刑法解释视域下的司法公正相对主义

司法公正价值论是刑法解释论的重要法哲学基础，因为刑法解释论不但要"功能性"地解决犯罪治理问题，还要"公正性"地解决问题，"功能性"地防止出现司法不公。为此，法官决策行动论试图通过内含的国民参与司法论（对司法公正）加以程序性地解决，平野龙一将"由什么人来从事审判"这一问题分解为适合性和信赖性两个方面，适合性是

[①] 参见湖南省沅江市人民检察院《不起诉决定书》附释法说理书，来源：搜狐网，网址：https：//www.sohu.com/a/239043378_726435，2020年4月19日访问。

指具有怎样的资格和能力的人可以较好地完成审判工作，认为经过层层考验和淘汰才选拔出来任命为法官的人可以说都是法律职业者中的精英，精英从事审判工作的适合性基本上是没有问题的；信赖性，是指哪些人的审判比较容易得到国民的信任，认为日本和德国的法官因为具有官僚性而在官僚体系之下"不同程度地具有为谋求升迁而服从上级的职业倾向"而"不能完全反映国民的正义感情"，从而也有可能得不到国民的信任，应对之策就是"让国民直接参与司法，也就是实行陪审或参审制度，由普通国民充当'业余法官'，参与司法审判的过程"以获得信赖性，将职业法官的适合性和业余法官的信任性结合起来，就可以较好地把国民的法律意识（即"存在的规范"）贯彻到审判中，实现司法的正当化和合理化。[①] 但是，适合性（通过职业法官）和信赖性（通过业余法官）在相当意义上只解决了法官决策行动论中的程序性问题（即决策主体性和过程性），而没有在实质意义上以及实体法意义上解决刑法解释结论的有效性问题，亦即作为刑法的实体法意义上的刑法解释论如何解决司法公正的问题却被部分忽略了，从而，作为刑法的实体法意义上的司法公正性（有效性）需要进行专门弥补。

　　刑法解释论的司法公正价值论，在领域论上是否应该同较为笼统的法律公正论一体论，尤其是同"立法公正"区分开？换言之，司法公正与立法公正到底是一体论的法律公正论（法律公正论一体论），还是区分司法领域与立法领域的领域公正论区分论？对此问题，当下功能主义刑法解释论者应当说更多地倾向于较为笼统的法律公正论一体论，如前所述的法官决策行动论、判例的立法机能论、判例拥护理论与司法立场的法律渊源理论（法官法源论），均主张法官在刑法解释适用领域基于较为笼统的法律公正立场并且以立法者自居进行功能性裁判，并没有区分立法公正与司法公正。但是，这种刑法解释适用领域的"司法公正"论被抽象地置换为"法律公正"论的一体论是明显存在疑问的，尤其是在存在（真正的）立法漏洞的场合要求司法者以立法者的"外部"视角作出合乎法律公正的填补性法律解释和司法裁判时，就突出地存在可能逾越罪刑法定原则和"司法公正"底线的正当性。因为罪刑法定原则的形式

[①] 赖正直：《机能主义刑法理论研究》，中国政法大学出版社2017年版，第40—42页。

侧面和实质侧面都是基于尊重既有立法规定所进行的司法公正裁判，尤其是我国《刑法》第 3 条明确规定了"法律没有明文规定为犯罪行为的，不得定罪处罚"，禁止了法官以立法者自居、以立法公正论赋能而进行司法上犯罪化的做法，宣誓了法官必须在既有立法规定内进行有罪裁判的法治立场。在此意义上，法官决策行动论只能是符合现行刑法立法规定的、符合刑法司法公正价值论意义上的法官决策行动有效性论（可以简称为"法官决策有效（性）论"），其内含的相关命题也只能是承载司法公正价值有限使命的判例拥护理论，将司法公正作为与立法公正相对分离的"领域"公正价值，将较为笼统的法律公正论一体论转变为法律公正论的司法公正与立法公正二元论（法律公正论二元论）。基于法律公正论二元论的立场，功能主义刑法解释论的法官决策有效论应当注意以下几点：

其一，司法公正价值在功能主义刑法解释论上必须得到突出强调，立法公正价值必须隐退幕后，"法官造法"、判例的立法机能论（以及法官法源论）必须在司法上犯罪化的方向上被禁止（但是并不禁止司法上非犯罪化的方向）。例如，在扫黑除恶专项斗争中的部分司法判决中，权利人（行为人）所实施的暴力讨债、自力救济、职业打假等维权行为被部分法官"功能性"地解释为寻衅滋事（罪）的行为并定罪判刑，其背后的法理误用就可能是功能主义刑法解释论者倾向于较为笼统的法律公正论一体论所致，是裁判者以立法者自居、以立法公正论赋能而忽略了司法公正论所致。从司法公正论立场看，法官不能将维权行为通过超越现行立法规定的、"法官造法"式的功能性解释进行新的立法规范构建并判决认定为寻衅滋事罪，因为这里的"较为笼统的法律公正"已经超越了现行法律规定下的"司法公正"，从而无法确证法官决策的有效性。我国有学者指出："刑事司法机关应当善待讨债、自力救济、职业打假等维权行为，即使这些行为违反民法、行政法等法律的规定，存在不当、越权等情形，也不能轻易追究刑事责任。"[①] 这种见解是正确的，应当引起功能主义刑法解释论的重视。可见，与法官决策行动论命题紧密相关的

[①] 张明楷：《妥善对待维权行为，避免助长违法犯罪》，《中国刑事法杂志》2020 年第 5 期。

判例拥护理论命题,在基本立场上只能是秉持具有中国特色的案例指导制度,通过最高人民法院进行司法公正价值论审查,谨慎提炼出裁判要旨、法条释义和指导意义,并由最高人民法院权威发布"指导案例"供全国各级人民法院参照执行,确立一种承载司法公正价值有限使命的判例拥护理论,反对判例的立法机能论。

其二,基于法律公正论二元论的立场,司法公正价值观必须适当克制法律公正价值论一体论的观念冲动,功能主义刑法解释论必须合理权衡我国刑法的秩序维护机能与人权保障机能之间以及刑法立法公正与刑法司法公正之间的紧张关系,以最终达至某种最佳价值权衡状态。[①] 此种"最佳价值权衡状态",按照现代刑法罪刑法定原则和刑法解释适用领域的"司法公正"论的要求,应当是在适当照顾刑法的一般公正、形式公正的前提下尽力实现刑法的个别公正、实质公正和人权保障。[②] 在我国社会主义法治建设进入成文法典时代——刑法典和民法典业已相继颁行——之后,我国整体法规范体系所秉持的权利本位的法治立场不可偏废,正如"我国民法的本位是突出权利本位,兼采社会本位,以权利本位为主、社会本位为辅的立法思想"[③] 一样,我国刑法的本位也只能是以权利本位为主、社会本位为辅的法治立场,这一法治立场和权利本位思想必须在刑法司法论、刑法解释论上充分贯彻。因此,法官决策行动论命题的基本立场,只能是符合现行刑法立法规定的、符合刑法解释适用领域的"司法公正"论意义上的法官决策有效论,必须反对法官以立法者自居而超越现行刑法规定进行司法决策行动。

其三,基于法律公正论二元论的立场,刑法解释适用领域的司法公正价值观必须在法官决策行动论中获得应有尊重和适当张扬,防止理论上的刑法教义学教条主义倾向。这方面的典型例证是教唆未遂(教唆失败和无效的教唆)的法律解释适用问题。我国《刑法》第29条第2款规定:"如果被教唆的人没有犯被教唆的罪,对于教唆犯,可以从轻或者减

[①] 魏东主编:《中国当下刑法解释论问题研究——以论证刑法解释的保守性为中心》,法律出版社2014年版,第123—125页。

[②] 魏东:《刑法解释保守性命题的学术价值检讨——以当下中国刑法解释论之争为切入点》,载《法律方法(第18卷)》,山东人民出版社2015年版,第220—236页。

[③] 杨立新:《中国民法典精要》,北京大学出版社2020年版,第12页。

轻处罚。"对此，我国刑法学界主要有预备说（特殊预备犯说）[1]、特殊教唆犯说[2]、未遂说[3]等见解。其中，在主张未遂说的观点中，周光权教授认为，根据刑法客观主义限定教唆未遂的成立范围，按照共犯从属性说，《刑法》第 29 条第 2 款的解释结论应该是：当且仅当被教唆者着手实行犯罪并使法益遭受紧迫、现实的危险时，才能处罚教唆犯；相应地，教唆失败（被教唆者拒绝教唆）和无效的教唆（被教唆者尚未着手实行犯罪）不具有可罚性。[4] 这种观点亦可以称为教唆未遂的正犯着手说，张明楷[5]、江溯[6]等学者也持有大体相同的看法。笔者认为，周光权教授等学者的上述观点还值得商榷。从功能主义刑法解释论立场看，我国《刑法》第 29 条第 2 款规定的处罚范围是可以采用预备说（可罚的预备说或者特殊预备犯说）、特殊教唆犯说（可罚的特殊教唆犯说）来确定的，可以认为《刑法》第 29 条第 2 款规定了"独立教唆犯处罚原则"（或者"特殊教唆犯处罚原则""非共犯教唆犯处罚原则""片面的教唆犯处罚

---

[1] 赵秉志：《犯罪未遂的理论与实践》，中国人民大学出版社 1987 年版，第 218 页；刘明祥：《再释"被教唆的人没有犯被教唆的罪"——与周光权教授商榷》，《法学》2014 年第 12 期。

[2] 马克昌主编：《犯罪通论》，武汉大学出版社 1991 年版，第 570—571 页。

[3] 参见赵秉志《犯罪未遂的理论与实践》，中国人民大学出版社 1987 年版，第 215—216 页。

[4] 周光权：《刑法客观主义与方法论》（第二版），法律出版社 2020 年版，第 91—92 页；周光权：《"被教唆的人没有犯被教唆的罪"之理解——兼与刘明祥教授商榷》，《法学研究》2013 年第 4 期。

[5] 张明楷：《刑法学》（第五版）（上），法律出版社 2016 年版，第 454 页。需要说明的是：关于我国《刑法》第 29 条第 2 款规定的处罚范围，张明楷的看法经历了较大变化：他过去主张"这种情况在刑法理论上称为教唆未遂"，具体包括"被教唆的人拒绝教唆犯的教唆；被教唆的人虽然接受教唆，但并没有实施犯罪行为；被教唆的人虽然接受了教唆，但所犯之罪并非教唆的罪；被教唆的人实施犯罪并不是教唆犯的教唆行为所致"的情况，因此"在上述情况下，教唆行为并没有造成危害结果，故对教唆犯'可以从轻或者减轻处罚'"（见张明楷《刑法学》（上），法律出版社 1997 年版，第 308 页）；中间又曾经持限定肯定说的立场，认为如果所教唆的犯罪并不处罚未遂时（即未遂时并不作为犯罪处理，如甲教唆乙在公共交通工具上扒窃），而被教唆的人又没有犯被教唆的罪（教唆未遂），对于教唆者不应定罪处罚，只有在所教唆的犯罪处罚未遂时（如甲教唆乙盗窃金融机构），教唆未遂的才应适用《刑法》第 29 条第 2 款（见张明楷：《刑法学》（第二版），法律出版社 2003 年版，第 351 页）；他最新的见解是教唆犯的正犯着手说。

[6] 江溯：《超越共犯从属性与共犯独立性之争——刑法第 29 条第 2 款的再解释》，《苏州大学学报》2014 年第 2 期。

原则""教唆未遂处罚原则"等），针对具体犯罪的教唆行为本身具有犯罪预备行为的性质（即符合《刑法》第 22 条的规定），在教唆行为具有预备犯的可罚性（根据教唆行为的具体内容确定，例如针对杀人和抢劫等重罪的教唆行为就具有预备犯的可罚性）时，即可适用《刑法》第 29 条第 2 款并且在预备犯的基础上适用"可以从轻或者减轻处罚"。这种观点，现在已有部分学者明确主张，认为"我国《刑法》第 29 条第 2 款是关于预备犯的处罚规定"（预备说）①，并且指出："世界各国无一例外地处罚被教唆者未实施所教唆之罪情况下具有重大法益侵害危险性的教唆行为，也从实定法的维度否定了教唆行为是必须依附于正犯的实行行为才具有可罚性的共犯行为。基于对教唆行为本身的构造分析，可以得出教唆行为是所教唆之罪的犯罪预备行为的结论。"② 当然，预备说在学界仍然有较多学者持反对立场，有的认为预备说"在我国法律上缺乏现实依据"③，有的认为"预备说是没有法律依据的"④，因此这个问题在"刑法教义学"层面上还有进一步研究的空间。但是，在功能主义刑法解释论层面上，应当注意防止理论上的刑法教义学教条主义倾向，基于刑法解释适用领域的司法公正价值观和法官决策有效论视域下的问题性思考，应当确认预备说的"独立教唆犯处罚原则"的正当性。发生在广西壮族自治区南宁市的一起连锁教唆杀人案⑤，是一起典型的教唆未遂案，人民法院依法判决该"教唆未遂案"中多名"教唆犯"有罪并予以处罚，这是符合功能主义刑法解释论原理的，因为故意杀人的教唆行为具有预备犯的可罚性，可适用《刑法》第 29 条第 2 款的规定，在故意杀人罪预备犯的基础上适用"可以从轻或者减轻处罚"的规定。

此外，基于法律公正论二元论的立场，司法公正价值观也必须在刑事审判的庭审实质化程序正义中获得充分体现。为此，必须改革完善人民陪审员制度、证据的庭前开示和当庭质证制度、法庭辩论机制、法官

---

① 朱道华：《教唆犯研究》，法律出版社 2014 年版，第 235 页。
② 朱道华：《论教唆行为的法律本质》，《中国刑事法杂志》2011 年第 2 期。
③ 赵秉志：《犯罪未遂的理论与实践》，中国人民大学出版社 1987 年版，第 218—219 页。
④ 陈兴良：《共同犯罪论》，中国人民大学出版社 2006 年版，第 367 页。
⑤ 南方都市报报道：《200 万雇凶杀人，遭层层抽水转包！结局来了!》，来源：http://www.infzm.com/contents/161336，2020 年 12 月 23 日访问。

裁判说理机制，借鉴抗争处理学和国民参与司法论的合理成分，确保庭审中的控辩双方充分阐述意见，建立健全法官公开听取社会各界意见（以及社会舆论）的有效机制并畅通渠道，切实将独裁性的法官决策行动论改变为主体间互动性基础上的民主的法官决策有效论。

（二）刑法客观解释视域下立法漏洞的功能性相对填补论

卡尔·拉伦茨将法律漏洞描述为"违反计划的不圆满性"①。法律皆有漏洞，这是不可避免的客观现实，刑事立法近年不断扩张，仍不可能将所有具有严重社会危害性的行为纳入刑法规制范围，因此，刑事立法漏洞的存在具有合理性。哈特认为，法律的漏洞与法官的自由裁量权密切相关，当案件无法从法律中得出结论时，法律就存在不确定和不完全性，法官应行使自由裁量权创制新法。②在民法学领域，基于法律渊源的多样性和法律调整关系的平等性，多数学者均认可民法解释具有"漏洞填充"的功能，且不反对法官的创造性解释。基于罪刑法定原则的限制，刑法解释的漏洞填补规则具有特殊性。"在刑法条文的表述存在缺陷的情况下，通过解释弥补其缺陷，是刑法教义学的重要内容或重要任务之一。事实上，将批判寓于解释之中，是刑法教义学的常态"③。刑法教义学对立法的批判功能体现在两个方面，一是推动立法完善填补漏洞，二是通过规范的刑法解释方法填补漏洞。一般认为，对于真正漏洞只能通过立法填补，对于非真正漏洞才可通过司法解释填补，由此才能真正实现司法公正。

对于刑法客观解释而言，其与法律漏洞之间的关系更多地体现在对滞后性立法的解释问题上。罪刑法定原则认可运用扩大解释对刑法文本中可能的含义进行适当扩张，但反对类推解释将本不属于刑法规制范围的行为纳入处罚范围。在解释的过程中，为区分司法填补与创制性解释的界限，首先应当区分真正的漏洞与非真正的漏洞；这种区分需要在具体个案的解释语境中予以明确，即判断案件事实能否涵摄于刑法分则的

---

① ［德］卡尔·拉伦茨：《法学方法论》，陈爱娥译，商务印书馆2005年版，第197页。
② ［英］哈特：《法律的概念》，许家馨、李冠宜译，法律出版社2006年版，第253页。
③ 张明楷：《也论刑法教义学的立场与冯军教授商榷》，《中外法学》2014年第2期。

具体规范类型。"真正的法律漏洞属于规范功能性法律漏洞，因其缺失堵截性法律规范为刑法解释提供指引，在法律上难以找到任何明确的扩张解释依据，因而原则上不允许以法律解释加以填补而只能予以立法完善，但刑法解释论上也应适当承认个别例外的规则；非真正的法律漏洞则属于非规范功能性法律漏洞，因其有某种明确的堵截性法律规范提供解释指引，准许以法律解释加以填补（司法填补）。"①

对于刑法中真正的漏洞，在法律立、改、废之前，刑法解释不可违背罪刑法定原则对其进行填补。如果允许刑法解释填补真正漏洞，司法将代替立法，扩张刑罚权，侵犯公民的人权与自由，故在刑法领域，"法官造法"与自由裁量权之间存在明确的界限，前者属于越权解释，后者属于依法解释。例如，我国刑法对强奸罪对象的规定被学界诟病其忽视了对男性性权利的保护，但我们宁愿相信立法者对于该罪是"有意的沉默"。因此，《刑法修正案（九）》出台之前，在男性性权利被侵犯案件中，只能对造成轻伤以上后果案件以故意伤害罪定罪处罚。《刑法修正案（九）》将强制猥亵罪的对象由"妇女"改为"他人"，很大程度上是响应了司法实践中要求保护男性性权利的呼声。另外，有一些真正的漏洞是源于立法的"不圆满性"而产生。例如，刑法第 260 条虐待罪的罪状规定为"虐待家庭成员"，将虐待罪的主体和受害者限定于家庭成员之间，大量非家庭成员的虐待案件，如幼儿园教师、保姆虐待幼儿、护工虐待老年人等情况依法不能定罪，或者只能根据被虐待的伤情程度认定为其他犯罪。在刑法修正案（九）增加第 260 条之一虐待被监护、看护人罪之后，这一类案件所面临的漏洞才被立法所填补。在真正的漏洞被立法填补以前，司法解释与适用不应当突破罪刑法定原则，对行为人强行定罪处罚，否则背离了刑法人权保障机能。

对于非真正的刑法漏洞，可通过适当的解释方法将漏洞进行补充，使刑法规范明确化、具体化，即便如此，解释者填补漏洞的自由裁量权仍应受到规范文本的严格限制，解释过程必须进行充分且合理的论证，得出的结论应当同时符合合法性和合理性的标准，不可超出法条文义的

---

① 魏东：《从首例"男男强奸案"司法裁判看刑法解释的保守性》，《当代法学》2014 年第 2 期。

可能范围，且应当得到公众的价值认同。如何运用刑法解释、运用何种解释方法进行填补，是学界研究的重点。有学者主张通过目的性扩张、目的性限缩、当然解释以及合类型性解释等方法进行填补。① 目的论扩张和目的论限缩都是法律漏洞的补充方法，是依据法律规范的目的对规范文本所蕴含的语义范围进行的扩张或限缩，但是，鉴于两种补充方法的价值与目的不同，"目的论扩张适用于法律的明显漏洞，而目的论限缩则适用于法律的隐藏漏洞"②。在刑法漏洞补充的正当性上，目的论限缩方法的适用更具有合法性，目的论扩张可能扩大刑法的处罚范围，有违背罪刑法定原则之嫌。目的论限缩方法的适用也应当受到规范目的的严格限制，例如，刑法对伪造货币罪的罪状没有规定行为人主观上具有特定目的，但理论上均认可该罪构成应以行使作为目的，并将其作为非法定的目的犯和短缩的二行为犯之典型例证；虚开增值税专用发票罪需要有骗取税款的主观目的，这一目的性限缩结论也已逐渐在司法适用解释中得到普遍认可。但并非所有的非法定目的犯均属于隐藏的法律漏洞，隐藏漏洞的确认须以法益保护的模糊性作为前提，例如盗窃罪、诈骗罪等虽然属于非法定目的犯，但其"非法占有目的"在其罪状文义中是可以明确的，其保护法益亦是明确的，并不存在隐藏的问题，将非法占有目的作为盗窃罪、诈骗罪的主观构成要件要素，不属于目的性限缩的方法。

对于当然解释与合类型解释方法的适用，也需要进行严格限制，否则就成了当然的"类推解释"。将当然解释作为补充非真正漏洞的方法，其前提就是在文本中存在漏洞，刑法条文没有进行明确规定，针对当然解释的重要依据，即形式逻辑、事物属性与规范目的，应当是三者合一、缺一不可，规范目的首先应当从规范文本中获取，当然解释的事项不能脱离文本的可能语义范围。例如，刑法第262条第1款规定的拐骗儿童罪中的"拐骗"之含义，从文义上通常理解为"欺骗"或"引诱"等非暴力手段，其实质在于使儿童脱离家庭或监护人的保护范围。《刑法》第240条对"拐卖妇女、儿童"的定义为："是指以出卖为目的，有拐骗、绑架、收买、贩卖、接送、中转妇女、儿童的行为之一的"，其中"拐

---

① 任彦君：《论我国刑法漏洞之填补》，《法商研究》2015年第4期。
② 王祖书：《刑法目的论解释研究》，博士学位论文，吉林大学，2015年，第18页。

骗"似乎与"绑架"等暴力行为相区分。这种理解仅停留于文义形式的机械解读，从"拐卖妇女、儿童"定义中拐骗、绑架、收买、贩卖、接送、中转等行为的关系来看，并非方式的并列，而是拐卖妇女、儿童中可能存在的各个环节的列举，拐卖儿童罪中的"拐"即包含了暴力方法，从语义来理解，"拐骗"中的"拐"也就不排除使用暴力、胁迫等方法使儿童脱离保护范围；从当然解释的形式逻辑来看，使用暴力手段拐走儿童无论是从社会危害性还是主观恶性来看，均重于非暴力手段，既然使用非暴力手段拐走儿童成立犯罪，那么，使用暴力手段抢夺、抢劫儿童的行为更应当成立犯罪；从立法宗旨来看，拐骗儿童罪与拐卖儿童罪的目的都是保护儿童的人身自由，其区分在于是否以出卖为目的，因此，在行为方式上，拐骗儿童中的"拐"也应当包括"拐卖儿童"中"拐"的暴力手段。

三 刑法客观解释的融贯性限定论

美国法哲学家德沃金提出了法的整全性原则，并从两个方面对此原则予以阐释，一项是立法的整全性原则，要求立法者保持法律原则上的融贯性；另一项是裁判的整全性原则，要求裁判者将法律视为具有这种融贯性并予以实施。[①] 刑法解释的整全性，即刑法解释与立法目的的协调一致性及价值的融贯性。从刑法客观解释的角度而言，要避免解释结论超出合法性要求，应保证解释方法的规范合理性与解释结论的有效性；在方法论上，需要坚守"以文本为中心"的规范解释路径，即解释主体从规范文本语义出发，逐渐将解释的视野扩展至规范文本之外的客观世界，最终又回到规范性解释。解释主体应当坚持法的整体性与系统性理念，协调立法目的与司法需求、规范稳定性与发展性、司法制度与司法实践之间的平衡与统一。

（一）刑法客观解释与合目的性的整全主义

我国刑法客观解释的价值趋向通常与刑事政策的变化调整相关联。

---

① 参见［美］罗纳德·德沃金《法律帝国》，许杨勇译，上海三联书店2016年版，第133页。

劳东燕教授试图通过体系性思考的融贯性与刑事政策的合目的性之间的牵制关系，来限制功能主义刑法解释体系，实现刑法内外体系的统一。①然而，其论述似乎忽略了我国刑事政策的司法现状与"合目的性"理想原则之间的差距，且其"体系性思考"并未脱离体系解释的范畴。

　　刑法客观解释应谨防"合目的性"和"功能主义"的异化。在我国当下的法治语境中，刑事政策对于我国刑法的立法具有指导作用，对刑事司法具有调节作用。但是，刑事政策的非规范属性决定了其具有特定的功利性与时效性，从而具有极大的不确定性与不稳定性，可能破坏刑法和刑法解释的安定性。刑事政策司法化与刑法解释刑事政策化，存在突破刑法规范意识、侵犯公民自由与权利的风险，带有一定的入罪重刑色彩。刘艳红教授认为："以具有随意性和变动性的政策为指导的法律活动，包括刑法出罪解释，都是对法治精神和罪刑法定原则的严重背离。"②李斯特指出："刑法是刑事政策不可逾越的界限。"如果过于夸大刑事政策的功能与作用，在"合目的性"引导下的刑事政策司法化或刑法解释刑事政策化，一旦突破刑事规范的制约，就会失去理性，而变得激进和功利，为维护社会秩序而破坏人权保障的刑法机能。在此过程中，刑事政策与刑法规范之间不再是引导或调节的关系，以及劳东燕教授所倡导的包容关系，而可能存在违背罪刑法定原则、以政策代替规范治理的危险。

　　我国一直有"惩办与宽大相结合"的传统刑事政策，2010年，最高人民法院通过司法解释的方式正式确认了宽严相济刑事政策的地位。关于我国刑事政策的价值目标，理论界有多种观点，如预防犯罪的有效性单一目标说③，有效性与合理性的双重目标说④，秩序、自由、公正、效率的多重目标说等。⑤ 在最高人民法院发布的《关于贯彻宽严相济刑事政

---

① 参见劳东燕《功能主义刑法解释的体系性控制》，《清华法学》2020年第2期。
② 刘艳红：《实质出罪论》，中国人民大学出版社2020年版，第168页。
③ 参见陈兴良《刑事法治视野中的刑事政策》，《江苏社会科学》2004年第5期。
④ 参见梁根林《刑事政策：立场与范畴》，法律出版社2005年版，第21页。
⑤ 参见曲新久《刑事政策的权力分析》，中国政法大学出版社2002年版，第72页；魏东主编《刑事政策学》，四川大学出版社2011年版，第52页；严励《中国刑事政策的建构理性》，中国政法大学出版社2010年版，第307页以下；等等。

策的若干意见》中，也体现了刑事政策的多重功能与价值目标，但主要价值目标仍为预防犯罪与维护秩序。总体而言，我国刑事司法中一直贯彻的也是以"严打"为主、宽缓为辅的刑事政策。近年来，从上而下在全国范围开展了非法集资犯罪专项治理、食品药品违法犯罪专项治理、生态环境污染违法犯罪治理、电信网络犯罪专项治理、枪爆违法犯罪专项行动、"扫黑除恶"专项治理、性侵违法犯罪专项治理等一系列违法犯罪治理行动，公安部、最高人民检察院、最高人民法院与相关行政机关均相继联合发布了一系列司法解释，上述司法解释所体现的主要价值趋向为整体"从严"治理；而且，在司法实践中，上述刑事政策的推行也体现了司法适用中犯罪圈的扩大以及刑罚的严厉性。从我国刑事政策的发展历程来看，无论是刑事政策对立法的指导，还是对司法的促进和调节，均具有较强的功利价值取向，刑事政策的调整更多的是为了满足经济的发展需要以及维护社会秩序的需要，这是国家公共政策向法律规范和司法解释的渗透，由刑事政策自身的性质和功能所决定。客观上评价，我国刑事政策中"宽严相济、以严为主"的倾向性也与我国当前刑事立法与司法的整体趋势基本一致。那么，是否意味着刑事政策可以大张旗鼓地登堂入室，以"从严"的旗号渗透于刑法解释之中，任意扩张刑法边界？无论是在理论上还是司法实践中，这一理念和做法都是极其危险的。在我国当前严厉有余、宽缓不足的司法背景下，无论是刑事政策司法化还是刑法解释刑事政策化，都需要警惕和禁止以"合目的性"为由突破规范与理性的边界。

黑格尔所提出的"目的理性"之含义是指以行为目的为准则的理性模式，是一种抽象化的概念。马克斯·韦伯将理性分为价值理性与工具理性，价值理性所诉求的合目的性，既是指合乎人的目的，更是指合乎人本身这个目的，同时，价值理性是一种建构理性，是建立在现实世界的反思基础之上、对理想世界的建构。学者对刑事政策秩序、自由、公正、效率等多重目标的设定就是一种价值理性。罗克辛的目的理性犯罪论体系也是一种理论构想，试图将刑事政策的价值选择内化到刑法体系中，以此消除两者之间的冲突，在其早期建构的三阶层体系中，尽力将刑事政策的抽象价值融入每一阶层的建构，但是，这种建构是面临许多挑战和障碍的；之后，罗克辛在建构不法与罪责的双层犯罪论体系中，又将"不法"与刑法的任务相关联,将客观归责理论作为统摄不法阶层的依据,并将罪责与具体的处罚目标相关联,以"规范的可交谈性"作为罪责的实质内容。① 从罗克辛的观点可知,目的理性犯罪论体系是建立在其对刑事政策理性价值建构基础之上的。刑事政策的目的理性是一种应然的价值设定,以严厉打击犯罪为传统和实然目标的刑事政策,并不一定符合刑法规范的目的理性,其对刑事司法的渗透是一种政策性的论证进路,而非规范性的进路。在理解罗克辛以刑事政策与刑法关系为基础而建构的目的理性犯罪论体系时,需要厘清刑事政策价值理性的设定与现实司法实践中刑事政策工具理性之间的区别,更需要明晰德日刑法三阶层或两阶层犯罪论体系与我国犯罪构成四要件理论之间的差异。

(二) 刑法客观解释的融贯性限定论的实质内涵

刑法客观解释要实现融贯性,不应当以刑事政策的合目的性作为限定依据,而应当以规范目的和立法的整体价值目标作为验证解释方法正确性的依据。司法理性的衡量标准首先应当是规范目的,而不是治理效果或者司法目的,目的论解释中目的的设定也应当是规范目的。我们应肯定刑事政策对司法适用与犯罪治理所带来的正面促进作用,但更应强调刑法规范对刑事政策的制约功能,而不应当通过刑法解释来实现刑事政策的规范化路径。刑事政策可通过行为危害性的评价介入构成要件之中,从而影响刑法教义学的范围。② 因此,"从严"的刑事政策具有强大的入罪功能。在客观解释立场上,当刑法文本含义不明确时,应根据客观现实确定文本的含义。当解释者将"从严"刑事政策与客观解释目标相结合,并以目的解释方法对行为实质的价值判断,则可能对规范目的进行不当扩张解释,从而将行为对法益的侵害及其程度进行错误评价。"从严"氛围下的刑事司法要保持清醒的立场,坚持规范目的理

---

① 参见陈尔彦《刑事政策与刑法体系关系之梳理——兼论罗克辛目的理性犯罪论体系之变迁》,载陈兴良主编《刑事法评论》第 36 卷,第 48—56 页。

② 参见欧阳本祺《刑事政策视野下的刑法教义学》,北京大学出版社 2016 年版,第 278—279 页。

性，防止盲目追求政绩与社会效果而突破法治界限。刑事政策对刑事立法具有指导作用，刑事政策可以根据维护社会秩序的客观现实需要，在刑法规范范围内，通过刑事司法解释来决定刑罚适用的轻或重，或限缩犯罪打击范围，通过"从宽"实现非犯罪化，但不能通过"从严"而扩张定罪的边界，将本来不构成犯罪的行为予以定罪。同时，要禁止司法解释因客观现实需要随意突破文本含义与构成要件。刑法规范外的要素包括刑事政策对刑法解释的影响只能是次要的、间接的，应建立在规范要素判断基础之上。例如，《刑法》第294条对黑社会性质组织罪之组织特征的规定为"形成较稳定的犯罪组织，人数较多，有明确的组织者、领导者，骨干成员基本固定"，这一特征的核心本身在于"较稳定的犯罪组织"，但是，在司法实践中，针对这一特征的解释容易发生异化和扩张。一旦司法机关对案件立案，企业相关人员有犯罪嫌疑，那么，合法成立、依法生产经营的企业则可能认定为"涉黑组织"，因为企业的架构本身具有稳定性，企业经营管理人员基本固定，且企业内部往往制定了较为成型的规章制度，似乎与组织特征规定完全契合，于是，企业顺理成章地被认定为"犯罪组织"。这一结论，完全是建立在"犯罪组织"这一有罪推定前提基础之上的，通过"循环论证"方法，最终实现定罪的目的，忽视了刑法规范文本中最核心的要素，曲解了规范目的，本质上属于类推解释。

在刑法解释整全性或融贯性之方法论上，法律推理或论证是重要的途径；从解释方法的功能而言，文义解释为文本语义限定范围，历史解释通过语义的沿袭和演变过程确定立法意图，体系解释和目的解释分别从整体逻辑和价值导向角度，寻求解释的整体协调一致和准确性。在刑法解释尤其是对疑难案件的解释过程中，需要综合运用各种解释方法，才能确定兼具合法性与适应性的文本含义。在解释方法运用规则上，除了传统刑法解释方法理论所认可的一般的位阶性规则之外，还需要在个案中运用综合性与协调性规则，使解释方法的运用既实现方法论上的体系化，又体现具体案件适用的特殊性，真正有益于司法实践中的刑法适用解释。在刑法解释过程中，除了掌握具体的解释方法，还需要运用法律推理、利益衡量、价值判断、法律论证等其他法律方法予以辅助，增强解释结论的说服力。解释方法之间存在相互制约的关系。在疑难复杂案件中，需要综合运用多种解释方法，不仅是因为运用某一种解释方法不能得出准确结论，还因为不同的解释方法之间可以通过相互反驳或验证，在解释逻辑与解释程序上实现统一性和完整性，从而从整体上保障解释结论的合法性与合理性。

例如，针对入户盗窃与入户抢劫中的"户"的界定，"两高"先后出台了多部司法解释对此进行明确。其中，最高人民法院 2000 年《关于审理抢劫案件具体应用法律若干问题的解释》第一条第一款、2005 年《关于审理抢劫、抢夺刑事案件适用法律若干问题的意见》第一条第一款、"两高" 2013 年《关于办理盗窃刑事案件适用法律若干问题的解释》第三条第二款在对于"入户盗窃""入户抢劫"的解释中，比较明确地确定了"户"的双重特征，即"供他人家庭生活"的功能特征和"与外界相对隔离"的场所特征（《关于审理抢劫案件具体应用法律若干问题的解释》将"户"界定为"他人生活的与外界相对隔离的住所"），这一界定方法即为明确的文义解释。以该两项特征作为认定入户抢劫或入户盗窃的依据，能解决大部分案件的定性与处罚问题。但是，针对特殊的案件情况，仅凭该两项特征无法准确认定"入户"。例如，对于具有商住混合使用性质的场所如何认定"户"，对于一般情况下不具有"供家庭生活"的功能特征，但特定情况下具备了该特征的特定场所能否认定为"户"，行为人主观上对于"户"的事实认识有错误时如何认定，行为人"入户"之前和"入户"之后的主观目的发生变化时如何定性等问题，都需要考量具体案件事实因素，综合运用体系解释方法、目的解释方法等来认定。对于"入户"是进行限制解释还是扩张解释，不可避免地需要探寻立法对"入户抢劫"进行加重处罚以及对"入户盗窃"构成未设立数额与次数条件的目的。通说认为，入户抢劫和入户盗窃基于对家宅安宁的保护，将侵入他人住宅的违法要素与普通抢劫和盗窃相结合，从而使得入户抢劫和入户盗窃成为特殊类型的抢劫与盗窃。从上述司法解释规定来看，这里的"户"似乎仅限于"家庭生活"的固定场所，并不包括个人生活固定居住的场所，例如和他人的合租房。但是，也有部分学者认为，宪法所保护的公民住宅不受侵犯是公民个人自由权利的延伸，住宅自由的保护对象是隐私利益，因此，从合宪性解释的角度出发，不应将"户"的界定从"他人生活的住宅"限缩到"供他人家庭生活的场所"①。值得注意的是，2020年5月28日颁布的《民法典》第1032条第2款规定："隐私是自然人的私人生活安宁和不愿为他人知晓的私密空间、私密活动、私密信息。"第1033条规定："除法律另有规定或者权利人明确同意外，任何组织或者个人不得实施下列行为：……（二）进入、拍摄、窥视他人的住宅、宾馆房间等私密空间……"由此可见，民法已经将宪法保护的公民的个人住宅隐私权扩展到了宾馆房间等私密空间的隐私权。如果运用体系解释方法，从刑法外部体系来说，如果将刑法上的"户"等同于宪法和民法上的"住宅"，那么，"入户"的范围就不应当限定于"供家庭生活的场所"，而应扩展为"供个人生活的场所"；从刑法分则的具体规定来看，如果认为入户抢劫或入户盗窃是非法侵入住宅罪与抢劫罪或盗窃罪的结合犯，理所当然地也应当将"户"的范围扩展为"供他人个人生活的场所"。最高人民法院2016年《关于审理抢劫刑事案件适用法律若干问题的指导意见》中对于行为在"部分时间从事经营、部分时间用于生活起居的场所"以及"部分用于经营、部分用于生活且之间有明确隔离的场所"入户抢劫的界定，也使用了"生活起居的场所"这样的表述，足可见司法机关对于"户"的解释的核心为"生活起居的住所"，而不再是"家庭生活的场所"，这一解释变化也体现出刑法解释与宪法、民法所保护法益的一致性。在上述解释中，文义解释、体系解释和目的解释均起到了一定作用，文义解释划定文义的大致范畴，体系解释和目的解释则使得文义更为准确和适当。

在个案适用解释中，司法机关也强调"户"为"住宅"的含义与侵入的非法性特征，以及"户"的功能特征中"生活起居"的实质含义。例如，在《刑事审判参考》第134号案件"明安华抢劫案中"法院对"户"的解释即为"公民的住宅"，并引用了《宪法》第39条规定，但因明安华系被害人子女，无论其是否经过父母允许，进入父母住宅均不

---

① 参见杜强强《论宪法规范与刑法规范之诠释循环——以入户抢劫与住宅自由概念为例》，《法学家》2015年第2期。

具有非法性，故不应认定为"入户抢劫"①；在第 288 号案件"陆剑钢等抢劫案"中，法院最终认定该案不构成入户抢劫，理由为：入户抢劫必须是以户为对象所实施的行为，被告人所实施抢劫的对象为参赌人员，而不是户内财产，主观上没有对住户实施抢劫的犯罪故意，被告人进入的是赌博场所，而不是家庭生活场所②；第 466 号案"韩维等抢劫案"中，法院认为，从立法意图上看，刑法规定"入户抢劫"的加重处罚情节，是为了强化对公民住所安全的保护，从社会生活看，住户是指住在某处的人家，合租房屋的两名被害人虽然不具有家庭成员关系，但合租房屋系供生活实用，具有私人住所的特点，属于刑法意义上的"户"，因而，将非法进入他人共同租住的房屋抢劫认定为"入户抢劫"③。

四 刑法客观解释的主体间性限定论

主体间性理论，是哲学诠释学消解一元主体论而提出的论题。从胡塞尔的先验现象学主体间性理论到伽达默尔的视域融合理论，再到哈贝马斯的交往行为理论，体现了主体间性理论从本体论诠释学到方法论诠释学的发展过程，解决了主客体二分的矛盾，通常认为，主体间性理论的诠释学内涵是通过不同主体之间的平等对话和交往理性来实现共识。刑法解释的主体间性，是指刑法解释者作为实在的人（解释主体）与刑法文本作为拟制的人（解释对象）之间进行平等的"主体间"对话的性质，以及多元解释主体之间进行平等对话、互动和法律论证的性质。前者是诠释学范式意义上的主体间性，后者是方法论范式意义上的主体间性，刑法解释的主体间性是诠释学主体间性和方法论主体间性的有机统

---

① 参见田立文、夏汉清、刘效柳《［第 134 号］明安华抢劫案——子女进入父母居室抢劫能否认定为"入户抢劫"？》，载中华人民共和国最高人民法院刑事审判第一、二、三、四、五庭主办《刑事审判参考指导案例》，法律出版社 2009 年版，第 310—312 页。

② 参见朱肇曾、包海燕、白富忠《［第 288 号］）陆剑钢等抢劫案——入户抢劫中"户"的理解与认定》，载中华人民共和国最高人民法院刑事审判第一、二、三、四、五庭主办《刑事审判参考指导案例》，法律出版社 2009 年版，第 369—372 页。

③ 参见马尚忠、翟超、程捷、周峰《［第 466 号］韩维等抢劫案——非法进入他人共同租住的房屋抢劫是否属于"入户抢劫"》，载中华人民共和国最高人民法院刑事审判第一、二、三、四、五庭主办《刑事审判参考指导案例》，法律出版社 2009 年版，第 446—449 页。

一体。这是哲学解释学以及存在论、本体论的法律解释学所主张的观点。

(一) 哲学诠释学的主体间性与刑法客观解释的主体间性限定

诠释学范式下的刑法解释主体间性（命题），意味着"刑法意义是使用者与文本'主体间'对话的产物，使用者天然是刑法意义的创造者"，"法律解释就是读者与法律文本商谈的过程，法律意义是二者在商谈中达成的共识"；进而"可以将刑法意义生成的主体间性特征归纳如下：其一，刑法意义不是客体，而是读者意识和文本主体间关系的产物"，"其二，法律解释的过程就是法律意义生成的过程"，"其三，法律解释的任务是创造（而非发现）法律的意义"，"其四，刑法意义具有无限性"；因此"刑法的解释目标应是：在文本的意义界限内，立足于读者全部的案例经验，最大化地实现社会主流价值观认可的罪刑等价关系"[①]。可见，诠释学范式视野下的主体间性，同时也揭示了刑法解释的双向性（命题），其重要内容是将刑法文本予以拟人化并带有浓烈思辨性质：刑法解释者作为实在的人（解释主体）与刑法文本作为拟制的人（解释对象）之间进行平等的"主体间"对话（即主体间性），充分体现了刑法解释者与刑法文本之间的双向互动性（即双向性、双相性），刑法解释通过主体间性和双相性的互动对话，最终获得的"法律意义是二者在商谈中达成的共识"。

诠释学范式下的主体间性命题，将刑法文本作为"主体"，依此逻辑可以认为，作为刑法文本的制定者（立法者）也可以成为解释性对话的"主体"，从而，可以将立法者纳入刑法解释的主体间性范畴。刑法客观解释主张，刑法的适用解释中，基于法律事实与刑法规范之间的涵摄关系，要实现从刑法规范到裁判规范的转换与证成，需要与客观事实和现实语境相结合，在开放性的体系中进行论证，发掘文本客观的隐藏与模糊含义，这是一种建构性的诠释方法。但诚如主观解释论所质疑，刑法规范文本的规范外要素具有多元化、开放性特征，在疑难复杂案件中，过多引入开放性要素，可能导致解释主体的随意性解释或者循环论证，

[①] 聂立泽、庄劲：《从"主客间性"到"主体间性"的刑法解释观》，《法学》2011 年第 9 期。

甚至出现"法官造法"的现象。刑法客观解释的主体间性限定理论包括两方面含义：一是刑法规范文本作为解释主体要素对解释者和解释方法的限定，即规范性解释是解释与论证的核心，开放性论证只能起到补充和加强论证效果的作用，而不能越俎代庖，脱离规范性解释这一前提基础；二是立法者作为解释主体要素对文本含义和解释者主观性的限定。

从立法到司法的解释与适用过程，是历史与现实、客观与主观的融合，一方面应当重视社会的动态发展和解释的能动性，另一方面不能忽略刑事立法与解释的历史沿革与衔接。因此，刑法客观解释应当正视立法者意图的客观存在，并将其作为解释的重要因素予以参照考量，应吸收主观解释中文义确定性的合理要素，在文义不明确时，探寻立法者意图是有必要的，有助于明确规范保护目的，从而限定刑法文本客观现实含义。探寻立法者意图的方式，一方面是通过立法史料，例如立法草案、说明文件等，另一方面是通过刑法规范文本本身。作为典型的成文法国家，我国在刑事立法过程中形成的立法草案、说明文件等保存完好，而且，随着立法民主化、法治化的推进，当前的《刑法修正案》草案均会征求民众意见，具备公开性。所以，以往部分学者主张，立法者意图完全不可探寻，这一说法具有片面性和主观性。此外，从刑法规范文本自身的概念限定、上下文关系、刑法分则的类型化规定、总则与分则的关系等规范内要素，也可以判断出立法者意图。

以"国家工作人员"的立法和解释为例。1979年刑法典出台前，刑法草案中关于国家工作人员的定义进行了多次修改，最终确定为"一切国家机关、企业、事业单位和其他依照法律从事公务的人员"。此后，国家工作人员之界定在1982年《关于严惩严重破坏经济的罪犯的决定》（以下简称《决定》）、1985年《关于当前办理经济犯罪案件中具体应用法律的若干问题的解答（试行）》、1986年《关于〈人民检察院直接受理的法纪检察案件立案标准的规定（试行）〉中一些问题的说明》、1988年《关于惩治贪污罪贿赂罪的补充规定》等立法与司法文件中进行了多次修改。现行1997年刑法第93条对国家工作人员的定义，几乎融合了上述立法解释和司法解释规定的所有内容。尽管其含义在刑法理论和实践中仍然存在一定争议，但是，从这一概念的立法沿革与修订的过程，可以更为全面准确地判断其现实含义，并限制司法实践中基于"公务说"理论进行纯粹的实质判断和过度的扩张解释。

现行刑法中规定的非法经营罪系由此前刑法规定的投机倒把罪演变发展而来。《刑法》第 225 条关于非法经营罪罪状中的兜底条款，一直为理论界所诟病。但是，我们还应当注意，该条规定中"违反国家规定"的前置性规定，即是立法者对这一罪名进行限定的规范内容。司法实践中，许多判决存在对"国家规定"的类推解释，以至于将普通的行政违法行为认定为非法经营罪，这是解释方法的错误，而非立法的错误。例如，针对无证经营柴油的行为，司法实践中大部分案件均适用《刑法》第 225 条第（一）项规定，将其作认定为非法经营罪。相关判决中所引用的"国家规定"，一为《危险化学品安全管理条例》，二为商务部的《成品油市场管理办法》。但是，根据《危险化学品安全管理条例》的规定，国家对危险化学品经营实行许可制度，未经许可，任何单位和个人不得经营危险化学品；依据《危险化学品目录（2015 年版）》第 1674 项的列举，纳入该目录的闭杯闪点≤60℃的柴油，才是危险化学品。闭杯闪点>60℃的柴油，不属于危险化学品。《成品油市场管理办法》仅属于部门规章，并不属于刑法第 96 条所规定的"国家规定"，因此，经营闭杯闪点>60℃柴油的行为，不应适用《刑法》第 225 条非法经营罪第（一）项规定，认定为非法经营柴油。2020 年 7 月 1 日，商务部发布 2020 年第 1 号令文件《商务部关于废止部分规章的决定》，命令废止《成品油市场管理办法》，成品油包括柴油经营不再实行许可制度。那么，经营闭杯闪点>60℃柴油的行为，更不应再认定为非法经营罪。遗憾的是，司法实践中，部分法院仍以 2004 年《国务院决定对确需保留的行政审批项目设定行政许可目录》所规定的成品油批发、零售需要行政许可，以及《国务院办公厅关于加快发展流通促进商业消费意见》所规定的成品油零售经营需要地市级人民政府审批为由，将经营闭杯闪点>60℃柴油的行为定性为非法经营罪。[①] 这一解释理由，实际是将"专营、专卖物品或者其他限制买卖的物品"类推解释为"需要政府审批的物品"，而没有对《刑法》第 96 条所规定的"国家规定"的范畴进行正确理解，明显违反了罪刑法定原则。

---

① 参见四川省巴中市巴州区人民法院（2020）川 1902 刑初 295 号刑事判决书。

（二）方法论诠释学的主体间性与刑法客观解释的主体间性限定

方法论范式意义上的刑法解释主体间性（命题），实质上揭示的是解释主体上的多元性，以及多元解释主体之间在刑法解释活动中的对话性、互动性和法律论证性。如有学者指出："刑法解释从来都不是一个解释问题，而是一个论证问题，现代刑法解释学应将刑法文本融入解释者的价值判断，来消解刑法文本及其所用语言过于僵化的弊端，建立一种基于主体间性的刑法解释理论，从而使刑法文本与案件事实有效地对接起来，并以法律论证实现刑法解释结论的可接受性。"[1] 再如有学者指出："刑法解释主体是具有多元价值观的解释者构成的解释共同体，刑法解释的标准是多元互动解释共同体通过对话协商获得的共识。制度化的对话协商可以通过求同存异的办法防止实质性价值冲突的激化，成为刑法解释及适用的合法性保障。"[2] 应当认为，方法论范式意义上的刑法解释主体间性（命题）更值得重视，尤其是该命题所主张的多元互动解释共同体通过制度性的法律论证活动有助于刑法解释结论更加臻于完美。

刑法客观解释主张解释主体、解释方法的多元性与多样化，不同的解释主体对文本含义的理解不同。在对疑难复杂案件进行解释的过程中，解释主体可能基于立场或心理因素对事实的认识不同，也可能基于对文本有不同理解，或基于不同的解释规则和方法，而得出不同的解释结论。经验判断与价值判断是重要的法律解释路径。人类的认知活动离不开个体已有生活经验的判断，尽管我们一直强调，解释者应当尽量摒弃主观因素，理性且客观中立地进行解释。但是，在对法律规范的理解与解释中，解释者不可避免地具有"前见"，并将前见与现实问题结合，形成特有的价值判断，这是认知活动的普遍规律。霍姆斯大法官的名言"法律的生命不在于逻辑，而在于经验"即是强调历史考察和逻辑分析相结合的研究方法，且认为经验判断更为重要。在对个案具体的价值判断过程中，经验判断与理性分析孰轻孰重，很难得出准确的结论。解释主体的主观经验判断是直接影响解释结论的重要因素。哈贝马斯将传统的实践

---

[1] 姜涛：《基于主体间性分析范式的刑法解释》，《比较法研究》2015年第1期。
[2] 袁林：《超越主客观解释论：刑法解释标准研究》，《现代法学》2011年第1期。

理性理论上升为沟通理性理论，强调参与者在建立共同价值规范和充分论证的基础上进行平等对话，通过主体间性实现合意。这种理想的对话情景强调了规范文本自身的主体性，以及解释要素之间的交互性和影响力，突破了长久以来传统诠释学对于立法者、解释主体与文本之间的主客体关系，将事实情境融入了解释过程，以求实现不同解释主体对解释结论的共识，包括"听者"即被告人、被害人和社会公众等主体对解释结论的接受度。[①] 刑法客观解释论要遵循罪刑法定原则，应当吸收主体间性理论的精髓，解释者既要接受规范文本的制约，也要适考量不同解释主体（包括社会公众）对文本的不同理解与阐释，不能只关注现实语境和依赖于权力解释主体的一家之言，由此保证解释要素和解释过程的客观性，保证解释结论为不同主体之间理性沟通与对话后的结果，经得起合法性与合理性（适应性）的双重检验，实现客观解释的完整有效性。

无论是司法解释文本还是个案司法适用解释，都需要通过程序公开与公正，实现从"商谈"到"说服"的解释过程。在哈贝马斯的交往行动理论中，法不仅是规范文本，也是一套行动规则，合法性与有效性通过主体间的商谈予以实现。哈贝马斯认为，"在后传统的辩护层面上，被当作合法的仅仅是这样的法律，它是可以在一个商谈性意见形成和意志形成过程中被所有法律同伴所合理地接受的"[②]。哈贝马斯的理论为法解释活动由"主体性"向"主体间性"转变提供了依据。商谈理论依赖于民主平等的"理想话语情境"，在刑事司法活动中，司法机关居于绝对强势地位，想要建构完全平等的"控辩"语境似乎不太可能。但是，任何解释主体都有其主观认识的局限性，刑事司法解释制定与审判活动的公开能够促进"对话商谈"语境的建立，将法律解释由"精英话语"转变为"大众话语"，这样，司法不再是专权行为，民众也不只是社会监督的角色，而可以作为司法的参与者，这要求司法机关所得出的结论必须具备说服民众的合理性，以使刑法规范文本的指引与保护功能得以体现。

---

① 参见杨艳霞《刑法解释的理论与方法——以哈贝马斯的沟通行动理论为视角》，法律出版社 2007 年版，第 54—55 页。

② ［德］哈贝马斯：《在事实与规范之间——关于法律和民主法治国的商谈理论》，童世骏译，生活·读书·新知三联书店 2003 年版，第 167—168 页。

在制度设置上，要保障司法解释的出台经过了充分的论证，而不是某个机关或某几个人员的"一家之言"。司法解释是一种有权解释，且是专业解释，当前司法机关已经逐渐注意到对司法解释出台之前的研究、讨论与论证，并注意向法学专家和其他社会群体征求意见，这一过程也能相对实现社会各阶层和群体利益的平衡，有利于确保司法解释的合法性、合理性和公正性。司法文书的论证与说理不是一种独断性的决定，而应当体现司法过程中不同主体之间"对话"的交互作用过程，最终达到"合乎情理"的目标。因此，最高人民法院多次出台司法解释，要求裁判文书必须进行释法说理，并要求将社会主义核心价值观融入释法说理。在疑难复杂案件的审理过程中，司法程序的公开有助于社会舆论对不公正司法的监督与纠偏，也有利于实现刑法解释结论的合理性与说服性。

五　结语

刑法客观解释的限定理论（体系）作为刑法解释学的基础理论，具有非常重要的理论意义和实践价值。在理论层面，刑法客观解释的限定理论有助于深化拓展刑法解释学的理论研究视野，更加完美地塑造刑法解释学的科学品格和人文理性，进一步完善刑法解释学理论体系；在实践层面，刑法客观解释的限定理论有利于妥当协调犯罪防控与人权保障之间的紧张关系，适当遏制当前积极主义刑法观所表现出来的过度的司法扩张倾向，真正实现个案司法公正，确保刑事法治建设健康发展。

第十七章

刑法解释与立法原意[*]

立法原意是法解释论中最受关注也是备受争议的重要问题之一，主观解释论主张以寻求立法原意为目标，客观解释论则反对探求立法原意的任何努力。那么，到底应当如何认识和对待立法原意，无疑就成为我们现代法律人所必须面对和回答的一个重要问题。就刑法解释论而言，立法原意这个问题更显特殊而重大，因为刑法不但关涉公民财产权利，更关涉公民自由和生命法益，有关立法原意的不同界定与定位必将更加深刻地影响公民的基本人权。鉴于此，本书针对解释论中的原意、立法原意及其刑法解释论意义做一反思性检讨。

一 方法论解释学中的原意

所谓"原意"，是指作者创作作品时意欲在作品中表达的本来意思和真实含义。作品是"原意"的形式和载体，"原意"是作品的实质意义和所承载的内涵价值。在方法论解释学（又称为一般解释学、普遍解释学、古典解释学或传统解释学）中，"原意"居于核心地位，具有基础价值。

我国传统解释学认为，文本和经典典籍具有"原意"是一个自然存在的前提。这种原意，或者是体现了最高真理和价值的"道"（"道在六经"），或者是寄托着抒发心灵、情感和理想的"志"（如"诗言志"）。这种解释传统中的理解和解释，就是通过合理的过程和方法，把握住

---

[*] 本章内容系本书作者和田维博士的合作研究成果。

"道"和"志"①。我国传统的经典解释学虽然在具体方法上存在着年岁久远的争论，但是都有意或无意地承认或暗示经典具有"原意""本义"，这也是我国传统经典解释学的基本特点。我国法律解释传统的基本体现是"律学"的发育与发达，统治者通过官方的"律学"解释彰显法律的意义，使规则含义具体化在法律的运行过程中，《唐律疏议》即是我国古代律学经典。

在西方文化中，早期的解释学被称为局部解释学或特殊解释学，产生于古希腊，一直持续到19世纪上半叶，经过了漫长的发展过程，最终于19世纪上半叶发展为方法论解释学（一般解释学）。局部解释学认为，文献资料必须经过解释，解释要遵循特定的方法和原则，这样才能掌握其本义，排除歧义。可以看到，局部解释学是关于解释方法原则的学问，立足于文本解释，探寻理解的技术，其实质是一种解释的方法论，为方法论解释学的诞生奠定了基础。在局部解释学时期，学者主要致力于宗教典籍以及各种古代文献资料的解释，以求弄清其含义，神学解释学、文学解释学、法律解释学等解释学科在这一时期产生并发展起来。

德国哲学家施莱尔马赫和狄尔泰是方法论解释学的先驱，施莱尔马赫第一次从哲学的高度将解释学理论系统化，狄尔泰则将理解作为人文科学普遍的方法论，实现了解释学发展的第一次飞跃。施莱尔马赫第一次从哲学的高度将解释学理论系统化，将解释学的研究中心从解释的文本转移到解释本身上来，并且将解释对象从宗教和古典著作扩展到人类发展过程中的一切表达方式。他认为，文本会造成误解，解释活动是"避免误解的艺术"，"哪里有误解，哪里就有解释学"②，解释学不应当仅仅局限于解释技术的研究，而应将"理解"作为解释技术的基础。施莱尔马赫还认为，解释者要避免误解，就要想办法消除自己的成见，尽可能以"空白的状态"回到作者的文化心理环境中去解释文本，以达到

---

① 参见王中江《"原意"、"先见"及其解释的"客观性"——在"方法论解释学"与"哲学解释学"之间》，《学术界》2001年第4期。
② [法] 保罗·利科尔：《解释学与人文科学》，陶远华等译，河北人民出版社1987年版，第44、45页。

符合作者心理个性的正确理解,仅表明自己对文本的看法的文本理解将被视为任意解释。①

狄尔泰在施莱尔马赫观点的基础上进一步发展,不仅将"理解"看作文本解释的基础,更进一步将"理解"扩展为人文科学的普遍方法。狄尔泰认为,自然科学从外说明世界可实证、可认识的性质,而人文科学从内理解世界的精神生命,"析明"与"理解"是自然科学和人文科学各自独特的学科方法,析明遵循着数学演绎与归纳逻辑的路径,而理解则引向心灵的沟通。在狄尔泰的理论中,理解是"对他人及其生命/生活表达的理解",而解释则体现为理解主体生命/生活的方法。这种解释与理解既是心理的、主观的,又是逻辑的、客观的。首先,他将"理解"理解为一种对过去的、历史的精神与存在的重新体验,他认为,解释者应当从历史的文献、记载出发,在想象中设身处地地将自己置于作者当时所处的环境与生活的世界,进而进入作者的角色、了解作者的个性,把握作者当时的心理和意图,完成与作者的心灵精神沟通;但同时,这种移情想象和心灵沟通又是通过对符号、文本的解读而达成的,这些符号和文本是外在的和客观存在的,这就使解释和理解从个别性和主观性中脱离出来,带有客观性和普遍性。②

施莱尔马赫与狄尔泰之后,方法论解释学代表人物当属美国的赫希,他认为,解释学的根本任务是重建作者原意,探寻作品客观存在的意义;只有作者的原意才能作为衡量文本理解是否合法的唯一标准,只有寻找到客观存在的作者原意,解释才是合法和有效的。赫希对方法论解释学的重大贡献之一,是对"意义"这一概念作出了新的界定:"意义(meaning)是一部作品所展现的东西。它是作者通过运用一种特殊的符号系统(即语言)表达出来的意旨。……而另一方面,意义与个人或与一个观念、一种环境,或与任何可想象之物之间的关系,就称作意味

---

① 杨艳霞:《刑法解释的理论与方法——以哈贝马斯的沟通行动理论为视角》,法律出版社2007年版,第28页。

② 参见王庆节《解释学、海德格尔与儒道今释》,中国人民大学出版社2009年版,第10—14页。

(significance)。"① 在赫希看来，作品的意义分为作者的"原意"（字面意义）以及由字面意义所衍生出的"意味"，在解释过程中，意义比意味更客观，因而更有效，对于解释和理解原意更具有价值。

方法论解释学站在方法论和主客体二分的认识论立场上来看待解释学，将解释视作一种对历史情境的完全复制，其基本思想可以总结为：解释是了解人类社会和历史的方法，认识世界的行为本质上是一种解释行为；解释需要摒弃时空的限制，抛开自我，置身作者当时的情境，复制解释对象的内容创造过程，实现历史的、作者原意的真实再现。

原意在方法论解释学中具有特殊重要的地位。方法论解释学肯定解释对象的存在，并且承认文本具有意义或含义，这是其最具有奠基意义的基本设定。方法论解释学认为，作品的意义只是作者的真实意图，解释的目标就是通过对作品的解释和理解，发现作者创作作品时的原意。因此，"原意"成为方法论解释学的核心概念和解释目标，是解释活动的最终目的。方法论解释学突出了作者原意的中心地位，力图通过"文本"来获取作者的原意。

作为方法论解释学的两大先驱，施莱尔马赫和狄尔泰都对作者原意的探寻方法做出了论述。施莱尔马赫认为，重现作者原意的主要途径是语义解释和心理解释，其中，语义解释是外在的字面语义分析，主要运用语言学等知识，相对具有客观性；心理解释是内在的心理转换，要求解释者否定自我的思想状态和心理精神，尽可能地进入作者的心理角色，对作者创作作品时的环境和心理进行重构，通过想象，设身处地地进入作者的主观世界，进而再现创作作品时作者的真实意图②。

狄尔泰提出了"移情"的方式以探寻作者原意，即解释者从作品出发，通过想象进入作者的思想感情状态，将解释者自身消融在作者当时的环境中，进入作者的个性，在作者的角色中找到自己，进而向解释自己的意图一样解释作者的意图，得到作者的原意。狄尔泰还提出了"客

---

① ［美］赫希：《解释的有效性》，王才勇译，生活·读书·新知三联书店1991年版，第73页。
② 参见洪汉鼎《诠释学——它的历史和当代发展》，人民出版社2001年版，第73—74页。

观精神"的概念（指历史和文化给人们精神形成的一种共同性），认为："由'客观精神'所体现出的这种共同性，为客观的知识和客观的解释提供了标准。"① 狄尔泰的解释理论带有主观解释的理论色彩，但是其思想基础却是客观主义。

赫希明确提出了"原意"与"意味"的概念及其区分界限，应当说具有重大的解释论意义。赫希认为，"一个本文具有特定的含义，这特定的含义就存在于作者用一系列符号系统所要表达的事物中"②，文本的含义、意义（meaning）是属于文本或作者的，但是文本的意味（significance）是文本的阅读者或解释者赋予文本或作者的。我们可以将赫希所言的文本含义、意义（meaning）指称文本的"原意"，而"意味"则是超越文本原意的、解释者所领悟的"新意"。赫希认为，意义比意味更客观，因而更有效，对于解释更具有价值。

二 法解释学中的立法原意

理论上认为，立法原意有广义和狭义之分：广义的立法原意指对于立法所欲调整的社会关系的所有立法者意识，包括关于此种社会关系的认识、判断、立法的目的、规律的认识、存在的评价、将来的期望、所设计的目标、改变现状的意志、对风险的考虑，甚至对该社会关系的情感等；狭义的立法原意指条文字面意思所包含的立法者的意思表示，通常表现为立法目的。③ 我们认为，将立法原意限定为比较狭义的理解更符合刑法解释保守性和明确性的要求，即认为：立法原意，是指立法文本及其具体的法律条文所表现出的立法者的本义。

应当承认，立法原意即立法者的原意，立法者通过制定法律而将自

---

① [德] 阿图尔·考夫曼、温弗里德·哈斯默尔：《当代哲学与法律理论导论》，郑永流译，法律出版社2001年版，第143页。
② [美] 赫希：《解释的有效性》，王才勇译，生活·读书·新知三联书店1991年版，第73页。
③ 参见疏义红《法律解释学实验教程——裁判解释原理与实验操作》，北京大学出版社2008年版，第139页。疏教授认为，"立法意图"最狭义的含义就是"立法目的"，但按法学的通常用法，立法意图还包括了立法目的以外的立法者意志。

己的价值追求和意图展示出来,这在法理上应当成为一种基本常识。立法原意不同于解释学上其他非法律文本的文本原意,主要原因在于法律制作的严谨程序、规范要求以及其产生的"法律意义"不同。法律是立法者原意的承载对象,作为一种特殊的社会规范,法律是由专门的立法主体(通常是经过选举而选出的代表所组成的立法机关)予以创作和制定的,其目的是调整和规范人们在社会活动中的行为。法律的内容必须是对国家权力或个人的权利义务具有重大意义的事项,并通过固定的文本形式表现出来。当法律文本被制定和通过之后,该法律文本就具有了普遍约束力。因此,法律应当具有明确性和安定性,并且由国家强制力保障实施。而解释学意义上的一般文本对其创作的主体和内容并无特别的要求,没有国家强制力的保障,对国家权力和公民的权利义务没有实质上的影响。因此,立法原意和一般文本的原意虽然具有解释学意义上的相似性,但是存在着本质上的不同。对法条立法原意的探析及对法条的解释和适用会影响特定地域范围内全体自然人(甚至法人与单位)的重要权利和义务,这决定了探寻立法原意的活动必须遵循比解释一般文本原意特殊的、更为严格的规则,应到受到更多的限制。同时,由于刑法具有更加特别的严厉性特征和谦抑性要求,因此对刑法的解释应当尤其慎重,这也限定了刑法法条立法原意的探析活动必须更具有保守性。

关于立法原意是否可以界定、如何恰当界定的问题,在理论界存在较大争议。有学者认为,法条本身作为一个客观存在具有不同于立法原意的客观意义,由此引申出"法条原意"这一概念。对于法条原意,目前学者仍然是在不同的语境之下进行使用的。有的学者认为,法条原意即法条的立法原意,二者并无区别;有的学者在"不同于立法原意的法条客观意义"的含义下使用法条原意;也有的学者认为"法条原意"一词包含了"法条立法原意"和"法条客观意义"两种意思。拉伦茨认为,法条中立法者的意思"只能是已显示之立法者的根本意图以及在立法团体或其委员会中曾经被提出并且并无异议的想法。解释时如果要探讨立法者的规范想法,即应以此为准则",亦即拉伦茨将立法者原意视作法律解释的标准和目标,其目的在于确认在可能得到多种解释结果的情况下,哪一种解释结果最符合"历史上的立法者之规定意向、目标及规范想法"①。在我国，有学者从法律解释的目标意义出发，认为法律解释的目标在于探求立法原意，即立法者在制定法律时的意图和目的。②但是，也有学者持有不同观点，他们认为立法原意不是立法者在立法时所持的意思，而是"依当时立法者处于今日所应有的意思"③。在法律解释学中，第一种观点中的立法原意被称为"主观意图"，第二种观点中的立法原意被称为"客观意图"。持"客观意图"的学者认为，"应有的意思"不是一种价值判断，而是表示对最大可能性的推断，由于信息来源和立法者本身认识的限制，"主观意图"的发现存在非常大的困难，相比之下，"客观意图"更能为人所信赖，也更能被法律实践所接受。

我们认为，将立法原意界定历史上立法者制定法律时的意思较为妥当。首先，在方法论解释学中，原意是指作者创作作品时的真实意图，这对我们将立法原意定义为"历史上立法者的意思"提供了解释学上的依据，也是长期以来的解释学传统。其次，解释中的"移情"理论是通过想象将解释者置身于作者当时所处的历史环境和心理状态中，而不是将原作者置于解释者今日的环境而推测其在如今的环境中所应具有的意思，立法原意的"客观意图说"缺乏客观、明确的标准和解释学基础，对立法者意于今日的"最大可能性"进行推断更可能导致主观的臆断。再次，立法原意的"客观意图说"标准并不明确，没有明确说明解释者是从自己的角度出发推断"当时立法者处于今日所应有的意思"，还是充分考虑立法者曾经的意图，然后推断其发展到今日可能会具有的意图。最后，法律解释学中的"主观说"直接将"立法原意"理解为过去的、历史的立法者的意思，指导刑法解释中刑法条文立法原意的探寻。虽然探寻历史上的立法原意要受到很大的限制，甚至很有可能得不出"真实的"原意，但是我们可以运用精巧的解释技巧和科学的方法途径"无限接近真实的"原意，这相对于推断"当时立法者处于今日所应有的意思"而言更具有确定性。当然，立法原意并不是一个特定时间点、个别立法

---

① [德] 卡尔·拉伦茨：《法学方法论》，陈爱娥译，商务印书馆2003年版，第207—208页。
② 张志铭：《法律解释操作分析》，中国政法大学出版社1998年版，第37页。
③ 杨仁寿：《法学方法论》，中国政法大学出版社1999年版，第123页。

参与者个人所持的根本价值意向，而是作为一个群体的立法者（民主社会代议制之下的立法主体）在法律制定过程的特定历史时期所形成的、保留了最大化共识的价值意向。

三 立法原意的刑法解释论价值

立法原意对法律解释具有重大意义。卡尔·拉伦茨认为，法律解释的最终目标是探求法律在今日法秩序的标准意义，只有同时考虑历史上的立法者的规定意向及其具体的规范想法，才能确定法律在法秩序上的标准意义。[①] 应当说，揭示刑法法条的立法原意是刑法研究的任务之一，也是刑法解释学理论中的重要命题。刑法法条是刑法学研究的主要依据，刑法研究往往建立在法条的根据之上，只有正确理解刑法法条的立法原意，刑法研究的出发点才是正确的；如果对刑法法条立法原意的理解本身就是错误的，那么在此基础和前提之上所展开的研究就不会得出正确的结果。从这个意义上来说，探寻刑法法条立法原意具有十分重要的刑法解释论意义。

同时，我们也注意到，无论是法律解释学中的主观解释还是客观解释，其探寻法条立法原意的理论主张均受到了部分学者的质疑，这些质疑本身关涉刑法解释论中的部分重大理论问题，因此对这些质疑予以理论回应具有重要的刑法解释论意义。

（一）哲学解释学对立法原意的批判及其解释论意义

哲学解释学认为，解释是解释者带着自己前在的成见进入解释对象的领域，通过自身与解释对象的融合而创造出新的视野。哲学解释学将理解和解释作为人存在的方式，强调解释的主体性和创造性，认为作品的意义已经不再是作者的原意，而是作品作为一个客观存在所具有的自身的意义（视域），解释始终是一种创造性的行为。

哲学解释学批判了作为原意解释哲学根据的方法论解释学的基本观

[①] 参见［德］卡尔·拉伦茨《法学方法论》，陈爱娥译，商务印书馆 2003 年版，第 199 页。

点，认为作品的意义不在于作品自身承载的原意，而是出现在作品和解释者的"视域"交融中，与解释者的理解密不可分；主张作品的意义不是固定的、一成不变的，而是随着解释者及其所处时代的不同而有所改变的；解释者不可能完全摆脱自身的历史性限制而完全进入作品创作时的作者的心理精神世界，所谓的进入作者的角色解释作者原意的方法是难以实现的。

哲学解释学认为立法原意是无法真正获得的。其提出的理由在于：首先，法条所表达的意义是出现在法条和解释者的对话中的，法条作为一个客观的经验之物是具有其自身的精神世界的，解释者也具有自己的精神世界，解释所得出的法条的意义是两个世界对话的结果，存在开放的、不同的可能性。在解释法条的过程中，法条的"视域"与解释者的"视域"相互融合，法条的"视域"进入了解释者的带有先见的体验和理解，解释者的"视域"也进入了法条的"视域"，二者相互限制而又相互融合，所得出的法条的意义是两个"视域"碰撞、融解后所产生的新的、不同于前两个"视域"的结果，而不是法条原本所承载的立法者的原意。其次，法条的意义不能独立于解释者的先见和理解而独立存在，法条的意义是解释者带有某种前在的"期待"而对法条文本进行"筹划"而产生的。由于解释法条的过程中加入了解释者本身的前在观念和由此进行的筹划，因而法条的立法原意是无法真正探寻到的，经解释所得出的法条意义永远都是超出历史的立法原意的。最后，法律解释的主体都是处于具体历史情境下的人，他在解释法条时必然会带有与自身所处的历史情境相吻合的前在观念，这是客观和必然的，解释者无法摆脱这种历史限制进行超然的解释。因此，在解释者与法条对话过程中所形成的法条的意义必然受解释者所处的历史情境的制约，法条的意义就不是固定的而是开放的，解释者无法真正的摆脱历史性前见、超越时空来探寻法条的立法原意。

目前刑法学界有学者认为应将哲学解释学理论引入刑法解释，明确主张刑法解释的基本立场是客观解释（如陈兴良教授、王政勋教授等）[①]。

[①] 参见陈兴良《形式解释论的再宣示》，《中国法学》2010年第4期；王政勋《刑法解释的立场是客观解释——基于会话含义理论的分析》，《法律科学》2012年第3期。

我们认为，刑法解释具有不同于其他部门法的法律解释的特点，这就是罪刑法定原则和刑法谦抑性的特别要求，刑法解释通常应当进行主观解释以增强其保守性，只有在必要时才可以在不违反法治原则的前提下适当引入哲学解释学的理论。陈金钊教授指出，哲学解释学可以不谈"误解"的问题，但是法律解释学不能不估计法律文本的存在。谢晖教授也认为哲学解释学在法律解释学中的作用是十分有限的，哲学解释学的观点不一定要贯彻在法律解释学的分析中。[①] 我们承认，哲学解释学本质上是对人的存在方式（理解）的一种认识，而不是方法论，非理性、主观主义、虚无主义和相对主义是其理论中的必然缺陷，不适合作为法律解释的立场和根本指导。如果在法律解释中全盘引入哲学解释学的理论，将会使解释主体陷入无尽的解释循环和无法自拔的理解困境，会消解法律和法律解释的明确性、可预测性，法治也会受到极大的损害。因此，我们必须鉴别哲学解释学的理论和观点，我们可以在法律解释中适当运用其理论和观点进行认识和反思，但切不可盲目接受其对法条立法原意的批判甚至全盘否定，这会对法律解释和法治造成根本性的损害。

不可否认，立法原意确实存在不一定完全契合现实合理性的问题，对此应当如何看待呢？这是哲学解释学针对方法论解释学所提出的一个重大理论问题。假设立法者有一个可以被探寻到的统一的立法原意，经过复杂的解释活动，我们也确实找到了真实的立法原意，但是立法原意毕竟是历史的，会出现与解释时的社会客观情况相左的情形，不符合现实的需要，如果按照立法原意进行法律解释会得出"不完全符合现实需要"的结果。这种情形在法律解释中是可能出现的现象，也是最为刑法客观解释论者所诟病的问题。如何看待和解决这个问题呢？我们认为，在刑法解释过程中，当出现法条立法原意确实不符合解释时的社会发展需要的情形时，需要区分具体情况作出具体处理。当这种立法原意存在机械入罪而不利于被告人人权保障时，我们应当按照刑事法治理性和罪刑法定原则的基本要求，适当吸收客观解释和实质解释的合理成分，依法否认该法条所具有的"入罪的"立法原意并作出无罪解释；但是，应当注意，这种客观解释与实质解释原则上只能被利用于有利于被告人出

[①] 参见姜福东《法律解释的范式批判》，山东人民出版社2010年版，第12页。

罪的"单向解释",而不得被利用于作为被告人入罪的解释方法。换言之,当立法原意存在"机械出罪"(但有利于被告人人权保障)时,不得因为其立法原意不符合解释时的社会发展需要,如强奸罪的立法原意时只能针对男性强奸女性的行为定罪,这种立法原意(的解释)不符合保护男性性权利这种社会发展的时代需要,那么对于男性被强奸的行为仍然只能依照强奸罪立法的立法原意而"机械出罪",而不得将男性被强奸行为"客观解释"为我国的强奸罪。当然,在社会发展确实需要的情况下,立法者须通过立法活动对立法原意不合理(不符合社会发展现实需要)的法条进行立法修正。

(二)语言学对于立法原意的批判及其解释论意义

法律作为修辞受到法理学的高度关注,其中关涉语言学内容。文字语言不像数字语言那样具有高度的精确性,不论是口语还是书面语,表达者在运用语言表达其意思时,都很容易出现言不尽意的情形,语言难以完全承载表达者想表达的全部意思,经常会出现遗漏表达者意思的状况。此外,语言的复杂性和语词的多义性还会造成语言错误表达的情形,出现"词不达意"的状况,无法精确地表达出人的真实原意。因此,语言学对于方法论解释学中立法原意的批判值得关注。

拉德布鲁赫认为,"语言学的解释(Philologische interpretation)者,欲根据已发表之言语而解释其思想(例如法律)者也,不过就前人已有之思想,附从其后而追想之耳"[1],将语言与法律的立法原意直接联系在一起。现代法律的内容和意思主要是以书面语言的形式表现的(刑法的罪刑法定原则更是明确要求刑法规范的成文法形式),但是书面语言形式具有固有的缺陷,它使解释语言者与使用语言者无法在直接的对话环境中进行交流,使语言所表达的真实意思无法在交流中得到充分验证。在直接的口头语言交流中,交流双方可以通过直接交流的语境探寻对方的真实意思,即使出现难以理解的情形,也可以通过直接询问的方式加以解决。但是,在书面语言的解释中,只有解释语言的一方真实存在,而

---

[1] [德]拉德布鲁赫:《法律哲学概论》,徐苏中译,陈灵海勘校,中国政法大学出版社2007年版,第163页。

使用语言的一方在客观上是"沉默"的，解释者无法与语言的使用者进行直接交流对话，对语言解释的正误无法通过双方的交流加以验证。那么，真实的立法原意也难以通过对语言的理解而获得。并且客观上，法条的书面语词往往不能准确反映立法者完整、真实的意思，正因如此，在对法条语言的考量、解释过程中，我们可能得到不同的解释结果。立法原意是检验解释结果是否合理的标准，然而立法原意也是通过几乎同样的、同时进行的语言解释路径进行探寻所得出的，由此得出的立法原意的真实性本身也是值得怀疑的。这就出现了一个循环的困境。首先，立法者在立法过程中使用语言创作出了法条的内容，但是，立法者使用语言表达其真实意思的过程中，由于立法者自身能力的限制和语言本身的多义性、结构空缺性和不确定性的特性，立法者运用语言创作出的法条内容与其立法时的原意本身就会出现表达上的误差，为后来的法律解释者探寻原意提供了一个不精确的前提和对象；同时，解释者在法律解释过程中又会出现与立法者在不同语境下运用语言含义等问题，也会出现语言使用上的偏差，并出现对立法原意的再次偏离。因而，从语言学这个角度出发，仅就法条的语词内容进行解释和考量，是难以得出真实的立法原意和正确的解释结果的。

我们认为，法条立法原意的语言学批判中所指出的问题是不可避免的，但也是可以适当解决的。法条必然是通过一定的语言文本形式加以固定和存在的，在通过对法条内部的语词及其语法逻辑进行理解后，我们能够得到法条所要表达的一定含义。当出现立法者没能正确运用书面语言表达自己真实意思的合理怀疑时，我们首先可以运用语言规则和语言规律还原立法者立法时法条语词所表达的含义（这也可以避免解释者在不同语境下理解法条语言），进而确定立法者在立法时可能具有的立法原意范围。此外，我们可以查阅立法者立法过程中存在的立法文件和相关资料，进而确定立法者的立法原意。当在刑法解释中通过法条语言确实无法得出刑法法条立法原意或得出的立法原意根本不合理时，我们还可以在坚守刑事法治理性、罪刑法定原则和有利于被告人人权保障的前提下适当运用其他解释方法对法条进行合理解释。

（三）立法原意对刑法实践的意义

基于保守的刑法解释立场而言，在刑法解释时探寻立法原意对于刑法实践而言具有重大意义，有助于规范司法解释并保障人权，有助于公民尊重刑法并提升对刑事法治的信心，还有助于完善刑事立法并实现良法之治。

首先，探寻刑法法条立法原意有助于规范司法并保障人权。司法人员通过探寻刑法法条的立法原意，可以确保将司法人员的定罪量刑行为规范在立法原意的特定范围之内，以有效避免司法人员假借客观解释、实质解释或者能动司法等借口而随意出入人罪的灾难性后果发生，最终有利于维护司法公正并保障人权。

其次，探寻刑法法条立法原意有助于公民尊重刑法并增强对刑事法治的信心。立法原意得到司法机关尊重的程度，与刑法自身获得公民尊重和信任的程度成正比，与刑事法治理性获得尊重的程度成正比，与刑法的教育功能、行为规制功能成正比，也与刑法的一般预防和特殊预防两个功能和谐发挥作用成正比。

最后，探寻刑法法条立法原意有助于完善刑事立法并实现良法之治。从刑法的发展历程中我们可以看出，刑事立法是随着刑事司法的实践和发展而逐渐完善的，通过对刑法法条的解释和具体运用，我们能够发现哪些法条在解释和运用中意思比较明确、具体，能够较为顺利地理解其立法原意，也能够检验出哪些法条由于立法技术等原因的限制，不能完全体现立法原意，或者在理解其立法原意的过程中存在着很大困难，进而对这些法条进行立法完善。当我们发现实际案例中某行为确实具有应受刑罚处罚性，但是运用合法合理的解释规则，无法通过刑法解释将其类型化为现行刑法法条所规定的任何一种犯罪时，我们就应当通过立法将该行为规定为犯罪（犯罪化），以适应不断变化的社会发展。但是应当明确，这时只能进行立法上的犯罪化，必须反对通过客观解释等方法将其作出"入罪解释"（即司法上的犯罪化）。

第十八章

刑法解释与民间法*

"法既是理性,也是经验。它是经过理性发展了的经验,又是经过经验检验了的理性。"① 作为一个地域辽阔的多民族国家,囿于地区间的政治、经济、文化发展的不平衡,国家刑事法律制度的设计在强调法治理性的同时不应也不能忽略乡土社会中存在的一些特殊因素。相反,特定地域内的特定人群根据长期经验所形成的理性认识也应该成为刑事法律治理所必须观照的内容。因为"在传统中国人眼里,国家法律始终被认为是外在性的或外力强加的,风俗习惯、宗教礼仪、乡规民约、道德标准才是自己在这个世界上立身行事的内在标准"②。法学学科中的既有观念一直将法律意志论学说奉为经典,并认为除了国家制定法外,不存在其他可能被纳入法体系的规范形式。这种认识在刑法中表现得尤为强硬,理论上更是在解读罪刑法定原则的形式侧面时直接排除了不成文法和习惯法成为法源或予以援引的可能。然而,"尽管习惯法在制定法上受到严重贬抑,但是,由于近代以来普遍存在的词与物的分离,在任何国家,习惯法在理论中的'法定'地位,都并不必定等于它在司法运作中的实际地位"③。当从文化的角度去审视法律时,我们会发现,作为一种地方性知识的法律从来都深嵌着不同的生活方式与生活态度,体现了不同的

---

* 本章内容系本书作者和钟凯副教授的合作研究成果。

① [美]罗斯科·庞德:《通过法律的社会控制》,沈宗林等译,商务印书馆1984年版,第131页。

② 李可:《习惯法——一个正在发生的制度性事实》,中南大学出版社2005年版,第323页。

③ 杜宇:《当代刑法实践中的习惯法:一种真实而有力的存在》,《中外法学》2005年第1期。

历史观念、权力观念、时空制度、仪式文化在同一时空的并存与互动。[1]这也就决定了包括刑事民间法在内的其他规范形式实际上一直也将长期存在于现实的刑法规范体系中。而当刑事民间法作为刑法规范的表现形式之一步入台前时，如何在维持法制统一观念和国家制定法的优势地位前提下实现规范与事实之间的弥合，也即如何对之予以妥当适用则取决于立足于适应性的解释活动。

一 能与不能：刑法适用的短板及解决之道

在管理学领域，有一个原理被称为"木桶效应"。该理论认为，一只木桶能盛多少水，并不取决于最长的那块木板，而是取决于最短的那块木板。若进行一个类比，我们会发现，在法学领域，也存在类似的现象，可能的表现如判断法是否具有普遍适用的效果时，有时就不取决于其在大部分地域范围是否都得以有效适用，而取决于其是否可能在某一地域适用不能，若出现这一情况，法就无法被称为普遍适用的法，而只能被称为"大部"或"多数"。而适用不能，似乎也就成为法律适用中可能存在的一块短板，只是法学理论上我们未将之称为"木桶"，而冠以了诸如"适应性""实践性"等不那么形象的提法。

（一）刑法适用所遭遇的"适应性"困惑

在一般性的假设中，我们会认为，法所具有的普遍性特征决定了"从表层上看，在一定的国家或区域范围内，法应该是普遍有效的，对每个人都一视同仁……从深层看，被普遍遵守的法律还应具有被普遍尊重的根据。它要么是具有某些普适的道德性，从而获得了被尊重的内在根据；要么是与一定的公共权力相联系，分享着权力的神圣性"[2]。而立法者在制定规则之初，其内心所期待的普遍适用效果也是在充分了解社会

---

[1] 王青林、张晓萍：《试论民间法的性质及其效力基础》，《江西社会科学》2009年第1期。

[2] 葛洪义、陈年冰：《法的普遍性、确定性、合理性辨析——兼论当代中国立法和法理学的使命》，《法学研究》1997年第5期。

生活的需要后，通过制定一个能够适应于复杂、多变的社会生活的尽可能完备、详尽、明确的法律规范来予以实现的。为了达至这一愿景，所有的规则在设计的过程中往往都有意识地预留了许多弹性空间，如《刑法》中的"等""情节严重"等立法语言，即是基于兼顾刑法的确定性与灵活性所做的设计。

但现实是，"任何一个人的天分都没有高到使他具有预见到一切人类将遭遇到的并制定出恰当规则予以调整的先见之明"①。作为社会治理手段的法律规则，其骨子里的稳定性、有限性、滞后性以及不周延性等特征决定了法律在应对纷繁复杂、日新月异的社会问题时，常常会力有不逮甚至是力不从心。而当规则在按照三段论的逻辑具体适用于某一事实时，我们或会发现规则的不足；或会发现规则的缺失；当然，也会发现规则的完美适用。那么，作为法规范形式之一的刑法又能否突破这一桎梏而得以普遍适用呢？答案仍是否定的。这一点，诚如学者周少华所言："作为人造之物的法律根本上无法以其稳定的结构和一致的运作方式满足不断展开着的社会生活的需要，在法律的一般性与社会生活的具体性之间永远存在一道鸿沟，法律的确定性要求与个案结果的具体妥当性要求之间不可避免地会发生冲突。立法者虽然会利用各种立法手段尽可能避免这种冲突，但是他却不可能完全消除这种冲突。"②

既然包括刑法在内的法律无法有效应对或解决适应性问题，那么，我们是该任由这一缺失的存在，还是思考可能的解决方法或路径呢？这是一个不言而喻的问题。其实，无论何种规范形式，都必然存在某种短板，这是一个凭借常识就能完成的判断。真正可能被评说为难点的，应是解决之道。笔者发现，在弥补规范与事实之间的距离时，论者们会习惯性地提出两种解决方案：一是完善立法；二是强化司法，这甚至成为刑法学界"形式刑法观"与"实质刑法观"的学术论争各具代表性的观念之一。形式刑法观认为，在罪刑法定原则下，犯罪的形式概念更具合理性，犯罪构成的形式判断应当优于实质判断，对于刑法的解释，自然

---

① [美]列纳·翰德：《法官判决时拥有多少理由》，郑好好译，《中国律师》2003年第4期。

② 周少华：《刑法之适应性——刑事法治的实践逻辑》，法律出版社2012年版，第18页。

也应坚持形式解释论。尤其是在法治规则意识尚未完全确立的中国当下社会，更应大力弘扬规则功利主义，对刑法的实质解释保持足够的警惕。① 基于此，在规则存在应对性不足时，最佳的问题解决方案应是修法，也即完善立法。而实质刑法观则认为，刑法学当然是可以考量目的的可阐释性法学，它允许法官在适用的过程中进行一定的裁量解释。解释以形式的刑法规范为前提，以社会危害性理论与实质正义为根据，对刑法规范进行实质的解释，通过对刑法实质合理性的实现，最终实现形式的刑事法治国所追求的法律的安定性和形式正义以及社会安全等目标。② 按此逻辑，刑法实践理性的实现就应通过释法，也即强化司法来予以实现。

若仅从学术价值的角度来做评价，应该说两种立场都各有其合理性，分歧或集中于两种法律价值之上，即"确定性"和"灵活性"孰优孰劣的问题。形式的刑法观侧重前者，而实质的刑法观则更关注后者。进言之，将确定性拥为至上之法则的形式刑法观之所以陷入灵活性问题的死局，问题可能在于对规范这一形式的僵化理解。由于将刑法规范形式人为地限定在了刑法典和单行刑法中，并以刑法规范体系是封闭的为由，为了维持其确定性，导致刑法相对于所适用的对象总是存在唯一正确的答案；理解和适用刑法的过程也发展成为一个机械的、纯客观反映的过程，在这一过程中，不需要也不应该掺杂有自由裁量、主观选择的因素。③ 而这显然只能是一种意图通过机械化的操作来解决困境的妄想而已。正如喻中教授所言："法官不仅要对国家的法律负责，同时也应该对社会效果负责；它的实质是，法官不仅要对立法者负责，也要对社会公众、特别是社区民众负责。"④ 而形式的刑法观虽牢牢抓住了问题的一头，也即对国家制定法和立法者充分负责，却忽略了司法的法律效果。而这对于调和立法者与民众的关系，培养民众对法律的信仰并无益处。至于

---

① 陈兴良：《形式与实质的关系：刑法学的反思性检讨》，《法学研究》2008 年第 6 期；陈兴良：《形式解释论的再宣示》，《中国法学》2010 年第 4 期；陈兴良：《形式解释论与实质解释轮：事实与理念之展开》，《法制与社会发展》2011 年第 2 期。
② 刘艳红：《实质刑法观》，中国人民大学出版社 2009 年版，第 108—114 页。
③ 张志铭：《法律解释的操作分析》，中国政法大学出版社 1999 年版，第 59—60 页。
④ 喻中：《乡土中国的司法图景》，中国法制出版社 2007 年版，第 211 页。

将灵活性奉上神坛的实质刑法观,亦不能因为其对灵活性的特别重视而自然地获取无可争辩的正确性。因为法律并不仅仅是因为其灵活性而满足社会的需要的,恰恰相反,法律首先是以其确定性而满足社会的需要的。① 否则,就可能陷入这样一种误区:刑法越灵活越好。这可能不仅仅是一个危险的判断,甚至足以致命。

(二) 对刑事民间法的发现

为了回避形式刑法观与实质刑法观各自的缺陷,笔者形成了这样一种认识:确定性与灵活性的相互观照并非不可实现,若是能提出一个兼顾确定性与灵活性的方案,形式与实质之间的分歧亦有可能在某种程度上进行调和,而可以成为突破口或至少可以成为其一的可能就是对规范形式的认知的改造。循着这样一种思路继续展开,笔者提出了自己的设想:在观照确定性的问题上,应始终维持规范的绝对地位;而在回应灵活性的问题上,则可以通过扩容规范的表现形式来为其增加灵活性的属性。在刑法规范体系中,可能的路径就是在刑法典和单行刑法之外为刑法规范寻找其他更为灵活的补充性法源,并赋予其规范性。在这一新的规范形式取得了其作为法的地位后②,再通过司法适用,也即刑法解释活动来实现规范与事实之间的衔接,以弥补传统法源的不足。而这种补充性法源就可能以其规范地位维持其确定性;以其非国家制定性补足其灵活性。经过反复整理和推敲,笔者联想到两个虽非刑法概念但可为刑法所用的补充性法源:"软法"和"民间法"。

"软法"原本是一个国际法领域中的概念,由罗德·麦克奈尔首创并在近些年来发展至国际法、行政法等涉及人权、维和、全球性问题等领域。其概念是指不依靠国家强制力保证实施的法规范(内涵),它们由部

---

① 周少华:《刑法之适应性——刑事法治的实践逻辑》,法律出版社2012年版,第152页。
② 如后所述,这里的补充性法源包括刑事软法和刑事民间法两种,而所谓的"取得作为法的地位",是指作为法律的地位,而非立法的地位。按照哈耶克的说法,法律和立法应是严格区分的概念,立法只能是经由国家立法程序制定的国家法;而法律则是指社会在长期的文化进化过程中自发形成的规则,也即自生自发秩序或内部规则。(参见[英]弗里德利希·冯·哈耶克《法律、立法与自由(第一卷)》,邓正来等译,中国大百科全书出版社2000年版,第113页以下。)显然,刑事软法和刑事民间法均不可能经历国家的立法程序取得国家制定法的地位,故而其所能获取的,只能是法律地位。

分国家法规范与全部社会法规范共同构成（外延）①，主要是法规范当中描述法律事实或者具有宣示性、号召性、鼓励性、促进性、协商性和指导性的条款。② 而与之相对应的"硬法"是指国家立法意义上的法律、法规和规章，即只能是国家立法中的那些具有"命令—服从"行为模式、能够运用国家强制力保证实施的规范。③ 至于"民间法"，目前学界对其概念尚存争议，大致可将之归纳为那些相对于国家法的，形成于民间，为一定范围内的人们所普遍认同，以内心确信、社会舆论以及一定的经济制裁和人身强制为保障，调整民间社会主体之间的权利义务关系的非正式社会规范。④ 在刑法领域，可衍生出刑事民间法的概念，其所涵盖的主要是那些仅在特定区域或特定群体中发生效力的用于解决刑事责任的认定乃至实现的如少数民族的习惯法、宗族法、宗教法、行会法、帮会法、普通公民之间形成的纠纷解决机制等。这类规范形式虽不具有一个成文的刑法外观，但在借由历史的传承与延续后，其在相应的群体和特定的地域范围内已经得到了民众的普遍认同，并能对民众形成与国家制定法类似的行为规制效果，实现原本仅能由刑事法律完成的制裁、救济等功能。

囿于本书的选题，这里仅讨论刑事民间法的问题。应该说，在传统的以"硬法"为唯一的刑法规范形式之外提倡刑事民间法并非一种理论或观念上的标新立异，事实上，在"法律多元"（legal plurality）观念下，这一提法甚至都算不得新颖。"法律多元"作为西方后现代思潮文化多元观念影响下的产物，认为"在一个特殊的社会存在诸多不同的法律而在

---

① 罗豪才：《公共治理的兴起呼唤软法之治》，《法制日报》2008 年 12 月 14 日。

② 笔者认为，刑法中的"软法"是指刑事政策，具体包括以刑事法律为表现形式、以刑事类措施为手段特征的社会公共政策，以及不具有刑事法律的表现形式或者不具有刑事类措施的手段特征，但是具有防控犯罪价值内容的所有社会公共政策。（参见魏东《论广义刑事政策的基本内涵》，载《清华法学》2011 年第 2 期。）刑事政策由于既能体现公意，又能回应公共需求，且具有强制实施效果和宣示性、号召性、促进性、指导性等特征，妥当地回应了"软法"概念的全部要素需求，谓之以"软法"是具有合理性的。

③ 罗豪才：《直面软法》，载罗豪才主编《软法的理论与实践》，北京大学出版社 2010 年版，第 101 页。

④ 陈文华、孙日华：《规范法学视野下的民间法》，《广西社会科学》2010 年第 7 期。

同一种情形下使用的状况"①，并批判那种认为法律与国家不可分或只有单一的国家制定的成文法的法律观，认为在此之外还存在着多种非国家的法律体系，而这些法律体系分别存在于人类社会的不同时代，并且以不同的形式和方式发挥着作用，从而构成一个由多种相辅相成的法律系统合成的复杂的法律网络。②这一认识在20世纪80年代以后的西方法学研究中趋于热烈，并涌现出了包括斯蒂根·乔根森、千叶正士、桑托斯等代表性的学者。笔者赞同上述观点并进而认为，对刑法典和单行刑法这一"唯一合法化"的规范形式的坚守，源于国家法的强势和民间法的弱势。但这种略显偏执的认识并不能否认"国家内部包括两个层次的秩序和规则：'市民社会'秩序和'政治国家'秩序以及与之相适应的'民间法'和'国家法'"③。事实上，如果一个国家的法在形式上仅表现为国家制定法这一种，就永不可能全面适应纷繁复杂的社会需求。而对其他规范形式的承认与提倡，如这里的刑事民间法，就可能弥补国家制定法的不足、填补国家制定法的空白，并使不同的规范形式联结起来形成一个有机的刑法规范体系，从而让特殊情形下刑法适用的"不能"转化为"能"。

二　并非妥协：刑事民间法与国家制定法的良性互动

美国学者埃里克森将社会控制体系分为五种：第一种是由自我制裁予以实施的个人伦理；第二种是基于对方制裁的合约；第三种是由社会力量予以执行的社会规范；第四种是由组织实施的组织规则；第五种是为国家执行的法律。④在这一体系内部，各种行为规则并非泾渭分明，而可能存在相互交叉，并通过一种综合作用实现社会的有效治理。在法治现代化进程中，传统的唯国家法之治的社会治理模式正在悄然发生转型，

---

① Le Pluealism Jueidique, edite by John Gilissen, 1972. 转引自 *Legal Pluralism in the Arab World*, by B. Dupret, M. Berger and L. al-Zwaini, 1999. pp. 4–5.
② 严存生：《法的"一体"和"多元"》，商务印书馆2008年版，第160页。
③ 严存生：《法的"一体"和"多元"》，商务印书馆2008年版，第164页。
④ [美]罗伯特·C. 埃里克森：《无需法律的秩序——邻人如何解决纠纷》，苏力译，中国政法大学出版社2003年版，第158—159页。

特别是在经济体制和社会结构转型节奏加快的中国当下，社会利益格局的调整、社会矛盾的激化都使得原有的司法资源和模式在应对社会管理的现实需要时显得捉襟见肘。而当我们回到实践性与适应性这一问题时，我们可能会发现，要解决包括刑法在内的诸种规范形式应对社会现实能力不足的顽疾，多元秩序或是一剂药方。而刑事民间法概念也正是在这样一种背景之下获得其理论上的正当性的。

（一）无法抹杀的刑事民间法

必须说明，刑事民间法作为一种规范形式存在于刑法体系之中并不是在对既有问题应对不力之时所作的一种妥协或变通，而是基于法及法律治理的基本理念所生长出来的当然结论。事实上，单一的国家法治理模式，"抽去了法治的道德基础和情理因素，容易走向泛法治主义，使社会控制缺乏深度。把法律作为人们行为的唯一准则，排斥了社会生活中最基本、最朴素的生活情理的作用，造成许多合法而不合情、不合理的现象，社会对一般的道德生活丧失了干预能力。另外把法律作为人们行为的唯一依据与价值取向，带来了社会成本的增加、烦琐和对自身的束缚"[1]。单靠运用政治权威，通过国家制定法来对社会实行一种单向度的强制管理，即便承认其是西方法治发达国家的一种成熟治理模式，但在转型期的中国社会治理活动中，却未必有效。

当然，承认他种规范形式并非否认法秩序在社会管理过程中的根本性作用，因为刑事民间法亦属法秩序下的一种规则表现形式，其最大的特殊性仅在于其非官方制定性。而"非官方"并不能成为推翻刑事民间法的规范性的理由。关于这一点，正如人类学家马林诺夫斯基所言：人类最初的社会规范并非由某个"立法者"制定，而是由一定的社会组织内部缓慢成长起来的习惯所构成的[2]。法治不可能仅仅依靠国家来制造，法治的唯一源泉和真正基础只能是社会生活本身而不是国家，法律既要服务于国家，更要服务于社会。在法律的制定、修改、补充的过程中，

---

[1] 李传良：《我国民间法重构途径探索》，《山东社会科学》2007年第9期。
[2] ［英］布罗尼斯拉夫·马林诺夫斯基：《初民社会的犯罪与习俗》，载《犯罪：社会与文化》，许章润、么志龙译，广西师范大学出版社2003年版，第38页。

真正由立法者创造的只是很小的一部分,绝大多数法律的更新则是通过吸收、借鉴已有的社会规则的方式实现的。① 国家制定法在任何社会里都不可能构成法律体系中的唯一或全部,而只可能成为整个法律秩序中的一部分。即便是在中国古代社会,"国家法不但不是全部社会秩序的基础,甚至也不包括当时和后来其他一些社会的法律中最重要的部分……即使是在当代最发达的国家,国家法也不是唯一的法律,在所谓正式的法律之外还存在大量的非正式法律"②。因为"法律绝不可能发布一种既约束所有人同时又对每个人都真正最有利的命令"③。所以,"只要对社会生活简单地观察一下就可使我们相信,除了由政权强加的法律规则外,还存在着某些法律规定,或至少具有法律效力的规定。过去存在,现在仍然存在着一些并非从总体社会的组织权限中产生的法律。既有超国家法,也有亚国家法"④。

现代化理论把社会看作一个线性的发展过程,社会必然会从传统走向现代,但随着社会之发展,存在于民间的一些固有传统和习俗习惯,并没有如改革者所期望的那样被改变,反而在变迁的过程中得以延续,并实实在在地对乡村秩序的形成发挥着其应有的作用。⑤ 正如日本学者千叶正士所言:"在中国,广阔的地域内存在着多种多样的法主体,实际上远远超出了通常仅意味着中央政权的中国法的主体……与夷狄蛮戎相区别、维持法的主体性的边疆各民族的固有法,实际上都是活的中国法整体的构成变数。"⑥ 而现实可能还不仅如此,除了民族地区,在中国广大农村地区,也都基于其相对的分散性、封闭性和边缘化特征而承受着国家法供给相对不足或应对不力所带来的困境。此时,刑事民间法就可能

---

① 张德美:《探索与抉择——晚清法律移植研究》,清华大学出版社2003年版,第79页。
② 梁治平:《清代习惯法:社会与国家》,中国政法大学出版社1996年版,第31—32页。
③ [美] E. 博登海默:《法理学:法律哲学与法律方法》,邓正来译,中国政法大学出版社1999年版,第9页。
④ [美] 昂格尔:《现代社会中的法律》,吴玉章译,译林出版社2001年版,第22页。
⑤ 赵蓬:《论社会转型期我国民间法的延续与转换——以民间法的秩序形成功能为切入点》,载《甘肃政法学院学报》2010年第3期。
⑥ [日] 千叶正士:《法律多元——从日本法律迈向一般理论》,强世功等译,中国政法大学出版社1997年版,第250页。

作为刑法典和单行刑法的补充乃至于替代形式在民间发挥"法"的作用。①

（二）刑事民间法与罪刑法定原则的角力

行文至此，一个悬置已久的问题却仍未解决。这就是：一方面，从实践角度来看，刑事民间法的存在自有其合理性；另一方面，从理论的角度分析，刑事民间法又确实可能与罪刑法定原则形式侧面所强调的法律主义相冲突。能否妥善解决该冲突，对于论证刑事民间法的合理性乃至赋予其合法性②，都具有重要意义。笔者认为，所谓的刑事民间法与罪刑法定原则的冲突其实是一种虚假冲突，这种冲突源自两个方面：

一是国家制定法对形式理性的追求被过分强调，并导致刑事民间法不断被压制，直至沦为一种"边缘话语"。因为"当理性主义立法观甚嚣尘上、'法治国家'演化为'法典国家'的时候，习惯法作为传统的残余，几乎等同于'落后'、'保守'的代名词"③。但必须注意到，罪刑法定这一源自西方的原则在进入中国的刑事法体系时，一定不能脱离法文化这一本土因素。所谓法文化，刘作翔教授给出了自己的定义，认为其是"根植于一定的文化土壤之上，并体现其民族精神和时代风尚的法律制度、法律思想、法律设施、法律艺术、民族民间传统习惯在内的一切法律文明成果的总称"④。而中国的法律文化恰如马克斯·韦伯所言，是

---

① 关于这里的"替代"，如后所述，从应然角度来看，刑事民间法只能作为国家制定法的附庸存在，也即不能将之作为裁判的依据和解释的对象。故而即便承认这种规范形式存在的合理性，也一般只会将之作为制定法的补强性手段或措施，而不可能让制定法让位于民间法。但从实然的状况，也即目前刑事民间法在现实社会中的运行状况来看，学者田成有的调查指出：在对一些落后的乡土农村进行调查时，发现各地普遍沿袭、保存、使用着大量的习惯，对习惯、习俗等民间法的遵循大大超过了对法的呼唤，国家法律往往还处于次要的补充地位，人们接受、应用法律的能量频率都比民间法低下。（参见田成有《乡土社会中的国家法与民间法》，载谢晖、陈金钊主编《民间法》，山东人民出版社2002年版，第13—14页。）据此，民间法可能在特定的地域和人群中替代制定法，甚至取得了规则的"霸权"地位。

② 这种"合法性"可能仅是一种理论上的合"法"，从国家制定法的角度进行审视，事实上，并没有哪一个条文明确排除或禁止刑事民间法的存在。至多只是在《刑法》中明文规定民族自治地方若对国家制定法进行了变通或补充的，应通过全国人大常委会将之"硬法"化。

③ 徐光华：《刑法文化解释研究》，中国政法大学出版社2012年版，第71页。

④ 刘作翔：《法律文化理论》，商务印书馆1999年版，第81页。

实质理性大于形式理性的，基于此，全面移植立足于城市社会、工商社会、陌生人社会和汉族社会的西方刑事法律体系，就只能创制出一大批"纸上的法"，而缺乏规范民众的"行动中的法"，势必会导致刑法适用上的困境。从法的现代化角度来看，强调罪刑法定原则的形式侧面自有其合理性，但若因此淡化、忽略乃至否认其实质侧面，则反而可能导致法律的专横。因为除非一个民族集体失忆，否则无论移植过来的法律是什么，当它落实到心理层面乃至行动层面时，都必须带上明显的受体民族之文化特色。① 诚如苏力教授所告诫的那样："在中国的法治追求中，也许最重要的并不是复制西方的法律制度，而是重视中国社会中的那些起作用的，也许并不起眼的习惯、惯例，注重经过人们反复博弈而证明有效有用的法律制度，否则的话，正式的法律就会被规避、无效，而且可能给社会秩序和文化带来灾难性的破坏。"② 循此思路，刑法或刑法的原则能否具备适应性和实践性价值并进而取得普遍性效力，关键在于能否使人们相信，"那法律是他们的，而要做到这一点，则不能不诉诸于人们对于生活的终极目的和神圣的意识，不能不依赖法律的仪式、传统、权威和普遍性。最能够表明这一点的乃是传统"③。

二是既有刑法理论对刑事民间法的功能属性、角色定位存在误认。其实，即便是刑事习惯法的坚决反对者，也承认"在一定范围内，习惯法最能体现民意，似乎最符合罪刑法定原则的民主主义思想的要求。如果罪刑法定注意的思想基础只是民主主义，习惯法或许能够成为刑法的渊源"④。而学者们反对包括刑事习惯法在内的刑事民间法成为刑法的渊源的理由主要就在于：其一，刑事民间法无法体现全体民意；其二，刑事民间法侵犯了国民的预测可能性。就这两点疑问而言，笔者认为是可以反驳的：首先，关于民意的问题，刑事民间法作为补充性法源的定位决定了其只是在国家制定法适用不能或不力时对之予以补强，而这种补强是以不突破国家制定法的权威或优势地位为前提的，故而，只要能够

---

① 黄金兰：《法律移植研究——法律文化的视角》，山东人民出版社2010年版，第220页。
② 苏力：《法治及其本土资源》，中国政法大学出版社2004年版，第36页。
③ 梁治平：《法辩——中国法的过去、现在和未来》，中国政法大学出版社2002年版，第289页。
④ 张明楷：《罪刑法定与刑法解释》，北京大学出版社2009年版，第30页。

将刑事民间法适用的条件予以合理限缩，就能够确保其全面贯彻国家制定法之意志，也就能够有效体现民意。其次，关于国民的预测可能性问题，显然，刑事民间法作为一种地方性知识，本就不具有普遍适用之效果，自然也就不能预期在其适用范围外的国民或地区满足国民的预测可能性要求。但是，若是将之限定在特定地域的特定人群中，国民对刑事民间法的预测可能甚至远超于国家制定法。既然如此，就没有理由否定刑事民间法的区域性适用价值。关于这两点，下文还将做进一步阐释。

所以，要不要承认刑事民间法的规范属性及法律地位，并不是取决于其是否成文或是否经由国家立法程序确立，而取决于其是否具备法概念所需的强制性、权威性和规范性以及与此相关的社会可接受性和国民预测可能性。而当刑事民间法具备了上述属性时，意图借由全面移植的罪刑法定原则否定立足于本土法律文化的概念，并不合理。此时，真正需要讨论或反思的，或许不应是刑事民间法的概念的存否，而应是罪刑法定原则的本土化改造问题。

三 经验法则：刑事民间法的刑法解释论价值

立足于前述分析，在刑事民间法作为一种规范形式已然存在时，真正亟待解决的问题就不该是证成其所具有的法的特性，而应是如何妥当适用的问题。从假设的可能来看，刑事民间法的适用存在两种路径：一为立法层面的转换，也即将之纳入国家制定法范畴；二为司法层面的转换，也即通过刑法解释活动实现新的规范形式与事实之间的有效弥合。就第一条路径而言，意图以制定法直接替代或吞并民间法以维持制定法的"霸权"地位有时可能既不理性，也不现实。因为作为典型的地方性知识的民间法具有多元的特性，既具有自生自发性、地域性和行业性，又兼备成文法和不成文法形态，同时，还特别注重道德与人伦的礼法秩序。[1] 这种特性决定了以普遍、统一和稳定为原则的国家制定法无法包容刑事民间法。那么，可能的路径就只能是司法层面的转换，通过为刑事民间法的生存预留空间并借助解释活动妥当的引导、调节民间法，以保

---

[1] 田成有：《法律社会学的学理与运用》，中国检察院出版社2002年版，第99页。

证其既不至于随时突破国家制定法的原则范围，冲淡法制统一的基本观念，又能够具体应用于实践，满足刑法的适应性要求。正如苏力教授所言："在制定法上注意研究并及时采纳习惯，不仅可以弥补制定法必定会存在的种种不足和疏忽，以及由于社会变化而带来的过于严密细致的法律而可能带来的僵化；更重要的是，吸纳习惯也是保持制定法富有生命力，使之与社会保持'地气'，尊重人民的首创精神的一种不可缺少的渠道。"[1] 进言之，"达致刑法与民众需要之间恰当相容的最好方式，是在刑事法律的制定中认可和吸纳习惯法的有益资源。这是一种防止法律与生活之间相互疏离和脱节的根本办法。然而，我们无法保证，刑事法律的制定者一定会在立法时妥善地遵从民意和吸纳习惯法，并且，刑事法律具有稳定性，其一旦制定完成则不可能在短时期内再行更改。因此，作为一种救济，通过对刑事法律不断重述并赋予它们传统的、习惯的内容，以保持其与道德和民俗的同步发展，便不失为一种恰当的补充机制。而这正是法律解释的力量"[2]。

（一）刑事民间法在刑法解释活动中的实践转换

毋庸置疑，由于刑事民间法并非最广泛意义上的公共理性的产物，其随意性和软性决定了其在司法活动中不可能取得与国家制定法同等的效力。以实质理性（极端情况下甚至只有实质没有理性）为本质的刑事民间法在适用过程中若未予以有效引导、调节，其存在本身可能就意味着人权侵害的高度风险，而这也是理论上一直质疑刑事民间法规范属性的一个基本理由。这也就意味着，刑事民间法在司法层面的转换是以附加诸多外在干预条件为前提的。换言之，在进入刑事司法活动后，刑事民间法仅仅只能作为一个效力渊源存在，它可以是法官发现解决个案纠纷的规则的场所，但不能是触手可得的规则。[3] 具体来说，可以为刑事民间法的司法转换概括三条附加规则：其一，法官不能直接援引刑事民间

---

[1] 苏力：《当代中国法律中的习惯——一个制定法的透视》，《法学评论》2001年第3期。

[2] 杜宇：《重拾一种被放逐的知识传统——刑法视域中"习惯法"的初步考察》，北京大学出版社2005年版，第190页。

[3] 王林敏：《论民间法的识别》，《山东大学学报》（哲学社会科学版）2008年第5期。

法进行裁判，其在司法活动中的地位只能是解释活动的参照，而非对象①，国家制定法基于其所兼备的形式与实质理性，仍具有不可替代的优势地位。② 其二，在国家制定法本身模糊、不明确或产生解释歧义时，刑事民间法可以作为司法解释的重要资源，为法官进行法律推理和法律论证提供辅助。其三，在刑法供应不足或调整不能时允许将刑事民间法作为国家制定法的替补或替代方案，并作为一种经验法则由法官在司法裁判活动中具体适用。亦如有论者所作之分析："在法律层面上，民俗习惯作为'法官法'存在，需要法官从司法判决中对民俗习惯进行法律发现；在事实层面上，民俗习惯作为经验法则或者事实证据存在，法官可以将其作为经验法则进行认定，在民俗习惯合理性存有争议时，可以通过当事人的举证责任分配予以解决。"③

一种可能存在的疑问是：若从法律经济分析的理性人理论角度来看，在刑事民间法和国家制定法同时存在时，对于国民而言，哪一种规范形式是最优的选择并不取决于规范制定者的身份，也不取决于规范制定者的意愿，而一般取决于纠纷当事人的利益，这种利益的表现形式有时可能是成本，有时可能是效率，有时可能是习惯。那么，在适用何种规范的问题上，是否应该允许纠纷当事人选择适用符合其利益的刑事民间法，并排斥国家制定法的适用呢？对此，笔者认为应区分两种情形来看：其一，在轻微刑事案件中，由于我国并未否定私力救济等刑事纠纷解决机制的存在合理性，如在刑事自诉案件中，国家便采取放任性的调整方式，将案件的处分权交由被害人行使，允许当事人通过协商或调解来解决争

---

① 作为刑法解释对象的文本应仅限于刑法规范文本，作为刑法解释对象的事实应仅限于确实、充分之刑案事实。"刑法"以外的其他法律文本以及全部"软法"文本，其中当然包括我国最高司法机关出台的各种"司法解释"规范文本，均不属于作为刑法解释对象的文本。但是，"软法"对于刑法解释具有极其重要的意义，尤其是对于解释者"前见"以及"效果历史、视域融合、对话、事物的本质、诠释学循环"之形成，对于"常识、常情、常理"之确证等诸方面，均具有刑法解释论价值。（参见魏东主编《中国当下刑法解释论问题研究——以论证刑法解释的保守性为中心》，法律出版社2014年版，第9页。）这一判断同样适用于刑事民间法，其存在的最大优势之一就是其能较好地、合理地承担起刑法的适应性照应功能。

② 这里使用"优势"而非"霸权"，表明国家制定法和刑事民间法首先具有同等的规范价值，二者的区别关键在于司法适用上的角色定位不同。

③ 王彬：《民俗习惯的司法功能》，《湖南公安高等专科学校学报》2009年第1期。

端、化解矛盾。故而，在纠纷当事人接受的情况下，应允许其基于自身利益考量选择适用刑事民间法，排斥国家制定法。其二，在严重的刑事犯罪中，由于涉及公权力的运行，加之我国从立法上就采取禁止性的调整方式，排斥除宪法和刑法授权的少数民族地区习惯法以外的其他立法形式，为避免造成刑事民间法与国家制定法的公然对峙，就必须坚持国家制定法对刑事民间法的统率。因此，从维护国家制定法的权威和尊重成文法作为主要法律渊源的地位的角度，基于维护国家制定法逻辑上的自洽性和系统性的考虑，应强制适用国家制定法，但允许将刑事民间法作为法官裁判的参照，以形成兼具合法性与合理性的解释结论，提升裁判的社会可接受性。比如，"在对'猥亵行为'的理解上，'猥亵'一词的含义就必须参照当时当地的社会风俗与习惯规则加以确定。猥亵是一种对社会健全的性风俗和习惯的侵犯，因此有害于普通人正常的性羞耻心，并违背了善良的性道义观念。然而，何为猥亵，在不同时期、不同地域、不同民族可能会有相当悬殊的理解。公然接吻的行为在现代西方国家或者汉族地区一般不认为是猥亵行为，而在有些少数民族地区，如藏族地区，便是一种相当严重的伤害风化的行为"[①]。

那么，对于前文列举的"赔命价"刑事民间法，其也就不能以国家制定法的替代者的心态自居，由于"赔命价"刑事民间法适用于严重的刑事犯罪，其角色定位就只能是法官裁判的参照，其司法功能也只能通过与刑法的会通来实现。据此，一个合理的可供参考的"赔命价"刑事民间法适用路径应为：定性上，以刑法为依据。由于在定性问题上，刑事民间法与国家制定法之间并无本质冲突，仅可能在表述方式、条文设置等形式上存在区别，故应维持国家制定法的优先地位，并以此作为裁判之依据。量刑上，以刑事民间法调节国家制定法所确立的刑罚量。由于"赔命价"刑事民间法及相关被害人家属关注的重点不在于行为人是否以刑抵罪，而在于有无贯彻"杀人者赔"。故应从刑法的实践性、适应性角度平衡好刑事责任与民事责任之间的关系，强化赔偿对于实现刑事责任所具有的功能意义，并允许相关当事人通过宗族首领等展开调解，

[①] 杜宇：《重拾一种被放逐的知识传统——刑法视域中"习惯法"的初步考察》，北京大学出版社2005年版，第202页。

在此基础上，将调解的效果和赔偿的数额作为一个酌定的量刑情节，宣告一个相对较轻的刑罚。

（二）刑事民间法在刑法解释活动中的功能定位

承接前文所做之分析，由于刑事民间法一方面可能对国家制定法产生或显性或隐性的影响，甚至可能置换和改写国家制定法，因此必须始终立足于其角色定位并借助国家制定法对之予以引导、调节；另一方面，刑事民间法又可能以积极的实质合理性替代消极的形式合理性，甚或是赋予对人的肢体的残害等方面的内容以合法性，故而必须警惕其所可能存在的侵犯或践踏人权的风险。对此，笔者认为应从入罪和出罪两个层面来规避或化解刑事民间法可能存在的人权风险：在入罪的场域，由于刑事民间法的地域性、随意性等特点决定了其确有侵犯人权的高度盖然性，故而应坚持将国家制定法之文本原意和文本形式作为司法入罪的底线立场，并对能否入罪进行保守的、形式的审查，原则上不允许借由刑事民间法之规定打开常态化的动辄入罪通道与常态化的司法上的犯罪化，以防止国家制定法因迫于刑事民间法的压力而放弃立法上的最大公正，甚至发展出犯罪化、重罪化等倾向。这也就意味着国家制定法上没有明文规定的犯罪，一般亦不能依据刑事民间法来定罪处罚，例外仅可能发生在个别的且可以限定数量的情形下，为防止形式解释绝对地堵塞通过实质解释补充规则对被告人入罪的渠道，避免国家制定法在乡土社会完全陷入被动，并基于入罪的结论已在特定地域的特定人群中取得了共识且得以普遍遵循（也即具备民主性且满足预测可能性），可能允许例外的依据刑事民间法对被告人入罪，以承担其对刑法适应性的照应功能。而在出罪和轻刑化的场域，则应允许通过常态化的司法审查，将刑事民间法作为一种超法规的违法阻却事由或酌情从轻或减轻处罚的事由，构建起一类常态化的出罪机制，实现司法上的非犯罪化。因为，"从根本上看，作为允许规范的源泉，除了制定法以外，还应当考虑到国际法、习惯法以及社会的最高价值观所指向的超实定法（überpositives Recht）"[①]。

[①] ［德］汉斯·海因里希·耶赛克、托马斯·魏根特：《德国刑法教科书》，徐久生译，中国法制出版社 2001 年版，第 393 页。

通过刑事民间法在出罪和轻刑化的场域对严格的制定法逻辑予以适度的调和与修正，可以有效防止机械、僵化的国家制定法在适用过程中出现实质的不合理，从而满足刑法解释的适应性、妥当性和实践性需求，实现刑法之谦抑精神。[①]

最后，笔者拟借用谢晖教授的一句论断作为结语："国家法与民间法，实乃互动之存在。互动者，国家法借民间法而落其根、坐其实；民间法借国家法而显其华、壮其声。不仅如此，两者作为各自自治的事物，自表面看，分理社会秩序之某一方面；但探究其实质，则共筑人间安全之坚固堤坝。即两者之间共同旨趣，在构织人类交往行动之秩序。"[②] 在刑法体系中，无论是作为国家制定法的刑法典和单行刑法，抑或是刑事民间法，它们只是表现形态各有不同，却均是刑法体系的一部分，并共同发挥着社会治理之功能。刑事民间法作为一种既然存在的规范形态，并不需要证明，但需要正名，由此，才能为其司法适用找到依据和理由。

[①] 这一认识，事实上是对魏东教授"刑法解释保守性"立场所主张的入罪解释的原则立场与出罪解释的常态化立场以及入罪解释的例外方法的深化思考与进一步拓展。参见魏东主编《中国当下刑法解释论问题研究——以论证刑法解释的保守性为中心》，法律出版社 2014 年版，第 126 页；魏东《论在"打虎拍蝇"中彰显法治理性》，《法治研究》2014 年第 10 期。

[②] 谢晖：《〈民间法〉年刊总序》，载谢晖、陈金钊主编《民间法》第 2 卷，山东人民出版社 2003 年版，第 2 页。

第十九章

刑法解释的司法公正性

刑法解释的司法公正性是一种司法公正相对主义，即相对于立法公正而言的司法公正，而不是法律公正的绝对主义，也不是法律公正的一体论。

司法公正价值论是刑法解释论的重要法哲学基础，因为刑法解释（论）不但要"功能性"地解决社会治理问题（犯罪治理问题），还要"公正性"地解决问题，或者说还要"功能性"地防止出现司法不公。为此，作为刑法的实体法意义上的司法公正性（有效性）需要进行专门研讨。

刑法解释论的司法公正价值论，在领域论上是否应该同较为笼统的法律公正论一体论，尤其是"立法公正"区分开？换言之，司法公正与立法公正到底是一体论的公正论（法律公正论一体论），还是区分司法领域与立法领域的领域公正论区分论？对此问题，当下功能主义刑法解释论者应当说更多地倾向于较为笼统的法律公正论一体论，如功能主义刑法解释论视野下的法官决策行动论、判例的立法机能论（判例立法论与法官法源论）、判例拥护理论与司法立场的法律渊源理论，均主张法官在刑法解释适用领域基于较为笼统的法律公正立场并且以立法者自居进行功能性裁判，并没有区分立法公正与司法公正。但是，这种刑法解释适用领域的"司法公正"论被抽象地置换为"法律公正"论的一体论是明显存在疑问的，尤其是在存在（真正的）立法漏洞的场合要求司法者以立法者的"外部"视角作出合乎法律公正的填补性法律解释和司法裁判时，就突出地存在逾越了罪刑法定原则和"司法公正"的底线的正当性。因为罪刑法定原则的形式侧面和实质侧面都是基于尊重既有立法所进行的司法公正裁判，尤其是我国《刑法》第 3 条明确规定了在立法上"法律没有明文规定为犯罪行为的，不得定罪处罚"，禁止了法官以立法者自居、以立法公正论赋能而进行司法上犯罪化的做法，宣誓了法官必须在既有立法规范范围内进行有罪裁判的法治立场。在此意义上，法官决策行动论只能是符合现行刑法立法规定的、符合刑法司法公正价值论意义上的法官决策行动有效性论（可以简称为"法官决策有效性论"），其内含的相关命题也只能是承载司法公正价值有限使命的判例拥护理论，将司法公正作为与立法公正相对分离的"领域"公正价值，将较为笼统的法律公正论一体论转变为法律公正论的司法公正与立法公正二元论（法律公正论二元论），这种主张相对于立法公正而言的司法公正相对主义应当成为刑法解释的重要命题。因此，刑法解释的司法公正性是一种司法公正相对主义（即相对于立法公正而言的司法公正），而不是法律公正的绝对主义，也不是法律公正的一体论；同时，刑法解释的司法公正性与法官决策有效性是密切相关的，也是互为条件的。

基于司法公正相对主义（法律公正论二元论）的立场，功能主义刑法解释的司法公正性应当注意以下几点：

一　禁止司法上犯罪化

司法公正价值在功能主义刑法解释论上必须得到突出强调，立法公正价值就相应地必须隐退幕后，"法官造法"、判例的立法机能论（判例立法论与法官法源论）就必须在司法上犯罪化的方向上被禁止（但是并没有禁止司法上非犯罪化的方向）。例如，在扫黑除恶专项斗争中的部分司法判决中，权利人（行为人）所实施的暴力讨债、自力救济、职业打假等维权行为被部分法官功能性地解释为"随意殴打他人""追逐、拦截、辱骂、恐吓他人""强拿硬要或者任意损毁、占用公私财物"的行为，进而被"功能性"地认定为寻衅滋事罪并判刑，就可能存在严重违背司法公正的问题，其背后的法理误用就可能是功能主义刑法解释论者倾向于较为笼统的法律公正论一体论所致，是裁判者以立法者自居、以立法公正论自负而忽略了司法公正论所致。从司法公正论立场看，在我国《刑法》第 293 条明确规定了"随意殴打他人""任意损毁、占用公私财物"的情况下，法官就不能将维权行为通过超越现行立法规定的、"法官造法"式的功能性解释方法进行新的立法规范构建并判决认定为寻衅滋事罪，即使法官以立法者自居并认为将维权行为解释为寻衅滋事罪更符合"较为笼统的法律公正"也不能被准许，因为这里的"较为笼统的法律公正"已经超越了现行法律规定下的"司法公正"，从而无法确证法官决策有效性。所以，我国有学者指出："刑事司法机关应当善待讨债、自力救济、职业打假等维权行为，即使这些行为违反民法、行政法等法律的规定，存在不当、越权等情形，也不能轻易追究刑事责任。"[①] 这种见解是正确的，应当引起功能主义刑法解释论的重视。由此可见，与法官决策行动论命题紧密相关的判例拥护理论命题，在基本立场上只能是秉持具有中国特色的案例指导制度，通过最高人民法院进行司法公正价值论审查，谨慎提炼出裁判要旨、法条释义和指导意义，并由最高人民法院权威发布"指导案例"供全国各级人民法院参照执行，确立一种承载司法公正价值有限使命的判例拥护理论，在基本立场上反对判例的立法机能论（判例立法论与法官法源论）。像前述维权行为被部分法官认定为寻衅滋事罪的案例，就必须在进行司法公正论价值审查的基础上否定其"判例"功能，不能据此承认"法官造法"、判例的立法机能论（判例立法论与法官法源论）的正当性，更不能作为"指导案例"由最高人民法院权威发布供全国各级人民法院参照执行。需要说明的是，在《刑法修正案（十一）》新增规定了催收非法债务罪之后，对于使用暴力、威胁等方法催收非法债务的行为依法认定为催收非法债务罪，是符合罪刑法定原则和刑法解释适用领域的"司法公正"论原理的。

二 反对法官以立法者自居

基于法律公正论二元论的立场，司法公正价值观必须适当克制法律公正价值论一体论的观念冲动，功能主义刑法解释论必须合理权衡我国刑法的秩序维护机能与人权保障机能之间的紧张关系以及刑法立法公正

---

① 张明楷：《妥善对待维权行为，避免助长违法犯罪》，《中国刑事法杂志》2020 年第 5 期。

与刑法司法公正之间的紧张关系，以最终达至某种最佳价值权衡状态。[①] 此种"最佳价值权衡状态"，按照现代刑法罪刑法定原则和刑法解释适用领域的"司法公正"论的要求，应当是在适当照顾刑法的一般公正、形式公正、秩序维护的前提下尽力实现刑法的个别公正、实质公正和人权保障。[②] 尤其是在我国的社会主义法治建设进入成文法典时代——刑法典和民法典业已相继颁行——之后，我国整体法规范体系所秉持的权利本位的法治立场不可偏废，正如"我国民法的本位是突出权利本位，兼采社会本位，以权利本位为主、社会本位为辅的立法思想"[③] 一样，我国刑法的本位也只能是以权利本位为主、社会本位为辅的法治立场，这一法治立场和权利本位思想必须在刑法司法论、刑法解释论上获得充分贯彻。由此可以得出的结论是：法官决策行动论命题的基本立场，只能是符合现行刑法立法规定的、符合刑法解释适用领域的"司法公正"论意义上的法官决策有效论，必须反对法官以立法者自居而超越现行刑法规定进行司法决策行动。

三 反对以教条主义损害司法公正

基于法律公正论二元论的立场，刑法解释适用领域的司法公正价值观必须在法官决策行动论中获得应有尊重和适当张扬，防止理论上的刑法教义学教条主义倾向。这方面的典型例证是教唆未遂（教唆失败和无效的教唆）的法律解释适用问题。我国《刑法》第29条第2款规定："如果被教唆的人没有犯被教唆的罪，对于教唆犯，可以从轻或者减轻处罚。"对此，我国刑法学主要有以下几种看法：一是预备说（特殊预备犯说），认为教唆犯对被教唆人实施教唆行为同为了犯罪而寻找共同犯罪人没有本质的区别，而寻找共同犯罪人正是犯罪预备的一种表现形式[④]，

[①] 魏东主编：《中国当下刑法解释论问题研究——以论证刑法解释的保守性为中心》，法律出版社2014年版，第123—125页。

[②] 魏东：《刑法解释保守性命题的学术价值检讨——以当下中国刑法解释论之争为切入点》，载《法律方法（第18卷）》，山东人民出版社2015年版，第220—236页。

[③] 杨立新：《中国民法典精要》，北京大学出版社2020年版，第12页。

[④] 赵秉志：《犯罪未遂的理论与实践》，中国人民大学出版社1987年版，第218页。

《刑法》第 29 条第 2 款是对教唆未遂这种特殊预备犯的处罚规定，教唆未遂"在犯罪形态上"属于犯罪预备[①]；二是特殊教唆犯说，认为在这种情况下，教唆犯不构成共同犯罪，是一种特殊教唆犯，应根据其本身的犯罪事实、犯罪性质、情节和社会危害程度，从轻或减轻处罚[②]；三是未遂说，认为在被教唆的人没有犯被教唆的罪的情况下，教唆犯由于其意志以外的原因而未得逞，应视为未遂，称为教唆犯的未遂，这种情形下的教唆未遂可以称为教唆未成未遂。[③] 其中，在主张未遂说的观点中，周光权教授认为，根据刑法客观主义限定教唆未遂的成立范围，按照共犯从属性说，《刑法》第 29 条第 2 款的解释结论应该是：当且仅当被教唆者着手实行犯罪并使法益遭受紧迫、现实的危险时，才能处罚教唆犯；相应地，教唆失败（被教唆者拒绝教唆）和无效的教唆（被教唆者尚未着手实行犯罪）不具有可罚性。[④] 这种观点可以称为教唆未遂的正犯着手说，张明楷[⑤]、江溯[⑥]等学者也持有大体相同的看法。对于我国《刑法》第 29 条第 2 款的处罚范围问题，笔者认为，从功能主义刑法解释论立场

[①] 刘明祥：《再释"被教唆的人没有犯被教唆的罪"——与周光权教授商榷》，载《法学》2014 年第 12 期。

[②] 马克昌主编：《犯罪通论》，武汉大学出版社 1991 年版，第 570—571 页。

[③] 参见赵秉志《犯罪未遂的理论与实践》，中国人民大学出版社 1987 年版，第 215—216 页。

[④] 周光权：《刑法客观主义与方法论》（第二版），法律出版社 2020 年版，第 91—92 页；周光权：《"被教唆的人没有犯被教唆的罪"之理解——兼与刘明祥教授商榷》，《法学研究》2013 年第 4 期。

[⑤] 张明楷：《刑法学》（第五版）（上），法律出版社 2016 年版，第 454 页。需要说明的是，关于我国《刑法》第 29 条第 2 款规定的处罚范围，张明楷的看法经历了较大变化：他过去主张"这种情况在刑法理论上称为教唆未遂"，具体包括"被教唆的人拒绝教唆犯的教唆；被教唆的人虽然接受教唆，但并没有实施犯罪行为；被教唆的人虽然接受了教唆，但所犯之罪并非被教唆的罪；被教唆的人实施犯罪并不是教唆犯的教唆行为所致"的情况，因此"在上述情况下，教唆行为并没有造成危害结果，故对教唆犯'可以从轻或者减轻处罚'"（参见张明楷《刑法学》（上），法律出版社 1997 年版，第 308 页）；中间又曾经持限定肯定说的立场，认为如果所教唆的犯罪并不处罚未遂时（即未遂时并不作为犯罪处理，如甲教唆乙在公共交通工具上扒窃），而被教唆的人又没有犯被教唆的罪（教唆未遂），对于教唆者不应定罪处罚，只有在所教唆的犯罪处罚未遂时（如甲教唆乙盗窃金融机构），教唆未遂的才应适用《刑法》第 29 条第 2 款（参见张明楷《刑法学》（第二版），法律出版社 2003 年版，第 351 页）；他最新的见解是教唆犯的正犯着手说。

[⑥] 江溯：《超越共犯从属性与共犯独立性之争——刑法第 29 条第 2 款的再解释》，《苏州大学学报》2014 年第 2 期。

看是可以确认预备说（可罚的预备说或者特殊预备犯说）、特殊教唆犯说（可罚的特殊教唆犯说）的正当性的，可以认为《刑法》第 29 条第 2 款规定了"独立教唆犯处罚原则"（又称为"特殊教唆犯处罚原则""非共犯教唆犯处罚原则""片面的教唆犯处罚原则""教唆未遂处罚原则"等）这一处罚原则，针对具体犯罪的教唆行为本身具有犯罪预备行为的性质（即符合《刑法》第 22 条的规定），因此，教唆行为若具有预备犯的可罚性（根据教唆行为的具体内容确定，例如针对杀人和抢劫等重罪的教唆行为就具有预备犯的可罚性），即可适用《刑法》第 29 条第 2 款，并且在预备犯的基础上适用"可以从轻或者减轻处罚"。这种观点，现在已有部分学者明确主张，认为"我国《刑法》第 29 条第 2 款是关于预备犯的处罚规定"（预备说）[1]，并且指出："世界各国无一例外地处罚被教唆者未实施所教唆之罪情况下具有重大法益侵害危险性的教唆行为，也从实定法的维度否定了教唆行为是必须依附于正犯的实行行为才具有可罚性的共犯行为。基于对教唆行为本身的构造分析，可以得出教唆行为是所教唆之罪的犯罪预备行为的结论。"[2] 当然，预备说在学界仍然有较多学者持反对立场，有的认为预备说"在我国法律上缺乏现实依据"[3]，有的认为"预备说是没有法律依据的"[4]，因此这个问题在"刑法教义学"层面上还有进一步研究的空间。但是，在功能主义刑法解释论层面上，基于以下理由可以确证预备说的"独立教唆犯处罚原则"的正当性：

第一，法官决策有效论视域下的问题性思考和后果考察论。为有效解决作为重罪预备行为的独立教唆犯的处罚和预防等司法实践问题（问题性思考），在刑法解释论上可以处罚煽动实施恐怖活动罪（第 120 条之三）、教唆他人吸毒罪（第 353 条）、引诱卖淫罪和引诱幼女卖淫罪（第 359 条）等教唆型犯罪的情况下，法官在司法裁判活动中可以功能性地确认性质相当甚至更恶劣的教唆杀人等重罪的独立教唆行为（正犯尚未着手时）的可罚性，也符合刑法解释论同质解释和同类解释规则的要求，

---

[1] 朱道华：《教唆犯研究》，法律出版社 2014 年版，第 235 页。
[2] 朱道华：《论教唆行为的法律本质》，《中国刑事法杂志》2011 年第 2 期。
[3] 赵秉志：《犯罪未遂的理论与实践》，中国人民大学出版社 1987 年版，第 218—219 页。
[4] 陈兴良：《共同犯罪论》，中国人民大学出版社 2006 年版，第 367 页。

具有法官决策有效论、问题性思考和后果考察论上的正当性。

第二，法官决策有效论视域下的目的导向性论。刑法总则在规范指引刑法分则规定的解释适用时，通过《刑法》总则第 29 条第 2 款的明确规定而确认预备说的"独立教唆犯处罚原则"，符合规范目的的实质内涵和目的导向，具有目的导向性论上的正当性。根据我国《刑法》第 29 条的规定，刑法解释论上教唆犯可以分为以下两种具体情形进行定罪处罚：一是共犯教唆犯的处罚根据，即《刑法》第 29 条第 1 款规定"教唆他人犯罪的，应当按照他在共同犯罪中所起的作用处罚。教唆不满十八周岁的人犯罪的，应当从重处罚"，根据这一刑法规定，作为共犯的教唆犯通常应当予以依法定罪处罚，毫无疑问具有刑法解释论上的充分根据；二是非共犯教唆犯的处罚根据，即刑法第 29 条第 2 款规定了非共犯教唆犯"可以"予以依法定罪处罚（"独立教唆犯处罚原则"），例如"教唆杀人"的行为，即使"被教唆的人没有犯被教唆的罪"也可以对独立教唆犯定罪处罚，这种解释结论也具有刑法解释论上的充分根据，并且也有相应的生效判决（判例拥护理论）。

第三，法官决策有效论视域下的判例拥护理论。发生在广西壮族自治区南宁市的一起连锁教唆杀人案，是一起典型的教唆未遂案。本案的案情是：

【案例】南宁市覃某某等六人连锁教唆杀人案[①]

2013 年 10 月，被告人覃某某因商业纠纷而欲雇凶杀害被害人魏某，遂指使被告人奚某某雇用杀手，并约定支付给杀手酬金 200 万元（先支付 100 万元，并约定事成之后再支付 100 万元）。奚某某再找到被告人莫某某雇用杀手，约定并向莫某某支付雇凶酬金 100 万元。2014 年 4 月，莫某某以 77 万元酬金雇用被告人杨康某去操办杀害魏某一事（当场支付 27 万元，并约定事成之后再支付 50 万元）。杨康

---

① 南方都市报报道：《200 万雇凶杀人，遭层层抽水转包！结局来了!》，来源：http：//www.infzm.com/contents/161336，2020 年 12 月 23 日访问。

某又以 50 万元酬金雇用被告人杨广某去操办杀害魏某一事（当场支付 20 万元，并约定事成之后再支付 30 万元）。之后，杨广某又以 10 万元酬金雇用被告人凌某某去实施杀害魏某行为，并许诺事成之后支付酬金。凌某某开始答应去杀害魏某，后反悔并决定放弃杀害魏某念头，于 2014 年 4 月 28 日告诉魏某真相，并让魏某配合照了一张手被反绑的照片，用于向上家交差。本案经被害人魏某报警后案发，被告人覃某某、奚某某、莫某某、杨康某、杨广某、凌某某相继落网，中间经过原一审法院于 2016 年一审、2018 年重审，两次宣判 6 名被告人无罪；再次被检方抗诉，南宁市中院经开庭审理后于 2019 年 10 月 17 日作出终审宣判，判决 6 名原审被告人犯故意杀人罪，判处覃某某有期徒刑五年、奚某某有期徒刑三年六个月、杨康某和杨广某有期徒刑三年三个月、莫某某有期徒刑三年、凌某某有期徒刑二年七个月。

从法理上看，本案属于较为典型的无效的教唆，尽管经过层层连锁的教唆（教唆的教唆），但是最终所有被教唆者均未着手实施被教唆的罪（故意杀人行为）。对此，人民法院生效判决依据《刑法》第 29 条第 2 款"如果被教唆的人没有犯被教唆的罪，对于教唆犯，可以从轻或者减轻处罚"的规定，对各个层级的教唆犯予以定罪判刑。这是符合功能主义刑法解释论的法官决策有效论、判例拥护理论和后果考察论的解释论原理的，因为故意杀人的教唆行为具有预备犯的可罚性，可适用《刑法》第 29 条第 2 款的规定，在故意杀人罪预备犯的基础上适用"可以从轻或者减轻处罚"规定。当然，笔者也注意到，本案对凌某某的定罪可能还有值得商榷之处，因为凌某某是本案中唯一没有实施"教唆"他人杀人行为的人，他在接受教唆后能够自我反省并及时醒悟过来切断故意杀人行为，依法不应将他认定为"教唆犯"予以定罪处罚；但是，本案对凌某某的定性处罚疑问并不影响本案依法判决其他五名被告人（无效的教唆中的"教唆犯"）定罪处罚的正当性。

第四，法官决策有效论视域下的刑法理论发展论。功能主义刑法解释论的初衷就是充分反思检讨那种"刑法理论一意孤行，只倾心于理论的精密和体系的整合"从而忽略了"刑法本身的机能,也就是刑法作为社会控制手段发挥了何种作用"这个现实问题,从体系性思考转向问题性思考,根据问题性思考的结果,再回过头来重新审视理论和体系,旧有的体系性思考是以如何建构精致的犯罪论体系为目的的,而对具体问题的妥当性则被置于脑后,作为对此的反省,应采取将重点放在问题的解决上而不是体系完美性的解决方法,刑法理论的作用不是"约束"法官而是"说服"法官,能够约束法官的是立法和判例而不是刑法理论。①因此,基于功能主义刑法解释论立场法官决策有效论视域下的刑法理论发展论,需要反思检讨既有理论(教唆犯的正犯着手说)本身的发展完善,而不是反过来画地为牢、刻舟求剑和自我设限。

四 尽量兼顾程序公正

基于法律公正论二元论的立场,司法公正价值观也必须在刑事审判的庭审实质化程序正义中获得充分体现。为此,必须改革完善人民陪审员制度、证据的庭前开示和当庭质证制度、法庭辩论机制、法官裁判说理机制,借鉴抗争处理学和国民参与司法论的合理成分,确保庭审中的控辩双方充分阐述意见,建立健全法官公开听取社会各界意见(以及社会舆论)的有效机制并畅通渠道,切实将独裁性的法官决策行动论改变为主体间互动性基础上的民主的法官决策有效论。

---

① 赖正直:《机能主义刑法理论研究》,中国政法大学出版社 2017 年版,第 21—23、37 页。

第二十章

刑法解释的法律论证性

可以认为，司法三段论是刑法解释的法律论证性的典型体现，它具体融入了法律的发现（找法）、解释（释法）、涵摄、论证等诸环节之中。关于找法、释法、涵摄等内容已在本章第一节作了较为详细的论述，这里重点阐述论证（法律论证性）问题。

所谓法律论证，是指在刑法解释活动中，针对找法、释法、涵摄、最终获得解释结论的每个要素以及要素集合系统，提出理由，进行说理论证，以证立法律解释过程和法律判断意见的正确性、解释结论有效性。因此，法律论证的基本特点是：特殊针对性、说理论证性、规范证立性。

一 法律论证的特殊针对性

法律论证只能是针对法律解释和司法活动，即只能是针对找法、释法、涵摄、最终获得解释结论的每个要素以及要素集合系统，而不是针对立法活动，也不是针对其他领域的活动。正如阿列克西所指出的那样："把法律论辩当作普遍实践论辩之特殊情形这一想法具有核心的意义。法律论辩和普通实践论辩的共通性在于：这两种论辩形式均探讨规范性命题的正确性。其所要证立的观点是：无论是普遍实践命题的主张，还是法律命题的主张或宣称，都将提出正确性的要求。法律论辩所涉及的是一种特殊情形，因为法律论证是在一系列受限的条件下进行的。在这一点上，特别应当指出它须受制定法的约束，它必须尊重判例，它受制于由制度化推动的法学所阐释的教义学，以及它必须受诉讼制度的限制

(当然法学论辩并不以此为限），等等。"①

二 法律论证的说理论证性

法律论证必须是法律解释过程和结论提出理由并进行说理论证，而不是只提出观点而不加说理论证就"在某个主观选择的点上断然终止论证过程"②。刑法解释的过程论、限度论、融贯性、司法公正性等均需要通过法律论证来完成，可以说，法律论证性是刑法解释的一般方法论特性，由此才能得出有效的刑法解释结论。

我国有学者指出，论证的普适性意义在于："知识是论证了的认识，因此，论证对于科学认识具有极重要的意义。论证什么？不是论证假定、疑问、定义，而是论证判断。判断是被断定为真的命题。只有我们断定命题时，我们才需要论证。需要断定什么，就需要否定什么。凡不加论证而断定的，也可不加论证而否定。由于理论是命题系统，而这些命题通常是有一定论证联系的，所以理论的论证可以归结为判断的论证。"③法律论证有直接论证和间接论证之分，直接论证只是在相对简单的情况下才是可能的，"论证一个命题的真，最简单的办法就是指出所陈述的事实"；但是"对于科学来说，间接论证是必不可少的"，包括利用证据、实验、指出已作为公理或定理被接受、指出已为多数学者所接受等进行间接论证；论证方法包括考虑论点的方法、演绎法（严格证明法）、化归、归纳等，其中"演绎法，即从大前提、小前提推出结论的三段论法"，是法院在裁判案件中普遍采用的论证方法。④

由于法律论证所要面对和解决的"明希豪森困境"——"明希豪森—三重困境"：一是无限倒退，即无限递归、无限回归，以致无法确立任何论证的根基；二是循环论证，即在相互支持的论点（论据）之间进

---

① ［德］罗伯特·阿列克西：《法律论证理论——作为法律证立理论的理性论辩理论》，舒国滢译，商务印书馆2019年版，第19—20页。
② 舒国滢：《走出"明希豪森困境"（代译序）》，载［德］罗伯特·阿列克西《法律论证理论——作为法律证立理论的理性论辩理论》，舒国滢译，商务印书馆2019年版，第2页。
③ 梁慧星：《民法解释学》（第四版），法律出版社2015年版，第104页。
④ 参见梁慧星《民法解释学》（第四版），法律出版社2015年版，第104—106页。

行循环论证；三是断然终止，即在某个主观选择的点上断然终止论证过程，例如通过宗教信条、政治意识形态或其他方式的"教义"来结束论证的链条——使得任何科学的命题都可能遇到"为什么"之无穷追问的挑战，人们可能会就任何陈述或命题的理由、基础或根基提出疑问，这种挑战在法律领域表现得尤为突出，"法律的决定（如立法的决策、法官的判决）大多是在时间压力下做出的，但这种决定又绝不能是决定者（立法者、法官）无理性判断的结果。传统的法律独断论（无论是法律理性主义还是法律经验主义）至多揭示了理论理性或实践理性的认识标准，但对于像法律实践这一类实践的活动如何以'实践的方式'来达到理性的结果，却并没有提供更有说服力、更有实践可能性的标准或规则。尤其是，法官和律师的实务更像是一门技艺，而不像是一种纯粹科学的事业，那么寻求其解答问题的方式和结论的正确性则显得更加困难。""在此背景下，建立在现代逻辑、语言哲学、语用学和对话理论基础上的道德论证理论和法律论证理论在哲学和法哲学领域悄然兴起……法律论证理论也已成为一个强势的法哲学研究方向……法律论证理论在法学研究领域已取得了统治地位。"[1]

三　法律论证的规范证立性

法律论证需要运用法律解释原理、原则和方法进行规范性命题证成，以"内部证成"和"外部证成"的方式周全地证立法律解释过程和法律判断意见的正确性、解释结论有效性，而不能背离规范性和证立性，例如不能只进行反面否定、解构而不进行正面证成和建构。阿列克西指出："法律论辩所涉及的是规范性命题之特殊情形即法律判断的证成。这可以区分为两个层面的证成：内部证成和外部证成。内部证成处理的问题是：判断是否从为了证立而引述的前提中逻辑地推导出来；外部证成的对象

---

[1] 舒国滢：《走出"明希豪森困境"（代译序）》，载［德］罗伯特·阿列克西《法律论证理论——作为法律证立理论的理性论辩理论》，舒国滢译，商务印书馆 2019 年版，第 1—4 页。

是这个前提的正确性问题。"① 内部证成可以说"法律三段论"命题所包含的内容，而"外部证成的对象是对在内部证成所使用的各个前提的证立。这些前提可能是完全各式各样的。它们大致上可以分为三类：（1）实在法规则；（2）经验命题；（3）既非经验命题，亦非实在法规则的前提"。外部证成的规则和形式可以"分为六组：（1）解释的规则和形式；（2）教义学论证的规则和形式；（3）判例适用之规则和形式；（4）普遍实践论证的规则和形式；（5）经验论证的规则和形式；以及（6）所谓特殊的法律论述形式"。简单讲，外部证成六规则可以概括为"（1）法律；（2）教义学；（3）判例；（4）理性；（5）经验；（6）特殊法律论述形式"，并且"外部证成理论的首要任务，是对这六组中总括在一起的论述形式进行逻辑分析。这个分析的最重要的成果在于审视判断它们之间所相互联结的必要性和可能性"②。

通过"内部证成"和"外部证成"的方式，可以周全地证立法律解释过程和法律判断意见的正确性、解释结论的有效性。例如，证立解释结论有效性以及刑法解释整体有效性原则，其根本旨趣就在于突出强调和确保法律论证的规范性、证立性，对此问题本书已有专门论述，这里归纳简述如下：

刑法解释结论只有在其同时具备了合法性、合理性和合目的性所共同型构的"三性统一体"之时才能称得上获得了"有效性"；反之，刑法解释结论若仅具有合法性，或者仅具有合理性，或者仅具有合目的性，或者缺少合法性、合理性和合目的性中的任何一项，均不能获得完整意义上的"有效性"。换言之，刑法解释结论有效性意义上的合法性、合理性和合目的性之间的关系不是相互排斥的竞争关系，而是以合法性为底线基础价值、以合理性和合目的性为优化价值的共生融合关系：合法性作为底线基础价值当然必不可少，具体限定了解释结论的合法空间；合理性和合目的性作为优化价值当然不可或缺，但是优化价值的不可或缺

---

① ［德］罗伯特·阿列克西：《法律论证理论——作为法律证立理论的理性论辩理论》，舒国滢译，商务印书馆2019年版，第270页。
② ［德］罗伯特·阿列克西：《法律论证理论——作为法律证立理论的理性论辩理论》，舒国滢译，商务印书馆2019年版，第282—284页。

性是有条件限制的,即只能是在合法性底线基础价值所限定的合法空间可包容的优化价值(可包容的优化价值论)才是不可或缺的,从而超出合法空间的所谓优化价值则是被排斥在外的。因此,有效性的法律论证就是指在合法性底线基础价值的基础上进一步求证合法空间可包容的合理性和合目的性优化价值的"三性统一体"有效性,有效证成合法性底线基础价值、可包容的合理性和合目的性优化价值之间的共生融合关系,这是法律论证的规范性、证立性的重要体现和基本要求。

第二十一章

刑法解释结论

刑法解释结论，即刑法解释的结果，是指解释者通过运用刑法解释方法和法律论证方法所获得的法律文本含义、裁判依据与裁判结果。刑法解释结论有两种含义：一是法律文本含义，即针对法律文本（文本对象）进行法律解释所得出的法律解释结论。例如，针对刑法文本进行法律解释所得出的刑法文本含义，是刑法解释结论。二是裁判依据与裁判结果，即针对具体个案中的事实对象及其与文本对象的涵摄关系所得出的法律解释结论。例如，针对诈骗案件事实、该案件事实与刑法文本之间的涵摄关系进行法律解释，从而获得了对该诈骗案件的裁判依据（依法裁判）和裁判结果（判决有罪或者无罪），是刑法解释结论。因此，刑法解释结论有狭义与广义的区分，狭义的刑法解释结论是指刑法文本含义，广义的刑法解释结论不但包括刑法文本含义而且包括针对案情事实与刑法文本之间的涵摄关系所得出的裁判依据与裁判结果。尽管有时没有具体说明是狭义的刑法解释结论还是广义的刑法解释结论，也应注意在不同语境中"刑法解释结论"的具体含义可能有所不同：在一般场合下所说的刑法解释结论，通常是指刑法文本含义；在具体案件审判（分析）的场合下所说的刑法解释结论，通常是指刑法文本含义、裁判依据与裁判结果（即案件事实与刑法文本之间的涵摄关系）。

刑法解释结论具有多样性、有效性、相对性、可证成性等特点。

一　刑法解释结论的多样性

所谓刑法解释结论的多样性，是指刑法解释结论具体包括刑法文本含义、裁判依据与裁判结果（即案件事实与法律文本之间的涵摄关系）等多方面内容，即有时是指刑法文本含义，有时是指裁判依据与裁判结果。至于作为刑法解释结论的刑法文本含义，有时也包含有多种含义，如果刑法文本含义所包含的多种含义均具有有效性，那么，这些多种含义由于均具有刑法解释结论有效性，它们均归属于文法文本含义，这种情况不能被认为是刑法解释结论的多样性；如果刑法文本含义所包含的多种含义中有的具备有效性，有的不具备有效性，那么，这是刑法解释结论的相对性问题，即在这些多种含义中，具备有效性的刑法解释结论是正确的、可接受的、可以采纳的，不具备有效性的刑法解释结论是错误的、不可接受的、不可以采纳的，但是，不仅"正确"与"错误"之间是具有相对性的，而且"正确的、可接受的、可以采纳的"本身也是具有相对性的，需要结合具体语境（时空条件）、具体案情事实进行具体判断，最终按照"合法性可包容的优化价值"规则选择整体有效性的刑法解释结论。

二 刑法解释结论的有效性

如前所述，刑法解释结论的有效性是指合法性、合理性、合目的性所共同型构的"三性统一体"的属性。如果刑法解释结论仅具有合法性而不具有合理性或者合目的性，或者仅具有合理性而不具有合法性或者合目的性，或者仅具有合目的性而不具有合法性或者合理性，均不符合刑法解释结论的有效性所要求的"三性统一体"属性，均不具备刑法解释结论有效性。因此，在刑法解释中，必须强调刑法解释结论有效性，排除不具备有效性的刑法解释结论。同时也要注意刑法解释结论有效性的相对性，如前所述，需要结合具体语境（时空条件）、具体案情事实进行具体判断，最终按照"合法性可包容的优化价值"规则选择整体有效性的刑法解释结论。

三 刑法解释结论的相对性

所谓刑法解释结论的相对性，是指刑法解释结论有效性的相对性、裁判依据与裁判结果的相对确定性，需要结合具体语境（时空条件）、具体案情事实进行具体判断。刑法文本含义在不同历史时期、不同语境中均可能存在一定的变化，表现出相对性；同理，裁判依据与裁判结果在不同历史时期、不同语境中也可能存在一定的变化，也表现出相对确定性。如前所述，如果刑法文本含义所包含的多种含义中有的具备有效性，有的不具备有效性，那么，这也是刑法解释结论的相对性问题：有的刑法解释结论现在具备有效性，但是将来可能不具备有效性；反之，有的刑法解释结论现在不具备有效性，但是将来可能具备有效性。

例如，民间借贷行为是否构成非法经营罪？对此问题，我国刑法学界以 2019 年 10 月 21 日为分水岭：在此节点之前，关于民间借贷行为的刑法解释结论是一般不构成非法经营罪；在此节点之后（含 2019 年 10 月 21 日），关于民间借贷行为的刑法解释结论可以有条件地解释为构成非法经营罪。理由在于：2019 年 7 月 23 日最高人民法院、最高人民检察院、公安部、司法部《关于办理非法放贷刑事案件若干问题的意见》规定：

一、违反国家规定，未经监管部门批准，或者超越经营范围，以营利为目的，经常性地向社会不特定对象发放贷款，扰乱金融市场秩序，情节严重的，依照刑法第二百二十五条第（四）项的规定，以非法经营罪定罪处罚。

前款规定中的"经常性地向社会不特定对象发放贷款"，是指 2 年内向不特定多人（包括单位和个人）以借款或其他名义出借资金 10 次以上。

贷款到期后延长还款期限的，发放贷款次数按照 1 次计算。

二、以超过 36% 的实际利率实施符合本意见第一条规定的非法放贷行为，具有下列情形之一的，属于刑法第二百二十五条规定的"情节严重"：

（一）个人非法放贷数额累积在 200 万元以上的，单位非法放贷数额累积在 1000 万元以上的；

（二）个人违法所得数额累积在 80 万元以上的，单位违法所得数额累积在 400 万元以上的；

（三）个人非法放贷对象累积在 50 人以上的，单位非法放贷对象累积在 150 人以上的；

（四）造成借款人或者其近亲属自杀、死亡或者精神失常等严重后果的。

……

八、本意见自 2019 年 10 月 21 日起施行。对于本意见施行以前发生的非法放贷行为，依照最高人民法院《关于准确理解和适用刑法中"国家规定"的有关问题的通知》的规定办理。

依照上述《意见》的规定，违反国家规定，未经监管部门批准，或者超越经营范围，以营利为目的，经常性地向社会不特定对象发放贷款，扰乱金融市场秩序，情节严重的行为，构成非法经营罪（刑法解释结论）。但是值得注意的是，这一解释结论的有效性应当以 2019 年 10 月 21 日为分水岭，即在此节点之前，关于民间借贷行为的刑法解释结论是一般不构成非法经营罪；在此节点之后（含 2019 年 10 月 21 日），关于民间借贷行为的刑法解释结论可以有条件地解释为构成非法经营罪。这一例证，较为典型地体现了刑法解释结论的相对性。

四 刑法解释结论的可证成性

刑法解释结论（有效性）的最终获得，必须是通过刑法解释方法的体系化运用，根据刑事法治原则对多种刑法解释结果进行综合权衡和法律论证之后得出的可接受的一种解释结果（有效性）。这个命题实际上是法律证立论的内容，即需要运用法律解释原理、原则和方法进行规范性命题证成，以"内部证成"和"外部证成"的方式周全地证立法律解释过程和法律判断意见的正确性、解释结论有效性。关于刑法解释结论的可证成性，可参考本书有关法律论证理论的论述。

下 篇
实 证 论

第1
部 研 究

第二十二章

案例刑法学的研究方法

近年来,我国较多刑法学者特别重视案例刑法学研究,突出"研究"特色,而不是仅仅停留于刑法案例的一般性"分析",因而这些案例刑法学论著就能达至"授人以渔"的极佳收效。如:北京大学出版社2008年出版的赵秉志主编《中国疑难刑事名案法理研究》三卷本,法律出版社2001年出版的赵秉志主编《中国刑法案例与学理研究》九卷本,其内容均突出了"法理研究""学理研究"的理论深刻性;中国人民大学出版社2012年出版的陈兴良独著《判例刑法学(教学版)》(第二版),其收录的30篇(章)案例刑法学研究文章,由于都是由陈兴良教授本人亲自撰写,可谓篇篇精华,堪称楷模。中国人民大学出版社2019年出版的笔者独著《案例刑法学》,共收录了120余件真实案例,对于真实案例进行刑法学术研究,较为充分地体现了案例刑法学研究的解释性、深刻性、融贯性和语境性等学术特色。[①] 北京大学出版社分别于2016年出版王钢编写的《德国判例刑法(分则)》、于2021年出版江溯主编的《德国判例刑法(总则)》《美国判例刑法》,为我国的案例刑法学研究"推波助澜",更是产生了深刻的学术影响。除中国刑法学者外,中国人民大学出版社2012年出版"具有世界影响的德国刑法学家"罗克辛教授独著的《德国最高法院判例刑法总论》(何庆仁、蔡桂生翻译),其中"共收入了具有重要性、争议性和现实性(罗克辛本书前言语)的100个判例",在"设问"中所提出的"问题显然超出了裁判理由本身,需要从刑法理论上予

---

① 魏东:《案例刑法学》,中国人民大学出版社2019年版,"前言",第1—7页。

以展开"，陈兴良教授坦陈"内心激动不已"①，可见其理论深刻性和学术感染力非同一般。

专题进行案例刑法学研究（以及在刑法学研究中包含有案例实证分析内容）的学术论文更是数量巨大，例如针对"山东省于欢案""江苏省常州市何某等人聚众斗殴案""天津市赵春某非法持有枪支案""四川省成都市快递分拣员案""四川省成都市孙伟某醉驾致人死亡案"等典型案件所撰写的案例刑法学研究论文，可谓不胜枚举。诸如此类的案例刑法学论著，其研究方法和写作技巧，值得认真归纳、总结和学习。应当说，"案例刑法学"在基本属性上是规范刑法学，必须以运用和研讨规范刑法学原理为己任，同时强调个案刑法解释与案例研究的方法论特色，其尽管没有强调"整体刑法学"原理论述上的体系性和周全性，但是必须尽力突出"个案"和"类型性案件"法理阐释的理论深刻性、贯通性、语境性和整体有效性，而且后者恰恰更能体现出"案例刑法学"研究的突出特点，有利于弥补普通刑法学论著之不足，有效培育和提升法律学人的法律实践能力，可谓价值巨大，殊值倡导。正如赵秉志教授指出，"案例分析方法，是理论联系实际的最好途径"，并且"可以增强学习研究者运用刑法理论解决实务问题的能力"②。笔者认为，在我国大力推行指导案例制度的语境下，案例刑法学研究的方法论特色值得重视。

一　突出"刑法"的学科特色

案例刑法学研究必须突出"刑法"问题意识，即针对刑事个案提出"刑法"理论问题、解决问题的"刑法"理论方案及其法理论证，因此案例刑法学研究的方法论必须强调突出刑法学科特色（以及问题意识深刻性）。

（一）突出"刑法"学科特色的重要意义

案例刑法学研究为什么必须专注于"刑法"问题的理论研究，突出

---

① ［德］克劳斯·罗克辛：《德国最高法院判例刑法总论》，何庆仁、蔡桂生译，"序"（陈兴良），中国人民大学出版社2012年版，第1页。

② 赵秉志主编：《刑法教学案例》，"编写说明"，法律出版社2007年版，第1页。

问题意识的"刑法学科"特色？这是因为，司法实践中发生的刑事案例，几乎可以说任何个案都关涉刑事实体法、刑事程序法、其他部门法乃至法律方法等方面的复杂问题，但是不能将个案所涉及的全部法律问题纳入"案例刑法学"研究视野，否则会分散研究主题和注意力，无法突出案例刑法学研究的学科特色。部分学者可能会认为，刑法学研究要讲求法学全局意识、学科交叉研究意识、刑事一体化观念、整体刑法学观念等方法论立场，那么，案例刑法学研究的问题意识如果要强调突出刑法学科特色，似乎就违背了刑法学研究的法学全局意识等方法论立场。这涉及刑法学研究中的学科特色与法学全局意识之间的关系问题。应当说，刑法学研究的法学全局意识等方法论立场并不是否定刑法学研究的学科特色，而是要求在刑法学研究中综合运用"法学全局意识"和各种"外部视角"（这里指涉"刑法学理论知识之外的其他部门法理知识"）来深化刑法学理论，其宗旨仍然在于刑法学研究，刑法学才是研究对象，"法学全局意识""外部视角"仅仅是运用工具（而不是刑法学的研究对象），这就要求处理好"刑法学科特色"与"法学全局意识""外部视角"的关系，"法学全局意识""外部视角"不能喧宾夺主，要防止刑法学研究演变成为"法学全局意识""外部视角"本身的理论研究。因此，在归纳、抽象案例刑法学研究的问题意识时，应当尽力发现、挖掘"刑法"理论问题，如刑法论、犯罪论、刑罚论、罪刑关系论等方面的"真"问题，而不能将侦查取证程序、审判程序、证据能力和证明力等法理问题纳入研究范围（虽然可以在刑法学研究中提及并运用这些法理）。

（二）突出"刑法"学科特色的问题意识

如何突出"刑法"的问题意识？刑事案例一旦发生，即表现为一种客观存在，这种客观存在是不容研究者选择的。但是，案例刑法学研究需要研究者对刑事案例进行适当选择。因为，有的刑事案例可能并不存在复杂疑难的"刑法"问题（而只有刑事诉讼法方面的复杂疑难问题），而有的刑事案例才涉及较为复杂疑难的"刑法"问题需要展开理论研究，那么，案例刑法学研究就应该选择后者（即涉及较为复杂疑难的"刑法"问题的刑事案例）作为研究素材。因此，案例刑法学研究需要突出"刑法"的问题意识，就是要求研究者有意识地选择那些涉及较为复杂疑难的"刑法"问题的刑事案例作为研究素材,并从这些研究素材中选取"刑法"问题,为案例刑法学研究指明方向。本书将重点列举以下五个刑事案例展开案例刑法学研究的方法论检讨,这里仅以该五个刑事案例研究中如何突出"刑法"学科特色的问题意识例示如下:

【案例1】(山东省) 于欢砍杀案①

2014年7月,山东某工贸公司负责人苏某向赵某1借款100万元,双方口头约定月息10%。2016年4月14日16时许,赵某1以欠款未还清为由纠集郭某1、程某、严某等十余人先后到该工贸有限公司催要欠款。当日21时50分,杜某2等多人来到苏某及其子被告人于欢所在的办公楼一楼接待室内催要欠款,并对二人有侮辱言行。约22时10分,冠县公安局经济开发区派出所民警接警后到达接待室,询问情况后到院内进一步了解情况,于欢、苏某欲随民警离开接待室,杜某2等人阻拦,并强迫于欢坐下,于欢拒绝。杜某2等人卡于欢颈部,将于欢推拉至接待室东南角。于欢持刃长15.3厘米的单刃尖刀,警告杜某2等人不要靠近。杜某2出言挑衅并逼近于欢,于欢遂捅刺杜某2腹部一刀,又捅刺围逼在其身边的程某胸部、严某腹部、郭某1背部各一刀。杜某2因失血性休克于次日2时许死亡,严某、郭某1伤情构成重伤二级,程某伤情构成轻伤二级。

原审法院认为,被告人于欢面对众多讨债人的长时间纠缠,不能正确处理冲突,持尖刀捅刺多人,致一人死亡、二人重伤、一人轻伤,其行为构成故意伤害罪。于欢捅刺被害人不存在正当防卫意义上的不法侵害前提,其所犯故意伤害罪后果严重,应当承担与其犯罪危害后果相当的法律责任。鉴于本案系由被害人一方纠集多人,采取影响企业正常经营秩序、限制他人人身自由、侮辱谩骂他人的不当方式讨债引发,被害人具有过错,且于欢归案后能如实供述自己的罪行,可从轻处罚。原审法院以故意伤害罪判处被告人于欢无

---

① 资料来源:山东省高级人民法院《刑事附带民事判决书》(2017)鲁刑终151号。

期徒刑,剥夺政治权利终身。

二审法院认为,于欢持刀捅刺杜某2等四人,属于制止正在进行的不法侵害,其行为具有防卫性质;其防卫行为造成一人死亡、二人重伤、一人轻伤的严重后果,明显超过必要限度造成重大损害,构成故意伤害罪,依法应负刑事责任。鉴于于欢的行为属于防卫过当,于欢归案后能够如实供述主要罪行,且被害方有以恶劣手段侮辱于欢之母的严重过错等情节,对于欢依法应当减轻处罚。故二审法院改判于欢犯故意伤害罪,判处有期徒刑五年。

【案例2】(江苏省常熟市)何强等人聚众斗殴案[①]

2010年11—12月,常熟市忠发投资咨询有限公司(以下简称忠发公司)法定代表人徐某经他人介绍多次至澳门赌博,欠下曾某(另案处理)等人为其提供的巨额赌资。后曾某亲自或指使杨某、龚某、朱某(均另案处理)等人多次向徐某讨要该笔赌债。2011年4月2日上午,何某与张某、陈某等人受徐某指派与杨某等人就如何归还该笔赌债谈判未果。当日中午,何某在与杨某手机通话过程中发生言语冲突,后何某主动打电话给曾某时双方恶语相向、互有挑衅。何某随即三次打电话给张某并由张胜纠集陈某、龙某及李某到忠发公司集中,准备了菜刀等工具。在这些准备工作完毕后,何某再次主动拨打曾某电话,通话中言语刺激、互相挑衅,再次导致矛盾升级激化。曾某便纠集杨某、龚某、胡某等人持刀赶至忠发公司办公室,何某、张某、陈某及李某与曾某等人相互持械斗殴,造成何某及龚某、胡某受轻微伤,忠发公司部分物品毁损。

本案辩护人指出,在整个事件中,当事的6人是坐在自己单位的办公室里,不是在惹是生非,在对方非法讨债、拿着砍刀上门行凶时,不得已才反抗的,其行为特征是典型的正当防卫,而不应被

[①] 案情摘自江苏省常熟市人民法院〔2011〕熟刑初字第0785号刑事判决书。

定性为聚众斗殴。人民法院判决全部涉案人员构成聚众斗殴罪（互相斗殴），认定何某等人的行为不构成正当防卫。

针对山东省于欢砍杀案、江苏省常熟市何强等人聚众斗殴案，研究者应当从中选取在法理上存在较大争议的"刑法"问题，如正当防卫、防卫过当、故意伤害罪、聚众斗殴罪等的刑法法理，这些刑法法理问题中有些属于刑法总论问题（如正当防卫和防卫过当），有些属于刑法分论问题（如故意伤害罪和聚众斗殴罪），可以分别进行刑法教义学分析和刑法解释学研究。

【案例3】（天津市）赵春某摆设地摊气枪案[①]

2016年8月至10月12日，天津大妈赵春某在天津市河北区李公祠大街亲水平台附近，摆设射击摊位进行营利活动，该摊位是从一个老汉手中转过来的。赵春某射击摊上有9支枪形物，并用塑料子弹打气球。经天津市公安局物证鉴定中心鉴定，涉案9支枪形物中的6支为能正常发射、以压缩气体为动力的枪支。同年12月27日，天津市河北区法院一审判决认定赵春某犯非法持有枪支罪，具有坦白、初犯、认罪态度较好等酌情从宽处罚情节，判处有期徒刑三年六个月。后因赵春某提出上诉，2017年1月26日天津市第一中级人民法院判决赵春某犯非法持有枪支罪，改判赵春某有期徒刑三年，缓刑三年。

针对天津市赵春某摆设地摊气枪案，研究者应当从中选取争议较大的规范性构成要件要素的认识错误、非法持有枪支罪等刑法法理问题展开理论研究，其中规范性构成要件要素的认识错误属于刑法总论问题并

[①] 参见天津市第一中级人民法院刑事判决书（2017）津01刑终41号。

且是争议焦点，对此问题展开理论研究尤其具有重大学术价值。

【案例4】（四川省成都市）分拣员侵占案①

四川省成都市某快递公司分拣员杨某在上夜班分拣快递包裹时将自己经手分拣的一个价值1999元的手机的快递包裹秘密窃走并占为己有。原一审法院判决杨某构成盗窃罪，后二审法院改判杨某构成职务侵占但因尚未达到定罪标准而不构成犯罪。

【案例5】（四川省成都市）孙伟某醉驾致人死亡案②

2008年5月28日，上诉人（原审被告人）孙伟某购买了车牌号为川A43K66的别克牌轿车。在未取得合法驾驶资格的情况下，孙伟某长期无证驾驶该车，并有多次交通违法记录。2008年12月14日中午，孙伟某与其父母在成都市成华区万年场"四方阁"酒楼为亲属祝寿，其间大量饮酒。16时许，孙伟某驾驶川A43K66车送其父母到成都市火车北站搭乘火车，之后驾车折返至城东成龙路向成都市龙泉驿区方向行驶。17时许，行至成龙路"蓝谷地"路口时，孙伟某驾车从后面冲撞与其同向行驶的川A9T332比亚迪牌轿车尾部。其后，孙伟某继续驾车向前超速行驶，并在成龙路"卓锦城"路段违章越过道路中心黄色双实线，与对面车道正常行驶的川AUZ872长安奔奔牌轿车猛烈碰撞后，又与川AK1769长安奥拓牌轿车、川AVD241福特蒙迪欧牌轿车、川AMC337奇瑞QQ轿车发生碰撞及擦刮，致川AUZ872长安奔奔牌轿车内张某夫妇、金某夫妇死亡，另一

---

① 资料来源：四川省成都市中级人民法院刑事判决书（2014）成刑终字第293号。
② 资料来源：2009年9月15日，最高人民法院《关于醉酒驾车犯罪法律适用问题的意见》法发（2009）47号附随案例一。

乘客代某重伤，造成公私财产损失共计5万余元。交通警察接群众报案后赶至现场将孙伟某抓获。经鉴定，孙伟某驾驶的车辆碰撞前瞬间的行驶速度为134—138公里/小时；孙伟某案发时血液中的乙醇含量为135.8毫克/100毫升。本案一审和二审均认定孙伟某构成以危险方法危害公共安全罪，原一审判决孙伟某死刑立即执行，二审改判孙伟某无期徒刑。

针对四川省成都市分拣员侵占案、孙伟某醉驾致人死亡案，研究者应选取其中涉及的侵占罪与盗窃罪的界限、以危险方法危害公共安全罪与交通肇事罪的界限等争议焦点问题，以及由此涉及的刑法教义学原理和刑法解释学理论展开深入研究。

二 凝练"问题"的刑法法理

所谓凝练"问题"的刑法法理，是指针对具体个案中的"问题"进行刑法法理的进一步凝聚、抽象、细化、深刻化，必须强调刑法法理问题意识的深刻性，突出学术性。表面上看，"凝聚、抽象"似乎是与"细化、深刻化"相矛盾的："凝聚、抽象"是一种基于具体个案的法理凝聚和抽象，是一种"向上提升"抽象法理的取向（过程）；而"细化、深刻化"是一种基于抽象法理的内部细化和深化，是一种"向下沉淀"法理细节、法理根基的取向（过程），二者的方向在表面上刚好相反。那么，这种"向上提升"与"向下沉淀"之间是否存在矛盾？对于这个疑问，案例刑法学研究中研究者必须予以正确回答和妥当对待。我们认为，二者之间是不矛盾的，而是相互统一的。"向上提升"是针对具体个案而言的，必须从具体个案中凝练出抽象的法理问题，如犯罪论、违法论、责任论、刑罚论、罪刑关系论等抽象法理问题；"向下沉淀"是针对抽象法理而言的，必须从抽象法理中凝练出其内在的法理要素、法理结构、法理命题和命题体系。越是个案、具体的刑法法理阐释，越需要综合考量语境性与融贯性、理论体系性与深刻性，越能检验研究者的理论知识体系化程度和创新阐释能力。笼统地叙说刑法理论知识，其实可能仍停留于"纸上谈兵",只有在具体个案中恰当地提出(凝练出)解决法律问题的具体方案,深刻阐释法理根据,创新运用法理知识,方能彰显出法律学人"英雄本色"。案例刑法学研究应当具有这种个案法理阐释的深刻性,包括问题意识的深刻性、法理阐释的深刻性。因此,针对刑事个案的刑法学研究,必须突出问题意识的深刻性,在此基础上才可能进一步突出法理阐释的深刻性。

例如,针对山东省于欢砍杀案、江苏省常熟市何某等人聚众斗殴案的案例刑法学研究,前述已经强调需要突出其"刑法"的学科特色,将"正当防卫、防卫过当、故意伤害罪、聚众斗殴罪等的刑法法理"作为研究方向,但是这种方向性指示仅仅是粗略的,在"向上提升"和"向下沉淀"两个方面均没有提出更加系统的理论方案。因此,需要深入思考的问题是:案例刑法学研究中到底应该如何进一步凝练出刑法法理,是就事论事地阐释法条含义和给出案件定性处理意见,还是更加深入地检讨正当防卫的正当化根据、正当防卫和特别防卫的成立条件及法理、防卫挑拨的法理、相互挑衅与聚众斗殴的界限及法理、防卫过当等方面的深刻法理?从目前国内刑法学界针对上述刑事案件展开的理论研讨看,针对正当防卫凝练出的刑法学理论问题十分丰富而深刻,包括以下诸刑法法理问题[①]:正当防卫的正当化根据是什么?针对非法拘禁行为(以及家庭暴力)与持续侵害行为可以进行正当防卫吗?针对防卫挑拨行为,尤其是相互的防卫挑拨行为(相互挑衅)是否丧失防卫权、是否可以正当防卫?以及正当防卫与(聚众)斗殴的界限是什么?防卫意思(或者防卫意识与防卫动机)的体系性地位是什么?逆防卫(以及偶然防卫)、正当防卫的第三者效果的法理是什么?特别防卫权与正当防卫的关系是什么?防卫过当的归责原理是什么?等等。应当说,上述刑法学理论问题的提出,远远超出了就案论案、就法条论案、就教材论案的广度和深度,许多理论问题是我国传统刑法学教科书里所没有涉及的,这些理论问题的进一步归纳抽象奠定了良好的问题意识和研究基础。

再如,针对天津市赵春某摆设地摊气枪案,案例刑法学研究应当将

[①] 参见魏东《正当防卫的重要法理研讨——以于欢故意伤害案等典型案例为视角》,载魏东主编《刑法解释》(总第5卷),法律出版社2020年版,第341—362页。

"规范性构成要件要素的认识错误、非法持有枪支罪"等刑法法理问题作为研究方向,但是这种方向性指示仍然仅仅是粗略的,同样需要在"向上提升"和"向下沉淀"两个方面提出更加系统的理论方案。因此,针对此案的案例刑法学研究需要深入思考的刑法法理问题应当是:规范性构成要件要素是否应纳入故意的认知范畴,针对规范性构成要件要素的认识错误如何归类、如何判断、如何影响归责?

针对四川省成都市分拣员案、孙伟某醉驾致人死亡案,案例刑法学研究中粗略的方向性指示是"侵占罪与盗窃罪的界限、以危险方法危害公共安全罪与交通肇事罪的界限"等刑法法理问题,同样需要在"向上提升"和"向下沉淀"两个方面进一步提出更加系统的问题意识和理论方案,包括:侵占罪所涉及的"利用职务上的便利"的实质内涵、侵占行为类型论、侵占行为与盗窃行为之间的竞合关系论、刑法分则封闭条款理论、间接故意与有认识的过失之间的界限等刑法教义学原理,以及刑法解释整体有效性、融贯性和语境性、法律论证理论等刑法解释学原理。

问题意识是前提、基础,如果问题意识不深刻,那么将严重制约案例刑法学研究的学术"格局"、理论深度和创新贡献。可以说,凝练"问题"的刑法法理具有深刻性、系统性,就反映了研究者问题意识的理论抽象能力和学术品格。针对刑事个案适当地凝练出刑法法理问题是案例刑法学研究成功的关键。

三 深化运用刑法教义学的体系建构方法

针对刑事个案的案例刑法学研究,如果说刑法学问题意识的深刻性是前提、基础,那么可以说,有针对性地、系统地提出解决问题的理论方案并进行法理论证就是案例刑法学研究的重中之重。例如,针对前述案例中所涉及的正当防卫、规范性构成要件要素认识错误的刑法法理问题,就应该深化运用刑法教义学的体系构建方法展开系统的理论研究。

(一)正当防卫的刑法教义学体系建构方法

以山东省于欢砍杀案、江苏省常熟市何某等人聚众斗殴案的法理阐释为例，针对前述问题意识所提出的有关正当防卫理论及相关法理展开深入的学术研讨，在主要借鉴吸纳"德日英美"（指德国、日本、英国、美国）刑法学正当防卫理论、运用我国传统刑法学正当防卫理论既有知识的基础上，应当体系化地、深刻地研讨以下理论问题：

首先，力图深入研讨正当防卫的正当化根据问题。可提出正当防卫的正当化根据之优越的利益保护原理和法确证原理"修正的二元根据论"①（即"新二元论"，以区别于德国刑法学正当防卫的正当化根据二元论"个人权利的保护原则和社会权利的法确证原则"②），对"新二元论"进行系统的法理论证，并运用"新二元论"依次检讨针对非法拘禁行为、针对没有责任或者责任减轻的攻击行为（以及针对轻微不法侵害行为或者针对亲子或者夫妻之间的攻击行为）、针对通过胁迫的勒索性攻击行为、针对不作为形式的不法侵害行为、针对防卫挑拨行为等的正当防卫问题，还可运用"新二元论"检讨正当防卫与互殴的界限问题。这里的案例刑法学研究，如果说借鉴吸纳德国刑法学正当防卫的正当化根据二元论是一种比较法原理的运用，那么，通过案例刑法学研究提出正当防卫的正当化根据之优越的利益保护原理和法确证原理"新二元论"就是某种意义上的刑法学理论创新，较为充分地体现了刑法学理论方案的深刻性和创新性。中国传统刑法学教材几乎没有提及正当防卫的正当化根据这一理论问题，仅在近年来才逐步关注和提出这个理论问题，可以说这是一个"新"理论，那么，案例刑法学研究不但显性地提出和强调这个"新"理论，而且有所发展创新，如此可以充实案例刑法学研究所提出的刑法学理论方案的深刻性和创新性。不仅如此，案例刑法学研究还强调将这种理论创新方案直接地、即时性地运用解决真实案例的定性处理问题，较为完美地体现了"理论与实践相结合"，非常有利于理论界和实务界的理解、借鉴、吸纳。相互挑衅可以按照防卫挑拨原理进行定性处理，先动手一方没有防卫权，被动方（后动手一方）在实施了避

---

① 魏东：《正当防卫的重要法理研讨——以于欢故意伤害案等典型案例为视角》，载魏东主编《刑法解释》（第5卷），法律出版社2020年版，第341—362页。
② ［德］罗克辛：《正当防卫与法确证》，王德政译，《西北师大学报》（社会科学版）2018年第2期。

让、警告、寻求帮助等适当的保护性防卫仍然无效的情况下，可以行使正当防卫权，尤其是针对那些找上门来的肇事者，更具有正当防卫权，可以借鉴美国"城堡法"①裁判规则而对恪守于"城堡法"（如住宅和公司驻地）之内的被动方赋予防卫权。江苏省常熟市何某案就是一个典型案例，对于对方主动找上门来闹事的行为，何某等人尽管事先也有防卫挑拨乃至互殴的意思，但是，何某等人仅仅在自己公司内部"按兵不动"，最终在自己公司场所之内被他人持刀闯入时才予以反击，就不能简单地否认被动方（后动手一方）具有"可包容的防卫意思"，从而不能简单地认定何某等人为聚众斗殴。

其次，力图深入研讨正当防卫的合法条件问题。在坚持我国传统刑法学正当防卫成立条件之"五条件说"的基础上，借鉴吸纳"德日英美"刑法学正当防卫理论知识进行法理论证，如不法侵害的"开始"理论之直接面临不法侵害的紧迫危险说，不法侵害的"结束"理论之"结果形成时间说"与"有效的侵害停止时间说"相结合的"综合说"，必要限度之"合理需要说"，还应在检讨防卫意识必要说与防卫意识不要说的理论争议的基础上提出自己的学术观点，通过案例刑法学研究进行理论创新。例如，针对江苏省常熟市何某等人聚众斗殴案，我国有学者就围绕着正当防卫的合法条件问题展开了较深入的法理研讨，陈兴良教授得出的结论是"何某等人并不是在得知曾勇等人要来寻衅后，消极准备工具，事先防御，而是事先在电话中互相挑衅，并在准备工具后再次打电话刺激对方。因此，本案中何某等人的行为被认定为互殴行为是具有事实根据和法理根据的"（即认为本案何某等人的行为应定性为聚众斗殴罪），并总结出"基于事先产生的斗殴意图所实施的反击行为，不能认定为正当防卫"的裁判规则。②储陈城教授认为："在何某、曾某等聚众斗殴案中，何某一方选择在公司防卫，没有主动出击，以及在曾某等人逃离之时没有乘势继续加害，这些客观情形可以推定出何某先前的语言挑衅和刺激不是意图式挑拨行为，而是可责难但非意图式挑拨。何某等人先前

---

① 姜敏：《正当防卫制度中的"城堡法"：渊源、发展和启示》，《法学评论》2018年第5期。
② 陈兴良：《互殴与防卫的界限》，《法学》2015年第6期。

有可责难但非意图式的挑拨行为,其在选择积极防卫之前,有退避可能,却没有履行该退避义务,这就是何某等人最后没有被认定为构成正当防卫的真正原因。"① 陈璇教授认为,何某等人在电话挑衅的同时,已预先在人员配备、工具选取方面做足了迎接对方来袭的准备,对侵害人的情况也有清楚的了解,而且防御行为又是在自己熟悉的场所内展开,故若被告人在有效制止侵害之外又给曾某等人造成了重伤、死亡的后果,自当认定为防卫过当;但在本案中,由于侵害人仅遭受轻微伤,故不存在防卫过当的可能,依法构成正当防卫。② 可以发现,通过案例刑法学研究有利于深刻检讨正当防卫的合法条件问题,进而提出和论证研究者的理论新见。

此外,还应力图深入研讨防卫过当的归责原理以及特别防卫的解释适用问题,并且应尽力反映出当前国内外相关理论研究的最新成果,以进一步提出和论证研究者的理论新见,实现理论创新。这里反复强调"力图"深入研讨正当防卫的相关理论问题并借鉴吸纳"德日英美"刑法学相关理论知识,其深意是希望读者明白笔者所倡导和强调的一个重要态度,即案例刑法学研究中法理阐释必须尽力确保刑法学理论方案的深刻性。必须严肃指出,要实现我国刑法学法理阐释的深刻性,我国传统刑法理论还任重道远,案例刑法学研究大有可为。我国刑法学理论欲实现发展创新,必须加强主体意识、本土化意识、开放和包容意识,更多地借鉴吸纳"德日英美"刑法学理论智识,创新性地构建具有中国特色的本土化刑法教义学原理,可以说这一重大理论工程建设已成为我国刑法学理论研究的当务之急。我国传统刑法学防卫挑拨理论相对来说显得太过单薄,理论系统的质量和体量明显不够,在相当程度上无法为合理解决复杂多样的防卫挑拨司法实践提供必要的理论指导。例如,德国案例和德国正当防卫理论对于我国是有启发性、借鉴性的,尽管德国正当防卫在全世界都是非常有名的"宽泛和凌厉",但是其细密的理论构建和法理分析价值巨大。再如,美国案例和美国正当防卫理论(如美国"城堡法"规则等)对于我国也是有启发性、借鉴性的。因此,当下中国刑

---

① 储陈城:《防卫挑拨之正当防卫权丧失与限制》,《刑事法判解》2014 年第 1 期。
② 陈璇:《克服正当防卫判断中的"道德洁癖"》,《清华法学》2016 年第 2 期。

法学借鉴吸纳"德日英美"刑法学正当防卫理论知识,可以逐步获得理论增量并走向成熟理性。由此可见,我国的整体刑法学理论知识,包括刑法论、犯罪论、刑罚论、罪刑关系论等,均需要以更加开放包容的态度借鉴吸纳"德日英美"刑法学理论知识,切不可故步自封、停滞不前,否则难以满足新时代的理论需要。毕竟"每个时代都必须重写它的法教义学"已然成为"法教义学共识"①,我国刑法教义学正在蹒跚起步,兼收并蓄才能增强理论阐释力并凝聚足够的理论共识,案例刑法学研究必须有所作为。

(二) 规范性构成要件要素认识错误的刑法教义学体系建构方法

以天津市赵春某摆设地摊气枪案为例,针对前述问题意识所提出的有关规范性构成要件要素认识错误等理论问题开展深入的学术研讨,应当体系化地、深刻地研讨以下理论问题:

其一,违法性认识的地位问题。对此,我国有学者主张违法性认识不要说,认为"违法性认识不要说"源自"不知法不免责"的传统思想,是指对行为人是否进行刑事追责不需要考虑是否存在违法性认识错误,只要具有构成要件事实的认识就具有可归责性②;也有学者主张违法性认识必要说,认为"应将违法性认识确定为犯罪故意的组成部分"③;还有学者主张违法性认识折中说,认为前述两种观点都失之偏颇,因而进行观点折中,具体分为"基于必要说的折中说"与"基于不要说的折中说"④。这种理论上的正义具有重要价值,有利于厘清非法持有枪支罪等行政犯的违法性认识地位及其对于故意的限定,最终有利于正确认定行政犯的成立范围。我们认为,应当坚持违法性认识必要说,既有利于维持《刑法》第14条规定的"明知自己的行为会发生危害社会的结果,并且希望或者放任这种结果发生,因而构成犯罪的,是故意犯罪"的规范

---

① 刘艳红:《中国刑法教义学化过程中的五大误区》,《环球法律评论》2018年第3期。
② 参见刘霜、赵浩森《违法性认识的理论争议与实践判定》,《辽宁大学学报》(哲学社会科学版) 2020年第6期。
③ 陈璇:《责任原则、预防政策与违法性认识》,《清华法学》2018年第5期。
④ 参见刘霜、赵浩森《违法性认识的理论争议与实践判定》,《辽宁大学学报》(哲学社会科学版) 2020年第6期。

有效性，也有利于将违法性认识的实质内涵解释为"明知自己的行为会发生危害社会的结果"，从而"在将违法性认识对象确定为法律规范的前提下，行为人具备违法性认识的最低标准，是他对立法者据以订立禁止规范的行为反价值性有所认知"①，还有利于兼容违法性认识错误的不可避免性理论，即"行为人只要在通常的法规范意识支配下，履行了法规范注意义务，但仍难以避免地陷入了违法性认识错误而实施了刑法禁止行为，就应认定为具备违法性认识错误不可避免性而阻却罪责"②，这里的罪责当然包括故意的罪责。在天津市赵春某摆设地摊气枪案中，赵春某对于非法持有枪支行为的违法性认识当然存在主观认识，因此她依法应承担故意犯罪的责任。

其二，规范性构成要件要素的认识错误问题。由于规范性构成要件要素"事实"与"规范"交织的法律特征，水平的错误分类法③直接抓住了规范性构成要件要素这一"法律特征"，只要将其中的事实与法律区分清楚，就能够明确事实认识错误与法律认识错误的界限。因此，可以将规范性构成要件要素的认识错误归属于"补强实质违法性的基础事实"认识错误，其核心是事实认识错误，阻却故意的成立。"补强实质违法性的基础事实"中，"规范性"是一种实质违法性（判断），由此，规范性构成要件要素认识错误才能作为"补强实质违法性的基础事实"认识错误。规范性构成要件要素包括法律的评价要素、文化价值的评价要素和经验法则的评价要素④，规范性构成要件要素认识错误的问题不能停留在整体性考察的阶段，而必须深入规范性构成要件要素各个类型进行具体的判断，基于规范性构成要件要素的类型特征以及各类型之间的开放程度差异，我们认为规范性构成要件要素各个类型的认识错误应该具有不

---

① 陈璇：《责任原则、预防政策与违法性认识》，《清华法学》2018 年第 5 期。
② 孙国祥：《违法性认识错误的不可避免性及其认定》，《中外法学》2016 年第 3 期。
③ 参见许玉秀《当代刑法思潮》，中国民主法制出版社 2005 年版，第 181 页。"水平的错误分类"与"垂直的错误分类"最早见于 1987 年德国刑法学者库伦（Kuhlen）教授的升等论文，1995 年夏天库伦教授在接受许玉秀教授的拜访时表示"这样的称呼只是出于直觉"。我们认为，尽管只是出于直觉，但这种表述体现了两种不同的思考维度，且避免了"事实认识错误与法律认识错误""构成要件错误与禁止错误"的冗长表述，因此我们在后文中仍采纳这一表达方式。
④ 魏东、张福英：《法律的评价要素之认识错误》，《南海法学》2019 年第 3 期。

同的诠释方式。法律的评价要素是规范性构成要件要素中"最封闭"的类型，是法官从前置法规范中析出的行为人应当认识的"补强违法性的基础事实"，在法律的评价要素认识错误判断中应采用"垂直涵摄"。非法律的评价要素（文化价值的、经验法则的评价要素）相对于法律的评价要素的开放程度更高，判断的难度更低，采用"外行人的平行评价"标准即可解决非法律的评价要素的认识错误问题。法律的评价要素认识错误判断在具体个案中可能演变成为经验法则的评价要素错误判断，相应的判断方法应由"垂直涵摄"转换为"外行人的平行评价"。依此原理，在天津市赵春某摆设地摊气枪案中，"枪支"本来是法律的评价要素，其法规标准是《中华人民共和国枪支管理法》以及相关行政法规的明确规定，行为人必须认识到非法持有"枪支"的危险性，虽然这里的"危险"是立法拟制的抽象危险，但是如果有相反证据证明行为人不可能认识到这种"危险性"，就能够阻却犯罪故意之成立，这里针对"枪支""危险性"的判断仍然是法官依法进行的对法律的评价要素的专业判断；但是，"地摊气枪"是否属于"枪支"的判断则可能演变成为经验法则的规范要素的价值评价，需要运用"外行人的平行评价"进行检验（判断），必须结合具体案件事实和生活经验去认定，它在具体个案中从法律规范的评价要素就可能演变为经验法则的评价要素，《枪支管理法》确定的"足以造成人死亡或者丧失知觉"的法律规范（形式）标准中所内含的实质违法性内容，有利于合理判断"补强实质违法性的基础事实"是否存在认识错误。赵春某明知持有的"地摊气枪"具有（枪支）"足以造成人死亡或者丧失知觉"这种补强实质违法性的基础事实[①]，由此可以判断赵春某主观上不成立规范性构成要件要素的认识错误，应成立故意。在具体个案中，规范性构成要件要素可能从法律规范的评价要素演变为经验法则的评价要素，由此可以合理认定规范性构成要件要素认识错误问题，这一学术观点（命题）可以说是天津市赵春某摆设地摊气枪案的案例刑法学研究所得出的创新性命题，既有利于合理解决该个案的定性处理问题，也有利于刑法教义学相关理论的创新发展。

[①] 魏东、张福英：《法律的评价要素之认识错误》，《南海法学》2019 年第 3 期。

四 强化运用刑法解释学的法律论证方法

案例刑法学研究中重要的方法论特色是刑法解释性、司法面向性与司法论的思考[①],基于刑法解释论和一定的司法公正观立场所得出的刑法解释结论及其对个案裁判结果的法理评判和研究,有利于审验刑法教义学原理的妥当性和刑法解释学法律论证方法的阐释力,同样是意义非凡,价值重大。

(一)通过刑法解释学法律论证方法解决司法争议问题

以四川省成都市分拣员案的刑法学研究为例,研究者应当注意到:该案出现两种不同裁判结果的现象表明,职务侵占罪案及相关案件的刑法解释适用存在较为突出的理论分歧和实务差异,需要进行刑法教义学、刑法解释论和刑法司法公正观的立体审查。从刑法解释论看,有学者指出,职务侵占行为定型的刑法解释应当坚持"综合手段说"和"业务便利肯定说",亦即职务侵占行为是指行为人(单位人员)利用职务上和业务上的便利条件,包括利用自己主管、管理、经营、经手单位财物的便利条件,以侵吞、窃取、骗取和其他方法将本单位财物非法占为己有的行为。[②] 从刑法司法公正观看,职务侵占罪的司法逻辑和刑法解释立场通常只能限定为基于刑法立法规定的司法公正观,而不能扩张为基于刑法立法目的(立法公正目的)的司法公正。就此而论,部分职务侵占行为和贪污行为可能因为司法解释文本规定的入罪和处罚标准较高而无法定罪或者无法重罚,这种解释结论本身因其并不违反罪刑法定原则等刑法教义学原理而具有合理性,因而其不能成为否定"综合手段说""业务便利肯定说"并转而采用"侵占单一手段说""业务便利否定说"的理由。笔者认为,"四川成都市分拣员案"二审法院改判杨某构成职务侵占但因尚未达到定罪标准而不构成犯罪这一裁判结论是正确的,既符合刑法教义学原理和刑法解释论原理,也符合刑法司法公正观的特殊要求。

---

① 陈兴良:《教义刑法学(第二版)》,中国人民大学出版社 2014 年版,第 2 页。
② 毕志强、肖介清:《职务侵占罪研究》,人民法院出版社 2001 年版,第 107—144 页。

可以认为，案例刑法学研究不但需要注意深入细化刑法教义学原理的研究，而且需要并且通常更需要突出刑法解释学研究的理论特色。刑法解释学作为法律解释学的分支学科，从方法论特色看，刑法解释学更重视、更突出法规范的诠释学方法论和法律论证特色。当出现司法争议时，通过刑法解释学的法律论证方法可以有效地进行刑法教义学、刑法解释论和刑法司法公正观的立体审查并证立解释结论，从而有利于增强对妥当解释结论的法理阐释力，有利于凝聚对妥当解释结论的集体共识并解决司法争议。

（二）通过刑法解释方法的体系化运用以确证刑法解释结论整体有效性

刑法解释结论有效性，是指刑法解释结论所具有的合法性、合理性、合目的性所共同型构的"三性统一体"有效性。[①] 刑法解释结论只有在其同时具备了合法性、合理性和合目的性所共同型构的"三性统一体"之时才能称得上获得了"有效性"；反之，刑法解释结论若仅具有合法性，或者仅具有合理性，或者仅具有合目的性，或者缺少合法性、合理性和合目的性中的任何一项，均不能获得完整意义上的"有效性"。那么，如何证成刑法解释结论有效性？刑法解释学主张，通过刑法解释方法体系化可以确证刑法解释结论有效性。刑法解释方法确证功能，又称为刑法解释方法对刑法解释结论有效性的确证功能，具体是指刑法解释方法所具有的确证刑法解释结论有效性（合法性、合理性、合目的性）的功能。刑法解释方法确证功能必须结合（刑法）解释结论有效性来阐释，具体包括三个方面确证功能：刑法解释方法中的文义解释方法对（文义解释结论）合法性的确证功能、论理解释方法对（论理解释结论）合理性的确证功能、刑事政策解释方法对（刑事政策解释结论）合目的性的确证

[①] 例如，赵秉志、齐文远、李希慧、曾粤兴、周详等学者均认为，应当把合法性、合理性、合目的性（合刑事政策性或者正当性）作为刑法解释原则；其中李希慧认为，刑法解释原则有合法性原则、合理性原则、以刑事政策为指导原则、整体性原则以及明确、具体原则五项。参见赵秉志《刑法基本问题》，北京大学出版社 2010 年版，第 305 页；齐文远、周详：《论刑法解释的基本原则》，《中国法学》2004 年第 2 期；李希慧：《刑法解释论》，中国人民公安大学出版社 1995 年版，第 82—92 页。

功能，只有通过刑法解释方法"三性确证功能统一体"的充分发挥与共生融合关系的体系化证成，才能完整实现刑法解释结论合法性、合理性和合目的性"三性统一体"有效性。① 例如，文义解释方法具有确证刑法解释结论合法性的功能，文义解释结论合法性是刑法解释合法性原则的基本要求。刑法解释的合法性原则，是指刑法解释必须符合宪法和法律的明文规定与基本精神，不能违宪和违反法律。文义解释方法必须符合语言学基本原理，"务必使指控为犯罪的行为处于所用法律词义的普通常识的范围之内，而不曲解这些词义"②，不能"强词夺理"地随意增添文义，否则就不具有合法性。以"冒充军警人员抢劫"的文义解释为例，有学者认为"冒充不等于假冒。换言之，'冒充'包括假冒与充当，其实质是使被害人得知行为人为军警人员，故军警人员显示其身份抢劫的，应认定为冒充军警人员抢劫"③。其实，文义解释方法客观上不能确证军警人员显示其真实身份抢劫属于"冒充军警人员抢劫"的解释结论合法性，因为即便认为"'冒充'包括假冒与充当"，"充当"（当然还包括"假冒"）仍然不能解释为"军警人员显示其真实身份"，"充当"本身始终无法得出"以真充真"这个语义（而只有"以假充真"语义）。由此可以得出结论：将"冒充军警人员抢劫"解释为既包括普通公民冒充军警人员抢劫的情形，也包括真正的军警人员抢劫的情形，这种解释结论就不具有合法性。这里，正是刑法解释学原理的充分运用，有利于防止得出不合法的刑法解释结论。刑法解释学不但通过文义解释来证立刑法解释结论合法性，还通过解释限度论和强制解释论来证立刑法解释合法性问题。刑法解释的限度，即刑法解释的合法限度，又可以简称为刑法解释限度，是指刑法解释不能超出法律文本所规定的界限和程度，以确保刑法解释结论合法性。因此，刑法解释限度主要是指文义解释的限度，所要解决的主要问题是刑法解释结论合法性（底线和空间范围）的问题，而不是解决刑法解释结论合理性与合目的性的问题。这是因为，刑法解

---

① 魏东：《刑法解释学基石范畴的法理阐释——关于"刑法解释"的若干重要命题》，《法治现代化研究》2018年第3期。
② 储槐植、江溯：《美国刑法》（第四版），北京大学出版社2012年版，第25页。
③ 张明楷：《刑法学》（第五版）（下），法律出版社2016年版，第994页。

释结论的合理性、合目的性应当分别通过论理解释与刑事政策解释来实现，合理性和合目的性属于优化价值，是在文义解释合法性限度内进行合理性和合目的性的进一步价值优化，越优化越好，而不存在独立于文义解释结论合法性限度之外的解释限度问题。刑法解释限度的判断标准，应当采用以法律规范用语的语用论所可能确定的、符合国民预测可能性的语言意义为标准，来判断刑法解释的限度范围。这种刑法解释限度的判断标准，可以简称为"语用意义的国民预测可能性说"。强制解释论是一个重要的解释学理论，目前仅有极少数学者注意到这个理论，刑法解释学迄今为止尚没有引入这个理论，因此，在刑法解释学中引入强制解释论有利于实现刑法解释学理论创新。所谓强制解释，又称为强制阐释，是指背离文本话语，消解文学指征，以前在立场和模式，对文本和文学作符合论者主观意图和结论的阐释。[①]强制解释论认为，"阐释是有对象的，对象是确定的，背离确定对象，阐释的合法性立即消解"[②]。可以认为，强制解释论原理从更基础的阐释学立场，证立了刑法解释合法性命题。

案例刑法学研究主要是刑法解释论（司法论）的研究，那么案例刑法学研究中是否可以进行立法论研究？笔者认为，立法论研究本身也有两个层面，一个层面是立法漏洞及其填补性研究（立法完善研究），另一个层面是立法原理阐释及回顾性研究。案例刑法学研究由于绝大多数情况下是法律解释论和司法公正论研究，这就决定了案例刑法学研究中可以针对刑法解释结论进行立法原理阐释及回顾性研究，而不是立法完善研究。这也表明，案例刑法学研究的基本立场尽管通常是法律解释论和司法公正论研究，但是其并不是完全排斥立法论研究，而是要视情况而定：在绝大多数情况下是法律解释论和司法公正论研究，这时可以适当展开针对刑法解释结论进行的立法原理阐释及回顾性研究，目的是"印证"法律解释结论本身的合法性、合理性、合目的性以及整体有效性；在极少数情况下是立法完善建议研究，通过案例刑法学研究揭示立法漏洞及其填补方案（立法完善方案），目的是"完善"立法规定本身而不是

[①] 参见张江《强制阐释论》，《文学评论》2014年第6期。
[②] 张江：《再论强制阐释》，《中国社会科学》2021年第2期。

"印证"法律解释结论。

五 特别强调规范刑法学的方法论贯通

刑法解释学与刑法教义学二者之间的关系，应当坚持"同质互补关系论"（或"同质互补论"），即宏观同质论与微观互补关系论的有机统一体。① 因此，在案例刑法学研究中，必须特别强调规范刑法学的方法论贯通，即刑法教义学的体系建构方法与刑法解释学的法律论证方法必须相互观照、相互交融、相互证立，通过两种研究方法的贯通运用来增强理论阐释力，共同证成刑法教义学原理和刑法解释结论整体有效性。例如，我国有学者从刑法教义学的立场提出了"应罚性""需罚性"的概念，指出："我国目前的犯罪论体系均是以应罚性为中心展开的，缺乏对需罚性的判断，从而带来严重的理论与实践困境。犯罪论体系须认真对待刑法体系内的应罚性与刑法体系外的需罚性。从理论上，需罚性就是从刑事政策或宪法上判断有无刑罚处罚的必要性，是以预防的必要性为理论根据架设起刑事政策或宪法与刑法体系之间的桥梁，具有兼顾体系正义与个案正义的合目的性。同时，将需罚性导入我国犯罪论体系具有立法与司法基础，与我国实定法之间具有融贯性。我国应当建构应罚性与需罚性并重的犯罪论体系。"② 这是很有启发性的理论观点。对于其中提到的"需罚性"这一刑法教义学概念（命题），就可以从刑法解释学的视角进行法理阐释，它正是刑法的刑事政策解释方法合目的性确证功能命题（原理）所关注和阐释的重要法理，从"这一点"共通性来看，刑法教义学的体系建构方法（需罚性的刑法教义学体系定位）与刑法解释学的法律论证方法（合目的性的刑法解释学体系定位）之间可以形成方法论贯通，那么，通过两种研究方法的贯通运用来增强理论阐释力，共同证成刑法教义学原理和刑法解释结论整体有效性。更进一步的法理审视还可以发现，刑法解释学合目的性范畴不但可以涵摄需罚性的实质内涵及其"定罪论"的体系建构功能，还具有确证"刑罚论"（刑罚论合

---

① 参见魏东：《刑法解释学的功能主义范式与学科定位》，《现代法学》2021年第5期。
② 姜涛：《需罚性在犯罪论体系中的功能与定位》，《政治与法律》2021年第5期。

目的性）的法律论证功能，从而，合目的性范畴具有确证"定罪论""刑罚论"双层意义上的刑法解释结论合目的性的法律论证功能，通过刑法解释整体有效性原则的贯彻还具有补强刑法教义学原理的功效。

（一）通过刑法解释整体有效性原则的贯彻补强刑法教义学原理

刑法解释的整体有效性原则，是指刑法解释必须是同时符合合法性、合理性、合目的性"三性统一体"有效性，是在合法性底线基础价值范围内以"可包容的优化价值"规则整合的"三性统一体"整体有效性。"同时符合"的要求是：既要同时具备，又要消除矛盾，还要整体上协调一致性；既要刑法解释结论的整体有效性，又要刑法解释方法确证功能的整体有效性，还要刑法解释方法和刑法解释结论之间整体上协调一致性。可见，整体有效性原则是一项整合合法性、合理性和合目的性的原则，整合规则只能是：合法性原则是底线基础（价值），在合法性范围内遴选"（合法性）可包容的合理性优化价值"，在合法性和合理性范围内遴选"（合法性和合理性）可包容的合目的性优化价值"。可见，"（合法性）可包容的合理性优化价值"、"（合法性和合理性）可包容的合目的性优化价值"，是整体有效性原则内含的两个重要整合规则，这两个整合规则均以"合法性可包容的优化价值"规则为基础，可以合并简称为"可包容的优化价值"规则。将刑法解释整体有效性原则作为一项刑法解释原则来对待，具有重要价值。刑法解释的基本原则，是指贯穿于刑法解释活动过程始终，指导和制约刑法解释活动全过程的基本准则。那么，刑法解释整体有效性原则就必须贯穿于刑法解释活动过程始终，指导和制约刑法解释活动全过程。由此可以认为，刑法解释整体有效性原则应当成为刑法解释结论有效性和刑法解释方法体系化的根本指导原则，只有符合刑法解释整体有效性原则要求的刑法解释才是正确的（有效的），凡是不符合刑法解释整体有效性原则要求的刑法解释都是错误的（无效的）和必须被排除的。

例如，山东省于欢砍杀案的刑法解释，对于非法拘禁行为是否可以进行正当防卫的问题，不但可以从刑法教义学正当防卫理论（如正当防卫的正当化根据论等）的法理阐释来回答，而且可以（应当）从刑法解释学整体有效性原则的法理诠释来回答：于欢在被不法讨债人非法拘禁的情况下，在报警后无法获得有效解救（警察到来而仍未解救）而身陷不法侵害之中，不允许于欢实施正当防卫的观点就不符合法理（论理解释方法的运用），也不符合刑事政策目的（法社会学解释方法的运用），并且将非法拘禁排除在"不法侵害"之外的观点也不符合法律规定（文义解释方法的运用），从而可以说，否定于欢的砍杀行为具有正当防卫性质的观点就不符合整体有效性原则的要求；通过这种刑法解释学分析，可以发现，于欢的砍杀行为在当时那种特殊语境下只能解释为具有正当防卫性质，才符合合法性、合理性、合目的性以及整体有效性原则的要求。于欢的砍杀行为致一人死亡（和他人受伤）的后果，是否超出了正当防卫的必要限度，这在理论上存在争议，有的认为于欢的砍杀行为超出了正当防卫的必要限度（成立防卫过当），有的认为没有超出正当防卫的必要限度（不成立防卫过当）。对此争议问题的法理分析，除了进行刑法教义学原理的分析论证之外，也可以通过刑法解释整体有效性原则的法理阐释来判断：从实施非法拘禁的不法侵害行为性质来看，不法侵害行为明显不具有故意杀人或者故意伤害的性质，于欢对此应该有明确认识，在这种语境下，于欢实施持刀砍杀不法侵害人的行为及其造成的致人死亡结果，应当说超出了正当防卫的必要限度，将于欢的砍杀行为（及其致人死亡的结果）解释为防卫过当，更符合刑法解释整体有效性原则的要求。

可见，山东省于欢砍杀案的刑法解释学分析不完全同于刑法教义学分析的特别之处，主要是刑法解释整体有效性原则的贯彻运用，有利于突出案例刑法学研究的理论阐释力。需要指出的是，刑法解释整体有效性原则不但是刑法教义学原理中所没有提及的重要理论知识，而且是当下刑法解释学论著中没有提及或者没有突出强调的重要理论知识，从而，通过案例刑法学研究归纳总结出刑法解释整体有效性原则这一创新性理论知识（点），就具有特别重要的理论创新意义，有利于刑法解释学的创新发展。

（二）刑法教义学原理的法理阐释必须契合刑法解释的融贯性和语境性

通过刑法解释方法体系化确证刑法解释结论有效性，应注意个案的案情事实、证据状况都是既定的,换言之,个案的语境、情境是特定的,因此针对个案提出的法律问题与法理阐释必须具有融贯性和语境性。例如,针对四川省成都市孙伟某醉驾致人死亡案的案例刑法学研究,笔者认为在方法论上应当强调以下两点:

  一是刑法教义学原理的法理阐释必须契合刑法解释的融贯性。四川省成都市孙伟某醉驾致人死亡案中,孙伟某的行为到底是构成交通肇事罪,还是构成以危险方法危害公共安全罪?应当承认这一疑问是客观存在的,因为,除孙伟某的辩护人提出将其行为定性为交通肇事罪的辩护意见外,理论界也有学者主张孙伟某的行为定性可以是交通肇事罪,而四川省和成都市两级人民法院均认定孙伟某的行为构成以危险方法危害公共安全罪,可见对这一疑问的直面正视与合理解决必须谨慎观照刑法原理尤其是刑法解释的融贯性。有学者指出,德沃金主张对法律的解释必须采取融贯性和整体性的立场[①],以融贯论作为法律真理观,以罗尔斯的"反思性均衡"作为法律解释的方法,以信念之间、信念和经验之间的融贯性作为法律解释的标准,从而为"法律唯一正解"提供哲学上的正当化根据。[②] 法理学认为,法律体系的融贯性具有重要意义,它意味着法律体系各个部分之间的相互支持与证立,这是对于法律体系的道德要求,也是法治的目标之一。[③] 可见,尽管理论界对法律解释的融贯性概念尚未给出一个大家公认的定义,但是其基本含义还是比较明确的,即法律解释的融贯性是指对法律的解释必须具有在整体法秩序上的一致性、贯通性和协调性,在各部门法之间、部门法内部各要素之间必须具有协调一致性、贯通性和相互证立性,而不至于出现法律解释过程和结论上无法解决的矛盾。就醉驾致人死亡行为的刑法解释结论而言,表面上看如前所述可能存在违背法律解释融贯性的疑问,需要刑法解释论上"解决疑问"并论证解释结论的合法性、合理性、合目的性以及整体有效性,

---

  ① 宋振保:《法律解释方法的融贯运作及其规则——以最高院"指导案例32号"为切入点》,《法律科学》2016年第3期。
  ② 王彬:《论法律解释的融贯性——评德沃金的法律真理观》,《法制与社会发展》2007年第5期。
  ③ 雷磊:《融贯性与法律体系的建构——兼论当代中国法律体系的融贯化》,《法学家》2012年第2期。

对此，刑法解释论将孙伟某醉驾致人死亡的行为"解释"为故意（放任）致人死亡结果，因而孙伟某的行为构成以危险方法危害公共安全罪，而将在荒郊野外道路上等其他情形下醉驾致人死亡的行为"解释"为过失致人死亡结果，因而仅构成交通肇事罪。这种解释说理满足了刑法解释的融贯性要求，能够实现刑法解释的逻辑性自洽。当然，这种解释说理还必须充分运用刑法教义学原理，进一步说明"为什么"孙伟某醉驾致人死亡的行为是故意（心态和责任），而其他情形下醉驾致人死亡的行为是过失（心态和责任），有关法理均值得深刻检讨。与成都孙伟某醉驾致人死亡案一样地关涉法律解释的融贯性问题的案例还很多，在刑法解释结论上均存在较为尖锐的分歧观点和突出的融贯性问题，从而要求我们在刑法解释说理和法理论证上均必须恪守融贯性要求。

二是刑法教义学原理的法理阐释必须契合刑法解释的语境性。仍以四川省成都市孙伟某醉驾致人死亡案为例，刑法解释论在关照融贯性的同时，还必须在法理上谨慎观照法理阐释的语境性。为什么孙伟某醉驾致人死亡的行为在法理上被"解释"为故意犯罪而不同于其他醉驾致人死亡的"过失"行为？正确答案就只能在法理阐释的"语境性"之中获得。语境性是从语言论意义上强调语义阐释时所限定的具体情境，在犯罪学上同"情境性"相联系。孙伟某醉驾致人死亡的行为，发生在人员密集流动的闹市区（成都市区）之中，这一具体的语境性（情境性）就决定了孙伟某醉驾、严重超速行车、逆行，尤其是反复多次跨越双实线逆行、连续发生多起撞击行驶中的机动车和行人并致多人死亡和重伤的系列行为，由于在"这一"具体情境（语境）下孙伟某的行为根本就不具有或者说几乎不具有避免车毁人亡危害结果发生的现实可能性，或者说孙伟某的行为在"这一"具体情境（语境）下已然具有极高的发生危害结果的风险以至于客观上不大可能有效防范危害结果发生，依法应当解释为"故意"放任危害结果的发生（即间接故意），而不应解释为"过失"。

六　结语

案例刑法学研究的方法论，需要创新运用、综合运用刑法教义学和刑法解释学的方法。可以说,案例刑法学研究有两条"明线":一是刑法教义学原理的运用和创新,二是刑法解释学原理的运用和创新。案例刑法学研究还有一条"暗线",就是刑法教义学和刑法解释学的整合性与融贯性的综合运用。刑法教义学的创新运用中,当前具有代表性的目的理性刑法学,强调刑事政策目的贯通于刑法教义学之中。刑法解释学的创新运用中,当前具有代表性的功能主义刑法解释学,强调功能主义刑法解释方法及其解释结论有效性。案例刑法学研究在创新运用、综合运用刑法教义学和刑法解释学的过程中,还需要强调刑法教义学和刑法解释学的相互吸纳、相互贯通,要防止出现刑法教义学和刑法解释学"两张皮"的现象发生。例如,要防止出现人文理性被遮蔽、刑法解释合法性危机的现象,以及行为定型弱化与违法性过度实质化的现象;要防止出现公共理性被扭曲、刑法解释中政策科学主义合目的性"失真"的现象。解决之道,一是在刑法教义学"目的理性"的贯通管道中嵌入整体有效性原则和刑事政策科学理性,二是在刑法解释学"功能主义"的解释过程中融入刑法教义学"体系性思考"和刑法解释方法体系化命题,确保规范刑法学是规范论的、整体论的刑法学。案例刑法学研究通过发现问题并提出解决问题的中国方案,推动规范刑法学的理论创新,同时为判例自发性运用[①]和中国案例指导制度有效运行提供理论支撑。

案例刑法学研究需要适当观照体系性研究与解构性研究,从而形成某种具体的或者体系化的裁判规则。案例刑法学研究带给我们的启发性还在于,由于案例研究所涉部门法领域不同,案例法学研究可以区分为案例刑法学研究、案例民法学研究、案例行政法学研究、案例宪法学研究、案例程序法学研究以及综合性案例法学研究(如刑民交叉案例研究)等多种类别,所以案例法学研究有时还需要适当观照具体的部门法哲学。就案例刑法学研究而言,其必须充分关注刑法哲学和刑法司法公正观的特殊性。例如,"四川省成都市分拣员案"的案例刑法学研究,就涉及罪刑法定主义、刑法谦抑性原则和司法公正观等刑法哲学原理,还涉及职务侵占罪与盗窃罪(或诈骗罪)的法条竞合论及其处断原则的具体法理

---

① 顾培东:《判例自发性运用现象的生成与效应》,《法学研究》2018年第2期。

阐释。案例刑法学研究通过突出强调鲜明的部门法哲学特征及具体法理的阐释运用，刑法教义学和刑法解释学的综合运用等诸方面，既是得出妥当的法律解释结论的重要研究方法，更是有效促进规范刑法学创新发展的一种可行途径。

第二十三章

常识主义刑法观的指引功能

　　常识主义刑法观在中国刑法学界乃至整个法学界引起了广泛而深刻的关注，获得了理论界和实务部门的广泛认同。陈忠林教授在"知天命"之年即正式提出和论证了"常识、常理、常情"刑法观（即"三常"刑法观或者常识主义刑法观）、法治观和法治教育观[①]，较为深刻地阐释了常识主义刑法观的实质内涵及系列命题。基于自由、人权、法治的关系论[②]思考提出常识主义刑法观命题，试图寻找到刑事法治的良心与灵魂，大声疾呼"现代法治归根结底应该是人性之治、良心之治"（良心论）以及良法之治（良法论），指出"常识、常理、常情"是现代法治的灵魂（灵魂论），核心内容"是人民群众关于社会最基本价值的基本认识，是一个社会最基本的伦理要求的基本形式，因而也是建立现代法治最基本的价值基础和社会伦理基础"，是"从根本上保证"国家"制定、适用法律的过程真正是一个体察民情、顺应民意、反映人民需要的过程"，强调"法律工作者的任务，是把已变成人民共识的先进思想、价值观念变为法律，并用这些人民的共识来解释、适用法律；把先进的思想、观念、价值变为人民所接受的常识、常理、常情，则是思想家、教育家的工作"，必须"防止他们出现脱离群众、脱离社会实际、纯粹按照抽象法理来制

　　[①] 陈忠林：《刑法散得集》，法律出版社2003年版，"序"第9页。
　　[②] 陈忠林教授指出："在我看来，自由、人权、法治三者之间的关系应该是：自由是基于人类本性的一种需要；当人们向社会要求满足这种需要的条件时，这种要求的内容就是人权；而法治则是社会保障人们实现这种要求的具体措施。"陈忠林：《刑法散得集》，法律出版社2003年版，第61页。

定、适用法律的情况"①。十年后，陈忠林教授再次重申"现代法治只能是常识、常理、常情之治"，"常识、常理、常情都是得到普通民众最广泛认同的是非观、价值观，是人民群众在日常生活中自然形成并用以指导自己行为的基本准则，它自然是人民意志最基本的体现、人民利益最起码的要求"②，"常识、常理、常情是一个社会最基本的是非观、善恶观、价值观，是指导我们制定、适用、执行法律的指南"，但是，常识、常理、常情"不是具体的法律规范本身。我们的司法者、执法者在处理具体案件时，当然只能以相关法律的具体规定为依据"③。这些精辟论述意义深远，必将深刻影响当代中国刑法理论研究和法治实践。现在越来越多的理论工作者以常识主义刑法观来研究和解决刑法理论问题，越来越多的实务工作者以常识主义刑法观来认识和判断具体案件，系列重大影响力案件的最终解决方案就是非常有力的印证。应当说，常识主义刑法观的理论内涵博大精深，不少学者在陈忠林教授已有研究成果的基础上正在展开更加深入的理论研究，我们有理由、有信心期待全体学人共同努力，进一步发扬光大这一重大理论。

但是，关注和认同并不代表理解到位，更不代表没有误读误判甚至可能出现某种意义上反常识主义刑法观的错误认识，因而有必要针对常识主义刑法观展开深入检讨。检讨视角也有多维性，可以从"内部"的视角检讨常识主义刑法观的哲学根基、实质内涵、内在机理等内容，也可以从"外部"的视角检讨常识主义刑法观的功能发挥、效果考察以及方法论意义等，还可以进行立体整全性的综合性研究。笔者在此仅从"外部"的视角就常识主义刑法观的指引功能发挥和方法论意义略陈管见，谈谈个人学习、理解常识主义刑法观的心得体会，供恩师前辈和学界其他同人批评指正。

一　立法论与解释论的常识主义刑法观

如前所述，常识主义刑法观的重要指引功能是明确"法律工作者的

---

① 陈忠林：《刑法散得集》，法律出版社2003年版，第37—41页。
② 陈忠林：《刑法散得集（Ⅱ）》，重庆大学出版社2012年版，第17—18页。
③ 陈忠林：《刑法散得集（Ⅱ）》，重庆大学出版社2012年版，第23页。

任务，是把已变成人民共识的先进思想、价值观念变为法律，并用这些人民的共识来解释、适用法律"，是"从根本上保证"国家"制定、适用法律的过程真正是一个体察民情、顺应民意、反映人民需要的过程"。这一论断，可谓立法论与解释论的常识主义刑法观，关注的重点是常识主义刑法观对于刑法立法和司法的指引的功能。

常识主义刑法观正是在功能主义刑法学成为一种具有全球性重大影响力的崭新理论的历史背景下提出来的学术新见，二者之间具有较强烈的理论关联。德日机能主义刑法学（功能主义刑法学）"在世界范围内影响甚巨，但并未形成统一的体系。罗克辛教授主张的刑事政策的机能主义刑法学、雅科布斯教授构建的以规范论为基础的机能主义刑法学以及平野龙一教授提出的可视性的机能主义刑法学，在建构路径、刑法目的、犯罪本质、构成要件、责任本质、刑罚目的等方面都存在差异"，并且"应当看到即使在德日国内也不乏对机能主义刑法学的质疑，那种认为其可能存在强化社会控制和弱化人权保障风险的观点也日益变得有力"[①]。尽管存有一些理论质疑和争议，但是功能主义刑法学充分借鉴吸纳了功能主义法学观的重要理论，尤其是其中关于功能主义的思考是比较成熟的。功能主义法学观强调法律规范内外的功能性思考，是一种"外部"的视角，将法学研究重心聚焦于法律与外部世界的关系、法律在社会中所发挥的功能等问题。[②] 功能主义刑法学强调不能只关注形式主义与概念法学论的"规范"本身，还必须关注和观照刑法"规范"内外的"功能"，确保规范效果和社会效果的一致性。其中最为突出的亮点在于，针对李斯特把刑法教义学与刑事政策加以分立与疏离的思想所形成的"李斯特鸿沟"，罗克辛所主张的目的理性刑法学理论体系与功能主义刑法学特别强调必须在刑法教义学之内进行刑事政策贯通的思考，提出了"罗克辛沟通"命题，即"罗克辛对李斯特鸿沟予以贯通，将刑事政策引入犯罪论体系，使构成要件实质化、违法性价值

[①] 张庆立：《德日机能主义刑法学之体系争议与本土思考》，《华东政法大学学报》2018年第3期。

[②] 马姝：《论功能主义思想之于西方法社会学发展的影响》，《北方法学》2008年第2期。

化、罪责目的化"①。这些论断同常识主义刑法观所强调的"从根本上保证"国家"制定、适用法律的过程真正是一个体察民情、顺应民意、反映人民需要的过程"非常亲近,强调反映社会需要、时代需要以及"人民需要"的功能效果可以说是完全一致的,反对唯法律文本主义、唯抽象论理主义以及唯强权主义等方面也是完全一致的。由此可见,功能主义刑法学与常识主义刑法观在效果考察上具有亲近的关联性:都主张立法论和解释论上的常识主义与功能主义,即立法论上的良法之治、解释论上的良心之治。

立法论上突出强调良法之治。立法完善是良法之治的基础,也是常识主义刑法观和功能主义刑法观所共同强调的重要内容。常识主义刑法观认为,作为良法的刑法立法必须是"体察民情、顺应民意、反映人民需要"并且"把已变成人民共识的先进思想、价值观念变为法律"②,同时又要认识到"以维护人权为核心的现代法治所规定的公民权利与义务,本身就是公民自由的集中体现。破坏这种秩序,就是侵犯所有人的自由"③,犯罪与刑罚设定必须体现不得已性、谦抑性和最后手段性。这与功能主义刑法观强调刑法立法必须充分适应社会发展需要并有利于实现社会治理功能的思想是高度一致的。我国长期以来在犯罪防控问题上非常地重视刑事政策的应用,尤其是在刑事立法和刑事司法活动中刑事政策都起着十分重要的作用,占据着十分重要的地位,如严打政策、宽严相济刑事政策、反腐败政策、反恐政策、扫黑除恶政策等,都反映了当下中国社会的常识、常理、常情,用这些刑事政策指导我国的刑法立法——其中包括制定颁布刑法修正案——都充分体现了常识主义刑法观和功能主义刑法观的实质要求。应当说,这是一种总体论的刑法立法评价。而常识主义刑法观还具有反思、批判、发展、完善刑法立法的功能,时刻保持一种审视并追求"良法之治"的功能,由此可以发现我们在刑法立法上还难免存在极个别的立法规定不完全符合常识主义刑法

---

① 陈兴良:《刑法教义学与刑事政策的关系:从李斯特鸿沟到罗克辛贯通——中国语境下的展开》,《中外法学》2013年第5期。
② 陈忠林:《刑法散得集》,法律出版社2003年版,第40—41页。
③ 陈忠林:《刑法散得集》,法律出版社2003年版,第60页。

观本质特征的"恶法",需要反思"我们不能不说在我们取得了任何人也无法否认的伟大成就的同时,我们也付出了极其惨痛的代价"以及"我们制定的法律越来越多了,但是真正得到执行的法律却越来越少了"等现象,需要我们认识到"不论从法的本质,还是法的功能的角度考察,只要坚持以常识、常理、常情来指导我们制定、理解、适用法律,我们的法就能真正成为维护人民利益的法,成为民众因从内心认同而自觉遵守的法"①。可以说,常识主义刑法观在立法论上突出强调良法之治,不但具有功能主义刑法观重视刑法立法治理社会效果功能的特点,更具有自我反思和发展完善刑法立法的深刻意蕴,从而更有利于确保国家立法"良法之治"的法治理性。

解释论上特别彰显良心之治。"徒法不能自行",立法论上的良法之治必须通过常识主义刑法解释论才能成为"活的法",才能真正实现司法实践意义上的良法之治、良心之治,确保刑事法治理性。常识主义刑法观用"良心之治"来概括刑法解释论的核心观念,可谓抓住了"事物本质",画龙点睛,匠心独具。陈忠林教授在回答"怎么才能不办错案?"这一提问时回答说,"只要你在办案子时,认真用自己的良心掂一下",时刻意识到"我们的法律是人民的法律,绝不应该对其做出根本背离老百姓所共同认可的常识、常理、常情的解释","我们人民法院定罪量刑的过程,应该是一个和人民群众,包括刑事被告人,将心比心,以心换心的过程","我们的司法人员只能为了维护法律所保护的价值而维护法律的权威,但绝不能仅仅为了维护法律的权威而维护法律的权威"②;时刻意识到"'常识、常理、常情'存在于每一个人的良心之中","司法人员必须依照良心来理解法律、执行法律、适用法律,是司法独立的核心。这是马克思主义关于司法独立应有内涵的诠释,也是现代法治国家的宪法性要求",因为"良心是一个人对其所处社会最基本的是非观、善恶观、价值观的认识,是一个社会民众普遍认同的常识、常理、常情在一个正常人心灵中的反映","现代法治归根结底应是'人性之治''人

---

① 陈忠林:《刑法散得集(Ⅱ)》,重庆大学出版社2012年版,第14—16、19页。
② 陈忠林:《刑法散得集》,法律出版社2003年版,第37页。

心之治'' '良心之治'"①。这些论述实质上从十分深刻的人文观念上阐释了刑法解释的精髓,具有非常重要的方法论价值和效果功能价值。从刑法解释的效果功能价值看,常识主义刑法观特别强调了刑法解释适用尤其裁判效果的"良心之治"观念:只有裁判效果符合"社会最基本的是非观、善恶观、价值观"的实质要求,才能承认其有效性并下判;但是,只要裁判效果不符合"社会最基本的是非观、善恶观、价值观"的实质要求,则不能承认其有效性,不能作出违背良心的裁判。应当说,陈忠林教授所提出的刑法解释论上的"良心之治"观念是十分正确的,它有利于杜绝解释者(尤其是裁判者)以"合理不合法""法律是无情的"等借口而作出违背良心的机械裁判,从而有利于实现司法公正和刑事法治理性,意义重大。

常识主义刑法观的反思和批判精神在解释论上也有充分反映,非常难能可贵。陈忠林教授在强调常识主义刑法观作为"一个社会最基本的是非观、善恶观、价值观,是指导我们制定、适用、执行法律的指南"的前提下,明确指出:常识主义刑法观并"不是具体的法律规范本身。我们的司法者、执法者在处理具体案件时,当然只能以相关法律的具体规定为依据"②。这是非常精当的学术见解!如果说常识主义刑法观在立法论上具有更加自由广阔的功能发挥,有利于刑法立法在常识主义刑法观指导下"自由自在"地立法以实现"良法之治",那么,常识主义刑法观在解释论上则在现行法律框架下"有所节制"地司法以实现"良心之治",这里所谓"有所节制"地司法,即是指"只能以相关法律的具体规定为依据",而不能仅凭解释者个体所领悟到的"良心"或者"一个社会最基本的是非观、善恶观、价值观"而僭越现行法律规定来得出解释结论并下判,不能简单地以"常识、常理、常情"观念代替法律规定本身来解释适用法律。尤其是刑法解释的刑事法治理性在自由与秩序、效率与公正等价值权衡中具有一定特殊性,刑事政策理念和罪刑法定原则是不同于其他部门法的重要法理而且必须在刑法解释中得到坚持和贯彻,常识主义刑法观仅仅是将"良心之治"作为一种指导观念,但是并不是

---

① 陈忠林:《刑法散得集(Ⅱ)》,重庆大学出版社2012年版,第24—27页。
② 陈忠林:《刑法散得集(Ⅱ)》,重庆大学出版社2012年版,第23页。

以指导观念直接取代法律本身,更不是反对"只能以相关法律的具体规定为依据"解释适用刑法。这也是常识主义刑法观下刑法解释论的应有内涵。

刑法解释结论有效性是功能主义刑法解释论的重要范畴。刑法解释结论有效性,具体包括刑法解释结论的合法性、合理性、合目的性。刑法解释结论只有在其同时具备了合法性、合理性和合目的性所共同型构的"三性统一体"之时才能称得上获得了"有效性"。反之,刑法解释结论若仅具有合法性,或者仅具有合理性,或者仅具有合目的性,或者缺少合法性、合理性和合目的性中的任何一项,均不能获得完整意义上的"有效性"。这是刑法解释结论有效性命题的基本内容。常识主义刑法观在刑法解释论上主张"良心之治",核心是强调了刑法解释结论有效性中的合理性和合目的性,前提是承认了刑法解释结论合法性,即承认"只能以相关法律的具体规定为依据"所获得的解释结论才能获得合法性,由此契合了刑法解释结论有效性"三性统一体"命题的实质内涵。

二 方法论的常识主义刑法观

从前面讨论常识主义刑法观与功能主义刑法学的亲近关联性可以发现,立法论上的良法之治与解释论上的良心之治既是一种效果历史的追求,也具有鲜明的方法论指引意义,高度契合了"方法论觉醒"的当代法学特色。可以说,陈忠林教授主张的常识主义刑法观是独具特色的刑法学研究方法论。

法学界的方法论觉醒十分引人注目。法学方法论是由各种法学方法组成的一个整体的法学方法体系以及对这一法学方法体系的理论阐释。法理学认为,"法学方法论作为法哲学、社会实证法学和实体法有机结合理论体系的方法论,不限于法学中专有的技术性方法,还必须接受哲学方法的指导和一般科学方法论的指导";因此,"在具体运用过程中,必须反对两种倾向:一是用哲学方法论取代法学中专门技术方法论;二是否认哲学方法论对法学的指导作用,片面强调专门技术方法,割裂二者之间的内在联系"①。法理学上还提出了法学方法论体系的科学主义（经验主义或者实证主义）与人文主义（理性主义）的二元论命题，法学方法论中存在科学主义与人文主义二元论之争。方法论中的科学主义，认为法学要想成为一门科学就必须使法学理论揭示的内容具有客观性；方法论中的人文主义，主张应以人文研究为标准来规范社会科学研究。正是科学主义与人文主义的对立构成了法学方法论中的二元论，并以一系列悖论的形式表现出来：一是从本体论角度上看，有两个相反的命题，即，一方面法律发展过程是客观的，另一方面法律发展过程是主观的（是人们有意识活动的过程）；二是从认识论意义上看，也存在着两个相反的命题，即，一方面以法律事实为对象的法学研究信奉"价值中立"观，同时法学是反映不同社会群体的价值的科学，不存在"价值中立性"判断；另一方面从法学研究目标来看，法学往往在追求精确性与不必精确化之间徘徊。② 因此，法理学上主导观点是主张法学方法论体系中科学主义与人文主义的综合立场。现代社会主要的法学方法论，有马克思主义法哲学方法论、价值判断的法学方法论、分析实证主义法学方法论、社会实证法学方法论、历史法学方法论、经济分析法学方法论、比较的法学方法论、现代自然科学的法学方法论等多种；其中，现代自然科学的方法论大致有控制论、系统论、信息论的法学方法论，博弈论的法学方法论，模糊论的法学方法论，耗散结构论、协同论、突变论的法学方法论，生物科学的法学方法论（如各种社会达尔文主义与有关"组织移植"理论的运用）等。此外，中国古代历史上的法学方法论出现过"法天"的法学方法论（如"法天"和"法自然"等）、"气"的法学方法论（如"气数"以及"元气"和"民气"等）、"中庸"的法学方法论（如"中庸"和"中和"以及"执中"等）、"注释"的法学方法论、权力分析的法学方法论（如"内法外儒"和"术治论"和"势论"等）。③

---

① 吕世伦、文正邦主编：《法哲学论》，中国人民大学出版社1999年版，第615页。
② 吕世伦、文正邦主编：《法哲学论》，中国人民大学出版社1999年版，第616—621页。
③ 参见吕世伦、文正邦主编《法哲学论》，中国人民大学出版社1999年版，第622—832页。

应当说，常识主义刑法观可谓上述一般法理学意义上法学方法论和作为部门法的刑法学方法论的某种新的哲学抽象。从一般法理学意义上的法学方法论看，常识主义刑法观较为合理地融合了作为现代社会主要的法学方法论的科学主义与人文主义的立场，较为成功地接纳了中国古代历史上的传统"法天"的法学方法论、"气"的法学方法论、"中庸"的法学方法论的文化精华。例如，陈忠林教授强调"常识、常理、常情是一个社会最基本的是非观、善恶观、价值观，是指导我们制定、适用、执行法律的指南"[1]，就具有一般法理学意义上法学方法论价值，是法学尤其是刑法学展开立法论和解释论学术研究的重要方法论。

近年来，刑法研究方法的极端重要性越来越受到学界关注和推崇，所以刑法理论界对此进行了持续不断的深入研讨，有关的专题研讨会以不同规模不同层次在各地举行，有关的专题论著大量公开发表，其中有的研究成果比较具有系统性、基础性，形成了较大的学术影响。[2] 可以说，中国刑法学者近年来的"方法论觉醒"十分引人注目，成就巨大。[3] 我国包括陈忠林教授在内的许多刑法学者亲躬引领刑法学方法论这一专题研究。例如，赵秉志教授主张注重刑法基本原理、刑法立法完善与刑法解释相结合、定性与定量研究相结合、思辨研究与实证研究相结合、刑法规范学与刑事政策学和国际刑法学的综合研究等方法，同时强调刑法学研究不能照搬一般法学研究方法[4]；陈兴良教授出版了较多有关法学方法论专著，如独著《刑法的知识转型（方法论）》、独著《刑法教义学》、主编《刑法方法论研究》等，现在较多地强调了刑法教义学研究方法，认为法学知识是鱼，法学方法是渔，授人以鱼不如授

---

[1] 陈忠林：《刑法散得集（Ⅱ）》，重庆大学出版社 2012 年版，第 23 页。
[2] 撇开法理学界对法学方法论之研讨，仅就"刑法方法论"专题的研讨就产生了较丰富的研究成果，如曾粤兴《刑法学方法论的一般理论》，人民出版社 2005 年版；陈兴良主编：《刑法方法论研究》，清华大学出版社 2006 年版；梁根林主编：《刑法方法论》，北京大学出版社 2006 年版；赵秉志主编：《刑法解释研究》，北京大学出版社 2007 年版；杨艳霞：《刑法解释的理论与方法：以哈贝马斯的沟通行动理论为视角》，法律出版社 2007 年版；白建军：《法律实证研究方法》，北京大学出版社 2008 年版；陈航：《刑法论证方法研究》，中国人民公安大学出版社 2008 年版；周光权：《刑法客观主义与方法论》，法律出版社 2013 年版。
[3] 曾粤兴：《刑法学方法的一般理论》，人民出版社 2005 年版，第 226—275 页。
[4] 参见赵秉志《刑法基本问题》，北京大学出版社 2010 年版，第 405—441 页。

人以渔，认为"在某种意义上可以说，刑法总论，尤其是犯罪论，实质上就是刑法方法的载体；刑法各论则是将刑法方法运用于各罪的一种应用型训练"，具体分析研讨了刑法学研究方法论中立法论的思考与司法论的思考、体系性的思考与问题性的思考、类型性的思考与个别性的思考等三组关系[1]；张明楷教授主张研究刑法学应以辩证唯物主义与历史唯物主义为根本法，要运用历史的、发展的观点和理论联系实际的方法研究刑法，要综合运用注释研究法、哲学研究法、历史研究法、比较研究法、社会学研究法、案例研究法等具体方法研究刑法；特别强调刑法基本原理与刑法解释学的研究方法，反对动辄指责刑法立法漏洞的研究立场[2]；周光权教授主张刑法客观主义方法论，"刑法客观主义是基本立场，也是方法论"，"必须先客观后主观"，"尽可能将传统上对主观要素的判断还原为对客观要素的判断"，重视刑法解释和"刑法解释方法的多元化"，认为"刑法解释是方法论中的重要内容"，重视体系性思考、类型性方法、价值判断（实质主义刑法观），强调中国刑法研究如欲达到相当的高度，就必须借鉴而非拒斥欧陆刑法理论，不能人为区分何种理论是"中国刑法学"、何种理论是"外国刑法学""比较刑法学"，其实所有的理论，只要能够说得通，都是"中国刑法学"[3]；曾粤兴教授专题研究了"刑法学研究方法的一般理论"，将刑法学方法的选用区分为四种语境并予以具体研讨，即，法律文本注释的研究方法，包括传统的刑法注释方法与当代的刑法注释方法，立法建议的研究方法（包括实证分析、经济分析、比较分析、系统分析等方法），刑法案例的研究方法（包括语境解释、法意解释、目的解释、补正解释与黄金规则、当然解释等诸种方法），基础理论的研究方法（包括历史分析、实证分析、当然解释和体系解释或语境解释、综述方法）；此外还有储槐植教授倡导的刑事一体化和折中的方法论思想、王世洲教授主张的综合的方法论思想、白建军教授主张的实证主义方法论思想，以及林东茂教授在评价经验主义（或者实证主义）方法与理性主义（或者人文主义）方法的基础上主张必须特

---

[1] 陈兴良：《教义刑法学》（第二版），中国人民大学出版社2014年版，第1—28页。
[2] 张明楷：《刑法学》（第四版），法律出版社2011年版，"绪论"第13—15页。
[3] 周光权：《刑法客观主义与方法论》，法律出版社2013年版，第8—21页。

别重视理性主义方法论思想等，不一而足，在此不一一列举。基于上列刑法学方法论"问题意识"的梳理归纳，笔者认为可以将刑法学研究方法分为以下六组：一是刑法哲学研究方法、刑事政策学研究方法与规范刑法学研究方法，二是刑法立法学研究方法与刑法解释学研究方法，三是刑法教义学研究方法、刑法判例学方法与刑法社科法学方法，四是刑法经验主义研究方法与刑法理性主义研究方法，五是正面立论体系化证成方法（体系性方法与建构性方法）与反面批驳性方法（解构性方法与问题性方法），六是综合的方法与折中的方法。

同样，常识主义刑法观可谓针对上列刑法学方法论"问题意识"的一份满意答卷，从而具有十分重要的刑法学方法论价值。例如，常识主义刑法观与当下刑法学研究方法所强调的刑法哲学方法中的民权主义刑法观和功能主义刑法观具有亲缘关系，强调了哲学的、权利观的、功能主义的、刑事政策理性的方法论意义，并且近期陈忠林教授还提出了常识主义刑法观主张"辩证唯物主义和历史唯物主义是让法学成为科学的根本方法"[①] 的法学方法论观点；强调了面向立法论的、侧重社科法学和刑事政策学的刑法学研究方法以及面向司法论的、法律解释学的刑法学研究方法，刑法经验主义即经验归纳、实证素材、科学分析以及刑法理性主义的即理性判断、人文追求（态度）、逻辑演绎的研究方法，并且还强调了刑法经验主义与理性主义相结合的研究方法；强调了正面立论体系化证成方法（体系性方法与建构性方法）与反面批驳性方法（解构性方法与问题性方法），正面立论研究、建构性和建设性的研究是最终目的，但是批驳性、解构性和问题性研究是基础，二者之间是相辅相成的关系，其最佳状态是解构性研究基础上的建构性研究，为刑法理论和实践完善提出了建设性的新创见；强调了综合与折中的思维方式，核心在于承认各种研究方法本身的相对合理性的基础上，主张适当权衡各种研究方法的利弊得失并加以综合运用、折中分析，力求得出更为周全合理

[①] 陈忠林：《如何让法学成为科学——走向科学的法学变革与理论重构》，《学术论坛》2019年第5期；教研活动：《陈忠林、袁林、胡启忠和唐稷尧四位教授应邀来我院进行"关于刑法研究的学术思考"的主题研讨》，来源：四川大学法学院，http://law.scu.edu.cn/info/1161/10925.htm，2020年1月16日访问。

的结论的刑法学研究方法。

　　当然应当认识到，常识主义刑法观的方法论意义是非常重大的，在此前提下，还应该继续思考其需要解决的"规范技术"方面的方法论问题，要防止法理学方法论所提出的"用哲学方法论取代法学中专门技术方法论"的理论困境。例如，规范刑法学、刑法教义学、刑法解释学的研究方法，既要注意运用作为非规范的法哲学原理的常识主义刑法观的指导价值，又要注意研究并提出作为规范刑法学"专门技术方法论"的具体内容。再如，常识主义刑法观的显著特点在于反对"片面的深刻"，其同综合论和折中论的刑法学方法论一样可能面临的理论难题是通常被批评为中庸之道、骑墙派，甚至难有创新建树。这是常识主义刑法观、综合论和折中论的方法论所必须共同防范的"中庸陷阱"，均需要在深入研究"片面的深刻"和警惕"中庸陷阱"的前提下恰当采用谨慎综合论和折中论的研究方法。周光权教授指出，回归常识的中国刑法学，一定是考虑国情、中国独特文化的理论，这种理论很可能是一种折中的理论，坚持这种理论实际上就是在中国确立了刑法的基本立场；同时，常识主义并不反对理论深刻性，例如，应当确认犯罪论体系阶层化、精致化，以事实和经验的判断为思维起点，最终形成价值判断，由此形成精巧的刑法解释体系。[1] 这方面，陈忠林教授是有所思考和论述的，其在提出常识主义刑法观之初就以专题形式论述了"刑法基本原理"和"犯罪构成各要件的实质及辩证关系"等规范刑法学原理[2]，在后续研究中进一步研讨了"刑法原则""刑法效力""犯罪构成""刑法适用"等重要的刑法规范论内容[3]，为在规范刑法学理论研究中正确运用常识主义刑法观和方法论奠定了深厚基础，树立了典范，从而有利于我们进一步深化和丰富常识主义刑法观的方法论价值。

　　将作为方法论的常识主义刑法观运用于领域刑法论、范畴刑法论时，尤其应注意其"方法论属性"，而不能将其作为领域刑法论本体、范畴刑法论本体来看待。领域刑法论强调不同领域刑法问题及其解决方

---

[1] 周光权：《论常识主义刑法观》，《法制与社会发展》2011年第1期。
[2] 陈忠林：《刑法散得集》，法律出版社2003年版，第107、235页。
[3] 陈忠林：《刑法散得集（Ⅱ）》，重庆大学出版社2012年版，第36、80、128、188页。

案的特殊性，诸如自然犯与法定犯（行政犯）、风险刑法与传统犯罪、暴恐犯罪与非暴恐犯罪、网络数据和算法犯罪与普通犯罪等领域的划分，都属于某种意义上的领域刑法论范畴，都可以置于常识主义刑法观指导下展开领域刑法论的法理检讨。需要指出的是，理论界通常都会关心这样一个问题：常识主义刑法观当然可以作为诠释传统自然犯的方法论指引，但是在法定犯领域未必可以适用，因此，"常识主义刑法观"方法论指引的功能发挥是否需要框定一定的适用范围？笔者认为，作为刑法学方法论的常识主义刑法观完全可以适用于刑法整体，只是需要注意不同领域刑法"常识主义"之具体内涵和各自特点；就行政犯领域而言，行政犯之前置法规范论、前置法与行政犯关系论等的法理阐释同样需要常识主义刑法观的方法论指引。以销售柴油行为是否构成作为行政犯的非法经营罪为例（详见具体案例），作为非法经营罪构成要件要素的"违反国家规定"与作为本罪前置法的行政法之间的关系论判断，就只有在常识主义刑法观的方法论指引下才能作出合法、合情、合理的规范判断。

【案例】四川省何某销售柴油案

被告人何某在 2015 年 1 月至 2019 年 10 月，在未取得《危险化学品经营许可证》《成品油零售经营批准证书》等行政许可的情况下，从外地购买柴油到四川省某市销售柴油谋利。案发时，从被告人何某处查扣尚未销售的柴油共计 64570 公斤（经鉴定，其中 49200 公斤为闭杯闪点 >60℃，15370 公斤为闭杯闪点 ≤60℃），价值 310896 元。通过对何某本人账本、银行卡交易记录、收款收据、微信交易记录等审核鉴定，被告人何某非法经营柴油金额共计 14972220 元，个人获利 40 万余元。在法院审理中，辩护人提出的辩护意见是：被告人何某销售闭杯闪点 >60℃柴油 49200 公斤的行为不构成非法经营罪，但是认同销售闭杯闪点 ≤60℃柴油 15370 公斤的行为构成非法经营罪。人民法院判决认为，被告人何某销售闭杯闪点 >60℃柴油 49200 公斤和闭杯闪点 ≤60℃柴油 15370 公斤的行为均构成非法经营罪，判处被告人有期徒刑 3 年、缓刑 5 年，并处罚金 40 万元。①

针对该案被告人何某"销售闭杯闪点 >60℃ 柴油 49200 公斤的行为是否构成非法经营罪"这一争议问题，按照常识主义刑法观（以及刑法教义学原理）来分析，必须以"违反国家规定"为前提条件，若不具备"违反国家规定"这一前提条件，则不能构成非法经营罪，这是常识主义刑法观所当然内含的法律逻辑判断；在是否具备"违反国家规定"这一实质的规范判断中，同样需要结合该案的具体案情和相关法律规定进行"常识主义"判断。

该案辩护人提出：在《危险化学品目录》（2015 年）中，仅规定了"闭杯闪点≤60℃"的柴油才属于危险化学品从而需要特别的行政许可；而 2019 年发布的国办发〔2019〕42 号文和商运函〔2019〕659 号文均明确规定了"取消石油成品油批发仓储经营资格审批"，商运函〔2019〕659 号文还规定了"各级商务（经信、能源）主管部门不再受理原油销售、仓储和成品油批发、仓储经营资格申请"，"市场主体从事石油成品油批发、仓储经营活动，应当符合企业登记注册、国土资源、规划建设、油品质量、安全、环保、消防、税务、交通、气象、计量等方面法律法规，达到相关标准，取得相关资质或通过相关验收，依法依规开展经营，无需向商务主管部门申请经营许可"，即对于闭杯闪点 >60°C 的柴油根本就不实行许可证制度；商务部令 2020 年第 1 号《商务部关于废止部分规章的决定》（已经 2020 年 6 月 18 日商务部第 28 次部务会议审议通过，于同年 7 月 1 日予以公布，自公布之日起施行）规定："一、废止《成品油市场管理办法》（商务部令 2006 年第 23 号，经商务部令 2015 年第 2 号、商务部令 2019 年第 1 号修订）。二、废止《原油市场管理办法》（商务部令 2006 年第 24 号，经商务部令 2015 年第 2 号修订）。"根据这些规定，辩护人认为，市场主体从事闭杯闪点 >60°C 的柴油（石油成品油）批

---

① 何某非法经营罪案，四川省巴中市巴州区人民法院刑事判决书（2020）川 1902 刑初字 295 号。

发、仓储、零售经营活动，根本就不属于行政许可事项，因此被告人何某销售闭杯闪点>60℃柴油49200公斤的行为不属于"违反国家规定"，依法不构成非法经营罪。

该案辩护人所提出的上列辩护意见，其中包含了规范判断，即针对行政犯领域之前置法规范论、前置法与行政犯关系论等的规范解释；但是，特别值得注意的是，该案辩护人提出的上列规范判断及其说理中已经鲜明体现了常识主义刑法观所内含的方法论运用，根据商务部令2020年第1号规定提出"市场主体从事成品油批发、仓储、零售经营活动不再属于行政许可事项"，以及该案被告人何某涉嫌经营柴油中闭杯闪点>60°C的部分的行为依法不涉嫌非法经营罪的辩护意见，正是针对作为行政犯前置法的行政法以及《刑法》（第225条）的规范判断与常识主义阐释。因为，前置法规定"取消石油成品油批发仓储经营资格审批""无需向商务主管部门申请经营许可""废止《成品油市场管理办法》""废止《原油市场管理办法》"等规定，依据常识主义刑法观就只能得出"闭杯闪点>60°C的石油成品油经营不需要行政许可"这一结论（但是依据《危险化学品安全管理条例》《危险化学品目录》的规定，"闭杯闪点≤60℃"的柴油属于危险化学品从而需要特别许可），而否定这一结论的其他观点就显然是反常识主义的。在此意义上，该案法院认定被告人何某销售闭杯闪点>60℃柴油49200公斤的行为构成非法经营罪的判决结论，就值得商榷。

同理，范畴刑法论中的犯罪构成论、违法论、责任论、刑罚论、罪刑关系论等基本范畴，以及这些基本范畴之下的众多具体范畴如法益论、客观归责论、正当防卫论、紧急避险论、自招危险论、违法性认识论、期待可能性论、报应刑论与预防刑论等，同样可以置于常识主义刑法观指导下展开深刻的法理检讨。例如，作为行政犯的危险驾驶罪"法益论"的理解阐释，我国有学者认为"在没有车辆和行人的道路上醉酒驾驶机动车的行为，只具有造成抽象危险的可能性，而不具有现实的抽象危险，不能认定为危险驾驶罪"[①]，因为"基于常识主义刑法观

[①] 张明楷：《危险驾驶罪的基本问题——与冯军教授商榷》，《政法论坛》2012年第6期。

而主张对犯罪的认定要慎重,需要考虑公众基于生活经验的规范感觉"[1],在"基于生活经验的规范感觉"已经能够判断出"不具有现实的抽象危险"时,就不能做出"有抽象危险"这一背离常识主义的判断,从而在危险驾驶罪"法益"的规范判断中鲜明体现了常识主义刑法观的立场和方法。诸如此类的例证应当说很多,尤其是对实质违法论、客观归责论、期待可能性论等范畴刑法论问题的理解阐释,在相当意义上都是常识主义刑法观立场和方法的具体运用,这里不再一一列举和赘述。

三 语言论的常识主义刑法观

法学语言论在现代法学视域中可谓法学本体论与法学方法论的统一体,不但强调运用语言哲学、语言方法、语言规则来诠释法学理论,而且还强调对法学的语言论本体论研究。正如学者所言:"法律存在于语言中,从法律文本到司法判决,从立法、司法到守法,这些静态的法律文本和动态的法律活动都为语言所建构。"尤其强调"语言论哲学中的许多理论资源都可以用来作为研究刑法解释问题的工具"[2],因此"可以反思刑法语言问题,建构语言刑法学理论体系"[3]。由此可见,语言论在刑法立法与司法、刑法学的教义学与解释学之中的本体论意义和方法论意义均非常重大。

在笔者看来,刑法学语言论的本体论意义和方法论意义,分别是指:(1)刑法学语言所建构和诠释的刑法学理论体系本体是合乎法理的(刑法学语言论的本体论意义),(2)刑法学语言是建构和诠释刑法学理论体系本体的有效方法(刑法学语言论的方法论意义)。因此,刑法学语言论的本体论意义和方法论意义,核心正在于刑法学理论体系的语言建构(语言表达)和诠释,例如德国刑法学理论体系的德语建构(德语表达)和诠释,日本刑法学理论体系的日语建构(日语表达)和诠释,英美刑

---

[1] 付立庆:《积极主义刑法观及其展开》,中国人民大学出版社2020年版,第33页。
[2] 王政勋:《刑法解释的语言论研究》,商务印书馆2016年版,第53、56页。
[3] 程荣:《刑法文义解释论》,博士学位论文,四川大学,2020年。

法学理论体系的英语建构（英语表达）和诠释，以及在中国本土化的汉语法学系统中，中国刑法学理论体系的汉语建构（汉语表达）和诠释。基于常识主义刑法观，刑法学理论体系的语言建构和诠释，当然要强调符合语言论，但是更重要的是要强调：作为刑法学语言所建构和诠释的刑法学理论体系本体是符合常识主义刑法观的，以及作为方法论的刑法学语言对刑法学理论体系本体的建构和诠释也必须是符合常识主义刑法观的。概言之，刑法学理论体系的语言建构和诠释，必须是既符合语言论的，又符合常识主义刑法观的，这是语言论的常识主义刑法观的重要指引价值。

因此，中国本土化的刑法学必须特别关注中国传统刑法法理的汉语表达与常识主义诠释。我国刑法学犯罪构成四要件体系、刑事责任论、共同犯罪论以及宽严相济和扫黑除恶的刑事政策论等，是较长时期形成的较为典型的中国本土化刑法法理，其汉语表达方式也为法学学界和法律实务界所认同。那么，在具体阐释运用或者解构批评这些中国传统刑法法理时就必须秉持一种常识主义刑法观的立场，以"常识、常理、常情"观念来诠释中国传统刑法法理的合理内涵，而不能以文字的、用语的多义，甚至歧义来歪曲阐释相关法理的应有内涵。

以犯罪构成四要件体系理论为例，犯罪客体要件、犯罪的客观方面要件、犯罪主体要件、犯罪的主观方面要件等范畴的实质内涵和深刻法理，不应停留于其表面文字进行训诂式的或者说文解字式的阐释与批评，而应采用语言论的常识主义刑法观，如语言世界观、意义即使用理论、诠释学哲学理论、语用学理论以及刑法的言内语境、言伴语境和言外语境等理论来展开。[①] 表面上看，这里列出的语言论的具体内容似乎过于专业，但是实际上说话要看语境的道理就是常识、常理、常情。我国有学者强调坚持中国传统犯罪构成论体系的基本立场和理由，强调指出"四要件犯罪构成理论并不存在某些学者所认为的诸多缺陷，相反，在目前中国的国情下，四要件犯罪构成理论具有相当的合理性"，并系统论述四要件犯罪构成理论的历史合理性、现实合理性、内在合理

[①] 参见王政勋《刑法解释的语言论研究》，商务印书馆2016年版，第56—57、301—422页。

性与比较合理性①，其重要的论说特点应当说就照顾到了语言论的常识主义刑法观。按照笔者的理解，表面观察可以说，中国传统犯罪构成论体系是以"主客观相统一"为支柱建立的，而大陆法系国家犯罪论体系是以"违法性与责任性相统一"为支柱建立的；但是，这种"表面文章"背后的实质和内核应当说是完全一致的，就中国传统犯罪构成论体系而言，其所坚持的主客观相统一原则本身并非泛泛而谈的主观与客观相统一，而是法规范意义上的、法价值判断上的主观与客观相统一，这种意义上的主客观相统一本身就意味着违法性与责任性相统一。② 事实上，针对中国传统犯罪构成论体系所坚持的主客观相统一原则，陈兴良教授就明确表示过肯定性意见，认为"在犯罪构成中又区分为客观方面的要件与主观方面的要件，笔者认为这种主客观要件的区分本身是合理的，关键是如何解决主客观要件中的事实与评价以及主客观要件互相之间的对应关系"③；关于张明楷教授所主张的"违法—有责"两阶层犯罪论体系，陈兴良教授也以"客观—主观"两要件形式加以概括："在张明楷教授的《刑法学（第3版）》一书中，将犯罪构成分为客观（违法）构成要件与主观（责任）构成要件。"④ 这些见解进一步佐证了中国传统犯罪构成论之四要件体系（以主客观相统一原则为支柱建立起来的犯罪构成论体系）同西方大陆法系国家狭义犯罪论之三阶层体系（以违法且有责为支柱构建的犯罪论体系），二者在犯罪论基本立场上具有一致性和同质性。同样道理，西方大陆法系国家犯罪论体系所描述的违法性与责任性相统一，在本质上也必然是主客观相统一，这一点从贝林格时代到当下时代的犯罪论体系发展脉络也清晰可见，不但早期西方学者所主张的所谓"冷色的"或者"裸的"构成要件不复存在，而且有关违法的与有责的判断也不可能仅仅是客观的判断或者主观的判断，这些要件与要素的

---

① 有关中国传统犯罪构成论体系的合理性与改良方面的内容也比较多，详情请参见高铭暄、赵秉志、马克昌、冯亚东、刘艳红等学者的相关专著。
② 参见魏东《我国传统犯罪构成理论的实质合理性与逻辑自洽性》，《人民检察》2011年第11期。
③ 陈兴良：《构成要件的理论考察》，《清华法学》2008年第1期。
④ 陈兴良：《四要件犯罪构成的结构性缺失及其颠覆——以正当行为切入的学术史考察》，《现代法学》2009年第6期。

判断都必然是主客观相统一的判断①，无须赘述。可见，基于语言论的常识主义刑法观，中国传统犯罪构成论体系坚持主客观相统一原则本身，可以解读为在实质立场上就是坚持了主客观相统一、违法性与责任性相统一的犯罪论原理；同理，西方大陆法系国家犯罪论体系坚持违法性与责任性相统一，也可以解读为在实质立场上就是坚持了主客观相统一、违法性与责任性相统一的犯罪论原理。一言以蔽之，基于语言论的常识主义刑法观，中西方犯罪论体系均坚持了主客观相统一、违法性与责任性相统一的犯罪论实质内核。这些结论的得出，应当说是语言论的常识主义刑法观所具有的语境性、对话性和建设性的功能体现，有利于实现中国本土化特色刑法理论的发展完善。当然，语言论的常识主义刑法观只是提供了一种合理阐释本土化刑法理论体系之"话语体系"的指导观念，它有利于我们对国外刑法法理的借鉴吸纳与中国本土化改造，最终形成中国本土化的刑法法理话语体系，但是它不能代替理论体系本身的深入研讨和创新发展。

就国外刑法法理的借鉴吸纳与中国本土化改造而言，张明楷教授指出：我国的刑法学要想在国际社会获得话语权，就需要通过观察、归纳生活事实创制新的描述性概念，并进一步通过抽象、提炼创制具有影响力的规范性概念；在当下，我国的刑法学仍然需要沿用源于国外刑法学的部分概念，但在沿用过程中需要进行必要的解构：应当注意我国刑事立法、司法现状与外国刑事立法、司法现状的区别；刑法学理论应当注意事实学与规范学的区别，不能将犯罪学的概念直接用于犯罪构成符合性的判断，否则必然违反罪刑法定原则；刑法学理论不应创制和使用没有影响力与实际意义的非概念、虚概念，不能用非概念、虚概念掩盖或转移刑法争议问题的症结与焦点。② 张明楷教授这里所批评的"非概念、虚概念"本身也涉及语言论的常识主义刑法观，即刑法概念的使用和创制不但要符合刑法论的原理与规则（刑法论的常识主义），而且要符合语

---

① 张明楷教授对此有一些批评性论述，认为"完全要求客观与主观的统一是不符合现实的"，因为"事实上，许多构成犯罪的行为，在主客观方面并不是完全统一的，当然也不能要求做到主客观相统一"。参见张明楷《犯罪构成体系与构成要件要素》，北京大学出版社2010年版，第49页。

② 张明楷：《刑法学中的概念使用与创制》，《法商研究》2021年第1期。

言论的原理与规则（语言论的常识主义），如正当防卫的正当化根据论，盗窃、诈骗等取得罪的保护法益论等。

例如，正当防卫的正当化根据论，德国刑法学的二元论（个人保全原理和法确证原理）和日本刑法学的优越的利益保护原理各自均有其合理性（其中德国"个人保全原理"可以修正为"法益保护原理"），尤其是从法理周全性和深刻性看，应当综合运用"优越的利益保护原理"和"法确证原理"来诠释正当防卫的正当化根据，其是对德国刑法学的二元论的一种新修正，此种二元根据论可谓正当防卫根据二元论的修正说（修正的二元根据论）。[①] 这里，笔者强调将德国"个人保全原理"修正为"法益保护原理"，除了法理妥当性考虑之外，就考虑了语言论的常识主义刑法观立场：德国"个人保全原理"不符合我国《刑法》第20条"为了使国家、公共利益、本人或者他人的人身、财产和其他权利免受正在进行的不法侵害"这一法规范目的，有必要在借鉴吸纳德国"个人保全原理"时将其修正为"法益保护原理"（同时也是借鉴吸纳日本学说），以使其既符合刑法法理，又符合语言论的常识主义刑法观。

再如，盗窃罪、诈骗罪等传统侵财罪的保护法益论，我国刑法学界目前主要有"所有权说"与"占有说"之争。一般认为，持占有说的学者是在借鉴吸纳德日刑法学的学术传统与刑法知识的基础上所形成的学术见解。在德国刑法学上，以诈骗罪为中心展开的是法律的财产说、经济的财产说及法律—经济的财产说的见解；而在日本刑法学上，以盗窃罪为中心展开的是本权说、占有说及各种中间说（包括基于本权说的中间说与基于占有说的中间说）的争论。[②] 笔者主张，侵财罪保护法益"所有权说"与"占有说"之争的焦点，不在于他人财产所有权是否可以成为侵财罪的保护法益，而在于单纯的占有是否可以充足侵财罪的保护法益，侵财罪保护法益的实质所有权说，既是侵财罪的入罪立法论根据，也是侵财罪的解释论根据。[③] 这里的法理诠释，除了法理论证

---

① 魏东：《正当防卫的重要法理研讨——以于欢故意伤害案等典型案例为视角》，载魏东主编《刑法解释》（第5卷），法律出版社2020年版，第341—362页。
② 参见张明楷《刑法学》（第四版），法律出版社2011年版，第834页。
③ 魏东：《论传统侵财罪的保护法益——基于实质所有权说的法理阐释》，《法学评论》2017年第4期。

上强调实质所有权说的理论优势，还有语言论的常识主义刑法观的坚持与运用。

针对我国《刑法》第382条关于贪污罪"侵吞、窃取、骗取或者以其他手段非法占有公共财物"的立法规定及其法理阐释，有的学者主张"坚持贪污罪应为单一侵占行为类型，将盗窃、诈骗等行为方式排除在贪污罪之外，从而从一开始就否定贪污罪与盗窃罪、诈骗罪的竞合关系"，并特别指出"监守自盗"在刑法上的规范评价正是侵占①；有的学者主张"需要思考贪污贿赂罪的司法与立法发展方向"对"窃取、骗取行为，应当进行限制解释"，认为"监守自盗概念，是一个极不准确、没有严格区分盗窃与侵占的含混概念，其中的'监守'也没有确定的含义，不应当、也没有必要再使用这一概念"②，进而认为"盗骗交织""监守自盗"等概念都没有存在的必要与空间③。有关贪污罪法理以及"侵吞、窃取、骗取或者以其他手段非法占有公共财物"和"盗骗交织""监守自盗"等语言表达的语言论的分析论述，就在相当意义上凸显了语言论的常识主义刑法观的重要价值。在笔者看来，基于司法适用论上的语言论的常识主义刑法观，贪污罪中"侵吞、窃取、骗取或者以其他手段非法占有公共财物"和"盗骗交织""监守自盗"等语言表达的含义是清晰的，贪污行为定型宜采用"综合手段说"④。由此可见，语言论的常识主义刑法观值得特别强调。

四　结语：构建常识主义刑法观的刑法教义学

在充分肯定常识主义刑法观对于立法论、解释论、方法论和语言论的重要指引价值的同时，我们还应进一步思考深化刑法学理论研究的创新发展方向。如果仅满足于常识主义刑法观的一般性理论阐释和方法论运用，即使把常识主义刑法观作为哲学意义上的世界观、人生观、真理

---

① 王彦强：《业务侵占：贪污罪的解释方向》，《法学研究》2018年第5期。
② 张明楷：《贪污贿赂罪的司法与立法发展方向》，《政法论坛》2017年第1期。
③ 张明楷：《刑法学中的概念使用与创制》，《法商研究》2021年第1期。
④ 魏东：《职务侵占的刑法解释及其法理》，《法学家》2018年第6期。

第二十三章　常识主义刑法观的指引功能　445

观奉为瑰宝，而没有深入研究刑法学原理的具体法理、系列规则及其理论系统的发展完善，也无益于真正体现常识主义刑法观。我国有较多学者指出常识主义刑法观的内涵和外延不清晰、不具体、难确定，认为"对常识主义刑法观的内涵与外延的界定是极为宽松的，主要原因恐怕在于，什么是常识，何为常识主义，在何种意义上界定常识和常识主义，本身就是难以确定的"，"其对于常识、常识主义的标准界定不清，导致定罪、量刑标准的模糊化，存在随意出入人罪的危险"①；有学者进一步指出，常识主义刑法观主张"良心之治""常识、常理、常情"即便是对的，"也未给法官的刑事裁判提供具体的客观标准"，其中"主张对犯罪构成的理解不能违反'良心'，在某种意义上，类似于对刑法中违法性的判断不能超越'社会相当性'。而指望依靠是否具有'社会相当性'来判断行为是否违法，同样面临着'即使说出了真理的一个侧面，但毕竟无法操作'的问题"②。应当说，这些批评意见是有一定道理的，按照笔者的理解，这些批评意见正说明了这样一个"道理"（法理）：常识主义刑法观"是并且只能是"指导观念和方法论意义上的正确的刑法观，它不能包揽、更不能代替刑法学"规范技术"和"专门技术方法论"，我们必须正确认识和处理好常识主义刑法观与刑法教义学原理（以及刑法解释学原理）二者之间的关系，必须努力构建常识主义刑法观的刑法教义学（以及刑法解释学）。

陈忠林教授基于常识主义刑法观的立场对传统刑法理论体系提出了比较尖锐的质疑意见，认为：传统法学理论的根本缺陷可以归结为"'恶法'亦法"的理论、"多数人必须服从少数人的专制理论"，并且"自然法理论也可以归结为'恶法亦法'"③，因此"从根本上说，到目前为止的刑法基本理论都是错的。因为这些理论不能解释刑法学的一些最根本的问题"④。可以说陈忠林教授的许多论断都惊世骇俗，不但令初学者

---

①　温登平：《反思常识主义刑法观》，《中国刑事法杂志》2013年第9期。
②　付立庆：《积极主义刑法观及其展开》，中国人民大学出版社2020年版，第31—32页。
③　陈忠林：《刑法散得集（Ⅱ）》，重庆大学出版社2012年版，第2—16页。
④　教研活动：《陈忠林、袁林、胡启忠和唐稷尧四位教授应邀来我院进行"关于刑法研究的学术思考"的主题研讨》，来源：四川大学法学院，http://law.scu.edu.cn/info/1161/10925.htm，2020年1月16日访问。

"头晕目眩",也令不少刑法学家"目瞪口呆",令整个刑法学界剧烈震荡,陈忠林教授的理论质疑本身也受到了不少学者的再质疑甚至反对。根据笔者的观察,陈忠林教授是一位具有严肃的学术使命感和强烈反思精神的法学大家,他的反思、质疑以及对既有刑法学理论体系的解构、批判都是有理有据的,都是具有重大学术价值的,尤其有利于学界理性反思既有理论体系之不足并重构新的更加完善的理论体系,尽管这项理论工程任务艰巨甚至难以达到完美无瑕的理想目标。同时,陈忠林教授也基于常识主义刑法观的立场提出了构建刑法学理论体系的一些思考,例如,他提出了"主观罪过是犯罪构成的核心"等命题①,具体阐释了罪刑法定原则等三项刑法基本原则②、刑法不得已原则③以及犯罪构成理论④等的基本法理,明确提出了"法学(法学理论)应该是科学"并且"只有马克思主义才可能让法学成为科学"等命题,具体论述了"以辩证唯物主义与历史唯物主义为指导,拟从人类特有的需要内容与需要满足方式的特殊性,这一反映人类特有自然属性与社会属性的结合点出发,以人类特有行为机制为根据,用人类社会最普遍的事实说明权利、自由、义务、秩序等法学基本范畴存在与发展的人性基础;通过对'人民意志'这一现代法治的核心概念与常识、常理、常情关系的分析,提出了使法学成为科学的根本方法和我国法治应成为人性之治、人民之治的观念重构与制度建设的设想"⑤。应当说,陈忠林教授的这些理论反思对于重构新的刑法教义学理论体系具有建设性和重要启发性,是对建构具有中国特色的刑法理论体系所进行的非常可贵的有益探索。

但是也毋庸讳言,中国乃至世界上是否需要以及是否可能建立刑法

---

① 陈忠林:《刑法散得集》,法律出版社2003年版,第269页。
② 陈忠林:《刑法散得集》,法律出版社2003年版,第152—181页;陈忠林:《刑法散得集(Ⅱ)》,重庆大学出版社2012年版,第36—79页。
③ 蔡军、刘夏:《不得已原则:刑法的边界及根据》,《检察日报》2019年6月22日,第3版。
④ 陈忠林:《刑法散得集》,法律出版社2003年版,第235—282页;陈忠林:《刑法散得集(Ⅱ)》,重庆大学出版社2012年版,第128—187页。
⑤ 陈忠林:《如何让法学成为科学——走向科学的法学变革与理论重构》,《学术论坛》2019年第5期。

教义学理论体系，这是一个非常重大的理论问题，不同学者有不同看法，值得展开深入研讨。作为陈忠林教授的学生，由于笔者对先生的博大精深的理论思考还领悟不到位，所以笔者的思考还不成熟。笔者倾向于认为，刑法教义学有必要构建并发展完善。我国有学者指出，刑法教义学，是指以刑法规范为根据或逻辑前提，主要运用逻辑推理的方法将各种相互区别而又相互联系的法律概念、规范、原则、理论范畴组织起来，形成具有逻辑性最大化的知识体系。[①] 我国还有学者以刑法信条学概念代替刑法教义学概念，认为："刑法信条学是关于刑法基础理论的学问。刑法信条学中的基本概念是各种刑法理论都必须讨论的内容，构成了现代刑法学的基本支柱。""通过分析和总结来认识刑法信条学中的基本概念，不仅有利于降低法治建设的成本，而且有利于加快法治发展的速度。"[②] 这是理论界有关刑法教义学与刑法信条学的较为典型的论述，尽管理论界较普遍地认为刑法教义学难于精准界定，只能描述其基本特征，但是深入研讨刑法教义学的基本内涵和概念界定仍有必要。笔者认为，刑法教义学，是指以刑法立法规范为根据，遵循特定时代的刑法理念和规范逻辑，创设、确立刑法学理论界和司法实践部门多数人所认同的基本概念与命题体系、基本原则与规则体系等刑法理论知识体系的一门学问。

同时还应思考的问题是：刑法教义学与刑法解释学之间的关系是什么？对此，有学者认为，二者关系论应当坚持同质论，即二者均对应于刑法学社科法学方法而言。在同质论内部，有的学者主张刑法教义学，如陈兴良教授认为："刑法教义学与刑法解释学具有性质上的相同性。刑法教义学只是与刑事政策学、犯罪学、刑罚学以及刑法沿革学之间具有区隔性，但与刑法解释学则是一词二义而已。因此，并不存在一种刑法解释学之外的刑法教义学。""不要试图在刑法教义学之外再建立一门刑法解释学"[③]，刑法教义学的核心是刑法解释，刑法教义学属于司法论的

[①] 周详：《教义刑法学的概念及其价值》，《环球法律评论》2011年第6期。
[②] 王世洲：《刑法信条学中的若干基本概念及其理论位置》，《政法论坛》2011年第1期。
[③] 陈兴良：《教义刑法学》（第二版），"第二版前言"，中国人民大学出版社2014年版，第2—3页。

范畴而不是立法论的范畴。① 另有学者主张刑法解释学,如张明楷教授认为,刑法教义学就是刑法解释学,不要试图在刑法解释学之外再建立一门刑法教义学。② 冯军教授也持有同质论观点,他认为:"在我国刑事法律体系已经基本建成之后,我国不少刑法学者都把主要精力转向理解刑法、解释刑法,也就是说,从刑事立法学转向了刑法教义学。""一种规范论的刑法教义学,要重视解释者个人的先见,更要重视解释者群体的经验,要让解释结论符合实践理性的要求,使解释结论建立在不可辩驳的法律基础之上。"③ 可以说,这些论述均坚持了同质论的基本立场。除同质论外,也有学者主张刑法教义学与刑法解释学之间的关系不能简单地以同质论来概括,而认为二者之间具有一定差异。如车浩教授认为,刑法教义学是当代中国刑法理论发展的方向,"刑法教义学与刑法注释学的区分,关乎学术方向,绝非无足轻重的概念游戏。注释研究的前提,是存在作为注释对象的法条文本。以往的刑法注释学,与狭义上的刑法解释学的意义接近,即以特定的文字作为解释对象,进而完成妥当解释的任务。这种研究的理想状态,主要是文义解释、历史解释、体系解释和目的解释等几种解释方法的娴熟且适当的运用。但是,刑法解释方法,只是法学方法论中的一部分;通过具体解释来寻求刑法条文本义,这也只是法教义学工作的一部分"④。因此"从刑法注释学(或狭义上的刑法解释学)向刑法教义学的转变,在方法论层面上,意味着超越法条注释,创造法理概念,从而丰富法之形态,拓展法之范围。在研究方法上,法教义学以法律文本为出发点,它包括狭义上的解释,但是不止于解释"⑤。李凯博士也提出了"要严格区分刑法教义学与刑法解释学""刑法学之下应有刑法解释学和刑法教义学之界分,二者不可相互替代,而是一种互动、互补且相对独立之关系,刑法学研究应当走向刑法解释学与刑法教

---

① 陈兴良:《刑法教义学的逻辑方法:形式逻辑与实体逻辑》,《政法论坛》2017年第5期。
② 张明楷:《也论刑法教义学的立场——与冯军教授商榷》,《中外法学》2014年第2期。
③ 冯军:《刑法教义学的立场和方法》,《中外法学》2014年第1期。
④ 车浩:《刑法理论的教义学转向》,《检察日报》2018年6月7日第3版。
⑤ 车浩:《理解当代中国刑法教义学》,《中外法学》2017年第6期。

义学并重的格局"的学术见解。①

笔者倾向于认为，作为刑法学方法论的刑法教义学和刑法解释学二者之间具有同质性，应当坚持宏观同质论、微观差别论。在此前提下，一方面，可以将刑法解释学作为刑法教义学的重要组成部分，亦即刑法解释学本身也应当追求刑法解释学教义化，刑法解释学教义化是刑法学教义化的应然内容之一，在此意义上，狭义的刑法解释学是刑法教义学的分支学科（因为刑法解释学本身也需要教义学化），广义的刑法解释学实质上就是刑法教义学。陈兴良教授针对凯尔森所论纯粹法理论"本理论乃是法律科学而非法律政策"② 发表评论时指出，"凯尔森之所谓法律科学与法律政策学的区分，就相当于在刑法学中刑法解释学与其他刑法学的区别"③，这种见解实质上是在刑法教义学意义上来诠释刑法解释学的（即将刑法解释学本身视为刑法教义学），是有道理的。另一方面，可以将刑法教义学作为刑法解释学的重要组成部分，亦即，刑法解释学本身可以将刑法教义学原理作为法规范内的论理解释方法，以此获得刑法解释结论合理性（即不违背刑法教义学原理），与此相对应，刑法解释学还将文义解释方法和刑事政策解释方法作为与刑法论理解释方法相并列的刑法解释方法。在此意义上，张明楷教授主张"刑法教义学就是刑法解释学"（即将刑法教义学视为刑法解释学）的观点也是有理有据的。应当说，（狭义的）刑法教义学和（狭义的）刑法解释学的共同内核都是确定刑法规范原理和诠释规则及其教义化，为特定时代的刑事法治理性划定共同信仰、基本原理和诠释规则。

常识主义刑法观可以成为刑法教义学和刑法解释学的共同指导观念和方法论，但是，正如法学规范论研究应当反对"用哲学方法论取代法学中专门技术方法论"一样，必须正确认识常识主义刑法观的有限功能，"常识、常理、常情"无法替代刑法学"规范技术"和"专门技术方法论"，中国刑法学必须基于常识主义刑法观的立场构建起真正科学合理

---

① 李凯：《刑法解释学与刑法教义学的关系》，载《中国社会科学报》2018年2月7日法学版。

② [奥] 凯尔森：《纯粹法理论》，张书友译，中国法制出版社2008年版，第37页。

③ 陈兴良：《教义刑法学》（第二版），中国人民大学出版社2014年版，第8页。

的、具有中国本土化特色的刑法教义学和刑法解释学（刑法解释教义学），真正提升中国刑法学在全球范围内的学术影响力和话语权。正是在此意义上可以说，常识主义刑法观的刑法教义学（以及刑法解释学）研究仍然是一项未竟事业，需要全体刑法学同人共同努力。

第二十四章

刑法学的知识论与方法论

刑法学的学习和研究，必须掌握好刑法学理论知识体系、刑法观和方法论。刑法学理论知识体系，强调的是刑法学知识论及其系统化（体系化）。刑法观，强调的是人类对于刑法基本理性的根本观点。刑法学方法论，强调的是刑法学理论知识学习和研究的基本方法。这些内容可谓刑法学首先必须明确的基础理论问题。

一　刑法学的知识论

刑法学的知识论，主要是强调刑法学理论知识体系，可以简称为刑法学知识体系、刑法理论知识体系，是指刑法学理论知识系统，基本内容有刑法哲学、刑事政策学（刑法政策学）、刑法规范学（刑法教义学与刑法解释学）三个部分及其理论知识的体系化。其中每个部分都包含有作为本体论、认识论与方法论的刑法理论知识，其突出特点是强调中外刑法理论知识的全面性、整体性和系统化（体系化），因此我们在讨论"刑法学理论知识体系"时，也包含了"刑法学理论知识体系化"的含义。[1] 周光权教授说"刑法学上的知识，不能是素材的累积，而必须形成前后连贯的体系"[2]，其强调的正是刑法理论知识体系（化）。

因此，刑法学理论知识体系化，是反对刑法学理论知识的碎片化（虽有知识但是没有体系化），更反对刑法学理论知识的一知半解与漏洞

---

[1] 魏东：《刑法知识体系刍论》，《法治研究》2017年第2期。
[2] 周光权：《刑法客观主义与方法论》，法律出版社2013年版，第13页。

百出。例如，有的学者只重视和掌握刑法规范学的理论知识，但是忽视刑法哲学和刑事政策学的理论知识，或者相反，只重视和掌握刑法哲学和刑事政策学的理论知识而忽视刑法规范学的理论知识，就难说真正掌握了刑法学理论知识体系。

总体上看，刑法学理论知识体系的含义可以从系统论、知识形态论和范畴体系论三个方面来认识：

（一）系统论：作为复杂巨系统的刑法学理论知识体系

运用系统论的"系统认识论型的等级体系"理论和系统分类理论，可以较好地阐释刑法学理论知识体系（化）问题。系统论认为：系统首先可以分为简单系统与巨系统两大类，简单系统可细分为小系统与大系统，巨系统可细分为简单巨系统与复杂巨系统，复杂巨系统还可再细分为一般复杂巨系统与特殊复杂巨系统；"巨系统概念是一个新的认识工具，代表一种新的研究方法"，因为"小系统和大系统只有平凡行为，巨系统可能表现出许多非平凡行为。描述这类系统需要新的概念框架，建立巨系统理论"，"描述大脑、人体、社会、地理环境以至整个宇宙，都需要用巨系统概念"，"一切巨系统都是自组织系统，其行为都是自组织运动"，而"实际复杂巨系统都是开放的，因而开放的复杂巨系统的存在相当普遍"，"这些系统都可以从不同角度划分子系统。原则上讲，与母系统同维的子系统也是开放的复杂巨系统。例如，在社会系统中，经济、政治、文化乃至军事对阵等子系统均为开放的复杂巨系统"[1]。

根据系统论"系统认识论型的等级体系"理论和系统分类理论，刑法学理论知识体系的实质内涵可以概括为"三学一化"，即刑法哲学、刑事政策学、刑法规范学及其理论知识体系的系统化（一体化），是由三个简单巨系统刑法学理论知识体系——刑法哲学知识体系、刑事政策学知识体系、刑法规范学知识体系——所形成的复杂巨系统刑法学理论知识体系。

刑法学理论知识体系的具体内容包括以下四个方面：

---

[1] 苗东升：《系统科学精要》，中国人民大学出版社1998年版，第217—227页。

1. 作为简单巨系统的刑法哲学知识体系

作为简单巨系统的刑法哲学知识体系，是指中国刑法哲学知识的体系化、外国刑法哲学知识的体系化以及二者整合后所形成的刑法哲学知识体系简单巨系统。

这里强调中外刑法哲学知识的整合，是表明一种立场：中国刑法哲学知识体系在一定历史时期有其"现状"，我们必须在学习掌握中国刑法哲学知识体系现状、借鉴吸纳外国刑法哲学知识体系的基础上，进一步"整合"发展中国刑法哲学知识体系，创新发展更加科学合理的、具有本土特色的中国刑法哲学知识体系简单巨系统。

2. 作为简单巨系统的刑事政策学知识体系

作为简单巨系统的刑事政策学知识体系，是指中国刑事政策学知识的体系化、外国刑事政策学知识的体系化以及二者整合后所形成的刑事政策学知识体系简单巨系统。

例如，西方广义刑事政策观、现代刑事政策的价值理念以及基本范畴体系的引入和创新研究，极大地推动了当代中国刑事政策学理论研究及其现代化发展，有利于确保我们构建起具有现代科学特质和现代法治理念的中国刑事政策学知识体系简单巨系统。

3. 作为简单巨系统的刑法规范学知识体系

作为简单巨系统的刑法规范学知识体系，是指中国刑法规范学知识的体系化、外国刑法规范学知识的体系化以及二者整合后所形成的刑法规范学知识体系简单巨系统。

例如，德日和英美的刑法规范学理论知识体系的引入和本土化研究，极大地推动了当代中国刑法规范学理论研究和创新发展，逐渐形成了更加具有理论丰富性、理论深刻性和理论阐释力的中国刑法规范学（刑法教义学和刑法解释学）。

4. 作为复杂巨系统的刑法学理论知识体系

作为复杂巨系统的刑法学理论知识体系，是指刑法哲学知识体系、刑事政策学知识体系和刑法规范学知识体系三者整合后所形成的刑法学理论知识体系复杂巨系统。中国刑法学理论知识体系复杂巨系统的形成和发展，是以刑法哲学知识体系、刑事政策学知识体系和刑法规范学知识体系三个简单巨系统的发展和整合为基础的，因此，我们必须深刻学习和掌握刑法哲学知识体系、刑事政策学知识体系和刑法规范学知识体系三个简单巨系统。

系统论的重要启示意义在于：刑法学理论知识体系的学习研究，要注意结合好在复杂巨系统内学习研究刑法学理论知识与在下一层级的子系统（简单巨系统）内学习研究刑法学理论知识之间的关系。刑法学理论知识体系作为一个复杂巨系统，其自组织系统和自组织运动特点就决定了刑法学研究活动可以在复杂巨系统内有效展开；而作为其下一层级的子系统（简单巨系统），例如刑法哲学知识体系（以及刑法政策学知识体系或者刑法规范学知识体系）之内，当然也可以在该子系统内有效展开刑法哲学研究活动（以及刑法政策学研究活动或者刑法规范学研究活动），关键是要处理好二者之间的关系，而不能顾此失彼。

（二）知识形态论：兼容三种知识形态的刑法学理论知识体系

运用知识形态论，可以较好地阐释刑法学理论知识体系（化）问题。亚里士多德将知识形态分为理论知识（即理论或思辨知识）、实践知识（即实践或行动知识）、制造知识（即制造制作或技艺知识）三类。那么，按照亚里士多德的知识形态三分法，刑法学理论知识体系所内含的刑法哲学、刑事政策学、刑法规范学（刑法教义学与刑法解释学）可以诠释为以下三种知识形态：刑法哲学属于理论思辨知识，刑事政策学的主要特点属于实践行动知识，刑法教义学（以及刑法解释学）的主要特点则属于制作技艺知识。

王人博教授将中国法学的研究现状划分为三个知识谱系，即作为技术的法学、作为价值体系的法学和作为知识体系的法学[①]，应该说是借鉴了亚里士多德知识分类理论。那么，按照王人博教授的知识分类，刑法哲学的主要特点是作为价值体系的法学，刑事政策学的主要特点是作为价值体系的法学和作为知识体系的法学，刑法教义学（以及刑法解释学）的主要特点是作为技术的法学和作为（理论和实践）知识体系的法学。

知识形态论的重要启示意义在于：刑法学理论知识体系的学习研究，要注意结合好理论思辨知识（刑法哲学）、实践行动知识（刑事政策学）、

[①] 王人博：《中国法学的三种基本态势》，《现代法学》2008年第1期。

制作技艺知识（刑法教义学与刑法解释学）的学习研究之间的关系，绝不能顾此失彼。例如，刑法解释学（以及刑法教义学）被誉为一门"解释技艺"的学问，就像亚里士多德主张诗歌是一门"技艺"知识形态一样，强调技艺精湛、思维精细、形式美感、实质人文、人品格局和一定天赋，非常富有启发意义！

（三）范畴体系论：包含完备范畴体系的刑法学理论知识体系

刑法学理论知识体系主要表现为由系列范畴组成的范畴体系以及由系列命题组成的命题体系，因此，刑法学范畴体系和命题体系都十分重要。其中，刑法学范畴体系对于建构刑法学理论知识体系具有奠基作用，将各种具体的刑法学理论知识归属于刑法学范畴体系中的具体范畴（概念），以刑法学范畴体系为纲，可以建构包含完备范畴体系的刑法学理论知识体系，所以这里进行专题讨论。

范畴体系论，实质上是指综合运用范畴论和系统论的方法论，对刑法学科的基本范畴进行体系化研究所形成的刑法学范畴体系（化）。将刑法学范畴体系比喻为知识网络体系，那么，范畴就可以比喻为知识网络体系中的"节点""知识点"，如果不熟悉某个刑法学范畴（概念），那么就等于缺少了某个"节点""知识点"，就无法形成完备的刑法学范畴体系。所以，全面学习、掌握刑法学理论知识点（范畴）和范畴体系非常重要。

范畴体系的科学设立是学科体系研究的基本前提，而范畴遴选，尤其是基石范畴、基本范畴和具体范畴的遴选又是范畴体系建构的基础。就刑法理论知识体系中的范畴体系而言，可以遴选出刑法哲学、刑法政策学、刑法规范学、刑法理论知识体系化等四个基石范畴（体系）。而就刑法哲学、刑法政策学、刑法规范学三个基石范畴而言，可以分别地、具体地遴选出其各自子系统中的基石范畴、基本范畴和具体范畴并形成范畴体系。

下面首先简要介绍刑法学科的范畴体系，然后阐述一些具体的理论知识（刑法学命题），供大家学习参考。

1. 刑法哲学的范畴体系与知识体系

刑法哲学的范畴体系非常重要，但是理论研究还很不够，这里仅对一些研究成果作简要介绍。

陈兴良教授对刑法哲学范畴体系的研究成果。陈兴良教授指出："刑法哲学作为一种理论，不像刑法教科书那样有一个权威的独一无二的体系，每一种刑法哲学都可以具有自己的体系，只有这样，才能推动与深化刑法哲学的发展。"陈兴良教授借鉴黑格尔的正题、反题、合题这样一种三段式的范式模型以及我国《易经》八卦范式，提出了刑法哲学的15个基本范畴及其组成的范畴体系：刑法；犯罪，已然之罪、主观恶性、客观危害，未然之罪、再犯可能、初犯可能；刑罚，报应之刑、道义报应、法律报应，预防之刑、个别预防、一般预防。陈兴良教授将这些刑法哲学范畴分为犯罪本体论的范畴、刑罚本体论的范畴、罪刑关系论的范畴。[1]

曲新久教授对刑法哲学范畴体系的研究成果。曲新久教授提出了刑法哲学的12个基本范畴及其组成的三组范畴体系：自由、秩序、正义、功利是刑法价值范畴，犯罪、犯罪人、刑事责任、刑罚是刑罚实体范畴，罪刑法定、罪刑相当、刑罚个别化、刑罚人道主义是刑罚关系范畴，认为"这些精神、范畴、原则又都可以统称为基本范畴"[2]。

此外，其他刑法学者如西南政法大学李永升教授也提出了刑法哲学的基本范畴的学术见解，这里不作专门介绍。

下面阐述一些具体的刑法哲学理论知识问题。

刑法哲学，包括作为本体论、认识论、方法论的刑法哲学。刑法哲学的主要知识内容有：一是刑法元问题的哲学思考，有的学者主张细分为刑法元问题的哲学思考与神学思考（哲学与神学视角），以及刑法元问题关涉的关系论问题，例如刑法元问题与宗教哲学、科学哲学（社会科学哲学和自然科学哲学）、法律哲学、逻辑哲学、艺术哲学、历史哲学、语言哲学、数字哲学、惩罚哲学、教育哲学等之间的关系论问题；二是刑法元问题关涉的方法论问题。

学习、理解和掌握这些刑法哲学问题，应当重点以法理学意义上的

---

[1] 参见陈兴良《刑法哲学（上）》，中国政法大学出版社2009年版，第22—25页。
[2] 参见曲新久《刑法的精神与范畴》，中国政法大学出版社2000年版，"前言"第1—2页。

法哲学作为知识基础，尤其是要较为全面地学习中国法哲学、西方法哲学的基础理论知识。

（1）中国刑法哲学的重要理论知识

中国刑法哲学的重要理论知识，需要深挖古代中国刑法哲学思想、近现代中国刑法哲学理论知识，借鉴吸纳西方刑法哲学理论知识，丰富和发展当代中国刑法哲学理论知识。

第一个问题，古代中国刑法哲学思想（历史文化）。

法史学界有学者指出，以"诸法合体、以刑为主"来概括中国古代法律体系的基本面貌并不准确，而应当认为，中国古代法律在基本意义上就是一部综合性刑法典，其中蕴含了古代中国刑法哲学思想。例如，中国古代律学，是以注疏法律典籍的规范含义和合理性为主要内容的学问，尽管其中是否存在刑法哲学，乃至是否存在刑法学理论研究存有学术争议，但是，应当承认其中存在着关于刑法的本质、目的、品性等刑法哲学问题的思辨性论述；同时，中国古代刑法文化"一枝独秀"式的特殊法律文化景象，都使得我国刑法学理论研究较之其他部门法学理论研究具有更为深厚的文化基础。可以说，作为部门法哲学的刑法哲学，总体上具有优于其他部门法哲学的更为深厚的传统文化基础。

第二个问题，近现代中国刑法哲学理论知识。[①]

按照法学界的观察总结，中国近代刑法哲学的开端始于民国时期，转型于中华人民共和国刑法学的创立和发展时期，繁荣于20世纪90年代。（1）就中国近代刑法学而言，清末修律运动以及刑法学对律学的取代等，直接导致了中华法系的分崩离析和近代转型，以沈家本为代表的法律人开始从法学方法论和刑法哲学的立场来展开刑法学理论研究，其中较为明显地关注了刑法哲学问题；1911年辛亥革命开始，中国刑法学逐渐开启了关注和深化刑法哲学的学术征途，民国时期有较多法学者出版了大量刑法学著作，如王宠惠、王觐、郭卫、赵琛、许鹏飞、陈文彬、蔡枢衡、孙雄等，在刑法学体例上基本形成了绪论、犯罪论、刑罚论的基本结构体系，在刑法学具体内容上系统设置和研讨了现代刑法学的基

---

① 参见赵秉志、魏昌东编著《刑法哲学专题整理》，中国人民公安大学出版社2007年版，第6—26页。

本范畴。蔡枢衡在《刑法学》专著中,不仅明确提出了刑法学的基本范畴,还明确论证了刑法哲学研究的必要性,并从刑法哲学的立场研讨了国家生活规范、犯罪和刑事处分三个基本范畴,提出了"刑法的属性有哲学性、事实性和规范性三种"的刑法的一体三面哲学思想,为近现代中国刑法哲学的兴起奠定了基础。(2) 1949 年中华人民共和国成立后直到 20 世纪 80 年代末,中国刑法学者在学习和借鉴苏联刑法学的基础上拉开了新中国刑法哲学研究的序幕,从刑法哲学的高度上展开了马克思主义刑法学理论研究。如:将马克思主义阶级斗争学说、主客观相统一原理、质量关系原理、因果关系原理等运用于犯罪现象、犯罪原因、刑法基本原则等方面的刑法哲学研究,为后来中国刑法哲学的反思检讨和深化研究奠定了深厚基础。

第三个问题,当代中国刑法哲学理论知识。

20 世纪 90 年代以来,中国刑法哲学研究开始受到了众多刑法学者的特别关注,迅速获得了蓬勃发展,现在已经取得了较为丰硕的成果。中国刑法哲学的发展和成就,主要由陈兴良、陈忠林、赵秉志、张明楷等众多刑法学者引领,他们的刑法哲学研究成果非常丰富,值得认真学习领会。

陈兴良教授的刑法哲学研究成果,集中体现在刑法哲学原理的系统阐释方面。中国刑法哲学史上标志性的学术事件,是陈兴良教授在 1992 年出版其独著《刑法哲学》。在该书中,陈兴良教授指出:在我国刑法学领域,刑法哲学尚是一块有待开垦的处女地。[1] 陈兴良教授在本书中运用了中国传统玄学中的太极八卦原理,注重了刑法哲学思辨和语言形式考量,是一本十分富有哲学启发和形式美观的学术专著。陈兴良教授在本书中,在对罪刑辩证关系进行哲理探索的基础上,构建了以犯罪本质二元论(犯罪的社会危害性与人身危险性之统一)、刑罚目的二元论(刑罚的报应与预防之统一)、罪刑关系二元论(罪刑之间的因果关系与功利关系之统一)为基本命题的刑法哲学体系,对刑法本体问题展开了哲学研讨,获得了广泛学术影响,奠定了陈兴良教授在刑法哲学领域的引领者地位。

---

[1] 陈兴良:《刑法哲学》,中国政法大学出版社 1992 年版,"导论",第 1 页。

在《刑法哲学》之后 20 余年的时间里,陈兴良教授始终关注和深化刑法哲学研究,不但出版了《刑法的人性基础》和《刑法的价值构造》,从而完成了其刑法哲学研究的三部曲,而且在其他专著和论文中广泛深入地研究和拓展刑法哲学研究领域,从而进一步巩固了陈兴良教授在刑法学,尤其是刑法哲学领域的元勋引领者地位。

陈兴良教授对于作为部门法哲学的刑法哲学的长时间深度关注和研究开拓,取得的丰硕成果,是刑法学界,乃至整个法学界的学术高峰。

陈忠林教授的刑法哲学研究成果,集中体现在"常识、常理、常情"刑法哲学理论的倡导和推动方面。陈忠林教授这方面的代表作有《刑法散得集》(法律出版社 2003 年版)、《刑法散得集(Ⅱ)》(重庆大学出版社 2012 年版)、《刑法的界限——刑法第 1—12 条的理解、适用与立法完善》(法律出版社 2015 年版)、《如何让法学成为科学——走向科学的法学变革与理论重构》(载《学术论坛》2019 年第 5 期)。

周光权教授也极力主张常识主义刑法观。代表作有《法治视野中的刑法客观主义》(法律出版社 2013 年版)、《刑法客观主义与方法论》(法律出版社 2013 年版)、《刑法学习定律》(北京大学出版社 2019 年版)。

赵秉志教授是中国刑法学界对刑法学理论研究视野最广泛、特别强调理论联系实际的学者,他对刑法哲学、刑法解释学、国际刑法、区际刑法、刑事政策等领域的研究成果最为丰硕。特别值得提及的是,赵秉志教授撰写的《中国刑法哲学研究述评》,是目前对中国刑法哲学研究沿革和研究现状分析最全面、最深刻的学者。赵秉志教授对当代中国刑法哲学研究综述提出了以下四个方面的意见[①]:(1)刑法哲学本体研究。包括:关于刑法哲学的内涵,有方法说、法理说(刑法法理学)、本原说、综合说;还包括,刑法哲学基本范畴体系研究,形成了"双层范畴体系说"(刑事责任是最上位概念,下位范畴包括犯罪、犯罪人、刑罚、量刑、行刑等),"三范畴体系说"(再细分为"价值—实体—关系范畴体系"与"犯罪—刑罚—罪刑关系范畴体系")。(2)以刑法为整体的刑法

---

① 参见赵秉志、魏昌东编著《刑法哲学专题整理》,中国人民公安大学出版社 2007 年版,第 38—84 页。

哲学研究。包括刑法价值研究，形成了"三价值说"（公正、谦抑、人道），"二价值说"（公正和功利），"双层价值说"（国家是功利的，社会是公正的）；还包括刑法机能研究（功能研究），提出了刑法机能观（刑法观）和刑法的正功能、负功能、零功能等概念，并提出了"二机能说"（人权保障和社会保护）、"三机能说"（规律机能、保障机能和保护机能）。(3) 犯罪论和刑事责任论基本问题的刑法哲学研究。包括：犯罪概念、犯罪观、犯罪本质、犯罪功能、主客观相统一原则、刑法因果关系、刑事责任功能和根据（一根据说与多重根据说）、人身危险性等问题的哲学研究。(4) 刑罚论基本问题的刑法哲学研究。包括：刑罚权（刑罚权本质以及制刑权、求刑权、量刑权与行刑权等），刑罚价值（形成有自由、秩序和正义"三价值说"与秩序与正义"二价值说"之争），刑罚目的（形成有一元目的论与二元目的论之争），刑法正当性根据（形成有报应刑论、目的刑论与并合主义），刑罚功能与效益（形成有报应的功能、公平与正义的社会功能，威慑、剥夺和矫正的功能等），罪刑均衡、刑罚现代化等刑法哲学问题的研究。

张明楷教授旗帜鲜明地主张刑法实质解释。其对刑法哲学和刑法解释学的完美结合和深刻阐释，主要体现在代表作《刑法学（第 5 版）》（法律出版社 2016 年版）、《刑法分则的解释原理（第 2 版）》（中国人民大学出版社 2011 年版）和《刑法的基本立场（修订版）》（商务印书馆 2019 年版）上。

刘艳红教授主张包容的法治国理论和实质刑法观，代表作有《实质刑法观》（中国人民大学出版社 2009 年版）。

王政勋教授主张语言哲学转向和语用学文义解释论，代表作有《刑法解释的语言论研究》（商务印书馆 2016 年版）。

劳东燕教授主张功能主义刑法观和解释论，代表作有《功能主义刑法解释的体系性控制》（载《清华法学》2020 年第 2 期）、《功能主义刑法解释论的方法与立场》（载《政法论坛》2018 年第 2 期）。

刘远教授对刑法哲学有许多论述。代表作有《刑事法哲学初论》（中国检察出版社 2004 年版）、《刑事司法过程的刑法学建构问题研究：刑法学司法逻辑化的方法》（人民出版社 2019 年版）。

上述列举并不全面，还有其他许多刑法学者的刑法哲学研究成果各具特色,需要我们去学习和总结。

第四个问题,中国刑法哲学的未来发展方向。

我国著名刑法学者赵秉志教授和陈兴良教授对中国刑法哲学的未来发展方向有所描述。

赵秉志教授认为,21世纪我国刑法哲学应着重解决四个方面的问题:一是促进刑法哲学与注释刑法学的融合;二是促进刑法哲学研究进一步繁荣;三是促进刑法哲学教育的发展;四是正确处理刑法哲学的国际化和本土化之间的关系,发展中国的刑法哲学。[①]

陈兴良教授则认为,在实定法意义上的刑法哲学研究的基础上,自然法意义上的刑法哲学是将来需要深入研究的一个重大课题。[②]

那么,应该如何认识和判断我国刑法哲学的未来发展方向呢?笔者认为,我国刑法哲学应借鉴吸纳西方刑法哲学理论知识,由传统刑法哲学转向兼容本体论、认识论的刑法语言学的方向发展。理由是:西方哲学的发展经历的三部曲,即从古代的本体论(研究什么东西是存在的),发展到近代的认识论(研究怎么认识存在的东西),再到现代语言论(研究在某种语言意义上认识存在)。这个三部曲是人类认识理性的一种真实写照,反映了人类认识理性发展的内在规律,这就是最终应当从本体论走向认识论再走向语言论。现在我国刑法学者深入关注语言学的有张明楷、王政勋等人,应当说尚未引起足够重视。法律语言学上,比较有分量和影响的论著有陈嘉映的《语言哲学》(北京大学出版社2003年版)、刘红婴的《法律语言学》(北京大学出版社2003年版)和宋北平的《法律语言》(中国政法大学出版社2012年版)等。

(2)中国刑法哲学的学术贡献与实践价值

自陈兴良教授出版《刑法哲学》之后,经过20年的发展,当今中国刑法哲学应当说取得了较为丰硕的研究成果,产生了巨大学术影响。刑法哲学对刑法学科的学术贡献是十分巨大的,其不但为刑法学赢得了知识增量,而且有助于中国刑法学界全面审视和批判吸纳德日刑法和英美

[①] 参见赵秉志、魏昌东编著《刑法哲学专题整理》,中国人民公安大学出版社2007年版,第82—84页。

[②] 参见陈兴良《刑法哲学》,中国政法大学出版社1992年版,第682页。

刑法的科学合理成分，建设有中国特色社会主义刑法学理论，促进中国刑法学的迅速崛起和高速发展，在国际上达到和保持了先进水准。比如：刑法观与解释论、刑法基本原则、犯罪论体系、刑罚论原理等，中国刑法学界都是同时兼容了中国元素和西方元素的"双轨—双语体系"，这是一个好现象。

第一个问题，刑法面相的思考。

"刑法"作为一种"法"，是一种什么面相？刑法学应当是以"刑法"现象为研究对象，但是人类理性并不能真正清晰地认识"刑法"这个研究对象。因为，刑法是一种十分古老的社会现象，应当说它诞生于何时何地、消失于何时何地，我们已经无法进行真正科学的、实证的考察，我们所能做的工作只能是做一些说不清有多大把握的推测。刑法千差万别，那么它的应然状态是什么？为什么同样的行为同样的现象，不同的人类群体却有不同的认识和不同的态度，犯罪的规定不一样，刑罚措施和制度规定也不一样（如赌博、吸毒、成年人自愿性行为、重婚等）？这些问题，在相当的程度上其实是无法实证的东西，但是我们却必须面对和回答。

对此，有的主张用"常识、常理、常情"来解决，有的主张用刑法神学观来解决，有的主张用刑法政治观来解决，形成了非常丰富的刑法哲学思想。

关于刑法面相的哲学思考，有利于刑法学者和刑法实践者更加理性：

一是，对全人类刑法知识和现行刑法规定的理性评价。刑法不可能是一个纯粹科学的问题，而是一个带有浓厚人文气息的问题。许多无被害人犯罪、经济犯罪是否应当规定为犯罪，并非纯粹的科学问题，而是人文问题；法定刑的设置，尤其是是否规定死刑、无期徒刑，不完全是科学问题，而是人文问题。同理，任何一部刑法都只具有相对合理性，并不具有绝对合理性。是否定罪、如何定罪，是否处罚、如何处罚，这些问题都没有绝对确定的答案，更不存在唯一的答案。

二是，对自我刑法知识与刑法理性的谨慎评价。我们每个人所拥有的刑法知识和刑法理性并不全面、并不值得简单自信，应该多听取和多反思相反意见，很多时候，我们可能只考虑了一个方面，却忽略了另外一个更为重要的方面，因此我们司法人员应当特别审慎；另外，我们对刑法的理解不能过于呆滞死板，那种认为刑法的所有规定就是铁板一块，丝毫不能变动、不能变通，本质上是十分危险的立场。但是，刑法的变动与变通应当偏向于哪个方向？这是一个十分重大的问题。按照现代刑事法治人权保障的核心理念，应当说只能偏向于无罪与罪轻的方向（前提是存有疑问），而不是相反方向。

三是，刑法司法既要防右，更要防左且重点需要防左。这里借用了政治学术语，意思是：刑法司法始终应该是、每时每刻都应该是表现出一种庄严肃穆、令人恐惧的面孔，应时刻提防刑法成为泄愤报复或者政治斗争的工具，应坚持"刑法不得已性原则""刑法最后手段性原则"和"刑法谦抑原则"。尽管我们在刑事司法中要防止违背刑法和刑事政策而非法放纵犯罪行为，但是我们应当允许依法"放纵"犯罪的行为（实质上是对轻微犯罪作出"非犯罪化"处理如刑事和解制度、酌定不诉制度、罪疑不诉制度等），因而我们需要重点防范的问题仍然是滥施刑罚、法外用刑；尽管犯罪中有泄愤报复的情况，但是我们官方、我们检察官和法官不能泄愤报复。所以，这里所说的"更要防左"，就是指：要特别防止滥施刑罚、法外用刑，要特别防止报复性刑事司法。

第二个问题，刑法学面相的思考。

"刑法学"作为一种"学问"，是一种什么面相？刑法学作为一种"学问"，到底应当是一种什么样的学问，人类理性也无法准确地予以厘清。刑法学是一门"科学"，还是一门"哲学""人文学"？有人说刑法学是一门科学，但是我们生活中却有许多刑法现象是无法用科学或者科学规律来解释的：科学总是可以进行实证的现象（证成与证伪），而刑法学却无法进行实证。虽然近代史上有实证学派以"实证"为特征，但其实他们仍然无法进行真正的实证研究。哲学家说刑法学是一门哲学，神学家认为刑法应当是一门神学，很有点莫衷一是的味道。以致西方有学者甚至断言："在法律知识并不算是一种科学的地方的民族是幸福的。"[①]可见，在刑法学是一门什么性质的"学问"的问题上，总的来说仍然是一个疑问。

更进一步的思考是，刑法学理论体系作为一种理论系统，是一种什

[①] 转引自陈忠林《刑法散得集》，法律出版社2003年版，第162页。

么面相？刑法学的理论体系如何建立，理论界也是各有各的看法。有的学者主张将刑法学划分为刑法哲学与刑法科学两类，或者主张将刑法学划分为理论刑法学、解释刑法学（或注释刑法学）两类；有的学者主张将刑法学划分为刑法哲学、规范刑法学和刑法社会学三类[①]，或者将刑法学划分为刑法哲学、刑法科学与刑法神学三种[②]，或者将刑法学划分为刑法哲学、刑法政策学、刑法规范学三类。此外，刑法学知识论体系还有其他很多种分类见解。那么到底应该怎样认识刑法学理论体系？对于这个问题，理论界应当说也是莫衷一是，远没有达成共识。因此，刑法学研究必须广泛运用科学、哲学、神学、语言学、政治学、社会学、经济学、民族学、人类文化学等多种学科知识，进行综合性的全方位的理论研究，才可能比较合理地解决刑法学理论和实践问题。当然，由于人类理性的极其有限性，我们不能企图圆满解决刑法学中的所有问题，而只能现实地对一些刑法学问题作出相对合理的研究和回答。基于这样一种认识，笔者倾向于认为，刑法学理论体系在整体上划分为以下三类：一是刑法哲学，以研究人类对于刑法本体问题的"智慧"和"精神安慰"为中心（即在一定意义上包含了有的学者所称的刑法神学的内容在内），以哲学思辨和概念法学研究为重点；二是刑法政治学（刑法政策学与刑法社会学），以研究人类对于刑法本体问题的"善治"为中心（政治在本原意义上就是善治），以刑事政策学研究为重点；三是刑法规范学，以研究人类对于刑法本体问题的"规范"为中心，以刑法规范解释研究为重点。

关于刑法规范学中犯罪论体系的面相，我国有的学者坚持四要件理论体系，有的学者坚持三阶层理论体系（或者二阶层理论体系），有的学者还提出了其他不同的理论体系。

第三个问题，对法学乃至整个人文社会科学的学术贡献。

[①] 陈兴良：《法学：作为一种知识形态的考察——尤其以刑法学为视角》，载陈兴良《当代中国刑法新境域》，中国政法大学出版社2002年版，第175—198页。

[②] 刘远教授认为："对刑事法这样一个世间现象或者实践活动，人类也可以而且必然会分别以哲学的、科学的与神学的方法加以研究，从而分别形成关于刑事法的哲学理论、科学理论与神学理论，我们分别称为刑事法哲学（哲学刑事法理论）、刑事法科学（刑事法学）与刑事法神学（神学刑事法理论）。"刘远：《刑事法哲学初论》，中国检察出版社2004年版，第18页。

刑法哲学不但为刑法学赢得了知识增量，而且促使刑法学者，乃至整体法学者和整个人文社会科学界都去反思"刑""法""生命""自由""财产"等精深问题，有助于推动整体刑法学、法学，乃至人文社会科学的精深发展。

其中重大影响之一，就是由刑法哲学引发了较多的法理学批判反思和较为丰富的其他部门法哲学研究，目前有刑事程序法哲学（谢佑平）、刑事诉讼法哲学（陈浩铨）、民法哲学（徐国栋）等。

再有一个重大影响就是：促进死刑政策等国家刑事政策乃至公共政策的改进、国家司法体制乃至政治体制的改革、刑法学者乃至全体国民的人文精神与科学精神的养成。

2. 刑法规范学的范畴体系与知识体系

可能是由于我国学者都有一种有机融合刑法哲学与刑法规范学研究的思维定式，似乎没有特别区分二者的不同并提出其独具特色的基本范畴，因此，前述所列刑法哲学的基本范畴基本上都可以成为刑法规范学的基本范畴。

但是，刑法规范学应该还有一些区别于刑法哲学的独特的基本范畴，如，规范文本、刑法立法、刑法解释、犯罪构成论（狭义的犯罪论）、共犯论、罪数论、竞合论等，可能就应该成为刑法规范学的基本范畴。同时，在刑法规范学基本范畴之下，还应具体构建具体范畴及其体系化，例如，犯罪论（基本范畴）之下，还有行为定型论、违法论、责任论等具体范畴及其体系化；违法论（具体范畴）之下，还有形式违法性、实质违法性、违法阻却事由（正当防卫与紧急避险）等子范畴。再如，刑法解释（基本范畴）之下，还有刑法解释价值（原则）、刑法解释功能（任务）、刑法解释类型、刑法解释立场、刑法解释限度、刑法解释主体、刑法解释权、刑法解释对象、刑法解释方法、刑法解释结论等具体范畴；刑法解释价值（具体范畴）之下，还有合法性、合理性、合目的性等子范畴。这些基本范畴、具体范畴、子范畴组成了庞大的范畴体系（简单巨系统与复杂巨系统）。可见，刑法规范学范畴的体系化方法成为刑法学理论知识论的重要方法论，这个问题有待进一步思考和研究。

下面介绍一些刑法规范学知识体系问题，供大家参考。

刑法规范学，又称为规范刑法学，其具体内容包括刑法教义学、刑法解释学两个大的方面。从知识论立场看，国内外刑法规范学知识（含中国与外国及比较）与国际刑法规范学知识、刑法规范的立法学知识与解释学知识（刑法解释学和刑法教义学）等，都可以纳入刑法规范学的范畴。但是应当明确，从理论研究策略和实践重要性看，国内刑法规范学理论知识是重中之重。

为什么要重视刑法规范学、刑法学"规范判断问题"？规范刑法学是最核心、最能综合体现刑法哲学和刑事政策学全方位理论知识精髓的、最直接用于刑法实践的刑法学理论知识，是最能在刑事指控、刑事辩护、刑事审判中显性发挥论证说理作用的理论知识武器和"制作技艺知识"（知识形态论），因而它特别重要。相对来说，我国传统刑法规范学的理论知识整体上较为单薄、浅显、欠缺精细化和体系化，甚至残存较多漏洞，应当尽量借鉴吸纳德日刑法规范学和英美刑法规范学的理论知识进行理论增量和理论深化，建设有中国特色的、适应现代复杂刑法实践需要的刑法规范学，因此，必须高度重视刑法规范学的理论知识体系化，尤其是要特别重视学习、借鉴吸纳德日刑法规范学、刑法教义学的理论知识。可以毫不客气地说，德日刑法教义学理论知识的掌握程度，在相当意义上决定了刑法规范学的理论高度，不熟悉德日刑法教义学理论知识的细节和整体，就不可能是合格的刑法学者。

刑法规范学理论知识的学习和研究，需要特别强调以下几点内容：

（1）刑法规范学要以掌握和创新发展刑法教义学、刑法解释学为核心

强调刑法规范学要以掌握和创新发展刑法教义学、刑法解释学为核心，要把刑法规范学同刑事政策学（以及犯罪学）、刑法立法学等学问适当区分开来，在此基础上把学习和掌握作为刑法规范学重要组成部分的刑法教义学、刑法解释学作为核心和重点。可以说，没有全面掌握好刑法教义学、刑法解释学的理论知识体系，就根本谈不上真正的刑法学（刑法规范学）。

这里讨论三个问题：

第一个问题，刑法教义学。

刑法教义学，是指以刑法立法规范为根据，遵循特定时代的刑法理念和规范逻辑，创设、确立刑法学理论界和司法实践部门多数人所认同

的基本概念与命题体系、基本原则与规则体系等刑法理论知识体系的一门学问。

需要说明的是，理论界较普遍地认为刑法教义学难以精准界定，只能描述其基本特征。例如，王世洲教授以刑法信条学概念代替刑法教义学概念，认为："刑法信条学是关于刑法基础理论的学问。刑法信条学中的基本概念是各种刑法理论都必须讨论的内容，构成了现代刑法学的基本支柱。""通过分析和总结来认识刑法信条学中的基本概念，不仅有利于降低法治建设的成本，而且有利于加快法治发展的速度。"[1] 此外，还有其他许多学者对刑法教义学的概念进行了界定和描述。

总体上看，德日刑法教义学所创设、确立的刑法学基本概念与命题体系、基本原则与规则体系比较成熟，博大精深，许多内容是我国传统刑法学所缺乏的，因此，当下我国刑法学应当重点学习、借鉴、吸纳德日刑法教义学，尽快创设、确立具有中国本土化特色的中国刑法教义学。可以说，如果不熟悉、不借鉴吸纳，甚至拒绝德日刑法教义学，就不可能有真正高品质的中国刑法学（中国刑法教义学）。

例如，犯罪构成论，德日刑法教义学所创设、确立的犯罪论体系，包括三阶层犯罪论体系和二阶层犯罪论体系，都突出强调了"违法、有责"的规范判断体系，对于我国犯罪构成四要件体系所强调的"主观、客观"的规范判断体系就具有非常大的启发性和可借鉴性；至于德日刑法教义学中犯罪论体系内部的行为定型论、因果关系论、违法性与违法阻却事由论、责任性与责任阻却事由论、错误论、正当防卫论等内容，更是特别精细化的理论知识体系，尤其值得中国刑法学借鉴吸纳。

再如，共犯论，德日刑法教义学所创设、确立的共犯立法规范模式论、共犯处罚根据论、多众犯论与对合犯论、间接正犯论与片面共犯论、承继的共犯论与共犯关系的脱离论等，无不值得中国刑法学借鉴吸纳。

此外，罪数论和竞合论、刑罚论和保安处分论等，德日刑法教义学所内含的丰富理论知识，多值得中国刑法学借鉴吸纳。

当然，中国刑法学除了要借鉴吸纳德日刑法教义学，还应当以开放和发展的态度借鉴吸纳英美刑法学理论知识，兼收并蓄，包容发展，才

---

[1] 王世洲：《刑法信条学中的若干基本概念及其理论位置》，《政法论坛》2011 年第 1 期。

能更好地发展创新；但是需要强调的是，必须以借鉴吸纳德日刑法教义学为重点、为主体，把学习、研究、借鉴、吸纳德日刑法教义学作为重中之重，中国刑法教义学才能更好地发展创新。否则，如果不充分熟悉和借鉴吸纳德日刑法教义学，许多刑法学概念、原理都不知道为何物，就谈不上掌握了应有的、最基本的刑法学理论武器，就无法进行应有的、最基本的刑法规范学思考，就缺乏进行刑法学理论研究的理论基础和基本能力，谈不上刑法学理论创新，更谈不上科学合理地认识和解决纷繁复杂的刑法问题。

第二个问题，刑法解释学。

刑法解释学，是指在刑法原理和刑事政策的指导下，运用诠释学方法，创设、确立对刑法规范进行解释适用所应当遵循的原理、原则、规则和方法等刑法理论知识体系的一门学问。

刑法解释学的极端重要性源于刑法解释本身的重要性，现在越来越多地获得了中国学界的共识，越来越多的刑法学者都重视刑法解释学的理论研究，越来越多的法律人都重视运用刑法解释学解决刑法理论问题和实践疑难问题，这是需要我们每位法律人都要有清醒认识和认真对待的。可以说，我们每时每刻的刑法理论研究、刑法实践问题研究，都是刑法解释，都涉及刑法解释学，由此可见刑法解释学的极端重要性。但是，如果我们的刑法学理论研究人员、刑法实务人员对于刑法解释学的基本原理、解释原则与规则、解释方法甚至基本概念都不熟悉，我们是不可能解释好、处理好刑法问题的。

例如，刑法解释的融贯性与整全解释、回溯性与循环解释、主客观性与主体间性、主观解释与客观解释、形式解释与实质解释、刑法漏洞与解释性填补、解释目标与解释限度等都不知道是什么，对于文义解释、体系解释、历史解释、目的解释、当然解释与反对解释、扩张解释与限缩解释、同类解释与同质解释、合宪性解释与法社会学解释、解释对象与解释结论有效性等基本理论知识都不熟悉，我们就无法有效运用刑法解释学原理和方法来解决好刑法适用问题。因此，只有熟悉、掌握刑法解释学基本原理，我们才能够更好地解决刑法适用问题。

具体地讲，刑法解释学的重要性可以归纳出以下几点：

一是，刑法规范文本的语义模糊或者不明确，案情事实认定与刑法规范文本对应性之间存在较大争议,必须通过刑法解释才能正确适用并获得公众认同。例如,现在许多具有重要影响力的案件的司法审判(如快播案、于欢案、昆山龙哥砍杀案、福建强奸双性人案、许霆案等),归根结底就是刑法解释问题。

二是,刑法规范文本的稳定性与适应性之间存在紧张关系,必须通过刑法解释才能有效权衡适用。例如,2020年年初发生的新冠肺炎疫情期间,以危险方法危害公共安全罪(第114条和第115条)、妨害传染病防治罪(第330条)的解释适用出现了较大理论争议。

三是,几乎所有的刑法理论和实践问题都可以归结为刑法解释,由此决定了刑法解释学的极端重要性。有一种比较通行的观点认为,"一部西方法学史,就是一部法律解释史"[①],依此论断也可以说人类刑法学史就是一部刑法解释史。这种观点格外强调刑法解释的重要性,在已经生成刑法规范文本或者刑法习惯法的大前提下是能够成立的,因为人类刑法实践的终端就是对刑法的解释适用。

四是,现代刑法学特别重视"方法论觉醒",刑法解释学(刑法教义学)已经成为中西方法学的显学之一。首先看中国,刑法解释学已经逐渐成为刑法学主导,如法理学界谢晖和陈金钊主张的"方法论觉醒时代",刑法学界陈兴良主张的刑法教义学和刑法形式解释论、张明楷主张的刑法实质解释论、劳东燕主张的功能主义刑法解释论、陈忠林主张的"三常"刑法观(即常识、常理、常情刑法观)和周光权主张的常识解释论等,都在法学理论界和司法实务界产生了深刻影响。其次看西方,出现了一大批法律解释学大家,其中有论著引入中国的西方法律解释学著名学者有:德国学者如考夫曼、拉伦茨、茨威格特、哈马贝斯、伽达默尔、魏德士、阿列克西、耶赛克,英国学者如梅因、霍布斯、哈耶克、哈特,美国学者如梅利曼、伯尔曼、卡多佐、庞德、博登海默、波斯纳、德沃金,其他国家和地区的学者如福柯(法国)、达维德(法国)、凯尔森(奥地利)等。因此,"方法论觉醒""解释论觉醒"需要引起我们的高度重视。

因此,包括四川大学法学院在内的较多高校都为本科生和研究生开

---

① 陈金钊、焦宝乾等:《法律解释学》,中国政法大学出版社2006年版,第54页。

设了"刑法解释学"课程,需要认真学习,学有所成,增强解释适用刑法的技能技巧,更好地服务于刑法学理论研究和司法实践。

第三个问题,刑法教义学与刑法解释学的关系。这方面的论述详见本书第二十三章中"结语"。

(2)刑法规范学要以精准熟悉刑法规范条文为己任

要将全体"刑法规范"纳入研究视野,建立和培育"整体刑法学"或者"刑事一体化"的知识体系。刑法规范学的主要知识内容有:国内外刑法规范学知识(含中国与外国及比较)、国际刑法规范学知识、程序刑法规范学知识(广义的刑法规范,包括刑事诉讼法规范)。

第一,要精准熟悉本国刑法规范条文。

要经常阅读、审查本国刑法规范条文,切实做到精准熟悉本国刑法规范条文,不能模糊不清、似是而非。相反,如果不熟悉本国刑法规范条文,难以匹配刑法学专家、刑法学博士、刑法学教授等称谓和荣誉。这方面,可能我们现在许多博士生、教师都应当引起高度重视。

第二,要精准熟悉外国刑法规范条文。

不但要尽力全面了解和熟悉国外刑法规范条文,而且在可能的情况下,还应该尽力熟悉国际刑法规范条文。通过这种了解和熟悉,我们往往会发现许多意想不到的收获和启示,十分有利于融会贯通地研究刑法原理。至少,我们不至于成为刑法界的外行与门外汉,不至于闹笑话。以国际刑法规范条文为例,我们许多同学和老师可能根本就没有想到去了解和熟悉,结果知之甚少,甚至闹笑话,比如:当下国际刑法原则(上级命令不免责原则等)、国际刑事法院(运行规则)、国际犯罪、国际刑罚制度等,十分重要。记得我们有一位硕士研究生写了一篇硕士学位论文《反酷刑问题研究》,其中运用国际刑法原理提出了对酷刑进行界定和规制的一些学术见解,应当说还是一些比较基础的国际刑法理论问题,但是被个别老师无端指责和批评,其实恰恰是我们个别老师自己因为不懂国际刑法理论而闹了笑话。

第三,要精准熟悉德日英美和中国的经典案例(判例)。

典型案例非常重要,要有意识地精准熟悉,典型案例用起来要如数家珍,通过精准熟悉典型案例可以更加精准地阐释相关的刑法法理,那才叫"腹有诗书气自华"。例如:(德国)癖马案(期待可能性)、柏林墙射杀案（执行命令不免责—职务行为—正当化事由—比例原则—单发射击与连发射击）、上衣口袋案（正当防卫）；（中国）克拉玛依大火案（管理过失）；广州许霆案（盗窃）；快播案（中立帮助行为）；山东许欢案、昆山反杀案（正当防卫）；德阳安医生自杀案（个人信息）；阿里女工性侵案（强制猥亵、侮辱）。

（3）刑法规范学要融合好刑法立法论与刑法解释论两个面向

要处理好面向立法完善的刑法学研究（刑法立法原理）与面向司法公正的刑法学研究（刑法解释原理）之间的关系，不得顾此失彼，而要兼顾好立法正义与司法正义两个侧面。

当然，在司法实践中，刑法规范学的主体内容应当限定为面向司法公正的刑法教义学与刑法解释学，强化其为司法实践服务的实践品性。相应地，在刑法学理论研究中，应当适当注意突出刑法解释论和刑法教义学的特点，以增强刑法学理论研究的实践品格。

同时也应注意，在当下时代激荡前进的特殊历史时期，刑法立法的修改完善也成为重要任务，因此，刑法立法完善论（即面向立法完善的刑法学）也可能成为重要研究内容，其中需要有意识地调整研究重心和研究方法。

3. 刑事政策学的范畴体系与知识体系

关于刑事政策学的范畴体系，笔者提出了刑事政策学的10个基本范畴：刑事政策、犯罪防控（秩序）、人权保障（自由）、社会发展（效率）、相对公正（公正）、刑事政策客体、刑事政策主体、刑事政策行为、刑事政策环境、刑事政策现代化。

笔者认为，"刑事政策学的范畴体系，除了必然包括作为其基本研究对象的'刑事政策'范畴与作为其学科建设历史使命的'刑事政策现代化'两项范畴之外，主要包括刑事政策学的价值范畴系统与刑事政策学的实体范畴系统两个范畴系统，其中，刑事政策学的价值范畴系统具体包括犯罪防控、人权保障、社会发展、相对公正四项范畴，并且这四项价值范畴可以等值对应于法哲学原理中的秩序、自由、效率、公正（突出强调相对性）等语词表达的四项价值范畴；刑事政策学的实体范畴系统具体包括刑事政策客体、刑事政策主体、刑事政策行为、刑事政策环境四项范畴"①。当然，其他学者还提出了刑事政策学的基本范畴及其范畴体系的学术见解，值得关注。

刑法政策学（刑事政策学），包括作为本体论、认识论、方法论的刑法政策学。主要内容有：刑法的政治学研究（含国际政治）、刑法的社会学研究、刑法的经济学研究、刑法的文化历史学研究。

为什么要重视刑事政策学、刑法学"价值判断问题"？这是因为，刑事政策学具有十分重要的研究价值，刑事政策问题已经引起当今世界各国的广泛关注。刑事政策学研究在西方国家开展得如火如荼之后，自21世纪初以来逐步成为中国刑事法学领域的一门显学，众多中国学者不约而同地关注或者投身于刑事政策学研究。但是笔者注意到：我国学术界针对刑事政策学的研究价值、研究对象与学科体系建构等重大基础性理论问题，尚缺乏深入研究，更没有取得一致见解。这种理论研究现状严重地制约了刑事政策学的体系性发展，也妨害了刑事政策理论和实践的科学现代化，从而凸显出展开刑事政策学基础理论问题研究的重要性和紧迫性，也极大地影响了我国刑法学研究。例如，当前我国学术界普遍认为，刑法和刑事诉讼法的目的任务"首先是惩罚犯罪、打击犯罪，其次才是保护人民"，其实这种理解可能并不恰当：因为惩罚犯罪打击犯罪本身可能并不需要刑法和刑事诉讼法，限定打击犯罪的具体范围和程序、保障人权才需要刑法和刑事诉讼法。这些见解应当说，都与刑事政策原理及其当代发展趋势的认识理解有关。所以，刑事政策学对于刑法研究十分重要。

刑事政策学研究所具有的重大理论价值和实践意义在于：从学科体系层面上看，刑事政策学研究具有重要的指导地位（灵魂论与精髓论）；从我国犯罪防控实践层面上看，刑事政策在我国一直占据着核心的、统率的地位（核心论与统率论）。总体上，我国长期以来在犯罪防控问题上超乎寻常地重视刑事政策的应用，尤其是在刑事立法和刑事司法活动中刑事政策都起着十分重要的作用，占据着十分重要的地位，如严打政策、宽严相济刑事政策等。这种实然状况，与我国理论上对刑事政策研究十分薄弱的理论现状很不协调，形成了巨大的反差，导致了现

---

① 参见魏东《刑事政策原理》，中国社会科学出版社2015年版，第11页。

实生活实践中大量破坏法治、侵犯人权事件的发生，严重破坏了基本的社会公正，从而在根本意义上不利于我国整个法治、社会和国家的进步发展。

因此，为了更加理性且有效地实践犯罪防控和刑事法治，我国必要顺应世界潮流，加强刑事政策理论研究。我们的刑事审判法官应当关心国家刑事政策的发展变化，主动运用刑事政策学原理研究刑法问题。

刑事政策学的研究对象可以在基本层面上明确限定为同犯罪防控相关的所有社会公共政策，既包括刑法手段，也包括非刑法手段。可见，防控犯罪是刑事政策最明显的个性价值追求。但是，刑事政策的防控犯罪价值追求必须限定在谋求"公正合理的人类福祉"的界限范围内，因为，刑事政策是社会公共政策的有机组成部分。作为整体的社会公共政策，其共性目标价值可以定位于相对公正的人类福祉，即相对公正理性、人权保障和社会有序发展。从正当性、合理性和合法性根据而言，刑事政策的个性价值必须完全契合社会公共政策的共性价值，即刑事政策的个性价值必须受到社会公共政策的共性价值的限制和约束，在根本上不能突破社会公共政策的共性价值界限。直白地讲就是：犯罪防控价值不能侵犯人权保障、不能妨害社会有序发展、不能破坏社会公正。从而犯罪防控不能无所顾忌，而应有所顾忌。

因为，我们大家都知道，犯罪防控与人权保障、社会发展、社会公正这样四个价值目标之间经常性地存在冲突。其中最突出、最典型的冲突表现在犯罪防控与人权保障两个价值目标之间：过分偏重犯罪防控价值，就可能严重侵犯人权保障价值；反之，过分偏重人权保障价值，必然会严重妨害犯罪防控价值。这样，就涉及一个十分重大的价值权衡问题、价值取向问题，即刑事政策的价值理念。

价值理念与价值取向问题，在根本上就是指针对具有矛盾和冲突的多种价值目标，如何处理它们之间的关系和如何实现它们之间的整合与有机统一问题。我认为，随着人类社会的进步和政治文明的发展，可以将现代刑事政策的基本价值取向（即价值理念）总体上简要地概括为现代刑事政策的谦抑宽容价值理念，其具体内容为"三大一小"理念，即最大限度地保障人权、最大限度地促进社会发展、最大限度地体现相对公正、最小限度地维持秩序（必要秩序）应当成为现代刑事政策的基本品格和基本理念。

即：这种现代刑事政策理念应当强调"人权保障至上"，反对"犯罪防控至上"；强调"公正至上"，反对"效率至上"。

这种现代刑事政策理念对于刑法研究具有重大影响。从刑事政策原理来看，刑事政策与刑事法律的关系可以从三个层面上进行概括：一是在价值取向上，刑事政策与刑事法律是指导与被指导的关系；二是在对策系统上，刑事政策与刑事法律是整合与被整合的关系；三是在具体措施上，刑事政策与刑事法律是校正与被校正的关系。

例如，在现行罪刑法定原则所确认的刑事政策精神下，刑事政策与刑事法律二者之间在犯罪防控的具体措施上所具有的这种校正与被校正的关系具有相当的特殊性，这种特殊性可能表现为一种"单向校正"，即只能表现为一种情形：当现行刑事法律规定为犯罪的行为在实质上不符合特定刑事政策精神时（如不具有社会危害性或者不利于保障人权），就可以根据刑事政策精神对该行为不作犯罪追究；而不能相反。如果现行刑事法律没有规定为犯罪的行为但是在实质上具有社会危害性，则对该行为不应当追究刑事责任，这既是罪刑法定原则所确认的特定刑事政策精神的基本要求，也是刑法安定性的基本要求。

（四）刑法学理论知识体系的重要意义

必须明确，学习和掌握刑法学理论知识体系具有非常重要的意义。只有掌握了刑法学理论知识体系，才能实现刑法学理论知识论体系化，才能为刑法学理论研究奠定基础，才能体系化地运用刑法学理论知识解决好刑法问题。申言之，学习和掌握刑法学理论知识体系的重要意义主要是其方法论价值和实践价值两个方面。

1. 方法论价值：学术对话与创新平台

知识论、系统论、范畴论，本身就是方法论，当然具有方法论价值。例如，范畴体系化方法，就是一种非常重要的学术研究方法。刑法学科的范畴体系化方法，以及刑法学科内部的分支学科（如刑法哲学、刑事政策学、刑法教义学和刑法解释学等）的范畴体系化方法，是刑法学术研究的基础研究方法，具有方法论价值。

刑法学理论知识体系化的方法论价值，还进一步表现在有利于建设完整的刑法理论知识对话平台和沟通渠道。刑法学理论知识论体系化，即刑法哲学、刑法政策学、刑法规范学等诸方面理论知识体系化，是刑法学科成为一门较为成熟的部门法学的显著标志，是刑法学科内部进行学术对话和学术创新的重要平台，也是刑法学科与外部其他学科进行学术对话并创新发展刑法学科的重要基础，因此，刑法学理论知识体系化应当成为刑法学科建设的理论自觉。

陈兴良教授在刑法学研究中较早关注刑法学理论知识论体系问题，对于刑法学科建设作出了突出的卓越贡献。陈兴良教授指出：刑法学必须进行形而上的哲学之思，建立起独具特色的学科"专业槽"；认为"法学不仅要分享哲学、经济学、社会学、伦理学等其他人文社会科学的研究成果，而且应当让这些人文社会科学分享法学研究成果，使之从法学知识中获得某种思想上的灵感与方法上的启迪。只有这样，法学才能说对人文社会科学作出了某种贡献，法学知识才能真正融入人文社会科学的知识体系"[1]。陈兴良教授还强调指出："法学作为一种知识形态，首先应当明确其自身的层次，这就是法哲学、法理学与法社会学。各个部门法学，例如刑法学，又可以分为刑法哲学、规范刑法学和刑法社会学。因此，在一般意义上确立法哲学、法理学和法社会学，对于所谓部门法学的理论层次划分具有指导意义。"[2] 并且"它的解决能够在一定程度上指明法学研究的进路"[3]。

陈兴良教授赞同区分法学方法与法律方法的学术立场，并宣扬刑法教义学方法论。[4] 所谓法学方法，是指法学研究方法，其关注的核心是何谓正确之法这一法哲学的第一个基本命题，有关法学方法的学说即是法学方法论；而法律方法，是指应用法律的方法，其中狭义的法律方法即为法律解释，广义的法律方法的内容则包括法律推理方法等内容。[5] 针对陈金钊归纳的法律方法包括法律发现、法律推理、法律解释、漏洞补充、

---

[1] 陈兴良主编：《刑法知识论研究》，清华大学出版社2009年版，第28页。
[2] 陈兴良主编：《刑法知识论研究》，清华大学出版社2009年版，第11页。
[3] 陈兴良主编：《刑法知识论研究》，清华大学出版社2009年版，第1页。
[4] 陈兴良主编：《刑法方法论研究》，清华大学出版社2006年版，第1—42页。
[5] 郑永流：《法学方法抑或法律方法？》，载郑永流主编《法哲学与法社会学论丛（六）》，中国政法大学出版社2003年版，第24页。

法律论证、价值衡量等各种方法①，陈兴良教授则敏感地意识到刑法方法的特殊性，他指出："由于各个部门法的性质有所不同，在通行的法律方法的采用上也会有所不同。例如，在罪刑法定原则制约下的刑法，像法律漏洞补充这样的法律方法一般是不能采用的。即使是广泛适用的法律解释方法，也要求严格解释，禁止类推解释等，对此必须予以充分关注。"② 这是一种真知灼见，其得益于刑法知识论体系性观察和思考，笔者对此十分赞同。

可见，陈兴良教授实际上就是强调了我们法律学者必须建设完整的法学知识体系对话平台和沟通渠道。陈兴良教授指出："梁治平提出了一个如何打破法学家与其他人文社会科学家之间的隔膜，实际上也就是法学知识与其他人文社会科学知识相融合的问题。我想，首先需要打破的是法学知识形态内部的隔膜。例如，法哲学、法理学与以规范研究为主的部分法学之间的隔膜，加强从事各层次的法学研究的学者之间的思想沟通，加深他们之间的相互理解。对于从事法哲学、法理学研究的学者，应当看到规范法学对于法治建设的直接作用。可以说，从事司法实务的法官、检察官、律师基于其业务需要，主要接受的是规范法学的研究成果，鲜有直接阅读法哲学、法理学著作的，因此，法哲学、法理学思想只有通过规范法学间接地影响司法实践。而从事规范法学研究的学者应当知道，规范法学由于其专业性，实际上难以为其他人文社会科学家所接受，他们主要是通过法哲学、法理学的研究成果而了解法学研究的现状。因此，法哲学、法理学研究乃是法学知识的前沿与门面，它对于提升法学在人文社会科学中的地位具有重要意义。当然，法学知识虽然分为各种形态与各个层次，但仍然是一个整体。"③

笔者认为，从建设完整的法学知识体系对话平台和沟通渠道这一立

---

① 陈金钊：《法律方法引论》，载谢晖主编《法律方法（第2卷）》，山东人民出版社2003年版，第152页。

② 陈兴良主编：《刑法方法论研究》，清华大学出版社2006年版，第3页。

③ 陈兴良主编：《刑法知识论研究》，清华大学出版社2009年版，第27页。陈兴良教授在此处引用了梁治平先生如下一段话：我们所处的是这样一个时代，它一方面要求哲学家、政治学家、社会学家、经济学家、心理学家和其他学科的学者把法律问题纳入他们的思想范围，另一方面要求法律学家能像知识分子那样思考问题，要求他们破除彼此之间的隔膜，共同完成法治进程中的知识转变。该引文参见梁治平《法治进程中的知识转变》，《读书》1998年第1期。

场出发，刑法学理论知识体系（整体）应当包括刑法哲学、刑法政策学（刑法社会学）、刑法规范学等三部分，其有利于彰显刑法学科的知识论意义，构建学术对话平台，有助于我们了解、掌握该学科研究的基本状况和知识体系。在此基础上，我们才可能进行真正意义上的刑法学术研究，否则，刑法知识不全或者漏洞太多，刑法知识运用条件不达标或者刑法方法论（刑法知识体系中的方法论知识内容）运用能力不足，就根本无法进行刑法学术研究。

例如，刑法二元化立法模式（指我国现行刑法规定的犯罪行为与其他一般违法行为的违法性二元化规范判断模式）与刑法一元化立法模式（指德日刑法立法的违法性一元化规范判断模式），就是"刑法立法"这一基本范畴应当关注的刑法知识，这个知识（基本范畴）如果研究者不了解、不掌握，就可能成为一个刑法知识漏洞，从而，研究者就无法展开刑法规范学的创新研究。

再如，与"刑法立法"相关，刑法观和刑事政策也是刑法知识体系中的重要内容，那么，如果不了解"民权主义刑法观"与"国权主义刑法观"、"大刑法观"与"小刑法观"、"刑事政策价值范畴体系"与"刑法立法原则"等重要范畴，以及更加具体的子范畴如"预备行为与帮助行为实行行为化""可罚性理论""短缩的二行为犯""刑罚根据"与"并合论"等刑法知识，就根本无法科学合理地阐释某个具体罪名设置与具体刑罚措施的争议问题，也无法科学合理地阐释具体刑法规范的刑法解释争议问题，提出的论证理由就可能给人感觉没有法理、没有逻辑、没有说服力，就更谈不上学术创新。一句话，没有形成刑法知识体系（而存在太多刑法知识漏洞），就不可能真正准确理解刑法规定、阐释刑法理性，更不可能有能力进行刑法研究和学术创新。

刑法理论知识体系化有利于实现刑法学科的方法论价值及其对于其他学科的借鉴启发意义。广义的刑法知识体系包括了作为本体论和认识论的刑法学科知识体系、作为方法论的刑法学科知识体系，但是在强调方法论知识觉醒的时代，有必要特别突出刑法知识体系的方法论价值。刑法学科的理论研究，必须切实掌握体系化的刑法知识基础与方法论基础，方有条件进行真正的刑法学术研究，这可能是被许多刑法学者，尤其是初学者（如硕士生和博士生）在较长时间所忽视了的问题。但是这个问题十分重要，搞不好就无法在刑法学术研究中获得成功。因此，刑法学知识体系问题的考察有助于刑法学科自身的方法论完善。同时，刑法学科方法论完善，本身有助于刑法知识体系的完善，尤其是刑法创新品格的提升，又有助于启发其他学科反思、完善其方法论，这就是刑法知识体系的方法论价值及其对于其他学科的借鉴启发意义。当然，反过来也一样，其他部门法知识体系的完善也具有对于刑法学科的知识论价值和方法论价值，刑法知识体系的方法论价值与其他部门法知识体系的方法论价值是相互借鉴启发的关系。

2. 实践价值：刑事法治与理论阐释力

刑法实践中的许多问题，尤其是刑法疑难问题的公正、合理、有效解决，在确保刑事法治的基础上实现法律效果、社会效果和政治效果的和谐统一，均需要充分运用刑法理论知识进行体系化地阐释说理。反之，如果没有掌握好刑法学理论知识体系，就会缺乏理论阐释能力，就无法实现刑事法治。

这方面的例证很多，例如：

其一，约定贿赂与犯罪停止形态理论问题，行贿人同受贿人进行约定贿赂，行贿人与受贿人是犯意流露、犯罪既遂、犯罪未遂（或者犯罪中止）与犯罪预备？

其二，违规贷款与共犯论问题，贷款人在银行工作人员的违规帮助下成功获得贷款，银行工作人员涉嫌违法发放贷款罪，问题是：贷款人是否构成违法发放贷款罪？

其三，非法传销与封闭条款理论问题，组织、领导传销活动的人员，安排财务人员实施财务注账、开发票等活动，财务人员是否构成组织、领导传销活动罪？

其四，伪造金融票证与短缩的二行为犯理论问题，上市公司通过伪造金融票证作为财务凭证欺骗证监会，是否构成伪造金融票证罪？

上列这些"真问题"应当说是刑法实践所面临的、所必须回答的，均有赖于刑法学理论知识体系化运用，只有充分掌握了刑法学理论知识才能进行精准的理论阐释。

二 刑法观

刑法观，是指人们对刑法的性质、价值、机能、目的、任务、基本原则以及对犯罪与刑罚等基本问题的根本看法，是世界观、价值观和人生观在刑法领域的根本体现。

问题意识一：知识论与价值论应当如何阐释？

刑法观既是刑法知识论、哲学论问题，又是刑法方法论问题，对于刑法学者深化和创新研究刑法问题具有十分重大的价值；同时，刑法观还是一个刑法政治与实践问题，是刑法立法与刑事司法的一个根本问题，是刑法学者、实践工作者必须首先在思想观念上解决的一个根本问题。可以说，在根本意义上，我们的刑法理论研究活动、刑事司法活动都是在一定的刑法观指导下进行的，它决定了我们的刑法理论研究、刑事立法与司法活动的基本面貌。

例如，"刑法的性质"。是以"刑"（刑罚）为标准来确定"刑法"的性质，还是以"罪"为标准来确定"刑法"的性质？如果以后者为标准，则刑法应称为"犯罪法"（犯罪治理法、犯罪防控法），似乎应该隐去"刑（罚）"的性质，因为"非刑罚"的措施也是治理犯罪的应有内容。可见，刑法的性质决定了刑法的概念界定，即决定了"刑法是什么"的问题。

再如，"刑法的价值"。刑法的价值是自由，还是秩序？是公正，还是效率？是自由、秩序、公正、效率都要，还是只要其中一部分？如果四项价值都要，是自由优先，还是秩序优先，还是公正优先，还是效率优先？

再如，"刑法的机能"。机能是与价值相关联的，到底是惩罚犯罪以维护秩序（秩序维护机能），还是保障人权（人权保障机能）？到底是惩罚犯罪优先，还是保障人权优先，还是惩罚犯罪与保障人权并重？

再如，"刑法的目的"。是保护人民利益，还是彰显国家权威？是保护法益，还是维护规范有效性？是规制公民行为，还是规范裁判行为？

此外，还有"刑法的任务""刑法的基本原则""犯罪""刑罚"，对这些问题的根本看法（根本观点）均构成刑法观的内容。

问题意识二：类型论应当如何阐释？

类型论，是指对刑法观的类型化认知，依据一定标准对刑法观进行的逻辑分类。一般而言，刑法观类型论包括刑法观的范畴类型与具体类型两个方面的理论研讨。

其一，刑法观的范畴类型，是指根据刑法观所属范畴的归类情况所划分出的刑法观类型。刑法观的范畴类型，主要包括刑法本体观（刑法整体观）、刑法立法观、刑法司法观、犯罪观、刑罚观、罪刑观（罪刑关系论）等六种。

其二，刑法观的具体类型，是指根据刑法观的具体内容所划分出的刑法观类型。刑法观的具体类型，有民权刑法观与国权刑法观、主观主义刑法观与客观主义刑法观、行为刑法观与行为人刑法观、实质刑法观与形式刑法观、宪政刑法观与非宪制刑法观、风险刑法观、安全刑法观、秩序刑法观、敌人刑法观、常识主义刑法观等数十种。

此外，当下时代中国政府高度重视总体国家安全观、生物安全观、网络安全观、算法安全观等，由此引出的总体国家安全刑法观、生物安全刑法观、网络安全刑法观、算法安全刑法观等，均值得刑法学理论研究充分关注和深入研究。

问题意识三：多重面孔应当如何评判？

刑法观多重面孔，主要是指刑法观的具体类型具有多重面孔，一方面基于不同的历史条件、世界观、价值观和人生观，历史上出现了众多不同的刑法观，另一方面基于不同的知识背景和理论见解，理论界对刑法观存在不同的划分。

正是由于不同学者对刑法观本身的不同理解，关于刑法观的归纳种类繁多可能是一种正常现象，但是，有的学者所归纳的刑法观可能并不具有"刑法观"的特质或者说并不准确，这个问题有待学界进一步研究和斟酌。正因如此，如前所述，文献检索发现中外刑法学者提出的刑法观多达数十种。

下面，主要针对刑法观多重面孔，尤其是其中有一定学术影响的刑法观进行简介与评判。

(一) 民权刑法观与国权刑法观

在刑法史上,刑法观大致有国权主义刑法观与民权主义刑法观、权力本位刑法观与权利本位刑法观的区分。①

国权主义刑法观,又叫权威主义刑法观、权力本位刑法观,主张:刑法是体现国家权力并且以实现国家刑罚权为核心的法律,其目的任务就是保护国家整体利益,其显著特点是以国家利益为出发点而极端限制公民自由、刑罚严酷,尤其强调死刑适用。

民权主义刑法观,又叫自由主义刑法观、权利本位刑法观,主张:刑法是以保护国民的权利和自由为核心的法律,因而应当严格限制国家刑罚权并使之成为个人自由的有力保障,其目的一是最大限度地保障公民自由,二是严格限制国家行为。

可见,前者(国权主义刑法观)立足于刑法的社会保护机能,因而极端强调国家利益,它所针对的对象就是公民个人,它所限制的就是公民的自由,公民只是刑法的客体与对象;而后者(民权主义刑法观),则立足于刑法的人权保障机能,因而极端强调公民自由价值,它所针对的对象是国家,它所限制的主要对象是国家及其刑罚权。

一般而言,现代刑法在基本立场上都是坚持权利本位刑法观。这种刑法观对于我们认识刑法、研究刑法、实践刑法尤其是刑法司法具有重大指导意义。我们现代社会为什么需要制定刑法,为什么需要适用刑法?对于这个问题的回答,正确答案应当仅仅限定为"民权保障"或者"权利保障",而不能扩张到其他方面。例如,不应当主张刑法需要满足"报复""报应"观念,也不应当主张刑法需要偏重维护"大多数人利益""维护国家整体利益"(即在根本上忽视少数人利益和个人利益);在刑法适用中,不能主张过度的扩张解释、类推解释,想方设法地超越刑法规定以便对被告人定罪和处以刑罚,(当然,这种扩张解释在有利于被告人

---

① 陈兴良:《刑法学者的使命——许道敏〈民权刑法论〉序》,载许道敏《民权刑法论》,中国法制出版社2003年版,第1页。陈兴良教授认为:"民权刑法这个概念,是李海东先生首先在我国提出的。李海东根据国家与公民在刑法中的地位把历史上的刑法划分为两种类型:国权主义刑法与民权主义刑法。"

的场合则可以例外）；在刑事审判活动中，不能片面主张一律适用重刑、死刑，可从重可不从重的从重、可判死刑可不判死刑的适用死刑，而可适用缓刑可不适用缓刑的不适用缓刑，等等。这是一个观念性的问题，也是一个关涉刑法适用的根本立场问题。

总体上应强化被告权利保障的民权主义刑法观。其中在探索罪刑法定原则的理论创新时，理应关注形式主义立场与实质主义立场传统对立与理性整合，坚持以形式主义为基础、适当吸收实质主义合理成分的整合理论（保守的实质刑法观）。形式主义立场的合理性更多还是实质主义立场的合理性更多？答案可能面临不同宗旨和立场的拷问：从制衡国家公权力并有利于保障公民权利的宗旨看，形式主义立场的合理性更多；而从有效维护国家和社会有序发展的宗旨看，实质主义的合理性更多。但是，法治社会比较普遍的理性见解认为：对于法律规定为犯罪而实质上无罪的行为，实质主义理性可以认同无罪之使之判断（单面的、保守的实质主义刑法观），司法上不应定罪（片面责任主义），这一点应当吸收实质主义立场的合理成分。中国的法官更像大陆法系国家的法官还是更像英美法系国家的法官？理论上可以说中国的法官更加类似于大陆法系国家的法官（生成机理与政治社会地位等）。这是中国应当坚持以形式主义为基础、适当吸收实质主义合理成分的整合理论的根本原因之一。

（二）行为刑法观、行为人刑法观（被害人刑法观）与综合主义刑法观

行为刑法观。又称为行为主义刑法观或者客观主义刑法观，强调刑法应当以"行为"为中心，主张应当处罚的是各个犯罪行为（行为主义），重视行为外部的侧面与行为的结果（客观主义犯罪论），认为犯罪是自由意思的外部的实现（犯罪实现说），将责任的基础求之于犯罪行为中恶的意思（道义责任论与意思自由论），强调道义的报应论、一般预防论和法秩序维持论。[①] 启蒙时代的古典学派、后期古典学派，基本立场是行为刑法观。

---

① 陈家林：《外国刑法理论的思潮与流变》，中国人民公安大学出版社、群众出版社 2017 年版，第 35—36 页。

行为人刑法观。又称为行为人主义刑法观或者主观主义刑法观，强调刑法应当以"行为人"为中心，主张应当受处罚的不是行为而是行为人（的危险性格），刑罚的主要目的是矫正犯人的危险性格，应当以特别预防论为基础、从防卫社会的立场出发建立刑法学的体系。近代学派（刑事人类学派与刑事社会学派）的基本立场是行为人主义刑法观。[①] 北京大学法学院张文教授主张行为人刑法观、人格刑法学，值得关注。

理论界认为，近代学派行为人刑法观与古典学派行为人刑法观存在以下四方面的对立：一是近代学派的意思决定论与古典学派的意思自由论；二是近代学派的社会责任论与古典学派的道义责任论；三是近代学派的主观主义（行为人的社会危险性和犯罪征表说）与古典学派的客观主义（客观的事实）；四是近代学派的目的刑论（刑罚的目的在于教化犯罪人）与古典的报应刑论（刑罚的本质在于报应）。

被害人刑法观。被害人刑法观，是指将被害人纳入刑法视野，承认被害人行为影响行为人定罪量刑，关注被害人利益保护等因素的刑法观念。例如，交通肇事罪、破坏环境资源犯罪、侵犯公民个人法益犯罪等，应当关注被害人的利益保护，适当运用刑事和解、赔礼道歉和赔偿损失等措施保护被害人利益，而不是只单纯考虑行为与行为人、法秩序维护等因素。被害人刑法观越来越受到重视，是刑法学理论研究的一个重要发展方向。

综合主义刑法观。是指综合考量行为刑法、行为人刑法、被害人刑法等多方面因素的刑法观念。例如，我国有学者指出：

> 第二次世界大战以后，综合主义的刑法思想渐占优势，该思想主张以道义责任的观点说明刑罚的本质，同时兼顾社会防卫的需要，主张充分发挥刑法预防犯罪的积极功能。

> 各国的刑法典及其草案，也都体现了刑法综合主义的精神。在该观念的影响下，各国的刑事立法都体现出了犯罪扩大化以及刑罚社会化的倾向，具体表现为两个方面：一是刑事法网空前严密，立

[①] 陈家林：《外国刑法理论的思潮与流变》，中国人民公安大学出版社、群众出版社2017年版，第35页。

法从"结果本位"转变为"行为本位",大量设置行政刑法;二是刑罚轻缓化、人道化成为大趋势,"犯罪人"开始走进理论家的视野,矫正理论风靡一时,保安处分作为与刑罚并重的犯罪处遇措施受到越来越多国家的青睐。

对于我国而言,无疑才刚刚上路,主要表现在以下两个方面:一是刑法谦抑主义适当削减,刑法谦抑主义的削减是针对刑事立法活动而言,因此必须对立法上的谦抑主义和司法上的谦抑主义做出区分;二是刑法的矫正教育功能逐渐凸显,矫正理论在西方之所以被贴上失败的标签,根本原因不是矫正制度的失败,而是理论家太过理想化,企图用矫正来消除犯罪,而实际上矫正制度对于西方社会人权理论的进步、犯罪人的处遇、司法制度的进步还是作出了巨大的贡献,因此强调刑法的矫正教育功能并不意味着对刑罚的摒弃或抑制,刑罚与矫正的双轨制才是我国未来刑罚制度的理想模式。[①]

需要注意的是,综合主义刑法观深刻影响刑事制裁体系,近代学派曾经主张一元主义刑事制裁体系(认为刑罚和保安处分之间没有本质区别),刑罚目的是矫正犯人的危险性格;古典学派刑罚只能是针对"责任"的刑罚(无责任即无刑罚),后来的刑法发展是主张刑法立法同时规定"刑罚"与"保安处分"的二元主义立场(立法的二元化倾向),再后来是探索实践刑事制裁体系的三轨化,由"刑罚、保安处分、赔偿"的三轨化探索转向"刑罚、保安处分、特别没收"的三轨化探索实践,例如"德国刑法将没收规定为犯罪的法律效果,与刑罚、保安处分并列"[②]。

(三) 行为功利主义刑法观与规则功利主义刑法观

行为功利主义刑法观和规则功利主义刑法观,二者均属于违法性评价层面的功利主义刑法观,前者强调行为自身所产生效果的客观性来评

[①] 陈璐:《综合主义刑法观念的提倡》,《法制日报》2014年4月30日第12版。
[②] 参见陈家林《外国刑法理论的思潮与流变》,中国人民公安大学出版社、群众出版社2017年版,第40、12—25页。

价违法性，后者强调行为符合规则时所产生效果的客观性来评价违法性。

张明楷主张行为功利主义刑法观，指出：

> 行为功利主义依据行为自身所产生效果的好坏，判断行为的正当与否；规则功利主义则根据在相同的具体境遇里，每个人的行为所应遵守准则的好或坏的效果，判定行为的正当与否。结果无价值论的基本立场是，违法性的实质是法益侵害及其危险，这可谓行为功利主义的反映。①
>
> 刑法上的正当行为绝对不应当受到刑罚处罚；评价行为正当与否应当采取行为功利主义，因而应当采取结果无价值论；在两种法益存在冲突的情况下，应当通过法益的衡量来判断行为正当与否；符合构成要件的行为，即使违反了某种规则，但只要保护了更为优越或者同等的法益，就成为正当化事由；行为正当与否与行为人应否受谴责不是同一问题，因此，刑法理论必须严格区分违法与有责；行为人对结果的故意与过失不影响行为本身的正当与否，因而只是责任要素，不是违法要素。②

陈兴良教授主张规则功利主义刑法观。陈兴良教授宣称："相对于实质刑法观，我毋宁主张形式刑法观；相对于行为功利主义，我毋宁主张规则功利主义。"③

（四）宪政刑法观、契约刑法观、非宪政刑法观

我国有学者认为，早期国权主义刑法观实质上是非宪政刑法观，强调权力、专制、惩罚、秩序，现代社会主张宪政刑法观，中间状态是契约刑法观。

三种刑法观的主要观点是：（1）宪政刑法观，指称宪政视野下的刑

---

① 张明楷：《行为功利主义刑法观》，《法制日报》2010年3月24日学术版。
② 张明楷：《行为功利主义违法观》，《中国法学》2011年第5期。
③ 参见陈兴良《形式解释论与实质解释论：事实与理念之展开》，《法制与社会发展》2011年第2期。

法应具有的基本观念,也是刑权力对待犯罪和犯罪人的应有立场和基本态度,因宪法是民权的记述,宪政又是限制刑权力的技术,因此宪政刑法观是一种有别于刑法契约观的"最安全的刑法"观念。宪政刑法观的最安全形象实质是在国家刑权力和国民权利之间选择后者,并且国家刑权力放下身段去真正地倾听国民的要求,感受他们的恐惧,"权为民所想,利为民所谋"。这种刑法观的刑权力运行模式是安全模式,应当提倡宪政刑法观。(2)与宪政刑法观对应的是非宪政刑法观,这种刑法观的刑权力运行模式是犯罪控制模式,也是最不安全的刑法观。(3)早期宪政刑法观的"契约"形象,可谓刑法契约观,宪法被视为最高契约,这种刑法观的运行模式是正当模式,因此刑法契约观是相对较为安全的刑法观。①

(五) 主观主义刑法观与客观主义刑法观

主观主义刑法观与客观主义刑法观,通常以刑法主观主义与刑法客观主义的表达形式出现。②

我国有学者主张正确认识并坚持刑法主观主义,认为:

> 刑法主观主义与客观主义的争点在于对结果要素之于刑事责任的意义的不同理解。刑法主观主义反对将结果视作刑事责任的基础,主张刑罚针对的是行为人对法益的敌视或轻视态度以及在此态度下实施的行为本身。刑法的主观主义化是现代刑法的发展趋势。我国多数学者对刑法主观主义的批判是出于对主观主义理论内涵和理论基础的误解。从被客观主义者奉为思想渊源的刑事古典学派的思想中完全可以演绎出刑法主观主义的命题,刑法主观主义并不与古典自由主义的危害性原则相冲突,关于主观主义不利于自由保障的批评缺乏合理性。刑法客观主义提出的"危险结果"概念蕴含着悖论,难以自圆其说。在犯罪最低限度的要求上持主观主义立场不但符合

---

① 王太宁:《宪政刑法观》,载《刑事法评论》总第25卷,第345—375页。
② 参见马乐《为刑法主观主义辩》,《环球法律评论》2014年第2期。

公众的正义直觉，而且有利于法益保护目的的实现。①

但是，也有学者明确指出主观主义刑法观的法治风险，倡导客观主义刑法观。例如，冀洋指出：

> 刑法主客观主义的标签对立意义仅限于犯罪论中的行为违法性（不正当）本质的对立，二者的争点在于"行为"对于不法判断的意义，表现为主观不法论与客观不法论。刑法主观主义始终将行为视为与结果分离的"犯意支配下的身体举动"，行为只有征表危险性格的证据意义，不法的决定因素是"法益敌视态度"，这种在定罪中坚持从主观到客观的"行为人中心主义"成为主观归罪的方法论根源；刑法主观主义者错用了康德、李斯特之行为正当性的评价方法，其对主观主义方法论的辩护不成立。刑法主观主义将社会防卫作为刑法的最高价值，无视社会防卫与个人自由之间的价值冲突，滥用了边沁功利主义中的"最大幸福"等原则与信念，误读了密尔危害原则的自由主义内涵，导致定罪论完全成为刑罚目的之附庸，沦为极端的社会防卫论，秉持这样的价值观，主观归罪命运自然在劫难逃。因此，应当彻底驱逐以"目的证明手段合理"为信条的刑法主观主义。②

（六）实质刑法观（保守主义的实质刑法观）与形式刑法观

张明楷教授和陈兴良教授针对这个问题展开了论辩，但是两位大家所论辩的问题主要是刑法解释论上的实质刑法观与形式刑法观，或者说是刑法的实质解释观与形式解释观。

而刘艳红教授对实质刑法观（理性主义法律观）有系统论述③：

---

① 马乐：《为刑法主观主义辩》，《环球法律评论》2014年第2期。
② 冀洋：《刑法主观主义：方法论与价值观的双重清理》，《法制与社会发展》2016年第3期。
③ 刘艳红：《实质刑法观的体系化思考》，载魏东主编《刑法解释论丛（第1卷）》，法律出版社2015年版，第1—26页。

实质刑法观解决的基本问题是刑法的思维模式问题，即是以形式思维还是实质思维解决刑法中的根本问题，以此出发解决了刑法中的犯罪论体系与刑法解释理论和方法的构建问题，在前者，是主张实质的犯罪论，在后者，则力主实质的刑法解释论；实质刑法观的核心命题是实质的犯罪论与实质的刑法解释论；实质刑法观的基本方法是理性方法与实质方法，实质刑法观崇尚理性的方法，即以形式理性为前提，以实质理性为基点，提倡实质主义的思考模式；同时，实质刑法观重视实质的考察方法，通过对刑法中的构成要件（形式理性/形式的罪刑法定）的解释从实质可罚性角度进行，以使之合乎刑罚法规妥当性（实质理性/实质的罪刑法定），使刑法适用仅限于只处罚值得处罚的行为，以此限定刑法的处罚范围。总之，"实质的考察方法还使得根据作为构成要件基础的目的和价值观"[1]，来对构成要件作出实质的解释成为可能。实质刑法观的基本目的是，避免仅仅根据法条文字规定对构成要件作形式的理解，通过实质的解释阐述法条背后蕴含的正义理念，通过实质正义以矫正形式正义存在的不当出入人罪，实现刑法人权保障之机能与法益保护之目的；实现这一基本目的，也就是实质刑法观的基本价值。

实质刑法观正是从古典自然法学派的理性主义法律观出发的。理性主义法律观的基本观点是，法律是人类理性的体现；世界上存在着符合人类共同理性的永恒不变的自然规律即自然法，自然法是合乎正义的、是实在法制定的基础，理想的法律就是符合某种"自然"即理性的法律。实质刑法观以此为出发点，认为在实然的刑法规范背后，存在着应然的法的公平正义之价值理念。实质刑法观崇尚理性的方法，认为刑法的解释，是在刑法规范的意义框架之内，致力于寻找立法原意，解释出实然的法背后应然的正义之法的理念，这正是理性主义法律观的体现。实质刑法观重视理性方法，却不忽视经验方法的实际运用，因此实质刑法观还具有实践理性的特征。刑法研究的目的在于，以刑法规范（实然）为依据，对行为的合法

---

[1] ［德］耶赛克、魏根特：《德国刑法教科书》（总论），徐久生译，中国法制出版社2001年版，第289页。

性（应然）进行探讨，并形成具有指导性的理论体系。

可见，刘艳红教授对实质刑法观的哲学基础、罪刑法定观、构成要件论、违法论、有责论、共犯论及至刑法解释论等内容进行体系化展开与解读，也对实质刑法观的批判与质疑进行回应，从而较为全面地阐明了实质刑法观的基本立场和主要内容。

（七）预防性刑法观、风险刑法观（安全刑法观）、敌人刑法观

作为一种刑法思潮、刑法观念、刑法立场、刑法方法，这几个刑法观均值得关注和了解。

预防性刑法观。高铭暄教授指出，社会历史形态的变迁决定刑法制度的进化命运，全球风险社会与网络社会的交替交织孕育了当代刑法积极预防风险的时代任务。因应当代社会风险的预防性刑法理念呼之欲出，以犯罪化、危险犯配置、安全价值优位、刑罚积极预防等为特征的预防性立法是集中具象。预防性立法在犯罪与刑罚范畴均有体现，并酝酿系统性的刑法知识体系裂变，也倒逼刑法教义思考的深入。应正视刑法工具属性的客观性与刑法功能主义的发展性，以比例原则控制极端工具化的异变。应体认社会变迁引发犯罪形态结构变化的基本规律，联动犯罪学与规范刑法学，以刑事政策的理性化推动刑法参与社会治理的科学性。应重新认识刑法谦抑精神，倡导刑罚有效的必要制裁功能观，松绑刑法保障法和释放刑罚有效性的预防潜质。[1]

风险刑法观。风险刑法观（风险刑法理论）最早见于德国刑法学家普里特维茨（Prittwitz）的《刑法与风险》一书中，其认为：风险刑法表现为一种目的性刑法，处罚对象由传统刑法的"结果恶"演变成了"危险行为恶"[2]。人们对于风险的不安全感比以往任何时候都要强烈，为了应对风险，保障社会的秩序与安全，刑法应从传统的后卫地带走向前沿地带，从报应型论转向预防型论，以处罚抽象危险犯等方式提前实现对

---

[1] 高铭暄、孙道萃：《预防性刑法观及其教义学思考》，《中国法学》2018年第1期。
[2] 林宗翰：《风险与功能——论风险刑法的理论基础》，硕士学位论文，台湾大学法律系研究所2006届，第53页。

法益更为周密的保护。①

"风险刑法"是在体认"风险社会"的风险，反思传统刑法及其理论不足的前提下，按照风险社会的预防风险需要而构建起来的，与传统刑法有所不同的具有新类型、新特质的刑法及其理论学说。而所谓的"风险社会"，最初是由德国学者乌尔里希·贝克提出的，他指出：20世纪中后期以后，随着人类经济高速发展，科学技术高度进步，在以高度工业化为基础的变迁与发展过程之中，社会逐渐呈现一种系统失序的社会形态。在风险社会中，高科技一方面给人们生活创造了便利，另一方面制造了大量的危险，悄悄地威胁着人们的生存环境。从切尔诺贝利核事件、日本福岛第一核电站核泄漏、美国"9·11"事件、厄尔尼诺现象、印度博帕尔毒气泄漏以及其他众多的环境灾难和人类基因灾难等事实中，我们可以感知到这种全球性风险的存在。这些风险具有现实性、延续性、严重性等特点。风险社会并不是只存在于某一特定国家，而是当代人类所共同面临的。

风险刑法观（风险刑法理论）可谓褒贬不一，有支持也有反对。学界关于风险刑法与传统刑法的争议要点大致可以归纳为刑法论、犯罪论与刑罚论三个方面。中国必须关注并反思风险刑法理论，理性地审查我国刑法实践中存在的问题和漏洞，坚持适度吸纳风险刑法理论的立场，协调好防范社会风险和保障人权的关系，改进和完善我国的刑法与刑法理论。

安全刑法观。是指以安全保护为核心的刑法观。安全刑法观强调安全价值（安全法益）的极端重要性，没有安全就没有一切，也谈不上人权、自由、公正，所以强调安全为核心；同时，安全刑法观主张防范风险，为了有效防范风险，当然赞同刑法防控措施的强化、早期化，制裁危险犯、预备犯等，所以安全刑法观实质上就是风险刑法观，安全刑法观同风险刑法观和预防性刑法观之间具有亲缘性和一致性。

敌人刑法观。雅科布斯提出了"敌人刑法观"的概念，认为这是一个与市民刑法观相对的刑法观，是针对"根本性的偏离者，对于具有人

---

① 参见魏东、何为《风险刑法理论检讨》，载赵秉志主编《刑法论丛（第35卷）》，法律出版社2013年版，第1—52页。

格之人所应为之行为不给予保证,因此,他不能被当作一个市民予以对待,他是必须被征讨的敌人。这场战争乃是为了市民的正当权利,即对于安全的权利而战,与刑罚有所不同,遭到制裁之人并无权利,而是作为一个敌人被排除"[1]。雅科布斯进一步指出:"无法让人可信地保持法忠诚者,就会渐渐偏离到陌生领域去,同时权利被克减,但其义务仍存(即便他无法完成其义务了),否则他就因为不尽义务而成不了犯罪人,直到他不再享有权利,那也就是不作为人格体来处理了。这是我的论述的核心观点,如果去除这个观点,就肢解了我的文章,纠缠于细枝末节的东西,而未抓住基本意思。"[2]

有学者认为,敌人刑法观主要是针对国际恐怖主义犯罪之类的过激犯罪而言的,雅科布斯的"敌人刑法"理念通过扩张构成要件、限缩司法程序、严苛刑罚处置等议程,在司法论的维度上为现有国际刑法规范提供了新的诠释可能;从技术上看,这种诠释主要借由立场转变、体系重建、方法论价值奠基得以实现;从效果上看,这种诠释可能引发国际刑法预防机能的扩张、敌人理念体系构造的重组;从价值上看,这种诠释成为完善我国反恐法体系的一个"镜鉴"[3]。

(八) 积极刑法观、功能主义刑法观

在当下中国社会转型发展期,我国许多学者积极倡导积极刑法观(积极刑法立法观和积极刑法司法观)、功能主义刑法观。例如,付立庆教授等都明确主张积极刑法观;周光权教授等学者主张积极刑法立法观,劳东燕教授等学者积极引进和倡导功能主义刑法观。

付立庆教授主张积极刑法观,指出:

---

[1] 参见 [德] 雅科布斯《市民刑法与敌人刑法》,徐育安译,载许玉秀主编《刑事法之基础与界限——洪福增教授纪念专辑》,(台北) 学林文化事业公司2003年版,第39页。

[2] 参见 Gunther Jakobs, Feindstrafrecht? —Eine Untersuchung zu den Bedingungen von Rechtlichkeit, HRRS 8-9/2006, S.293. 转引自蔡桂生《敌人刑法的思与辨》,载《中外法学》2010年第4期。

[3] 参见韩晋、刘继烨《"敌人刑法"的国际刑法法规范诠释——基于防御国际恐怖主义犯罪的思考》,《武大国际法评论》2018年第5期。

中国当下刑事法网划定的总体趋势仍是适度犯罪化，与此相适应，刑法介入社会生活也应该更加积极一些，采纳积极主义刑法观。积极主义刑法观既与现代社会发展的情势变化相关联，也部分地得到了立法实践的印证，还和刑法谦抑原则不冲突。与功利主义刑法观、常识主义刑法观、民生刑法观、实质刑法观以及刑法家长主义等各有不同，在罪刑法定主义的总体框架下，积极主义刑法观强调尽可能实现刑法在个案处理中的妥当性、合理性，逐渐培植刑法的权威。需要承认刑法和其他部门法之间的平等关系和刑法独立性思想。判断立法上的犯罪化是否"适度"需要从刑事政策上宏观把握，而判断司法上的犯罪化"适度"与否，则需要落实到阶层式犯罪成立体系各个阶层的具体解释中。①

周光权教授明确提出了积极刑法立法观，指出：

在刑法观念逐步转向功能主义、刑法与政策考虑紧密关联的今天，刑法的谦抑性并不反对及时增设一定数量的新罪；刑罚早期化与转型中国社会的发展存在内在联系；意欲建设法治国家，就必须将限制、剥夺公民人身权利的处罚事项纳入刑事司法的审查范围。积极刑法立法观的确立有其社会基础，也更符合时代精神。与之相匹配，未来中国的刑法立法从技术层面需要考虑进行相当规模的犯罪化，但处罚不能轻易由轻改重；增强立法的问题意识、难题意识和实证支撑，提升不法的直观性、可感性；对公众的情绪化呼吁保持足够的理性与警惕；建立与新设大量轻罪相契合的刑事程序；尽可能降低犯罪的附随负面效应，使罪犯能够顺利回归社会。②

功能主义刑法观。功能主义刑法观（学）目前已成为一种具有全球性重大影响力的崭新理论。德日机能主义刑法学（功能主义刑法学）"在世界范围内影响甚巨，但并未形成统一的体系。罗克辛教授主张的刑事

---

① 付立庆：《论积极主义刑法观》，《政法论坛》2019年第1期。
② 周光权：《积极刑法立法观在中国的确立》，《法学研究》2016年第4期。

政策的机能主义刑法学、雅科布斯教授构建的以规范论为基础的机能主义刑法学以及平野龙一教授提出的可视性的机能主义刑法学，在建构路径、刑法目的、犯罪本质、构成要件、责任本质、刑罚目的等方面都存在差异"，并且"应当看到即使在德日国内也不乏对机能主义刑法学的质疑，那种认为其可能存在强化社会控制和弱化人权保障风险的观点也日益变得有力"[①]。尽管存有一些理论质疑和争议，但是功能主义刑法学充分借鉴吸纳了功能主义法学观的重要理论，尤其是其中关于功能主义的思考是比较成熟的。功能主义法学观强调法律规范内外的功能性思考，是一种"外部"的视角，将法学研究重心聚焦于法律与外部世界的关系、法律在社会中所发挥的功能等问题。[②] 功能主义刑法学强调不能只关注形式主义与概念法学论的"规范"本身，还必须关注和观照刑法"规范"内外的"功能"，确保规范效果和社会效果保持一致性。其中最为突出的亮点在于，针对李斯特把刑法教义学与刑事政策加以分立与疏离的思想所形成的"李斯特鸿沟"，罗克辛所主张的目的理性刑法学理论体系与功能主义刑法学特别强调必须在刑法学教义学之内进行刑事政策贯通的思考，提出了"罗克辛贯通"命题，即"罗克辛对李斯特鸿沟予以贯通，将刑事政策引入犯罪论体系，使构成要件实质化、违法性价值化、罪责目的化"[③]。

我国学者劳东燕教授在功能主义刑法观的基础上提出了功能主义刑法解释论，实质上是对功能主义刑法观司法适用的具体展开。劳东燕教授指出：

> 目的理性的刑法体系思想在合目的性的意义上界定与运用刑事政策，它的兴起为刑事政策与刑法体系的关系研究提供了全新的思考进路。目的理性的刑法体系要求发展一种受刑事政策目标指引的功能化的刑法解释论。刑事政策要对刑法解释产生影响，必须以方

[①] 张庆立：《德日机能主义刑法学之体系争议与本土思考》，《华东政法大学学报》2018年第3期。

[②] 马姝：《论功能主义思想之于西方法社会学发展的影响》，《北方法学》2008年第2期。

[③] 陈兴良：《刑法教义学与刑事政策的关系：从李斯特鸿沟到罗克辛贯通——中国语境下的展开》，《中外法学》2013年第5期。

法论上实现从概念法学到利益法学及评价法学的转变为前提。它借助目的的管道进入刑法体系，通过作用于作为规范保护目的的法益的范畴，来影响与形塑刑法条文的解释。功能主义的刑法解释论认为，刑事政策的目的性思考代表的价值判断与传统教义学规则代表的形式逻辑之间，是一种相互补充、相互牵制的关系。基于此，有必要警惕两种极端的立场：一是主张纯粹实用主义导向的刑事政策的论证，二是认为刑事政策对刑法体系的任何干涉都应被禁止。功能主义的刑法解释突破传统解释论的认知局限，认为解释者与法律文本之间不是主体—客体的认识论关系，解释者也参与对刑法文本的意义的创造，刑法解释因而并非单纯的方法论，而是构成刑法的实体。[1]

（九）常识主义刑法观

陈忠林教授、周光权教授等主张常识主义刑法观。常识主义刑法观在中国刑法学界乃至整个法学界引起了广泛而深刻的关注，获得了理论界和实务部门的广泛认同，现在越来越多的理论工作者以常识主义刑法观来研究和解决刑法理论问题，越来越多的实务工作者以常识主义刑法观来认识和判断具体案件尤其是系列重大影响力案件的最终解决方案，值得充分重视。

陈忠林教授在"知天命"之年即正式提出和论证了"常识、常理、常情"刑法观（即"三常"刑法观或者常识主义刑法观）、法治观、法治教育观[2]，较为深刻地阐释了常识主义刑法观的实质内涵及系列命题。基于自由、人权、法治的关系论[3]思考提出常识主义刑法观命题，试图寻找到刑事法治的良心与灵魂，大声疾呼"现代法治归根结底应该是人性之治、良心之治"（良心论）以及良法之治（良法论），指出"常识、常

---

[1] 劳东燕：《功能主义刑法解释论的方法与立场》，《政法论坛》2018年第2期。
[2] 陈忠林：《刑法散得集》，法律出版社2003年版，"序"第9页。
[3] 陈忠林教授指出："在我看来，自由、人权、法治三者之间的关系应该是：自由是基于人类本性的一种需要；当人们向社会要求满足这种需要的条件时，这种要求的内容就是人权；而法治则是社会保障人们实现这种要求的具体措施。"陈忠林：《刑法散得集》，法律出版社2003年版，第61页。

理、常情"是现代法治的灵魂（灵魂论），核心内容"是人民群众关于社会最基本价值的基本认识，是一个社会最基本的伦理要求的基本形式，因而也是建立现代法治最基本的价值基础和社会伦理基础"，是"从根本上保证"国家"制定、适用法律的过程真正是一个体察民情、顺应民意、反映人民需要的过程"，强调"法律工作者的任务，是把已变成人民共识的先进思想、价值观念变为法律，并用这些人民的共识来解释、适用法律；把先进的思想、观念、价值变为人民所接受的常识、常理、常情，则是思想家、教育家的工作"，必须"防止他们出现脱离群众、脱离社会实际、纯粹按照抽象法理来制定、适用法律的情况"①。十年后，陈忠林教授再次重申"现代法治只能是常识、常理、常情之治"，"常识、常理、常情都是得到普通民众最广泛认同的是非观、价值观，是人民群众在日常生活中自然形成并用以指导自己行为的基本准则，它自然是人民意志最基本的体现、人民利益最起码的要求"②，"常识、常理、常情是一个社会最基本的是非观、善恶观、价值观，是指导我们制定、适用、执行法律的指南"，但是，常识、常理、常情"不是具体的法律规范本身。我们的司法者、执法者在处理具体案件时，当然只能以相关法律的具体规定为依据"③。

周光权也极力主张常识主义刑法观，指出：

> 刑法学发展至今貌似精巧，但理论构造似乎离生活常识越来越远，使得理论与公众的规范感觉、认同感觉之间的分歧很大。刑法研究无论走何种道路，可能都面临需要重新思考的问题：在我们的生活当中，哪些是常识性的东西，抑或哪些是生活经验上特别值得重视的东西。刑法学回归常识主义，要重视两个问题：一方面，刑法本身对社会有什么益处？或者刑法的社会功能究竟是什么？另一方面，刑法学回归常识主义，是否有可能性？亦即使刑法学和生活常识接近，或者尽量回归生活常识、尽量让公众能够去认同是否有

---

① 陈忠林：《刑法散得集》，法律出版社2003年版，第37—41页。
② 陈忠林：《刑法散得集（Ⅱ）》，重庆大学出版社2012年版，第17—18页。
③ 陈忠林：《刑法散得集（Ⅱ）》，重庆大学出版社2012年版，第23页。

可能？如果有可能，则其出发点或者基点是什么？常识主义刑法观对于欧陆刑法学会给予特别关注，强调跨文化的刑法趋同性，肯定了通过刑法保护社会中通行的规范关系的重要性。①

（十）其他刑法观

除前面具体列举的刑法观之外，学界还出现了以下一些刑法观：（1）实践刑法观与文本刑法观、经验刑法观与理性刑法观；（2）科学主义刑法观与人文主义刑法观；（3）刑法文化观、刑法历史观、刑法进化观；（4）"和"的刑法观；（5）理性交往刑法观、恢复刑法观；（6）"决断论"的刑法观、"规则论"的刑法观、"秩序论"的刑法观、"三位一体"的刑法观；（7）市场经济条件下"十大刑法观"；（8）中国传统慎刑观。

这些刑法观，有的是一般意义上的法律观在刑法观上的运用，比较好理解；有的则是比较特殊的刑法观见解，不太好理解，这里选择介绍几种简介如下：

1. "和"的刑法观

我国有论者提出了"和"的刑法观，认为在建设社会主义和谐社会的当下，主张"和"的刑法观有充分理由：第一，树立"和"的刑法观，有利于人们对犯罪现象有更理性的认识和注重从根本上削弱产生犯罪的原因；第二，树立"和"的刑法观，有利于司法人员更加注重程序公正和证据规则；第三，树立"和"的刑法观，有利于贯彻刑诉法关于"疑罪从无"的规定；第四，树立"和"的刑法观，有利于正确量刑；第五，树立"和"的刑法观，有利于加强从根本上改造罪犯的理念；第六，"和"的刑法观应当包括废除死刑；第七，"和"的刑法观应当"严打"期间有所体现，做到严之有利、严之有据、严之适度。在此基础上，论者指出：

> "和"的刑法观是构建社会主义和谐社会中最基本的刑法观。适合于当前社会的刑法观是多种多样的，比如，效益化的刑法观，即

---

① 周光权：《论常识主义刑法观》，《法制与社会发展》2011年第1期。

在刑法运行过程中以最小的成本换取最大的利益。开放化的刑法观，即在刑事立法和司法活动中注意经济全球化趋势和注意借鉴国外与犯罪作斗争的成功经验等。但是，树立与构建社会主义和谐社会相适应的刑法观，应当以"和"的刑法观为基本点，其他的刑法观，应当服从于"和"的刑法观，这样才能符合构建社会主义和谐社会的总体要求。

总之，"和"的刑法观并不是对犯罪分子放松打击，而是注重在心理上瓦解犯罪分子，对可能犯罪的人来讲，使其受社会的祥和谦让气氛感染而放弃犯罪；对正在犯罪的人来讲，不会因为轻罪重罚而把不严重的暴力犯罪上升为严重暴力犯罪；对于进入刑事诉讼程序的犯罪嫌疑人或者被告人来讲，通过严格依法、文明、公正地侦查、起诉、审判，使其对自己所受到的处罚心服口服，在服刑中接受改造，早日回归社会。所以，我们说"和"的刑法观是构建社会主义和谐社会最基本的刑法观。①

2. 理性交往刑法观、恢复刑法观

我国有学者提出理性交往刑法观，指出：

在社会转型纵深发展时期，理性交往刑法观是对先前刑法观的"扬弃"。理性交往刑法观以"关系理性"和"交往理性"为哲学依据，以"大数法则"为社会学依据；理性交往刑法观将"正直的权威性""公信的厚实性"与"法治的民本性"作为自己的目标特质；理性交往刑法观分别将"生活理性"和"融合范式"作为自己的实践特性和学术特性，其所生成的"融合范式"将促成保障权利和保护社会的刑法应然价值的融合。在社会转型纵深发展时期，理性交往刑法观及其融合范式更加具有助益社会和谐稳定与可持续发展的应时意义。②

---

① 张明：《"和"的刑法观与和谐社会》，来源：中国法院网，https://www.chinacourt.org/article/detail/2006/01/id/194555.shtml，2020 年 9 月 1 日访问。
② 马荣春：《理性交往刑法观："融合范式"的生成》，《法学家》2018 年第 2 期。

恢复刑法观论者指出：

　　社会管理创新的概念创新和刑法应当主动回应社会的回应性品性，说明在社会管理创新之下，刑法观也应随之而突破，进而形成新刑法观。而相应的新刑法观则包括恢复刑法观、温和刑法观与共识刑法观。

　　恢复刑法观不仅意味着在犯罪事件发生后即在定罪量刑阶段，及时而尽可能充分地实现对被罪犯损害的物质与精神恢复；还意味着在刑法实践过程中，对于那些能够征表犯罪人的人身危险性有所减弱的主客观因素，刑法立法和刑法司法包括刑罚执行应给予不同于以往的应有对待。

　　恢复刑法观的"恢复"不仅包含着对被害者的恢复，而且包含着对加害者的恢复，其所欲达致的是一种胸襟更为宽广的刑法的社会保护功能与人权保障功能，特别是刑法的人权保障功能，通过对加害者的恢复即对犯罪人的恢复而实现着比矫治、改造更加彻底的"人本关照"。

　　恢复刑法观所包含的对加害者即犯罪人的恢复不像以往那样仅被局限在刑罚阶段，而是被提前到定罪量刑阶段。恢复刑法观与报复刑法观或报应刑法观直接相对立，体现着和谐发展与可持续发展的时代要求。①

3. "决断论"的刑法观、"规则论"的刑法观、"秩序论"的刑法观、"三位一体"的刑法观

　　齐文远教授研究并论证了规则、决断、秩序"三位一体"的刑法观，主张：在我国刑事立法领域应当坚持"'秩序论'优先，'决断论'和'规则论'补充"的刑法观；至于在刑事司法领域，则应当坚持"'规则论'优先，'决断论'和'秩序论'补充"的刑法观。根据齐文远教授的介绍，从刑法的发展史看，先后出现了"决断论""规则论"和"秩序论"三种刑法观。从刑法的发展史看，首先映入我们眼帘的是"决断

---

① 马荣春：《社会管理创新下的新刑法观》，《福建法学》2016年第4期。

论"的刑法观。(1)"决断论"的刑法观认为,刑法来自主权者的命令,刑法的运行也必须遵循主权者的命令。"决断论"的刑法观具有三个特点:一是以惩罚犯罪为向度;二是以刑罚权国家专有原则为支撑;三是以政治学为学科基础,对刑法作政治学的诠释实质上就是为扩张刑罚权寻求政治上的根据。由于"决断论"的刑法观本身蕴含着滥用刑罚权的危险,并且在前近代社会的实践中也得到了证实,因此自近代以来,为了克服其弊端,"规则论"的刑法观逐渐产生。(2)"规则论"的刑法观也有三个特点:一是以限制刑罚权为向度;二是以罪刑法定和有罪必罚原则为支撑,由于"规则论"的刑法观强调规则至上,因此定罪判刑必须以刑法的规定为依据;三是以法学为学科基础。规范分析被认为是法学特有的研究方法,就刑法学而言亦不例外。然而,不可否认的是,"规则论"的刑法观缺乏以社会事实为参照来检视规则本身的视角与方法,以致出现了刑法学理论异常发达而犯罪率居高不下的尴尬局面。为了弥补"规则论"刑法观的缺陷,"秩序论"的刑法观又应运而生。(3)"秩序论"的刑法观强调刑法应当以社会共同体秩序为核心而展开。其有三个突出特点:一是以解决问题为向度;二是以法益保护原则为支撑;三是以文化与社会人类学为学科基础,即特别重视非正式制度的社会意义及其与刑法之间的互动关系。①

4. 市场经济条件下"十大刑法观"

高铭暄提出的现代十大刑法观:经济刑法观、法制刑法观、民主刑法观、平等刑法观、人权刑法观、适度刑法观、轻缓刑法观、效益刑法观、开放刑法观、超前刑法观。

我国有学者指出,民主刑法观,要求在刑法的立法过程、内容、执法过程等各方面按照民主原则办事,体现民主精神;效益刑法观,要求在市场经济条件下,刑法理应关注成本与收益的对比关系,追求效益最大化。②

---

① 详见齐文远《社会治理现代化与刑法观的调整——兼评苏永生教授新著〈区域刑事法治的经验与逻辑〉》,《法商研究》2014 年第 3 期。

② 张开乐:《市场经济的呼唤:民主刑法观和效益刑法观》,《信阳师范学院学报》(哲学社会科学版) 1994 年第 4 期。

5. 中国传统慎刑观

我国传统慎刑观近年来也受到学界关注。有学者指出：

> 慎刑观是中国古代主流的刑法观，是传统刑法文化中最具特色的内容之一。古人所谓"制刑之义"，即指刑事立法的宗旨，属于刑法观的基本范畴，也是慎刑观与重刑观两种对立的刑法观分歧的焦点之一，对该问题的解读是全面认识和深入理解慎刑观的前提和基础。按照慎刑观的理解，刑乃"不得已而用之"的"治恶之具"，刑法的直接作用是"禁暴厘乱"；刑法的主要目的在于"辅政助化"，"明刑弼教"；而终极追求则是"以德去刑"，"刑期于无刑"，以达到"刑措不用"的"大治"境界。儒家的"民本"思想、"仁政说"以及人性论是慎刑观的理论基础。[①]

三 刑法学方法论

关于刑法学研究方法，有必要先谈一下刑法学者的"方法论觉醒"和法理学关于法学方法论的反思检讨，然后再谈刑法学方法论以及刑法学术研究和写作问题，这样做有利于扩大刑法学方法论视野，提升刑法学方法论理论品格。

（一）刑法学者的"方法论觉醒"

关于刑法的研究方法问题，理论界已经有一些比较成熟的看法，比如理论联系实际、对照总论各论原理、解释刑法总则分则条文、比较研究、实证分析等方法，应当说都是十分重要的研究方法。近年来，刑法研究方法的极端重要性越来越受到学界关注和推崇，所以刑法理论界对此进行了持续不断的深入研讨，有关的专题研讨会以不同规模不同层次在各地举行，有关的专题论著大量公开发表，其中有的研究成果比较具

---

① 吕丽：《中国传统慎刑观对"制刑之义"的阐释》，《法制与社会发展》2012年第6期。

有系统性、基础性，形成了较大的学术影响。[①]

中国刑法学者的"方法论觉醒"，近年来收获了巨大成就。如：（1）赵秉志教授的刑法学研究方法与学术成就。注重刑法基本原理、刑法立法完善与刑法解释相结合、定性与定量研究相结合、思辨研究与实正研究相结合、刑法规范学与刑事政策学和国际刑法学的综合研究等方法，同时强调刑法学研究不能照搬一般法学研究方法[②]，在刑法整体论、刑法总论与刑法各论上取得全方位的巨大成就。（2）张明楷教授的刑法学研究方法与学术成就。主张研究刑法学应以辩证唯物主义与历史唯物主义为根本法，要运用历史的、发展的观点和理论联系实际的方法研究刑法，要综合运用注释研究法、哲学研究法、历史研究法、比较研究法、社会学研究法、案例研究法等具体方法研究刑法；特别强调刑法基本原理与刑法解释学的研究方法，反对动辄指责刑法立法漏洞的研究立场[③]，在刑法基础理论尤其是在刑法解释论方面取得重大成就。（3）陈兴良教授的刑法学研究方法论与学术成就。陈兴良教授出版了较多有关法学方法论专著，如独著《刑法的知识转型（方法论）》、独著《刑法教义学》、主编《刑法方法论研究》等。陈兴良教授现在较多地强调了刑法教义学研究方法，指出：法学知识是鱼，法学方法是渔，授人以鱼不如授人以渔，认为"在某种意义上可以说，刑法总论，尤其是犯罪论，实质上就是刑法方法的载体；刑法各论则是将刑法方法运用于各罪的一种应用型训练"；具体分析研讨了刑法学研究方法论中的三组关系：立法论的思考与司法论的思考、体系性的思考与问题性的思考、类型性的思考与个别性的思考。[④] 陈兴良教授在刑法知识论、刑法哲学、刑法原理、刑法解释论

[①] 撇开法理学界对法学方法论之研讨，仅就"刑法方法论"专题的研讨就产生了较丰富的研究成果，如曾粤兴：《刑法学方法论的一般理论》，人民出版社2005年版；陈兴良主编：《刑法方法论研究》，清华大学出版社2006年版；梁根林主编：《刑法方法论》，北京大学出版社2006年版；赵秉志主编：《刑法解释研究》，北京大学出版社2007年版；杨艳霞：《刑法解释的理论与方法：以哈贝马斯的沟通行动理论为视角》，法律出版社2007年版；白建军：《法律实证研究方法》，北京大学出版社2008年版；陈航：《刑法论证方法研究》，中国人民公安大学出版社2008年版；周光权：《刑法客观主义与方法论》，法律出版社2013年版。

[②] 参见赵秉志《刑法基本问题》，北京大学出版社2010年版，第405—441页。

[③] 张明楷：《刑法学》（第四版），法律出版社2011年版，"绪论"第13—15页。

[④] 陈兴良：《教义刑法学》（第二版），中国人民大学出版社2014年版，第1—28页。

等诸多方面取得巨大成就。(4)周光权教授的刑法学研究方法论与学术成就。周光权教授主张刑法客观主义方法论,"刑法客观主义是基本立场,也是方法论","必须先客观后主观","尽可能将传统上对主观要素的判断还原为对客观要素的判断";重视刑法解释和"刑法解释方法的多元化",认为"刑法解释是方法论中的重要内容";重视体系性思考、类型性方法、价值判断(实质主义刑法观);强调中国刑法研究如欲达到相当的高度,就必须借鉴而非拒斥欧陆刑法理论,不能人为区分何种理论是"中国刑法学"、何种理论是"外国刑法学""比较刑法学",其实所有的理论,只要能够说得通,都是"中国刑法学"。[①] (5)曾粤兴教授专题研究了"刑法学研究方法的一般理论",将刑法学方法的选用区分为四种语境并予以具体研讨:一是法律文本注释的研究方法,包括传统的刑法注释方法与当代的刑法注释方法;二是立法建议的研究方法,包括实证分析、经济分析、比较分析、系统分析等方法;三是刑法案例的研究方法,包括语境解释、法意解释、目的解释、补正解释(黄金规则)、当然解释等诸种方法;四是基础理论的研究方法,包括历史分析、实证分析、当然解释和体系解释(语境解释)、综述方法等。[②]

我国还有许多刑法学者亲躬引领刑法学方法论这一专题研究,如储槐植教授、王世洲教授、梁根林教授、冯亚东教授、刘艳红教授、刘远教授、白建军教授、陈忠林教授等,有的学者提出的刑法学研究方法十分具有启发性,如提出综合的方法(王世洲)与折中的方法(储槐植)等,极大地推动了刑法研究方法之研究。笔者本人曾经撰文讨论过刑法学研究方法问题,主张当下刑法学研究需要借助一些新的思维方式和新的研究方法,进行理论创新、方法论创新。其中提出了在研究刑法时除了运用传统教科书中介绍的基本方法,还应当重视运用以下五种重要的立场方法:一是坚持民权主义刑法观;二是采取适当保守的刑法解释论立场;三是系统运用刑事政策学原理的研究方法;四是综合运用非刑事

[①] 周光权:《刑法客观主义与方法论》,法律出版社2013年版,第8—21页。
[②] 曾粤兴:《刑法学方法的一般理论》,人民出版社2005年版,第226—275页。

法学原理的研究方法；五是系统化论证与精细化推敲相结合的研究方法。① 陈瑞华教授是一位诉讼法学者，但是其关于法学研究方法的思考很有启发，尤其是其专著《论法学研究方法》，其中强调了"从经验到理论""先归纳后演绎"的研究思路和研究技术的极端重要性，十分值得刑法学者重视。

我国台湾和港澳学者的刑法学研究方法，在分别吸纳大陆法系国家和英美法系国家刑法学研究方法的基础上，各有特色。林东茂教授的刑法学研究方法论与学术成就值得特别关注。林东茂教授是我国台湾刑法学者，在大陆和世界上均具有一定影响力。林东茂教授在评价经验主义/实证主义研究方法与理性主义/人文主义研究方法的基础上，似乎更主张倾向于理性主义。

（二）刑法学方法论的具体展开

关于刑法哲学研究方法（以及坚持民权主义刑法观）、刑事政策学研究方法（系统运用刑事政策学原理的研究方法）、刑法解释学方法（规范刑法学研究方法），其基本内容已在"刑法学理论知识体系"之中做了论述，这里不再赘述。下面重点讨论一些较为具体的刑法学研究方法问题。

1. 借鉴吸纳法理学方法论，特别强调科学主义与人文主义的综合立场

在讨论刑法学方法论具体问题时，必须首先强调并借鉴吸纳法理学方法论指引。主要内容可以概括为以下三点：

（1）兼顾好哲学方法和一般科学方法论的指导与法学专门技术方法的具体运用

法学方法论是由各种法学方法组成的一个整体的法学方法体系以及对这一法学方法体系的理论阐释。法理学认为，"法学方法论作为法哲学、社会实证法学和实体法有机结合理论体系的方法论，不限于法学中专有的技术性方法，还必须接受哲学方法的指导和一般科学方法论的指导"；因此，"在具体运用过程中，必须反对两种倾向：一是用哲学方法

---

① 参见魏东《保守的实质刑法观与现代刑事政策立场》，中国民主法制出版社2011年版，第11—36页。

论取代法学中专门技术方法论;二是否认哲学方法论对法学的指导作用,片面强调专门技术方法,割裂两者之间的内在联系"①。

(2) 特别强调法学方法论体系中科学主义与人文主义的综合立场

法理学上还提出了法学方法论体系的科学主义(经验主义或者实证主义)与人文主义(理性主义)的二元论命题,法学方法论中存在科学主义与人文主义二元论之争。方法论中的科学主义,倾向于认为法学要想成为一门科学就必须使法学理论揭示的内容具有客观性;方法论中的人文主义,主张应以人文研究为标准来规范社会科学研究。

正是科学主义与人文主义的对立构成了法学方法论中的二元论。这种二元论是以一系列悖论的形式表现出来的:其一,从本体论角度上看,有两个相反的命题:一是法律发展过程是客观的;二是法律发展过程是主观的(是人们有意识活动的过程)。其二,从认识论意义上看,也存在着两个相反的命题:以法律事实为对象的法学研究信奉"价值中立"观。法学是反映不同社会群体的价值的科学,不存在"价值中立性"判断。其三,从法学研究目标来看,也存在相反的命题:法学应追求精确性;法学不必精确化。② 因此,法理学上主导观点是主张法学方法论体系中科学主义与人文主义的综合立场。

(3) 整合运用现代法学方法论和传统法学方法论

现代社会主要的法学方法论,有马克思主义法哲学方法论、价值判断的法学方法论、分析实证主义法学方法论、社会实证法学方法论、历史法学方法论、经济分析法学方法论、比较的法学方法论、现代自然科学的法学方法论等多种。其中,现代自然科学的方法论大致有控制论、系统论、信息论的法学方法论,博弈论的法学方法论,模糊论的法学方法论,耗散结构论、协同论、突变论的法学方法论,生物科学的法学方法论(如各种社会达尔文主义与有关"组织移植"理论的运用)等。此外,中国古代历史上的法学方法论出现过"法天"的法学方法论(如"法天"和"法自然"等)、"气"的法学方法论(如"气数"以及"元气"和"民气"等)、"中庸"的法学方法论(如"中庸"和"中和"

---

① 吕世伦、文正邦主编:《法哲学论》,中国人民大学出版社1999年版,第615页。
② 吕世伦、文正邦主编:《法哲学论》,中国人民大学出版社1999年版,第616—621页。

以及"执中"等)、"注释"的法学方法论、权力分析的法学方法论（如"内法外儒""术治论""势论"等）。①

2. 刑法经验主义研究方法与刑法理性主义研究方法

刑法经验主义研究方法强调经验归纳、实证素材、科学分析，而刑法理性主义研究方法强调理性判断、人文追求（态度）、逻辑演绎。应当说，刑法经验主义与理性主义相结合的研究方法，就是法学方法论体系中科学主义与人文主义的综合立场的具体展开和刑法学运用，与我们通常所说的法理论证与实证分析相结合的研究方法是完全一致的。

因此，应当强调法理论证与实证分析相结合的研究方法。如果仅有法理论证，则可能仅仅流于概念逻辑的演算分析，往往缺乏实践厚重感和可信度，这是实证主义学者所反复批评的现象；如果仅有实证分析，则也可能仅仅流于一些数字游戏的演算分析，容易造成缺乏法理厚重感和品位，甚至还可能得出一些比较错误的或者不当的结论。只有将这两种研究方法有机结合起来，才可能生产出高质量的优秀论文产品。有必要特别强调：在刑法研究中，尤其不能忽视法理正当性与合理性的论证推敲，哪怕是在做实证分析研究也是如此。当我们收集到的实证案例和统计数据出现两种相互矛盾的解释结论或者其中明显存在错误的解释结论时，这时应当注意展开有理有据的、建设性的批评甚至批判，然后再进行解释性建构（建构合乎法治理性的解释结论）。如果不注意批判性地展开实证研究，就可能有失实证分析理性，甚至会得出错误结论。因此，研究者需要时刻警惕并防范简单粗糙的实证分析可能存在的一些缺陷与弊端。

我国学者张卫平和美国学者弗兰克·费希尔都注意到实证分析方法可能出现的缺陷与弊端。例如，张卫平指出，实证分析方法由于涉及作为研究主体的"人"的价值立场问题，以及"实际上又必须承认，调查分析者的主观认识、价值都对调查结果有重大影响，不仅反映在诸如问卷调查的设计方面，而且反映在调查对象的选择上，也包括人为地对调查数据的取舍、修饰等主观行为"，且"当前有不少文章只是把实证分析

---

① 参见吕世伦、文正邦主编《法哲学论》，中国人民大学出版社1999年版，第622—832页。

作为一种讨巧的方法,把实证调查的数据作为文章的装饰,许多数据的获得是相当随意的。在研究中,实证分析所存在的问题是,实证调查很难复查,由此很难确定调查的真实性,完全以调查者的诚信作保障。在当前浮躁的学术生态环境中,调查者的学术忠诚度是很难把握的。就如人们所言,数字不会说谎,但说谎者在使用数字","这是实证调查的局限性所致"。因此,我们必须认识到,"实证分析的消极方面主要在于,容易使人们消极、被动地承认现实的合理性,而不是以应然的、价值要求的,以法的基本原理为出发点,改革、修正现有制度,从而走向'现实就是合理的'保守主义的立场。以这种立场出发,则所有的法律构建、法治建设都可能是没有意义的,这对于法治建设和推动社会转型都会造成消极影响。因此,在这一点上我们必须加以注意。实证分析的结果虽然使人保持一种冷静、反省、反思的姿态,但同时也会使人形成缺乏激情、保守、消极、宿命的心理结构,这对于认可社会进步、持社会改造论的人而言是无法认同的"[1]。

再如,美国学者弗兰克·费希尔指出:"实证主义的政策评估受到广泛的批评,因为它既是'专家治国论者的世界观'的产物,又是其代理者。……实证主义者的研究用高度精确和数学抽象的符号来表示,目的在于回避党派政治利益。""实证主义的失败在于没能抓住这样的事实:社会行动'本身是有好坏标准的',包括好的生活标准或理想社会标准。"[2] 因此,实证主义方法论可能存在失败,甚至误导,需要实证科学之指导。因此,这些问题值得我们审查和防范,同时也应当保持适当的批判性反思立场。

刑法实证主义方法中,要特别重视案例刑法学方法。赵秉志教授指出,"案例分析方法,是理论联系实际的最好途径",并且"可以增强学习研究者运用刑法理论解决实务问题的能力"[3]。案例刑法学研究方法,有的学者进一步限定为判例刑法学研究方法,显然,案例刑法学研究方

---

[1] 张卫平:《在"有"与"无"之间——法学方法论杂谈》,《法治研究》2010年第1期。
[2] [美] 弗兰克·费希尔:《公共政策评估》,中国人民大学出版社2003年版,第11、14页。
[3] 赵秉志主编:《刑法教学案例》,"编写说明",法律出版社2007年版,第1页。

法与判例刑法学研究方法二者之间是有一定区别的。即前者并不局限于既有判例的研究，还包括尚未进入法院审判或者尚未出现生效判决的案例研究，甚至可以由研究者直接"编撰"一个非真实的教学案例来展开刑法学理论研究；而后者强调只能是针对真实判例，尤其是生效判决的案例展开学术研究，反对研究者在真实判例之外"编撰"教学案例的做法。研究者可以根据自己研究问题的需要，灵活采用案例刑法学研究方法或者判例刑法学研究方法，只要有利于研究论述所涉刑法学论题的需要即可。案例刑法学研究方法在基本属性上是"刑法学"研究方法，必须以运用和研讨刑法学原理为己任，同时强调个案刑法解释与案例研究方法论特色，其尽管没有强调"整体刑法学"原理论述上的体系性和周全性，但是必须尽力突出"个案"和"类型性案件"法理阐释的理论深刻性、贯通性和语境性，尽力彰显相关法学领域理论研究的方法论意识及其创新发展的方向性指引，而且后者恰恰更能体现出"案例刑法学"研究方法的突出特点，有利于弥补其他研究方法之不足，有利于有效培育和提升法律学人的法律实践能力，可谓价值巨大。因此总体上看，案例刑法学研究方法（或者判例刑法学研究方法）具有总结刑法解释适用经验、催化刑法改革和刑法修订、验证与深化刑法理论的重要作用，运用案例刑法学研究方法研究案例，不能只局限于就事论事地解决"本案判决结果"，而应注意突出强调个案法理阐释的深刻性，这种深刻性主要体现为问题意识的深刻性、法理阐释的深刻性两个方面。

例如，山东于欢防卫案、江苏常熟何某等人聚众斗殴案的判例刑法学研究。

针对于欢砍杀案和何强等人聚众斗殴案的刑法学研究，笔者认为在研究方法上应当重视以下两个方面：

（1）问题意识的深刻性

问题意识是前提、基础，如果问题意识上不具有抽象化的深刻性，那么将严重制约案例研究的学术"格局"、理论深度和创新贡献。可以说，适当地归纳提出问题是理论研究成功的一半。例如，山东于欢防卫案、江苏昆山于海明防卫案、江苏常熟何强等人聚众斗殴案的法理问题到底应该如何提炼（抽象化），是就事论事地阐释法条含义和给出案件定性处理意见，还是更加深入地检讨正当防卫的正当化根据、正当防卫和特别防卫的成立条件及法理、防卫挑拨的法理、相互挑衅与聚众斗殴的界限及法理、防卫过当的法理，就反映了论者问题意识的抽象化能力和深刻性品格。从目前国内刑法学界针对上列刑事案件展开的理论研讨看，针对正当防卫提出的理论问题十分丰富而深刻，如：正当防卫的正当化根据是什么？针对非法拘禁行为，家庭暴力与持续侵害行为可以进行正当防卫吗？针对防卫挑拨行为，尤其是相互的防卫挑拨行为（相互挑衅）可以正当防卫吗？以及正当防卫与（聚众）斗殴的界限是什么？防卫意思（或者防卫意识与防卫动机）的体系性地位是什么？以及偶然防卫应当如何定性处理？逆防卫、正当防卫的第三者效果的法理是什么？特别防卫权与正当防卫的关系论是什么？防卫过当的归责原理是什么？等等。应当说，上述列理论问题的提出，远远超出了就案论案、就法条论案、就教材论案的广度和深度，许多理论问题是我国传统刑法学教科书里所没有涉及的，这些理论问题的进一步归纳抽象较充分地体现了问题意识的深刻性。

（2）法理阐释的深刻性

有针对性地提出解决问题的理论方案和法理论证是案例刑法学研究的关键。如果说问题意识的抽象化深刻性是前提、基础，那么体系化的深刻性法理论证就是关键、核心、重中之重。以山东于欢防卫案、江苏昆山于海明砍杀案、江苏常熟何强等人聚众斗殴案的法理阐释为例，针对前述有关正当防卫理论及相关法理展开较为深入的学术研讨，在主要借鉴吸纳德日英美刑法学正当防卫理论、运用我国传统刑法学正当防卫理论既有知识的基础上，应当体系化地、深刻地研讨以下理论问题：

首先，力图深入研讨正当防卫的正当化根据问题。可提出正当防卫的正当化根据之优越的利益保护原理和法确证原理"新二元论"（以区别于德国刑法学正当防卫的正当化根据二元论），对"新二元论"进行较为适当的法理论证，并运用"新二元论"依次检讨针对非法拘禁行为、针对没有责任或者责任减轻的攻击行为、针对防卫挑拨行为、针对轻微不法侵害行为、针对亲子或者夫妻之间的攻击行为、针对通过胁迫的勒索性攻击行为、针对不作为形式的不法侵害行为等的正当防卫问题，还可运用"新二元论"检讨正当防卫与互殴的界限问题。例如，相互挑衅可以按照防卫挑拨原理进行定性处理，先动手一方没有防卫权，被动方

（后动手一方）在实施了避让、警告、寻求帮助等适当的保护性防卫仍然无效的情况下，可以行使正当防卫权，尤其针对那些找上门来的肇事者具有正当防卫权，可以借鉴美国"城堡法"①裁判规则而对恪守于"城堡法"（如住宅和公司驻地）之内的挑拨者赋予防卫权。何强案就是一个例子，对于对方主动找上门来闹事的行为，何强等人尽管事先也有防卫挑拨乃至互殴的意思，但是，何强等人仅仅在自己公司内部按兵不动，最终在自己公司场所被他人持刀闯入时才予以反击，不能简单地否认其具有"可包容的防卫意思"，从而不能简单地认定何强等人为聚众斗殴。

其次，力图深入研讨正当防卫的合法条件理论问题。在坚持我国传统刑法学正当防卫成立条件之"五条件说"的基础上，大量借鉴吸纳德日英美刑法学正当防卫理论知识进行法理论证，如不法侵害的"开始"理论之直接面临不法侵害的紧迫危险说，不法侵害的"结束"理论之"结果形成时间说"和"有效的侵害停止时间说"相结合的"综合说"，必要限度之"合理需要说"，还应在检讨防卫意识必要说与防卫意识不必要说的理论争议的基础上提出自己的学术观点。

再次，力图深入研讨防卫过当的归责原理以及特别防卫的解释适用问题。其中均尽力反映出当前国内外相关理论研究的最新成果。这里反复强调"力图"深入研讨正当防卫的相关理论问题并借鉴吸纳德日英美刑法学相关理论知识，其深意是希望读者明白笔者所倡导和强调的一个重要态度，即案例刑法学研究中法理阐释必须确保体系化的深刻性。

必须严肃指出，要实现我国刑法法理阐释的体系化、深刻性，我国传统刑法理论还任重道远。我国刑法理论欲实现发展创新和体系性深刻化（或者体系化深刻性），必须加强主体意识、本土化意识、开放和包容意识，尽快、大量、体系化地借鉴吸纳德日刑法理论知识和英美刑法理论知识，尽快、合理、创新性地构建具有中国特色的本土化刑法教义学原理，可以说这一重大理论工程建设已成为我国刑法学理论研究的当务之急。例如，我国传统刑法学防卫挑拨理论相对来说显得太过于单薄，理论系统的质量和体量明显不够，在相当程度上无法为合理解决复杂多

---

① 姜敏：《正当防卫制度中的"城堡法"：渊源、发展和启示》，《法学评论》2018年第5期。

样的防卫挑拨司法实践提供必要的理论指导。而德国案例和德国理论对于我国是有启发性、借鉴性的，尽管德国正当防卫在全世界都是非常有名的"宽泛和凌厉"，但是其细密的理论构建和法理分析价值巨大。因此，当下中国刑法学借鉴吸纳德日刑法学防卫挑拨理论知识，可以逐步获得理论增量并走向成熟理性。管中窥豹，由此可见我国的整体刑法学理论知识，包括刑法论、犯罪论、刑罚论、罪刑关系论，均需要以更加开放包容的态度借鉴吸纳德日英美刑法学理论知识，切不可故步自封、停滞不前，否则难以胜任新时代的理论需要。毕竟"每个时代都必须重写它的法教义学"已然成为"法教义学共识"[①]，我国刑法教义学正在蹒跚起步，兼收并蓄才能增强理论阐释力并凝聚足够的理论共识。

3. 刑法教义学研究方法与刑法社科法学研究方法

刑法教义学，是指以刑法立法规范为根据，遵循特定时代的刑法理念和规范逻辑，创设、确立刑法学理论界和司法实践部门多数人所认同的基本概念与命题体系、基本原则与规则体系等刑法理论知识体系的一门学问。刑法教义学是规范法学意义上的刑法学，主要解决刑法规范的解释适用问题，它与刑法社科法学的关系是规范法学意义上的刑法学与非规范法学意义上的刑法学的关系。虽然可以说刑法教义学是刑法学的主体内容，但是不可忽视刑法社科法学的独特价值及其对于刑法教义学的价值。

刑法社科法学研究更强调社科知识与法学知识的综合运用，包括立法学、犯罪学、政治学、经济学、社会学、统计学、教育学甚至心理学等理论知识的综合运用。

可见，刑法教义学研究方法，主要解决刑法规范的解释适用问题。而刑法社科法学研究方法，更强调社科知识与规范法学知识的综合运用，相对于刑法教义学研究方法而言并不仅局限于规范解释适用的问题。

因此，刑法学研究中，应注意将刑法教义学研究方法与刑法社科法学研究方法结合起来展开深刻研究。大体上可以说，在刑法的立法修订完善论研究中，需要更多地运用刑法社科法学研究方法（以及刑事政策学研究方法）；在刑法解释适用论研究中，需要更多地运用刑法教义学研

[①] 刘艳红：《中国刑法教义学化过程中的五大误区》，《环球法律评论》2018年第3期。

究方法（以及刑法解释学研究方法）。

需要特别指出的是，在刑法解释适用论研究中，尽管我们强调需要更多地运用刑法教义学研究方法（以及刑法解释学研究方法），但是也应注意借鉴吸纳刑法社科法学研究方法。因为，刑法的法社会学解释方法本来就是刑法社科法学在刑法教义学（刑法解释学）的具体运用，刑法立法机理的科学阐释有助于刑法教义学（刑法解释学）对相关法条规范的正确理解和适用。

4. 刑法解释学研究方法与刑法立法学研究方法

刑法解释学研究方法与刑法立法学研究方法，在相当意义上就是对刑法教义学研究方法与刑法社科法学研究方法的进一步具体化展开。因为，刑法解释学研究方法的重要内容是刑法教义学研究方法（宏观同质论），刑法立法学研究方法的重要内容就是刑法社科法学研究方法（以及刑事政策学研究方法）。

刑法解释学研究方法，核心在于规范化运用刑法教义学和刑法解释学的原理、原则、规则、解释方法等具体内容，同时也要借鉴吸纳刑法社科法学研究方法和刑事政策学原理等内容，求证刑法解释适用的合法性、合理性、合目的性的有机统一，实现刑法解释结论的有效性。

刑法立法学研究方法，核心在于大量运用刑事政策原理、社科法学原理、刑事立法学原理、规范法学原理进行综合性学术研讨，论证刑法立法机理的科学合理性，其突出特点是侧重刑法立法规范完善的刑法社科法学研究方法。

应当注意，刑法解释学研究方法中通常需要借鉴吸纳刑法立法学研究方法，因为刑法立法学对刑法立法机理的科学阐释有助于刑法解释学对相关法条规范的正确理解和适用，从而刑法立法学研究方法对于刑法解释学研究具有特殊价值。

5. 建构性方法与解构性方法

建构性研究方法（尤其是体系性建构方法）、正面立论证成方法（尤其是体系性证成方法）、建设性研究方法，通常表达的是相同或者相通的含义；相应地，解构性研究方法、批驳性研究方法、问题性研究方法，通常表达的也是相同或者相通的含义。由此可见，建构性研究方法与解构性研究方法、正面立论证成方法与反面批驳性研究方法、建设性研究方法与问题性研究方法，是三对较为常见的研究方法。

建构性、建设性和正面立论证成研究是最终目的，但是解构性、问题性和批驳性研究是基础，二者之间是相辅相成的关系，其最佳状态是解构性研究基础上的建构性研究、问题性研究基础上的建设性研究、批驳性研究基础上的正面立论证成研究，为刑法理论和实践完善提出了建设性的新创见。

问题性意识，这是刑法学术研究中的重要意识，它要求研究者首先必须明确"真问题"是什么，找出真问题（抽象出真问题）是刑法理论研究的前提和基础，找出真问题可以说就有了一半的成功把握，找不出真问题或者找出的问题不准确，就不可能有成功的理论研究。

6. 综合的方法与折中的方法

综合与折中，核心在于承认各种研究方法本身的相对合理性的基础上，主张适当权衡各种研究方法的利弊得失并加以综合运用、折中分析，力求得出更为周全合理的结论；其显著特点在于反对"片面的深刻"。因此，综合和折中通常被批评为中庸之道、骑墙派甚至难有创新建树，这是综合和折中的方法必须共同防范的"中庸陷阱"。笔者主张在深入研究"片面的深刻"和警惕"中庸陷阱"的前提下，恰当采用谨慎综合和折中的研究方法。

这与笔者强调的综合运用非刑事法学原理的研究方法、系统化论证与精细化推敲相结合的研究方法是一致的。

一是强调综合运用非刑事法原理的研究方法，反对背离整体法理的研究方法。刑事审判中涉及最多的内容，是罪名问题、定罪量刑问题。在定罪量刑中，不但涉及刑法哲学原理、刑事政策学原理等宏观理论问题，而且经常性地涉及民事法学原理、行政法学原理、宪法学原理等各个部门法原理问题。从理论上讲，这是由于刑法是其他各个部门法的保障法、补充法的地位所导致的；从实务角度讲，这是因为对任何一个罪名的定罪量刑都需要借助其他部门法知识和规范。尤其是经济犯罪问题，"两次违法理论"的解读，更是须臾离不开各部门法原理，从主体条件的认定开始，到客观行为的法律性质认定，都离不开其他部门法。例如非法经营罪，需要综合应用行政法、金融法、公司法等法理来认定；再如合同诈骗罪，需要综合应用物权法、合同法、担保法、侵权法、公司法等法理来判断；再如贪污罪，需要综合运用国家公务员法、国有资产管理法、物权法、侵权法、公司法、金融法等法理来定性处理。有些传统型犯罪也是如此，比如，盗窃罪和敲诈勒索罪，对这个罪名的研究，确实必须结合物权法原理和侵权法原理来研究才有说服力，也才公正合理。可以说，刑法学原理必须是全面协调和观照法理学、宪法学、民法学、经济法学、行政法学乃至诉讼法学等法理的统一法秩序原理。

二是系统化论证与精细化推敲相结合的研究方法。这种方法实际上涉及刑法学术研究的整体考虑，其中应特别注意以下几点：

第一点，在结论观点上必须做到理性创新，切实处理好刑事法治理性与理论创新之间的关系。这里的"理性创新"，强调了"创新"（理论创新）和"理性"（刑事法治理性）两个方面，不能顾此失彼。理论创新，就是要求结论观点应当是原创性的、有新意和启发性的，不能是对已有结论观点的简单重复。凡是结论上、论证方法上、归纳总结上等任一方面均无新意的，就不宜写作。刑事法治理性，就是强调在结论观点上必须做到契合刑事法治理性立场，注意刑法理性不同于民法原理与行政法原理的特殊性。这一点很重要，尤其是检察官、法官，在看待刑法问题、刑事公诉和审判问题的时候，每时每刻都要谨慎使用那些比较时髦的、口号式的术语与话语，如：能动司法、司法续造、法官造法、目的解释、实质解释与"透过现象看实质"等，这些术语使用和解读稍有不慎，就会陷入罪刑擅断、违反刑事法治理性、侵犯人权和破坏社会主义法治建设的重大错误，并最终导致论文质量大打折扣。

例如，司法续造与法官造法的问题。在相当意义上讲，司法续造与法官造法，甚至还包括能动司法，在刑事法治领域是难以成立的，除非这种做法并不直接侵犯被告人人权。为什么呢？因为刑法具有不同于民法与行政法的特殊性，刑法动辄剥夺被告人的自由、生命、财产，它的基本特性就是保守性，反对过度张扬、过度解释。司法续造与法官造法的前提，往往是法律漏洞，这时才可能提出司法续造与法官造法。但是，这种做法在法律体系上存在法律障碍以及刑事法治理性障碍。从法律障碍看，《立法法》第 8 条专门对此作出了规定："下列事项只能制定法律：……（四）犯罪和刑罚；（五）对公民政治权利的剥夺、限制人身自由的强制措施和处罚。"可见，该规定，使得"刑法漏洞由立法填补"成为一个基本的法治原则。当然，作为原则，肯定也允许有例外存在，但是这个例外只能是个别的、特殊的、有理有据的例外，不能成为常态。如果在刑法研究中，到处都强调或者实际上可以任意作出司法填补、司法续造、法官造法，那就不是个别与例外，必定有问题。相应地，立法法并没有对民法与行政法作出像刑法一样的特别规定。这就表明，民法与行政法在一定意义上是可以主张司法续造与法官造法的，但是刑法不能！这是我们在研究结论上必须谨慎思考的重要问题。

当下许多疑难案件在定性处理问题上的争议，部分情况就属于是否搞司法续造与法官造法的争议。比如：夫妻之间发生婚内强迫性行为案、夫妻之间见死不救案以及部分非法经营案和合同诈骗案等，都涉及一个重要的法律解释立场问题，涉及是否认同在刑事司法上允许司法续造与法官造法的问题，都值得在刑事法学研究中注意，当然也值得在司法审判实践中注意。

这说明，既要追求理论创新，又要特别注意审查刑事法治理性。有些新类型行为或者甚至是具有严重社会危害性的行为，如果按照现行刑法无法定罪如何处理？我的答案是：就只有考虑无罪处理（但同时可以作出行政处理），并应考虑制定刑法修正案或者修改刑法；但是，应当反对在现行刑法没有改动的情况下对这些缺乏明确规定的危害行为定罪。

第二点，在论证方法上必须做到精致丰满。这种精致丰满，有待于刑法教义学原理的丰富发展。应当承认，我国传统刑法学尽管也有刑法教义学的基本特点，但是总体上看其理论含量不高甚至在相当程度上还存在理论缺失现象，如有的刑法实践问题根本就没有相应的理论解决方案，这种现状应是理论知识体系化不够，理论阐释力不足所致。对此问题的解决办法，笔者认为应当大量学习、研究、引进德日刑法理论和英美法系国家刑法理论知识，继续借鉴吸纳俄罗斯刑法理论知识，使得我国刑法学理论知识体系呈现出兼收并蓄、开放包容的特色，强化刑法理论知识体系化建设和本土化铸造，尽力锻铸具有中国特色的、先进完备的刑法教义学原理，只有如此才可能真正实现在刑法学论证方法上的精致丰满。

第三点，具体罪名研究的体系化研究。针对刑法具体罪名的定罪量刑问题，一方面应对刑法条文所涉定罪量刑问题进行实然的精细化推敲，不能采取估堆、随意解释的方式;另一方面应对刑法条文的规定本身是否合理、是否需要改进(以及如何改进)等问题展开应然的系统化论证。综合起来,就是要确立系统化论证与精细化推敲相结合的研究方法,其具体内容大致包括以下五个方面:(1)具体罪名的概念界定,(2)具体罪名的犯罪构成,(3)具体罪名的司法认定中的疑难问题,(4)具体罪名的刑罚处罚适用,(5)相关的立法司法完善建议。

应注意,系统化研究本身也需要精细化展开,否则谈不上真正的系统化(漏洞百出或者粗线条论述即无从谈起系统化)。当然,反过来也一样,精细化研究实际上也是以系统化展开为前提的,否则也谈不上精细化。系统化和精细化,是需要认真处理好的两个方面,缺一不可。

第二十五章

规范性构成要件要素的认识错误[*]

规范性构成要件要素的认识错误判断本身所涉理论争议问题较多，分歧较大。为突出研究重点，笔者这里首先开宗明义地提出以下论说立场和问题意识：基于违法性认识必要说、违法性认识故意内容说[①]、兼采规范性构成要件要素的认识层级论[②]、规范性构成要件要素认识错误"水平的错误分类""垂直的错误分类"[③] 等综合立场，结合天津大妈赵春某摆设地摊气枪案提出并论证规范性构成要件要素认识错误的分型判断方案[④]，供读者在理论研究和法律实践中参考。

针对天津市赵春某摆设地摊气枪案，研究者应当从中选取争议较大的规范性构成要件要素的认识错误、非法持有枪支罪等刑法法理问题展开理论研究，其中规范性构成要件要素的认识错误属于刑法总论问题并且是争议焦点，对此问题应展开深入理论研究。

非法持有、私藏枪支、弹药罪，是指违反枪支管理规定，非法持有、私藏枪支、弹药的行为。本罪的构成特征是：（1）犯罪客体（保

---

[*] 本章内容系笔者和张福英女士的合作研究成果。

[①] 相关理论争议参见车浩《法定犯时代的违法性认识错误》，《清华法学》2015 年第 4 期；江溯《规范性构成要件要素的故意及错误——以赵春华非法持有枪支案为例》，《华东政法大学学报》2017 年第 6 期；陈璇《责任原则、预防政策与违法性认识》，《清华法学》2018 年第 5 期；蔡桂生《违法性认识不宜作为故意的要素——兼对"故意是责任要素说"反思》，《政治与法律》2020 年第 6 期。

[②] 参见陈子平《刑法总论》，中国人民大学出版社 2009 年版，第 130 页；[日] 前田雅英《刑法总论讲义》，曾文科译，北京大学出版社 2017 年版，第 156—157 页。

[③] 参见许玉秀《当代刑法思潮》，中国民主法制出版社 2005 年版，第 181 页。

[④] 关于规范性构成要件要素认识错误的分型判断方案及其法理论证，系由笔者和张福英女士合作完成的研究成果，特此说明，并向张福英女士致谢。

护法益），是复杂客体，即公共安全和国家对枪支、弹药的管理制度。犯罪对象是枪支、弹药。（2）客观方面（行为定型），表现为违反枪支管理规定，非法持有、私藏枪支、弹药的行为。根据《最高人民法院关于审理非法制造、买卖、运输枪支、弹药、爆炸物等刑事案件具体应用法律若干问题的解释》第 8 条的相关规定，非法持有，是指不符合配备、配置枪支、弹药条件的人员，违反枪支管理法律、法规的规定，擅自持有枪支、弹药的行为；私藏，是指依法配备、配置枪支、弹药的人员，在配备、配置枪支、弹药的条件消除后，违反枪支管理法律、法规的规定，私自藏匿所配备、配置的枪支、弹药且拒不交出的行为。（3）主体要件（行为主体），依行为类型不同有所不同：非法持有枪支、弹药的是一般主体；私藏枪支、弹药的主体是特殊主体，即曾经依法配备、配置枪支、弹药的人员。（4）主观方面是故意（责任形态），即明知是枪支、弹药而非法持有、私藏。非法持有、私藏枪支、弹药罪的刑罚处罚，根据《刑法》第 128 条第 1 款的规定，犯本罪的，处 3 年以下有期徒刑、拘役或者管制；情节严重的，处 3 年以上 7 年以下有期徒刑。

非法持有、私藏枪支、弹药罪是一个选择性罪名，可以根据具体行为（以及行为对象）的单复数以确定相应的罪名，如非法持有枪支罪，非法持有弹药罪，私藏枪支罪，私藏弹药罪，非法持有枪支、弹药罪，私藏枪支、弹药罪等；如果行为人同时实施了本罪所规定的全部行为（以及针对全部行为对象），则仍然制定一个罪名"非法持有、私藏枪支、弹药罪"，而不能定数罪（以及不能进行数罪并罚）。为突出问题意识和方便展开论述，这里重点研究非法持有枪支罪。非法持有枪支罪是法定犯。一般认为，理论上犯罪可以分为自然犯与法定犯两大类，这种分类大体上同刑事犯与行政犯的分类相当，即自然犯与刑事犯同质，法定犯与行政犯同质。[①] 其具体界定是：自然犯（刑事犯），是明显违反伦理道德和人类理性的传统型犯罪；法定犯（行政犯），则是不明显违反伦理道德但是违反行政法规的、由刑法明确规定的现代型犯罪。作为法定犯的非法持有枪支罪，在认定处理中争

---

① 参见陈兴良主编《刑法各论的一般理论》，内蒙古大学出版社 1992 年版，第 74 页。

议较大的问题是"枪支"的规范判断、规范认识问题，尤其是其中针对作为规范性构成要件要素的"枪支"的认识错误问题。因为，在部分案件中，例如天津大妈赵春某摆设地摊气枪案，行为人声称不知道地摊气枪属于"枪支"，认为自己存在针对作为规范性构成要件要素的"枪支"的认识错误，属于事实认识错误（构成错误），因而认为自己不具有非法持有枪支的主观故意并认为自己不构成非法持有枪支罪；但是，人民法院判决认定赵春某具有非法持有枪支的故意（即不成立事实认识错误），以非法持有枪支罪对赵春某定罪判刑。可见，在法定犯（如非法持有枪支罪）的刑法解释适用中，争议较大的法理问题是规范性构成要件要素的认识错误判断问题，非常有必要针对这个问题展开深刻的法理研讨。

一 规范性构成要件要素认识错误的类型归属

规范性构成要件要素认识错误的理论困境主要源于两个因素：一是错误论中错误分类方式的多元（以及混乱），二是规范性构成要件要素中事实与规范交织的法律特征。前者是错误论课题面临的共同困难，是规范性构成要件要素认识错误研究的基础性难题。后者是规范性构成要件要素认识错误的特有困难，即规范性构成要件要素"先天"具有的价值属性导致事实与规范胶着在一起，导致事实认识错误与法律认识错误难解难分。两个因素的叠加使得规范性构成要件要素认识错误问题进一步复杂化。因此，要厘清规范性构成要件要素认识错误的性质、法律效果、判断路径等，就应当从这两个因素出发，各个击破。

（一）认识错误的分类方式

在大陆法系国家和地区中，认识错误的分类方式主要有两种：一是以行为人主客观认识不一致的对象为基准点，将认识错误分为事实认识错误和法律认识错误，这种分类又被称为"水平的错误分类"；二是以行为人发生的主客观不一致处在阶层犯罪论体系的位置为基准点，将认识错误分为构成要件错误与禁止错误，这种分类又被称为"垂直的错误分类"①。

在德国刑法学中，第二次世界大战前的帝国法院一直沿袭罗马法传统将错误区分为事实认识错误与法律认识错误②，并且将法律认识错误复区分为"刑法上的法律错误"和"刑法外的法律错误"③。在法律后果上，事实认识错误和"刑法外的法律错误"阻却故意的成立，"刑法上的法律错误"不影响故意的成立。随着阶层犯罪论体系在德国的兴盛，第二次世界大战后联邦最高法院在判决中逐渐采用了构成要件错误和禁止错误之分类，并将禁止错误复区分为可避免的禁止错误和不可避免的禁止错误。而后，垂直的错误分类逐渐成为德国刑法学的通说。

在我国台湾地区刑法学中，学者们多已摒弃水平的错误分类，转而采用垂直的错误分类方式，原因在于他们认为水平的错误分类是无效的。例如林山田教授认为，事实乃是刑法评价之依据，刑法上没有纯粹的事实，因此难以区分事实认识错误与法律认识错误。④ 垂直的错误分类是我国台湾地区刑法理论目前的通说，学者们在论及认识错误时多径行使用垂直的错误分类，而不先行论证为什么做这样的分类，就像我们在论述"罪过"时直接论述"故意"和"过失"那样自然而然。例如，林钰雄教授在专著中就直接使用了"构成要件层次的错误"和"禁止错误"之表述⑤，薛智仁教授在论文中也是直接使用"构成要件错误"和"禁止错误"的表达方式⑥。

在日本刑法学上，认识错误分类似乎略显随意，水平错误分类与垂直错误分类的"固定搭配"被打破，学者们常常混同使用事实认识错误

---

① "水平的错误分类"与"垂直的错误分类"最早见于1987年德国刑法学者库伦（Kuhlen）教授的升等论文，1995年夏天库伦教授在接受许玉秀教授的拜访时表示"这样的称呼只是出于直觉"。我们认为，尽管只是出于直觉，但这种表述体现了两种不同的思考维度，且避免了"事实认识错误与法律认识错误""构成要件错误与禁止错误"的冗长表述，因此我们在后文中仍采纳这一表达方式。参见许玉秀《当代刑法思潮》，中国民主法制出版社2005年版，第181页。

② 许玉秀：《当代刑法思潮》，中国民主法制出版社2005年版，第180页。

③ 陈琴：《刑法中的事实错误》，中国人民公安大学出版社2009年版，第9页。

④ 参见林山田《刑法通论》（上），北京大学出版社2012年版，第269页。

⑤ 林钰雄：《新刑法总则》，（台北）元照出版有限公司2018年版，第142页。

⑥ 薛智仁：《禁止错误之法律效果初探》，载刘明祥、张天虹主编《故意与错误论研究》，北京大学出版社2016年版，第239—272页。

与构成要件错误之概念，混同使用法律认识错误与禁止错误之概念。例如，在西田典之教授、大谷实教授的专著中"事实的错误"与"违法性的错误"为一组对应概念[①]；在前田雅英教授的专著中"事实的错误"与"法律（违法性）的错误"为一组对应概念[②]；野村稔教授将认识错误分为"（构成要件的）事实的错误"和"违法性的错误"[③] 等。值得思考的是，日本刑法学中的这种"混搭风格"并没有导致读者的误解或者错误理论的混乱，其原因在于学者们几乎都是以法律后果为导向来使用这些概念，并且默认构成要件错误与事实认识错误的法律后果相同、违法性认识错误与法律认识错误的法律后果相同。这样看来，在日本刑法学上，水平的错误分类方式与垂直的错误分类方式似乎可以并行不悖地混同使用。

中国刑法学曾受到苏联刑法学的深刻影响。苏联刑法学通说将认识错误分为"法律上的错误和事实上的错误"[④]，苏联刑法学家基里钦科还将错误细化区分为"对于行为的社会危害性的错误""对于组成犯罪构成因素的情况的错误"和"法律的错误或者法律上的错误"三类[⑤]。可以说，在中国刑法理论中，无论是水平的分类方式之流行，还是"社会危害性认识错误"之提出，都能够明显看到苏联刑法学的影子。

中国刑法传统理论中的认识错误历来是按照水平的错误分类进行的，这与第二次世界大战前的德国刑法学以行为人认识错误的对象为依据进行分类的方式是一致的。随着阶层犯罪理论对中国刑法学的影响日益深刻，学者们逐渐接纳并使用垂直的错误分类之概念，例如高巍教授在2011年的文章中使用了"行为构成错误"与"禁止错误"之表述。[⑥] 两

[①] ［日］西田典之：《刑法总论》，刘明祥、王昭武译，法律出版社2013年版，第217—224页；［日］大谷实：《刑法讲义总论》，黎宏译，中国人民大学出版社2008年版，第159页。

[②] ［日］前田雅英：《刑法总论讲义》，曾文科译，北京大学出版社2018年版，第143页。

[③] ［日］野村稔：《刑法总论》，全理其译，法律出版社2001年版，第306页。

[④] 〔苏〕别利亚耶夫科瓦廖夫：《苏维埃刑法总论》，马改秀等译，群众出版社1987年版，第165页。

[⑤] 〔苏〕基里钦科：《苏维埃刑法中错误的意义》，蔡枢衡译，法律出版社1956年版，第21页。

[⑥] 高巍：《论规范的构成要件要素之主观明知》，《法律科学（西北政法大学学报）》2011年第3期。

种错误分类的共同点在于，在法律后果上事实认识错误、构成要件错误阻却故意，禁止错误（违法性认识错误）、法律认识错误不阻却故意，仅在极特殊的情况下例外地阻却责任。同时在论著中，我们常能看到混用事实认识错误与构成要件错误，混用违法性认识错误、禁止错误、法律认识错误之情形，正如江溯教授所认为的那样，在中国刑法中水平的与垂直的错误分类似乎没有本质区别。[①]

通过域外刑法学和中国刑法学关于错误分类方式的沿革可以看到，水平的错误分类方式作为更"古老"的智慧似乎正逐渐被抛弃，垂直的错误分类越来越受到青睐，即便是在两种分类方式没有什么实质区别的刑法学语境中，学者们也越来越青睐构成要件错误、禁止错误之类的概念，而不是事实认识错误与法律认识错误的概念。然而，错误分类方式的梳理与选择是解决认识错误问题的基础性工作，要解决中国刑法学语境中规范性构成要件要素的认识错误问题，有必要厘清水平的与垂直的错误分类各自的理论支撑点，明确两种方式的区分实益，选择适合中国刑法的错误分类方式。

（二）规范性构成要件要素认识错误的分类方式

水平的与垂直的错误分类在法律效果上具有一定的对应性，因此在通常情况下，混用水平的错误分类与垂直的错误分类并无大碍，但是规范性构成要件要素认识错误恰恰是一个例外。垂直的错误分类会使规范性构成要件要素认识错误之判断流于形式，而且它以行为人认识错误的对象处于犯罪论阶层的位置为划分依据，中国刑法缺乏阶层理论的肥沃土壤。相反，水平的错误分类是以行为人认识错误的对象是客观事实还是规范进行划分的，恰好切中规范性构成要件要素"事实"与"规范"交织的法律特征，更有利于对症下药地解决认识错误问题。我们认为，在规范性构成要件要素中，水平的错误分类与垂直的错误分类确有区分实益，中国刑法学应当回归"古老"的智慧——采用水平的错误分类方式。

[①] 参见江溯《规范性构成要件要素的故意及错误——以赵春华非法持有枪支案为例》，《华东政法大学学报》2017年第6期。

1. 垂直的错误分类难获实益

无论是水平的错误分类还是垂直的错误分类，都涉及一个相同的法律后果的问题，错误分类方式的实益就在于一旦确定了错误类型，就应当有确定的法律效果。在绝大多数情况下，事实认识错误与构成要件错误对应阻却故意，禁止错误与法律认识错误对应"不阻却故意"，也不影响刑事责任的承担。但是，正是那些极少数的情况能够让我们看到水平的与垂直的错误分类的区分实益，它们也正是错误分类方式是否合理有效的试金石，这些极少数的情况包括了规范性要件要素认识错误。如果将水平的与垂直的错误分类方式合并考察，可以得到以下结论（见表25—1）[①]：

表25—1　　　　　水平错误分类与垂直错误分类的关系对照

		水平错误分类	
		事实认识错误	法律认识错误
垂直错误分类	构成要件错误	对象错误 打击错误 因果关系错误	涵摄错误
	禁止错误 （违法性错误）	阻却违法事由前提事实的错误	直接禁止错误 间接禁止错误

通过表25—1可以发现，构成要件错误与事实认识错误并非全等关系，禁止错误与法律认识错误也并非全等关系。另外，表25—1直观地展现了构成要件错误并不都能起到阻却故意的效果，禁止错误也可能影响犯罪故意的成立。以阻却违法事由前提事实的错误为例，阻却违法事由前提事实的错误指的是行为人错误地以为行为时存在阻却行为违法性的事实[②]，如"假想防卫"和"假想避险"。从垂直的错误分类来看，阻却违法事由的判断存在于违法性阶层，因而应当属于违法性错误，不阻却

[①] 参见许玉秀《当代刑法思潮》，中国民主法制出版社2005年版，第183页。
[②] 阻却违法事由前提事实的认识错误，也称为"容许构成要件错误""允许构成要件错误""针对正当化前提条件的认识错误"等。

刑事责任的承担。但是，在法律效果上学者们难以接受这一结论，为了缓和这一矛盾，学者们将阻却违法事由前提事实的错误作为特殊的认识错误类型进行处理。除"严格罪责说"将其认定为（也许是不可避免的）禁止错误以外，严格故意说、修正的故意说、限制罪责说和消极的构成要件要素理论都认为阻却违法事由前提事实认识错误阻却故意①，即违法性层面的认识错误也产生了构成要件错误的法律效果。垂直的错误分类方式在法律效果上存在交叉，垂直的错误分类的分类归属与法律效果没有必然的关联性。②

再看规范性构成要件要素的认识错误问题。由于它常常与涵摄错误纠缠在一起，垂直错误分类带来的争议更大。规范性构成要件要素位于构成要件符合性阶层，当行为人对构成要件要素的内涵和涵摄范围的理解与刑法规定不一致时，就产生了认识错误。但有学者认为在这种情况下"行为人对于构成要件事实并未出现认识错误，只是因为对于法律规定在刑法解释意义上的错误，产生误会"，也就是说这其实是涵摄错误。例如在法律的评价要素中，行为人的见解依赖于他如何去理解作为逻辑前提的前置法规范，一旦对前置法规范理解错误，行为人必然对整个法律的评价要素发生认识错误。但是，对前置法规范的理解本身也是对构成要件的解释，法律上的价值判断问题是专属于法官要处理的问题，行为人对法规范的评价不影响法规范对他的评价③，因此，涵摄错误不影响故意的成立。从垂直的分类方式来看，涵摄错误虽然是发生在构成要件层面的错误，但产生了违法性错误的法律效果（即涵摄错误不影响故意的成立），这再次证明了垂直的错误分类的分类归属与法律效果无必然联系。

2. 垂直的错误分类使性质判断流于形式

垂直的错误分类除了存在法律效果不确定而不具有区分实益的问题，更严重的是它会使规范性构成要件要素认识错误的判断几乎成为一个形

---

① 参见［德］乌尔斯·金德霍伊泽尔《刑法总论教科书》，蔡桂生译，北京大学出版社2015年版，第278—281页。

② 参见许玉秀《当代刑法思潮》，中国民主法制出版社2005年版，第185页。

③ 参见黄荣坚《基础刑法学》，中国人民大学出版社2009年版，第274—275页。

式判断。按照垂直的错误分类方式,只要确定了要素在阶层犯罪论体系中的地位,就能判断出认识错误的性质,所以规范性构成要件要素的判断就变得简单——记述性与规范性构成要件要素共同勾画出了不法行为的轮廓,规范性构成要件要素处在构成要件阶层,因此按照垂直的错误分类其认识错误属于构成要件错误。从错误论的另一个侧面——"故意论"判断也能得出这个结论,例如陈子平教授认为,"故意之认识对象"及于"构成要件之记述要素之事实与规范要素之事实整体",那么对规范性构成要件要素的认识欠缺与错误当然能够阻却故意。[①]

如果规范性构成要件要素认识错误是构成要件错误,那么按照通说观点就一律阻却故意,当相应犯罪又不处罚过失犯时,行为人将彻底不构成犯罪。然而,这是不可想象的——除了法官,几乎没有人能精准地解释法律,那么在每个案件中都能找到行为人对某一要素的认识与法律规定不一致的情况,规范性构成要件要素可能成为行为人无罪辩护的"黄金通道"与"尚方宝剑",刑法显然不可能允许这样的情形发生。于是,持垂直错误分类观点的学者提出了一个折中路径来解决这一问题,即总体上承认规范性构成要件要素的认识错误,然后通过引入"外行人的平行评价"的标准来细化区分,认为只要站在行为人所属的社会一般人角度能够认识到规范性构成要件要素的基础事实,即便行为人"没有认识"到规范性构成要件要素的违法性、法律概念或者具体的刑罚法规,都不影响故意的成立,从而限缩出罪的空间。我们认为,一方面,这种处理方式在逻辑上有自相矛盾之嫌,既然已经认定规范性构成要件要素的认识错误阻却故意,又为何能够对规范性构成要件要素的内涵进行细分并认定对部分内涵的认识错误不能阻却故意;另一方面,这种处理方式有偷换概念之嫌,既然从错误论的角度出发已经得出了确定地阻却故意的结论,又为何从故意论出发降低认识要求,认为规范性构成要件要素的违法性、法律概念、具体条文等不需要行为人认识,即便认识错误也不影响故意的成立,这实际上是偷换"认识错误"和"认识"两个概念所玩的文字游戏,企图堵住垂直的错误分类方式带来的逻辑漏洞。

[①] 参见陈子平《刑法总论》,中国人民大学出版社2009年版,第130页。

除此之外，垂直的错误分类毕竟是根植于阶层犯罪体系的，在我国阶层犯罪体系并没有完全"打败"耦合的四要件体系而成为通说，垂直的错误分类尚且缺乏适宜的理论土壤。我们认为，既然垂直错误分类的漏洞堵不住，那么就该坦然地承认垂直的错误分类在规范性构成要件要素认识错误的问题上"能力有限"，可以放弃垂直的错误分类方式。

3. 水平的错误分类更具优越性

从错误分类归属与法律效果的联系来看，水平的错误分类体现了一定的优越性，尤其是对阻却违法事由前提事实的认识错误和涵摄错误的认定上。其一，阻却违法事由前提事实的认识错误是对事实的认识错误，理论通说也认为行为人发生这种认识错误能够阻却故意犯罪；其二，在涵摄错误中行为人对构成要件的法律意义的误解，属于法律认识错误，不影响刑事责任的承担。这与事实认识错误阻却故意、法律认识错误不免责的基本原理相符合，即在水平的错误分类中，错误类型归属与法律效果具有确定对应的关系。

在规范性构成要件要素的认识错误上，水平的错误分类更体现了其优越性。事实认识错误的本义是"行为人不知道他在做什么"（事实），而法律认识错误的本义是"行为人不知道他所做的事情是错误的"（法律）[1]，当行为人不知道自己在做什么，即便其所为被认为是错误的，也不能说行为人是故意在做错误的事，这便是事实认识错误阻却故意的逻辑。规范性构成要件要素是由规则创制的，体现为一种与"自然的行为事实"相对应的"制度性的行为事实"[2]，其显著特征是事实与制度（或者规范）交织在一起，那么只要区分清楚规范性构成要件要素中何为事实、何为制度，就能够区分事实认识错误与法律认识错误。质言之，只要找到了规范性构成要件要素中事实与规范的界限，就找到了规范性构成要件要素中事实认识错误与法律认识错误的界限。

综上所述，水平的错误分类是比垂直的错误分类更有效的分类方式。一方面，它坚持了事实认识错误所特有的一套处理方式，法律认识错误

---

[1] 参见许玉秀《当代刑法思潮》，中国民主法制出版社2005年版，第186页。

[2] 参见［德］乌尔斯·金德霍伊泽尔《刑法总论教科书》，蔡桂生译，北京大学出版社2015年版，第73—74页。

是"另一套"处理方式，错误归属与法律效果具有对应性和确定性，因而具有刑法上的区分实益；另一方面，在规范性构成要件要素认识错误中，水平的错误分类直接抓住了规范性构成要件要素"事实"与"规范"交织这一"命门"，只要将其中的事实与法律区分清楚，就能够明确事实认识错误与法律认识错误的界限。

二 规范性构成要件要素认识错误的层级划分

规范性构成要件要素存在"事实"与"规范"交织的特征，只有厘清这一特征，明确从"事实"到"规范"完整的认识层级，才能够找到事实认识错误与法律认识错误的界限。

（一）规范性构成要件要素"事实""规范"的交织特征与理论构造

通过对规范性构成要件要素在犯罪论体系中的诞生及发展史的考察，我们可以发现，规范性构成要件中事实与规范交织的特征是与生俱来的"事物本质"。

规范性构成要件要素在犯罪论中的命运是"不幸"的。一开始，它被淹没在浩瀚的刑法理论中而不被人发现，在贝林格、李斯特创立的古典三阶层犯罪论体系中，所有构成要件都是客观的、外在的、价值中立的。作为"中性无色的、客观的、记述的行为类型"[①]，构成要件仅仅是对行为进行价值评价的基础，而非价值评价本身，在这里没有规范性构成要件要素生存的空间。接着，M. E. 迈耶发现了规范性构成要件要素，他在继承贝林格构成要件理论的基础上，"借由对构成要件与违法关系的开创性认识，确立了由法官评价为必要的规范构成要件要素的观点"[②]，从而加深了规范性构成要件要素与违法性的关联。但 M. E. 迈耶对规范性构成要件要素的阐述有明显不足之处，正如日本学者小野清一郎所说的那样，M. E. 迈耶"将构成要件相符性和违法性及责任并列起来考虑，且

[①] 杨剑波：《规范的构成要件要素初探》，《中国刑事法杂志》2007 年第 1 期。
[②] 王昭振：《类型思维：刑法中规范构成要件要素存在的法理根据》，《法制与社会发展》2009 年第 1 期。

在它们中间划出排他性界限"①，他所承认的规范性要素含有违法性的评价又不属于纯粹的违法性要素，同时也不属于纯粹的构成要件要素②。再后来，随着构成要件理论的不断发展，古典三阶层体系逐渐被动摇，阶层犯罪理论经历了从行为类型说到违法类型说、违法责任类型说的发展，三种学说的共识是认为构成要件是违法行为的类型化，此时，"要求构成要件本身能够被客观外在的事物的不法因素——进行纯粹的描述是不可能的"③，在犯罪构成要件中必然存在相当多的规范性构成要件要素。

由此可见，规范性构成要件要素的历史价值就在于连接客观事实和构成要件。一方面，作为构成要件要素的一种类型，它并非脱离客观事实完全虚构出来的，它必须指向行为人、行为对象、行为时间、行为地点、犯罪工具、犯罪后果等要素，对客观现实进行描述和呈现。另一方面，规范性构成要件要素又不是纯粹的事实性描述，它具有主观化、价值化之特征。梅茨格尔认为规范性构成要件要素的主要作用有两个方面：一是为建立客观秩序而表明法律禁止的对象；二是作为法基准的评价规范④，规范性构成要件要素的含义需要由法官根据价值判断进行补充，这种主观化的努力在一定程度上侵蚀了客观事实的范围，导致客观事实与评价规范交织在一起。一直以来，"人们一直顽固地坚守事实非价值的观念"⑤，认为从"是"中不能推论出"应当"（这也正是水平的错误分类之所以能成为一种独立错误分类方式的原因），但如果"是"本身就是一种"应当"或者"是"与"应当"附着于同一要素时，就另当别论了。在规范性构成要件要素中，客观事实与评价规范相交织，甚至要素本身就表现为某一特定的规范，"是"与"应当"的界限似乎被打破，正因如此，在规范性构成要件要素中区分事实认识错误与法律认识错误成为一

---

① ［日］小野清一郎：《犯罪构成要件理论》，王泰译，中国人民公安大学出版社2004年版，第51—55页。

② 参见王昭振《犯罪构成视野下规范性构成要件要素基础理论研究》，中国检察出版社2008年版，第35页。

③ 参见杨剑波《规范的构成要件要素初探》，《中国刑事法杂志》2007年第1期。

④ 参见蔡桂生《梅茨格尔犯罪阶层体系的新康德主义根基》，《清华法学》2009年第6期；转引自韩忠谟《构成要件与刑法理论之体系》，载蔡墩铭《刑法总纲论文选集（上）》，五南图书出版公司1988年版，第169页。

⑤ 文海林：《论罪刑法定的事实明确》，中国政法大学出版社2016年版，第13页。

项艰巨的任务。

基于规范性构成要件要素发展历史的考察，可以更为清晰地厘清规范性构成要件要素的理论构造。长期以来，学者们乐于把规范性构成要件要素与记述性构成要件要素放在一起进行考察，通过二者的对比来定义规范性构成要件要素，目前学界主要形成了三种观点：价值判断说、逻辑前提说、价值补充说。

第一种观点是价值判断说。该说认为在构成要件存在与否的判定上，规范性构成要件要素需要进行价值判断。例如，大塚仁教授认为"只以裁判官进行认识活动为已足的，称为记述的构成要件要素；要求规范的、评价的行为的，称为规范的构成要件要素"①；张明楷教授认为"规范的要素要求的是一种精神上的理解"，"所谓需要精神上的理解，是指需要通过价值判断或者由社会规范或者法律规范来确定"②。此外黎宏教授③、阮齐林教授④、于世忠教授⑤及我国台湾地区学者陈子平教授⑥等都持这一观点。价值判断说认为，记述性构成要件要素的判定是主观见之于客观的活动，是人对客观存在的事物进行的事实性描述，而在规范性构成要件要素的场合，客观对象的物理性存在只是表征某一要素的载体而已，真正对认定犯罪具有重大意义的是附着在物理性载体上的法律价值或者社会意义，而法律价值或社会意义的发现只能经由法官的价值判断实现。

第二种观点是逻辑前提说。逻辑前提说认为对规范性构成要件要素的理解必须以一定的规范作为逻辑前提，核心思想是规范性构成要件要素的内涵是开放的，必须借助法规范或者其他规范才能确定其规范含义与违法性，逻辑前提说是目前刑法学界的通说观点。卡尔·恩吉施认为法律概念都是"价值有涉"的，每个法律概念的"内容和范围都关涉着特殊的法律价值思想"，而规范性构成要件要素是需要在某种规范中固定

---

① ［日］大塚仁：《刑法概说（总论）》，冯军译，中国人民大学出版社2003年版，第131页。
② 张明楷：《刑法原理》，商务印书馆2017年版，第79页。
③ 参见黎宏《日本刑法精义》，法律出版社2008年版，第79页。
④ 参见阮齐林《刑法学》，中国政法大学出版社2011年版，第65页。
⑤ 参见于世忠《中国刑法学总论》，厦门大学出版社2017年版，第74页。
⑥ 参见陈子平《刑法总论》，中国人民大学出版社2009年版，第109页。

其意义内容的概念,"这些规范可能出自于法或道德或一个其他的文化领域"①;意大利刑法学者帕多瓦尼则旗帜鲜明地指出,"所谓'规范性因素',则是指必须根据某种特定标准进行价值判断的因素"②;韩国刑法学者李在祥也认为"规范性构成要件要素是可以根据规范性逻辑判断理解且可以通过完善的价值判断确定的构成要件要素"③;而在德国刑法学者乌尔斯·金德霍伊泽尔看来,规范性构成要件要素"是由规则创制的,只有通过援用创制这些要素的规则(规范)才能够确定"④;耶赛克教授则认为规范性构成要件要素是"针对仅在符合规范的逻辑条件下才被设想和考虑的事实"⑤。

第三种观点是价值补充说。晚近有学者提出了价值补充说,认为在构成要件要素的存在与否上,应当以法官的价值补充是否为必要作为划分记述性构成要件要素与规范性构成要件要素的依据。不论是记述性构成要件要素还是规范构成要件要素都有一定的判定标准(即通说所认为的规范的逻辑前提),真正使二者得以区分的是逻辑前提发挥作用的形式——在记述性构成要件要素中,所有的判定标准都由立法者预先设定,法官只需要根据该评价标准经法定的认识活动即可判定,且评价标准一经确定,不论是法官还是一般人都会得出相同的结论。而在规范性构成要件要素中,"尽管立法者确定有一定的解释或者判定标准,但还需要法官进行必要的社会文化、道德的价值补充的情况"⑥。

以上三种观点对规范性构成要件要素的构造进行了不同的诠释,但通过梳理可以发现,三种学说都肯定了规范性构成要件要素"先天性"

---

① 〔德〕卡尔·恩吉施:《法律思维导论》,郑永流译,法律出版社2014年版,第135—136页。
② 〔意〕杜里奥·帕多瓦尼:《大利刑法学原理(注评版)》,陈忠林译,中国人民大学出版社2004年版,第99页。
③ 〔韩〕李在祥:《韩国刑法总论》,韩相敦译,中国人民大学出版社2005年版,第95页。
④ 〔德〕乌尔斯·金德霍伊泽尔:《刑法总论教科书》,蔡桂生译,北京大学出版社2015年版,第73页。
⑤ 〔德〕汉斯·海因里希·耶赛克、托马斯·魏根特:《德国刑法教科书》,徐久生译,中国法制出版社2017年版,第365页。
⑥ 王昭振:《论规范构成要件要素的刑法内涵与类型》,《法学评论》2009年第2期。

地蕴含着评价内容或者某种价值关系。① 不论是价值判断说提出的"精神上的理解",还是逻辑前提说提出的"以一定规范作为逻辑前提",还是价值补充说提出的"需要进行社会文化、道德的价值补充",都体现了规范性构成要件要素的法律功能和社会意义。在规范性构成要件要素所有类型中,事实与规范交织特征表现最明显的是法律的评价要素。在法律的评价要素中,作为逻辑判断前提的规范就是法律规范本身(包括刑法规范和刑法外的法律规范),按照水平的错误分类对法规范的认识错误为法律认识错误,但如果没有作为逻辑前提的法规范就无法确定法律的评价要素的内涵和外延,法规范的作用在于澄清客观事实,那么似乎又应当认定为事实认识错误,这在理论上陷入两面为难的境地。

(二) 规范性构成要件要素"事实""规范"交织一体的认识层级判断

规范性构成要件要素的显著特征是事实与法律的交织,其认识错误的核心在于分别划定"事实"和"规范"的范围。由于从事实到规范存在着一个交错过渡的地带,在规范性构成要件要素的认识中,从对"事实"的认识到对"规范"的认识就呈现出了层级特征,即行为人先要知道自己在做什么(事实判断),然后才谈得上他对自己正在做的事情的对错判断(违法性判断),先有事实的认识,才会有具体的违法性认识。

规范性构成要件要素的认识层级可进行进一步的细化。根据行为人认识程度的深浅,可以将其认识内容划分为多个层级,这对认识错误之判断是极其重要的。在刑法理论上,学者们大多将规范性构成要件要素的认识分为三个层级(或者四个层级),其中陈子平教授、山口厚教授和前田雅英教授的观点较具有代表性,可将其进行合并观察(见表25—2)②:

---

① 参见张建军《论规范的构成要件要素的明确性》,《当代法学》2012年第5期。
② 参见陈子平《刑法总论》,中国人民大学出版社2009年版,第130页;[日]山口厚《刑法总论》,付立庆译,中国人民大学出版社2018年版,第202—204页;[日]前田雅英《刑法总论讲义》,曾文科译,北京大学出版社2018年版,第156—157页。

表 25—2　　　　　　　规范性构成要件要素的认识层级

	陈子平	山口厚	前田雅英
第一层级	物体之认识	裸的自然事实之认识	直接（裸）的事实之认识
第二层级	意涵之认识	含义之认识	构成要件重要部分的意义之认识（使违法性的意识成为可能的认识）
第三层级	违法之认识	法律概念适用之认识	违法性之认识
第四层级	——	——	具体条文之认识

前田雅英教授的四层级划分法在三层级划分法基础上增加了"具体条文之认识"，之前的三个层级与三层级划分法实际上是一一对应的。从整体上看，四层级划分法更为完整，因此我们将以前田雅英教授的四层级划分法为例来说明规范性构成要件要素中"事实"与"规范"的划分问题，进而明确规范性构成要件要素中事实认识错误与法律认识错误的界限。

客观来看，从"直接（裸）的事实"到"构成要件中重要部分的意义"，再到"违法性"，最后到"具体条文"构成了一个从事实到规范的完整过程。划分规范性构成要件要素认识层级能够在一定程度上简化认识错误的问题，认识层级同时也是检验行为人认识程度的顺序，即首先检验行为人对"直接（裸）的事实"的认识，其次检验对"构成要件中重要部分的意义"的认识，再次检验对"违法性"的认识，最后检验对"具体条文"的认识。详言之，如果行为人对"直接（裸）的事实"没有认识或者认识错误时，就不必检验行为人对后三个层级的认识情况；如果行为人对"直接（裸）的事实"有正确认识，但对"构成要件中重要部分的意义"没有认识或者认识错误时，就不必再判断后两个层级的认识情况，其他两种情况同理。

在这四种认识情况中，有两种情况下的认识错误学界已基本达成共识：其一，"直接（裸）的事实"是物理性的载体或者客观存在，对规范性构成要件要素中"直接（裸）的事实"的认识错误构成事实认识错误，阻却故意之成立；其二，"具体的条文"毫无疑问属于"规范"的范畴，对具体刑罚法规的认识错误应当属于法律认识错误，不影响故意的成立。这样一来，剩下的"构成要件部分的重要意义"和"违法性"中的某一个层级就必然承担了区分事实认识错误和法律认识错误的任务。

1. 对"违法性"的认识错误

根据认识层级体现出的顺序,对"违法性"的认识错误要讨论的问题实际上是:"当行为人具备对'直接(裸)的事实'和对'构成要件重要部分的意义'的正确认识,并且对'违法性'没有认识或者产生认识错误时,行为人成立何种错误类型"?在前田雅英教授的四层级划分法中,第三层级中的"违法性"是指"行为的法律评价"①,而刑法中对"行为的法律评价"是"行为是否违反了刑法之规定",也就是形式违法性。因此,对"违法性"的认识错误就是对形式违法性的认识错误,从错误论的反面来看,这个问题就简化为"规范性构成要件要素故意的成立是否需要具备对形式违法性的认识"。我们认为,行为人对形式违法性的认识错误不影响故意的成立。

形式违法性并没有说明违法的实体内容,即当法官说"该行为违反了刑法规定"时,律师通常不能不追问"法秩序禁止什么、允许什么"②,如果要求行为人具备形式违法性认识,就必须进一步深入"法秩序禁止什么、允许什么",而这已经超出了形式违法性的内容而落入实质违法性范畴。

更重要的是,行为人是否认识到形式违法性与行为人是否故意制造了具有违法性的基础事实没有必然联系,形式违法性与具有违法性的基础事实是可以剥离的。一方面,行为人可能认识到形式违法性,但没有认识到"其具体行为系法律所禁止的对象",这便不能认定为"有意识地违反法律"③,亦即不能认定其有意识地制造了具有违法性的基础事实。例如,我国实行严格的枪支管控制度,作为普通人的赵春某应该认识到持有枪支是违法的(形式违法性),但是她可能没有认识到自己正在做的"持有地摊气枪"就是持有枪支的行为。换言之,那一刻在赵春某的认识中可能并未将自己的"持有地摊气枪"行为涵摄到法律禁止持枪的范围

---

① 参见[日]前田雅英《刑法总论讲义》,曾文科译,北京大学出版社 2018 年版,第 157 页。
② 参见张明楷《刑法学》,法律出版社 2016 年版,第 107—108 页。
③ 薛智仁:《禁止错误之法律效果初探》,载刘明祥、张天虹主编《故意与错误论研究》,北京大学出版社 2016 年版,第 250 页。

内,"禁止持枪"这一规范只存在于抽象思考的层次而未实际构成左右其决议的因素,她可能是在无意识地违反法律规定的情况下实施的持枪行为。在个案中,行为人对法规范的模糊印象,乃至对形式违法性的明确认识不能替代行为人对具体案件基础事实的违法性意识。另一方面,行为人知道自己制造了具有违法性的基础事实,但可能没有认识到形式违法性。例如,在基于假想防卫而杀人的行为中,行为人虽然认识到将匕首插进对方的胸膛是对他人的侵害(认识到了具有违法性的基础事实),但他误以为该行为是正当防卫而被刑法上所允许(没有认识到形式违法性),然而没有认识到形式违法性并不阻却构成要件故意的成立。

由此可见,形式违法性没有说明违法的实体内容,它与"具有违法性的基础事实"是完全可剥离的,属于规范的范畴,行为人对形式违法性的认识错误属于法律认识错误。亦即,在规范性构成要件要素中,行为人对第三层级"对违法性的认识"之错误是法律认识错误,不能阻却故意。

2. 对"构成要件重要部分的意义"的认识错误

既然已经明确了对"违法性"的认识错误属于法律认识错误,那么最重要、最复杂的一步就是考察行为人对"构成要件重要部分的意义"的认识错误。按照认识层级的检验顺序,这个问题实际上是"当行为人具有对'直接(裸)的事实'的正确认识,并且第二层级'构成要件的重要部分的意义'没有认识或者产生认识错误时,行为人成立何种错误类型"。

大谷实教授认为,关于规范性构成要件要素的事实不是纯粹的事实,而是"对事实的评价或者判断"[1],其中"对事实的评价或者判断"就是前田雅英教授四层级划分法中的"构成要件重要部分的意义"。前田雅英教授认为,对"构成要件重要部分的意义之认识"是指"对社会性的、规范性的意义的认识",也是指"使违法性的意识成为可能的认识"[2]。以故意杀人行为为例,"直接(裸)的事实"是"将利刃刺入了对方胸膛的物理过程",而使违法性的意识成为可能的认识是指"行为人还认识

---

[1] [日]大谷实:《刑法讲义总论》,黎宏译,中国人民大学出版社2008年版,第162页。
[2] [日]前田雅英:《刑法总论讲义》,曾文科译,北京大学出版社2018年版,第156页。

到将利刃刺入对方的胸腔意味着'杀人'"。前田教授据此还认为,规范性构成要件要素的外延非常模糊,只有认识到了"构成要件重要部分的意义",行为人才可能对违法性形成反对动机,刑法才可能对行为人进行故意的非难。基于规范性构成要件要素的"构成要件规定的不完整性"和"违法性判断的开放性"[1],如果行为人缺乏对"构成要件重要部分的意义"的认识,就成立事实认识错误,阻却故意。这样一来,"构成要件重要部分的意义"的作用恰恰就在于立足社会一般人的常识理解,对"直接(裸)的事实"进行社会功能、规范意义的补充评价或者判断,从而使行为人的违法性意识成为可能,那么"构成要件重要部分的意义"就是指补强违法性的基础事实。接下来需要进一步探讨的是,"什么样的事实是能够补强违法性的基础事实"。

第一,补强违法性的基础事实不是补强形式违法性的基础事实。在规范性构成要件要素中,对形式违法性的认识错误属于法律认识错误,印证或者补强形式违法性的基础事实与故意的成立无关,它只在认定了法律认识错误的前提下影响行为人刑事责任的减轻。以公民的识法能力为例,识法能力体现行为人对行为的形式违法性认识程度,是判断行为人形式违法性程度的基础事实。唐稷尧教授提出,在规范性构成要件要素中要将"一般人的立场和个体特定的识法能力相结合",判断行为人是否构成事实认识错误[2],我们认为这一观点是不妥当的。事实认识错误必须结合个案具体判断,而识法能力是一个长期的、概括的、稳定的判断,它无法与个案形成对应。在司法实践中,识法能力的判断依据包括法规范的时间性、地域性以及行为人的生活背景、教育背景和职业背景等,这些事实与行为人对具体个案的认识可能性是无关的。赵春某认识到"在我国持有枪支是被严厉禁止的",因而她具有完全的识法能力,但是,在个案中她可能没有意识到自己"摆地摊气枪"的行为是正在持有枪支就说明了这一点。由此可见,补强形式违法性的基础事实与形式违法性

---

[1] 王昭振:《规范构成要件要素与开放构成要件关系之辩证》,《大连海事大学学报》(社会科学版)2009年第1期。

[2] 参见唐稷尧《论犯罪成立要件中规范性要素之认识错误及其判断路径》,《政治与法律》2019年第1期。

本身一样，完全可能脱离具体案件，行为人对补强形式违法性的基础事实的认识与行为人对自己行为的评价无关。因此，在规范性构成要件要素中，补强形式违法性的基础事实不是补强违法性的基础事实。

第二，补强违法性的基础事实是补强实质违法性的基础事实，但不是实质违法性本身。规范的构成要件要素并非完全受制于立法理性，社会生活本身赋予了规范性构成要件要素实质的内涵[①]，应当从实质违法性角度去发现补强实质违法性的基础事实的含义。首先，对"补强实质违法性的基础事实"的认识不是对"实质违法性"的认识。实质违法性在中国刑法语境下的表达是社会危害性，而社会危害性是法官根据基础事实对行为性质所做的否定评价，是法官的评价而非行为人的评价，"如果要求行为人认识到基础事实的实质违法性，那么会不当阻却构成要件故意"[②]。例如，在正当防卫的场合，甲出于防卫之目的杀害乙，若社会危害性之认识是必要的，则甲不具有故意，甲的行为阻却构成要件成立，这与三阶层犯罪论构造关于"正当防卫是阻却违法事由"的观点不符合，正如前田雅英教授所说的那样，"本着杀意实施正当防卫时，杀意并没有消失"[③]。其次，补强违法性的基础事实是指能够表现法的价值、社会功能或者规范意义的基础事实。在规范构成要件要素中，有些自然事实（裸的事实）不能体现社会危害性，作为法律评价之素材的自然事实，它们仅是要素的物理载体而已，不能满足故意的认识要求，因此还需要通过体现要素的法律意义、社会功能的基础事实来补强行为的实质违法性。金德霍伊泽尔教授提出，"若要认识到规范性构成要件要素的特征，必须还要理解到该要素的法律或者社会之功能，因而，在具有规范性构成要件要素时，行为人必须认识到所涉客体所承担的相关实际用途，才能成立故意"[④]。例如，在假币犯罪中，只有认识到货币作为"一般等价物"所具有的交换价值和经济属性，才意味着行为人对于法益侵害具有认识，

[①] 参见王昭振《论规范构成要件要素司法诠释的标准与方法》，《刑事法评论》2008年第2期。

[②] 柏浪涛：《规范性构成要件要素的错误类型分析》，《法商研究》2019年第1期。

[③] [日]前田雅英：《刑法总论讲义》，曾文科译，北京大学出版社2018年版，第165页。

[④] [德]乌尔斯·金德霍伊泽尔：《刑法总论教科书》，蔡桂生译，北京大学出版社2015年版，第255页。

才能认定构成要件故意之成立。因此，补强违法性的基础事实是补强实质违法性的基础事实，具体到规范性构成要件要素中是指能够表现法的价值、社会功能或者规范意义的基础事实。

综上所述，"构成要件重要部分的意义"实际上是指补强实质违法性的基础事实，它与"直接（裸）的事实"共同构成规范性构成要件要素中的"制度性的行为事实"。行为人缺乏对补强实质违法性的基础事实之认识，也属于事实认识错误的范畴。如果按照前田雅英教授的四层级划分法的话，对"直接（裸）的事实"认识错误和对"构成要件重要部分的意义"的认识错误属于事实认识错误，对第三层级的"违法性"的认识错误和对第四层级的"具体刑罚法规"的认识错误属于法律认识错误。

三 规范性构成要件要素认识错误 "外行人的平行评价"标准及其反思

在规范性构成要素中，行为人要具有对第一层级"直接（裸）的事实"的认识和对第二层级"补强实质违法性的基础事实"的认识才能成立故意，当行为人对第二层级产生认识错误时，阻却故意的成立。那么，如何判断行为人对第二层级"补强实质违法性的基础事实"的认识情况，以及如何判断行为人对规范性构成要件要素的认识错误？自梅茨格尔提出"外行人的平行评价"以来[①]，该公式经历了一波又一波的刑法浪潮仍然大行其道，普珀教授说"该公式像一支凯旋的队伍持续行进了50年"[②]，成为规范性构成要件要素认识错误司法诠释的通说。"外行人的平行评价"的判断依据为"由于对事项的社会意义的认识，只要有行为人所属的外行人领域的平行评价就够了，所以，只有在对这样的平行评价

[①] "外行人的平行评价"也被翻译为"行为人所属外行人之间的平行评价"，或者韦尔策尔所称的"行为人意识中的平行评价"，或者金德霍伊泽尔所称的"外行人的价值观"等。各种说法只是译者表述不同，其实质内涵都是"与行为人一样同属于非专业人士所做出的平行评价"。参见陈家林《外国刑法理论的思潮与流变》，中国人民公安大学出版社2017年版，第209页；[日] 山口厚《刑法总论》，付立庆译，中国人民大学出版社2018年版，第203页。

[②] 柏浪涛：《规范性构成要件要素的错误类型分析》，《法商研究》2019年第1期；转引自 Vgl. Puppe. in：Nomos Strafgesetzbuch Kommentar, 4. Aufl. , 2013, §16, Rdn. 50 f.

存在错误时,才是社会意义的错误"①。然而,通过对"外行人的平行评价"的梳理我们可以发现,"外行人的平行评价"的适用对象模糊,且其在实体结构和判断方式上也有明显缺陷,因而我们有必要在理论上重新思忖"外行人的平行评价"公式的说服力。

规范性构成要件要素具体包括哪些类型,各种理论观点不一而足。学界公认的规范性构成要件要素至少包括以下三种类型:法律的评价要素、文化价值的评价要素、经验法则的评价要素。那么"外行人的平行评价"公式适用于何种类型?理论上主要有两种观点:一种观点认为"外行人的平行评价"主要适用于文化价值的评价要素的认识错误,另一种观点认为"外行人的平行评价"主要适用于法律的评价要素的认识错误。

第一种观点认为,该公式主要适用于文化价值的评价要素。例如,张明楷教授认为,就法律的评价要素和经验法则的评价要素而言,只要行为人认识到了作为评价基础的事实或者作为判断资料的事实,就应当认定行为人具备了完全的认识,而"外行人的平行评价"公式主要适用于"社会的评价要素"(也就是"文化价值的评价要素")。② 在这类要素中,只要求立法者想到刑法规范的保护涉及何种事实即可,而不要求行为人知晓相关概念的法律定义③,法官对于行为人的语言必须"抽象化",对于法律的语言必须"通俗化",从而实现刑法专业语言世界与行为人的日常用语世界之对接。再例如,王昭振博士也认为"外行人的平行评价"公式只适用于"社会道德、文化评价的规范要素"(也就是"文化价值的评价要素"),对于该类要素而言,应当根据"行为人在实施其行为时所认识到的一般人的判断结论,认定行为人是否具有故意"④。而对于经验法则的评价要素而言,其故意成立的判断标准不在于一般人的社会观念,

---

① 陈家林:《外国刑法通论》,中国人民公安大学出版社2009年版,第394页。
② 参见张明楷《规范的构成要件要素》,《法学研究》2007年第6期。
③ 参见[德]汉斯·海因里希·耶赛克、托马斯·魏根特《德国刑法教科书》,徐久生译,中国法制出版社2017年版,第397页。
④ 参见王昭振《犯罪构成视野下规范性构成要件要素基础理论研究》,中国检察出版社2008年版,第134页;[日]大冢仁《犯罪论的基本问题》,冯军译,中国政法大学出版社1993年版,第192页。

而是立足于行为时存在的所有客观事实基础上的因果法则，简单来说就是"常识"①。

第二种观点认为，"外行人的平行评价"主要适用于法律的评价要素。例如，金德霍伊泽尔教授认为，"特别地，针对法规则所调整的规范性构成要件要素的特征，尤其适用外行人的价值观"②，因为刑法不可能期待外行人拥有精准的法律知识，所以只要行为人理解了相关规则的本质性的目标即可，但是金德霍伊泽尔教授同时认为这种所谓的外行人的价值观是极易导致误解的。再例如，日本刑法学者野村稔教授以著名的"姆马·鼯鼠案"为例，提出"关于记载于条文的构成要件要素，在考察是否符合其法律概念之际，如果行为者没有认识到该概念的一般社会意义，就不能认为关于该要素有故意的存在"③。如果着眼于评价的侧面，"记载于条文的构成要件要素"就是法律的评价要素，"概念的一般社会意义"就是"外行人的平行评价"。在我国刑法研究中，也有越来越多的学者提倡在法律的评价要素的认识错误上适用"外行人的平行评价"公式。例如，江溯教授认为，对于《刑法》第 128 条"非法持有枪支罪"中的"枪支"，只有根据法律规范才能够划定其范围，是规范性构成要件要素（具体而言是规范性构成要件要素中的法律的评价要素），应当按照"外行人的平行评价"标准判断行为人对枪支是否具有完全意义的认识。④ 另外，白洁博士在其专著中也提到"对于'支付停止'和'破产开始'等法律概念的认识，使用所谓的'外行人的平行评价'就已经足够"⑤。

我们认为，在"外行人的平行评价"公式的适用对象问题上，不加

---

① 王昭振博士否定"法评价的概念"是规范性构成要件要素，因此在故意规制或者认识错误的问题上，他只论及了"社会道德、文化评价的规范要素"和"以经验评价的规范要素"。参见王昭振《犯罪构成视野下规范性构成要件要素基础理论研究》，中国检察出版社 2008 年版，第 92—94 页；

② ［德］乌尔斯·金德霍伊泽尔：《刑法总论教科书》，蔡桂生译，北京大学出版社 2015 年版，第 256 页。

③ ［日］野村稔：《刑法总论》，全理其译，法律出版社 2001 年版，第 308 页。

④ 参见江溯《规范性构成要件要素的故意及错误——以赵春华非法持有枪支案为例》，载《华东政法大学学报》2017 年第 6 期。

⑤ 白洁：《刑法中的客观处罚条件研究》，群众出版社 2017 年版，第 118 页。

论证就直接将其适用于法律的评价要素或者文化价值的评价要素是不妥当的，"外行人的平行评价"公式的适用对象应取决于该公式的实体结构和判断方式。

首先，是基于对"外行人的平行评价"实体结构的考察。从"外行人的平行评价"的实体结构来看，该公式将行为人的认识不当降格为"认识可能性"。"外行人的平行评价"公式在认识错误判断中实际上是一种"外行的相似的评价"①，即从行为人所属的社会一般人视角来看，如果社会一般人能够理解规范性构成要件要素所要保护的何种事实，则认定行为人具备完全意义的认识，这实际是用社会一般人的认识代替了行为人自身的认识，把对行为人的明确认识之要求降格到认识的可能性。"外行人的平行评价"要求行为人以自己的认识水平来理解体现在法律概念中的立法者的评价②，当行为人具有社会一般人对补强实质违法性的基础事实的认识时，就相当于法学家认识到了精准的法律概念③，这样判断的话行为人对法律概念的认识也变成了"认识可能性"。在文化价值的评价要素和经验法则的评价要素中，由于第二层次"构成要件的重要部分的意义"是由社会观念、文化价值或者经验法则决定，与第三层级的"违法性"差异较大，必须分别做出仔细的判断，可以抵消"外行人的平行评价"带来的认识要求降格问题。但是，在法律的评价要素中，"外行人的平行评价"公式可能带来大麻烦，因为在法律的评价要素中，"补强实质违法性的基础事实"是由作为逻辑前提的前置法规范的内容决定的，前置法规范和第三层级的"违法性的认识"都体现为行为人对法秩序的敌对或漠视，极易产生混淆。这样一来，只要认识到了作为评价基础的直接（裸）的事实，就能够认定行为人对法律的评价要素具备完全意义的认识，进而大大缩小了事实认识错误的成立范围，这对行为人来说是极其不利的。

其次，是基于对"外行人的平行评价"判断方式的考察。"外行人的

---

① ［德］汉斯·海因里希·耶赛克、托马斯·魏根特：《德国刑法教科书》，徐久生译，中国法制出版社2017年版，第368页。

② 参见［德］汉斯·海因里希·耶赛克、托马斯·魏根特《德国刑法教科书》，徐久生译，中国法制出版社2017年版，第397页。

③ 参见柏浪涛《规范性构成要件要素的错误类型分析》，《法商研究》2019年第1期。

平行评价"本质上是一种类推。在文化价值的评价要素和经验法则评价要素的场合,法官并不因为他所具有的法律知识而对社会经验、文化价值或者经验法则下的基础事实具有更高的认识能力,法官与外行人的判断能力是相同的,法官自身的价值判断与外行人的价值判断重合,此时法官的评价约等于外行人的平行评价。但在法律的评价要素的场合,该公式将对行为人的认识要求悄然地、实质地提高到了法官的认识水平的程度。

从"外行人的平行评价"的判断方法来看,该公式只要求行为人实实在在地认识到直接(裸)的事实,而补强违法性的基础事实其实是根据外行人的认识能力进行判断的。根据"外行人"的确定标准不同,理论上曾有过以行为人为标准、以社会一般人为标准、以行为人所属一般人为标准的争论①,最终以行为人所属的一般人为标准的观点得到多数人的赞同。但司法实践中的"外行人的平行评价"真的是"外行人"做出的吗?虽然从理论上讲,在"外行人的平行评价"规则适用上法官必须真诚地审查,"假如我不是法官,'外行人的平行评价'标准应该是什么",并以此作为判断行为人认识水平的依据。但是这种假设是无法实现的,法官只能"假装"自己是个外行人。在法律的专业范围内法官就是一个完完全全的"内行人",因为他根本不可能完全脱离自身的刑法观念、审判经验以及作为法律精英人才所具有的"前见",从而作出一个等同于"外行人"的评价。一旦使用"外行人的平行评价"规则,法官就不再仅仅是中立的裁判者,而是案件的"参与者",即便他们能够注意到自己身份的特殊性,在思考时尽量地跳出自我进行判断,他们也不可能脱离自己所受的教育、所处的法治环境、所接受的伦理熏陶,就像鲁迅先生说的"人不可能拔着自己的头发离开地球"一样。尽管每个法官在作出判断时都可能宣称自己是站在"外行人"的角度作出的客观评价,但宣称"客观"往往是为了掩盖自己的"不客观",而且这种掩饰比"不客观"本身更加有害。尤其是在法律的评价要素中,一个接受过系统法学教育、在司法实践中千锤百炼的人,无论如何也不能说他是一个法

---

① 参见高巍《论规范的构成要件要素之主观明知》,《法律科学(西北政法大学学报)》2011 年第 3 期。

律层面的"外行人"。在法律的评价要素中,外行人的平行评价标准被变相提高到了法官的判断标准,外行人平行评价其实就是法官的评价,这对于行为人来说其实是一种有罪类推判断。

四 规范性构成要件要素认识错误的分型判断

规范性构成要件要素认识错误的问题不能停留在整体性考察的阶段,而必须深入规范性构成要件要素各个类型进行具体的判断。基于规范性构成要件要素的类型特征以及各类型之间的开放程度差异,我们认为规范性构成要件要素各个类型的认识错误应该具有不同的诠释方式。

(一)规范性构成要件要素认识错误的分型判断理据

对规范性构成要件要素认识错误可以分类进行判断,为各类型"量身定做"不同的判断方式,正如王昭振博士认为的那样,"由于规范构成要件要素在具体内容、性质方面存在不同类型",那么"有关规范构成要件要素界定的标准自然也会存在不同"[1]。但是,要进行分类判断的话必须先回答一个问题——一般来说,对于同一个概念应该具有统一的判断标准,例如对犯罪故意的判断,不会因为是直接故意或者间接故意而有本质区别,那么,同样都是规范性构成要件要素,为何对于法律的评价要素的认识错误、文化价值的评价要素的认识错误和经验法则的评价要素认识错误可以采取不同的判断方式?换句话说,如果"外行人的平行评价"公式只对其中某一种或某两种类型有效,那么对于整个规范性构成要件要素而言,它到底是有效的还是无效的?

1. 规范性构成要件要素的类型特征

为了充分说明规范性构成要件要素的类型特征,我们必须先对类型概念有所了解。类型概念是与抽象概念不同的概念形式,如果说抽象概念是"基于特殊个体上的普遍形式",那么类型概念就是"诸多特殊个体之中的特别完美的形态,它与那些所谓的过渡形态、不足形

---

[1] 参见王昭振《犯罪构成视野下规范性构成要件要素基础理论研究》,中国检察出版社2008年版,第133页。

态或者中间形态相对应"①。再者，抽象概念讲究的是分类思维，侧重于概念的涵摄功能，而类型概念是基于归类思维存在，侧重于类型的归类功能。②详言之，抽象概念与类型概念的区别显著体现为二者的涵摄模式不同。

对于抽象概念而言，需要"将上位概念拆解为个别的要素，然后我们把案件事实的各部分分别涵摄到这些个别的要素"，普珀教授将这个过程称为"水平的概念锁链"③。以《刑法》第133条之一第二项"醉酒驾驶机动车"为例，作为上位概念的"危险驾驶"可拆解为"醉酒""道路""机动车"等三个"个别的要素"。在这里抽象概念有两个特征：（1）上位概念是必要的。去掉了"危险驾驶"，三个"个别的要素"只能孤立地存在，要素之间的关系无法表达。（2）上位概念的成立需要满足所有个别的要素。在危险驾驶罪中，需要考察案件事实是否分别满足了这三个要素，只有三个要素同时满足才能认定犯罪的成立。

然而，类型概念的涵摄模式并非如此（即不同于抽象概念）。类型概念是指在一个概念中出现了至少一个可区分等级的要素，其中被区分等级所在的要素也被称为"可层升要素"。例如，《刑法》第92条关于"公民私人所有财产"就是一个类型概念④，它可以区分为包括"公民的合法收入、储蓄、房屋和其他生活资料"在内的四种法定情形，这四种法定情形就是四个"可层升要素"。在类型概念的涵摄中，"我们是从法律概念出发，由较一般的下位概念到较特殊的概念，人们也可以把较为特殊的概念看作一般概念的局部定义"，普珀教授称为"垂直的概念锁链"，这个概念锁链并不是通过一般概念的定义连接在一起，而是通

---

① 杜宇：《"类型"作为刑法上之独立思维形式——兼及概念思维的反思与定位》，《刑事法评论》2010年第1期。
② 参见王昭振《犯罪构成视野下规范性构成要件要素基础理论研究》，中国检察出版社2008年版，引言第4页。
③ [德]英格博格·普珀：《法律思维小学堂》，蔡圣伟译，北京大学出版社2012年版，第37页。
④ 《中华人民共和国刑法》第92条规定："本法所称公民私人所有的财产，是指下列财产：（一）公民的合法收入、储蓄、房屋和其他生活资料；（二）依法归个人、家庭所有的生产资料；（三）个体户和私营企业的合法财产；（四）依法归个人所有的股份、股票、债券和其他财产。"

过将特殊概念涵摄到先前的一般概念中。① 在这里,类型概念具有两个特征:(1)一般概念具有模糊性,它并非必须存在。一则通过"私人所有财产"这个概念并不能判别"某财物是否属于公民私人所有财产",而要判断"某财物是否属于四种法定情形之一",二则在具体条文中直接用四种法定情形替代"公民私人所有财产"也不会产生误解。(2)"可层升要素"之间的联系较弱,它是上位概念的充分条件而非必要条件。例如,在具体案件中只要判定某物是"公民的合法收入"就不必再同时判断它是否属于"依法归个人、家庭所有的生产资料",亦即"一个可区分等级的概念要素在个案中越是高程度的被实现,其他可分级之要素所必须被实现的程度便可随之降低,或是就越不需要实现其他的选言式要素"②。

规范性构成要件要素符合类型概念的特征。其一,这个概念本身就是不明确的,它不是必需的存在。规范性构成要件要素是以一定规范为逻辑前提确定内涵的要素,在这里"一定的逻辑前提"的内涵并不明确,在具体案件中,还是要判断"一定的逻辑前提"是法规范、文化价值、经验法则抑或是其他规范。其二,在类型概念中只要有一个以上的可层升要素强烈地显示,一般概念就能清楚地实现,不必再考察其他较弱地显示或者未曾显示的可层升要素。法律的评价要素、文化价值的评价要素、经验法则的评价要素都是规范性构成要件要素这个"一般概念"中的可层升要素,某要素只要符合三者之一,就能够肯定它是规范性构成要件要素,但是这三个可层升要素之间的联系较弱(即相互影响较弱)。

规范性构成要件要素的类型特征表现在它的开放结构上,其具体内涵具有流动性和开放性。其一,规范性构成要件要素的具体内涵具有流动性。类型概念因为含有可层升要素,所以它的界限必然是流动的。③ 对

---

① [德]英格博格·普珀:《法律思维小学堂》,蔡圣伟译,北京大学出版社2012年版,第37—39页。
② [德]英格博格·普珀:《法律思维小学堂》,蔡圣伟译,北京大学出版社2012年版,第25页。
③ [德]英格博格·普珀:《法律思维小学堂》,蔡圣伟译,北京大学出版社2012年版,第28页。

于规范性构成要件要素而言,未来可能出现学界公认的三种要素类型之外的第四种、第五种乃至更多的类型。类型概念的具体内涵"虽然有一个相对固定的核心,却没有固定的界限"①。例如在"淫秽物品"这一概念上,"补强实质违法性的基础事实"是"淫秽性",理论上认为某物品"足以唤醒、挑起人的性欲"时视为具有淫秽性,但是旧社会在书中描写"接吻的场面"也是具有淫秽性的,今天却几乎不再有人这样认为,这就表现为规范性构成要件要素的含义随着社会的变化而不断变动,即时间上的流动性。其二,规范性构成要件要素的具体内涵具有开放性。首先,法律规范对社会行为和事实进行抽象与分类,并赋予其相应的法律后果,这种规定蕴含着法律评价,而评价性概念是不明确、不具体的,其边界是不清晰或者不确定的。正因如此,学者才说"所有的法律都是开放性文本,开放性文本是法律的普遍特征"②。其次,现代语言学和逻辑学的成就提醒人们应当承认如下事实:找不到一种基本语言使得任一语言系统的明确性和自足性毋庸置疑,即便能找到明确的、自足的基本语言及其语言系统,我们在语言系统内部也无法证明这一点。③ 再次,规范性构成要件要素显著体现了开放的构成要件的特征。韦尔策尔首创了开放构成要件理论,并提出开放构成要件的两个重要特征——"构成要件规定的不完整性以及违法性判断的开放性"④,刘艳红教授结合中国刑法将其详细阐释为"在某些场合,仅确定无违法阻却事由还不能认定行为的违法性,还需要法官积极查明是否存在着某些能够说明违法性的构成要件要素"⑤,从而确定行为的违法性。而规范性构成要件要素就体现了这样一种开放的特征,它既面向法官开放——规范性构成要件要素的含义不是由立法理性单独创造,而由立法和司法共同决定,刑法立法任务的司法分担是规范性构成要件要素的突出特点⑥;也面向社会公众开放——构

---

① 王昭振:《类型思维:刑法中规范构成要件要素存在的法理根据》,《法制与社会发展》2009 年第 1 期。

② 王洪:《制定法推理与判例法推理》,中国政法大学出版社 2016 年版,第 175 页。

③ 参见王洪《制定法推理与判例法推理》,中国政法大学出版社 2016 年版,第 179 页。

④ 王昭振:《规范构成要件要素与开放构成要件关系之辩证》,《大连海事大学学报》(社会科学版) 2009 年第 1 期。

⑤ 刘艳红:《刑法学》,北京大学出版社 2016 年版,第 95—96 页。

⑥ 王昭振:《论规范构成要件要素的刑法内涵与类型》,《法学评论》2009 年第 2 期。

成要件事实的价值特征不是由法律创造出来的,而是在社会现实中发现的①,价值补充需要依据社会的一般观念②。

接下来需要探讨的是规范性构成要件要素的类型特征与认识错误判断路径的关系。普珀教授认为,类型概念涵摄的困难在于,由于具有类型特征,即便是外在形式迥异的事实情况也可归于同一类型之下,又由于类型概念中各个可层升要素都是实现一般概念的充分条件,因此各个可层升要素之间的联系不是必然的,表现方式也可能是不同的。在具体案件中一个类型概念的可层升要素总有较强烈地显现和较弱地显现之分,"较强烈地显现"所体现的是可层升要素在一般概念中的共性,而"较弱地显现"所体现的是可层升要素间的内部差异。事实上,法律的评价要素、文化价值的评价要素和经验法则的评价要素在外在形式上本身就天差地别,其中较强地显现的可层升要素体现了规范性构成要件要素与记述性构成要件要素的关联性——都以一定的逻辑前提为依据,较弱地显现的可层升要素则体现了规范性构成要件要素各类型的内部差异——各类型中"补强实质违法性的基础事实"的判断依据不同,而"补强实质违法性的基础事实"正是对认识错误具有重要意义的部分。如此,我们便探明了类型特征与其认识错误的判断路径之间的关系:类型特征表明各类型要素中较弱地显现的可层升要素不同,而较弱地显现的可层升要素决定了故意的认识内容,因此基于规范性构成要件要素的类型特征和开放性特征,其认识错误可以依据各个类型分类进行判断。

2. 规范性构成要件要素的开放程度差异

规范性构成要件要素开放结构的发现与承认是理论研究的一大进步,但是各类型开放程度的内部差异以及由此造成的法官自由裁量空间差异至今为刑法理论所忽视,中国刑法对规范性构成要件要素的研究至今仍停留于整体性观察和检讨层面,缺乏精细化地深入研究。按照是否以法规范为逻辑前提,规范性构成要件要素分为法律的评价要素和非法律的

---

① 参见[德]冈特·施特拉腾韦特、洛塔尔·库伦《刑法总论Ⅰ——犯罪论》,法律出版社2006年版,第115页。

② 参见张建军《论规范的构成要件要素的明确性》,《当代法学》2012年第5期。

规范性要素①，非法律的规范性要素又可以分为文化价值的评价要素和经验法则的评价要素。虽然都是规范性构成要件要素，但三种要素类型在开放程度上存在较大差异，这一差异直接影响各类型要素认识错误的判断。我们认为，从法律的评价要素到文化价值的评价要素，再到经验法则的评价要素，开放程度由低到高，认识难度由高到低。

第一，从法律的评价要素到文化价值的评价要素，再到经验法则的评价要素，要素的开放程度呈现由低到高的特征。首先，法律的评价要素是规范性构成要件要素中开放程度最低的要素。从"以法规范作为逻辑前提的规范性构成要件要素"②来看，法律的评价要素的含义由前置法规范确定，只要找到了正确的前置法规范就能够得到唯一的、确定的结论。也就是说，在法律的评价要素中，刑事立法已经预先设定了客观的评价标准，这就决定了法律的评价要素的含义判断是"法内判断"③，法官自由裁量和价值判断的空间极小。法律的评价要素无疑是开放的规范性构成要件要素中"最封闭"的要素。其次，文化价值的评价要素。文化价值的评价要素是指需要通过一般的价值观念和社会伦理来进行理解，并以"行为人的陌生领域的平行评价"作为认识标准的规范性构成要件要素。④价值观念和社会伦理都属于"法外判断"且不同人具有不同的价值观念，因而文化价值的评价要素的开放程度比法律的评价要素更高，但社会一般人的价值观念在较长的时间段内是相对稳定和确定的，因此文化价值的评价要素的含义也是相对确定的。最后，经验法则的评价要素。经验法则的评价要素是指需要以经验法则为评价依据的要素，这类要素需要"以一定的事实为依据，同时以生活经验、因果法则为标准作出评价"⑤，由于生活经验不是成文的规范，因果法则在结合了具体案件事实后往往难以得出唯一的结论，因此经验法则的评价要素是规范性构

---

① 参见［意］杜里奥·帕多瓦尼《意大利刑法学原理》（注评版），陈忠林译，中国人民大学出版社2004年版，第99页。
② 魏东、张福英：《法律的评价要素之认识错误》，《南海法学》2019年第3期。
③ 参见王昭振《犯罪构成视野下规范性构成要件要素基础理论研究》，中国检察出版社2008年版，第93页。
④ 参见张蔚伟《犯罪故意认识因素研究》，知识产权出版社2016年版，第87—88页。
⑤ 张明楷：《规范的构成要件要素》，《法学研究》2007年第6期。

成要件要素中开放程度最高的类型。

第二,从法律的评价要素到文化价值的评价要素,再到经验法则的评价要素,行为人的认识难度呈现由高到低的特征。从法律的评价要素、文化价值的评价要素到经验法则的评价要素,规范性构成要件要素内涵的判断标准从"法内判断"逐渐过渡到"法外判断",这直接影响法官的价值判断空间大小和行为人认识的难易程度。从法官的价值判断角度来看,法律的评价要素的内涵几乎由前置法规范确定,法官的价值判断空间最小,文化价值的评价要素次之,而对于经验法则的评价要素而言,具体的事实千变万化,经验法则也非成文规范,法官进行价值判断的空间最大。但是从行为人认识的难易程度来看,越是脱离抽象、接近生活的要素越容易判断,法外判断比法律判断容易、以一定事实为依据并结合生活经验或因果法则的判断比完全脱离事实的抽象的社会观念的判断容易。因此,与开放程度相反的是,从法律的评价要素到文化价值的评价要素,再到经验法则的评价要素,行为人的认识难度呈现出由高到低的特征。司法实践也证明了这一点——实践中关于规范性构成要件要素的认识错误的疑难案件几乎都集中于涉法律的评价要素案件,如"兰花案""赵春某非法持有枪支案"等。

我们认为,对各个类型开放程度差异的忽视是规范性构成要素认识错误司法诠释困境的重要原因之一,在今后的研究中应予重视。在具体案件中,应当先认定具体要素属于规范性构成要件要素的哪一类型(即法律的评价要素与非法律的规范性要素),再结合具体类型认识错误的诠释方式,合理认定错误类型及其法律效果。

(二)规范性构成要件要素认识错误的分型判断方法

规范性构成要件要素具有的类型特征和开放特征意味着对于认识错误的判定可以采取各类型分别判断的方式。我们认为:在法律的评价要素认识错误中,可以用"垂直涵摄"代替"外行人的平行评价";在非法律的规范性要素(包括文化价值的评价要素和经验法则的评价要素)的认识错误中,可以继续沿用"外行人的平行评价",但在这基础上必须重申"补强实质违法性的基础事实"的重要意义。

1. 法律的评价要素认识错误的判断方法

法律的评价要素是规范性构成要件要素中开放性程度最低、认识错误判断难度最大的类型。在理论上，法律的评价要素有多种称谓，"法律的评价要素"本身就是一种，另外还有"体现法律规范的要素"①"法律的价值判断标准"②"纯粹法律判断的要素"③"本来的法概念"④"和法的评价有关的概念"⑤"法律意义上的评价概念"⑥"法律的规范性因素"⑦等。通过对这些概念内涵的考察，我们认为所谓法律的评价要素可以再细分为两类：一是"法律的价值判断要素"，二是"纯粹的法律概念"，两种法律的评价要素在认识错误的认定上存在一定区别。

（1）法律的价值判断要素的认识错误

法律的价值判断要素就是我们通常所指的狭义的法律评价要素，它是指以法规范为逻辑前提确定要素内涵的规范性构成要件要素。法律的价值判断要素原本在日常生活中就已经存在，但是法规范重新划定了其范围，以上所称"体现法律规范的要素""法律的价值判断标准""和法的评价有关的概念""纯粹法律判断的要素""法律的规范性因素"实际上都是此种类型。以刑法中的"枪支"为例，日常生活中也存在"枪支"并且人们都具备相应的认识，但是人们却未必对刑法上的"枪支"具备认识，刑法上的"枪支"必须根据前置法规范即《中华人民共和国枪支管理法》和其他相关的法律、行政法规来确定。"赵春某非法持有枪支案"之所以物议沸腾，就是因为日常生活经验认为"玩具枪"不是枪支，但刑法上认为满足特定杀伤力标准的枪形物就是枪支。正是日常生活经

---

① 陈可可：《论规范的构成要件要素的司法诠释》，硕士学位论文，安徽财经大学，2017年。
② 于世忠：《中国刑法学总论》，厦门大学出版社2017年版，第74页。
③ 杨剑波：《规范的构成要件要素初探》，《中国刑事法杂志》2007年第1期。
④ ［德］汉斯·海因里希·耶赛克、托马斯·魏根特：《德国刑法教科书》，徐久生译，中国法制出版社2017年版，第367页。
⑤ 黎宏：《日本刑法精义》，法律出版社2008年版，第79页。
⑥ 余双彪、周颖：《规范的事实化和事实的规范化——以刑法规范构成要件要素为视角》，《东南法学》2015年第1期。
⑦ ［意］杜里奥·帕多瓦尼：《意大利刑法学原理》（注评版），陈忠林译，中国人民大学出版社2004年版，第99页。

验与刑法规定之间的偏差导致了行为人的认识错误。

我们认为，判断法律的价值判断要素认识错误是否成立，关键在于区别前置法规范和前置法规范体现的基础事实。前置法规范不是"补强违法性的基础事实"，但前置法规范是确定基础事实的依据。法律的评价要素是规范性构成要件要素中"最封闭"的类型，法律的价值判断要素中"补强违法性的基础事实"不是凭空确定的，也不是法官自由裁量的，而是法官从前置法规范中析出的行为人应当认识的"补强实质违法性的基础事实"。以"醉酒"为例，《刑法》第133条之一第二项规定了醉酒型危险驾驶罪，司法实践根据司法解释确定的标准认定"醉酒"（血醇含量达到80mg/100ml）[1]，司法解释又沿用了《车辆驾驶人员血液、呼气酒精含量阈值与检验》（GB19522—2010）的标准，但刑法如果要求行为人认识到血醇含量实在是强人所难。在这里，需要通过前置性规范"析出"行为人应当认识的部分，日本刑法或许能够给我们一些启示。《日本道路交通安全法》第117条之二第1项规定"违反了第65条第1项规定的车辆驾驶员，驾驶汽车处于醉酒状态（因为酒精的影响，不能正常驾驶的状态），处以五年以下徒刑及一百万日元以下罚款"[2]，也就是说"醉酒"其实对应安全驾驶的能力。在醉酒的情况下，行为人的辨别能力、反应能力、控制能力都急剧下降，以至于可能无法安全驾驶，从而对交通安全造成抽象危险。[3] 所以在"醉酒"这个法律的价值判断要素的认识中，不需要讨论行为人是否认识到了司法解释或者《车辆驾驶人员血液、呼气酒精含量阈值与检验》，而是要探讨行为人是否认识到了自己的安全驾驶能力可能降低了。这样就把刑法的标准转换为日常的标准，只要行为人认识到自己因为喝了酒安全驾驶能力降低，就认定为对"醉酒"具有完全意义的认识。

接下来，需要进一步讨论的就是法律的价值判断要素认识错误的司

---

[1] 参见《最高人民法院、最高人民检察院公安部〈关于办理醉酒驾驶机动车刑事案件适用法律若干问题的意见〉》第一条。

[2] ［日］西田典之：《刑法各论》，王昭武、刘明祥译，法律出版社2013年版，第49—52页。

[3] 参见张福英《醉酒型危险驾驶罪的现实困境与价值坚守》，《四川大学法律评论》2017年第2期。

法诠释问题。仍以"醉酒"为例，需要进一步思考如何判断行为人认识到了"醉酒"。我们认为，在这里"垂直涵摄"是比"外行人的平行评价"更可靠的诠释路径。涵摄是三段论演绎推理的判断方式，按照判断规则，只要大前提为真、小前提为真，结论必然也为真。垂直涵摄逻辑周密，从形式上来看它是相当可靠的，但这同时也说明在垂直涵摄中找准大前提和小前提是十分重要的，特别是小前提的确定。在"醉酒"这一概念中，大前提自然是"行为人的血醇含量达到80mg/100ml，就认定为醉酒"，那么小前提是"行为人认识到了自己的血醇含量达到80mg/100ml，就认识到自己醉酒"还是"行为人认识到自己喝了酒并且安全驾驶能力可以降低，就认定为醉酒"？在这里就需要特别强调小前提不是前置法规范，而是前置法规范体现的基础事实，亦即"行为人认识到自己喝了酒并且安全驾驶能力可以降低，就认定为醉酒"，那么只要行为人具备了这一小前提的认识，就可以认为行为人对"醉酒"这一法律的价值判断要素具有完全意义的认识，不构成事实认识错误，也不影响危险驾驶罪刑事责任的承担。

(2) 纯粹的法律概念的认识错误

纯粹的法律概念是第二种法律的评价要素，它与狭义的法律的评价要素相区别，狭义的法律的评价要素是日常生活中存在，但是刑法规范重新界定了它的内涵和外延；而纯粹的法律概念在日常生活中并不存在，是由法律创设的概念。纯粹的法律概念包括整体的评价要素和空白构成要件要素。

其一，刑法中的整体评价要素都是纯粹的法律概念。以"情节严重"为例，《刑法》第139条之一规定了"不报、谎报安全事故罪"，规定对不报、谎报安全事故中"情节严重"的情形追究刑事责任，相关司法解释规定了"情节严重"的三种情形，包括"造成严重后果"或者"具有恶意逃避行为"或者"具有其他严重情节"[①]。在整体评价要素的认识错

[①] 参见《最高人民法院、最高人民检察院关于办理危害生产安全刑事案件适用法律若干问题的解释》，"情节严重"包括三种情形。其中，"实害后果严重"是指"造成事故结果扩大，增加死亡一人以上或者增加重伤三人以上的，或者增加直接经济损失一百万元以上"；"具有恶意逃避行为"是指"具有四种行为造成不能及时展开施救的"。

第二十五章　规范性构成要件要素的认识错误　　551

误中有两点需要关注：第一，整体评价要素是对现实中可能出现的情形进行立法归纳和评价之后得到的结果，它的价值是由立法理性创设的，因此不可能要求行为人对其具有认识；第二，整体评价要素暗含着法律拟制，例如在《刑法》第 139 条之一的"情节严重"中，只要行为人造成了司法解释规定的实害后果或者具有对应的逃匿行为，情节严重就成立，即"情节严重"完全不由行为人评价，也不由法官进行评价，而是专为刑事立法所垄断。基于这两个原因，在整体评价要素的认识错误中，不可能要求行为人对整体评价要素本身具有精确的违法性认识，只要行为人认识到立法规定或者其他法律规范规定的对应的基础事实，就能够肯定故意的成立。

其二，空白构成要件要素也是纯粹的法律概念。法定犯中存在大量空白构成要件要素，空白构成要件要素与法律的价值判断要素的相同之处在于都需要通过援引前置法规范来完善规范性构成要件要素的内涵，不同之处在于法律的价值判断要素是通过前置法规范来发现"补强实质违法性的基础事实"，而空白构成要件要素是通过前置法规范补充说明行为的形式违法性。从法定犯违法从属性看，法定犯具有"刑事违法和行政违法必须同时具备"的特征[①]，"前置的行政性法规对于犯罪成立具有重要影响，某种意义上，行政犯的不法判断有赖于前置性的行政法规的判断"[②]。虽然"质的差异论"和"量的差异论"对于行政违法性和刑事违法性的关系理解并不相同，但是在认识错误的问题上，这个问题是可以忽略的，因为同法律的价值判断要素认识错误的认定一样，不管是刑事规范还是行政规范，都不可能期待行为人具备认识，法律能够期待行为人具备的认识只能是在行政规范或者刑事规范中体现出的具有违法性的基础事实。由此可见，在空白构成要件要素的认识错误中，只要行为人认识到行政规范规定的基础事实，就认为行为人的犯罪故意成立。这也就是德国刑法提出的关于填补空白的规范要素的错误是构成要件错误，

[①] 孙万怀：《在制度和秩序的边界刑事政策的一般理论》，北京大学出版社 2008 年版，第 223 页。

[②] 孙国祥：《行政犯违法性判断的从属性和独立性研究》，《法学家》2017 年第 1 期。

关于填补规范的错误是禁止错误。①

2. 非法律的规范性要素认识错误的判断方法

文化价值的评价要素和经验法则的评价要素相对于法律的评价要素的开放程度更高,判断的难度更低,只要明确了各自"补强实质违法性的基础事实",再辅之以"外行人的平行评价",就能够解决其认识错误的司法诠释问题。

(1) 文化价值的评价要素的认识错误

文化价值的评价要素是指需要用社会经验和文化观念进行评价的规范性构成要件要素。由于每个人的经历和价值观不同,人们对文化价值的评价要素的理解也不可能完全一致,但不能完全由法官基于主观认识进行评价,否则会导致法官的恣意判断②,因为对同一文化价值的评价要素,不同法官的结论也可能是不一样的,如果听任法官的判断,案件的处理将陷入极大的不确定性之中。在文化价值的评价要素的认识错误中,"补强实质违法性的基础事实"不能由法官的价值观决定,此时采取行为人所属一般人的评价标准,也就是"外行人的平行评价"反而是更加可靠的。

其一,通过"外行人的平行评价"来确定文化价值的评价要素的认识内容具有合理性。以"淫秽性"为例,构成涉淫秽物品相关的犯罪要求行为人主观上必须认识到"淫秽物品",然而如何判断行为人对淫秽性的认识是个难题。淫秽性是一个晦涩的书面语,行为人难以精准的认识,那么在这个规范性构成要件要素中重点要判断的是"淫秽性"所对应的具有"补强违法性的基础事实"是什么。我们认为就淫秽性而言,如果对于行为人所属的社会一般人而言都会"唤醒、挑起性欲",那么该物品就具有淫秽性。在这里找准"行为人所属的一般人"群体至关重要,例如对于"裸体雕像是否具有淫秽性"之问题,社会一般人和美学研究者的判断可能是不同的。③ 其二,"外行人的平行评价"在这个问题上还有

---

① 参见[德]汉斯·海因里希·耶赛克、托马斯·魏根特《德国刑法教科书》,徐久生译,中国法制出版社 2017 年版,第 411—412 页。
② 参见焦宝乾《法的发现与证立》,《法学研究》2005 年第 5 期。
③ 参见陈洪兵、麻侃《由"淫秽性"谈规范构成要件要素认定的实体及程序路径》,《湖南公安高等专科学校学报》2005 年第 4 期。

一个优势是能够适应文化价值的评价要素内涵在时间上的流动性。例如"当众接吻",在旧社会可能是淫秽的,但现在大概不会有人这么认为,否则可以说电视里的偶像剧每天都在播放"淫秽视频"。其三,"外行人的平行评价"只是用来确定"补强违法性的基础事实",即确定故意的认识内容,但行为人是否真的认识到了基础事实还需要实实在在的评价。在这里,责任原则中的罪责自负和个人责任原则必须得到贯彻,在认识错误上不能以"认识可能性"代替实实在在的认识。仍以淫秽性为例,根据行为人所属的社会一般人的认知标准确定的基础事实,一般来说,行为人都能认识到,无法做出辩解,但在例外的情况下,行为人确实不具有认识的,应该排除故意的成立。

(2) 经验法则的评价要素的认识错误

马荣春教授提出,"所谓经验法则,其实就是常识、常理、常情法则"①,在认识错误中,常识、常理、常情的判断就体现为"外行人的平行评价"的判断。经验法则的评价要素的认识错误也依赖于"外行人的平行评价",但经验法则的评价要素对"外行人的平行评价"的依赖程度要低于文化价值的评价要素,这主要是由经验法则的评价要素的特征决定的。经验法则的评价要素的含义由具体案件事实、生活经验和因果法则共同确定②,例如《刑法》第114条、第115条的"以危险方法危害公共安全罪"中的"危险方法"的判断就需要结合具体案件中的行为方式、行为与结果之间是否具有通常性等进行综合的判断。其中,因果法则和具体案件事实的判断是专属于法官专业范围内的事情,不因为行为人的认识而有所偏差,那么"外行人的平行评价"只作用于生活经验。

经验法则的评价要素认识错误的判断方式是,站在行为人所属的社会一般人的角度,按照这个群体的生活经验去判断行为人在具体案件中至多能够认识到什么程度、至多能够感受到的基础事实是什么,如果这个群体能够感受到补强违法性的基础事实,就能通过"外行人的平行评价"的检验,反之则不能。例如,在醉酒型危险驾驶罪中,行为人必须认识到醉酒驾驶机动车的危险性,虽然这里的"危险"是立法拟制的抽

---

① 马荣春:《刑事案件事实认定的常识、常理、常情化》,《北方法学》2014年第2期。
② 张明楷:《规范的构成要件要素》,《法学研究》2007年第6期。

象危险，但是如果有相反证据证明行为人不可能认识到"危险性"，就能够阻却犯罪故意之成立。在这里，"无法认识到危险性"必须结合具体案件事实和生活经验去认定。如果行为人前一晚上饮酒，次日上午驾驶机动车上路，在交警执法检查时血醇含量仍达到醉酒的标准（即"隔夜醉驾案"）①，行为人是否构成醉酒型危险驾驶罪？在这里，就需要站在"外行人"的角度去判断行为人是否可能认识到危险性。就生活经验而言，普通人饮酒后血液中的酒精会随着人体新陈代谢而逐渐被稀释，最终被完全排净，一般而言这个过程只需要几个小时，"外行人"一般会认为"宿醉的人隔夜休息之后就醒酒了"。因此，按照"外行人的平行评价"标准，行为人无法认识到自己第二天上午还处于"醉酒"的状态，也无法认识到驾驶机动车上路的危险性，行为人对"危险性"这个经验法则的评价要素就成立事实认识错误，从而阻却危险驾驶罪之成立。可见，"醉驾"通常是法律的评价要素，其法规标准是醉驾者血醇含量达到80mg/100ml；但是，"隔夜醉驾"中的"醉驾"则成为经验法则的评价要素，需要运用"外行人的平行评价"进行检验（判断），"危险性的不存在"必须结合具体案件事实和生活经验去认定，它在具体个案中从法律规范的评价要素演变为经验法则的评价要素。同理，赵春某案中，"枪支"本来是法律的评价要素，其法规标准是《中华人民共和国枪支管理法》以及相关行政法规的明确规定，行为人必须认识到非法持有"枪支"的危险性，虽然这里的"危险"是立法拟制的抽象危险，但是如果有相反证据证明行为人不可能认识到"危险性"，就能够阻却犯罪故意之成立，这里针对"枪支""危险性"的判断仍然是法官依法进行的对法律的评价要素的专业判断；但是，"地摊气枪"是否属于"枪支"的判断则可能演变成为经验法则的规范要素的价值评价，需要运用"外行人的平行评价"进行检验（判断），必须结合具体案件事实和生活经验去认定，它在具体个案中从法律规范的评价要素同样演变为经验法则的评价要素，《中华人民共和国枪支管理法》确定的"足以造成人死亡或者丧失知觉"

---

① 司法实践中已经出现数起"隔夜醉驾案"，且大多数都做了入罪化处理。例如（2016）鲁10刑终125号、（2015）察刑初字第23号、（2015）巩刑初字第4号、（2017）闽0521刑初255号等。

的形式规范标准中所内含的实质违法性内容,有利于合理判断"补强实质违法性的基础事实"是否存在认识错误。赵春某明知持有的"地摊气枪"具有(枪支)"足以致人伤亡或者丧失知觉"这种补强实质违法性的基础事实[1],由此可以判断赵春某可能不成立规范性构成要件要素的认识错误,应成立故意。

由此观之,在经验法则的评价要素中,如果行为人的认识通过了生活经验上的"外行人的平行评价"的检验,且法官认定的具体案件事实和因果法则都成立,行为人对经验法则的评价要素就构成故意,不存在事实认识错误,也不能阻却责任。反之,如果根据生活经验不能肯定行为人对经验法则的评价要素具备认识,即便具体案件事实清楚、因果法则成立,也应当认定行为人构成事实认识错误,不承担故意的刑事责任。

五　结语

规范性构成要件要素认识错误的判断能够补强故意判断的结论。在刑法上错误论和故意论的关系至为密切,二者之间是"一体两面"的关系,错误论也被称为"消极的故意理论"或者"反面的故意理论"。诚然,错误论和故意论本质上都指向行为人的主观方面,并且都作为评价行为人人身危险性和行为社会危害性的标准,但二者仍存在一些差异,故意理论探讨的是"能否成立故意",需要从正面去肯定故意是否存在,而错误理论探讨的是"能否阻却故意",它应当以某种可能已经存在的故意为前提,否则就谈不上"阻却"[2]。因此,在对行为人的主观评价上,犯罪故意的判断应当先行登场,然后才进行错误论的探讨。如果之前的故意论的判断没有得出肯定结论,那么错误论就没有登场的必要。"错误也是行为人理应认识和意欲的事实与实际发生的事实不一致,而客观上应该认识和意欲的事实是否足以实现构成要件,正是决定行为人有无故意的依据"[3],因此如果能够否定规范性构成要件要素的认识错误,就能

---

[1] 魏东、张福英:《法律的评价要素之认识错误》,《南海法学》2019 年第 3 期。
[2] 参见陈琴《刑法中的事实错误》,中国人民公安大学出版社 2009 年版,第 220 页。
[3] 许玉秀:《当代刑法思潮》,中国民主法制出版社 2005 年版,第 171 页。

从反面补强犯罪故意的成立。规范性构成要件要素认识错误的研究能够极大地丰富错误理论，在中国刑法中，不同分类方式的差异向来被忽视，正是规范性构成要件要素认识错误性质的理论争议"牵扯"出了错误分类方式的问题。以区分实益为视角，可以确认水平的错误分类（事实认识错误与法律认识错误）在分类归属和法律效果上具有唯一确定的对应关系，是更适合中国刑法的错误分类。

  在对待规范性构成要件要素认识错误上，刑法向来谨慎对待，唯恐认识错误成为行为人脱罪的"黄金通道"，故而不轻易认定规范性构成要件要素认识错误阻却故意。但这种观点是不妥当的，一方面，当行为人没有对法规范的敌对、漠视态度时，在法律效果上应该承认某种程度上的认识错误能够阻却故意，即对规范性构成要件要素中"直接（裸）的事实"和"补强违法性的基础事实"的认识错误是事实认识错误，阻却故意，而对"违法性"和"具体刑罚法规"的认识错误是法律认识错误，不阻却故意。另一方面，在司法诠释上也应该更加精细化地处理规范性构成要件要素认识错误的问题，通过区分规范性构成要件要素的各个类型，并根据各类型的特征"量身定做"其司法诠释的方式。

第二十六章

独立教唆犯条款与共犯法理

从法理上看,广西壮族自治区南宁市连环教唆杀人案属于较为典型的教唆未遂(教唆失败、无效的教唆、独立教唆犯、非共犯的教唆犯),尽管经过层层连锁的教唆(多层级连锁的教唆、多层级教唆的教唆、多层级教唆),但是最终所有被教唆者均未着手实施被教唆的罪(故意杀人行为)。

对于本案,人民法院生效判决依据《刑法》第29条第2款"如果被教唆的人没有犯被教唆的罪,对于教唆犯,可以从轻或者减轻处罚"的规定,对各个层级的教唆犯予以定罪判刑。这是符合功能主义刑法解释论的法官决策有效论、判例拥护理论和后果考察论的解释论原理的,因为故意杀人的教唆行为具有预备犯的可罚性,可适用《刑法》第29条第2款的规定,在故意杀人罪预备犯的基础上适用"可以从轻或者减轻处罚"规定。当然,笔者也注意到,本案对凌某某(最末端的被教唆人)的定罪可能还有值得商榷之处,因为凌某某是本案中唯一没有实施"教唆"他人杀人行为的人(而是最末端的被教唆人),他在接受教唆后能够自我反省并及时醒悟过来切断故意杀人行为,并且他客观上没有实施教唆(他人犯罪的)行为,依法不应将他认定为"教唆犯"并予以定罪处罚;但是,本案对凌某某的定性处罚疑问并不影响本案依法判决其他五名被告人(教唆失败中的"教唆犯")定罪处罚的正当性。

根据本案的司法审判,我国刑法所规定的独立教唆犯条款以及共同犯罪法条的相关法理值得展开刑法解释学和刑法教义学的深入研讨。

一　独立教唆犯条款的法理阐释

教唆未遂（教唆失败、无效的教唆、独立教唆犯、非共犯的教唆犯）的法律解释适用问题。刑法解释适用领域的司法公正价值观必须在法官决策行动论中获得应有尊重和适当张扬，防止理论上的刑法教义学教条主义倾向。这方面的典型例证是教唆未遂（教唆失败、无效的教唆、独立教唆犯、非共犯的教唆犯）的法律解释适用问题。

我国《刑法》第29条第2款规定："如果被教唆的人没有犯被教唆的罪，对于教唆犯，可以从轻或者减轻处罚。"对此，我国刑法学主要有以下几种看法：一是特殊预备犯说（预备犯说、预备说），认为教唆犯对被教唆人实施教唆行为同为了犯罪而寻找共同犯罪人没有本质的区别，而寻找共同犯罪人正是犯罪预备的一种表现形式[①]，《刑法》第29条第2款是对教唆未遂这种特殊预备犯的处罚规定，教唆未遂"在犯罪形态上"属于犯罪预备[②]；二是特殊教唆犯说（独立教唆犯说、非共犯的独立教唆犯说、非共犯的教唆犯说），认为在这种情况下，教唆犯不构成共同犯罪，是一种特殊教唆犯，应根据其本身的犯罪事实、犯罪性质、情节和社会危害程度，从轻或减轻处罚[③]；三是未遂说，认为在被教唆的人没有犯被教唆的罪的情况下，教唆犯由于其意志以外的原因而未得逞，应视为未遂，称为教唆犯的未遂，这种情形下的教唆未遂可以称为教唆未成未遂[④]。其中，在主张未遂说的观点中，周光权教授认为，根据刑法客观主义限定教唆未遂的成立范围，按照共犯从属性说，《刑法》第29条第2款的解释结论应该是：当且仅当被教唆者着手实行犯罪并使法益遭受紧迫、现实的危险时，才能处罚教唆犯；相应地，教唆失败（被教唆者拒绝教唆）和无效的教唆（被教唆者尚未着手实行犯罪）不具有可

[①] 赵秉志：《犯罪未遂的理论与实践》，中国人民大学出版社1987年版，第218页。
[②] 刘明祥：《再释"被教唆的人没有犯被教唆的罪"——与周光权教授商榷》，《法学》2014年第12期。
[③] 马克昌主编：《犯罪通论》，武汉大学出版社1991年版，第570—571页。
[④] 参见赵秉志《犯罪未遂的理论与实践》，中国人民大学出版社1987年版，第215—216页。

罚性。① 这种观点可以称为教唆未遂的正犯着手说，张明楷②、江溯③等学者也持有大体相同的看法。

笔者认为，对于我国《刑法》第 29 条第 2 款的处罚范围问题，从功能主义刑法解释论立场看是可以确认特殊预备说（可罚的预备说或者预备犯说）、特殊教唆犯说（可罚的特殊教唆犯说）的正当性的，可以认为《刑法》第 29 条第 2 款规定了"独立教唆犯处罚原则"（又称为"特殊教唆犯处罚原则""非共犯教唆犯处罚原则""片面的教唆犯处罚原则""教唆未遂处罚原则"等）这一处罚原则，针对具体犯罪的教唆行为本身具有犯罪预备行为的性质（即符合《刑法》第 22 条的规定），因此，教唆行为若具有预备犯的可罚性（根据教唆行为的具体内容确定，例如针对杀人和抢劫等重罪的教唆行为就具有预备犯的可罚性），即可适用《刑法》第 29 条第 2 款，并且在预备犯的基础上适用"可以从轻或者减轻处罚"。这种观点，现在已有部分学者明确主张，认为"我国《刑法》第 29 条第 2 款是关于预备犯的处罚规定"（预备说）④，并且指出："世界各国无一例外地处罚被教唆者未实施所教唆之罪情况下具有重大法益侵害危险性的教唆行为，也从实定法的维度否定了教唆行为是必须依附于正

---

① 周光权：《刑法客观主义与方法论》（第二版），法律出版社 2020 年版，第 91—92 页；周光权："'被教唆的人没有犯被教唆的罪'之理解——兼与刘明祥教授商榷"，《法学研究》2013 年第 4 期。

② 张明楷：《刑法学》（第五版）（上），法律出版社 2016 年版，第 454 页。需要说明的是：关于我国《刑法》第 29 条第 2 款规定的处罚范围，张明楷的看法经历了较大变化：他过去主张"这种情况在刑法理论上称为教唆未遂"，具体包括"被教唆的人拒绝教唆犯的教唆；被教唆的人虽然接受教唆，但并没有实施犯罪行为；被教唆的人虽然接受了教唆，但所犯之罪并非被教唆的罪；被教唆的人实施犯罪并不是教唆犯的教唆行为所致"的情况，因此"在上述情况下，教唆行为并没有造成危害结果，故对教唆者'可以从轻或者减轻处罚'"（见张明楷《刑法学》（上），法律出版社 1997 年版，第 308 页）；中间又曾经持限定肯定说的立场，认为如果所教唆的犯罪并不处罚未遂时（即未遂时并不作为犯罪处理，如甲教唆乙在公共交通工具上扒窃），而被教唆的人又没有犯被教唆的罪（教唆未遂），对于教唆者不应定罪处罚，只有在所教唆的犯罪处罚未遂时（如甲教唆乙盗窃金融机构），教唆未遂的才应适用《刑法》第 29 条第 2 款（见张明楷《刑法学》（第二版），法律出版社 2003 年版，第 351 页）；他最新的见解是教唆犯的正犯着手说。

③ 江溯：《超越共犯从属性与共犯独立性之争——〈刑法〉第 29 条第 2 款的再解释》，《苏州大学学报》2014 年第 2 期。

④ 朱道华：《教唆犯研究》，法律出版社 2014 年版，第 235 页。

犯的实行行为才具有可罚性的共犯行为。基于对教唆行为本身的构造分析，可以得出教唆行为是所教唆之罪的犯罪预备行为的结论。"[1] 当然，特殊预备犯说在学界仍然有较多学者持反对立场，有的认为预备说"在我国法律上缺乏现实依据"[2]，有的认为"预备说是没有法律依据的"[3]，因此这个问题在"刑法教义学"层面上还有进一步研究的空间。但是，在功能主义刑法解释论层面上，基于以下理由可以确证特殊预备犯说的"独立教唆犯处罚原则"的正当性：

第一，法官决策有效论视域下的问题性思考和后果考察论。为有效解决作为重罪预备行为的独立教唆犯的处罚和预防等司法实践问题（问题性思考），在刑法解释论上可以处罚煽动实施恐怖活动罪（第120条之三）、教唆他人吸毒罪（第353条）、引诱卖淫罪和引诱幼女卖淫罪（第359条）等教唆型犯罪的情况下，法官在司法裁判活动中可以功能性地确认性质相当甚至更恶劣的教唆杀人等重罪的独立教唆行为（正犯尚未着手时）的可罚性，也符合刑法解释论同质解释和同类解释规则的要求，具有法官决策有效论、问题性思考和后果考察论上的正当性。

第二，法官决策有效论视域下的目的导向性论。刑法总则在规范指引刑法分则规定的解释适用时，通过刑法总则第29条第2款的明确规定而确认预备说的"独立教唆犯处罚原则"，符合规范目的的实质内涵和目的导向，具有目的导向性论上的正当性。根据我国《刑法》第29条的规定，刑法解释论上教唆犯可以分为以下两种具体情形进行定罪处罚：一是共犯教唆犯的处罚根据，即《刑法》第29条第1款规定"教唆他人犯罪，应当按照他在共同犯罪中所起的作用处罚。教唆不满十八周岁的人犯罪的，应当从重处罚"，根据这一刑法规定，作为共犯的教唆犯通常应当予以依法定罪处罚，毫无疑问具有刑法解释论上的充分根据；二是非共犯教唆犯的处罚根据，即《刑法》第29条第2款规定了非共犯教唆犯"可以"予以依法定罪处罚（"独立教唆犯处罚原则"），例如"教唆杀人"的行为，即使"被教唆的人没有犯被教唆的罪"也可以对独立教

---

[1] 朱道华：《论教唆行为的法律本质》，《中国刑事法杂志》2011年第2期。
[2] 赵秉志：《犯罪未遂的理论与实践》，中国人民大学出版社1987年版，第218—219页。
[3] 陈兴良：《共同犯罪论》，中国人民大学出版社2006年版，第367页。

唆犯定罪处罚，这种解释结论也具有刑法解释论上的充分根据，并且也有相应的生效判决（判例拥护理论）。

第三，法官决策有效论视域下的判例拥护理论与刑法教义学创新发展。发生在广西壮族自治区南宁市的一起连锁教唆杀人案，是一起典型的教唆未遂案，本案的有效解决必须特别强调法官决策有效性和刑法理论创新发展，尤其是法官决策有效论视域下的刑法理论发展论值得特别重视，不能固守于既有理论而不敢于改变既有理论。功能主义刑法解释论的初衷就是充分反思检讨那种"刑法理论一意孤行，只倾心于理论的精密和体系的整合"从而忽略了"刑法本身的机能，也就是刑法作为社会控制手段发挥了何种作用"这个现实问题，从体系性思考转向问题性思考，根据问题性思考的结果，再回过头来重新审视理论和体系，旧有的体系性思考是以如何建构精致的犯罪论体系为目的的，而对具体问题的妥当性则被置于脑后，作为对此的反省，应采取将重点放在问题的解决上而不是体系完美性的解决方法，刑法理论的作用不是"约束"法官而是"说服"法官，能够约束法官的是立法和判例而不是刑法理论。[①] 因此，基于功能主义刑法解释论立场法官决策有效论视域下的刑法理论发展论，需要反思检讨既有理论（教唆犯的正犯着手说）本身的发展完善，而不是反过来画地为牢、刻舟求剑和自我设限。

综上，独立教唆犯的概念与处罚原则，是基于针对我国《刑法》第29条第2款的明确规定（即独立教唆犯的法定概念与处罚原则的法律规定）进行功能主义的刑法解释所得出的结论，需要从刑法教义学和刑法解释学的学术立场深刻阐释其法理，其中还包括需要进行进一步的"法理启迪"意义上的创新思考。这些法理阐释和"法理启迪"的核心内容可以简要概括如下：（1）独立教唆犯的概念法定化与行为定型论。包括：基于立法论的刑法解释论（第29条第2款的功能主义刑法解释立场）；共犯论的行为共同说（作为非共犯的教唆犯仍符合行为共同说与行为定型论）；共犯论的因果关系说（作为非共犯的教唆犯仍符合因果关系论与行为定型论）；行为定型论的新法理（总则与分则相结合的功能性行为定

---

① 赖正直：《机能主义刑法理论研究》，中国政法大学出版社2017年版，第21—23、37页。

型论）；功能主义的违法论与具体的归责论（作为非共犯的教唆犯仍符合此种违法论与归责论的基本法理）。（2）独立教唆犯的违法论。包括：犯罪事实支配理论（作为非共犯的教唆犯符合犯罪事实支配理论的法理，足以解决"分则行为定型论"这一障碍）；预备行为正犯化的违法性论；抽象危险犯的违法性论；功能性违法论（法益侵害功能论，涵括犯罪事实支配理论、预备行为违法性论、抽象危险论等）；可罚性与应罚性和需罚性的法理创新。（3）独立教唆犯的归责论。包括：可谴责性的伦理责任论、社会责任论、规范责任论；报应论与功利论；比例原则的法理创新。（4）独立教唆犯的定罪处罚论。包括：按照所教唆的罪的预备犯定罪，按照在预备犯的处罚原则基础上"可以从轻或者减轻处罚"进行处罚。（5）"共同犯罪"的法理创新与完善方案。包括：刑法分则特别规定的教唆犯与刑法总则特别限定的教唆犯（同属于独立的共犯论范畴），独立的共犯可以区分为法定的独立共犯与非法定的独立共犯，并将独立的帮助犯解释为非法定的独立帮助犯；作为非共犯的教唆犯具有相对性，作为非共犯的教唆犯本身还可以成立任意共犯（如二人共同成立作为非共犯的教唆犯的情形）；独立的帮助犯类型，包括事前的帮助犯（部分犯罪化）、事中的帮助犯（部分犯罪化，如帮助信息网络犯罪活动罪等）与事后的帮助犯（已对事后的帮助犯独立罪名化，如包庇罪等）；行为定型论的新发展（分则行为定型论的开放性）；违法论的功能主义与实质化；责任论的综合主义与具体化；片面帮助犯的法理新阐释，包括行为定型论、实质违法性、具体的可归责性、类型化处置等；通过立法完善填补立法漏洞，首先是漏洞发现，在狭义的共犯与独立犯之间存在一种独立的教唆犯和片面的帮助犯（其中片面的帮助犯因为没有明确的法律规定而存在立法漏洞），应当借鉴独立教唆犯的概念法定化创设片面的帮助犯（独立帮助犯）的法定概念及其处罚原则。

二　片面共犯

片面共犯，是指在客观上参与同一犯罪的数人中，一方认识到自己是故意在和他人共同犯罪，而另一方则没有认识到有他人和自己共同犯罪的情形。① 对此，理论上即可解释为单方面、片面地存在共同犯罪。到底承不承认片面共犯及其可罚性？中外理论界存在各种不同观点，分歧很大，这些具体观点大致可以区分为否认片面共犯（否定说）与承认片面共犯（肯定说）两种基本立场。例如：

【案例】强奸案中片面的共同正犯（教学案例）

甲欲强奸某女被害人，乙在甲不知情的情况下，以共同完成强奸犯罪的意思将女被害人手脚捆绑起来，使甲顺利地强奸了女被害人。

此案中，甲主观上并不知道乙在故意地同自己一起实施强奸，从而甲不能与乙构成共同犯罪，但是乙故意地实施了作为强奸罪实行行为内容的捆绑行为，那么乙的行为是否成立片面的共同正犯？

【案例】杀人案中片面的帮助犯（教学案例）

甲手持凶器追杀被害人，适逢乙碰见，乙也与该被害人有仇，于是乙在该被害人逃跑的路上设置障碍，致被害人被甲追上杀死。

此案中，甲并不知道乙在帮助他杀死被害人，因此甲与乙没有共同犯罪故意，从而甲不能与乙构成共同犯罪，但是乙故意帮助甲杀死被害人，那么乙的行为是否成立片面的帮助犯？

否定说认为，片面共犯不符合共同犯罪的实质特征，因为共同犯罪故意应该是双向的、全面的，而不是单向的、片面的，而且共同犯罪的

---

① 这部分内容直接引用了赵秉志教授的部分研究成果。参见高铭暄主编《刑法专论》（上编），高等教育出版社2002年版，第363—365页。

严重危害性来源于其整体性,来自各共同犯罪人的行为相互配合、相互协调、相互补充,取决于各共同犯罪人主观上的相互沟通和彼此联络。肯定说认为,总体上考察片面共犯,其与共同犯罪的概念并不矛盾,因为所谓共同故意,并非必须是相互疏通的,只要行为人认识到自己是同他人一起共同实施同一犯罪,那么就应当认为该行为人具有共同故意。[①]但是,肯定说内部在具体见解上还存在差异。

我们认为,笼统地主张片面共犯的肯定说与否定说并不妥当。"片面共犯"定性处理上应该分成两个问题来讨论:一个可罚性问题,应当承认片面共犯的有限可罚性(而非"一刀切"的可罚性);另一个是共犯性问题,应当否定片面共犯的共同犯罪性(非共犯性)。即"片面共犯"的可罚性在基本立场上应当坚持肯定说(有限可罚性说),但是"片面共犯"的共犯性在基本立场上应当坚持否定说(非共犯性说,仅在间接正犯在表现为利用有故意者行为的介入时才例外地成立共同犯罪)。

(一) 片面共犯的有限可罚性

片面共犯的有限可罚性,是指应当适当限定片面共犯的处罚范围,片面共犯(行为)并非一律处罚,而是只针对那些具有处罚必要性的片面共犯(行为)才进行处罚。因为,就单方面具有共同犯罪故意的人而言,片面共犯在主观上具有共同参与犯罪的故意,只不过这一故意是片面的而已,客观上实施了相应的实行行为(正犯行为)或者帮助行为,因此,片面共犯——包括片面的共同正犯和片面的帮助犯——就具备了(修正的)行为定型性、违法性和有责性,具有有限可罚性。

理论上通常不承认片面的教唆犯。但是笔者认为,如前所述,片面的教唆犯(独立教唆犯)具有一定特殊性,根据《刑法》第 29 条第 2 款的明确规定,"如果被教唆的人没有犯被教唆的罪,对于教唆犯,可以从轻或者减轻处罚",可以依法确认片面的教唆犯的有限可罚性(即"可以从轻或者减轻处罚"),可以确认片面的教唆犯(独

---

① 参见李光灿、马克昌、罗平《论共同犯罪》,中国政法大学出版社 1987 年版,第 38 页。

立教唆犯）的可罚性；同时，片面的教唆（行为）也可以认为是一种犯罪预备行为，根据《刑法》第 22 条明确规定"为了犯罪，准备工具、制造条件的，是犯罪预备""对于预备犯，可以比照既遂犯从轻、减轻处罚或者免除处罚"，也可以确认作为预备犯的片面的教唆犯的有限可罚性（即"对于预备犯，可以比照既遂犯从轻、减轻处罚或者免除处罚"）。因此可以说，片面的教唆犯（独立教唆犯），其在规范层面上的可罚性依据是《刑法》第 29 条第 2 款和第 22 条。例如，强奸案中片面的共同正犯，乙基于主观上对甲实施强奸罪具有明确认识和利用的意思，客观上对女被害人实施了强奸行为内容（捆绑），因此应当承认乙对甲强奸女被害人这一犯罪事实具有可罚性的支配性参与行为，从而确认乙作为片面共犯（片面的共同正犯）的可罚性；同时，将乙针对强奸犯罪事实所实施的具有可罚性的支配性参与行为，直接"解释"为强奸罪，并不违背刑法分则行为定型原理和刑法总则修正分则行为定型原理，也不违背责任刑法原理。

那么，杀人案中片面的帮助犯应该如何进行刑法解释论分析？笔者认为，乙基于主观上对甲实施故意杀人罪具有明确认识和利用的意思，客观上对被害人实施了阻拦其逃避追杀的设置障碍行为，因此应当承认乙对甲杀死被害人这一犯罪事实具有可罚性的利用性参与行为，从而确认乙作为片面共犯（片面的帮助犯）的可罚性；同时，将乙针对故意杀人犯罪事实所实施的具有可罚性的利用性参与行为，直接"解释"为故意杀人罪，并不违背刑法分则行为定型原理和刑法总则修正分则行为定型原理，也不违背责任刑法原理。

需要说明的是：在具体确认片面共犯的有限可罚性时，应当注意某些提供某种便利性的片面帮助行为并不具有可罚性。例如，在甲实施故意杀人和强奸案中，乙尽管也有主观上希望甲顺利实施完成犯罪行为，但是乙仅具有让开道路而不阻挡甲的行为，尽管这种行为也具有某种帮助性质，但是由于乙并不具有作为义务，因此乙让开道路而不阻挡甲的行为就难说具有可罚性。

（二）片面共犯的非共犯性

片面共犯的非共犯性（非共犯性说），是指片面共犯针对他人犯罪事实基于明知和利用的意思所实施的具有可罚性的支配性参与行为，仅具有片面性、单面性，而不具有相互之间的犯意沟通，因此不构成共同犯罪，不具有共同犯罪性质，依法不能按照共同犯罪论处。

值得注意的是，"我国通说观点认为，为了避免出现处罚漏洞，应当将片面帮助犯纳入共犯的范畴之中"[1]。即，传统刑法理论有观点认为，追究片面共犯的刑事责任是按照共同犯原理来实现的，主张片面共犯完全符合共同犯罪成立的要件要求。例如，我国有学者指出，相互认识固然存在主观联系，单方认识也存在主观联系，即可以根据行为人主观联系的不同将共同犯罪故意区分为以下两种情形：一种是行为人之间具有相互认识的全面的共同故意；另一种是行为人之间具有单方认识的片面的共同故意。而全面的共同故意与片面的共同故意之间并不是主观联系有无的问题，而只是主观联系方式的区别问题。[2] 因此，这种理论主张认为，承认片面共犯并不违背共同犯罪必须具有共同故意的实质特征，因为，如果绝对否定片面共犯可以成立共同犯罪，就可能无法有效追究一些犯罪行为的刑事责任；同时，片面共犯也与间接正犯有所不同，因为间接正犯是将他人作为工具予以利用以实现犯罪意图的情形，其中被利用者由于不具备刑事责任能力或者毫无罪过而不构成犯罪，从而间接正犯在实质上是单独犯罪，其主观上仅仅存在利用他人作为工具实施犯罪的故意，并不存在单方面的共同犯罪故意，因此，将片面共犯作为间接正犯来追究刑事责任的观点有所不妥。

但是，笔者认为，传统刑法学的这些见解并不合适。尤其是传统刑法学认为只有确认片面共犯的共同犯罪性质才能有效地（依据共同犯罪原理和共同犯罪立法规范）对片面共犯追责，否则，一旦主张片面共犯既不符合共同犯罪性质又不符合间接正犯条件，就无法对片面共犯追责，这种理论主张是以将片面共犯"强制解释"为共同犯罪作为解决片面共犯的刑事责任的前提的，但是这一"前提"恰恰是在根本上不客观的（本来就不是共同犯罪），表面上也是不合法的（本来就缺乏法律规定），

---

[1] 邹兵建：《网络中立帮助行为的可罚性证成——一个法律经济学视角的尝试》，《中国法律评论》2020年第1期。

[2] 陈兴良：《共同犯罪论》，中国社会科学出版社1992年版，第115—116页。

完全是"生拉活扯""强制解释",缺乏说服力。从而,需要另辟蹊径寻找其法理"真谛"。

那么,不承认片面共犯的共同犯罪性质,为什么仍然可以对片面共犯追责?笔者认为,答案在于片面共犯符合刑法分则行为定型性(修正的刑法分则行为定型论)、违法性、有责性和有限可罚性。这些法理问题的阐释,可以借鉴前述关于独立教唆犯的法理诠释。这里简要阐述一下片面共犯(行为)的刑法分则行为定型性问题(关于片面共犯的违法性、有责性和可罚性比较好理解)。片面共犯的刑法分则行为定型性,可以运用修正的刑法分则行为定型论来阐释,基于罪刑法定原则,只能对符合刑法分则行为定型性的行为予以定罪处罚,不符合刑法分则行为定型性的行为依法不能定罪处罚,因此,刑法学犯罪论必须在维持刑法分则行为定型的统一性的基础上展开。但是,现代刑法学犯罪论在维持刑法分则行为定型的有效统一性上还提出了修正的刑法分则行为定型论,刑法总则通过犯罪预备规范(犯罪预备论)和共同犯罪规范(共犯论)对刑法分则行为定型进行修正,确认了"修正的刑法分则行为定型"的合法性和有效性,有效维持了刑法分则行为定型的统一性。具体而言,预备行为尽管不是刑法分则行为定型,但是通过刑法总则规范,预备行为依法获得了修正的刑法分则行为定型性;共犯行为——具体包括教唆行为、帮助行为、组织行为——尽管也不是刑法分则行为定型,但是通过刑法总则规范,共犯行为同样也依法获得了修正的刑法分则行为定型性。因此,可以说,预备行为、教唆行为、帮助行为、组织行为四类行为,均通过刑法总则规范依法获得了修正的刑法分则行为定型性,可以依法定罪处罚。

(三)中立帮助行为

中立帮助行为是一种较为特殊的片面共犯(片面帮助犯),有的学者称其为"不真正的片面帮助犯"。因为,在普通的片面帮助犯场合,正犯完全不知道帮助行为的存在;而在中立的帮助行为场合,正犯知道帮助行为的存在,只不过不知道帮助者的帮助故意。在刑法理论上,前一种情形被称为"真正的片面帮助犯",后一种情形被称为"不真正的片面帮助犯"。如果说相对于正犯而言,共犯属于刑罚扩张事由的话;那么相对于有犯意联络的普通帮助犯而言，片面的帮助犯显然属于进一步的刑罚扩张事由。因此可以说，"与真正的片面帮助犯相比，中立的帮助行为的可罚性更低"[1]。

可见，中立帮助行为有专门研究的必要。但是必须注意的是：首先，需要特别强调指出的是：中立帮助行为必须是具有"片面共犯的非共犯性"，而不能具有"共犯性"，因为一旦具有"共犯性"，就不能成立中立帮助行为，而是典型的有犯意联络的普通帮助犯；其次，应该认识到中立帮助行为不同于通常的片面共犯，因为通常的片面共犯中正犯并不知道有人在暗中帮助（独立教唆犯除外，独立教唆犯虽然在实质意义上同片面帮助犯一样属于"片面共犯"，但是在独立教唆犯的场合客观上根本就不存在正犯），而中立帮助行为的场合正犯对于帮助行为是有认识的，并且中立帮助行为人也对正犯的犯罪有认识，只是二者之间尚未形成共同犯罪的"意思联络"（共同故意）而已，因此中立帮助行为在本质上仍然是较为特殊的片面共犯（非共犯性、"不真正的片面帮助犯"）。

1. 中立帮助行为的概念

所谓中立的帮助行为，是指在知道或应当知道他人可能将实施犯罪行为而又与其欠缺犯意联络的情况下，通过实施日常生活行为或业务行为的形式为他人实施犯罪行为提供帮助的行为。

【案例】水果刀案（教学案例）

某甲发现某乙在小卖部旁边将被害人打倒在地后气势汹汹地过来购买水果刀，某甲仍然将水果刀卖给某乙，结果某乙利用水果刀杀害了被害人。

---

[1] 邹兵建：《网络中立帮助行为的可罚性证成——一个法律经济学视角的尝试》，《中国法律评论》2020年第1期。

【案例】出租车案（教学案例）

出租车司机无意中听到后排就坐的乘客（歹徒）打算抢银行而仍然将其送到目的地，结果歹徒果真抢劫了银行。

【案例】银行转账案（教学案例）

银行职员从顾客现场对话中了解到顾客（不法商人）办理资金转账的目的可能是偷逃税款而仍然为其办理转账业务，结果不法商人果真逃税成功。

【案例】螺丝刀案（教学案例）

五金店老板猜想小偷模样的顾客可能将螺丝刀用于入室盗窃而仍然向其出售螺丝刀，结果小偷果真利用螺丝刀撬锁入户进行了盗窃。

关于中立帮助行为的概念，我国有学者指出：

一般而言，中立的帮助行为是指在具体的案件中客观上给他人的犯罪行为提供了帮助的日常生活行为或业务行为。中立的帮助行为对帮助者的主观状态有特定的要求。如果帮助者对他人的犯罪行为毫不知情，其帮助行为无论如何也不可能构成犯罪。因此，在理论上值得认真讨论的中立帮助行为，仅限于行为人已经知道（包括明确知道和猜想到）他人将实施犯罪而仍然为其提供帮助的情形。

中立帮助行为的"中立性"不仅要求帮助行为的内容具有日常性，而且还要求帮助者在加害人和被害人的对立关系中处于一种相对中立的状态。一旦帮助者与正犯之间存在犯意联络，帮助者便归属于加害人一方的阵营，无法处于中立的状态，其行为当然也就无法成为中立的帮助行为；在正犯已经明确地将自己的犯罪计划告知帮助者的场合，帮助者依然向其提供帮助，实际上便以默示的形式与正犯达成了犯意联络，因而这种情形也不属于中立的帮助行为。同时，在大多数情况下，中立帮助行为的实施者只有一个正当目的（完成日常生活行为或业务行为的目的），而没有非法目的；但是，从经验事实来看，一个人在实施一个行为时可以同时存在多重目的，因而完全有可能出现帮助者既有正当目的又有非法目的（促进他人犯罪的目的）的情形。①

可见，我国有学者认为，笼统地"猜想到"他人将实施犯罪行为时，例如，螺丝刀案（五金店老板猜想小偷模样的顾客可能将螺丝刀用于入室盗窃而仍然向其出售螺丝刀），五金店老板也可以成立中立帮助行为。②这种观点可能并不恰当，至少这种情形"不宜"纳入中立帮助行为进行讨论，否则，将过于泛化中立帮助行为的理论研讨。螺丝刀案中，只有在特定语境下，例如，五金店老板甲发现陌生人乙正在试图打开对面房屋的门锁进行盗窃，然后，乙走过来购买螺丝刀，甲将螺丝刀卖给乙，这时才能将甲的行为作为中立帮助行为人（中立帮助性的业务行为）进行讨论；反之，通常情况下客户购买螺丝刀时，不宜讨论甲的行为是否成立中立帮助行为，因为根本就没有法律和法理的依据将通常情况下的业务行为评价为犯罪帮助行为的前提条件。因此，上述案例中，水果刀案、出租车案、银行转账案中的帮助行为才符合中立帮助行为的概念。

---

① 邹兵建：《网络中立帮助行为的可罚性证成——一个法律经济学视角的尝试》，《中国法律评论》2020 年第 1 期。

② 邹兵建：《网络中立帮助行为的可罚性证成——一个法律经济学视角的尝试》，《中国法律评论》2020 年第 1 期。

2. 中立帮助行为的可罚性限定"三因素综合权衡说"

在中立的帮助行为是否可罚的问题上，理论上存在全面处罚说和限制处罚说两种对立的立场；在限制处罚说内部又有主观说、客观说和折中说之争。

我国有学者指出[①]：

全面处罚说认为，中立的帮助行为完全符合帮助犯的成立条件，因而没有理由拒绝对其加以处罚。例如，德国学者耶赛克和魏根特指出："一个中立的行为，如五金店出售一个螺丝刀，如果售货员清楚地知道该螺丝刀不久将被用作入室盗窃的工具的话，同样可能成为帮助行为。"全面处罚说仅从理论逻辑的角度展开推导，丝毫没有考虑处罚中立的帮助行为可能给社会正常的运转带来的负面影响，放弃了法教义学结论在刑事政策上的妥当性，难言妥当；与真正的片面帮助犯相比，中立的帮助行为（可谓"不真正的片面帮助犯"）的可罚性更低，因为在中立的帮助行为场合，帮助者所实施的帮助行为属于通常没有危险的日常行为，从这个角度来看，全面处罚中立帮助行为的立场明显存在过分扩张刑事处罚范围的问题。因此，限制处罚说的立场更为妥当。那么，基于限制处罚说的立场，到底应当如何限制中立帮助行为的处罚范围？对此，理论上存在主观说、客观说和折中说。

(1) 主观说

主张从主观层面限制对中立帮助行为的处罚范围，在认识因素上，只有基于确定的故意而实施的中立帮助行为才是可罚的，从而将基于不确定的故意而实施的中立帮助行为排除在处罚范围之外（简称确定故意说）；在意志因素上，只有基于促进犯罪的意思亦即直接故意而实施的中立帮助行为才是可罚的，从而将基于间接故意而实施的中立帮助行为排除在处罚范围之外（简称直接故意说）。罗克辛以信赖原则对确定故意说进行了修正（即"修正的确定故意

[①] 以下关于主观说、客观说和折中说的观点简介，均引自邹兵建《网络中立帮助行为的可罚性证成——一个法律经济学视角的尝试》，《中国法律评论》2020年第1期。

说"），认为在帮助者仅仅是猜测到被帮助者的犯罪决定（即帮助者仅有不确定的故意）的场合，如果被帮助者表现出了明显的犯罪倾向（信赖不能），帮助者的帮助行为便会构成帮助犯。但是，无论是确定故意说、直接故意说，抑或是修正的确定故意说，都存在难以克服的解释难题，难以合理限制中立帮助行为的处罚范围。

(2) 客观说

客观说试图从客观构成要件的角度限制中立帮助行为的处罚范围。客观构成要件可以分为行为不法和结果不法两部分，相应地，客观说可以分为两种：一是着眼于行为不法的客观说（社会相当性说、职业相当性说等）；二是着眼于结果不法的客观说（溯及禁止说、不可替代的原因说等）。此外，还有客观的利益衡量说。

社会相当性说。以德国学者韦尔策尔提出的社会相当性理论作为理论支撑，主张中立的帮助行为属于历史形成的日常生活秩序内的行为，具有社会相当性，因而不构成犯罪。社会相当性说将所有的中立帮助行为一概排除在处罚范围之外，在结论上和基本立场上是实质的全面不处罚说。

职业相当性说。该说将中立的帮助行为分为业务性（职业性）的中立帮助行为和日常性的中立帮助行为，认为具有职业的相当性并按照公开的职业准则所进行的行为不构成犯罪，但是日常性的中立帮助行为通常构成犯罪。该说将所有的业务性中立帮助行为一概排除在处罚范围之外显得过于绝对，还会导致这样一种处罚悖论：明知他人有入室盗窃的犯罪计划时，五金店店主出售螺丝刀的行为不可罚，而家庭主妇提供螺丝刀的行为可罚，有违平等原则和刑事政策目标。

溯及禁止说。德国学者雅科布斯主张用溯及禁止理论来限制中立帮助行为的处罚范围，如果中立的帮助行为本身具有独立的社会意义，则禁止将正犯行为及其结果回溯到此前为正犯行为提供了帮助的中立帮助行为，因而通常不构成犯罪，但是有两种例外的情形。第一种情形是，帮助行为与正犯行为形成客观上的一体化时，帮助行为欠缺独立的社会意义。例如，面包店的老板在明知顾客打算用面包投毒的情况下，应对方的要求为其特制适合于投毒杀人的面包，成立故意杀人罪的帮助犯。第二种情形是，当正犯的犯罪行为迫在眉睫时，帮助者的帮助行为缺乏独立的社会意义，因而会构成犯罪。但是，帮助行为是否具有独立的社会意义这一判断标准的合理性和可操作性存在疑问。

不可替代的原因说。该说认为，中立的帮助行为是否构成犯罪，取决于正犯能否很容易地从第三人那里获得同样的帮助以及正犯在没有获得帮助的情况下能否照常实施其犯罪行为。只有当这两个问题的答案都是否定的时候，才能将中立的帮助行为认定为犯罪。该说面临的诘难在于：为什么在因果关系问题上，普通帮助犯只需要起了作用即可，而中立的帮助行为则需要起了不可替代的作用？显然很难从法教义学层面找到充足的理论依据。

利益衡量说。该说认为，中立的帮助行为是否可罚之所以会成为一个难题，是因为潜在的帮助者的行动自由与正犯的犯罪行为所侵犯的法益这两个可欲的价值目标处于对立紧张的关系之中，需要对这两个价值目标进行刑事政策上的利益衡量。如果正犯所侵犯的法益价值很大，而处罚中立帮助行为对潜在的帮助者的行动自由的制约程度较轻，那么中立的帮助行为就会构成犯罪；反之，如果正犯所侵犯的法益价值较小，而处罚中立帮助行为对潜在的帮助者的行为自由的制约程度较重，那么中立帮助行为就不可罚。但是，利益衡量说没有给出具体的分析路径和量化标准，因而容易出现自说自话和主观擅断。例如，有学者主张，考虑到自由保障与法益保护之间的权衡关系，应当全面否定中立帮助行为的可罚性（陈洪兵观点），在结论上和基本立场上演变为实质的全面不处罚说。

（3）折中说（综合说）

折中说试图整合主观层面的要素和客观层面的要素来限制中立帮助行为的处罚范围，主要形成了"明确知道+重要促进说"和"明确知道+因果关系说"两种观点。例如，张伟教授认为，只有当帮助者在主观上明确地认识到正犯的犯罪计划并且其帮助行为在客观上极大地促进了正犯的犯罪行为时（明确知道+重要促进说），才能将中立的帮助行为认定为犯罪。再如，付玉明教授主张，只有当帮助者在主观上明确地认识到并有意促进正犯的犯罪计划而且其帮助行为与犯罪结果之间兼具物理上的因果关系和心理上的因果关系时（明确知道＋因果关系说），才能将中立的帮助行为认定为犯罪。

邹兵建博士基于法律经济学原理，主张"日常性的中立帮助行为应当被规定为犯罪；而业务性的中立帮助行为原则上不应被规定为犯罪，但是如果该业务性的中立帮助行为具有不可替代性，则应当被规定为犯罪"，可以说是在业务性的中立帮助行为上采用了不可替代的原因说。

笔者认为，相对来说（与主观说和客观说相比），折中说（综合说）所划定的可罚的中立帮助行为的范围通常更具合理性，可以进一步改进为"利益衡量＋重要作用＋因果关系"三因素的综合权衡立场，这种立场可以简称为"三因素综合权衡说"。

申言之，"三因素综合权衡说"主张，中立帮助行为是否追责应考虑以下因素（主观明知是前提）：一是"利益衡量"，犯罪所侵犯的利益（主要是法益）与中立帮助行为所保护的利益之间的衡量，越重大的犯罪就越应该偏重于肯定中立帮助行为的可罚性，越具有业务（职务）性的中立帮助行为就越应该偏重于否定其可罚性；二是"重要作用"衡量，对犯罪实现的作用越大，就越应该偏重于肯定中立帮助行为的可罚性，反之就越应该否定其可罚性；三是"因果关系"，对犯罪实现的因果性、不可选择性越强，就越应该偏重于肯定中立帮助行为的可罚性，反之就越应该否定其可罚性。

例如，水果刀案（故意伤害案）。根据"利益衡量＋重要作用＋因果关系说"的分析，如果是重伤甚至致人死亡结果的、是用水果刀直接刺杀成功、是周边没有其他卖刀店铺并且也没有其他凶器可用，应该考虑倾向于对小卖部卖刀者定罪；反之，应该考虑倾向于对卖刀者不定罪。

再如，出租车案（抢劫银行案）。根据"利益衡量＋重要作用＋因果关系说"的分析，如果是抢劫成功或者造成其他严重后果、是因为乘坐出租车及时赶到才抢劫银行成功、是只能乘坐出租车才能到达（而没有其他交通工具可用），应该考虑倾向于对出租车驾驶者定罪；反之，应该考虑倾向于对出租车驾驶者不定罪。

再如，转账案（诈骗案）。根据"利益衡量＋重要作用＋因果关系说"的分析，如果是逃税成功或者造成其他严重后果、是因为银行转账对偷逃税款成功起到重大作用、是只能通过银行转账才能偷逃税款成功，应该考虑倾向于对银行职员定罪；反之，应该考虑倾向于对银行职员不定罪。

三 间接正犯

间接正犯与片面共犯（以及中立帮助行为），可以说在较多情况下是共犯论中最重要的"反对形象"，二者既可以是共犯论又可以是"非共犯"论，既要借助共犯论又要超越共犯论，在较多场合需要否定共犯论。例如，间接正犯在表现为利用他人非行为的介入、利用无故意者行为的介入、利用被害人行为的介入、利用他人适法行为的介入、利用无责任能力者行为的介入、利用受强制者行为的介入、利用他人缺乏违法性认识的可能性的行为介入等情形下，间接正犯通常是否定共犯论、不能适用共犯论的（非共犯性说，仅在间接正犯在表现为利用有故意者行为的介入时才例外地成立共同犯罪）。

需要注意的是，间接正犯在表现为利用有故意者行为的介入时，则可能成立共同犯罪，但是这种情况实质上是否成立间接正犯是存在争议的。对此，德国法学家克劳斯·罗克辛（C. Roxin）指出："幕后者成立间接正犯和实施者成立直接正犯，二者之间并不是绝对相互排斥的关系。相反，在强制性支配的情形下，幕后者的意思支配以实施者的行为为支配前提。"[1] 我国有学者指出：间接正犯的成立并不意味着共同犯罪的否定，例如，公务员利用妻子收受贿赂时，公务员是间接正犯，妻子是帮助犯，二人成立共同犯罪；又如，应当保守患者秘密的医生，通过其他人泄露患者秘密的，（在德国）医生为间接正犯，直接泄露者构成共犯。[2]

如果说间接正犯（概念）主要是二次性的、补充的、犯罪事实（强）支配规范性的（非共犯性）正犯方案，那么，片面共犯（概念）就主要

---

[1] C. Roxin, Strafrecht Allgemeiner Teil, Band Ⅱ, C. H. Beck, 2003, S. 23. 转引自张明楷《外国刑法纲要》（第三版），法律出版社 2020 年版，第 275 页。

[2] 张明楷：《外国刑法纲要》（第三版），法律出版社 2020 年版，第 275 页。

是二次性的、补充的、犯罪事实（弱）支配规范性的（非共犯性）共犯方案。

（一）间接正犯的概念与理论方案

间接正犯的立法规定，最早始于德国1913年刑法草案第33条，但是至今多数国家没有相应的立法规定。德国现行刑法第25条第1款也明确规定了间接正犯："自己或者通过他人实施犯罪行为的，作为正犯处罚。"相应地，间接正犯的理论研讨最先主要由德国学者主导提出，现在已经发展成为全球讨论的重要理论。

间接正犯是与直接正犯相对应的概念。直接正犯，是指实行行为由行为人直接通过自身的身体动作、直接利用动物和其他工具实施的情形。间接正犯，是指实行行为由行为人间接地通过利用他人的实行行为来实施，将他人作为犯罪工具加以利用的情形。因此，间接正犯的实行行为性（正犯性），是因为间接正犯与直接正犯一样，支配了犯罪事实和构成要件的实现，从而"在德国占通说地位的是犯罪事实支配说。这一学说也得到了日本等国学者的支持"[①]。

1. 作为二次性的、补充的、犯罪事实支配说的（非共犯性）间接正犯方案

间接正犯是一种特殊的立法方案和理论方案。作为理论方案的间接正犯（方案），主要有二次性的、补充的正犯方案说以及犯罪事实支配说。

其一，二次性的、补充的正犯方案说。

该说认为，间接正犯的产生原因，是"基于限制的正犯概念和共犯的极端从属性的观点，只有直接正犯者的行为具备构成要件符合性、违法性与有责性，教唆犯、帮助犯才成立共犯；但将无责任能力的他人作为工具实现犯罪时，既不符合直接正犯的条件，又不符合教唆犯、帮助犯的条件；为了避免处罚上的空隙，作为一种二次性的、补充的方案，将这种情况作为间接正犯处罚"[②]。简言之，按照德国刑法所采用的区分

[①] 张明楷：《外国刑法纲要》（第三版），法律出版社2020年版，第271页。
[②] 张明楷：《外国刑法纲要》（第三版），法律出版社2020年版，第270页。

制共犯参与体系、限制的正犯概念和共犯的极端从属性的观点，间接正犯根本上就不是"共犯"现象——其既不成立直接正犯，也不成立教唆犯、帮助犯——而是一种"非共犯性"现象，但是间接正犯又具有处罚必要性，因此"为了避免处罚上的空隙"才有必要提出（非共犯性的）间接正犯概念（理论），即"作为一种二次性的、补充的方案，将这种情况作为间接正犯处罚"。

在这个意义上可以说，间接正犯在表现为利用有故意者行为的介入时，是一种非常特殊的情况，因为除此以外的其他情形，间接正犯通常不成立共同犯罪（正因为无法适用共同犯罪才出现了"处罚上的空隙"）。

其二，犯罪事实支配说。

该说认为，实行行为在实质上是具有犯罪事实支配性的行为，凡是对犯罪实施过程具有决定性影响的关键人物或者核心角色即可成立正犯。犯罪事实支配分为行为支配、意思支配、功能性支配三个类型：行为支配，即行为人通过自己直接实施犯罪行为从而支配犯罪事实，并使自己的行为成为犯罪事实中心，这是直接正犯；意思支配，即行为人不必出现在犯罪现场，也不必参与共同实施，而是通过强制或者欺骗手段支配直接实施者，从而支配构成要件的实现，这就是间接正犯；功能性支配，即行为人与其他人一起共同负担犯罪完成的重要功能，从而支配构成要件的实现，此即共同正犯。

可见，意思支配——作为犯罪事实支配说中的一种基本类型——所形成的犯罪事实支配的情形，即成立间接正犯。

值得注意的是，义务犯和亲手犯是否适用意思支配并成立间接正犯的问题，理论上存在以下争议[①]：第一，罗克辛在讨论间接正犯时区分了支配犯与义务犯。义务犯是指这样一种犯罪类型：刑法条文针对构成要件的结果或者不阻止侵害结果的行为规定了法定刑，没有明文规定实行行为的外在形式；只要行为人违反了其所负有的义务，背离了其所担当的社会角色，就构成该罪。对于支配犯，根据幕后者是否支配了犯罪事实（是否核心角色），区分间接正犯与共犯。但对于义务犯而言，则不可能采取上述标准。但是，很多学者不同意罗克辛的观点，仍然主张以统

[①] 参见张明楷《外国刑法纲要》（第三版），法律出版社2020年版，第275—276页。

一的标准（事实支配）区分间接正犯与教唆犯、帮助犯。第二，通说认为，亲手犯（或自手犯）不可能存在间接正犯。亲手犯是指必须由正犯者自己直接实行的犯罪。但是，关于亲手犯的含义与范围，在刑法理论上并不统一。文本说认为，如果描述某种犯罪的构成要件的文字含义中没有包含亲手实施之外的行为方式，那么，该犯罪就是亲手犯。身体行为说认为，如果只要有相应的行为就可以实现构成要件，而不必发生结果，那么，该犯罪就是亲手犯。据此，行为犯就是亲手犯。例如非法侵入他人住宅，是亲手犯，不可能有间接正犯。但是，持反对观点的人指出，在行为人利用无责任能力者闯入他人住宅，侵犯了他人的居住权时，没有理由不认定为间接正犯。根据罗克辛的观点，亲手犯分为三种类型：第一类是行为关联性犯罪，这是指犯罪的不法并非取决于侵害结果，而是取决于行为本身的可谴责性的犯罪。最典型的是乱伦罪。第二类是生活方式性犯罪，即诸如流浪罪或游荡罪等以特定的生活方式作为可罚性基础的犯罪。第三类是陈述性犯罪，"依法宣誓作证的人"的伪证罪等属于这一类。

2. 间接正犯的基本类型

如前所述，意思支配所形成的犯罪事实支配的情形即成立间接正犯。罗克辛指出，作为意思支配犯的间接正犯，具体存在以下三种情形（基本类型）："第一，幕后者能够通过迫使直接实施者实施符合构成要件的行为，从而达成自身对于犯罪事实的支配性（通过强制达成的意思支配）。第二，幕后者可以隐瞒犯罪事实，从而欺骗直接实施者并且诱使对真相缺乏认知的实施者实现幕后者的犯罪计划（通过错误达成的意思支配）。第三，幕后者可以通过有组织的权力机构将实施者作为可以随时替换的机器部件而操纵，并且据此不再将实施者视为个别的正犯而命令，进而达成对犯罪事实的关键支配（通过权力组织的支配）。除了上述三种基本支配情形之外，不可想象其他情形。利用无责任能力、减轻责任能力和未成年人的情形，在构造上只是强制性支配与错误性支配的结合而已。"[①]

[①] C. Roxin, Strafrecht Allgemeiner Teil, Band Ⅱ, C. H. Beck, 2003, S. 23. 转引自张明楷《外国刑法纲要》（第三版），法律出版社2020年版，第271页。

对于罗克辛所论述的间接正犯的三种基本类型，我国有学者将其概括为通过强制的意思支配、通过错误的意思支配、通过权力组织的意思支配，指出：

通过强制的意思支配，是最容易理解的间接正犯类型。例如，甲胁迫乙对丙实施伤害行为，否则就杀害乙或者乙的家人，从而导致乙对丙实施了伤害行为。甲成立伤害罪的间接正犯。问题是，幕后者所实施的强制达到何种程度时，才能认定为间接正犯。根据罗克辛提出的"责任承担原则"，如果幕后者的行为符合德国刑法第35条的前提（幕后者的行为对直接实施者形成了现实的、别无他法可以避免的对生命、身体或者自由的危险时），从而使实施者的行为免除了刑事责任时，就应当认定幕后者所实施的行为足以构成犯罪事实支配，进而认定为间接正犯。幕后者虽然没有实施胁迫行为，但通过创设与德国刑法第35条相符合的客观情形，从而使直接实施者陷入紧急避险状态时，也成立间接正犯。以上结论也适用于"强制自我损害"的情形。如强迫他人自伤或者自杀的，成立伤害罪或者谋杀罪的间接正犯。此外，幕后者通过利用合法行为形成强制性支配的，也成立间接正犯。

通过错误的意思支配，包括四种类型：其一，幕后者利用直接实施者无构成要件的故意的行为。例如，A将毒药冒充为葡萄糖液交给B，让B向患者注射，致使患者死亡的，A是杀人罪的间接正犯。再如，乙误以为活人丙是稻草人而欲向"稻草人"开枪时，甲明知乙实际上是要向丙开枪，却仍然将自己的猎枪给乙使用，导致乙过失杀害丙的，甲是杀人罪的间接正犯。其二，幕后者利用直接实施者基于法律错误（违法性的认识错误）的行为。其三，幕后者利用直接实施者基于对免责事由的认识错误的行为。换言之，直接实施者的行为虽然具有构成要件符合性、违法性的行为，但误以为自己会被免责。在这种情况下，造成直接实施者的错误或者利用其错误的幕后者是直接正犯。其四，直接实施者的行为具有构成要件符合性、违法性与有责性，但幕后者就与犯罪本身相关的因素进行欺骗，从而导致直接实施者实现了幕后者的计划时，幕后者为间接正犯。这主要是指直接实施者误以为仅实施了基本的犯罪行为，实际上幕后者利用直接实施者实现了加重构成的情形。

通过权力组织的意思支配，是指幕后者控制一个权力组织，经由命令（而非强制或者欺骗），通过整个机构的运转而完成犯罪行为的情形。发布命令者即为间接正犯。①

（二）间接正犯的成立范围

间接正犯的三种类型可以具体表现为以下情形：一是利用他人非行为的介入；二是利用无故意者行为的介入；三是利用有故意者行为的介入；四是利用被害人行为的介入；五是利用他人适法行为的介入；六是利用无责任能力者行为的介入；七是利用受强制者行为的介入；八是利用他人缺乏违法性认识的可能性的行为介入。②

其一，利用他人非行为的介入。

即利用他人不属于行为的身体活动，例如利用他人的反射举动或者睡梦中的动作实现犯罪的，属于间接正犯。

其二，利用无故意者行为的介入。

即利用他人缺乏故意的行为，成立利用不知情者的间接正犯。例如，医生指使不知情的护士给患者注射药，构成杀人罪的间接正犯。当被利用者没有过失时，利用者成立间接正犯是没有多大疑问的。但是，当被利用者具有过失时，利用者是否成立间接正犯，则存在争议（如有人主张肯定过失的共同犯罪）；同时，被利用者虽然具有其他犯罪的故意但缺乏利用者所具有的故意时，利用者也可能成立间接正犯，例如，甲明知丙坐在丙家的屏风后，但乙不知情，甲唆使乙开枪毁坏丙的屏风，乙开枪致丙死亡，则乙虽然具有毁损器物罪的故意，但没有杀人罪的故意，杀人罪的结果只能归责于甲，甲成立间接正犯。

其三，利用有故意者行为的介入。

即有故意的工具，是指被利用者虽然有责任能力并且有故意，但缺乏目的犯中的目的，或者不具有身份犯中的身份，那么，利用不符合构

---

① 张明楷：《外国刑法纲要》（第三版），法律出版社2020年版，第271—272页。
② 参见张明楷《外国刑法纲要》（第三版），法律出版社2020年版，第272—275页。

成要件的行为——例如利用被利用者所实施的缺乏目的犯中的目的的行为，或者利用被利用者所实施的缺乏身份犯中的身份的行为——的情形，利用者就成立目的犯或者身份犯的间接正犯。

利用有故意者行为的介入情形下的间接正犯在理论上存在较多争议，在被利用者对利用者所欲实施的目的犯和身份犯有认识的情况下，被利用者和利用者还可能成立目的犯和身份犯的共同犯罪。

其四，利用被害人行为的介入。

即利用被害人的行为，当利用者使被害人丧失自由意志，或者使被害人对结果缺乏认识或产生其他法益关系的错误，导致被害人实施了损害自己法益的行为时，利用者成立间接正犯。例如，甲谎称乙饲养的狗为疯狗，使乙杀害该狗的，是故意毁坏财物罪的间接正犯。再如，行为人强迫被害人自杀的，成立故意杀人罪的间接正犯。

其五，利用他人适法行为的介入。

即利用他人的适法行为，如利用他人的正当防卫、紧急避难行为实现犯罪，一般认为成立间接正犯。但是，对一些具体案件也存在争议。例如，甲想利用乙的正当防卫杀害X，于是诱导X对乙进行不法侵害，乙正当防卫杀害了X。此例中，乙的行为是正当防卫，甲是否成立杀人罪的间接正犯？对此，有间接正犯肯定说、间接正犯否定说、教唆犯说之争。

其六，利用无责任能力者行为的介入。

即利用无责任能力者的身体活动所实施的犯罪，只能归责于其背后的利用者并成立间接正犯。例如，利用幼儿、严重精神病患者的身体活动实现犯罪的就是间接正犯。但是，利用减轻责任能力者实施犯罪的，理论上存在利用者成立间接正犯、教唆犯或者帮助犯的争议。

其七，利用受强制者行为的介入。

即对被利用者进行强制使之实施犯罪活动，利用者对他人进行强制（包括物理的强制与心理的强制），压制他人意志，使他人丧失自由意志时，不能将结果归责于受强制者，只能归责于强制者，从而强制者成立间接正犯。

其八，利用他人缺乏违法性认识的可能性的行为介入。

如果利用了他人不可避免的违法性认识错误，没有争议地成立间接正犯;至于利用他人可以避免的违法性认识错误的情形是否成立间接正犯,则存在争议。例如,甲欺骗乙说:"丙的不法侵害虽然已经结束了,但你现在攻击他仍然是正当防卫。"乙信以为真,在丙的不法侵害结束后,伤害了丙。一种观点认为,如果乙的认识错误是可以避免的,则甲不成立间接正犯,仅成立教唆犯。另一种观点则认为,无论乙的认识错误是否可以避免,都不会改变乙没有认识到违法性的事实,而且乙的认识错误是由甲所引起,故应认定甲为间接正犯。

(三) 与间接正犯相关联的其他正犯类型

德日刑法学共犯论在讨论间接正犯的同时,还讨论了部分的共同正犯、附加的共同正犯与择一的共同正犯等特殊的正犯类型,在学术史上还有肯定连累犯作为共同正犯的学说(现在均持否定说),其学术见解对我国共同犯罪理论研究具有重要启发意义,这里一并讨论。

1. 部分的共同正犯与结果加重犯的共同正犯

二人以上共同故意实施较轻的犯罪行为,但是有人单方面地趁机加以利用并实施较重的犯罪行为,则其中的部分行为人仅就较轻的犯罪成立共同正犯,即属于部分的共同正犯。概言之,只要两个犯罪之间存在加重减轻关系或者整体与部分的关系,其中的部分行为人仅就较轻的犯罪或者部分犯罪成立共同正犯(部分的共同正犯)。例如,甲与乙共同实施针对某被害人实施故意伤害行为,但是甲单方面地趁机加以利用并实施了故意杀人或者抢劫财物的行为(乙并未参与杀人或者抢劫财物),甲成立故意杀人罪或者抢劫罪的正犯,乙只成立故意伤害罪的共同正犯(即部分的共同正犯),这些都没有争议。

但是,部分的共同正犯中存在的争议问题在于,作为故意伤害罪的部分的共同正犯,乙是否需要对甲杀人行为致他人死亡的后果承担"故意伤害致人死亡"这一加重结果承担责任(并适用加重法定刑情节)?换言之,乙是否成立加重结果犯的共同正犯?这一争议问题表明,部分的共同正犯与结果加重犯的共同正犯之间存在着紧密关联性。

对此,笔者认为,乙应当成立结果加重犯的共同正犯,因此应当对乙适用加重法定刑情节,理由在于,乙作为故意伤害罪的部分的共同正犯,明知实施故意伤害行为本身就存在伤害致人死亡结果发生这一不被容许的危险，但是乙仍然实施共同故意伤害行为，由此造成致人死亡结果发生，则乙应对此加重结果承担责任。虽然这一加重结果是由甲实行过限（故意杀人）所直接引起，从而乙不成立作为实行过限的故意杀人罪的责任，但是并不能由此否定乙对致人死亡结果承担结果加重犯的责任。因此，需要注意结果加重犯的共同正犯问题。结果加重犯的共同正犯是一个与部分的共同正犯反向关联的正犯概念。

结果加重犯的共同正犯，是指以下情形：二人以上共同实行结果加重犯的基本犯罪行为，其中一部分行为人的行为造成了加重结果，这种情形下，其他人不仅构成基本犯罪的共同正犯，而且成立结果加重犯的共同正犯。通说肯定结果加重犯的共同正犯，理由是：（1）从结果加重犯的成立条件看，不但基于基本犯罪行为与加重结果之间具有条件关系或者相当因果关系即可成立结果加重犯的立场可以确认结果加重犯的共同正犯，而且基于行为人对加重结果有过失（责任要素）才能成立结果加重犯的立场也可以确认加重结果犯的共同正犯。（2）从共同正犯的成立条件看，不但基于行为共同说（以及赞成过时的共同正犯）的立场可以确认结果加重犯的共同正犯，而且基于犯罪共同说的立场——在实施基本犯罪行为时便具有发生加重结果的高度危险性，这就要求共同实行基本犯罪行为的人都采取谨慎态度，相互防止加重结果的发生，从而应考虑结果加重犯的特殊性——也可以肯定结果加重犯的共同正犯。

但是，理论上还有否定说的观点。否定说认为，在结果加重犯的场合，只能成立基本犯罪的共同正犯，不能成立结果加重犯的共同正犯。否定说提出的理由是：从责任主义的要求来看，成立结果加重犯以行为人对加重结果具有过失为要件，而过失犯的本质是无意识，不可能就过失犯形成共同意识，因而否认过失的共同正犯，也否认结果加重犯的共同正犯。笔者认为，否定说不可取。

应当注意的是，部分的共同正犯对加重结果犯承担责任这一原理，同教唆杀人案出现实行过限（实行犯实行过限）从而教唆犯对加重结果犯承担责任的归责原理相当：教唆犯不承担由于实行犯实行过限而导致的故意杀人罪的责任，但是教唆犯仍然应对实行犯所致加重结果（致人死亡结果）承担责任，从而教唆犯构成故意伤害致人死亡这一结果加重犯的责任。例如：

【案例】眉山扁某雇凶伤人案[①]

被告人扁某因其与被害人高某某在生意上产生矛盾,为泄愤产生伤害被害人的念头,于是找到被告人毛某某要求帮助找人教训被害人,并出资为毛某某购买小汽车跟踪被害人。在第一次毛某某帮助扁某联系了"凶手"王某某而王某某以不好下手为由携款潜逃、伤害被害人未果的情况下,扁某又多次不断催促毛某某再帮助找人伤害被害人。毛某某最终找到被告人李某并明确告诉李某以砍断一只手脚的形式教训受害人即可。李某等人接受委托后,为避免事情败露而自行决定"杀人灭口"将受害人直接杀死。人民法院判决扁某和毛某某犯故意伤害罪并致人死亡,判处无期徒刑;判决李某犯故意杀人罪,判处死刑、剥夺政治权利终身。

本案扁某和毛某某雇凶伤人案具有一定特殊性:扁某和毛某某在主观上具有故意伤害他人的故意,客观上实施了雇凶伤害他人的行为,因此人民法院判决认定扁某和毛某某犯故意伤害罪是正确的;李某自行决定故意杀人,属于实行过限,应由李某承担故意杀人罪的责任。但是问题在于:扁某和毛某某是否应当对故意伤害致人死亡这一严重后果承担责任?对此,一种观点认为,扁某和毛某某构成故意伤害罪,但是不对"致人死亡"这一严重后果承担责任,因为其雇凶伤害时明确要求是"以砍断一只手脚的形式教训被害人即可",并没有"致人死亡"的故意,因此扁某和毛某某应当只对"致人重伤"这一结果承担刑事责任,即应当适用《刑法》第234条第2款"犯前款罪,致人重伤的,处三年以上十年以下有期徒刑"进行量刑;另一种观点认为,扁某和毛某某应当对"致人死亡"这一严重后果承担责任,因为砍断手脚等故意伤害行为本身就有致人死亡后果发生的极大风险,并且对于"致人死亡"后果本来就不要求行为人主观上具有故意——因为故意致人死亡的行为本来就应当

[①] 案例来源:《眉山市中级人民法院刑事附带民事判决书》(2008) 眉刑初字第24号。

评价为故意杀人罪——而只能是过失,那么,在凶手直接故意杀死被害人时,扁某和毛某某对于被害人死亡这一后果至少具有过失责任,因此扁某和毛某某就应当对故意伤害致人死亡承担责任。

笔者倾向于认为,对于雇凶伤人案件中雇凶者,因凶手实行过限致人死亡的,应当对雇凶者以故意伤害致人死亡情节论处。因为故意伤害他人本身的行为客观上包含着致人死亡的极大风险,扁某和毛某某仍然雇凶伤害被害人,结果导致李某故意杀死了被害人这一后果,扁某和毛某某应当承担故意伤害致人死亡的刑事责任,应当适用《刑法》第234条第2款"致人死亡或者以特别残忍手段致人重伤造成严重残疾的,处十年以上有期徒刑、无期徒刑或者死刑"进行量刑。因此,人民法院的判决雇凶者扁某和毛某某无期徒刑是合理的。

2. 附加的共同正犯

附加的共同正犯,是指二人以上针对同一犯罪对象故意共同实施犯罪行为,共同造成犯罪结果,但是无法具体查明其中是谁的行为直接造成的危害结果,这种场合即使个别人没有直接对犯罪对象造成危害结果、并不存在犯罪事实的功能性支配(赫兹伯格观点),但仍然应认定所有的共同实施犯罪行为的人都是共同正犯,即属于附加的共同正犯。例如,为确保谋杀的成功,20个杀手同时向一名被害人开枪射击,被害人身中数弹,但不能查明是哪些杀手射中了被害人,仍然应认定所有的杀手都是故意杀人罪的共同正犯(附加的共同正犯),因为每个杀手的行为都使得犯罪的成功更为确定并确保了结果发生,每个杀手的行为都对犯罪行为的实施具有重要功能(罗克辛观点),因而每个杀手都是共同正犯。

3. 择一的共同正犯

择一的共同正犯是指如下情形:多个杀手基于共同计划分别在不同马路上伏击被害人,最终由其中一个杀手杀害被害人,此时只有杀害被害人的杀手是谋杀罪的正犯,另外潜伏在其他马路上的杀手不是共同正犯(鲁道菲观点)。对此,罗克辛提出了更具体的区别对待观点,认为:如果杀手们堵住了被害人房屋的所有出口或者封堵了被害人的所有逃跑线路,即使最终仅有一个杀手杀害了被害人,也应认为所有杀手都是共同正犯;反之,如果在多个城市分散地埋伏一些杀手,被害人出现在哪个城市就由哪个城市的杀手杀害,则只有杀害者是正犯,其他杀手不成立共同正犯。①

4. 连累犯

需要说明的是，连累犯（事后罪）不属于共同正犯的范畴，因此，连累犯不能适用前述间接正犯、部分的共同正犯、附加的共同正犯、择一的共同正犯的相关原理。

所谓连累犯，又称为派生犯、事后罪，是指事前与他人没有通谋，在他人犯罪以后，明知他人的犯罪情况，而故意地以各种形式予以帮助，依法应受处罚的行为。② 例如，第191条洗钱罪，第294条包庇、纵容黑社会性质组织罪，第310条窝藏、包庇罪，第311条拒绝提供间谍犯罪证据罪，第312条窝藏、转移、掩饰、隐瞒犯罪所得、犯罪所得收益罪，第349条窝藏、转移、隐瞒毒品、毒赃罪，第349条包庇毒品犯罪分子罪，第362条包庇罪，第402条徇私舞弊不移交刑事案件罪，第411条放纵走私罪，第414条放纵制售伪劣商品犯罪行为罪，第417条帮助犯罪分子逃避处罚罪，就是连累犯（事后罪）。③ 与连累犯相对应的犯罪通常称为原罪或者本犯。

一般认为，连累犯只能定位于和共犯相对的单独犯罪④，"这些犯罪行为曾经纳入共同犯罪的范畴，而现在各国刑法与刑法理论一般都认为它是单独犯罪"⑤。但是，也有学者指出："事后罪在现今有些国家依然被认为是共同犯罪（事后从犯），如美国、英国、尼日利亚的刑法就是把事后罪作为事后从犯。""事后罪从属说对司法实践具有指导意义，这主要体现在定罪和量刑两方面，定罪上，无本罪无事后罪；量刑上，事后罪的刑罚不得超过本罪的刑罚。"⑥

---

① 参见张明楷《外国刑法纲要》（第三版），法律出版社2020年版，第286页。
② 王凤恺：《连累犯研究》，硕士学位论文，吉林大学，2007年。
③ 李舸祺：《连累犯的刑法解构》，硕士学位论文，华东政法大学，2009年。
④ 石晓慧：《连累犯问题研究》，硕士学位论文，郑州大学，2007年。
⑤ 陈兴良：《论我国刑法中的连累犯》，《法律科学——西北政法学院学报》1989年第1期。
⑥ 张朝义：《事后罪从属说》，硕士学位论文，西南财经大学，2011年。

第二十七章

金融犯罪中的对向犯与目的犯

下列金融犯罪案件涉及的重要刑法原理是作为必要共犯的对向犯（对合犯）以及目的犯的法理问题，此外还有其他一些刑法理论问题值得展开刑法解释学和刑法教义学的研讨。

【案例】山东省邹某某违法发放贷款 6.8 亿元案[①]

2016 年 5 月至 7 月，被告人冉某某（山东某银行成都分行行长）与被告人邹某某（成都某集团公司实际控制人）事先商议将申请的部分贷款用于转贷获利，成都分行集体研究同意后，违法向邹某某实际控制的成都某集团公司发放贷款人民币 6.8 亿元，其中 2 亿元贷款在成都分行某支行的监管下用于转贷。对此，山东省莱西市人民法院判决认定被告人冉某某和邹某某犯违法发放贷款罪（共同犯罪）。

本案被告人冉某某作为银行行长构成违法发放贷款罪没有问题，成为问题的是被告人邹某某是否构成违法发放贷款罪共犯，因为邹某某本来就不是银行人员而是公司老总，他向银行申请贷款、同行长商议并经银行同意获得贷款，那么，在银行行长冉某某构成违法发放贷款罪的条

[①] 参见《山东省莱西市人民法院刑事判决书》，(2019) 鲁 0285 刑初 112 号。

件下，邹某某构成违法发放贷款罪共犯吗？

欲回答这个问题，需要弄清对向犯、目的犯、刑法分则封闭条款等刑法原理。基于研究内容的关联性考虑，本章还将结合违法发放贷款罪、骗取贷款罪、贷款诈骗罪等金融犯罪展开相应的刑法解释论分析。

一　金融犯罪中的对向犯

对向犯，是共同犯罪理论中的一个重要问题，所以，必须结合共犯论来研究对向犯。根据我国《刑法》第25条第1款的明确规定，所谓共同犯罪，是指二人以上共同故意犯罪。在德日刑法理论中，共犯概念有最广义、中间意义、狭义三种含义。最广义的共犯，是指二人以上共同实现犯罪的情形，包括任意的共犯（刑法总则规定）与必要的共犯（刑法分则规定）；中间意义的共犯（刑法总则规定），是指二人以上故意实现犯罪的情形；狭义的共犯，是指相对于正犯（共同正犯）的教唆犯和帮助犯。

任意的共犯，即刑法总则规定的共犯、中间意义的共犯，是二人以上共同实行刑法分则规定的单独犯而成立共犯的情形。亦即，刑法分则中规定的一人能够单独实施的犯罪，当二人以上共同实施时所构成的共同犯罪的情形，就可以成立任意的共犯。一般认为，任意的共犯又分为共同正犯、教唆犯、帮助犯三种形态，这种意义上的任意的共犯又称为广义的共犯（即广义的中间意义的共犯）。

必要的共犯，即刑法分则直接规定的、必须由二人以上共同实行的犯罪。必要的共犯的特点是：一个人不可能单独构成此种犯罪，必须是二人以上共同参与实施才能构成必要的共犯，其中多众犯（包括犯罪集团）必须是三人以上共同参与实施才能构成；必要的共犯只能直接适用刑法分则的相关规定，而不能适用刑法总则所规定的共犯处罚原则。在德日刑法理论中，必要的共犯一般可以再区分为对向犯与多众犯。在我国传统刑法理论中，必要共同犯罪可以再区分为对合犯与众合犯，或者区分为对行犯与众行犯；我国也有学者将必要共同犯罪区分为聚合性共同犯罪、对向性共同犯罪与集团性共同犯罪三种。

(一) 对向犯的概念与分类

所谓对向犯，又称为对合犯，是指二人以上的行为相互依存，并且相互以存在对方的行为为要件的犯罪。例如，违法发放贷款罪与骗取贷款罪（以及贷款诈骗罪）、重婚罪、贿赂罪（行贿罪与受贿罪），就属于对向犯。

对向犯包括三种较为典型的情形：一是双方均可能成立犯罪并且罪名与法定刑相同，如重婚罪；二是双方均可能成立犯罪但是罪名与法定刑都不同，如行贿罪与受贿罪；三是双方中可能只有其中一方成立犯罪并且只处罚其中一方（即片面的对向犯或者非纯正的对向犯），如买卖淫秽物品行为中只处罚贩卖一方（贩卖淫秽物品罪），而不处罚购买者一方；再如违法放贷行为中只处罚违法发放贷款一方，而不处罚贷款一方。

根据对向犯的可罚性是同时及于双方还是仅限于其中一方的特点，对向犯可以区分为两种规范类型：一是纯正的对向犯，是指双方均具有可罚性并成立犯罪（既可能是同种罪名也可能是不同罪名）的对向犯；二是片面的对向犯（非纯正的对向犯），是指双方中仅有其中一方具有可罚性并且成立犯罪，但是另一方不具有可罚性从而不成立犯罪的情形。

可见，金融犯罪中，违法发放贷款罪同贷款诈骗罪、骗取贷款罪（即骗取贷款、票据承兑、金融票证罪）是较为典型的对向犯。违法放贷行为所形成的对向犯中，有时只处罚其中一方的行为，例如，发放贷款一方构成违法发放贷款罪，而贷款方可能不构成骗取贷款罪或者贷款诈骗罪（第一种情形）；反之，贷款方构成骗取贷款罪或者贷款诈骗罪时，发放贷款一方可能不构成违法发放贷款罪（第二种情形）；但是，有时双方都处罚并且双方的罪名与法定刑都不同，申言之，可能存在双方同时构成各自的犯罪，违法发放贷款一方构成违法发放贷款罪（在被骗的同时仍有违法发放贷款的行为时）、骗取贷款一方构成骗取贷款罪（在部分隐瞒贷款真相时），这是第三种情形。前两种情形属于片面的对向犯（非纯正的对向犯），第三种情形属于纯正的对向犯。

(二) 对向犯的归责原理

关于对向犯的归责原理，主要是需要讨论以下问题：对向犯中，对于必要的共犯之内的相对方,在刑法分则没有规定给予处罚的时候,以及在刑法分则特别规定了独立罪名的时候,能否根据刑法总则规定的任意共犯原理对相对方予以定罪处罚?

例如:在出售淫秽物品谋利的场合,刑法分则规定只处罚贩卖淫秽物品的行为人(传播淫秽物品谋利罪),那么,能否根据刑法总则对任意共犯的规定,将购买淫秽物品的行为人作为教唆犯或者帮助犯处罚?

再如:在违法发放贷款的场合,刑法分则规定只处罚违法发放贷款的行为人(违法发放贷款罪),以及在申请贷款人存在骗取时对申请贷款人可以构成另外的罪名(如骗取贷款罪与贷款诈骗罪)。那么,在借贷双方存在共同商议的情形下,当金融机构工作人员的行为构成违法发放贷款罪、获得贷款的行为人的行为不成立骗取贷款罪时,能否根据刑法总则关于任意共犯的规定,将申请贷款人作为违法发放贷款罪的教唆犯或者帮助犯进行处罚?

对此,理论上存在立法者意思说、实质说、可罚的规范目的说、角色决定说等不同学说。

立法者意思说,主张笼统地从立法者意思的立场来说明片面地对向犯的参与行为不具有可罚性,认为在具有对向犯性质的 A、B 两个行为中,立法者仅将 A 行为作为犯罪类型予以规定时,当然预想到了 B 行为,既然立法者没有规定处罚 B 行为,就表明立法者认为 B 行为不具有可罚性。[1]

实质说,主张个别地说明片面对向犯的参与行为的不可罚性的实质根据,认为参与行为因缺乏实质的违法性或者责任(如不具有期待可能性)而不可罚。

可罚的规范目的说,主张从规范目的上审查片面对向犯的参与行为,认为参与行为因缺乏可罚的违法性、可罚的责任以及刑事政策上的处罚必要性等规范目的而不可罚。因此,可罚的规范目的说与实质说具有关联性,"实质说所列举的缺乏违法性与缺乏责任之例,并不是完全没有违法与责任,只是缺乏可罚的违法性与可罚的责任。将参与行为排除在构

---

[1] 张明楷:《外国刑法纲要》(第三版),法律出版社 2020 年版,第 259 页。

成要件之外，本来是立法性的政策的当罚性判断"①。

角色决定说，是对德国和日本判例的理论归纳，认为在对向犯的场合，只要必要的参与人没有逾越自己的角色，其行为就不可罚，但是必要的参与人逾越自己的角色进行了教唆时则可能构成相关犯罪的教唆犯。

例如，在被羁押人员被监管人员私自放走的场合，被羁押人员不构成私放在押人员罪的共犯。但是，如果被羁押人员教唆监管人员放走自己，则可能构成私放在押人员罪的教唆犯。日本的购买淫秽物品案判例②，强调对向性的参与行为的定型性与通常性判断，可以说实质上采用了角色决定说的立场。

综上可见，对于必要的共犯之内的相对方（对向犯的相对方），在刑法分则没有规定给予处罚的时候，原则上不能根据刑法总则规定的任意共犯予以定罪处罚。对向犯的双方各自的行为定型由刑法立法上进行了"封闭"（即刑法分则性封闭条款），在刑法中，对向犯、目的犯、法条竞合犯等立法规定，均可以解释为"刑法分则性封闭条款"。但是，在必要的参与人逾越自己的角色（角色决定说），并且符合可罚的规范目的（可罚的规范目的说）之时，才可以例外地对必要的共犯之内的相对方（对向犯的相对方）定罪处罚，但是仍然应注意对向犯的罪名适用。申言之，对向犯的归责原理，主要采用的是角色决定说和可罚的规范目的说。

（三）金融犯罪中的对向犯归责问题

如前所述，金融犯罪中的对向犯，值得讨论的重要问题是：在借贷双方存在共同商议的情形下，当金融机构工作人员的行为构成违法发放贷款罪、获得贷款的行为人的行为不成立骗取贷款罪时，获得贷款的行为人能不能构成违法发放贷款罪的共犯？笔者认为，通常情况下，应依法认定获得贷款的行为人不构成违法发放贷款罪的共犯。

张明楷教授指出，当金融机构工作人员的行为构成违法发放贷款罪、获得贷款的行为人的行为不成立骗取贷款罪时，获得贷款的行为人依法不能构成违法发放贷款罪的共犯，具体理由有以下几点：（1）既然刑法

---

① 张明楷：《外国刑法纲要》（第三版），法律出版社2020年版，第260页。
② 张明楷：《外国刑法纲要》（第三版），法律出版社2020年版，第259页。

仅将骗取贷款的行为规定为犯罪,那么,如果对没有采取欺骗手段的违法申请、接受贷款的行为以违法发放贷款罪的共犯论处,就有违反罪刑法定原则之嫌。(2)将不构成骗取贷款罪的行为以违法发放贷款罪的共犯论处,也违反罪刑相适应原则。根据《刑法》第186条的规定,犯违法发放贷款罪的,"处五年以下有期徒刑或者拘役,并处一万元以上十万元以下罚金;数额特别巨大或者造成特别重大损失的,处五年以上有期徒刑,并处二万元以上二十万元以下罚金"。根据《刑法》第175条之一的规定,犯骗取贷款罪的,"给银行或者其他金融机构造成重大损失的,处三年以下有期徒刑或者拘役,并处或者单处罚金;给银行或者其他金融机构造成特别重大损失或者有其他特别严重情节的,处三年以上七年以下有期徒刑,并处罚金"。如果申请贷款的行为人并没有采取欺骗手段,只是唆使金融机构工作人员向自己发放贷款,却被认定为违法发放贷款罪的教唆犯,其所受到的刑罚处罚完全可能重于使用欺骗手段骗取贷款的正犯(即可能重于骗取贷款罪单独犯),这明显导致处罚的不协调。(3)银行等金融机构原本就是向不特定人发放贷款的,任何人都可以向金融机构申请贷款,即使申请人明知自己不完全符合贷款条件,也可以向金融机构申请贷款,至于金融机构是否同意贷款,由金融机构审查,而不能因为金融机构违法发放贷款之后再反过来对获得贷款人追究违法发放贷款罪。申请是"权利",银行批不批准是"权力",二者不可混为一谈。(4)对要求、唆使金融机构违法向自己发放贷款的行为之所以不能认定为违法发放贷款罪的共犯,总体上是基于立法原意、违法实质以及《刑法》第13条"但书"的判断,均可以说明获得贷款人依法不构成违法发放贷款罪的充分根据。[①]

笔者赞同张明楷教授的观点。在此基础上,笔者认为,根据犯罪构成论、共犯论、对向犯归责的角色决定说和可罚的规范目的说,对于借贷双方存在共同商议的违法发放贷款行为,应具体区分以下三种情形并分别进行定性处理:

其一,在借贷双方存在共同商议的情形下,当金融机构工作人员的行为构成违法发放贷款罪,获得贷款的行为人主观上不具有非法占有目

[①] 参见张明楷《对向犯中必要参与行为的处罚范围》,《比较法研究》2019年第5期。

的（但是具有骗取并占有使用目的）时，获得贷款的行为人依法不能构成违法发放贷款罪的共犯（也不构成骗取贷款罪）。主要理由是：对向犯归责的角色决定说和可罚的规范目的说、骗取贷款罪原理、《刑法》第13条"但书"规定。因此，前述案例中邹某某的行为依法不构成违法发放贷款罪（共犯）。

但是这里还有一种特殊情况值得研究：是否需要区分形式的申请贷款人（即帮助别人申请贷款的人）与实质的申请贷款人？

【案例】山东省邹某某违法发放贷款13亿元案[①]

2017年2月至3月，被告人冉某某（山东某银行成都分行行长）与被告人邹某某（成都某集团公司实际控制人）事先商议，由邹某某向成都分行提供空壳公司资料，成都分行将空壳公司分别组成T集团、L集团、J集团作为贷款主体，集体研究同意后，违法向该三个集团发放贷款人民币13亿元，后将该贷款转借给四川省某市HD置业有限公司。该笔贷款已于2018年3月全部偿还。对此，山东省莱西市人民法院判决认定被告人冉某某和邹某某犯违法发放贷款罪（共同犯罪）。

按照对向犯归责的角色决定说和可罚的规范目的说，本案邹某某是形式的申请贷款人（即帮助别人申请贷款的人），HD置业有限公司才是实质的申请贷款人，那么，邹某某作为形式的申请贷款人是否符合角色决定说的要求？这是值得研究的问题。不过就本案而言，还有《刑法》第13条"但书"规定值得考量，从而，对邹某某不定违法发放贷款罪的共犯更合理。

其二，在借贷双方存在共同商议的情形下，当金融机构工作人员的行为仅构成违法发放贷款罪（但是不知道对方有非法占有目的），而获得

[①] 参见《山东省莱西市人民法院刑事判决书》，(2019) 鲁0285刑初112号。

贷款的行为人主观上具有非法占有目的时（但是没有将非法占有目的告知金融机构人员），获得贷款的行为人依法构成贷款诈骗罪。主要理由是：(1) 获得贷款的行为人的行为，超出了对向犯的对向行为（以非法占有目的实施的诈骗银行财产的行为，超出了申请贷款的"角色"行为），依法应评价为欺骗了银行人员的行为。(2) 获得贷款的行为人的行为，由于仅获得了银行人员的不完全认知（即仍有诈骗行为），符合贷款诈骗罪的犯罪构成，因而应依法定性为贷款诈骗罪。(3) 对于这类行为完全作出无罪处理，不符合法秩序统一原理。

其三，在借贷双方存在共同商议的情形下，当金融机构工作人员的行为既构成违法发放贷款罪，又构成贪污罪（或者职务侵占罪），即金融机构人员和获得贷款的行为人主观上均具有非法占有目的时（包括金融机构人员独占所骗贷款、申请贷款人独占所骗贷款或者双方人员分占所骗贷款等三种情况），获得贷款的行为人依法构成贪污罪（或者职务侵占罪）的共犯。主要理由是：双方行为完全符合贪污罪（或者职务侵占罪）的法律规定。

二　金融犯罪中的目的犯

目的犯，是指行为人基于主观上某种特定目的而实施的行为，才能构成犯罪，如果没有这个特定目的则不构成犯罪（或者不构成某个特定的犯罪）。

目的犯论中，应当特别注意以下内容：

（一）目的犯的分类与认定

目的犯有多种类型，可以从形式标准、内容标准和混合标准来分类，可谓是目的犯三分法（三种标准分类法）。(1) 目的犯的形式分类。是指按照"目的"要素的形式特征来进行的分类，主要包括以下两种类型：法定的目的犯与非法定的目的犯，断绝的目的犯与短缩的二行为犯（短缩的目的行为犯）。目的犯的这些形式分类，在金融犯罪中都有。(2) 目的犯的内容分类。是指按照"目的"要素的内容来进行的分类，包括"非法占有目的""占有使用目的""流通使用目的""牟利目的""谋利目的""毁坏目的""出卖目的"等众多（内容）目的犯。目的犯的这些内容分类，在金融犯罪中也有一部分。（3）目的犯的混合分类。是指按照"目的"要素的形式和内容进行的综合分类，例如，非法定的短缩的二行为犯（如虚开增值税专用发票罪、伪造、变造金融票证罪等）。

金融犯罪中的目的犯，主要有四种类型（混合分类）：一是诈骗类金融犯罪中的非法占有目的（即以非法占为己有为目的），属于断绝的目的犯；二是骗取类金融犯罪中的骗取目的（即骗取并占有使用的目的），属于非法定的目的犯；三是伪造类金融犯罪中的流通目的（即流通或者诈骗目的），属于短缩的二行为犯；四是高利转贷罪中的以转贷牟利为目的，属于法定的目的犯。

目的犯的认定，必须坚持刑法教义学原理和刑法解释学原理，如犯罪构成论、共犯论、竞合论（刑法教义学原理），以及刑法解释的合法性、合理性、合目的性、整体有效性等法律解释原则（刑法解释学原理）。

目的犯构成论，关键在于"目的"要素的规范解释、规范功能。目的犯中的"目的"要素，又称为"主观目的"要素，在刑法教义学的犯罪论中属于"主观的构成要件要素""主观违法要素"，是指目的犯中行为人主观上所具有的主观目的。金融犯罪中目的犯的"目的"要素，主要包括非法占有目的、骗取并占有使用目的、流通或者诈骗目的、高利转贷牟利目的等。目的犯构成论应特别注意以下几点：（1）基本犯。基本犯构成论中的"目的"要素，是与行为要素相并列的必备要素。一方面，"目的"要素是必备要素，它直接影响行为性质（行为定型）、违法类型，非常重要，需要进行规范判断，也需要进行侦查取证、公诉举证、法律解释；另一方面，"目的"要素是与行为要素相并列的要素，二者不能混同，也不能相互取代，必须进行平行的规范判断和功能判断。以贷款诈骗罪为例，"目的"要素（非法占有目的）是必备的主观要素，"诈骗行为"是必备的行为要素，二者之间的关系是并列关系、缺一不可的关系。（2）竞合论。目的犯竞合论，必须按照竞合论原理进行规范判断。以贷款诈骗罪为例，银行等金融机构工作人员利用职务上的便利实施贷款诈骗行为，涉及贷款诈骗罪与贪污罪（或者职务侵占罪）之间的竞合关系，到底应该定什么罪、是否构成数罪并罚，需要按照竞合论原理进行定性处理。(3) 共犯论。目的犯共犯论，必须根据共犯论、对合犯论等刑法教义学原理进行规范判断。例如，以贷款诈骗罪为例，二人以上进行贷款诈骗行为，必须符合目的犯、共同犯罪的原理，才能成立目的犯共犯；有身份主体与无身份主体共同实施的贷款诈骗（或者骗取贷款）犯罪的定性处理问题，需要谨慎判断。再如，以违法发放贷款罪为例，借款人与银行人员相勾结串通获取贷款，银行人员可能构成违法发放贷款罪，那么，借款人是否构成违法发放贷款罪共犯？这也是司法实践中经常遇到的问题，需要谨慎判断。

以上问题中，基本犯的定性处理，关键在于"目的"要素的认定；竞合论和共犯论的定性处理，关键在于相关法理的运用。

（二）"非法占有目的"与金融诈骗罪的定性处理

大家都很熟悉非法占有目的，都知道非法占有目的要素的规范含义，是指"以非法占为己有为目的"，非法占有目的犯通常都属于断绝的目的犯。如果行为人主观上具有非法占有目的，就构成金融诈骗罪（如贷款诈骗罪、票据诈骗罪、金融凭证诈骗罪、信用证诈骗罪、信用卡诈骗罪、有价证券诈骗罪、保险诈骗罪等）。因此，如何认定"非法占有目的"，成为金融诈骗罪认定中的关键问题，也是争议较多的核心问题。

非法占有目的（即金融诈骗目的）的认定，通常是采用证立规则（即证立非法占有目的的规则，推定准许反证规则），只能在有确实、充分的证据证实行为人主观上具有非法占有目的，并且能够排除合理怀疑的时候，才能证立非法占有目的。

证立非法占有目的规则（推定准许反证规则）：司法解释、学者方案。

1. 司法解释方案（推定准许反证规则）

司法解释方案，例如最高法《全国法院审理金融犯罪案件工作座谈会纪要》（2001 年）规定："金融诈骗犯罪都是以非法占有为目的的犯罪。在司法实践中，认定是否具有非法占有为目的，应当坚持主客观相一致的原则，既要避免单纯根据损失结果客观归罪，也不能仅凭被告人自己的供述，而应当根据案件具体情况具体分析。根据司法实践，对于行为人通过诈骗的方法非法获取资金，造成数额较大资金不能归还，并具有下列情形之一的，可以认定为具有非法占有的目的：（1）明知没有归还能力而大量骗取资金的；（2）非法获取资金后逃跑的；（3）肆意挥霍骗取资金的；（4）使用骗取的资金进行违法犯罪活动的；（5）抽逃、转移资金、隐匿财产，以逃避返还资金的；（6）隐匿、销毁账目，或者搞假破产、假倒闭，以逃避返还资金的；（7）其他非法占有资金、拒不返还的行为。但是，在处理具体案件的时候，对于有证据证明行为人不具有非法占有目的的，不能单纯以财产不能归还就按金融诈骗罪处罚。"①

2. 学者方案（推断准许反证规则）

学者方案（以贷款诈骗罪为例），例如张明楷《刑法学》（第六版）认为："在判定非法占有目的时，除考察行为手段外，还需要考虑以下因素：取得贷款后是否按贷款用途使用；是否使用贷款进行违法犯罪活动；是否携款潜逃；到期后是否积极准备偿还贷款等。对于具有下列情形之一的，应认定为具有非法占有目的：（1）假冒他人名义贷款的；（2）贷款后携款潜逃的；（3）未将贷款按贷款用途使用，而是用于挥霍致使贷款无法偿还的；（4）改变贷款用途，将贷款用于高风险的经济活动造成重大经济损失，致使无法偿还贷款的；（5）为谋取不正当利益，改变贷款用途，造成重大经济损失，致使无法偿还贷款的；（6）使用贷款进行违法犯罪活动的；（7）隐匿贷款去向，贷款到期后拒不偿还的，等等。对于不能证明行为人具有非法占有目的的，不能以贷款诈骗罪论处。例如，因不具备贷款的条件而采取了欺骗手段获取贷款，案发时有能力履行还贷义务，或者案发时不能归还贷款是因为意志以外的原因，如因经营不善、被骗、市场风险等，只能认定为骗取贷款罪。此外，对于合法取得贷款后，没有按规定的用途使用贷款，到期没有归还贷款的，既不能以贷款诈骗罪论处，也不能以骗取贷款罪论处。"②

再如周光权《刑法各论》（第四版）认为："有下列情形之一的，可以认定行为人存在非法占有目的：（1）以支付中间人高额回扣、介绍费、提成的方式非法获取贷款，并由此造成大部分资金不能返还的；（2）将贷款大部分用于弥补亏空、归还债务的；（3）没有经营、归还能力而大

---

① 刘志伟编：《刑法规范总整理》（第十二版），法律出版社2021年版，第488页。
② 张明楷：《刑法学》（第六版）（下），法律出版社2021年版，第1029页。

量骗取贷款的；（4）将贷款大量用于挥霍、行贿、赠与的；（5）将贷款用于高风险营利活动造成亏损的；（6）将贷款用于违法犯罪活动的；（7）携资金潜逃的；（8）抽逃、转移、隐匿资金，有条件归还而拒不归还贷款的；（9）隐匿、销毁财务账目或搞假破产、假倒闭逃避返还贷款的；（10）为继续骗取贷款，将资金用于亏损或不营利的生产经营项目的。"①

3. "非法占有目的"证立规则

司法解释方案（推定但准许反证规则）、学者方案（推断但准许反证规则）的共同规则，都是"准许反证"、实质审查判断，这是刑法解释的实质化和功能化的突出特点。因此，推定与推断必须结合起来进行证据的综合审查、实质审查，然后进行综合判断是否成立"非法占有目的"。基于"非法占有目的"推定与推断的共同特点，可以在司法解释推定规则的基础上吸纳学者提出的推断规则，归纳出"非法占有目的"证立规则。

"非法占有目的"证立规则，即下列情形可以推定或者推断行为人具有"非法占有目的"（但准许反证规则）：（1）明知没有归还能力而大量骗取资金的；（2）非法获取资金后逃跑的；（3）肆意挥霍骗取资金的；（4）使用骗取的资金进行违法犯罪活动的；（5）抽逃、转移资金、隐匿财产，以逃避返还资金的；（6）隐匿、销毁账目，或者搞假破产、假倒闭，以逃避返还资金的；（7）假冒他人名义贷款的；（8）改变贷款用途，将贷款用于高风险的经济活动造成重大经济损失，致使无法偿还贷款的；（9）为谋取不正当利益，改变贷款用途，造成重大经济损失，致使无法偿还贷款的；（10）以支付中间人高额回扣、介绍费、提成的方式非法获取贷款，并由此造成大部分资金不能返还的；（11）将贷款大部分用于弥补亏空、归还债务的；（12）没有经营、归还能力而大量骗取贷款的；（13）为继续骗取贷款，将资金用于亏损或不营利的生产经营项目的；（14）其他非法占有资金、拒不返还的行为。

上述证立规则的具体运用，请注意括号里的"但准许反证规则"，其重要性在于：若反证成功，则不能认定非法占有目的；若反证失败，则应认定非法占有目的。

---

① 周光权：《刑法各论》（第四版），中国人民大学出版社2021年版，第324页。

"非法占有目的"要素的侦查取证要求，是全面取证。所谓全面取证，包括：结果证据与过程证据、客观性证据与主观证据（口供类证据）、综合性证据、证据质量的综合判断。其中，主要的主观证据是口供（广义的口供），包括：被告人（或者犯罪嫌疑人）供述与辩解；被害人陈述；其他证人证言。

【案例】辽宁省吴某某贷款诈骗案[①]

被告人吴某某系辽宁省盖州市镁厂厂长、营口佳友铸造有限公司总经理，分别于1997年12月8日用盖州市镁厂1404平方米厂房和机器设备作抵押向盖州市城建信用社贷款250万元，于1997年12月24日用盖州市镁厂2214平方米厂房作抵押、以营口加油铸造公司名义向盖州市辰州城市信用社贷款310万元，并分别签订贷款合同。上述两个贷款合同到期后，经两个信用社多次催要，吴某某均没有偿还借款。1998年9月3日，吴某某擅自将镁厂的全部建筑物及厂区土地（包括上述两项贷款抵押物在内）作价400万元，一次性转让给盖州市亚特塑料制品厂厂长王某某，并对王某某隐瞒了镁厂已有部分建筑物抵押给信用社的事实（一、二审法院均认定吴某某向王某某隐瞒抵押的事实，但是吴某某声称其转让镁厂时已告知王某某并由王某某代为偿还贷款，王某某否认代为偿还贷款一事，1998年10月17日吴某某以转让合同无效为由向法院起诉了王某某，法院不支持吴某某诉求）。吴某某在收到王某某支付转让款300万元现金后，并未用于偿还贷款，直接造成信用社不能通过抵押的财产收回贷款，从而案发。

一审法院（辽宁省营口市中级人民法院）判决认定吴某某犯贷款诈骗罪，判处有期徒刑10年，并处罚金50万元。

二审法院（辽宁省高级人民法院）改判吴某某无罪。理由是：

[①] 参见陈兴良、张军、胡云腾主编《人民法院刑事指导案例裁判要旨通纂（上卷）》，北京大学出版社2013年版，第141—142页。

吴某某在贷款当时没有采取欺诈手段，只是在还贷的过程中擅自将抵押物卖掉，如果该抵押是合法有效的，信用社可随时采取法律手段将抵押物收回，不会造成贷款不能收回的后果；并且吴某某在转让抵押物后，确也采取了诉讼的手段欲将抵押物收回，因人民法院认定抵押合同无效才致使本案发生。故认定吴某某主观上不具有非法占有目的（二审期间已由吴某某弟弟全部代为还清贷款），不构成贷款诈骗罪，撤销预案一审判决中对吴某某犯贷款诈骗罪的定罪量刑及数罪并罚部分（吴某某还犯有其他罪，本文略）。

本案对于贷款诈骗罪"非法占有目的"的判决认定问题值得重视，可以说涉及结果证据与过程证据、客观性证据与主观证据、综合性证据、证据质量的综合判断诸方面，例如，结果证据（最终归还了全部贷款），过程证据（贷款过程中没有欺诈和虚假、转让厂房与民事诉讼），主观证据口供上从来没有承认过有还款意愿，综合判断上不能排除吴某某在转让厂房时要求王某某代为偿还贷款的合理怀疑等，均成为必须考量的因素，最终认定指控"非法占有目的"和贷款诈骗罪的证据不足、事实不清，最终判决吴某某不构成贷款诈骗罪。

题外话：针对本案，张明楷教授指出，行为人以完全合法的形式获得贷款后，因情势发生变化而产生了非法占有目的，并实施了转移、隐匿贷款行为的，依法不构成贷款诈骗罪，也不构成侵占罪；但是可能构成诈骗罪（或者合同诈骗罪）。[1] 不过，笔者认为，本案吴某某也难以构成诈骗罪（或者合同诈骗罪），原因在于相关的指控证据不足，即不能排除吴某某在转让厂房时要求王某某代为偿还贷款的合理怀疑。

4."非法占有目的"与贷款诈骗行为的定性处理

非法占有目的，只是目的犯（如贷款诈骗罪、贪污罪、职务侵占罪等）的必要条件，但不是充分条件，更不是充要条件。理论上争议的主要问题有两个：

第一个问题：基于非法占有目的，一般主体与金融机构工作人员相

---

[1] 参见张明楷《诈骗犯罪论》，法律出版社2021年版，第682—687页。

互勾结串通，共同实施了贷款诈骗行为，到底是构成作为目的犯的贷款诈骗罪、还是贪污罪（或者职务侵占罪）？

对此，目前理论上存在以下几种观点：（1）均构成贷款诈骗罪共犯，因为这类犯罪中一般主体通常起了主要或者关键作用[①]；（2）区分具体情形定罪处理，如果一般主体与金融机构负责贷款的所有人员串通，或者与金融机构的贷款最终决定者串通，非法获取贷款的行为，只能认定为贪污罪或者职务侵占罪共犯，因为"不管谁起主要作用，都不可能符合诈骗罪的基本构造，因而不可能符合贷款诈骗罪的构成要件"；如果一般主体与金融机构中没有处分权限的信贷员或者部门审核人员串通，共同欺骗分管领导，使得分管领导陷入了认识错误并处分财产（核准贷款），只能认定为贷款诈骗罪共犯，因为"在这种情形下，一般主体的行为是贷款诈骗罪的正犯行为，而金融机构信贷员或者部门审核人员的行为成立贷款诈骗罪的共同正犯"[②]。

笔者认为，一般主体与金融机构工作人员相互勾结串通，共同实施了贷款诈骗行为，无论所骗取贷款由金融机构人员独占所有，或者由申请贷款人独占所有（以金融机构人员明知为限），或者由金融机构人员和申请贷款人共同占有，均只能构成作为目的犯的贪污罪或者职务侵占罪，而不能构成作为目的犯的贷款诈骗罪。理由是：贪污罪或者职务侵占罪是特别条款、封闭条款，利用职务上的便利窃取、侵吞、骗取或者其他方法非法占有公共财产或者本单位财产的行为，已经由刑法特别地、封闭地规定为职务犯罪[③]，即使在所骗取贷款全部归申请贷款人独占时也应构成贪污罪（或者职务侵占罪）共犯，因为金融机构人员对所骗贷款的处置方式特殊而已。

第二个问题：非金融机构的单位人员利用职务上的便利，假冒本单位进行贷款诈骗的行为，应定性为贷款诈骗罪还是贪污罪与职务侵占罪？

此类案件具有一定特殊性，为论述说理方便，先看一则真实案例。

---

① 参见刘贤权、卢勤忠《金融犯罪理论专题研究》，复旦大学出版社 2002 年版，第 560 页。

② 参见张明楷《刑法学》（第六版）（下），法律出版社 2021 年版，第 1033 页。

③ 参见魏东《职务侵占的刑法解释及其法理》，《法学家》2018 年第 6 期。

【案例】陈某以本单位名义贷款并私吞[①]

四川省眉山市某驾校以土地使用权作抵押申请银行贷款，授权该校会计陈某办理信贷等事宜。驾校法定代表人张某与银行签订抵押额度为500万元的贷款合同。不久，张某与陈某一起到银行借款300万元。张某在银行工作人员出具的空白《银行公司贷款（手工）借据》《小企业额度借款支用单》上签字、盖章备用。陈某得知张某已签字，便伪造驾校财务报表、建筑施工合同，将张某签名扫描在建筑合同上并加盖驾校公章，使用上述材料申请银行放贷余下的200万元。银行将200万元贷款转入驾校对公账户过账后，划入陈某指定的廖某账户。陈某将200万元贷款挥霍。本案公诉机关指控陈某犯贷款诈骗罪，而人民法院判决认定陈某犯职务侵占罪。

在本案生效判决作出之后，《检察日报》发表文章对本案定性处理提出了异议，认为陈某的行为构成贷款诈骗罪。理由是：陈某以本单位名义骗取贷款并私吞的行为侵害的客体并非驾校财产所有权，而是银行对贷款的所有权和国家金融管理制度。[②]

本案很特殊，行为人主观上具有非法占有目的、客观上实施了贷款诈骗行为，这些案情事实在本案中并不存在争议，那么，为什么在具体适用罪名上存在争议？我认为，本案表面上的争议是贷款诈骗罪与职务侵占罪之间的罪名适用争议，而实质上的争议在于被害人认定上的争议，并且由于被害人争议引发了罪名适用争议。

在被害人争议案件中，需要特别注意基于犯罪被害人"他人"的实质化审查。就本案而言，如果被害人是银行，即认定银行的实质所有权受到侵犯，可能就应当定性为贷款诈骗罪（或者骗取贷款罪）；如果被害

[①] 参见《四川省眉山市中级人民法院刑事裁定书》(2013) 眉刑终字第60号。
[②] 参见唐斌、罗关洪《利用职务便利骗得贷款如何定性》，《检察日报》2015年4月17日第3版。

人是行为人本单位"驾校",即认定驾校的实质所有权受到侵犯,则可能应定性为职务侵占罪。

笔者认为,从实质上看,陈某在驾校贷款额度之内向银行贷款并且提供了真实的"以土地使用权作抵押"的贷款担保,相关贷款文件上还盖有驾校的真实印章,银行贷款是"依约"转账给驾校对公账户上的,因而在法律上应当认定银行依约贷款给了驾校,银行并没有成为作为侵财罪被害人的"他人",因而本案依法不应当定性为贷款诈骗罪(或者骗取贷款罪)。至于其后银行"依约"将驾校对公账户上的贷款"划入陈某指定的廖某账户",出现了"陈某将200万元贷款挥霍"的情况,属于陈某利用职务上的便利将本单位财物(驾校财物)非法占为己有,从而驾校成为作为侵财罪被害人的"他人",亦即实质上是驾校的财产所有权被侵犯,或者说陈某的行为侵害的客体是驾校的财产所有权。根据侵财罪保护法益的实质所有权说,综合分析陈某的行为性质,应当认定陈某构成职务侵占罪,而非贷款诈骗罪。[①]

本案对于我们的启发意义在于:影响贷款诈骗罪的要素很多,并非只要行为人主观上具有非法占有目的、客观上实施了贷款诈骗行为,就一定应当定性为贷款诈骗罪;因为,行为人的主体身份、行为是否利用职务上的便利、实质的受害人是不是银行等因素,也是影响行为人的行为最终是否应当定性为贷款诈骗罪的重要影响因素。

(三)"骗取目的"与骗取类金融犯罪的定性处理

"骗取类金融犯罪"(主要指"骗取贷款、票据承兑、金融票证罪")不同于金融诈骗罪的关键,就是行为人主观上仅具有骗取目的(即骗取并占有使用目的),但是不具有非法占有目的。如果行为人主观上具有非法占有目的,就构成金融诈骗罪。可以说,"骗取目的"要素具有区分骗取类金融犯罪与金融诈骗罪的界限功能。因此,骗取类金融犯罪的定性处理中,如何认定骗取目的(骗取并占有使用目的)的问题值得研究。

由于逻辑上可以说:骗取贷款、票据承兑、金融票证的行为,只要能够证明其主观上不具有非法占有目的,或者说只要指控行为人主观上

[①] 参见魏东《刑法分则解释论要》,北京大学出版社2020年版,第144页。

具有非法占有目的的指控证据达不到"证据确实、充分""犯罪事实清楚"的证明标准，就可以直接推断行为人主观上具有骗取目的，因为骗取行为的"骗取目的"在逻辑上不需要正面进行重复证明。可以说，骗取贷款罪等类型的骗取类犯罪的骗取目的要素，在证明逻辑（证明方式）上具有不同于金融诈骗罪（非法占有目的要素）的特殊性。如果说非法占有目的（即金融诈骗目的）通常是采用证立规则（即证立非法占有目的规则，推定准许反证规则），只能在有确实、充分的证据证实行为人主观上具有非法占有目的，并且能够排除合理怀疑的时候，才能证立非法占有目的；那么相应地，骗取目的（即骗取并占有使用目的）通常都是采用"无法证立规则"（即"无法证立非法占有目的"规则）来认定，最终还是通过"无法证立规则"来进行某种解释性循环。

"无法证立规则"具体有两个规则：一是有证据证明行为人主观上没有非法占有目的；二是推定但是准许反驳（反证）的规则，反证成立即否定非法占有目的，反证失败即肯定非法占有目的。当然，这两个规则在逻辑上存在一定程度的交织，甚至是一体两面的问题。

"无法证立规则"的具体路径有以下三种：结果证据审查（含功能主义审查）、过程证据审查（包括交易习惯与领域审查）、证据质与量和举证责任的综合审查。

其中，结果证据审查，通常可以分为以下两种情况：一是案发前的结果证据审查，如果案发前归还了全部资金，通常只能认定为骗取并占有使用目的，而不能认定为非法占有目的；二是案发后的结果证据审查，案发后归还了全部资金的，通常难以认定为非法占有目的（即难以排除合理怀疑），在司法实践中很容易引起争议。例如：

【案例】成都市毛某涉嫌信用证诈骗案[①]

被告人毛某，系天津 TZ 贸易有限公司、香港 M 集团公司的实际控制人。2020 年 1—3 月，毛某代表天津 H 国际贸易有限公司（国

[①] 参见《四川省成都市锦江区人民法院刑事判决书》，(2021) 川 0104 刑初 6 号。

企）与四川 NT 集团（国企）签订协议，约定由天津 H 公司委托四川 NT 集团代理进口 900 吨电解铜业务；天津 TZ 公司与天津 H 公司签订《采购合同》，约定最终由天津 TZ 公司向天津 H 公司购买该批电解铜，《采购合同》约定天津 TZ 公司在"进口信用证承兑后 85 个日历日内向卖方支付全额款项"（即最后期限为同年 7 月 9 日）；香港 M 集团与四川 NT 集团签订了电解铜的进口协议，约定四川 NT 集团"向梦集团有限公司开具 90 天的远期信用证"。天津 TZ 公司代天津 H 公司向四川 NT 集团付了保证金 450 万元后，四川 NT 集团对香港 M 集团开了信用证。同年 4 月 15 日香港 M 集团从香港某银行贴现 419 万余美元；M 集团通过银行给四川 NT 集团交了单据，四川 NT 集团发现单据有问题后报案，同年 7 月 7 日成都市公安机关立案侦查并对毛某采取刑事拘留措施。案发后，毛某亲属代为支付了信用证贴现的全部资金。

本案的公诉机关指控，毛某涉嫌信用证诈骗罪。本案的一审法院判决认定毛某犯伪造、变造金融票证罪，即适用《刑法》第 177 条"（三）伪造、变造信用证或者附随的单据、文件的"，判处毛某有期徒刑 5 年并处罚金。

从法理上看，笔者倾向于认为，本案定性为骗取票据承兑罪（该罪名全称是骗取贷款、票据承兑、金融票证罪）可能更合理。理由是：（1）毛某及其公司所获得信用证是真实、有效的，没有进行伪造、变造，而只是通过伪造信用证的附随单据（如提单等）以获取信用证兑现资金，应当说属于较典型的骗取票据承兑罪。（2）对于主观上不具有非法占有目的、客观上针对真实有效的信用证的附随单据、文件（如提单等）进行伪造、变造的行为，依法理不宜定性为伪造、变造金融票证罪。这里涉及《刑法》第 177 条"（三）伪造、变造信用证或者附随的单据、文件的"解释适用，对于已开立的信用证没有伪造、变造，而只是对该真实有效的信用证的附随单据、文件（如提单等）提供了虚假材料，在行为人主观上不具有非法占有目的（诈骗目的）时依法不认定为伪造、变造金融票证罪更合理。反之，在行为人主观上具

有非法占有目的（诈骗目的）时认定为伪造、变造金融票证罪更合理，因为，伪造、变造金融票证罪在实质上是作为信用证诈骗罪的预备犯（预备行为实行行为化、独立罪名化），法定刑配置完全等同于信用证诈骗罪（最高法定刑具有无期徒刑），对预备犯和既遂犯配置同等重量的法定刑本来就不太合理，更何况，不具有非法占有目的的伪造、变造行为依法不能解释为信用证诈骗罪的预备犯，从而，不能将主观上不具有非法占有目的、客观上针对真实有效的信用证的附随单据、文件（如提单等）进行伪造、变造的行为解释为伪造、变造金融票证罪。需要说明的是：从证据角度看，人民法院认定毛某主观上不具有非法占有目的的重要原因是：本案"过程证据"中毛某有还款意愿和行为、相对人报案和公安立案侦查的时间在远期信用证到期时间之前的事实（在远期信用证到期日之前抓人），本案"结果证据"中毛某在案发后有归还全部资金的行为，对证据能力和证明力的综合审查后认为不能排除合理怀疑（即不具有非法占有目的的合理怀疑）。(3) 对于主观上具有非法占有目的、客观上针对真实有效的信用证的附随单据、文件进行伪造、变造的行为，依法理可以定性为伪造、变造金融票证罪，但是应当按照比例原则、罪刑均衡原则进行从宽处罚，即按照信用证诈骗罪（实际上是伪造、变造金融票证罪，因为两罪的法定刑相同）的预备犯的处罚原则进行处罚（即《刑法》第22条"对于预备犯，可以比照既遂犯从轻、减轻或者免除处罚"）。(4) 从立法完善立场看，今后应当修改伪造、变造金融票证罪，明确规定"基于金融流通或者诈骗目的"这一限定条件，并且应当适当降低规定其法定刑（相较于金融诈骗罪的法定刑而言）。

（四）"流通或者诈骗目的"与伪造类金融犯罪的定性处理

伪造类金融犯罪中的流通或者诈骗目的，属于短缩的二行为犯的范畴。例如：伪造货币罪，伪造、变造金融票证罪，伪造、变造国家有价证券罪，伪造、变造股票、公司、企业债券罪，这些罪名均要求行为人主观上必须具有"流通或者诈骗目的"（以及目的行为）才能构成犯罪。这是不容忽视的问题。

以伪造、变造金融票证罪为例，这方面的案例不少，需要引起我们重视。目的犯中"参与非规范目的行为"的分则性封闭规定与实质违法性判断，伪造金融票证罪的主观（目的）制约行为定型与违法性特点，应注意按照短缩的二行为犯原理审查其主观目的、行为定型与违法性判断，仅在行为人具有违法流通目的时才可以成为伪造金融票证罪、票据诈骗罪、合同诈骗罪的行为定型与违法性，否则不能评价为相应犯行及其违法性，但可能评价为欺诈发行股票罪的行为定型与违法性。

【案例】张某某伪造金融票证案（教学案例）

2008年9月至2009年8月，为了达到上市目的，成都某公司负责人张某某安排付某、郑某等人伪造银行回执单数百张，包括银行进账单、支票存根联、银行支付系统专用凭证等数百张，票面价值高达数亿元，用于会计注账，以此虚构公司的资金实力和盈利假象，骗取证监会和相关部门信任并获得上市资格。公诉机关指控：张某某等人构成欺诈发行股票罪（第160条）、伪造金融票证罪（第177条）。

问题：张某某构成伪造金融票证罪吗？为什么？

笔者倾向于认为，张某某的行为依法不应认定为伪造金融票证罪，而只构成欺诈发行股票罪。主要理由在于：伪造金融票证罪属于刑法理论中的非法定目的犯，要求主观上必须以投入金融交易与流通使用为目的。伪造、变造金融票证罪，是指行为人违反金融票据管理法规，以投入金融交易与流通使用为目的，仿照金融票据的式样、形状、色彩、文字等要素制作假的金融票据或者对真实的金融票据进行改制的行为。立足实质刑法观，从伪造金融票证罪保护的法益入手，并考察该罪的立法背景及其刑罚设置，可以看出，伪造金融票证罪应属于刑法理论中的非法定的目的犯，行为人主观上应以投入金融交易与流通使用为目的，否则不宜构成该罪。

首先，从本罪侵害的法益考察。刑法分则第三章"破坏社会主义市场经济秩序犯罪"之第四节"破坏金融管理秩序罪"中的"伪造金融票证罪"，其侵害的法益应该是金融管理秩序、金融交易安全和信用。存折、信用证、信用卡等金融票证之所以有别于其他票证，正是因为其承担了金融交易凭证的职能。一般而言，这些金融票证是以投入金融活动为目的的，也只有其投入金融交易活动才真正发挥特殊作用。也正是因为如此，刑法对伪造此类票证行为另行规定于金融犯罪之中，并科以重刑，其当然结论是，伪造这些票证必须是下一步用来实施相关犯罪的。反过来说，如果不以投入金融活动为目的而伪造此类票证，实施根本不会也不可能投入金融交易使用的伪造行为，并不当然侵害本罪所保护的法益，故不宜纳入本罪规制范畴。

其次，从本罪的立法背景和立法过程考察。为维护金融票证的真实性、有效性和便宜性，1995年6月30日，全国人大颁行《关于惩治破坏金融秩序犯罪的决定》，将伪造、变造金融票证行为首次明确规定为犯罪。该决定第11条明确将1979年《刑法》规定的伪造对象扩大至本票、委托收款凭证、汇款凭证、信用证或附随单据、文件、信用卡等，并增加了变造行为。1997年修订并颁布实施的《刑法》基本沿用了该决定规定的内容，实施至今。[①] 可见，本罪诞生于严惩破坏金融秩序的大背景下，其立法原本指向的是以实施金融诈骗等犯罪行为为目的的伪造行为，将不具备此目的的伪造行为纳入本罪，错误地理解了立法原意，不适当地扩大刑法打击范围。

最后，从罪刑相适应原则角度考察。法定刑是该罪社会危害性的重要体现，如果不是危及金融交易安全、金融管理秩序这样重要的法益，就不宜认定为伪造金融票证罪。

综上可以认为，《刑法》第177条所规定的伪造金融票证罪属于非法定目的犯，构成该罪除了有客观的伪造行为之外，主观上必须以投入金融交易使用为目的，且这里的"使用"仅限于遵循作为金融交易工具和凭证的使用，即将伪造的票证投入金融交易与流通使用的行为。换言之，

[①] 参见高明暄、赵秉志《中国刑法立法文献资料精选》，法律出版社2007年版，第470—473页。

不以投入金融交易与流通使用为目的的伪造金融票证行为不构成伪造金融票证罪，不以作为金融交易工具使用的伪造行为亦不构成伪造金融票证罪。[1]

(五)"以转贷牟利目的"与高利转贷罪的解释适用

高利转贷罪中"以转贷牟利为目的"（即"高利转贷牟利目的"）是必备的构成要件要素，这表明高利转贷罪是目的犯；同时，高利转贷罪还必须具备"违法所得数额较大的"要素，这表明高利转贷罪也是结果犯、数额犯。因此，高利转贷罪必须作为目的犯、结果犯、数额犯来分析。

【案例】成都市罗某高利转贷案[2]

原一审判决书第 237 页认定"结合审计报告及资金往来，对转贷资金数额的认定综合分析如下：鑫某小贷公司在 2014 年 3 月 28 日收到卡某公司转入的 1500 万元时资金余额已达 2346.29 万元（期初余额 846.29 万元 + 卡某公司转入 1500 万元）。在 3 月 28 日至 4 月 11 日收入资金 869 万元，即使不考虑此时段的实际支出 584 余万元，鑫某小贷公司出借 2000 万元给潮某公司时，仍存在资金缺口 284.71 万元（2000 万元 - 846.29 万元 - 869 万元）。

鑫某小贷公司接收欣某某公司转入的 500 万元，是为其他借款对应准备的，未产生资金的混同效应，不应将其剔除出转贷金额。真正起到混合作用，应剔除的因素为上述参与 1500 万元流转的新某集团下属公司各控制账户的相关余额：剔除汉某商贸公司账户资金余额 10.76 万元、楷某公司账户资金余额 21.81 万元、卡某公司账户资

---

[1] 参见喻名峰《伪造类犯罪的扩张现实与限缩适用——以伪造金融票证罪司法实践为视角》，载《政治与法律》2014 年第 12 期。

[2] 参见《四川省成都市金牛区人民法院刑事判决书》，（2020）川 0106 刑初 343 号，第 237 页。

金余额 2.02 万元，故可确认的转贷金额为 750.12 万元（284.71 万元 + 500 万元 - 10.76 万元 - 21.81 万元 - 2.02 万元）。"

人民法院判决罗某犯高利转贷罪，判处有期徒刑 1 年，并处罚金。

本案没有将卡某公司贷款 1500 万元和欣某某公司打款 500 万元合计 2000 万元全部认定为高利转贷罪，而是采取锁定同期鑫某小贷公司的资金余额，分别计算鑫某小贷公司向外出借资金 2000 万元时的资金缺口（即扣除自有资金余额和同期收入金额）、向外出借资金 500 万元时的资金缺口（即扣除自有资金余额）的办法，来最终确定高利转贷的资金数额 750.12 万元。

本案这种判决逻辑与法理可以分析如下：（1）在没有证据证实贷款时就具有以高利转贷牟利目的的情况下，以实施转贷行为为节点来判断"高利转贷牟利目的"，换言之，"高利转贷牟利目的"即使不是在套取贷款之时，而是在套取贷款之后（但是在高利转贷牟利行为之际）才产生"高利转贷牟利目的"，仍然可以构成高利转贷罪。（2）在套取贷款的资金与自有资金余额产生资金混同时，如果可以锁定同期套取贷款人自有资金余额，就可以通过计算资金缺口来计算高利转贷的资金数额，而不是将套取贷款的全部资金直接认定为高利转贷的资金数额。

高利转贷罪认定中值得进一步思考的问题：

第一个问题，在套取贷款的资金与自有资金余额产生资金混同时，如果可以锁定同期套取贷款人自有资金余额并且不存在资金缺口时（即自有资金余额完全可以覆盖同期向外出借的资金数额时），还能不能认定为高利转贷罪？

按照上列案件的判决逻辑，应当认定为不构成高利转贷罪。因为资金是种类物，二者混同时难以认定高利转贷数额，或者说指控高利转贷罪的证据不足、无法排除合理怀疑。

第二个问题，如果有证据证明行为人在套取贷款之际即具有高利转贷牟利目的，但是尚未转贷给他人（从而尚未实际获利），是否构成高利转贷罪？

按照《刑法》第175条规定"违法所得数额较大的"，本罪不但属于目的犯（高利转贷牟利目的），而且属于结果犯、数额犯（即产生了结果"违法所得数额较大的"），依法也不能构成高利转贷罪。

更进一步的问题是：如果有证据证明行为人在套取贷款之际即具有高利转贷牟利目的，但是尚未转贷给他人（从而尚未实际获利），是否可以按照高利转贷罪（未遂）论处？我认为通常不可以，理由是：《刑法》第175条规定"违法所得数额较大的"要素，是犯罪构成要件要素，而且是犯罪成立的必备要素（必备的结果要素、数额要素、作为结果的数额要素），缺少它就不符合犯罪构成，就不能定罪（包括不能认定为犯罪未遂等）。但是，在某些特殊情况下，例如，如果有证据证明行为人在套取贷款之际即具有高利转贷牟利目的，已经着手实施高利转贷行为并且约定了高利息（所约定的高额利息达到了"违法所得数额较大的"标准），但是尚未实际收取到高利息（从而尚未实际获利），是否可以按照高利转贷罪（未遂）论处？我认为可以，其法理如同诈骗罪（未遂）一样，只是应当谨慎地认定处理。

第三个问题，如果有证据证实行为人套取贷款后"非高利转贷"（而是同等利率转贷或者低利率转贷），行为人是否构成高利转贷罪？

按照刑法的文义解释，行为人在这种情况下的"非高利转贷"行为不属于高利转贷行为，也无法计算"违法所得"（即不具备"违法所得数额较大的"要素），也不能构成高利转贷罪。

第四个问题，小贷公司是否属于金融犯罪中的金融机构？

从逻辑上讲，小贷公司如果是金融机构，则小贷公司就可以作为金融机构进行同业拆借、吸收存款，但是金融法律法规似乎没有赋予小贷公司这样的业务资格，由此可见"小贷公司是否属于金融机构"的问题值得深入研究。这个问题下面专门进行具体讨论。

三 小额贷款公司与金融犯罪

先看几个案例：

【案例】张某骗取贷款案[①]

张某伪造房产证，以虚假房产证和购房手续作为抵押向天源小额贷款公司贷款 150 万元，案发时尚有本息加滞纳金共 116.53 万元未还。

人民法院判决认定：小额贷款公司不是金融机构，被告人不构成骗取贷款罪。

【案例】上海首例小额贷款公司被骗案[②]

粮油公司负责人方某以公司向某超市的送货单作为应收账款质押担保，向科诚小额贷款公司贷款 1313728.60 元。经查送货单中真实货款为 386271.40 元，其余为虚增销售。

人民法院判决认定：小额贷款公司是金融机构，被告人粮油公司和方某构成骗取贷款罪。

【案例】温某违法发放贷款案[③]

温某为金某小额贷款公司经理。陶某、杨某先后三次向其贷款，温某未严格审查，前后发放贷款共 1200 万元。后查明三次贷款提供

[①] 参见（2017）晋 0925 刑初 45 号刑事判决书、（2017）晋 09 刑终 360 号刑事裁定书。
[②] 参见（2012）杨刑初字第 192 号刑事判决书。
[③] 参见（2017）晋 01 刑终 253 号刑事裁定书。

的抵押房屋实为一处房屋，所有权人为杨某之女且房屋已出售给他人。

人民法院判决认定：小额贷款公司是非存款类金融机构，被告人构成违法发放贷款罪。

上述三个案例，都涉及小额贷款公司，罪名涉及骗取贷款罪、违法发放贷款罪两个；其中，第一个案例认定小额贷款公司不是金融机构，后两个案例认定小额贷款公司是金融机构，明显矛盾。可见，对于类似案件的定性处理，小额贷款公司是否认定为金融机构是关键。

关于小额贷款公司是否可以作为其他金融机构来认定的问题，我国刑法学界存在不同认识，有的持肯定说，有的持否定说，直接导致司法审判，尤其是刑事审判中出现了许多同案不同判现象。

肯定说认为：从业务范围上看，贷款业务属于金融机构传统业务，小额贷款公司具有金融机构的本质属性[1]；从运营监管看，小额贷款公司与银行等金融机构一样受到金融监管部门的特殊监管，央行《金融机构编码规范》、财政部《地方金融企业财务监督管理办法》等均将小额贷款公司涵盖在内，且国务院、央行和银监会的文件都没有明确否认小额贷款公司的金融机构定位[2]；与商业银行相比，小额贷款公司只贷不存，也不能提供转账、结算服务，这与开放性财务公司极为相似，因此建议将小额贷款公司明确为非银行类金融机构"[3]；小额贷款公司已经具备金融机构的某些属性，只是欠缺法定形式而已，刑法应进行实质判断，给予其与金融机构同等的保护[4]。张明楷教授持肯定说，认为："在支付宝账

---

[1] 参见罗欢平《从小贷公司的法律属性看其监管主体的确立》，《金融理论与实践》2012年第9期。

[2] 参见施景新、金涛《小额贷款公司金融机构主体资格的确认与刑法保护》，《西南政法大学学报》2013年第4期。

[3] 参见陈斌彬《完善我国小额贷款公司法律监管的思考》，《南方金融》2009年第12期。

[4] 参见刘宪权、吴波《骗取小额贷款公司贷款行为的定性研究》，《中国刑事法杂志》2012年第9期；赵意奋《论小额贷款公司的法律规制》，载《中国商法年刊（2008）》，第544页。

户所有人未开通花呗时，被告人冒用账户所有人名义开通花呗后进行消费的，花呗服务商当然受到了欺骗，并且陷入了被告人就是支付宝账户所有人的认识错误，进而基于认识错误与被告人签订了合同，处分了财产……花呗是服务商为支付宝账户所有人提供的在线消费金融服务，包括授信付款和保理付款服务。授信服务是小额贷款公司向支付宝账户所有人提供仅限于日常消费用途的融资服务及分期功能……只要授信服务商、保理服务商属于金融机构（本书持肯定回答），就应当认定为贷款诈骗罪。"[1]

否定说认为：小额贷款公司是公司法上的主体，只不过经营的商品具有特殊性，小额贷款公司对外提供的资金名为贷款，实为民间借贷[2]；小额贷款公司不能吸收存款，不具有系统重要性[3]；小额贷款公司无《金融机构法人许可证》，欠缺金融机构形式要件的金融实体只能属于金融企业[4]。

笔者认为，小额贷款公司依法不宜认定为金融犯罪中的金融机构（即作为金融犯罪主体或者犯罪对象的金融机构）。主要理由是：基于小额贷款公司"三不三小""半截金融业务的公司法人"特点的分析，将小额贷款公司认定为金融犯罪中的金融机构（即作为金融犯罪主体或者犯罪对象的金融机构），不符合金融犯罪的规范保护目的。

（一）基于小额贷款公司"三不三小""半截金融业务的公司法人"特点的分析

小额贷款公司的特点可以概括为"三不三小"：不具备金融许可证，不吸收公众存款，不能向社会提供转账与结算功能，经营小额贷款业务，相比于真正的金融机构而言总体上具有小规模、小占比的特点。

追溯源头可以发现，2009 年央行和银监会联合发布《关于小额贷款

---

[1] 张明楷：《刑法学》（第六版）（下），法律出版社 2021 年版，第 1032 页。
[2] 参见马颖《小额贷款公司的法律困境分析》，《湖北经济学院学报》（人文社会科学版）2012 年第 8 期。
[3] 参见俞燕《小额贷款公司案件适用骗取贷款罪的问题探析》，《中国检察官》2013 年第 3 期。
[4] 参见卢勤忠《涉典当犯罪的法教义学分析》，《法学》2016 年第 3 期。

公司试点的指导意见》（以下简称"《指导意见》"），规定：小额贷款公司是"由自然人、企业法人与其他社会组织投资设立，不吸收公众存款，经营小额贷款业务的有限责任公司或股份有限公司"。之后，中国人民银行印发的《金融机构编码规范》将小额贷款公司纳入其中。但是值得注意的是，小额贷款公司无法取得金融机构所必需的金融许可证，不吸收公众存款，不能向社会提供转账与结算功能，只能经营小额贷款业务，可以认为，小贷公司所具有的这种"三不三小"特点，已充分表明它实质上缺乏金融机构的关键要素，充其量只能是"半截金融业务的公司法人"。对于"半截金融业务的公司法人"有关"小额贷款"业务的管控，当然需要执行金融法律法规以及央行和银保监会管控规定，但是除此以外的部分则不宜适用金融法律法规和有关规定。

（二）将小额贷款公司认定为金融犯罪中的金融机构，不符合金融犯罪的规范保护目的

基于金融机构的系统重要性，刑法特别地防控金融系统风险以确保金融系统安全，这是金融犯罪的（刑法）规范保护目的。换言之，涉金融机构犯罪的保护法益是整个金融市场的系统性安全（即金融系统安全），只有具有系统重要性的金融机构才是刑法意义上的金融机构。在金融学上，系统性风险是指"金融体系作为一个整体可能存在的风险及实体经济造成的不利影响"[1]。只有具有系统重要性的金融机构才能带来系统性风险，才可能侵害涉金融机构犯罪所保护的资金安全和系统性安全。系统重要性金融机构是指"那些具有一定规模、市场重要性以及相关度，以至于破产或者出现问题会对全球或本国金融体系造成严重紊乱和经济后果的金融机构"[2]，系统重要性金融机构在系统性风险产生、积累以及在金融危机触发、演进、升级中都发挥着重大作用。

而小额贷款公司并不具有金融机构所独具的金融系统重要性，小额

---

[1] 参见王永巧、蒋学伟《基于时变 Copula 的金融系统性风险度量》，中国经济出版社 2016 年版，第 2 页。

[2] 参见钟震《系统重要性金融机构的识别与监管研究》，经济管理出版社 2014 年版，第 12 页。

贷款公司的资金安全性并不具有引发金融系统风险并危害金融系统安全的性质。如果把小额贷款公司法放在金融市场中考察，由于小额贷款公司相较于真正的金融机构所具有的"只贷不存""小规模、小占比"特点（例如，根据央行发布的《2019年三季度小额贷款公司统计数据报告》，"截至2019年9月末，全国共有小额贷款公司7680家。贷款余额9288亿元"[①]），其资金来源于股东出资和不超过两个银行业金融机构的融入资金，资金风险被封闭在公司内部，不具有负外部性，不可能带来金融系统性风险。因此，刑法对小额贷款公司的（刑法）规范保护目的应当仅限于刑法对普通公司一样的（刑法）规范保护目的，不应将刑法对小额贷款公司的（刑法）规范保护目的提升为金融犯罪的（刑法）规范保护目的。正如我国有学者指出：就高利转贷罪、违法发放贷款罪、骗取贷款罪、贷款诈骗罪而言，刑事立法目的是打击以贷款方式侵害金融机构资金安全的行为；但是，行为人套取小额贷款公司资金高利转贷的行为、小额贷款公司工作人员违法发放贷款的行为、行为人骗取小额贷款公司贷款或者诈骗小额贷款公司资金行为会给小额贷款公司造成损失，甚至导致破产，但实际上，小额贷款公司的经营风险始终由小额贷款公司自身承担，这一封闭的风险不会给整个金融市场稳定带来威胁，因此不具有系统重要性。[②] 如果说小额贷款公司在近几年中发生了较大规模的群体性事件，有的还冲击了金融安全，那么，值得注意的是，恰恰是部分小额贷款公司违规进行高利转贷、非法吸收公众存款甚至集资诈骗所导致的，而这些犯罪行为恰恰不需要，也无法将小额贷款公司作为金融犯罪中的"金融机构"来解释。

（三）目的解释：实施与小额贷款公司相关的金融违法行为的定性处理

因此，按照刑法的目的解释，实施与小额贷款公司相关的金融违法

---

① 参见中国人民银行《2019年三季度小额贷款公司统计数据报告》，数据来源http：//www.pbc.gov.cn/goutongjiaoliu/113456/113469/3908333/index.html，最后访问时间2021年10月8日。
② 参见张福英《小额贷款公司的刑法定位问题之探讨》，《研究生法学》2020年第2期。

行为的定性处理,应当区分以下几种情形:

1. 小额贷款公司作为行为主体时,不构成违法发放贷款罪

小额贷款公司作为行为主体时,小额贷款公司及其工作人员实施违法发放贷款行为的,单位和个人均不构成违法发放贷款罪(但是可能构成行政违法或者其他犯罪)。

2. 小额贷款公司作为行为对象时,不构成金融犯罪

具体可以分为以下三种情况:

第一种情况是,行为人针对小额贷款公司实施的高利转贷行为、骗取贷款行为,依法不应解释为高利转贷罪、骗取贷款罪,在这些行为不构成其他犯罪时则应依法作出无罪处理;但是,在这些行为构成其他犯罪时可以定性为其他犯罪。

第二种情况是,行为人针对小额贷款公司进行的贷款诈骗行为,只能依法解释为诈骗罪或者合同诈骗罪,但是依法不能解释为贷款诈骗罪。

第三种情况是,行为人针对小额贷款公司进行的抢劫行为,依法不能适用《刑法》第263条"(三)抢劫银行或者其他金融机构的"(加重法定刑情节)。

第二十八章

职务侵占罪的刑法解释

针对"四川成都快递分拣员案"的解释结论,理论界有盗窃论与侵占论之争,实务界观点有定罪与无罪之分歧。笔者倾向于侵占论,赞同人民法院针对本案所作出的无罪判决。这是一个较为典型的个案研究,需要在个案研究中融入刑法解释学和刑法教义学的法理分析。

【案例】 四川成都快递分拣员案[①]

四川省成都市某快递公司分拣员杨某在上夜班分拣快递包裹时将自己经手分拣的一个价值1999元的手机的快递包裹秘密窃走并占为己有。原一审法院判决杨某构成盗窃罪,后二审法院改判杨某构成职务侵占但因尚未达到定罪标准而不构成犯罪。

个案刑法解释是刑事案例研究中较为典型的一种,其得出的解释结论及其对个案裁判结果的法理评判,突出地体现了刑法解释论特色与司法公正观立场。成都快递分拣员杨某窃取快递物品案出现两种不同裁判结果的现象表明,职务侵占罪案及其相关案件的刑法解释适用存在较为突出的理论分歧和实务差异,需要进行刑法解释论和司法公正观的立体审查。从刑法解释论看,职务侵占行为定型的刑法解释应当坚持"综合

[①] 判例:四川省成都市中级人民法院刑事判决书(2014)成刑终字第293号。

手段说"和"业务便利肯定说",亦即:职务侵占行为是指行为人(单位人员)利用职务上和业务上的便利条件,包括利用自己主管、管理、经营、经手单位财物的便利条件,以侵吞、窃取、骗取和其他方法将本单位财物非法占为己有的行为。[①] 从刑法司法公正观看,职务侵占罪的司法逻辑和刑法解释立场通常只能限定为基于刑法立法规定的司法公正观,而不能扩张为基于刑法立法目的(立法公正目的)的司法公正。就此而论,部分职务侵占行为和贪污行为因为司法解释文本规定的入罪和处罚标准较高而可能导致无法定罪或者无法重罚,这种现象的客观存在本身具有合理性,因而不能成为否定"综合手段说"并转而采用"侵占单一手段说"的理由。笔者认为,前述"成都快递分拣员案"二审法院改判杨某构成职务侵占但因尚未达到定罪标准而不构成犯罪这一裁判结论是正确的,既符合刑法解释论原理,也符合刑法司法公正观的特殊要求。

从"成都快递分拣员案"的个案刑法解释与司法公正的法理检讨可见,案例研究方法论上必须把握好以下两点:

其一,案例研究的基本立场,通常应限定为法律解释论和司法公正论。案例研究通常是为司法审判实践服务的,其主要研究内容是法律解释结论的合法性、客观性、正当性,促进个案司法裁判的公平合理,以实现"努力让人民群众在每个司法案件中都能感受到公平正义"的法治目标,并为此积累法律解释规则和司法裁判经验;这就决定了案例研究的基本立场通常应限定为法律解释论和司法公正论。法律解释的对象包括法律规范文本和具体案情事实,通过法律解释使得法律规范文本的含义明确而具体,同时使得具体案情事实与法律规范文本含义之间的涵摄关系予以明确。针对法律规范文本的法律解释,主要是阐明法律规范文本的具体含义和立法目的,依次运用法律的文义解释方法、论理解释方法和法社会学解释方法,以求得一个符合法律规范文本的文义"射程"范围内的、符合法理和司法公正要求的、具有良好法律效果和社会效果的、确定的法律解释结论。就"成都快递分拣员案"的案例研究而言,将职务侵占行为定型的解释结论限定为(单位人员)利用职务上和业务上的便利,以侵吞、窃取、骗取和其他方法将本单位财物非法占为己有

[①] 参见毕志强、肖介清《职务侵占罪研究》,人民法院出版社2001年版,第107—144页。

的行为，这一刑法解释结论是被限定在刑法规范文义之内的，完全符合刑法的文义解释原理，也符合基于职务侵占罪的行为定型理论和"背信＋财产损失说"的论理解释结论，还符合基于法社会学解释方法（以及刑事政策解释方法）所得出的法社会学解释结论（以及刑事政策解释结论），符合刑法司法公正的要求。

案例研究中是否可以进行立法论研究？笔者认为，立法论研究本身也有两个层面，一个层面是立法漏洞及其填补性研究（立法完善研究），另一个层面是立法原理阐释及其回顾性研究。案例研究由于绝大多数情况下是法律解释论和司法公正论研究，这就决定了案例研究中可以针对刑法解释结论进行立法原理阐释及其回顾性研究，而不是立法完善研究。这也表明，案例研究的基本立场尽管通常是法律解释论和司法公正论研究，但是并不完全排斥立法论研究，要视情况而定：在绝大多数情况下是法律解释论和司法公正论研究，这时可以适当展开针对刑法解释结论进行的立法原理阐释及其回顾性研究，目的是"印证"法律解释结论本身的合法性、客观性和正当性；在极少数情况下是立法完善建议研究，通过案例研究揭示立法漏洞及其填补方案（立法完善方案），目的是"完善"立法规定本身而不是"印证"法律解释结论。

其二，案例研究的学术特色，通常是问题性研究与建构性研究相结合。案例研究基于法律解释论和司法公正论的研究立场，通常需要针对具体的案情事实和法律规范文本之间的涵摄关系予以阐明，因而需要抽象概括出某种或者若干种法律解释论问题并予以明确回答，体现出问题性研究与建构性研究相结合的学术特色。以"成都快递分拣员案"的研究为例，其需要从刑法解释论上抽象概括出职务侵占罪司法认定上的两个法律解释性争议问题：一是职务侵占的行为定型，是否可以限定为基于职务和业务上的取得财物？对此疑问主要有"综合手段说"与"侵占单一手段说"之争。二是职务侵占罪的司法逻辑，是只能限定为基于刑法立法规定的司法公正还是可以扩张为基于刑法立法目的的司法公正？这就是问题性研究的适例。但是仅有问题性研究（即抽象概括出法律解释论问题）还不够，还需要进一步展开建构性研究，以期给出问题的适当答案。因此，"成都快递分拣员案"的案例研究就包括了针对前述两个法律解释性争议问题所给出的明确答案，即明确提出职务侵占行为定型的刑法解释应当坚持"综合手段说"和"业务便利肯定说",明确将职务侵占行为定型的解释结论限定为(单位人员)利用职务上和业务上的便利,以侵吞、窃取、骗取和其他方法将本单位财物非法占为己有的行为,明确建构职务侵占罪的解释规则和司法裁判规则,并对此予以充分的法律解释论阐释和论证,从而体现出案例研究的建构性特色。

当然也应注意,案例研究并不是绝对地排斥体系性研究与解构性研究,相反,有时也需要予以适当解构或者体系化,从而形成某种具体的或者体系化的裁判规则。同时,案例研究由于其所涉部门法领域不同,可以区分为刑事案例研究、民事案例研究、行政案例研究、宪法案例研究以及综合性案例研究(如刑民交叉案例研究)等多种类别,因此案例研究有时还需要适当观照具体的部门法哲学特征。就刑事案例研究而言,必须充分关注刑法哲学和刑法司法公正观的特殊性。就"成都快递分拣员案"的案例研究而言,还涉及罪刑法定原则、刑法谦抑性原则以及职务侵占罪与盗窃罪(或诈骗罪)的法条竞合论及其处断原则的法理阐释;正确的部门法哲学及其具体法理的阐释运用,无疑也是得出正确的法律解释结论的关键因素。

一 职务侵占的行为定型:基于"业务便利肯定说"和"综合手段说"的解释结论

根据《刑法》第271条规定,职务侵占罪的客观方面是指公司、企业或者其他单位的人员,"利用职务上的便利,将本单位财物非法占为己有",数额较大的行为。亦即:职务侵占的行为定型是"利用职务上的便利,将本单位财物非法占为己有"。

关于职务侵占的行为定型,目前理论界存在较大争议,主要有以下一些看法:(1)基于职务和业务上的取得财物说(简称"综合手段说"或者"全面肯定说")。认为,职务侵占行为是指行为人(单位人员)利用职务上和业务上的便利条件,包括利用自己主管、管理、经营、经手单位财物的便利条件,以侵吞、窃取、骗取和其他方法将本单位财物非法占为己有的行为。① (2) 侵占单一手段说。认为，职务侵占行为是指行为人（单位人员）利用职务上的便利侵占本单位财物的行为。根据侵占单一手段说，"职务侵占罪的行为手段只包含侵占，不包含盗窃、诈骗等，分拣员利用职务便利窃取邮包，只能成立盗窃罪"②。值得注意的是，侵占单一手段说内部还存在细微差异，有的侵占单一手段说者主张"利用职务上的便利"可以作广义的理解，即包括行为人（单位人员）利用职务上和业务上（劳务上）的便利（即广义的侵占单一手段说）③；有的侵占单一手段说者则主张"利用职务上的便利"只能作狭义的理解，即只包括行为人（单位人员）利用职务上的便利，但是不能包括利用"业务上（劳务上）"的便利（即狭义的侵占单一手段说），因而行为人（单位人员）"利用暂时接触、经手邮包的便利条件窃取"单位财物的行为应定性为盗窃罪④。

可见，职务侵占（行为定型）的解释争议，尽管可以简要概括为"综合手段说"与"侵占单一手段说"之争，但具体内容主要涉及"利用职务上的便利"和"将本单位财物非法占为己有"的解释争议。

（一）"利用职务上的便利"：基于"业务便利肯定说"与广义说的解释结论

职务侵占罪中"利用职务上的便利"，有的主张广义的理解，即认为其包括行为人（单位人员）利用职务上和业务上（劳务上）的便利，此可谓"业务便利肯定说"、广义说⑤；有的主张只能作狭义的理解，即认

---

① 参见毕志强、肖介清《职务侵占罪研究》，人民法院出版社2001年版，第107—144页。
② 苏云、张理恒：《快递公司分拣员窃取邮包行为定性分析——以杨某窃取邮包二审无罪案展开》，载魏东主编《刑法解释》（第2卷），法律出版社2016年版，第246—264页。
③ 参见黎宏《刑法学》，法律出版社2012年版，第764页；苏云、张理恒《快递公司分拣员窃取邮包行为定性分析——以杨某窃取邮包二审无罪案展开》，载魏东主编《刑法解释》（第2卷），法律出版社2016年版，第246—264页。
④ 参见苏云、张理恒《快递公司分拣员窃取邮包行为定性分析——以杨某窃取邮包二审无罪案展开》，载魏东主编《刑法解释》（第2卷），法律出版社2016年版，第246—264页。
⑤ 参见黎宏《刑法学》，法律出版社2012年版，第764页；苏云、张理恒《快递公司分拣员窃取邮包行为定性分析——以杨某窃取邮包二审无罪案展开》，载魏东主编《刑法解释》（第2卷），法律出版社2016年版，第246—264页。

为只包括行为人（单位人员）利用职务上的便利，但不包括利用"业务上（劳务上）"的便利，此可谓"业务便利否定说"、狭义说①。对此，笔者认为"业务便利肯定说"和广义说更为符合法理，即应当将职务侵占罪中"利用职务上的便利"限定为包括行为人（单位人员）利用职务上和业务上（劳务上）的便利，其合理性可以从文义解释、体系解释、历史解释、目的解释等各种解释方法获得确认。

正如有学者指出②，就职务侵占罪的"职务"而言，与一般意义上所指"职务"的相同之处在于它也是对"特定职位"的称谓，但是它与国家机关工作人员"职务"确有不同处：作为非国家机关的公司、企业或者其他单位的"单位人员"，其"职务"是指其工作职责、工作任务甚至劳务，它"都是代表所在单位行使主管、管理、经手本单位财物的权利"。因此，职务侵占罪中"利用职务上的便利"，是指利用根据法律法规、单位章程以及单位有关负责人赋予的特定权力与权利之便利条件，包括直接利用本人职务上的便利、直接利用本人和他人各自职权的合力便利、利用职务上的管理与被管理的制约关系之便利、利用单位其他工作人员的职权之便利等多种情形。

就前述成都快递分拣员案而言，杨某利用劳务上的便利可以被评价为"利用职务上的便利"（而窃取本单位财物），因为职务侵占罪主体包括像蓝领工人这类在非国有公司中从事劳务性工作的人员在内，由于蓝领工人属于职务侵占罪的主体范围同时其通常从事的工作仅限于劳务性工作，所以职务侵占罪中"利用职务上的便利"不仅指利用自己职务形成的权力或从事管理性工作并主管、管理、经管、经手本单位财物的便利（狭义上的"利用职务上的便利"），而且包括利用自己从事劳务性工作并暂时经手本单位财物的便利（广义的"利用职务上的便利"）。③尽管《刑法》第271条采用的是"利用职务上的便利"的表述，但既然从事劳务者可以成为职务侵占罪主体，客观上也完全可能"经手"本单位

---

① 参见苏云、张理恒《快递公司分拣员窃取邮包行为定性分析——以杨某窃取邮包二审无罪案展开》，载魏东主编《刑法解释》（第2卷），法律出版社2016年版，第246—264页。

② 参见毕志强、肖介清《职务侵占罪研究》，人民法院出版社2001年版，第107—118页。

③ 苏云、张理恒：《快递公司分拣员窃取邮包行为定性分析——以杨某窃取邮包二审无罪案展开》，载魏东主编《刑法解释》（第2卷），法律出版社2016年版，第246—264页。

财物，其也就具备了实施职务侵占的客观条件。在职务侵占罪的场合，一方面认为"经手"公共财物的方便条件也可以形成职务便利，另一方面又试图将"经手"限定为具有一定的权限和管理的属性，并不合理。这不仅因为贪污罪司法解释的场合是将"经手"与"主管""管理"相并列，还因为从文义解释的角度来说，"经手"原本也缺乏"权限"和"管理"的属性，这样，对《刑法》第271条中的"职务"作较为宽泛的理解、将一些通常认为是"劳务"的情形也纳入"职务"内涵之中，符合实质解释论的法益保护追求。[①] 这里需要注意的是，职务侵占罪中"利用职务上的便利"采实质解释并作出广义的理解，即认为其包括行为人（单位人员）利用职务上和业务上（劳务上）的便利，不但符合文义解释结论、符合法益保护追求，而且由于这种解释结论不至于"增加"被告人刑事责任而有利于被告人的人权保障，因而在法理上和刑事政策上均具有妥当性。

（二）"将本单位财物非法占为己有"：基于"综合手段说"的解释结论

职务侵占罪中"将本单位财物非法占为己有"的解释，存在"综合手段说"与"侵占单一手段说"的不同观点。在行为人（单位人员）盗骗本单位财物的案件中，两种不同观点直接关涉行为人违法（违法类型）和责任（责任轻重）的评价，甚至关涉行为人有罪与无罪之别，如成都快递分拣员案中杨某就存在有罪与无罪两种判决结果，因而这是一个更为重要的法理问题。

针对成都快递分拣员案中杨某的行为定性，苏云检察长和张理恒博士明确主张职务侵占罪中"将本单位财物非法占为己有"的"侵占单一手段说"，认为"职务侵占行为客观上表现为单位人员（公司、企业或者其他单位人员）将本人基于业务上占有的本单位财物、易占有为所有转变成自己所有的侵占行为，行为手段上只限于侵占一种手段；单位人员窃取、骗取原本不归本人占有的本单位财物，应分别成立盗窃罪、诈骗

[①] 付立庆：《交叉式法条竞合关系下的职务侵占罪与盗窃罪——基于刑事实体法与程序法一体化视角的思考》，《政治与法律》2016年第2期。

罪，不成立职务侵占罪"①。苏云和张理恒的这种解释与部分刑法学者一致，如张明楷教授主张"侵占单一手段说"（或"盗骗否定说"），认为为了使职务侵占罪、贪污罪与盗窃罪、诈骗罪保持协调关系，应当将窃取、骗取行为排除在职务侵占罪之外（刑法有特别规定的除外）②。陈洪兵教授也主张"侵占单一手段说"并反对"综合手段说"，不赞成职务侵占罪的客观行为方式包括"窃取、骗取"之通说，认为我国刑法中的职务侵占罪相当于域外刑法中的业务侵占罪，仅限于狭义的侵占，故所谓利用职务之便窃取、骗取本单位财物的，应以盗窃、诈骗罪定罪处罚。③

但是，在成都快递分拣员案二审判决中，法官显然坚持了职务侵占罪中"将本单位财物非法占为己有"的"综合手段说"和"全面肯定说"，即认为职务侵占行为包括了（行为人利用职务上和业务上的便利条件）以侵吞、窃取、骗取或者其他方法将本单位财物非法占为己有的行为，并宣判杨某无罪。我国传统刑法理论是主张"综合手段说"的，认为《刑法》第270条侵占罪之"侵占"是狭义的，即仅指非法占有本人业已合法持有的财物④，但是职务侵占罪之"职务侵占"是广义的⑤，并不以合法占有为前提，认为"侵占的手段包括多种多样：利用职务之便窃取财物；以涂改账目、伪造单据等方法骗取财物；因执行职务而经手财物，应上交的不上交，加以侵吞"⑥；非法占有"可以采取侵吞、盗窃、骗取等各种手段"⑦。付立庆教授主张"综合手段说"，认为职务侵占罪

---

① 苏云、张理恒：《快递公司分拣员窃取邮包行为定性分析——以杨某窃取邮包二审无罪案展开》，载魏东主编《刑法解释》（第2卷），法律出版社2016年版，第246—264页。

② 参见张明楷《贪污贿赂罪的司法与立法发展方向》，《政法论坛》2017年第1期。

③ 陈洪兵：《体系性诠释"利用职务上的便利"》，《法治研究》2015年第4期。

④ 需要指出的是：侵占罪之"侵占"，是否以"合法"占有为条件尚存争议，有学者认为其并非必须以"合法"占有为条件，对于基于"不法原因给付"的场合是否成立侵占罪在理论上存在肯定说与否定说的争议。参见周光权《刑法各论》，中国人民大学出版社2008年版，第149页；魏东《侵占罪犯罪对象要素之解析检讨》，载《中国刑事法杂志》2005年第5期。

⑤ 参见高铭暄、马克昌主编《刑法学》（第二版），北京大学出版社、高等教育出版社2005年版，第572页；肖中华：《也论贪污罪的"利用职务上的便利"》，载《法学》2006年第7期；赵秉志主编：《刑法新教程》（第四版），中国人民大学出版社2012年版，第501页。

⑥ 高铭暄、马克昌主编：《刑法学》（第二版），北京大学出版社、高等教育出版社2005年版，第572页。

⑦ 赵秉志主编：《刑法新教程》（第四版），中国人民大学出版社2012年版，第501页。

中"将本单位财物非法占为己有"包括侵吞、盗窃、骗取等各种手段，但是同时认为"至少在职务侵占罪和盗窃罪的关系上，在坚持职务侵占罪并非侵占的单一手段而是包括盗窃、诈骗在内的综合手段的前提下，就应该认为两者是法条竞合而非想象竞合关系"[1]。关于付立庆教授所提出的侵占罪与盗窃罪的竞合关系及其处理问题，后文再作分析。

笔者赞同"综合手段说"（或"全面肯定说"），即主张：职务侵占罪中"将本单位财物非法占为己有"这一职务侵占行为定型，是指（行为人利用职务上和业务上的便利条件）以侵吞、窃取、骗取或者其他方法将本单位财物非法占为己有的行为。理由在于：

其一，基于文义解释看"将本单位财物非法占为己有"。文义解释，又叫文理解释[2]，是指根据刑法用语的文义及其通常使用方式阐释刑法意义的解释方法。应当说，"综合手段说"主张将职务侵占行为解释为采用侵吞、窃取、骗取或者其他方法将本单位财物非法占为己有的行为，其解释在刑法规范文义之内，完全符合刑法的文义解释原理。当然，"综合手段说"在坚持其自身符合文义解释原理的前提下，并不否认"侵占单一手段说"也符合文义解释原理，而仅仅是要求确证"其解释结论被限定在刑法规范文义之内"并且显然是名正言顺的解释结论。针对"侵占单一手段说"，我们即使承认"侵占单一手段说"——将职务侵占行为限定为"变占有为所有"而不包括采用窃取、骗取等其他方法将本单位财物非法占为己有——也有一定的文义解释依据，有的学者甚至认为这种结论更具有平义解释的特征，但是笔者认为刑法解释论并非绝对地强调"平义解释优先性"，即不能简单地以此为据而否定"综合手段说"符合文义解释的要求。得出这种结论的解释论根据在于：语义解释的功能性定位仅限于确证"其解释结论被限定在刑法规范文义之内"，或者说仅限于确证其解释结论没有超出"文义射程""语用解释限度"，仅此即为已足。否则，如果坚持"平义解释优先性"的话，法律解释学将沦落为纯

---

[1] 付立庆：《交叉式法条竞合关系下的职务侵占罪与盗窃罪——基于刑事实体法与程序法一体化视角的思考》，《政治与法律》2016年第2期。

[2] 我国有学者指出，文理解释，是对法律条文的字义，包括单词、概念、术语，从文理上所作的解释。高铭暄、马克昌主编：《刑法学》（第二版），北京大学出版社、高等教育出版社2005年版，第24页。

粹的语义学、训诂学甚至文字游戏，如此就显然贬低了法律解释学的学术品格。在刑法解释理论研讨和司法实践中，大量存在的现象并非简单地采纳平义解释，而是主张在审查确证"其解释结论被限定在刑法规范文义之内"的基础上，进一步通过（狭义）论理解释和刑事政策解释以探求"更合理"的解释结论，这种"更合理"就是指更符合刑法规范法理和刑事政策原理，而不是简单地将平义解释视为"更合理"。仅以侵占罪的刑法解释为例，其中"代为保管的他人财物""遗忘物"和"埋藏物"均涉及民事法与刑事法等不同意义上的文义差别："代为保管的他人财物"的平义解释通常是指基于合法的委托保管关系所代为保管的他人财物，但是刑法解释论认为基于非合法委托的保管关系、非基于委托关系的实质保管关系之他人财物，均应解释为"代为保管的他人财物"。显然刑法解释论并没有坚持平义解释优先性；"遗忘物"最先规定于民法，因此"遗忘物"的平义解释是指暂时性遗忘于某特定场所之物并且应区别于"遗失物"，但是刑法解释论认为即使丢失时间较长、何时何地丢失都无法确认、丢失于非特定场所之物均可以解释为遗忘物，理论上和实践中均认可"广义的"遗忘物概念（即遗忘物与遗失物"区分不必要说"与"广义的遗忘物论"）而反对"平义的"遗忘物概念（即"狭义的""纯粹民法意义上的"遗忘物概念）；"埋藏物"也是最先规定于民法，因此"埋藏物"的平义解释是指偶然发现的埋藏于地下或者其他物体之内、无法判明其所有权人之物（其民法意义在于"确权"），但是刑法解释论认为即使能够判明那些偶然发现的埋藏于地下或者其他物体之内的所有权人明确之物，仍然应当解释为埋藏物（其刑法意义在于"确认违法与责任"）。[①] 如果以作为更接近平义解释的生活经验甚至民法原理来判断，难说较多刑法学者公认的上述刑法解释结论符合平义解释的要求，但是刑法解释论在这里却理直气壮地"我行我素"并公然漠视平义解释结论。其根据何在呢？答案只能是刑法文义解释的功能性定位仅限于确证"其解释结论被限定在刑法规范文义之内"，而不是必须恪守平义解释优先性。

[①] 参见周光权《侵占罪疑难问题研究》，《法学研究》2002年第3期；魏东：《侵占罪犯罪对象要素之解析检讨》，《中国刑事法杂志》2005年第5期。

更进一步观察可以发现，难说"侵占单一手段说"就比"综合手段说"更具有平义解释的特征。"侵占单一手段说"认为其解释结论更符合平义解释的特征，认为从《刑法》第270条（侵占罪）和第271条（职务侵占罪）二者之间的紧邻法条逻辑关系看（从立法体例上看），二者均表述为"非法占为己有，数额较大"这一罪状，既然侵占罪之"侵占"是无可争议的"侵占单一手段说"，那么紧邻其后的职务侵占罪之"侵占"也应该是无可争议的"侵占单一手段说"；其还认为从《刑法》第271条和第382条（贪污罪）二者之间的法条表述上看，《刑法》第271条的规定并没有像第382条那样表述为"利用职务上的便利，侵吞、窃取、骗取或者以其他手段非法占有本单位财物"，因而也应当认为职务侵占罪之"侵占"只能采用"侵占单一手段说"[①]。表面看上述论述有道理，但是仔细分析其解释方法，却可以发现其并非文义解释（从而也就无从谈起平义解释），而是体系解释（或者逻辑解释），尽管二者均以探求法条"妥当"含义为目标。[②] 不但如此，"侵占单一手段说"并非真正符合体系解释原理。以《刑法》第183条的提示性规定为例，该条第一款规定"保险公司的工作人员利用职务上的便利，故意编造未曾发生的保险事故进行虚假理赔，骗取保险金归自己所有的，依照本法第二百七十一条的规定定罪处罚"，即其明确提示并规定"骗取"行为属于职务侵占行为定型；该条第二款规定"国有保险公司工作人员和国有保险公司委派到非国有保险公司从事公务的人员有前款行为的，依照本法第三百八十二条、第三百八十三条的规定定罪处罚"，也是明确提示并规定"骗取"行为属于贪污行为定型。那么，按照《刑法》第183条的提示性规定，"侵占单一手段说"论者就无法自证其平义解释结论的逻辑性，因为《刑法》第183条的提示性规定明显不符合"侵占单一手段说"而采用了"综合手段说"。由此可见，"侵占单一手段说"不但在其主张"平义解释优先"上有违刑法解释论原理，而且在其自诩平义解释（方法）的论断上也存在解释方法上的"误判"，其采用的解释方法实质上并非文义解

[①] 张明楷：《刑法学》（第五版）（下），法律出版社2016年版，第1021页。
[②] 王利明：《法律解释学导论——以民法为视角》（第二版），法律出版社2017年版，第292—295页。

释（方法）而是体系解释方法，并且在其采用体系解释方法时仍然存在"体系性"漏洞（遗漏了《刑法》第 183 条的提示性规定）和逻辑悖论，从而"侵占单一手段说"主张其更具有平义解释的特征（以及"平义解释优先性"），更符合体系解释的逻辑等论断均不能自圆其说。

根据上述分析，"侵占单一手段说"基于其自身立场认为"综合手段说"是一种"扩张"文义内涵的论断，而"综合手段说"则基于其自身立场也认为"侵占单一手段说"是一种"限缩"文义内涵的论断，从而造成二者"各执一词"的局面。从刑法解释论立场看，文义解释方法本身仅能在"符合文义解释结论"这一层面上解决"侵占单一手段说"与"综合手段说"的合法性问题，而无法解决"孰优孰劣"和谁"更合理"这一价值判断层面上的问题。依据刑法解释原理，"侵占单一手段说"与"综合手段说"的价值合理性问题有待（狭义）论理解释和刑事政策解释来完成。在文义解释存在多种解释结论时，需要进一步进行（狭义）论理解释和刑事政策解释以说明其中"某一个"解释在法理上的合理性和在刑事政策上的正当性，而不是简单地主张"平义解释优先性"。即使承认"侵占单一手段说"和"综合手段说"均在不同程度上符合文义解释结论，甚至即使承认"侵占单一手段说"更具有平义解释特征，那么仍然还需要进一步讨论，到底是采纳本原的文义解释结论还是被限缩的文义解释结论或者被扩张的文义解释结论更为妥当？对此争议，刑法解释论认为必须进一步运用刑法原理（即狭义的论理解释方法）和刑事政策原理（即刑事政策解释方法）进行说理论证，方能得出更为恰当的刑法解释论。

其二，基于论理解释看"将本单位财物非法占为己有"。论理解释[①]，是指以刑法用语的文义为基础底线，运用刑法原理、其他相关法理以及刑事政策原理阐释刑法意义的解释方法。可见，论理解释方法不同于文义解释，它更多地被解释者赋予了法理考量、价值判断甚至刑事政策审查；"讲法理、讲道理"是论理解释的重要特征。这里有两个重要法理问

---

① 我国有学者指出，论理解释，是按照立法精神，联系有关情况，从逻辑上所作的解释。高铭暄、马克昌主编：《刑法学》（第二版），北京大学出版社、高等教育出版社 2005 年版，第 24 页。

题值得检讨和阐释。

一是基于职务侵占罪的行为定型的法理阐释：地方性知识与历史文化性知识审查。按照罪刑法定原则的要求和大陆法系国家三阶层犯罪论的逻辑，行为定型是由刑法规定的（罪刑法定原则）、作为构成要件该当性（三阶层犯罪论）的规范判断，这种规范判断既是首要的（第一阶层的）、基础性的判断，更是依法的（罪之法定的）、立法论的判断。按照我国传统犯罪构成四要件理论的逻辑，行为定型是犯罪客观方面要件的规范判断，必须以刑法分则条文的明确规定作为依据，亦即其同样是依法的（罪之法定的）、立法论的判断。可以说，行为定型的规范判断、依法判断、立法论判断已经成为基于罪刑法定原则要求的中外犯罪论的共识，是对某种具体行为类型予以定罪处罚的前提和基础，动摇不得。在此意义上讲，大陆法系国家传统的三阶层犯罪论体系，由于其将行为定型的规范判断、依法判断、立法论判断置于首要的基础性地位，充分关注了行为定型的功能性价值，所形成的构成要件该当性（行为定型性）、违法性、有责性三阶层判断体系，远比新近进一步抽象化和价值化之后的"违法、有责"二阶层判断体系更为妥当。三阶层犯罪论体系与二阶层犯罪论体系在是否需要行为定型理论这个"点"上存在的分歧，被部分二阶层犯罪论者过度价值化、实质化和抽象化地"化解"于无形，可能并不妥当。刘艳红教授指出，我国学者提倡的三阶层犯罪论体系是以经验论为研究范式、以法实证主义"分离命题"为基础构建的，而构成要件的发展史、犯罪认定中事实与价值二分法的崩溃以及现代法律思维从实证论到本体论的转换，使"分离命题"的前提不再存在、内容难以成立、其方法论也难以维系；"分离命题"的破解使以经验论为基础的三阶层犯罪论体系难以维持，而以规范论为基础的二阶层犯罪论体系则值得提倡。[①] 而有的场合，例如受贿罪的认定，将受贿罪"价值化、实质化和抽象化地"解释为（国家工作人员）利用职务上的便利获得非法利益，就可能将部分违规经商并获益的行为解释为受贿罪，其表面上的法理根据就是基于"违法性"和"有责性"的过度价值化、实质化和抽象化判

[①] 刘艳红：《我国犯罪论体系之变革及刑法学研究范式之转型》，《法商研究》2014年第5期。

断，其致命缺陷恰恰在于遮蔽了"该当性"（行为定型性）判断，直接导致解释结论的违法和失当。当然，毋庸讳言，一般性地（即笼统而抽象地）讲，"行为定型"理论及其规范价值可能并不能充分说明职务侵占行为定型的具体内容。这里可能存在的疑问是：如果说基于职务侵占罪的行为定型的法理阐释可以成为"综合手段说"的理由，难道不可以说行为定型理论也可以成为"侵占单一手段说"的理由？为了回应这一疑问，刑法解释论还应注意和进一步明确的重要法理在于：某种具体行为定型的规范判断、依法判断、立法论判断，并非纯粹"概念法学"的抽象判断，而是并且必须是具体国别的法规范体系内的"地方性知识"判断（即文义解释和体系解释）、历史文化传统判断（即历史解释）。因此，就职务侵占罪的行为定型性而言，除前述文义解释结论和体系解释结论的分析判断外，尤其值得注意的是基于职务侵占罪立法论的历史解释结论。对此，有学者指出，旧中国刑法与国外刑法所规定的侵占罪包括三种类型，即委托物侵占、脱离占有物的侵占以及职务（业务）侵占，其中的侵占均指狭义的侵占，而不包括盗窃与诈骗。[①] 但是，这里"旧中国刑法与国外刑法"的立法立场并不能代替《中华人民共和国刑法》本身的历史解释，诚如我国学者指出，从现行刑法所规定的职务侵占罪的立法演变过程看，我国1979年刑法并没有规定职务侵占罪，1995年2月28日全国人大常委会制定的《关于惩治违反公司法的犯罪的决定》中增设了职务侵占罪并将职务侵占罪从贪污罪中分化出来，现行刑法在此基础上进一步将非国有单位中主管、经手、管理公共财物的工作人员归入职务侵占罪的主体范围，非法占为己有的方式包括侵吞、盗窃、骗取以及其他手段等四种类型；因此"从职务侵占罪这一立法演变过程看，在刑法中，立法机关已将相当一部分原为贪污罪的主体划归职务侵占罪的主体范围之内，而对这些行为的方式却未加任何限制。根据立法精神，应当认为其行为方式仍然包括盗窃、侵吞、骗取等非法手段，而且从对非国有公司、企业、单位工作人员的职务侵占罪的行为方式的理解上看，有关司法解释以及刑法理论的通行观点也持此种见解"[②]。可见，基于职务

[①] 参见张明楷《贪污贿赂罪的司法与立法发展方向》，《政法论坛》2017年第1期。
[②] 参见毕志强、肖介清《职务侵占罪研究》，人民法院出版社2001年版，第122—123页。

侵占罪的行为定型理论（以及违法类型理论），尤其是基于职务侵占罪立法论的历史解释结论，应当认为职务侵占行为定型的"综合手段说"（或"全面肯定说"）更符合法理。

二是基于职务侵占罪"背信+财产损失说"的法理阐释：周全性审查。一种观点认为，职务侵占行为是一种相对于"单位"而言的背信行为（背信说），故而"单位"人员实施职务侵占行为就辜负了"单位"对其信任并致"单位"遭受财产损失（背信+财产损失说）。按照这一法理来解释单位人员"将本单位财物非法占为己有"，"侵占单一手段说"与"综合手段说"之中哪一种观点能够更周全地符合"背信+财产损失说"立场？应当是"综合手段说"更周全，即无论单位人员是采用侵吞、窃取、骗取的方法或者其他方法"将本单位财物非法占为己有"，均符合职务侵占"背信+财产损失说"立场。当然笔者也注意到，采用"侵占单一手段说"的论者针对前述悖论提出了进一步的说理：因为盗取、骗取等其他方法"将本单位财物非法占为己有"的行为可能触犯了盗窃罪、诈骗罪等罪名，而司法解释规定的职务侵占罪的罪责比盗窃罪和诈骗罪等罪的罪责更轻，这样就导致单位人员采用盗取、骗取等其他方法"将本单位财物非法占为己有"的行为所承担的罪责——如果对其定性为职务侵占的话——明显轻于盗窃罪、诈骗罪等罪的罪责，甚至还可能因为达不到职务侵占罪的定罪数额标准而不承担刑责（因为职务侵占罪的入罪底线高于盗窃罪、诈骗罪等罪），这种状况不合理。但是，针对"侵占单一手段说"论者的这种说理，值得更进一步注意的地方在于：司法解释规定职务侵占罪的入罪底线与盗窃罪、诈骗罪等罪的入罪底线之间存在的这种差异本身是否合理，这是另一个需要反思检讨和回答的问题。我们认为不能因为司法解释规定的入罪底线差异就否定职务侵占的行为定型，更不能为了入罪、加重罪责而人为地改变职务侵占的行为定型，否则既违背罪刑法定原则的要求，也损害刑法安定性。职务侵占罪的入罪底线相较于盗窃罪和诈骗罪的入罪底线来说更高，职务侵占罪也比盗窃罪和诈骗罪的责任更轻，是否有充分的法理依据？笔者认为，刑法规定和司法解释规定已经赋予了职务侵占行为定型"封闭的特权条款"属性[1]和"团结社会的连带关系"属性。根据

---

[1] 参见张明楷《法条竞合中特别关系的确定与处理》，《法学家》2011年第1期。

"封闭的特权条款"原理,应当认为"对于行为性质符合特别法条的构成特征,但因数额、数量未达到特别法条要求时,不能以普通法条定罪。此时,需要考虑立法上的预设、法益侵害原理、特别法条的立法必要性、特别法条定型化的构成要件观念、实质的刑法方法论等问题"①。这种理论阐释其实质更接近于法条竞合论,后文将具体展开。根据"团结社会的连带关系"原理,应当注意到在机械团结社会里"集体人格完全吸纳了个人人格",而在有机团结的社会中,个人通过构成社会的各个部分依赖于社会,与个体发生连带关系的社会是由一些特别而又不同的职能通过相互间的确定关系结合成的组织体、系统,从而"每个人都拥有自己的行动范围,都能够自臻其境,都有自己的人格"②。团结社会里,活动于特定社会组织(如有限责任公司和国家机关等"单位")的个人,其管理责任、社会责任均与特定社会组织具有一定连带关系和特别考量,可以说特定社会组织责任直接影响了该"个人"刑事责任的规范评价,这种责任评价的影响可以表现为责任减轻或者责任加重。这一原理可以较好地解释作为特定社会组织中"个人"的国家机关工作人员贪污入罪或者单位人员(即非国家机关工作人员)职务侵占入罪的数额底线标准高于普通侵财罪(但是贪污罪最高法定刑高于普通侵财罪而职务侵占罪最高法定刑低于普通侵财罪)的法理妥当性。至于贪污罪最高法定刑高于普通侵财罪(贪污罪最高法定刑有死刑),其法理根据恰恰不能单纯地从"侵财性"之中寻找,而应从团结社会遭受"特别重大损失"(即《刑法》第383条第一款第(三)项规定"数额特别巨大,并使国家和人民利益遭受特别重大损失的")之中寻找。而职务侵占罪的最高法定刑(有期徒刑15年)低于普通侵财罪的最高法定刑(如盗窃罪和诈骗罪的最高法定刑为无期徒刑),其法理根据同样可以从"团结社会理论"中获得,即使其职务侵占数额特别巨大,即使这时我们不可否认其可能致使"本单位"遭受特别重大损失,但是应当承认"本单位"基于单位人员管理

---

① 周光权:《法条竞合的特别关系研究——兼与张明楷教授商榷》,《中国法学》2010年第3期。

② [法]涂尔干:《社会分工论》,渠东译,生活·读书·新知三联书店2000年版,第89—183页。

责任、社会责任的连带关系及其特别考量，这种特别考量就使得职务侵占罪的责任区别于盗窃罪或者诈骗罪，因而仍然可以说职务侵占罪的最高法定刑低于普通侵财罪的最高法定刑能够从团结社会理论中获得妥当法理。再如，团结社会理论对于作为业务过失的交通肇事致人死亡与作为普通过失的过失致人死亡之间的刑事责任规范评价关系也有解释力：前者构成交通肇事罪，尽管属于业务过失罪，但是通常情况下（以致一人死亡为例）其责任较轻，仅判处三年以下有期徒刑或者拘役；后者构成过失致人死亡罪，尽管属于普通过失，但是通常情况下（以致一人死亡为例）其责任反而比交通肇事罪更重，一般应判处三年以上七年以下有期徒刑，仅在"情节较轻的，处三年以下有期徒刑"。出现这种外观上的"责任倒置"现象（业务过失的责任反而比普通过失的责任更轻）的法理在于团结社会理论关于"社会连带"的关系判断，尤其是汽车社会风险不可避免，社会要正常运行就必须容许汽车和汽车风险存在，作为团结社会的汽车社会里"个人"的驾驶人员的责任具有"社会连带"属性并获得特别观照（特别规定其更轻的责任）。与"驾驶人员"交通肇事罪法理相类似，单位人员职务侵占，无论是单纯的"（利用职务上的便利）变持有为所有"行为还是"（利用职务上的便利）窃取、骗取"等行为，法理上确认该职务侵占行为定型"封闭的特权条款"属性和"团结社会的连带关系"属性就具有妥当性，由此可以证成"综合手段说"的妥当性。当然，应当承认，欲更加深刻阐释"综合手段说"的法理妥当性，还需要从刑事政策论和法条竞合论上展开更进一步的释法说理。

其三，基于刑事政策解释看"将本单位财物非法占为己有"。有论者指出，当前快递行业盗窃案件呈现出逐渐增多甚至"井喷"的趋势，如果对这类行为适用职务侵占罪的规定，无疑会极大地放纵快递运输业的"小偷小摸"现象，所以需要对这类案件统一适用盗窃罪从而保持对快递行业盗窃案件严厉打击的态势，为快递运输行业健康稳定发展保驾护航。[①] 这种见解应当说是基于刑事政策解释方法的分析论证。但是，应当注意刑事政策解释方法的功能性价值是限定刑法解释结论的刑事政策正

[①] 苏云、张理恒：《快递公司分拣员窃取邮包行为定性分析——以杨某窃取邮包二审无罪案展开》，载魏东主编《刑法解释》（第 2 卷），法律出版社 2016 年版，第 246—264 页。

当性。刑事政策原理强调人权保障（自由）至上，反对犯罪防控（秩序）至上，主张人权保障至上并兼顾犯罪防控；在自由与秩序的价值权衡（即人权保障与犯罪防控的价值权衡）中，将自由（即人权保障）放置于核心和根基的地位，由此形成了现代刑事法治所公认的罪刑法定原则、刑法谦抑性原则、刑法不得已性和最后手段性原则。[①] 在职务侵占行为"综合手段说"与"侵占单一手段说"之争中，"侵占单一手段说"主张的一个重要理据是有利于惩罚犯罪而不至于放纵犯罪。其实，职务侵占罪的罪责轻于盗窃罪和诈骗罪等（其中包括职务侵占罪的入罪底线较高），完全是由司法解释（文本）规定所致，那么在这种情况下，司法上（刑法解释论上）是否应当基于"有利于惩罚犯罪"而作出不利于行为人（被告人）的刑法解释？这是一个论理解释"本身"的妥当性问题，同时也是一个刑事政策解释方法需要审查的问题。

  笔者认为，基于前述文义解释、论理解释以及刑事政策原理（刑事政策解释方法）的分析，"综合手段说"既符合刑法的文义解释、论理解释，也符合刑事政策解释的正当性，而有利于被告人（行为人）不但不能成为证立"侵占单一手段说"的理据，反而应当成为质疑"侵占单一手段说"的理据。在立法论上，单纯的"有利于惩罚犯罪"并不能当然获得刑事政策正当性，而是既有利于保障人权，又符合刑法的"最后手段性"与"不得已性"之限定下的适度且合理的"有利于惩罚犯罪"才符合刑事政策正当性。在司法论上（解释论上），单纯的"有利于惩罚犯罪"同样不能当然获得刑事政策正当性，而是既符合罪刑法定原则和立法论原理，又符合司法逻辑并且兼顾被告人权保障的"有利于惩罚犯罪"才符合刑事政策正当性。以此立法论和司法论审查，应当说"综合手段说"更符合刑事政策正当性的价值诉求。至于有的场合，如在涉嫌职务侵占行为和贪污行为的场合，由于采用"综合手段说"可能导致某些涉案数额达不到司法解释规定的职务侵占罪和贪污罪数额标准而不能定罪，从而导致被告人（行为人）被作出了"出罪"处理，是否符合刑事政策正当性呢？答案仍然是肯定的。因为在司法论上（刑法解释论上），刑事政策原理主张"单向出罪的"刑事政策校正功能，即是说，即使在刑法

[①] 参见魏东《刑事政策原理》，中国社会科学出版社 2015 年版，第 92—95 页。

已有犯罪规定并且行为人已经构成犯罪时，若根据刑事政策审查行为人的综合情节，如未成年人、在校生、限制刑事责任能力者等在犯罪情节较轻且有一系列从宽情节等情况下，是可以依法、依刑事政策（如宽严相济刑事政策）而作出非罪处理，如不起诉等，这时刑事政策对刑法发挥了校正功能并且只能是"单向出罪的"刑事政策校正功能。但是，在司法论上（刑法解释论上），刑事政策对刑法的校正功能不能是逆向的、入罪的功能，亦即在刑法缺乏相应的犯罪规定或者已有规定中存在出罪规定时，刑事政策论是不准许以"有利于惩罚犯罪"为由而作出司法上犯罪化处理的，依法不能在缺乏刑法规定时通过单纯的刑事政策入罪。不但职务侵占行为、贪污行为如此，其他行为也是如此。如肖传国殴打方舟子案，肖传国雇人殴打方舟子的行为依法只符合故意伤害行为定型，在其不具备司法解释规定的定罪标准"轻伤"之时，依法只能将该行为解释为无罪（不构成故意伤害罪），依法只能对该行为进行治安管理处罚。但是，肖传国的故意伤害行为是否可以"解释"为寻衅滋事罪？笔者认为，这个问题一方面涉及故意伤害罪和寻衅滋事罪的刑法解释问题，通过对故意伤害罪和寻衅滋事罪的文义解释、论理解释，均只能得出肖传国行为无罪的解释结论，因为肖传国行为只符合故意伤害行为定型但是尚达不到故意伤害罪的定罪标准，不符合寻衅滋事行为定型而依法不能解释为寻衅滋事罪。为什么说肖传国行为不符合寻衅滋事行为定型呢？是因为肖传国的行为依法不能解释为"随意殴打他人"（《刑法》第293条第1款第（一）项），如果按照本案判决书所解释的结论那样，"（肖传国）没有合理理由就随意殴打他人"，那么可以说我国基本上就不存在故意伤害罪了，因为除了防卫过当而构成故意伤害罪之外基本上就不存在"没有合理理由就随意殴打他人"而构成故意伤害罪的情况了。事实上，绝大多数故意伤害罪都是由于"没有合理理由就随意殴打他人"所形成的。那么为何要对肖传国一个人排除适用《刑法》第4条所规定的"对任何人犯罪，在适用法律上一律平等"呢？！究其根本原因，可能还是基于"有利于惩罚犯罪"思想的误读误判。

如前所述，针对成都快递分拣员案杨某是否被定罪的刑事政策审查中，就有一种观点认为如果不对分拣员杨某定罪，将不利于惩戒杨某本人也不利于教育其他分拣员，甚至不利于整个快递行业的健康发展，没有兼顾好审判的法律效果和社会效果。① 这种刑事政策审查结论其实是不合理的，主要理由除前所述外还在于，刑事政策上并不主张超越法律规定进行特殊预防和一般预防，罪刑法定原则和刑法谦抑精神是不可突破的刑事法治理性；同时，预防违法犯罪的策略方法并不只是刑法，还可以依法动用行政的、经济的、民事的等多种手段来惩治违法犯罪行为，其中我国还有一种强有力的治安管理处罚法可以依法适用，完全能够满足特殊预防和一般预防的需要。难道不动用刑法手段就一定纵容了违法犯罪，就不能治理社会？显然不能得出这个结论。事实上，我国有较多的违法行为以及介于违法与犯罪之间的模糊行为，不一定非要动用刑法手段才合理，只有将刑法之手严格限定于刑法所规定的犯罪之内，才符合刑事法治理性，否则，难以防止发生深重的法治灾难。

综上，职务侵占行为定型的刑法解释应当坚持"综合手段说"和"业务便利肯定说"立场，将职务侵占行为定型的解释结论限定为（单位人员）利用职务上和业务上（劳务上）的便利，以侵吞、窃取、骗取和其他方法将本单位财物非法占为己有的行为。

二 职务侵占罪的司法逻辑：基于贪污罪的解释论比较与法条竞合论的阐释

司法公正可以有两种意义的界定：基于立法规定的司法公正与基于立法目的的司法公正。针对公权力的司法适用，应当强调公权法定并严格审查现行有效的法律的明确规定，因而可以说其体现的司法公正是一种基于立法规定的司法公正。针对私权利的司法适用，应强调"法无禁止即自由"，因而可以说其体现的司法公正是一种基于立法目的的司法公正。尽管我们说针对私权利的司法适用也必须"依法"司法，但是在缺乏法律明确规定的场合，司法适用（司法审判）中通常不得以法无明文规定为由而对私权利进行"法律解释性"的削减甚至剥夺，而只能依据立法目的予以"依法"确认和裁判。因此，作为公法，按

---

① 苏云、张理恒：《快递公司分拣员窃取邮包行为定性分析——以杨某窃取邮包二审无罪案展开》，载魏东主编《刑法解释》（第 2 卷），法律出版社 2016 年版，第 246—264 页。

其立法规定所关涉的公权力与私权利之规范内容与实质,即应适当注意公权法定与(私)权利自由的法理,分别采取"公权力司法基于立法规定的司法公正说"与"(私)权利司法基于立法目的的司法公正说"之不同立场。作为公法的刑法,由于刑法的特殊性即基于刑法惩罚严厉性所引发的人权风险和刑事政策理念所要求的罪刑法定原则,刑法解释和刑法司法的公正性通常只能是基于刑法立法规定的司法公正,不能准许仅仅基于立法目的就超越立法规定而对被告人予以入罪认定(因为"予以入罪认定"是作为公权力的司法裁判权,且相应地其必然限制或者剥夺私权利),仅可以准许基于立法目的而对被告人予以出罪认定(因为"予以出罪认定"尽管也是作为公权力的司法裁判权,但是其实质内容具有保障私权利的性质)。这种立场也是刑法安定性价值的内在要求,必须适当克制刑法妄动,以有效限定刑罚处罚界限并实现刑法的人权保障机能。

就职务侵占罪的司法逻辑而言,也存在这样两种司法公正观:一种是只能限定为基于刑法立法规定的司法公正,另一种是可以扩张为基于刑法立法目的的司法公正。按照前述作为公法的刑法之司法公正观,职务侵占罪的司法逻辑通常只能限定为基于刑法立法规定的司法公正观。这种司法逻辑必须考察和充分尊重职务侵占罪的立法原理,只有通过立法论来考察解释论,才可能得出合理的结论。基于职务侵占罪的立法论分析,如前述关于职务侵占的立法文义、立法历史沿革等的考察分析,职务侵占行为定型的解释应当限定为(单位人员)利用职务上和业务上(劳务上)的便利,以侵吞、窃取、骗取和其他方法将本单位财物非法占为己有的行为。关于职务侵占行为定型的这一解释结论,应当说同贪污罪之贪污行为定型的解释结论是基本一致的,即贪污行为定型的刑法解释结论应当遵从《刑法》第382条规定的(国家工作人员)"利用职务上的便利,侵吞、窃取、骗取或者以其他手段非法占有公共财物"的立法文义,采用"综合手段说"是当然结论。

张明楷教授指出:"《关于办理贪污贿赂刑事案件适用法律若干问题的解释》大幅度提高了贪污、受贿、职务侵占等罪的数额标准,但其理由并不充分,而且必然导致贪污、职务侵占罪与盗窃、诈骗罪之间的不协调。当下，需要思考贪污贿赂罪的司法与立法发展方向。"① 笔者认为，张明楷教授这里提出的问题有一定道理，但是针对这个问题的解决方案却需要进行刑事法治理性和刑事政策观念的审查。从发展完善刑法立法的长远立场看，张明楷教授提出的解决方案中主张"从立法论上来说，将来应当将职务侵占罪与贪污罪合并成一个职务（业务）侵占罪，将其规定在侵犯财产罪中；应当根据法益侵害程度设计不同的受贿罪类型，将其置于渎职罪中"②，具有一定合理性。但是张明楷教授所提解决方案的正确性仅限于"立法论"层面之立法完善，而司法论层面应当有所节制。因此，问题在于"当下"，张明楷教授在其主张的立法完善建议尚未成为正式的刑法立法文本之前，其主张运用"活的法"原理而将现行刑法规范"解释"为"对于国家工作人员利用职务上的便利窃取、骗取公共财物，没有达到贪污罪的数额较大标准，但达到盗窃、诈骗罪的数额较大标准的案件，应当以盗窃、诈骗罪论处。为了使职务侵占罪、贪污罪与盗窃罪、诈骗罪保持协调关系，应当将窃取、骗取行为排除在职务侵占罪之外（刑法有特别规定的除外）；对《刑法》第 382 条规定的利用职务上的便利的窃取、骗取行为，应当进行限制解释"③，是否符合刑法解释原理和刑法司法公正逻辑？即张明楷教授以"应然的立法公正"作为现实的"刑法司法公正逻辑"是否合理？基于前述关于职务侵占行为定型的解释原理和解释结论基本相同的法理，应当说张明楷教授主张采用"侵占单一手段说"立场不符合作为公法的刑法及其解释原理的特殊性的，有僭越"公权法定"和罪刑法定原则之嫌，有违背刑法司法逻辑和刑法教义学之不当。因而笔者认为，张明楷教授以"应然的立法公正"、基于刑法立法目的的司法公正作为现实的"刑法司法公正逻辑"存在很大疑问，其严重违背了基于刑法立法规定的司法公正之基本立场。

张明楷教授所讨论的问题还可以细化为职务侵占与贪污、职务侵占与侵占的类型性责难，盗骗与职务侵占的违法责任比例难题，刑事政策的责难（即不利于防控劳务侵财行为）等。

---

① 张明楷：《贪污贿赂罪的司法与立法发展方向》，《政法论坛》2017 年第 1 期。
② 张明楷：《贪污贿赂罪的司法与立法发展方向》，《政法论坛》2017 年第 1 期。
③ 张明楷：《贪污贿赂罪的司法与立法发展方向》，《政法论坛》2017 年第 1 期。

其一，值得注意的问题是，职务侵占与贪污、职务侵占与侵占的类型性责难化解中将会产生新矛盾。针对职务侵占与贪污、职务侵占与侵占的类型性责难，总体上看存在以刑法的"立法完善论"代替刑法的解释论、以"应然的刑法"立法论代替"现实的刑法"立法论和罪刑法定原则的新矛盾。职务侵占与贪污，尽管我国现行《刑法》第382条和第271条的法条文字表述存在细微差异，但是正如前文所述此两个法条的文义解释结论应当是一致的，在这种情况下将"盗窃"和"诈骗"从法条文义之中予以剔除是缺乏法律依据的，从而无法从"公权法定"和罪刑法定原则之中找到法理上的充分依据；尤其是这种"文义剔除"本身不但存在违背罪刑法定原则之硬伤，而且直接导致在对被告人可以解释为无罪时反而被解释为有罪、在对被告人可以解释为罪轻时反而被解释为罪重，其"追诉"色彩和重刑主义特点凸显，无法自证其正当性。至于职务侵占行为定型与侵占罪之侵占行为定型，有学者指出，将"窃取"与"骗取"从职务侵占罪客观行为方式中"踢出去"，恰恰维持了侵占犯罪的定型性；因为国内外理论与实务无可争议地认为，作为不转移占有的典型的侵占犯罪，与盗窃、诈骗等夺取罪（即转移占有的犯罪）的本质区别正在于对象是否属于行为人已经占有下的财物，即将自己已经占有（不是基于非法方式取得占有）下的财物非法占为己有的，是侵占犯罪，而通过盗窃、诈骗等方式夺取他人占有的，成立盗窃、诈骗等夺取罪。[①]但实际上，这种笼统针对"侵占犯罪"进行叙述的方法难以服人，因为针对职务侵占罪之职务侵占行为定型与侵占罪之侵占行为定型，本来在其各自立法论上就存在明显差别并且确定这种差别已有充足根据，即职务侵占罪之职务侵占行为定型在立法论上是指包含变业务上占有为行为人所有、窃取、骗取等综合手段将本单位财物占为己有，而侵占罪之侵占行为定型在立法论上本来就是指区别于盗窃和诈骗等取得罪之外的"变占有为所有"之行为定型，因此以侵占罪之侵占行为定型批驳职务侵占行为定型显然是无视立法论的解释，是没有道理的。

其二，盗骗与职务侵占的违法责任比例难题化解中也会产生新难题。针对职务侵占与盗骗的违法责任比例难题，部分原因是立法规定造成的，

[①] 陈洪兵：《体系性诠释"利用职务上的便利"》，《法治研究》2015年第4期。

再有部分原因是司法解释（文本）造成的，比如原有《刑法》第382条直接规定了贪污罪的定罪起点数额标准远远高于盗窃罪和诈骗罪的定罪起点数额标准，而在《刑法修正案（九）》修改了贪污罪的定罪量刑数额标准之后又由两高司法解释直接继承了原有"立法缺陷"（但本书如前所述并不完全认同这是一个"立法缺陷"）而将贪污罪的定罪量刑数额标准"解释"为远远高于盗窃罪和诈骗罪的定罪量刑数额标准。因此解铃还须系铃人，根本的解决办法还是有待于完善立法和恰当制定规范的司法解释文本。否则，通过违背传统刑法教义学、立法论和解释论的方法进行"再解释"来化解比例难题，将难免产生更多的解释难题和司法混乱，还会制造出更加严重的法治困境。

其三，刑事政策论的责难实际上也难以成立。针对职务侵占"综合手段说"将导致实务上不利于防控劳务侵财行为的刑事政策责难，存在防控犯罪价值至上贬抑罪刑法定原则的人权保障机能、为避免（刑罚）处罚漏洞而忽略（犯罪）处断规则的价值误导。现代刑事政策原理并没有赋予片面追求犯罪防控的价值至上性，而是在犯罪防控与人权保障的价值权衡中赋予了人权保障的价值至上性，主张"人权保障至上"并兼顾"犯罪防控"，或者说主张"自由至上"并兼顾"秩序维护"，而不是相反。以此而论，职务侵占"综合手段说"尽管可能导致部分职务侵占行为因财物数额尚未达到定罪标准不能依法被"解释"为犯罪（指职务侵占罪），同时因其行为定型被限定为职务侵占之后也不能被"解释"为盗窃罪与诈骗罪，如此一来确实可能造成某种意义上的"（刑罚）处罚漏洞"，导致某种意义上的不利于犯罪防控和秩序维护。但是，这种局面的形成只能"归咎于"立法以及立法之下的解释论；由于其完全合乎罪刑法定原则和刑法解释原理，充分体现了刑事法治理性，因而这种局面的形成应当说具有合理性，并非不可接受；同时，这种局面不至于形成犯罪防控和秩序维护的"致命伤"，因为其仅仅限制了"（刑罚）处罚漏洞"而不能适用刑法，但是其并没有限制非刑事法措施如民法的、行政法的，尤其是《行政处罚法》和《治安管理处罚法》的适用以达至防控犯罪和秩序维护的价值诉求，并且综合运用刑事类措施与非刑事类措施以防控犯罪和维护秩序正是现代刑事政策原理和广义刑事政策观的基本主张。

还应指出，有刑法学者提出的"大竞合论"与绝对的重法优于轻法处断规则①，以及有的学者主张的对于特别关系的竞合采用"在一定条件下应当适用重法优于轻法的原则"（即相对的重法优于轻法处断规则）②，其解释思路也是值得警惕的。如张明楷教授主张：当特别法不利于定罪或者不利于重罚之时转而求助于适用有利于定罪或者重罚的一般法，提出"对于特别关系，原则上采用特别法条优于普通法条的原则，但在一定条件下应当适用重法优于轻法的原则；某种行为没有达到司法解释确定的特别法条的定罪标准，但符合普通法条的定罪标准时，应当适用普通法条定罪量刑"③。付立庆教授在确认职务侵占和贪污的行为定型应采用"综合手段说"的前提下也采用了"相对的重法优于轻法处断规则"及其"解释思路"，指出：在行为同时符合职务侵占罪与盗窃罪时，由于在普通法条上关于盗窃罪的规定中并无"本法另有规定的，依照规定"的明文强制，就需要比较法定刑的轻重，按照重法优于轻法的原则处理；在行为不符合职务侵占罪这一特殊法条时，为了避免出现处罚上的漏洞，完全可以也应该按照盗窃罪（或者诈骗罪、侵占罪）等普通法条处理，这样的主张是罪责刑相适应原则（罪刑均衡原则）的要求，同时也不违反罪刑法定原则。④

应当说，张明楷教授和付立庆教授所主张的对法条竞合关系可以采用"相对的重法优于轻法处断规则"，与大竞合论所主张的"绝对的重法优于轻法处断规则"一样均得出了可以适用作为重法的普通法条的结论，均可能存在防控犯罪价值至上贬抑罪刑法定原则的人权保障机能、为避免（刑罚）处罚漏洞而忽略（犯罪）处断规则的价值误导。例如，当职务侵占单位财物行为、贪污行为尚达不到职务侵占罪或者贪污罪的定罪数额标准时转而将其"解释"为盗窃罪、诈骗罪；当合同诈骗行为尚达不到合同诈骗罪的定罪数额标准时转而将其"解释"为（普通）诈骗罪；

---

① 陈洪兵：《不必严格区分法条竞合与想象竞合：大竞合论之提倡》，《清华法学》2012年第1期。
② 张明楷：《刑法学》（第五版）（上），法律出版社2016年版，第471—474页。
③ 张明楷：《法条竞合中特别关系的确定与处理》，《法学家》2011年第1期。
④ 付立庆：《交叉式法条竞合关系下的职务侵占罪与盗窃罪——基于刑事实体法与程序法一体化视角的思考》，《政治与法律》2016年第2期。

当故意伤害行为尚达不到故意伤害罪的定罪结果程度时转而将其"解释"为寻衅滋事罪;当交通肇事行为尚达不到重罚预设目标时转而将其"解释"为过失致人死亡罪,诸如此类的解释逻辑及其结论,表面上看均可能在"大竞合论""绝对的重法优于轻法处断规则"与"相对的重法优于轻法处断规则"的口号下被赋予某种"合法性"和"合理性",但实际上其法理根据却是存疑的,可能违背了刑法教义学并造成了刑法原理的体系性混乱,得不偿失,值得深思和检讨。

从刑法教义学原理看,"大竞合论""绝对的重法优于轻法处断规则"与"相对的重法优于轻法处断规则"之法理检讨,可以从刑法中的行为定型论与法条竞合论两种路径展开[1]。基于刑法中的行为定型论观察,在特别法对一般法所涵盖的行为作出特别的类型化规定之后,应当适用"特别法排斥一般法"的处断规则[2],因为此时"一般法所涵盖的行为"已经被内化为特别法的一部分并在相当意义上已丧失了作为一般法的独立的行为定型的资格和条件,只有特别法完整定型的行为才能成为特别法的评价对象,从而依法只能适用特别法而排斥一般法的适用(即"特别法排斥一般法"的处断规则)。这是从行为定型论的立场来诠释法条竞合的特别关系及其处断规则所得出的基本结论。就法条竞合论而言,目前理论界对法条竞合的内涵界定及其处断规则确实存在较大争议[3],确有必要进行简要检讨以正视听。法条竞合,又叫法规竞合,是指一个行为同时符合数个法条规定的犯罪构成,但是数个法条之间在犯罪构成逻辑关系上存在单向包容的特别关系,只能适用特别法条而排斥其他法条适用的情形。因而法条竞合的基本特征是:存在一个完整的行为定型和犯罪构成事实;侵犯了特定的保护法益;表面上符合刑法分则的数个法条,但是数个法条之间存在单向包容的特别关系而不存在双向包容的互补关系;只能适用特别法条而排斥其他法条适用(即"特别法排斥普通法"处断规则)。

基于法条竞合论的以上法理观察,可以得出以下结论:只有特别法

---

[1] 有关刑法中的行为定型论与法条竞合论的深刻检讨有待另文专述,此处不作深入论述。
[2] 魏东:《刑法理性与解释论》,中国社会科学出版社2015年版,第225页。
[3] 张明楷:《刑法学》(第五版)(上),法律出版社2016年版,第463—477页。

与普通法之间、补充法与基本法之间的关系,属于单向包容的特别关系(即法条竞合关系)。① 也就是说,单向包容的特别关系(即法条竞合关系)只包括两种具体情形:一种情形是特别法与普通法之间的关系,属于典型的单向包容的特别关系(即"单向包容的特别关系论")与典型的法条竞合关系(即"法条竞合关系论"),如职务侵占罪与盗窃罪(或诈骗罪)之间、合同诈骗罪与诈骗罪之间的关系。另一种情形是补充法与基本法之间的关系,属于"可以被视为"的特别关系与法条竞合关系(即"可以被视为的特别关系论"),如《刑法》第 114 条与第 115 条第 1 款之间的关系。应当说,同属于单向包容的特别关系(即法条竞合关系)的这两种具体情形之间既有共通之处也有细微差异之处,需要细心体认。特别法与普通法之间的特别关系作为典型的法条竞合关系,由于其通常发生在数个法条及其对应规定的数个罪名之间(有时也可能发生在同一罪名内部的数个犯罪形态之间或者数个量刑情节之间),通常"只能"依赖于法条竞合论来解决其处断规则(但对于发生在同一罪名内部的数个犯罪形态之间或者数个量刑情节之间的特别关系则可以同时运用犯罪形态论与加重犯论等理论来解决其处断规则),并且"只能"适用特别法排斥普通法处断规则,这才是符合逻辑并能够实现逻辑自洽性的法条竞合论。

值得注意的是,补充法与基本法之间的特别关系,如《刑法》第 114 条与第 115 条第 1 款之间的关系由于在法理上可以阐释为犯罪未完成形态(犯罪未完成形态论)与犯罪完成形态(犯罪既遂论)之间的关系,即实质上属于"同一罪名内部"的不同停止形态之间的关系,"与普通的结果犯相对应,第 114 条便是对第 115 条第 1 款的未遂犯的特别规定(也可谓对未遂犯的既遂犯化)"②,因而即使"没有"法条竞合论也可以依照"犯罪停止形态论"加以有效解决,如当作为补充法的犯罪未完成形态的行为(如《刑法》第 114 条)与作为基本法的犯罪完成形态的行为(如

---

① 关于法条竞合的关系类型,大陆法系国家刑法理论认为其有特别关系、补充关系、吸收关系和择一关系四种,而我国刑法学界对此问题存在较大争议。参见魏东主编《刑法》,中国民主法制出版社 2016 年版,第 196 页。

② 张明楷:《刑法学》(第五版)(上),法律出版社 2016 年版,第 476、692 页。

《刑法》第 115 条）之间出现了"补充法与基本法"之竞合关系时，作为补充法的犯罪未完成形态的行为之法条适用规则"本来"就可以依照犯罪未完成形态论予以有效解决，即由此可以得出只能适用补充法（犯罪未完成形态）的结论。可见，这里"只能适用补充法（犯罪未完成形态）"这一处断规则本来是即使"没有"法条竞合论也可以依照"犯罪停止形态论"而得出的。那么，将补充法与基本法之间的关系作为"可以被视为"的特别关系与法条竞合关系的法理意义就在于，这种"可以被视为"的特别关系与法条竞合关系有助于"印证"犯罪停止形态论所得出的"只能适用补充法（犯罪未完成形态）"这一处断规则之正确性与合理性。因此，相较于特别法与普通法之间的特别关系由于通常无法依据除法条竞合论外的其他理论（如犯罪未完成形态论）获得有效解决办法，从而法条竞合论就在相当意义上成为有效解决特别法与普通法之间的关系的"唯一"的理论而具有典型性，因而我们将特别法与普通法之间的关系称为典型的特别关系（即"特别关系论"）与典型的法条竞合关系，相应地将补充法与基本法之间的关系作为"可以被视为"的特别关系（即"可以被视为的特别关系论"），二者的共通之处在于均可以得出此种情形应适用"特别法排斥普通法处断规则"这一正确结论，只不过"特别法排斥普通法"这一处断规则在补充法与基本法之间的关系下还可以转换为"补充法排斥基本法处断规则"。实际上，《刑法》第 114 条与第 115 条第 1 款之间的关系，也可以被阐释为危险犯（危险犯论）与实害犯（实害犯论）之间的关系[1]；还可以被阐释为基本犯与结果加重犯（加重犯论）之间的关系[2]。当我们将危险犯和基本犯阐释为"基本法"时，那么相应地实害犯和结果加重犯就应当被阐释为"补充法"，则仍然应坚持"补充法排斥基本法处断规则"。其法理逻辑相同于将《刑法》第 114 条与第 115 条第 1 款之间的关系阐释为犯罪未完成形态（犯罪未完成形态论）与犯罪完成形态（犯罪既遂论）之间的关系，完全可以"举一反三、触类旁通"，不再赘述。

至于双向的互补关系、互斥关系均不属于特别关系与法条竞合关系。

---

[1] 胡东飞：《危险犯的形态及其法条适用》，《西南政法大学学报》2005 年第 6 期。
[2] 张明楷：《刑法学》（第五版）（上），法律出版社 2016 年版，第 692 页。

这两种关系有时被部分学者错误地解读为法条竞合关系①，引起了法理上的体系性混乱。双向的互补关系，由于其不是"单向包容的补充关系"，其不属于法条竞合关系而属于想象竞合关系。如《刑法》第 140 条与第 141 条至第 148 条之间的关系，由于"刑法第 140 条规定了生产、销售伪劣产品罪，以销售金额 5 万元为成立条件，第 141 条至第 148 条规定了生产、销售特殊伪劣产品的犯罪，但不要求销售金额达到 5 万元，在此意义上说，第 141 条至第 148 条是第 140 条的补充法条。值得注意的是，第 141 条至第 148 条规定的犯罪大多将侵害结果或者具体危险作为构成要件要素（第 141 条与第 144 条除外），而第 140 条没有将侵害结果或者具体危险作为构成要件要素，在此意义上说，第 140 条是第 141 条至第 148 条的补充法条"②，亦即第 140 条与第 141 条至第 148 条之间具有双向的互补关系而不同于"单向包容的补充关系"，不属于法条竞合关系而属于想象竞合关系，从而《刑法》第 149 条规定了"依照处罚较重的规定定罪处罚"（从一重处断规则）。而有的学者简单地将《刑法》第 140 条与第 141 条至第 148 条之间的关系解释为补充关系或者特别关系③，而没有精准地辨识出其属于"双向的互补关系"而并非真正的补充关系或者特别关系，进而得出其属于法条竞合关系及适用"重法优于轻法"处断规则的法律依据④，就可能存在误读误判。互斥关系，不属于法条竞合关系也不属于想象竞合关系，如《刑法》第 153 条与第 151 条至第 152 条之间的关系，其适用上应当各择其相应法条，不应存在法条适用上的争议。有的学者认为"第 153 条成为对各种走私犯罪的兜底规定"，第 153 条与第 151 条至第 152 条之间的关系"并不是互相排斥的关系，而是补充关系"，并且认为当某种行为表面上仅触犯第 151 条至第 152 条，但是"偷逃关税的数额特别巨大，应当判处无期徒刑"时，"应当否认补充关系，

---

① 张明楷：《刑法学》（第五版）（上），法律出版社 2016 年版，第 463—477 页。
② 张明楷：《刑法学》（第五版）（上），法律出版社 2016 年版，第 475 页。
③ 周光权：《法条竞合的特别关系研究——兼与张明楷教授商榷》，《中国法学》2010 年第 3 期。
④ 时延安：《法条评价范围的重合与竞合法律规范的选择——以规范目的为视角对法条竞合问题的重新审视》，载《刑法论丛》2012 年第 2 卷（总第 30 卷）。

而应当认定为想象竞合"①，目的就是"超越"第151条至第152条之明文规定并"认定为想象竞合"以便于适用第151条对行为人判处无期徒刑。这里将互斥关系"观念性地"解释为补充关系，然后又针对某些特殊情形将互斥关系"实质性地"解释为想象竞合关系，不但有违法条竞合论和刑法教义学原理的内在逻辑，而且给人制造了某种意义上的"动机不纯"（即为了给行为人判处无期徒刑）和"刑法恐怖主义"的印象，无端生发新的理论混乱，难说具有合法性与正当性。而事实上，当某种行为仅触犯第151条至第152条并且"偷逃关税的数额特别巨大，应当判处无期徒刑"时，完全没有必要主张"应当否认补充关系，而应当认定为想象竞合"，而完全可以将"偷逃关税的数额特别巨大"解释为第151条所明确规定的"情节特别严重"与第152条所明确规定的"情节严重"并适用无期徒刑，如此，既可以尊重"互斥关系不属于法条竞合关系也不属于想象竞合关系"这一客观实在的关系判断，又有利于维护法条竞合论和刑法教义学的内在逻辑，显然更好。

这里大费周章地讨论法条竞合关系判断，其意义在于有效防止职务侵占罪与盗骗犯罪（即盗窃罪和诈骗罪等具体罪）之间的关系判断中可能存在的误读误判。一是防止错误判断法条竞合关系及其处断规则，通过重申"只有特别法与普通法之间、补充法与基本法之间的关系，属于单向包容的特别关系（即法条竞合关系）"，说明"双向的互补关系、互斥关系均不属于特别关系与法条竞合关系"，阐明《刑法》第140条与第141条至第148条之间由于具有双向的互补关系而不同于"单向包容的补充关系"，从而其不属于法条竞合关系而属于想象竞合关系。《刑法》第149条规定的"依照处罚较重的规定定罪处罚"（从一重处断规则）仅可以成为想象竞合处断规则的法律依据而不能成为法条竞合处断规则的法律依据，从立法依据上、根本法理上否定法条竞合存在"依照处罚较重的规定定罪处罚"（从一重处断规则）的合法性。二是防止在将职务侵占罪与盗骗犯罪之间的关系确认为法条竞合关系之后，仍然主张"某种行为没有达到司法解释确定的特别法条的定罪标准，但符合普通法条的定罪标准时，应当适用普通法条定罪量刑"（张明楷语），或者主张"在行

---

① 张明楷：《刑法学》（第五版）（上），法律出版社2016年版，第475页。

为不符合职务侵占罪这一特殊法条时,为了避免出现处罚上的漏洞,完全可以也应该按照盗窃罪(或者诈骗罪、侵占罪)等普通法条处理,这样的主张是罪责刑相适应原则(罪刑均衡原则)的要求,同时也不违反罪刑法定原则"(付立庆语),因为法条竞合只能适用"特别法排斥一般法"处断规则。因此,就职务侵占的行为定型而言,由于行为人利用职务上的便利而采取侵吞、窃取、骗取或者其他方法非法占有本单位财物的行为已经被特别地定型为职务侵占,其中利用职务上的便利窃取、骗取本单位财物的行为已经丧失了其成为盗窃罪、诈骗罪的行为定型的"资格",从而应当适用特别法并排斥盗窃罪和诈骗罪的适用,即应适用"特别法排斥一般法"处断规则。就职务侵占罪与盗窃罪(或诈骗罪)之间的法条竞合关系而言,职务侵占罪是特别法,盗窃罪(或诈骗罪)是普通法,依法条竞合论亦应适用"特别法排斥一般法"处断规则。以此而论,笔者也不赞成部分学者在主张职务侵占行为"综合手段说"的同时,又借用"大竞合论""绝对的重法优于轻法处断规则"与"相对的重法优于轻法处断规则"的思路而得出的一些解释结论。

三 结语:刑法解释应遵从司法公正的相对性和合逻辑性

职务侵占和贪污的行为定型必须以刑法立法论及其之下的刑法解释论为据才能得出恰当合理的结论,尽管其中存在的疑难具有客观性,比如部分职务侵占行为和贪污行为因为司法解释规定的入罪和处罚标准较高而可能导致无法定罪或者无法重罚,但是这种现象的客观存在不能成为否定"综合手段说"并转而采用"侵占单一手段说""大竞合论""绝对的重法优于轻法处断规则"与"相对的重法优于轻法处断规则"的充足理由。在处理刑法立法公正与司法公正的关系问题上应当面对现实,理性从事。当刑法立法存在"真正的法律漏洞"[①] 而有失公正时应当适时修订刑法,但在刑法修订之前应当遵从司法公正的相对性和合逻辑性,"上帝的归上帝 凯撒的归凯撒"。刑法解释适用必须尊崇应有的刑法司

[①] 魏东:《刑法理性与解释论》,中国社会科学出版社2015年版,第324—328页。

法逻辑和刑法教义学，尊重罪刑法定原则和刑事法治理性。当刑法立法本身是公正合理的但是由于司法解释文本规定引起新问题新矛盾之时，应当反思、修改司法解释文本规定以求得司法公正，而不是固化司法解释文本规定，更不应当以固化的司法解释文本规定为据而"逆向解释"刑法立法甚至僭越罪刑法定，这样的刑法解释和理论探索只能说是"刻舟求剑"。

第二十九章

受贿罪的刑法解释

四川乐山官某约定收受干股案涉及受贿罪的保护法益、实行行为与犯罪形态认定等法理阐释。尽管官某尚未实际取得股权,但是已经"着手"实施股权转让登记的行为,因被告人意志以外的原因而使其收受"川犍电力"股份的犯罪行为并未得逞,因而法院判决其构成受贿罪(受贿数额为 1300 余万元)的犯罪未遂,这一判决认定是正确的。

【案例】四川乐山官某收受干股案①

2002 年,在四川某电力国有股权进行转让和改制过程中,四川省某集团公司老总王某某(另处)与官某约定若成功收购国有"川犍电力"股份后将给官某 20% 的股份(干股)。王某某顺利低价收购国有股权后,按协议将其中时值 1300 余万元的 3000 余股"川犍电力"股份送给官某,乐山产权交易中心在申请手续不全的情况下违规将该股份过户到官某个人账户上,并同时将划转股权冻结。2005 年 1 月,因"川犍电力"国有股协议转让给四川省某集团公司的批复未获批准,上述股权的过户被撤销并被还原到过户前账户,其后案发。

---

① 参见新华网报道《行贿田玉飞 四川省犍为电力原老总被判无期》,来源:新华网,http://www.sc.xinhuanet.com/content/2007-04/29/content_9924236.htm,2007 年 4 月 29 日访问。

成都市中级人民法院判决认定，官某收受"川犍电力"股份价值 1300 余万元（以及他人所送现金共计 265 万元），其行为已构成受贿罪；因该案中某电力集团不能提供完整有效的手续使过户行为合法，官某所收受的"川犍电力"股份实际一直处于冻结状态而不能处置，后上述股权过户又被撤销，故其收受"川犍电力"股份的犯罪行为并未得逞，应系犯罪未遂。

结合本案的司法判决，可以对受贿罪的刑法解释学和刑法教义学原理展开研讨。

一 受贿罪的保护法益："职务廉洁性说"的内涵界定

受贿罪的违法性特征表现为：其保护法益是国家工作人员的"职务廉洁性"，其行为定型是"权钱交易"。因此，对受贿罪的刑法解释适用，必须依据刑法条文规定，紧紧围绕受贿罪的违法性特征进行规范阐释，才能够有效化解受贿罪其他所有问题理论上的纷争和实践中的困惑。

关于受贿罪的保护法益亦即受贿罪的直接客体究竟是什么，我国刑法学界存在着多种争议，归纳起来主要有"单一客体说""双重客体说""三重客体说"和"选择客体说"等四种基本立场。（1）"单一客体说"认为受贿罪所侵犯的是单一的社会主义社会关系。如认为受贿罪的客体是国家机关的正常活动，即国家机关对内、对外的有序的职能活动；或者认为受贿罪的客体是公私财物的所有权；或者认为受贿罪的客体是国家的经济管理活动；也有人认为受贿罪的客体是职务行为的廉洁性（"职务行为廉洁"说）。（2）"双重客体说"认为受贿罪侵犯的是双重的社会主义社会关系。如：有的认为受贿罪既侵犯了国家和社会管理公务的正常活动，又损害了国家公务活动的形象；有的认为受贿罪既侵犯了国家机关的正常活动，又侵犯了公私财产的所有权；还有的认为受贿罪既侵犯了国家机关的正常活动，又侵犯了社会主义经济秩序。

（3）"三重客体说"认为受贿罪的客体，包括了国家机关的正常活动、公私财产的所有权关系以及社会主义经济秩序在内的三重客体。（4）"选择客体说"认为"受贿罪的客体是一个以基本客体为核心与兼及客体选择组合的结构性客体"，具体来讲是以国家机关、集体经济组织和其他社会团体公务活动（简述为国家和社会管理公务）的正常进行以及公务的声誉为基本客体，与社会经济管理秩序和公私财产所有权选择组合这样一个结构性客体。①

笔者倾向于同意单一客体说中的"职务行为廉洁说"，但是同时又认为应当将受贿罪所侵害的具体法益进一步更加准确地限定为国家工作人员的公共职务廉洁性或者简单称为公职廉洁性、职务廉洁性，因此应当将"职务行为廉洁说"修正为"职务廉洁性说"。应当说"职务廉洁性说"已经逐步成为我国现在的通说②，但是也有学者认为，"廉洁性说究竟是以不可收买性说为立场，还是以纯洁性说为立场，尚不明确"③，对于其合理性的根据仍然需要进行法理上和刑事政策上的进一步论证。④

张明楷指出：

> 关于受贿罪的立法形式，一直存在两种立场：起源于罗马法的立场是，受贿罪的保护法益是职务行为的不可收买性。根据这一立场，不管公务员所实施的职务行为是否正当合法，只要他要求、约定或者收受与职务行为有关的不正当报酬，就构成受贿罪。起源于日耳曼法的立场是，受贿罪的保护法益是职务行为的纯洁性或公正性、职务行为的不可侵犯性。根据这一立场，只有当公务员实施违法或者不正当的职务行为，从而要求、约定或者收受不正当报酬时，才构成受贿罪。刑法理论以这两种立场为基础，形成了诸多

---

① 魏东：《当代刑法重要问题研究》，四川大学出版社 2008 年版，第 391 页；张明楷：《刑法学》（第五版）（下），法律出版社 2016 年版，第 1201 页。
② 高铭暄主编：《刑法专论（下编）》，高等教育出版社 2003 年版，第 808 页；张明楷：《刑法学》（第五版）（下），法律出版社 2016 年版，第 1201 页。
③ 张明楷：《刑法学》（第五版）（下），法律出版社 2016 年版，第 1201 页。
④ 魏东：《当代刑法重要问题研究》，四川大学出版社 2008 年版，第 391 页。

学说。

信赖说有不同的内容。德国的信赖说认为，受贿罪的法益是国民对职务行为的公正性的信赖，而不包括职务行为的公正性本身，因为刑法处罚是对过去的职务行为的贿赂和对正当的职务行为的贿赂。换言之，即使职务行为是公正的，贿赂行为也会使国民对职务行为的公正性产生怀疑。日本的信赖说认为，受贿罪的法益是职务行为的公正性以及国民对职务行为的公正性的信赖。其基本理由是：职务行为的公正性本身无疑是值得保护的。不仅如此，如果国民认为公务员的职务行为都是被贿赂所左右的，就会导致国民的失望与不安，导致对政府的不信任、对国家政权的不信任。而且，对正当的职务行为、过去的职务行为的贿赂，也使国民对职务行为的公正性产生怀疑。所以，国民对职务行为的公正性的信赖作为保护法益，也能说明对正当的职务行为、对过去的职务行为的贿赂的可罚性根据。①

笔者认为，职务廉洁性说在本质上是坚持了起源于罗马法的不可收买性说的立场，其超越了起源于日耳曼法的纯洁性说立场；同时，德国的信赖说与日本的信赖说仍然仅仅是从"国民对职务行为的公正性的信赖"这一特殊视角对不可收买性说的进一步扩张，其实质是基于刑事政策而对防控受贿犯罪的防御性扩张，因而在受贿罪保护法益的法教义学构建中有必要引入刑事政策学原理，才能"有效阐释"职务廉洁性说（以及不可收买性说）的深刻内涵。

从法理上分析，受贿罪与其他渎职性犯罪在犯罪客体上的区别就在于：受贿罪不是一般的玩忽职守或者滥用职权，甚至它不一定玩忽职守或者滥用职权，而是只侵害了公职的廉洁性、非经济性、不可收买性，仅此而已。在侵害了职务廉洁性这一点上，受贿罪与贪污罪完全一样；当然，贪污罪还侵害了他人（包括国家集体个人）的财产所有权，主要是公共财物所有权（贪污罪的犯罪客体与犯罪对象、行为对象都是需要检讨的问题）。二者的根本区分，也主要在于行为方式之不同：受贿罪的

---

① 张明楷：《刑法学》（第五版）（下），法律出版社2016年版，第1199—1200页。

客观行为方式是利用职务之便"非法收受"行为本身；而贪污罪的客观行为方式则是利用职务之便"非法占有"行为，例如国家工作人员在对外公务活动中"收受（礼物）"行为可能在并不违法不构成受贿的情况下进一步发展至"非法占有"行为时就构成贪污。所以，那种认为受贿罪所侵害的法益是公职廉洁性与他人财产所有权的观点是不妥当的，因为他人财产所有权在一般情况下是可以由他人随意处分的，既然在行为人受贿时的财产所有权是由财产所有人自己处分的（尤其在行贿人主动行贿的情况下如此），那就谈不上受贿行为人侵犯他人财产所有权了，这说明他人财产所有权不能成为受贿罪所侵害的法益。当然，在索贿型受贿罪所侵害的法益中，也可能包括了他人财产所有权。但是作为受贿罪自身毫无例外的个性特征则只能是职务廉洁性，不应将他人财产所有权作为受贿罪所侵害的法益。

从刑事政策的视角来分析，只要是国家工作人员故意利用职务之便主动敲诈勒索或者诈骗"相对人财物"（与成为贪污行为对象的"公共财物""本单位财物""应交公的礼物""保险金"四类财物相区分，下同），或者被动收受"相对人财物"，都应当构成受贿罪，因为它们的共同点都是侵害了国家工作人员的职务廉洁性，或者因为它们是"观念上的"权钱交易行为而具有刑事政策上所必须防范的侵害国家工作人员的职务廉洁性的重大风险，因而都具有刑事政策上的犯罪化正当根据。这一点，从《刑法》第385条第1款和第2款的法条分析就可以看出。一般认为，第385条第1款规定"国家工作人员利用职务上的便利，索取他人财物的"就构成受贿罪，它没有明确规定"为他人谋取利益"的要件要素（以下简称"谋利要素"）。索贿行为中没有法律规定的谋利要素，是否应当解释为"权钱交易"行为呢？笔者认为答案是肯定的，因为：其一，从索贿人立场看，索贿人通过利用职务上的便利而向他人索贿，使得"权""钱"发生了勾连关系，当然应当解释为"权钱交易"；其二，从被索贿人立场看，国家工作人员在我办事时找我索贿，我被迫向索贿人送财物，自然是索贿人和我搞"权钱交易"；其三，从公共政策和法律上看，国家工作人员的索贿行为是毋庸置疑的"观念上的"权钱交易行为。由此可见，受贿行为即使没有法律规定谋利要素，但是索贿行为仍然表现出受贿所特有的"权钱交易"的行为本质，包括了收受人

（索贿人）立场的权钱交易、相对人（被索贿人）立场的权钱交易、观念上的权钱交易。当然，第385条第1款规定国家工作人员利用职务上的便利"非法收受他人财物，为他人谋取利益的"，其具有"权钱交易"的行为本质是更加显而易见的，无须赘述。同样，该条第2款规定"国家工作人员在经济往来中，违反国家规定，收受各种名义的回扣、手续费，归个人所有的，以受贿论"，从行为人立场看，行为人（国家工作人员）通过利用职务上的便利"收受各种名义的回扣、手续费，归个人所有的"，其行为也使得"权""钱"发生了勾连关系，当然也应当解释为"权钱交易"。因为，国家工作人员在经济往来中完全可能是不徇私情，秉公办事，而相对人给予什么回扣和手续费完全可能纯粹是出于"感谢"或者"敬仰之情"，但是从行为人立场上或者从公共政策和法律上看其仍然具有"权钱交易"的行为本质。

《刑法》第388条所规定的斡旋受贿行为，不但没有排除谋利要素，而且明确规定必须是"为请托人谋取不正当利益"，这在刑法立法论上是存在较大争议的。从立法论上讲，斡旋受贿终究不是国家工作人员直接利用职务上的便利为请托人谋取利益，而是间接地"通过其他国家工作人员职务上的行为"为请托人谋取利益，因此表面上看是有一定区别的。但是严格地讲，这种区别在立法论上并不能获得充分的正当性，需要将来适当事后修订这一法条的规定。在现有立法规定的条件下，作为一种"解释论补救"措施，我们认为应当对"为请托人谋取不正当利益"作出宽松解释，即只要是不符合法律实体性规定的利益、不符合法律程序性规定的利益、不符合公平合理民法精神的利益，均应当解释为"为请托人谋取不正当利益"，从而依法惩治斡旋受贿这一受贿犯罪行为。

二 约定受贿[①]行为的定性处理

关于约定受贿定性处理问题，最高人民法院和最高人民检察院在相

[①] "约定受贿"也可以称为"承诺受贿"，本书为行文方便而统一使用"约定受贿"这一说法。

关司法解释性文本（以下简称"两高文本"）①中有三次规定，依其发布时间先后顺序是：（1）2000年7月13日最高人民法院《关于国家工作人员利用职务上的便利为他人谋取利益退休后收受财物行为如何处理问题的批复》（以下简称"批复"，自2000年7月21日起施行），规定："国家工作人员利用职务上的便利为请托人谋取利益，并与请托人事先约定，在其离退休后收受请托人财物，构成犯罪的，以受贿罪定罪处罚。"（2）2003年11月13日最高人民法院《全国法院审理经济犯罪案件工作座谈会纪要》（以下简称"纪要"）第3条第（四）项，规定："参照《最高人民法院关于国家工作人员利用职务上的便利为他人谋取利益退休后收受财物行为如何处理问题的批复》规定的精神，国家工作人员利用职务上的便利为请托人谋取利益，并与请托人事先约定，在其离职后收受请托人财物，构成犯罪的，以受贿罪定罪处罚。"（3）2007年7月8日最高人民法院、最高人民检察院《关于办理受贿刑事案件适用法律若干问题的意见》（以下简称"意见"）第10条，规定："国家工作人员利用职务上的便利为请托人谋取利益之前或者之后，约定在其离职后收受请托人财物，并在离职后收受的，以受贿论处。"当然，笔者注意到刑法典和2016年"两高"《关于办理贪污贿赂刑事案件适用法律若干问题的解释》（以下简称"解释"，自2016年4月18起施行）均没有对约定受贿问题作出"明文规定"②。

从以上列举可以看出，"两高"文本对约定受贿的文字表述既有一些共通性，也存在一定差异性。其共通性表现在：三个文本都强调约定受

---

① 根据2007年《最高人民法院发布关于司法解释工作的规定》第6条规定，司法解释的形式分为"解释""规定""批复""决定"四种。而本书此处及后文引介的两高文本，既有"解释""规定""批复""决定"四种形式的文本，也有"意见""纪要""答复"等形式的文本，因此本书是在广义和实质意义上使用了司法解释性文本这一概念；同时，鉴于本书研究的重心和特点，本书不对司法解释性文本形式的法理问题展开检讨。有关司法解释性文本形式的法理问题，参见李立众编《刑法一本通》（第十一版），法律出版社2015年版，第1页"第十一版前言"；孟庆华、王法《"意见"是否属于刑法司法解释表现形式问题探析》，载《临沂市师范学院学报》2010年第5期。

② "两高""解释"第15条第2款规定："国家工作人员利用职务上的便利为请托人谋取利益前后多次收受请托人财物，受请托之前收受的财物数额在一万元以上的，应当一并计入受贿数额。"该条款规定中尽管也出现了"为请托人谋取利益前后""受请托之前"等语句，但其实质上并没有规定"约定受贿"问题。

贿是国家工作人员利用职务上的便利为请托人谋取利益，并与请托人"事先约定"或者"之前或者之后"有"约定"，"在其离退休后"或者"在其离职后"收受请托人财物。其差异性在于：前两个文本比较笼统地规定"构成犯罪的，以受贿罪定罪处罚"，其含义应当是若属于"构成犯罪的"、则"以受贿罪定罪处罚"，若不属于"构成犯罪的"、则不"以受贿罪定罪处罚"，因而在约定受贿行为"构成犯罪的"判断标准上具有一定模糊性；而第三个文本则明确规定了"并在离职后收受的，以受贿论处"，显然尽管其在"并在离职后收受的，以受贿论处"这一点上具有定罪处罚的确定性，但是并没有明确规定若只有约定受贿行为但是没有"并在离职后收受的"行为——此种行为可以概括性地简称为"有约定受贿但尚未实际收受贿赂的行为"——应当如何定性处理的问题，因而约定受贿在其表现为"有约定受贿但尚未实际收受贿赂的行为"时是否构成受贿罪就具有一定或然性。可以说，"两高"文本对约定受贿行为的定性处理的规定，或者在总体上对约定受贿行为是否一律受贿罪的规定具有一定模糊性（如前两个文本），或者在其具体表现为"有约定受贿但尚未实际收受贿赂的行为"时是否定受贿罪的规定具有一定或然性（如第三个文本），这种司法解释性文本规定的模糊性与或然性直接导致司法实践中出现了对"有约定受贿但尚未实际收受贿赂的行为"有时定罪而有时不定罪的分歧。例如：

【案例】雅安姚某某约定受贿案[①]

2010年上半年的一个周末在成都市某西餐厅，卢某某对被告人姚某某说，我这几年在雅安市人民医院做了一些业务，也赚了一些钱，我心里一直想对你表达感谢，我记着还要给你160万元，等你不当国家公职人员或者你急需用钱的时候，我再给你。"我现在也不需要钱，先放在你那里"，姚某某对卢某某的承诺表示认可。对此事实，雅安市中级人民法院一审判决认定被告人姚某某构成受贿罪

[①] 参见《四川省高级人民法院刑事判决书》（2013）川刑终字第391号。

(未遂)。被告人姚某某不服此判决而向四川省高级人民法院提出上诉。

二审判决认为,行贿人卢某某与被告人姚某某事前虽有约定,姚某某也利用其职务便利为卢某某谋取了利益,但姚未实际收受或者控制就已经案发,且在案证据证实该款项仅属于卢某某对姚某某的承诺,并未以任何形式单独存放。根据2007年"两高"《关于办理受贿刑事案件适用法律若干问题的意见》第十条"国家工作人员利用职务上的便利为请托人谋取利益之前或者之后,约定在其离职收受请托人财物,并在离职后收受的,以受贿论处"、第九条"国家工作人员收受请托人财物后及时退还或者上交的不是受贿"的规定,本院认为,原判认定该160万元受贿(未遂)的证据不足,不应计入姚某某受贿的总数额。

本案一审和二审均认定姚某某有"约定受贿",但没有"并在离职后收受的"这一案情事实,但是在是否对该约定受贿行为定罪问题上出现了分歧:一审法院认为,对于姚某某仅有约定受贿,但没有"并在离职后收受的"行为也应定罪(受贿罪未遂),其文本依据可能是最高法的"批复"和"纪要";而二审法院认为,对于姚某某仅有约定受贿,但没有"并在离职后收受的"行为不应定罪,其文本依据应当说是两高"意见"。那么,就姚某某案适用两高文本的选择与解释结论而言,二审法院选择适用了发布时间更晚("新法"取代"旧法")、规范内容更加有利于被告人("轻法"优于"重法")所得出的解释结论可能更具有合法性和正当性。但是,仅限于此而得出二审法院的判决结果优于一审法院的判决结果的结论可能并不充分,尤其是作为司法解释规范形式之一的"批复"在规范效力上可能比"意见"更高(因为"意见"并非规范意义上的司法解释文本形式),那么本案二审法院不适用规范形式更严格且规范效力更高的"批复",反而要适用规范形式不严格且规范效力更弱的"意见"就可能存在"规范适用是否正确"的疑问,并使得这个判决说理在规范层面上似乎并非"理直气壮"。那么,在现行刑法典和司法解释规范文本形式之内,姚某某的约定受贿行为是否可以解释为受贿罪(未遂)

的问题，可能还需要进一步展开法理学和解释论上的判决说理。

我们认为，基于保守的刑法解释立场，综合前述三个司法解释性文本规定的实质精神来看，"有约定受贿但尚未实际收受贿赂的行为"既不能一律定罪，也不能一律不定罪，应当进一步区分两种不同情形分别作出定性处理："有约定受贿但尚未实际收受贿赂的行为"之第一种情形，是受贿人已经"着手"实施收受贿赂行为（但是最终尚未实际收受贿赂），那么依法应定受贿罪（未遂或者中止）；"有约定受贿但尚未实际收受贿赂的行为"之第二种情形，是受贿人尚未"着手"实施收受贿赂行为，那么依法不应定受贿罪（包括不构成受贿罪的未遂与中止）。也就是说，"有约定受贿但尚未实际收受贿赂的行为"是否定罪的临界点/区分点在于"着手"（即"着手"实施收受贿赂行为）：有着手即有罪，无着手即无罪。尽管按照刑法典文本关于预备犯和受贿罪的规定是"可以依法"（甚或"应当依法"）处罚受贿的预备犯的，但是，我国司法解释性文本作为一种"活的法"[①]和我国当下反腐败刑事"司法政策"，实质上进一步限缩解释了刑法典文本的处罚范围并形成了"有着手即有罪，无着手即无罪"的司法裁判规则。亦即，这种判断的基本依据在于我国前述三个司法解释性文本的明确规定，属于比较典型的司法上非犯罪化现象。两高"意见"第10条关于"国家工作人员利用职务上的便利为请托人谋取利益之前或者之后，约定在其离职后收受请托人财物，并在离职后收受的，以受贿论处"之规定，即明确要求约定受贿定罪的必备条件是"并在离职后收受的"，按照刑法的客观解释立场，"并在离职后收受的"之"收受"行为的解释，必须以"着手"实施收受行为为最低限度，其含义中并不包括收受财物的单纯的犯意流露或者犯罪预备。应当说，与此相当的刑法解释结论，将某种特定情形下的行为限定解释为"着手"实施该行为，在我国刑法中还有很多。例如，关于《刑法》第29条第2款"被教唆的人没有犯被教唆的罪"的解释适用，我国有学者

[①] "活的法"又叫"行为中的法""事实上的法"，是指支配生活本身的法律，如庞德所谓的法官法、判例法，或者如弗兰克所指称的司法活动中当事人或其律师对其案件判决所依据的法律的预测和法院的判决。参见严存生《西方法哲学问题史研究》，中国法制出版社2013年版，第32—33页；[美]博登海默《法理学——法哲学及其方法》，邓正来译，华夏出版社1987年版，第148—151页。

指出，其只能解释为教唆犯教唆他人犯罪、被教唆人已经"着手"实行犯罪、但没有达到既遂状态。① 还有如，关于刑法第 263 条规定"犯盗窃、诈骗、抢夺罪"（即转化型抢劫罪之前提条件）的解释适用，刑法理论通说认为，其是指已经"着手"实施盗窃、诈骗、抢夺行为，才具备了向抢劫罪转化的前提条件，因而"应理解为不包括预备行为"②。再如，两高"解释"第 15 条第 2 款规定，"国家工作人员利用职务上的便利为请托人谋取利益前后多次收受请托人财物，受请托之前收受的财物数额在一万元以上的，应当一并计入受贿数额"。那么根据该条款规定，"多次收受请托人财物"的含义应当是仅限于实际收受，而不包括约定收受但是尚未实际收受的情形，"受请托之前收受的财物数额在一万元以上"的含义也只能是仅限于实际收受，而不包括约定收受但是尚未实际收受的情形。由此可见，两高"意见"第 10 条规定"并在离职后收受的"之"收受"行为的解释，必须以"着手"实施收受行为为最低限度，其含义中并不包括收受财物的单纯的犯意流露或者犯罪预备，亦即其中包含了"不处罚受贿的预备"这一司法裁判规则。而更为重要、更为突出的是，两高"意见"第 9 条还明确规定了"国家工作人员收受请托人财物后及时退还或者上交的，不是受贿"，尽管理论上对该规定的适用条件存在争议，有人主张只能将该情形限定为行为人主观上没有受贿故意，若有受贿故意而收受请托人财物后退还或者上交的，仍然应当成立受贿罪③；而另有人主张不排除行为人主观上有受贿故意，只要符合"收受请托人财物后及时退还或者上交的"条件，均应作出"不是受贿"的认定④，储

---

① 参见周光权《"被教唆的人没有犯被教唆的罪"之理解——兼与刘明祥教授商榷》，载《法学研究》2013 年第 4 期。但是需要指出的是，周光权教授对这一问题的表述似乎存在一些模糊性，在前面指出"只能解释为教唆犯教唆他人犯罪，被教唆人已经着手实行犯罪，但没有达到既遂状态"之后，又在后面补充说明"被教唆人虽接受教唆但尚未开始实施预备行为等情形，教唆行为对法益的危险仅仅停留在教唆者内心，不能成立非共同犯罪的教唆未遂"，那么，到底是以被教唆人已经"着手"实行犯罪为条件，还是以被教唆人"开始实施预备行为"为条件呢？周光权教授的前后表述似乎缺乏一致性。

② 参见王作富主编《刑法分则实务研究（中）》，中国方正出版社 2010 年版，第 1044—1045 页。

③ 参见张明楷《受贿罪中收受财物后及时退交的问题分析》，《法学》2012 年第 4 期。

④ 参见李建明《收受他人财物后退还或者上交对受贿罪构成的影响》，《人民检察》2007 年第 16 期。

槐植教授甚至据此还得出了受贿"'既遂之后不出罪'是存在例外情况的"解释结论。① 但应当承认，两高"意见"第 9 条"国家工作人员收受请托人财物后及时退还或者上交的，不是受贿"的这一规定，按照刑法的客观解释立场和体系解释方法，按照前述"收受"行为的解释必须以"着手"实施收受财物行为为最低限度，其含义中并不包括收受财物的单纯的犯意流露或者犯罪预备的解释结论，客观上直接导致在我国司法实践中形成了"不处罚受贿的预备"的实践理性和裁判规则。② 换言之，由于"不处罚受贿的预备"是我国受贿罪司法裁判中业已形成的一个裁判规则，因而约定受贿而尚未"着手"实施收受财物的行为，依法不认定为受贿罪。

综上所述，"有约定受贿但尚未实际收受贿赂的行为"之定性处理规则（司法裁判规则）可以概括为相互关联印证的两句话：一是受贿"有着手即有罪，无着手即无罪"，二是"不处罚受贿的预备"。

客观而论，从刑法原理和解释论上观察，约定受贿定性处理所涉法理问题可能远不止于"雅安姚某某约定受贿案"中两级人民法院裁判文书所列举的意见分歧和判决说理。体系化、精致化地梳理约定受贿所涉疑难法理问题，可能还有下列"问题意识"必须予以关注和研讨：其一，约定受贿是否应该、进而是否可以进行概念界定与类型化研究？其二，约定受贿是否存在，进而如何确定其犯罪未完成形态及其犯罪数额？其三，约定收受干股和约定收受投资收益的行为如何定性处理？本书对此展开具体研讨并提出个人拙见，以期抛砖引玉，供学界和司法实务部门参考。

（一）约定受贿的概念界定与类型划分

约定受贿是约定贿赂之中与约定行贿相对应的一个概念。从字面含义上进行粗略描述，约定贿赂是指贿赂双方就行贿受贿事宜进行邀约、商定，基于受贿人立场观察可谓约定受贿，基于行贿人立场观察可谓约定行贿。约定受贿与约定行贿相互对应（对向犯）并共同型构约定贿赂。

---

① 参见储槐植、闫雨《"赎罪"——既遂后不出罪存在例外》，《检察日报》2014 年 8 月 12 日第 3 版。

② 但有学者指出，"在司法实践中，对于单纯利用职务上的便利索要贿赂，而没有现实取得贿赂的行为，一般都没有认定为受贿罪，或者仅认定为受贿未遂"。参见张明楷《刑法学》（第四版），法律出版社 2011 年版，第 1077—1078 页。

但从严谨的形式逻辑和刑法规范分析，约定受贿的概念定义中至少应包括以下要素的审查界定：

其一，就约定受贿的犯罪对象而言，由于贿赂对象的通常解释结论是财物（即货币和物品），因而普通的约定受贿是指约定收受财物；又由于贿赂对象的客观解释结论中除了财物，还可以包括财产性利益（即可以折算为货币的物质性利益和需要支付货币的其他利益）。① 关于受贿对象，两高"解释"第 12 条对此进行了明确规定："贿赂犯罪中的'财物'，包括货币、物品和财产性利益。财产性利益包括可以折算为货币的物质利益如房屋装修、债务免除等，以及需要支付货币的其他利益如会员服务、旅游等。后者的犯罪数额，以实际支付后者应当支付的数额计算。"而两高"意见"第 2 条、第 3 条还分别规定了收受干股及其收益、投资及其收益等形式的财产性利益也可以构成受贿，因而较为特殊的约定受贿还包括约定收受干股、约定收受投资收益等财产性利益。

其二，就约定受贿的受贿条件而言，可以是约定离退休之后或者离职之后，也可以是在并非离退休之后或者离职之后的某个时间点或者某个特定条件之下。如"雅安姚某某约定受贿案"，其约定的受贿条件是"等你不当国家公职人员或者你急需用钱的时候"。这里可以发现，两高文本的规定中仅将约定受贿条件限定为"离退休之后"或者"离职之后"（后者比前者的涵摄范围更广泛），并不周全，因而需要将约定的受贿条件进一步抽象为"在其离职后或者在其他某种条件下"。

其三，就约定受贿的发生学机理而言，可以是国家工作人员利用职务上的便利为请托人谋取利益"之前或者之后"，当然还可以是发生在国家工作人员利用职务上的便利为请托人谋取利益"之中"。因此，"两高"文本关于约定受贿仅限定为"之前或者之后"的规定，因其遗漏了"之中"的可能情形，也有违逻辑周延性，因而需要将约定受贿的发生时间进一步周全规定为国家工作人员利用职务上的便利为请托人谋取利益"之前、之中或者之后"。

---

① 参见张明楷《刑法学》（第四版），法律出版社 2011 年版，第 1066 页；赵秉志、刘志伟、彭新林《努力完善惩治腐败犯罪立法建设——"我国惩治腐败犯罪的立法完善问题学术座谈会"研讨综述》，《法制日报》2015 年 4 月 8 日第 9 版。

关于约定受贿的发生学机理的审查，还有学者指出，在约定受贿人与约定行贿人之间考察"以谁提出为标准，将其归入索取与收受：国家工作人员先提出约定的，属于索取；对方先提出约定的，国家工作人员属于收受"[1]。应当说，这里强调"以谁提出为标准"而对约定受贿所作的类型划分，即将约定受贿进一步划分为索取型的约定受贿与收受型的约定受贿，对于确定具体个案中受贿罪是否成立以及是否具有"索贿"的量刑情节均具有意义，因而应当予以关注。

其四，就约定受贿的犯罪学发展轨迹与犯罪过程规范审查而言，约定受贿可以是犯意流露、犯罪预备行为、着手实施收受财物行为乃至完成收受财物行为等诸种样态。如果说"批复"和"纪要"笼统地规定约定受贿"构成犯罪的，以受贿罪定罪处罚"，其包含了可以惩处受贿的犯罪预备、犯罪未遂、犯罪中止和犯罪既遂等诸种犯罪形态；那么就可以说，"意见"仅规定约定受贿"并在离职后收受的，以受贿论处"，这里"并"字的限定意义就十分明确，即仅规定了实际完成收受财物的行为以受贿（既遂）论处、已经着手实施收受财物但未实际完成收受财物的行为以受贿（未遂）论处，但是难说其包含了将预备收受财物而尚未着手实施收受财物的行为以受贿（预备）论处的含义，因而可以说"意见"的规范实质是限定了约定受贿的处罚范围，亦即确立了"不处罚受贿的预备"司法裁判规则（后文详述理由）。两高文本关于约定受贿的处罚范围的限定规范尽管具有刑法解释论意义，但是基于概念界定的逻辑周延性要求，约定受贿的概念界定应当周延地涵摄约定受贿的全部外延即犯意流露、犯罪预备行为、着手实施收受财物行为乃至完成收受财物行为等诸种样态。

基于以上形式逻辑的分析，本书认为应将约定受贿的概念界定为：约定受贿，是指国家工作人员在利用职务上的便利为请托人谋取利益过程之中、之前或者之后，与请托人约定或者承诺在其离职后或者在其他某种条件下收受请托人财物的行为。

那么，在明确了约定受贿的概念之后，约定受贿的类型划分应当如何确定？我们认为，从有利于确认约定受贿行为的违法性与责任性的刑

---

[1] 张明楷：《刑法学》（第四版），法律出版社2011年版，第1066—1067页。

法规范价值上考察，约定受贿行为中约定的受贿条件（即"在其离职后或者在其他某种条件下"）、约定受贿的发生学机理中"之中、之前或者之后"（即国家工作人员在利用职务上的便利为请托人谋取利益过程"之中、之前或者之后"）等通常不具有刑法规范评价的意义（尽管其对于约定受贿的概念界定具有形式逻辑价值），基本上不能影响约定受贿行为的定罪量刑，因而其在约定受贿的违法性和责任性类型化审查上缺失刑法规范评价功用，无须特别考量。当然这里还需要明确两点：其一，约定受贿的发生学机理中"以谁提出为标准"而对约定受贿所作的类型划分，即将约定受贿划分为索取型的约定受贿与收受型的约定受贿，对于确定具体个案中受贿罪是否成立以及是否具有"索贿"的量刑情节均具有意义。即此种类型划分的刑法规范价值在于：对于索取型的约定受贿，只要有着手收取贿赂或者实际收取贿赂的行为，无论其是否具有"为他人谋取利益的"要素，均可以构成受贿罪（未遂或者既遂），并且适用"索贿的从重处罚"这一规定；对于收受型的约定受贿，则要在有着手收取贿赂或者实际收取贿赂的行为的同时，还必须具有"为他人谋取利益的"要素，方可以构成受贿罪（未遂或者既遂）。但本书由于将约定受贿的概念作出了"国家工作人员在利用职务上的便利为请托人谋取利益过程之中、之前或者之后"这一限定，因而对索取型的约定受贿与收受型的约定受贿的类型划分及其刑法规范意义不予特别研讨。其二，约定受贿的发生学机理中，约定受财（约定受贿）可以发生在"为请托人谋取利益过程之中、之前或者之后"，这是我国刑法理论通说的观点。[①] 但是，对于约定受财发生在为他人谋取利益"之后"的情形可以解释为受贿罪的结论，我国部分刑法学者在刑法解释论上对此持质疑态度，其突出表现在针对最高人民法院公布的陈晓受贿案的理论研讨中。[②] 陈兴良教授从探

[①] 参见王作富主编《刑法分则实务研究（下）》，中国方正出版社2010年版，第1782—1783页；张明楷：《刑法学》（第四版），法律出版社2011年版，第1072—1073页。

[②] 参见裴显鼎《陈晓受贿案——事后收受财物能否构成受贿罪》，载最高人民法院刑事审判第一庭《刑事审判参考》2000年第3辑，法律出版社2000年版，第47—54页；储槐植、杨建民《"事后受贿能否构成受贿罪"——析陈晓受贿案和徐德臣受贿案》，载姜伟主编《刑事司法指南》2000年第2辑，法律出版社2000年版，第167—177页；陈兴良《判例刑法学（教学版）》，中国人民大学出版社2012年版，第334—343页。

求立法本义的立场出发指出，"对于国家工作人员来说，在正常行使职务行为的时候，没有约定收受财物，即使事后受财，并且明知是对事前职务行为的报答，也不能认为是在出卖权力，因为在职务行为实施时并无此意图"，并认为由此并不能直接得出事前没有约定的事后受财行为构成受贿罪的结论。[①] 对此，笔者认为，通说主张对于约定受财即使发生在国家工作人员利用职务之便为他人谋取利益"之后"的情形也应当解释为受贿罪的观点可取，其具有逻辑自洽性和实践合理性，也能够获得刑法解释结论的正当性。"两高"文本的解释性规定中，实质上暗含此处"之后"这一约定受贿意思表示的时间范围应当限定为在国家工作人员离职之前或者离退休之前，从而不完全等同于日本刑法对"事后受贿罪"的规定[②]；换言之，如果国家工作人员在利用职务之便为他人谋取利益"之后"直到离职之前或者离退休之前均没有约定受贿意思表示，而是在其离职之后或者离退休之后才做出约定受财的意思表示，则不符合两高文本的解释性规定所规定的约定受贿条件。因此可以说，两高文本关于约定受贿的解释性规定，既有扩张解释刑法典关于受贿罪的构成要件要素的内容，即将受贿行为延伸至国家工作人员离职之后和离退休之后，将国家工作人员主体身份延伸至离职之后和离退休之后的"前国家工作人员"；又有适当限缩"之后"这一约定受贿意思表示的时间范围的意蕴，即国家工作人员在利用职务之便为他人谋取利益"之后"限定为国家工作人员离职之前或者离退休之前有约定受贿意思表示，但是不包括国家工作人员在其离职之后或者离退休之后才做出约定受财的意思表示的情形。两高文本关于约定受贿中"之后"的这一限定应当说是合理的，尤其是在我国刑法典没有明确规定"事后受贿罪"的情况下这一司法解释性规定具有突出的实践合理性。从法理上讲，受贿的故意可以产生于为他人谋取利益之前、之中或者之后，因而审查受贿的故意与为他人谋取

---

① 详见陈兴良《判例刑法学》（教学版），中国人民大学出版社2012年版，第334—343页。

② 日本刑法中"事后受贿罪"，是指曾任公务员或者仲裁人的人，就其在职期间接受请托人请托而在职务上曾实施不正当行为，或者未曾实施适当行为，而收受、要求或者约定贿赂的行为。参见［日］西田典之《日本刑法各论》，刘明祥、王昭武译，武汉大学出版社2005年版，第353页。

利益的时间先后之间的关系事实并不具有刑法规范评价的意义，因为这种关系事实并不能影响约定受贿行为的违法性与责任性，从而也不能影响对约定受贿行为的定罪量刑；关键点应在于审查受贿的故意与受财行为是否具有"同时性"，受贿的故意是否是受财"行为时故意"，如果是，哪怕受财行为人（国家工作人员）已经离职，则此种受财行为仍然符合权钱交易的受贿行为特征，从而可以构成受贿罪。此即行为时罪过规则，亦即罪过只能是行为时的心理态度。①从语言学分析可以发现，《刑法》第385条规定的"非法收受他人财物，为他人谋取利益"，语言形式上表现为"非法收受他人财物"和"为他人谋取利益"两个限定要素，但是并不能得出限定要素存在先后排序的解释结论，亦即两个限定要素的先后排序完全可以进行调换并且调换语言表述顺序后其规范含义仍然确定不变，完全符合该法条的法规范目的（即职务廉洁性），完全契合刑法目的解释所得出的解释结论。因此，约定受贿的发生学机理中"之中、之前或者之后"（即国家工作人员在利用职务上的便利为请托人谋取利益过程"之中、之前或者之后"）不具有刑法规范评价的意义，无须以此为据对约定受贿进行类型划分。

而约定受贿的犯罪学发展轨迹与犯罪过程规范审查，有利于精确判定其行为样态和犯罪形态，从而其对于约定受贿行为的违法性与责任性的判定具有十分重要的刑法规范价值，如犯意流露样态的约定受贿就依法不应定罪处罚，犯罪预备形态的约定受贿通常也不具有定罪处罚的条件（理由后文详述），而犯罪未遂形态的约定受贿和犯罪既遂形态的约定受贿依法应当定罪处罚。因而，从有利于确认约定受贿行为的违法性与责任性的刑法规范价值上考察，有必要根据约定受贿的犯罪学发展轨迹与犯罪过程规范审查来对约定受贿（行为）进行类型划分，依次可以分为犯意流露阶段的约定受贿、犯罪预备阶段的约定受贿、犯罪未遂形态的约定受贿、犯罪既遂形态的约定受贿等类型。此种类型划分的刑法规范价值在于：对于犯意流露阶段的约定受贿、犯罪预备阶段的约定受贿，依法不定罪处罚；对于犯罪未遂形态的约定受贿、犯罪既遂形态的约定受贿均应予以依法定罪处罚，前者以受贿罪未遂论处，后者以受贿罪既

---

① 参见张明楷《诈骗罪与金融诈骗罪研究》，清华大学出版社2006年版，第410—415页。

遂论处。

此外，如前所述，约定受贿的犯罪对象既包括普通财物，也包括干股及其收益、投资收益等特殊的财产性利益，而约定收受干股及其收益、投资收益等特殊的财产性利益在具体个案中对于约定受贿行为的违法性与责任性的刑法规范评价上均具有一定的特殊性，因而亦有必要区分约定受贿的犯罪对象的不同类型而将约定受贿具体区分为约定收受普通财物、约定收受干股及其收益、约定收受投资收益等不同类型，以利于展开具体研讨。

（二）约定受贿但未实际收受贿赂的定性处理

从司法实践情况看，约定受贿并实际收受财物的行为依法构成受贿罪（既遂），尽管其中有"约定受贿"因素，但是其在受贿行为的违法性和责任性评价中并无区别于普通受贿罪的任何特殊性和特别的疑难性，甚至可以说任何受贿行为的实际完成均存在或明或暗的"约定受贿"因素（因为无论是收受型的受贿还是索贿型的受贿的有效完成，其中都必定内含"约定受贿"因素），因而对此情形没有展开特别讨论的必要。从而，普通的约定收受财物行为中，值得展开理论研讨的主要问题可能在于：约定收受但未实际收受财物的行为应当如何定性处理？对此问题，司法实践中应当说存在对立的不同见解，例如在前述"雅安姚某某约定受贿案"中，雅安市中级人民法院给出的答案是，姚某某具有约定受贿但未实际收受财物的行为构成受贿罪未遂；而四川省高级人民法院给出的答案则正好相反，认为姚某某具有约定受贿但未实际收受财物的行为不构成受贿罪（包括不构成受贿罪未遂）。那么，约定受贿但未实际收受财物的行为到底是应当认定为受贿罪（未遂或者中止）还是应当认定为不构成受贿罪呢？如前所述，约定受贿但未实际收受财物的行为定性处理，"一刀切"地认定为构成受贿罪（未遂或者中止）或者"一刀切"地认定为不构成受贿罪（包括不认定为受贿罪未遂或者中止）都不恰当，其中至为关键的"点"在于审查其中约定受贿人是否存在"着手"实施收受财物的行为：如果约定受贿人业已存在"着手"实施收受财物（但未实际收受财物）的行为，则约定受贿人依法应认定为受贿罪（未遂或者中止）；如果约定受贿人尚不存在"着手"实施收受财物的行为，则约定受贿人依法应认定为不构成受贿罪（包括不构成受贿罪未遂或者中止）。因此，约定受贿但未实际收受贿赂的行为应具体区分以下两种情形进行定性处理：一是约定受贿而尚未"着手"实施收受财物的行为，依法不认定为受贿罪；二是约定受贿而"着手"实施收受财物，但是尚未完成实际收受财物的行为，依法应认定为受贿罪（未遂）。

1. 约定受贿而尚未"着手"实施收受财物行为的定性处理

我们认为，由于"不处罚受贿的预备"是我国受贿罪司法裁判中业已形成的一个裁判规则，约定受贿而尚未"着手"实施收受财物的行为，依法不认定为受贿罪。我国之所以存在"不处罚受贿的预备"司法裁判规则，其主要理由除前述已论及的我国现有司法解释性文本规定之外，还在于以下可能的法理依据：我国的刑法典文本规定本身也有一些特殊性。《刑法》第22条规定"为了犯罪，准备工具、制造条件的，是犯罪预备"，那么，约定受贿人在"约定"贿赂而尚未着手实施收受贿赂之际到底是受贿的犯意流露还是为受贿"制造条件"，是一个存在疑问的问题。有人认为这是受贿的犯意流露（即表达了受贿意思），也有人会认为这是受贿的犯罪预备（即为了受贿犯罪而制造条件），应当说这时难于准确区分犯意流露与犯罪预备的界限，而只是在尚未"着手"实施收受财物这一点上才是可以明确肯定的。可以说，约定受贿人的犯意流露与犯罪预备难于区分，这是我国不处罚受贿预备行为的法理依据之一。例如，如果仅仅是行贿人主动向国家工作人员表示行贿意思（单方的约定行贿），而国家工作人员对此不置可否，是否可以认定为国家工作人员默许的"约定受贿"，实难判断；反过来，如果仅仅是国家工作人员主动向对方表示收受贿赂的意思（单方的约定受贿、索贿），而被索要方对此不置可否，是否可以认定为被索要方默许的"约定受贿"，也难于下定论。我们可能可以谨慎地认定单方的约定行贿和单方的约定受贿的行为样态，将这样两种行为解释为仅仅是犯意流露或者并非典型的约定受贿，从而将其排除在犯罪圈之外；但问题是，如果我们真的肯定了其中一方存在"默许"（指有证据证实其中一方存在默许），这种"默许"行为可能仍然只能解释为仅仅是犯意流露，而仍然难于将这种"默许"行为解释为犯罪预备。由此，只要约定受贿人尚未"着手"实施收受贿赂行为，司法上均不予定罪处罚，并形成了"不处罚受贿的预备"的司法裁判规则。贿赂双方尽管在逻辑上是对向犯(或者对合犯、对行犯、对应犯、对立犯),但受贿行为的有效实施和完成其实更重要的通常是需要依赖于行贿人的单方决意和单方行动,只要行贿人单方面放弃决意和行动就可能导致受贿不能,哪怕受贿人"索贿"也是如此。我国有学者指出:"在中国刑法中,虽然处罚预备犯、未遂犯是刑法总则的规定,但现实生活中,贿赂犯罪的预备和未遂事实上很少受到处罚。"① 相类似的学术见解还有,认为就行贿行为而言"对许诺给予、提议给予以其他非刑罚方法规制,无疑是较为明智的选择"②,其表达的学术观点应当说也包含了赞同"不处罚受贿的预备"的立场。因此,法理上仍然没有必要惩治受贿的预备行为,受贿罪的最低入罪门槛可以是约定受贿行为人存在"着手"实施收受贿赂(在行贿人"着手"实施行贿行为的基础上)的行为,此时方能认定约定受贿行为人构成犯罪未遂。

这里需要说明的是,我国有学者指出,"在司法实践中,对于单纯利用职务上的便利索要贿赂,而没有现实取得贿赂的行为,一般都没有认定为受贿罪,或者仅认定为受贿未遂",而张明楷教授主张"在索取贿赂的情况下,应当以实施了索要行为作为受贿既遂标准"③。这里出现的争议点是:"对于单纯利用职务上的便利索要贿赂,而没有现实取得贿赂的行为",是"一般都没有认定为受贿罪"合理,还是"仅认定为受贿未遂"合理,还是如张明楷教授所主张的认定为受贿罪既遂(即"应当以实施了索要行为作为受贿既遂标准")合理?我们认为,根据《刑法》第386条关于"索贿的从重处罚"的规定,索贿型受贿罪仅仅是作为相对于收受型受贿罪而言进行"从重处罚",其在犯罪构成要素上仅仅是不以"为他人谋取利益"为必要条件,但是其在犯罪生成机理上仍然没有超出"权钱交易"并侵犯国家工作人员职务廉洁性的基本范畴,因而在审查判断受贿的犯意流露、受贿预备行为、着手

---

① 孙国祥、魏昌东:《联合国反腐败公约与贪污贿赂犯罪立法研究》,法律出版社2011年版,第433页。

② 赵秉志、杨诚主编:《〈联合国反腐败公约〉在中国的贯彻》,法律出版社2011年版,第79页。

③ 参见张明楷《刑法学》(第四版),法律出版社2011年版,第1077—1078页。

实施受贿行为以至实际完成受贿行为的标准上应当坚持统一标准，其中最为关键的"着手"实施受贿行为的判断标准仍然应当坚持以"着手实施收受贿赂"作为统一标准，而不能想当然地将索贿型受贿的"着手"实施受贿行为的判断标准提前到"着手实施索要"，否则将会混淆受贿的犯意流露、受贿预备行为与实行行为之间的规范界限。例如，国家工作人员主动向相对方（被索要方）提出索要财物的意思表示，那么是否可以不管被索要方是否同意，而一律将该行为人认定为已经"着手实施索要"并进而认定为受贿罪，甚至认定为受贿罪既遂（依张明楷教授观点）？我们认为，肯定答案的观点有失妥当，因为，行为人（国家工作人员）主动向相对方（被索要方）提出索要财物的意思表示，仅属于犯意流露或者受贿预备，即使被索要方同意并与索要方达成了贿赂的一致意思（包括单纯的口头或者书面约定），仍然也只属于约定受贿而尚未着手实施收受贿赂行为，依法也只能认定为犯意流露，对此应依法不认定为受贿罪；只有在行为人主动索要并且进而"着手"实施收受财物之时及其之后，方可以依法认定行为人构成受贿罪并视情认定为受贿罪的未遂（当尚未实际收受财物时）或者受贿罪的既遂（当实际收受财物时）。因此，"对于单纯利用职务上的便利索要贿赂，而没有现实取得贿赂的行为"，应区分两种情况进行定性处理：如果行为人已经"着手"实施收受贿赂，依法认定为受贿罪的未遂；如果行为人尚未"着手"实施收受贿赂，依法认定为不构成受贿罪（包括不构成受贿罪的未遂）。

客观上，我国司法实践中鲜有认定受贿的预备行为构成受贿罪（预备）的判例。司法实践中，下列约定受贿而尚未"着手"实施收受贿赂的情形通常没有被认定为受贿罪：（1）贿赂双方只实施了单纯"约定"行为；（2）在"约定"行为之外，行贿人单方面实施了准备财物的行为；（3）在"约定"行为之外，行贿人单方面实施了准备财物并告知受贿人的行为；（4）在"约定"行为之外，行贿人单方面实施了"着手"行贿行为，但受贿人在看到或者接触到贿赂时明确表示犹豫或者拒绝收受的行为。此处列举的最后一种情形，之所以也应认定为约定受贿而尚未"着手"实施收受贿赂的行为，是因为从受贿人的角度审查是否"着手"实施收受贿赂行为，应该也只能以受贿人的行为样态为准，而行贿人单方面是否"着手"实施行贿行为（送财物的行为）并不是受贿人所能控制的，因而在行贿人即使有"着手"实施行贿行为之时，如果受贿人有明确表示犹豫或者拒绝收受的，仍然应当认定为受贿人尚未"着手"实施收受财物行为。

就"雅安姚某某约定受贿案"中姚某某的行为而言，四川省高级人民法院所作出的无罪判决结论是正确的，但是其判决说理尚值得进一步斟酌。四川省高级人民法院给出的无罪判决说理在于："行贿人卢某某与被告人姚某某事前虽有约定，姚某某也利用其职务便利为卢某某谋取了利益，但姚未实际收受或者控制就已经案发，且在案证据证实该款项仅属于卢某某对姚某某的承诺，并未以任何形式单独存放"，所以姚某某不构成受贿罪（未遂）。应当说，四川省高级人民法院的"判决说理"其实还有深意值得推敲：（1）关于"行贿人卢某某与被告人姚某某事前虽有约定"以及"仅属于卢某某对姚某某的承诺"而对姚某某不定罪之说理，是否意味着仅有行贿人"事前约定"或者仅有行贿人的"承诺"（承诺贿赂），才能依法不应对被告人（被承诺受贿的行为人）定罪？相应地，若有被告人（约定收受财物的行为人）的主动提议并约定，依法是否应对被告人定罪？从上文分析来看，即使有被告人的主动提议并约定（而不是仅限于行贿人的主动提议并承诺），如果受贿人尚未"着手"实施收受贿赂的行为，则仍然应当认定为仅有约定但是尚未着手实施收受贿赂的行为，仅属于犯意流露与犯罪预备，依法不应认定为受贿罪（包括不认定为受贿预备或者未遂）。（2）关于在约定收受贿赂的双方已经达成"约定"意见的一致性，在卢某某"并未有任何形式单独存放"时依法不应对姚某某定罪之说理，是否意味着若约定行贿人已"有任何形式单独存在"约定财物的情形就应对被告人定罪？对此问题，我们认为可以作出比较确定的回答：仅有贿赂双方"事前约定"贿赂（约定受贿和约定行贿），依法仍然不应对约定收受贿赂的行为人定罪，其文本依据是两高"意见"的明确规定，其法理依据在于此种行为仅属于贿赂双方的"犯意流露"，而非"犯罪预备"；即使进一步，若约定行贿人已"有任何形式单独存放"约定的贿赂财物，或者已经由行贿人将约定的贿赂财物交给第三方保存并做好行贿准备，或者已经由行贿人正式通知受贿人领取等行动，仍然只可以认定为行贿犯罪进入了行贿预备阶段并有行贿预备行为。但是，一方面由于行贿预备并不一定当然能够成为约定受贿人的受贿预备，并且"不处罚受贿的预备"是一项司法裁判规则，另一方面由于约定受贿人客观上尚未"着手"实施收受贿赂的行为，因而依法仍然不应对此种情形下的约定受贿人认定为受贿罪（包括不认定为受贿罪未遂）。所以，即使存在约定行贿人已"有任何形式单独存放"约定财物的行为，也不得仅仅以此为据而对约定受贿人认定为受贿罪（包括不认定为受贿罪未遂）。

作为一种理论反思和检讨，这里笔者必须指出：我国形成"不处罚受贿的预备"司法裁判规则，不完全符合《联合国反腐败公约》的规定以及部分国家的刑法实践①，其深层次原因同样值得反思检讨。我国《刑法》第 22 条规定了预备犯的普遍处罚原则，即"对于预备犯，可以比照既遂犯从轻、减轻处罚或者免除处罚"，但是反而在性质严重的受贿罪司法实践中形成了"不处罚受贿的预备"这一司法裁判规则，这可能是一种十分奇葩的特殊现象。这一特殊现象的出现，既有刑法规范形式方面存在缺陷的影响，没有在刑法分则中明确限定具体罪的预备犯予以处罚的特别规定，直接导致部分预备犯被司法机关和人员错误解释为无罪；也有"两高"滥发司法解释性文本的影响，如两高"意见"第 9 条和第 10 条对于我国司法实践中形成"不处罚受贿的预备"司法裁判规则可以说是"功不可没"。此外，我国反腐败政策也值得反思，有关机关在办理腐败案件中较为普遍地存在违法侦查取证现象，也可能使得"不处罚受贿的预备"成为消解"毒树之果"的一剂良药。可以说，只要刑法不改变在刑法总则中规定预备犯的普遍处罚原则，反而不在刑法分则中具体规定预备犯的特别处罚规定，只要两高"意见"第 9 条和第 10 条等司法解释规范仍然泛滥性地有效存在，"不处罚受贿的预备"必将成为司法常态。这一学术批评之中蕴含了我国刑法立法修正

---

① 例如，《联合国反腐败公约》第 27 条规定各缔约国均可以"将为实施根据本公约确立的犯罪进行预备的行为规定为犯罪"。参见赵秉志、王志祥、郭理蓉编《〈联合国反腐败公约〉暨相关重要文献资料》，中国人民公安出版社 2004 年版，第 15 页。再如，《日本刑法典》第 197 条第 1 款前段规定，公务员或者仲裁人有关其职务收受、要求或者约定贿赂的，处 5 年以下惩役。参见［日］西田典之《日本刑法各论》，刘明祥、王昭武译，武汉大学出版社 2005 年版，第 349 页。

和刑事司法改革的应有方向，从反腐败长远目标和治本立场看，我国应当对约定受贿行为予以全面犯罪化处置、规范的司法化处理，应当说这是不言自明的。

2. 约定受贿而"着手"实施收受财物行为的定性处理

理论上讲，受贿人如果与行贿人约定贿赂并且约定受贿人"着手"实施了收受财物的行为，但是尚未完成实际收受财物的行为的情形，依法可以认定为受贿罪未遂。这种情形的关键"点"在于审查其中约定受贿人是否存在"着手"实施收受财物的行为：如果约定受贿人业已存在"着手"实施收受财物的行为，即使其尚未完成实际收受财物的行为，则依法应认定约定受贿人为受贿罪未遂。但是，实践中下列几种情形下约定受贿人应当如何定性处理值得研究：

第一种情形：行贿人根据约定而"着手"实施行贿行为（送财物的行为），并且获得约定受贿人的明确认可或者同意的，是否认定为约定受贿人已经"着手"实施收受财物？

我们认为，此种情形，因为约定受贿人已经"明确认可或者同意"约定行贿人"着手"实施行贿行为，应当认定为约定受贿人已经实际"着手"实施收受财物，从而可以认定约定受贿人构成受贿罪未遂。但是，如前所述，如果约定受贿人并没有"明确认可或者同意"约定行贿人"着手"实施行贿行为，或者约定受贿人对于约定行贿人"着手"实施行贿行为不知情、态度犹豫甚至明确反对的，则依法不应认定约定受贿人"着手"实施收受财物，从而约定受贿人不能构成受贿罪未遂。例如：

【案例】绵阳安某某涉嫌收受房屋案[①]

2005年某一天，杨某某向国家工作人员安某某提出并承诺要送一套价值53万元的房屋给安某某，安某某没有明确表态；翌年7月，

---

① 资料来源：《四川省绵阳市人民检察院起诉意见书》（绵检反贪移诉〔2014〕4号）、《四川省绵阳市人民检察院起诉书》（绵市检刑诉〔2015〕1号）。

杨某某妻子将房屋钥匙交给安某某妻子，安某某得知这一情况时立即明确表示不要此房屋，并多次明确向杨某某表达了退还房屋钥匙的意愿，并且安某某在得知杨某某妻子赌博输了很多钱的时候还主动给杨某某打电话明确要求其把房屋卖了拿钱去还债。案发后查明，该房屋已被杨某某用于抵押贷款，该房屋钥匙仍然放在安某某家中，但是安某某始终没有占用该房屋。

四川省绵阳市人民检察院经审查后决定，依法不指控该房屋价值53万元为安某某涉嫌受贿数额。

本案中，杨某某向安某某提出并承诺送一套房屋给安某某的行为可以解释为约定贿赂（约定行贿、承诺行贿），安某某没有明确表态的行为也曾经被有关人员"解释为"安某某已经默许同意，从而可以将安某某认定为约定受贿人。尽管约定行贿人杨某某已经着手实施送房屋的行贿行为，但是，约定受贿人安某某在得知约定行贿人"着手"实施行贿行为之时，不但没有"明确认可或者同意"约定行贿人"着手"实施行贿行为，而且态度是明确反对的，因而依法不应认定约定受贿人"着手"实施收受财物，安某某依法不能构成受贿罪（包括不构成受贿罪未遂）。四川省绵阳市人民检察院依法不指控该房屋价值53万元为安某某受贿数额的决定是正确的。

第二种情形：行贿人根据约定而实施了向约定受贿人"打借条"或者同约定受贿人"签订书面承诺"，并且约定受贿人实际接受了收条或者书面承诺的，是否应认定约定受贿人已经"着手"实施收受财物？

我们认为，此种情形仍然属于"约定受贿"范畴，约定受贿人接受收条或者书面承诺的行为仍然仅具有"约定受贿"的性质，而不具有"着手"实施收受财物的实质，只不过此时约定受贿人是将口头约定转化为了书面约定，充其量也只是具备受贿预备行为的性质，按照"不处罚受贿的预备"的裁判规则，对此行为依法不应认定为受贿罪（未遂）。例如"成都贾某某受贿案"：

【案例】成都贾某某受贿案[①]

贾某某在担任四川省成都市某县政法委书记期间，在2009年负责协调解决某公司开发建设楼盘的有关债务清偿、产权办理等相关事宜时，经该县政法委副书记余某某介绍认识该公司老总张某，接受张某请托并为张某提供帮助。张某承诺在办好请托事项之后送给贾某某300万元，书写了一份向贾某某借款300万元的借条（借条中的人名是虚假的），通过余某某将该借条转交给贾某某，案发后查明张某实际送给贾某某现金42万元。

四川省高级人民法院和成都市中级人民法院通过总共四次审理（其中发回重审一次），最终仅认定贾某某收受张某现金42万元的行为构成受贿罪（即认定其受贿数额为42万元）。

本案中，人民法院最终仅认定贾某某受贿数额42万元，而没有认定借条所明示的300万元为受贿数额，除了证据不足的因素之外，在实体法上也是符合法理的。因为书面的"借条""承诺"等，其在实质上与口头约定一样都只是约定受贿的表现形式，在约定受贿人尚未"着手"实施收受财物之前，其仍然只具有犯意流露或者受贿预备的性质，依法不应认定为受贿罪（包括不应认定为受贿未遂或者受贿罪预备）。至于贾某某已经实际收受现金42万元的事实，依法不能将其作为约定受贿人已经"着手"实施收受该约定受贿300万元的认定理由，因而不能将约定受贿的300万元认定为受贿数额。基于同样的法理，介绍贿赂人余某某对该约定贿赂300万元的介绍贿赂行为依法也不构成介绍贿赂罪。

第三种情形：行贿人根据约定而将部分财物送给受贿人，但约定受贿人在实际收受部分财物后即案发，那么对于约定而尚未实际收到的另一部分财物而言是否应认定约定受贿人已经"着手"实施收受财物？

对此问题，实务中有两种认识，一是主张将约定而尚未实际收到的

[①] 参见《四川省高级人民法院刑事裁定书》（2013）川刑终字第156号。

另一部分财物不认定为受贿数额,其法理根据在于否定约定受贿人已经"着手"实施收受财物;二是主张将约定而尚未实际收到的另一部分财物认定为受贿数额(受贿未遂的数额),其法理根据在于肯定约定受贿人已经"着手"实施收受财物(指约定受贿中所约定收受的全部财物)。例如"郭某某、全某某约定受贿案":

【案例】郭某某、全某某约定受贿案[①]

2004年年底,某市政府成立了治江围涂工程指挥部,由该市副市长郭某某任总指挥,该市水利局局长全某某任副总指挥。2005年年初,某市集团公司董事长张某某及其控股公司总经理沈某某为承接该市治江围涂工程,请求郭某某、全某某二人帮忙。郭、全二人利用担任工程指挥部领导的职务之便,促成该公司与市政府签订了合作开发协议,之后,郭、全二人还应张某某、沈某某请求为该公司在融资、税收优惠等方面谋取利益。其间,张某某和沈某某估算,治江围涂工程利润约为1000万元,二人商定后向郭、全二人表示要将工程利润的10%、计100万元送给他们,郭、全二人表示同意。为掩人耳目,郭、全二人商定待离职后再收取上述款项。之后为防止约定贿赂款落空,郭、全二人商定可先少拿一部分,待离职后再拿其余部分。2005年8月,郭、全二人以借款名义向张某某支取30万元用于购房。2008年案发时,该公司承揽的治江围涂工程尚未完工。

本案中对郭某某、全某某利用职务之便为请托人谋取利益,收受他人钱款的行为构成受贿没有异议,但在受贿数额的认定上有两种不同意见:第一种意见认为,郭某某、全某某受贿数额为30万元,对于虽有约定但未能实现的70万元不能认定为受贿数额。第二种意见认为,受贿数额应认定为100万元,其中70万元认定为受贿未遂数额。

[①] 参见中国监察《约定受贿后尚未兑现应怎样定性》,来源:中华人民共和国监察部,http://www.ccdi.gov.cn/djfg/ywgw/201308/t20130822_46486.html,2016年7月5日访问。

我们认为，一般而言，行贿人根据约定而将部分财物送给受贿人，但约定受贿人在实际收受部分财物后，对于约定而尚未实际收到的另一部分财物而言通常不应认定为约定受贿人已经"着手"实施收受财物，从而不应将约定收受而尚未实际收到的另一部分财物认定为受贿数额（即受贿罪未遂的数额）。其主要理由在于，对于约定受贿的贿赂对象财物本身属于可分之物的情形，如果约定受贿人客观上只"着手"实施收受部分财物的行为，依法只能就该种行为进行刑法评价，并根据其行为样态依法认定为受贿罪的既遂或者未遂；但是，对于约定收受而尚未实际收到的另一部分财物而言，并没有改变其处于约定受贿人有"约定受贿"而尚未"着手"实施收受财物的行为状态，从而不应将约定收受而尚未实际收到的另一部分财物认定为受贿数额（即受贿罪未遂的数额）。就"郭某某、全某某约定受贿案"而言，被告人已经"着手"实施并且已经实际收到 30 万元的财物，依法应当认定约定受贿人"着手"实施了收受该 30 万元，并且已经实际收到该 30 万元，从而约定受贿人构成受贿罪（受贿数额为 30 万元）；但是，对于被告人未能按约定予以收受的 70 万元，固然其原因可能包括了被告人意志以外的因素，但是客观上也缺乏认定被告人已经"着手"实施收受该 70 万元的充分证据和法理依据，因而依法不应将该 70 万元认定为受贿数额（即受贿未遂的数额）。

因此，在行贿人根据约定而将部分财物送给受贿人，但约定受贿人在实际收受部分财物后即案发的，对于约定收受而尚未实际收到的另一部分财物而言，应当具体审查约定受贿人是否已经"着手"实施收受该另一部分财物，分为以下两种情形加以区别认定：如果有证据证实约定受贿人已经"着手"实施收受该另一部分财物的，依法应该将约定收受而尚未实际收到的另一部分财物认定为受贿数额（即受贿罪未遂的数额）；如果没有证据证实约定受贿人已经"着手"实施收受该另一部分财物的，则依法应该将约定收受而尚未实际收到的另一部分财物不认定为受贿数额（包括不认定为受贿罪未遂的受贿数额）。

再如，约定受贿人约定收受财物为 100 万元现金、100 万元银行卡和一套房屋（价值 100 万元），如果约定受贿人已经"着手"实施收受约定收受的全部财物（总的受贿数额 300 万元）的行为，则即使其中由于约定受贿人意志以外的原因而未得逞的，依法应认定约定受贿人构成受贿数额为300万元的受贿罪（未遂）；但是，如果在案证据只能证实约定受贿人"着手"实施收受其中30万元现金，尚无证据证实约定受贿人业已"着手"实施收受其余的约定贿赂对象财物（即70万元现金、100万元银行卡和一套房屋价值100万元）的，则依法只能认定约定受贿人构成受贿数额为30万元的受贿罪（既遂或者未遂），而不能将约定收受而尚未实际收到的另一部分财物（即70万元现金、100万元银行卡和一套房屋价值100万元）认定为受贿数额（包括不认定为受贿罪未遂的数额）。

三 收受干股型受贿行为的定性处理

如前所述，实践中有些新类型受贿案中的约定受贿情况更为特别，如约定收受干股行为，在具体定性处理，尤其在是否定罪以及如何确定犯罪形态和如何确定受贿数额等方面存在一些较为特殊的疑难杂症，需要专门研讨。

约定收受干股的含义，结合前面对约定受贿的概念界定，是指国家工作人员利用职务上的便利，为请托人谋取利益过程之中、之前或者之后，约定在其离职后或者在其他某种条件下收受请托人给予干股的行为。根据两高"意见"第2条规定，"干股是指未出资而获得的股份。国家工作人员利用职务上的便利为请托人谋取利益，收受请托人提供的干股的，以受贿论处。进行了股权转让登记，或者相关证据证明股份发生了实际转让的，受贿数额按转让行为时股份价值计算，所分红利按受贿孳息处理。股份未实际转让，以股份分红名义获取利益的，实际获利数额应当认定为受贿数额"，约定收受干股的行为，表面上看只有以下两种情形：第一种情形是"进行了股权转让登记，或者相关证据证明股份发生了实际转让的"，应认定为受贿罪，其受贿数额"按转让行为时股份价值计算，所分红利按受贿孳息处理"。这里顺便需要指出，作为一种学术见解，两高"意见"将此种情形下"所分红利按受贿孳息处理"的规定有所不当，笔者认为行为人因收受干股而实际分得的红利应作为受贿数额计算在内，即此处应规定为"进行了股权转让登记，或者相关证据证明股份发生了实际转让的，受贿数额按转让行为时股份价值和所分红利价值二者相加所得数额计算"[1]。第二种情形是"股份未实际转让，以股份分红名义获取利益的"，应认定为受贿罪，其受贿数额的确定方式是"实际获利数额应当认定为受贿数额"。

但是，司法实践中约定收受干股案件经常出现一些更为特殊的情况，在是否定罪（尤其是是否认定为受贿罪的未遂）、如何确定受贿数额等问题上存在较大争议。例如本章开篇所列的"乐山官某收受干股案"，以及如下所列的"成都毛某某收受干股案"：

【案例】成都毛某某收受干股案[2]

成都市中级人民法院认定（《刑事判决书》原文摘录）：被告人毛某某在担任四川省某市银行股份有限公司董事长期间，与三家公司法定代表人约定收受该三家公司所有的该银行股份有限公司股份622.33万股（行为时价值人民币1866.99万元）。以上股权实际登记在行贿人所在公司名下，没有也不可能变更在毛某某或其指定的第三方名下，故双方约定的股权并未由毛某某实际占有和支配，且股权在将来何时以何种方式、价值向毛某某兑现尚不明确……行贿人多次向毛某某支付现金或转账，即是在按照双方的约定给付部分贿赂款，毛某某已实际着手实施收受这622.33万股股权收益的犯罪行为，已实际获得的部分应当认定为受贿金额，未实际获得的部分是因为案发这一意志以外的原因未能得逞，应当认定为犯罪未遂构成受贿罪，其中已经取得的款项金额认定为股权分得的红利。……本院认为，应当将毛某某实际获取的现金认定为受贿既遂的犯罪金额（700余万元），将622.33万股股权价值扣除这部分现金价值的其余部分，认定为受贿未遂。

---

[1] 两高"意见"第2条规定对于"进行了股权转让登记，或者相关证据证明股份发生了实际转让的"行为，仅将其中干股价值认定为受贿数额、反而不将红利认定为受贿数额，此种规定应当说存在不妥，在实践中可能造成严重失当。详见魏东《"收受干股型"受贿罪的刑法解释适用》，《法学论坛》2015年第1期。

[2] 参见《四川省成都市中级人民法院刑事判决书》（2014）成刑初字第195号。

"乐山官某收受干股案"和"成都毛某某收受干股案"都是真实判例，都是由四川省成都市中级人民法院审判，都是认定被告人约定收受干股而构成受贿未遂（其中"成都毛某某收受干股案"因被告人毛某某上诉而判决尚未生效①）。而恰恰值得注意的问题是，约定收受干股的受贿未遂到底应该如何认定？

就"乐山官某收受干股案"而言，官某约定收受干股尽管尚未实际取得股权，但是已经"着手"实施股权转让登记的行为，因被告人意志以外的原因而使其收受"川犍电力"股份的犯罪行为并未得逞，因而法院判决其构成受贿罪（受贿数额为1300余万元）的犯罪未遂，这一判决认定是正确的。

但是，就"成都毛某某收受干股案"而言，既然法院认定本案事实是"以上股权实际登记在行贿人所在公司名下，没有也不可能变更在毛某某或其指定的第三方名下，故双方约定的股权并未由毛某某实际占有和支配，且股权在将来何时以何种方式、价值向毛某某兑现尚不明确"，那么，法院认为毛某某"实际获取的现金认定为受贿既遂的犯罪金额（即人民币725万元、港元20万元、美元2万元），将622.33万股股权价值（价值人民币1866.99万元）扣除这部分现金价值的其余部分，认定为受贿未遂"，就存在疑问。这种疑问何在？我们认为，即使法院认定被告人毛某某因约定收受干股而实际收到干股红利700余万元（暂且不考虑被告人认为该700余万元系借款而非受贿的事实和定性争议），也只能按照两高"意见"第2条所规定的约定收受干股的第二种情形定性处理，即"股份未实际转让，以股份分红名义获取利益的"，应认定为受贿罪，其受贿数额的确定方式是"实际获利数额应当认定为受贿数额"，亦即将其"实际获利数额"700余万元认定为受贿数额。换言之，此种情形下被告人的受贿数额只能认定为"实际获利数额"700余万元，而不能将被告人的受贿数额认定为干股价值1866.99万元（即622.33万股价值），这两个受贿数额对于量刑影响的差距巨大（即使其中扣除实际收到干股红利700余万元为受贿既遂数额之后的数额为受贿未遂数额），这是从两高

---

① 特别声明：本案被告人毛某某上诉后，笔者担任了上诉人毛某某（原一审被告人）二审的辩护人。

"意见"第 2 条规定的第二种情形所得出的解释结论。那么,从法理上分析,毛某某约定收受干股 622.33 万股(价值人民币 1866.99 万元)的行为之所以不能认定为受贿罪(指受贿罪的未遂),是因为即使其着手实施收取"实际获利数额"700 余万元的行为并且已经实际收到该 700 余万元,但是毛某某尚未着手实施收受干股 622.33 万股(价值人民币 1866.99 万元)的股权转让行为。

可见,"乐山官某收受干股案"中被告人官某的行为与"成都毛某某收受干股案"中被告人毛某某的行为相区别的关键点在于:"乐山官某收受干股案"中,官某已经"着手"实施收受干股的行为(虽然最终"股份未实际转让"),因而官某构成收受干股型受贿罪未遂(受贿数额为转让行为时股份价值 1300 余万元);"成都毛某某收受干股案"中,毛某某尚未"着手"实施收受干股的行为(虽然已经着手实施收受"以股份分红名义获取利益"),因而毛某某不构成收受干股型受贿罪未遂(即指不能认定受贿数额为转让行为时股份价值 1866.99 万元)。

综上所述,约定收受干股具有特殊性,其成立受贿罪未遂的关键点在于审查约定受贿人"着手"的具体内容:约定受贿人已经"着手"实施收受干股的行为(虽然最终"股份未实际转让"成功)的,构成收受干股型受贿罪未遂(并且"受贿数额按转让行为时股份价值计算");约定受贿人尚未"着手"实施收受干股的行为(即使已经着手实施收受"以股份分红名义获取利益")的,依法不构成收受干股型受贿罪未遂(即指不能认定"受贿数额按转让行为时股份价值计算")。由此,约定收受干股的行为,在法理上应具体细分为以下四种情形进行定性处理:

第一种情形:约定收受干股并"进行了股权转让登记,或者相关证据证明股份发生了实际转让的",应认定为受贿罪,其受贿数额按转让行为时股份价值和所分红利价值二者相加所得数额计算。这是笔者提出的学理分析意见,但是需要说明的是,笔者这一分析意见不同于两高"意见"第 2 条关于"进行了股权转让登记,或者相关证据证明股份发生了实际转让的,受贿数额按转让行为时股份价值计算,所分红利按受贿孳息处理"的相关规定;因而在相关司法解释未对此规定进行修改时,司法实践中还是应依照两高"意见"第 2 条规定执行。

第二种情形:约定收受干股而尚未着手实施股权转让行为、"股份未实际转让，以股份分红名义获取利益的"，应认定为受贿罪，只能是"实际获利数额应当认定为受贿数额"，而不能将干股价值认定为受贿数额（包括不能认定为受贿未遂的数额）。如"成都毛某某收受干股案"中被告人毛某某的行为定性处理即是如此。

第三种情形：约定收受干股而着手实施股权转让行为，但是"股权未实际转让"成功（未得逞）的，应认定为受贿罪未遂，将着手转让行为时股份价值认定为受贿犯罪未遂的受贿数额。如"乐山官某收受干股案"中被告人官某的行为定性处理即是如此。

第四种情形：约定收受干股而着手实施股权转让行为，但是"股权未实际转让"成功（未得逞），如果已经"以股份分红名义获取利益的"，应将转让行为时股份价值认定为受贿罪未遂的受贿数额，同时将已经"以股份分红名义获取利益的"数额认定为受贿罪既遂的受贿数额，亦即：应将转让行为时股份价值（受贿罪未遂的受贿数额）和所分红利价值（受贿罪既遂的受贿数额）二者相加所得数额认定为受贿数额。当然这也只是笔者提出的学理分析意见，但是需要说明的是，笔者这一分析意见不同于两高"意见"第2条关于"股份未实际转让，以股份分红名义获取利益的，实际获利数额应当认定为受贿数额"的相关规定；因而在相关司法解释未对此规定进行修改时，司法实践中仍然应依照两高"意见"第2条规定执行。

四 收受投资收益型受贿行为的定性处理

约定投资收益的具体情形，包括约定投资土地整理并获得收益（参见"宜宾胡某某受贿案"），约定由官员放高利贷并获得收益（参见"南充邱某某受贿案"），约定由官员享有股东市场份额并获得收益（参见"绵阳张某受贿案"）等，是否可以认定为约定受贿？官员因此获得实际收益，是否应当认定为受贿数额？

对这个问题的回答，"两高"2007年《关于办理受贿刑事案件适用法律若干问题的意见》第3条规定（"三、关于以开办公司等合作投资名义收受贿赂问题"）："（第1款）国家工作人员利用职务上的便利为请托人谋取利益，由请托人出资，'合作'开办公司或者进行其他'合作'投资的，以受贿论处。受贿数额为请托人给国家工作人员的出资额。"（第2款）国家工作人员利用职务上的便利为请托人谋取利益，以合作开办公司或者其他合作投资的名义获取'利润'，没有实际出资和参与管理、经营的，以受贿论处。"

可见，两高2007年《意见》第3条的规定还是比较明确的。即是说，约定官员投资收益的行为，只要官员有实际投资，依法不应认定为约定受贿；即使官员已约定获得了实际收益的（并且投资与收益符合经营收益的一般规律），依法不应认定为受贿罪。例如"宜宾胡某某受贿案"：

【案例】宜宾胡某某受贿案[①]

2007年年初，张某某在做四川省安岳县从事土地整理工程时，让被告人胡某某家属准备20万元工程保证金参加投标，共同参与工程竞标活动和前期准备活动，但后来在具体开展土地整理工作时，都是张某某安排资金、设备、人员在做，胡某某及其家属均没有参与。当年年底，张某某就给胡某某家属说工程已经完成，赚了100万元，把这100万元连同保证金20万元交给了胡某某家属。2013年年底，胡某某让家属把这100万元退给了张某某。

宜宾市中级人民法院经审理后认为（除真名隐去外其他表述都是原话），被告人胡某某将20万元以投资款名义交给张某某，但该20万元与张某某在工程中的巨大投入相比，作用微乎其微，事实上张某某也未将胡某某一方作为投资合伙人来对待，而是基于还胡某某人情以分红款名义送钱给胡某某，故该款应认定为胡某某所得受贿款。

这个判决说理中所强调的理由，是"被告人胡某某将20万元以投资

[①] 来源：《四川省宜宾市中级人民法院刑事判决书》，(2015) 宜刑初字第2号。

款名义交给张某某，但该20万元与张某某在工程中的巨大投入相比，作用微乎其微，事实上张某某也未将胡某某一方作为投资合伙人来对待"。

但是，这一判决说理可能直接违背了"两高"2007年《意见》第3条的规定，具体说存在以下一些问题：

其一，这一段说理在事实认定上是前后矛盾的。一方面说"被告人胡某某将20万元以投资款名义交给张某某"，另一方面说"事实上张某某也未将胡某某一方作为投资合伙人来对待"。那么，到底这20万元是不是投资款呢？判决书开始说是，后面又说不是，这种说理是前后矛盾的。

其二，这一段说理也是不符合客观事实的。判决书认定"被告人胡某某将20万元以投资款名义交给张某某，但该20万元与张某某在工程中的巨大投入相比，作用微乎其微"；但是，客观上土地整理通常花费并不一定很大，这个是有很多事例可查的。就本案而言，应当举证证实：到底张某某全部投资是多少，实际收益是多少，只有查清这些事实之后，才可以得出该20万元投资"作用微乎其微"这个结论。

其三，回到本点，约定官员投资20万元土地整理项目并获得收益100万元的行为，能否认定为约定受贿？我个人认为，约定投资20万元土地整理项目并获得收益100万元的行为，由于存在国家工作人员实际投资20万元这一既定事实，从而其既不属于"由请托人出资"的情形也不属于国家工作人员"没有实际出资"的情形，因此依法不应认定为约定受贿，不构成受贿罪。

第三十章

强奸罪的刑法解释

福建泉州市强奸双性人案的司法审判,涉及强奸罪的基本法理与功能主义刑法解释的实证分析运用,具有法理检讨的重要价值。

【案例】福建省泉州市强奸双性人案[①]

2013年3月,被告人魏某与黄某在某市一小摊吃烧烤,其间,魏某邀约从网上认识的"女孩"小刘一同前来。接到邀请后,小刘遂与其男友石某一同赴约,后石某因故先行离开。吃完烧烤后,魏某和黄某尾随小刘至一偏僻的巷内,对其实施殴打并强行与之发生"性关系"。对被害人小刘的血液样本检测后发现,其DNA—AMEL基因座为X/Y,从DNA的角度来看小刘是一名男性,但小刘的外表女性特征明显,有女性的生殖器官,也有男性的生殖器官,属于"双性人"。小刘的男友石某说,小刘平时都穿短裤和短裙,没什么特别,只是发生性关系时,每次都是小刘引导完成,"但感觉跟其他的女孩子也差不多"。本案审理过程中,辩护人提出了本案被害人小刘不是"妇女"、被告人不构成强奸罪既遂等辩护观点。

2014年7月23日,经南安法院一审判决,魏某、黄某最终被认定犯强奸罪且具有轮奸情节,判处魏某有期徒刑13年(因强奸罪和

---

① 参见搜狐:《中国第一起强奸"双性人"案判决 被强奸"女孩"是男性》,来源:搜狐网,http://www.sohu.com/a/378457149_120206730,2021年11月16日访问。

抢劫罪并罚以及累犯情节），剥夺政治权利1年，并处罚金1000元，判处黄某有期徒刑10年。据悉，这是我国首例双性人被强奸案。

本案中，被害人小刘尽管是"双性人"，但是其社会身份是女性，被告人也将小刘作为女性而实施了强奸行为，因此，本案应定性为强奸罪。基于刑法解释论分析，强奸双性人的行为可以从刑法的文义解释、论理解释、法社会学解释等多个角度进行解释，充分发挥刑法解释方法确证功能，最终得出强奸罪的解释结论。

我国《刑法》第236条规定了强奸罪。强奸罪是指违背妇女意志，以暴力、胁迫或者其他手段强行与妇女进行性交，或者奸淫不满14周岁的幼女的行为。

因此，强奸罪可以分为两种类型，一是普通强奸，即违背妇女意志，以暴力、胁迫或者其他手段强行与妇女性交的行为；二是奸淫幼女（准强奸），即故意与不满14周岁的幼女发生性关系的行为。本罪的构成特征是：

本罪的保护法益，是女性对性的自主决定权（或者称为"女性的性自由权利"），也即女性根据自己的意愿发生或不发生性行为的权利。幼女因为缺乏自主决定性行为的能力，故而无论幼女是否同意，与其性交的行为都侵犯了幼女的性自由权利。本罪的对象，是妇女和幼女。奸淫女性尸体的，不能构成强奸罪，应按《刑法》第302条规定的侮辱尸体罪定罪处罚。

本罪的行为定型，表现为违背妇女意志，以暴力、胁迫或者其他手段强行与妇女进行性交，或者奸淫不满14周岁的幼女的行为。在强行与妇女进行性交的场合，本罪要求行为人违背妇女意志，也即妇女本人具有拒绝与他人发生性关系的意愿，否则不可能侵犯到妇女性的自主决定权。是否违背妇女意志，不仅要看妇女客观上有无实施反抗、拒绝的行为，也要考虑妇女是否存在不能反抗、不敢反抗或因精神障碍、醉酒等原因导致不知道反抗等情况。此外，要求行为人采取暴力、胁迫和其他手段。所谓暴力手段，是指以殴打、伤害、捆绑、按倒、强拉硬拽等手段，直接对妇女的人身实行强制，使妇女不能或不敢反抗。胁迫手段，是指以杀害、伤害、揭发隐私等恶害相通告，或利用某种优势地位相威胁使妇女产生恐惧心理，从而对妇女实现精神强制，使之不敢反抗。其他手段，是指暴力、胁迫手段之外的其他能使妇女不知反抗、不敢反抗或不能反抗的手段，如用药物、酒精麻醉，冒充妇女的丈夫或情夫等。

根据最高人民法院、最高人民检察院、公安部、司法部2013年颁布的《关于依法惩治性侵害未成年人犯罪的意见》（以下简称《性侵意见》）的规定："以金钱财物等方式引诱幼女与自己发生性关系的；知道或者应当知道幼女被他人强迫卖淫而仍与其发生性关系的，均以强奸罪论处。""对幼女负有特殊职责的人员与幼女发生性关系的，以强奸罪论处。"从该规定的内容来看，在奸淫幼女的场合，行为人是否采取了暴力、胁迫或是具有与暴力、胁迫等质的其他行为对于强奸罪的认定原则上是不会发生影响的，做此规定的理由是：在与不满14周岁的幼女发生性关系的场合，由于幼女身心发育尚不成熟、心智也不够健全，缺乏辨别是非的能力，不能够理解性行为的后果和意义，因此，即便在幼女同意的情况下采用非暴力、胁迫手段与其发生性关系的，也应当认为侵犯了幼女性的自主决定权，成立强奸罪。

同时，《性侵意见》第21条第2款的规定："对已满十四周岁的未成年女性负有特殊职责的人员，利用其优势地位或者孤立无援的境地，迫使未成年就范，而与其发生性关系的，以强奸罪定罪处罚。"这实际上与前述以"胁迫"为手段奸淫妇女的描述并无区别，属于专门的注意规定，以提醒司法者注意对该类情形亦应以强奸罪论处。但是，值得注意的是，《刑法》第236条之一规定："对已满十四周岁不满十六周岁的未成年女性负有监护、收养、看护、教育、医疗等特殊职责的人员，与该未成年女性发生性关系的，处三年以下有期徒刑；情节恶劣的，处三年以上十年以下有期徒刑。"这一法条规定了负有照护职责人员性侵罪。因此应注意区分强奸罪与负有照护职责人员性侵罪的竞合关系，按照《刑法》第236条之一第2款规定进行定性处理："有前款行为，同时构成本法第二百三十六条规定之罪的，依照处罚较重的规定定罪处罚。"

本罪的行为主体，是年满14周岁并具有刑事责任能力的男性。女性不能单独构成本罪，但可以成为强奸罪的教唆犯、帮助犯以及间接正犯与共同正犯。在奸淫幼女的场合，根据前述《性侵意见》的规定，对于介绍、帮助他人奸淫幼女的，应以强奸罪的共犯论处。

本罪的责任类型，是故意，即明知自己以暴力、胁迫等手段与妇女发生性交，会侵害妇女性的自主决定权，并且希望或者放任这种结果的发生。根据前述《性侵意见》的规定："知道或者应当知道对方是不满十四周岁的幼女，而实施奸淫等性侵害行为的，应当认定行为人'明知'对方是幼女。对于已满十二周岁不满十四周岁的，从其身体发育状况、言谈举止、衣着特征、生活作息规律等观察可能是幼女，而实施奸淫等性侵害行为的，应当认定行为人'明知'对方是幼女。对于不满十二周岁的实施奸淫等性侵害行为的，应当认定行为人'明知'对方是幼女。"据此，在奸淫幼女的情形下，原则上应以行为人明知（或可推定为明知）对方是不满14周岁的幼女为前提，也即要求行为人主观上应具有"故意"的罪过，此时无论幼女是否自愿，都应按强奸罪定罪处罚。若行为人确实不"明知"的，则应排除行为的责任。做此规定的理由在于：其一，在行为人确实不知对方是幼女的情况下幼女自愿与行为人性交的，对于性交行为，行为人确实是"故意"为之的，但这里的"故意"仅仅是日常意义上的故意，而不是刑法意义上的故意——对于行为人而言，其没有认识到对方是幼女，故其主观上就没有与幼女性交的意思，其有的只是同妇女性交的意思；换言之，此时行为人认识不到自己的行为是与幼女性交的危害行为，所以其心态不具有刑法上的故意。其二，事实性认识是犯罪故意构成的前提，缺乏事实性认识，也就不会有对于某一特定事实的犯罪故意。在奸淫幼女构成犯罪是否以"明知"为要件问题上，对于幼女年龄的认识属于事实性认识中的行为对象的认识。故在奸淫幼女的情况下，行为人只有明知是不满14周岁的幼女而奸淫的，才具有奸淫幼女的故意。至于行为人是否明知，可通过司法推定的方法完成，如考察幼女的身体发育状况、言谈举止以及衣着等其他外部特征等。值得注意的是，《性侵意见》对未满12周岁的幼女予以了特殊保护，在未满12周岁的情形下，无论行为人是否明知，都应构成强奸罪。做此规定主要还是基于刑事政策上对儿童予以特别保护以及对儿童利益最大化原则的考虑，和前述对罪过的要求并无本质冲突。因为就生理结构来看，12周岁往往是幼儿进入青春期的一个关键时间节点，12周岁以前幼女的身体一般是未有发育或发育明显不足的，此时行为人应该有能力也有条件对幼女年龄进行合理判断，仍能推定其存在"明知"，刑事政策上的考虑只是将这一"明知"判断予以"绝对化"并作出明确规定。

本罪的法定刑，按照《刑法》第 236 条的规定分为两个罪刑档次：(1) 一般情节的强奸罪，处 3 年以上 10 年以下有期徒刑，同时规定奸淫幼女的"从重处罚"；(2) 加重法定刑情节的强奸罪，即强奸妇女、奸淫幼女有下列情形之一的，处 10 年以上有期徒刑、无期徒刑或者死刑：强奸妇女、奸淫幼女情节恶劣的；强奸妇女、奸淫幼女多人的；在公共场所当众强奸妇女、奸淫幼女的；二人以上轮奸的；奸淫不满 10 周岁的幼女或者造成幼女伤害的；致使被害人重伤、死亡或者造成其他严重后果的。

一　强奸罪的立法演变

强奸罪，一个古老而永恒的犯罪命题，它的历史同人类的文明史一般悠久。当人类脱离原始的"男女杂游，不媒不聘"的蒙昧状态，确立起专偶制婚姻家庭后，两性生活就不再是本能的、盲目的、生物性的，而是有意识和意志选择的人的行为。强奸罪则作为这种文明进步的伴随产物成为犯罪中的一个永恒命题。

"一个字词的含义乃是它在语言中的使用"[①]。强奸罪自产生之日起，历史就赋予我们对这一特定语词的历史性解读，若干世纪以来，这种历史性解读成为沉淀于我们头脑中固有的观念。然而这一观念在今天似乎已受到了冲击，深刻影响着我国乃至世界上其他各国的立法模式。

（一）全球视野下强奸罪的立法模式[②]

20 世纪最后 20 年里，域外一些国家或地区对强奸罪进行了立法修订：一是重视个人权利，人们认识到强奸罪虽然有伤风化，但其侵害的最直接的、最主要的法益应是被害人的性自主权，基于此，强奸罪由原

[①]　[美] E. 博登海默：《法理学，法律哲学与法律方法》，中国政法大学出版社 1999 年版，第 128 页。

[②]　该论题为本书作者与倪永红女士合作成果。

来侵害社会法益之犯罪改为侵害个人法益之犯罪；二是反映女权主义运动和性革命的成果，强奸罪中被害人由传统地仅指女性改为也包括男性；三是承认性交方式多样化的现实，扩大了强奸罪的行为方式；四是凸显女性人身自由权益，强调男女平等，承认婚内强奸可构成强奸罪。① 1999年3月30日，我国台湾地区"立法院"三读通过了《妨害性自主罪章》，强奸罪的立法规定同样有了许多新发展。② 联系当前婚内强奸在我国成为热门话题这一事实，或许，我们亦有必要对强奸罪这一概念作新的诠释，对我国现有强奸罪立法模式进行重新审视。

1. 强奸罪的传统立法模式

在对现实作出评判之前，让我们首先将视野回溯至历史的源头。强奸罪产生之初衷，并非基于对女性的关爱，其要义仅是保护"失贞"女人背后的另一个尊严受到侵犯的男人。传统上，强奸被看作一个男人对另一个男人的侵犯，是对"他的女人"的伤害。③ 元代法律规定，"强奸有夫之妇者，死；无夫者，杖一百七"，被告人在有夫奸与无夫奸中量刑殊然不同，说明女性对男性的"财产"意义，法律保护的主旨仅是男性的财产个人所有权。唐《永徽律》杂律规定：和奸徒一年半，强奸加一等，和奸男女同罪，强奸则妇女不坐。可见在婚姻外的两性行为中，具有暴力情节只是作为对男方加重处罚与对女方免予处罚的条件，作为被害人的女性本身，法律并不予以关注。这是因为我们古代社会，像历史上所有其他文明一样，是一个男权制社会。中国封建典籍《礼记·内则》中对"妇人"的解释是"妇人，伏于人也"。女性邪恶、低下的自然观念通过文学、神话形式得到了充分的渲染。虽然随着文明的进步，这一状况有所改变，但从古至今，人们看待两性差异的观念亘古未变：女性是柔弱、顺从的代名词，而男性是力量、进取的表征，班昭《女诫》中言："阳以刚为德，阴以柔为美，男以强为贵，女以弱为美。"④ 这种文化所认可的态度和价值反映到强奸罪的立法模式上，最终决定了法律史上中西

---

① 参见苏彩霞《域外强奸罪立法的新发展》，《法学杂志》2001年第2期。
② 参见李立众《台湾岛强奸罪立法之新发展》，《人民检察》2000年第11期。
③ 见［美］凯特·米利特《性政治》，宋文伟译，江苏人民出版社2000年版，第53页。
④ 见班昭《女诫·卑弱第一》，转引自［荷］高罗佩《中国古代房内考》，李零等译，上海人民出版社1990年版，第139页。

方对强奸罪这一概念内涵的传统理解：

（1）将强奸罪视为侵害社会法益的犯罪，规定在"侵犯公共道德和善良风俗罪"或"妨害社会风化罪"中。如法国1810年刑法典就把强奸罪规定在"妨害风化罪"中，意大利1930年刑法典在"侵犯公共道德和善良风俗罪"中规定了强奸罪。中国刑法史上，强奸是作为"奸非"罪中的一个类别与和奸、媒奸并存。这说明，女性只是强奸的犯罪对象而非法律所要保护的客体，法律关心的更多的是社会性秩序遭到破坏，善良风俗受到了侵犯。法律对强奸罪的规定方式同时表明了社会的评价态度："女人最污是失身"，这种事情给女性带来的是一种"羞辱"。因而，女性不仅要承受强奸这种暴力行为于事中对身心的伤害，而且必须于事后忍受传统名节观赋予的耻辱评价。注重"风俗""风化"的伦理化理解使女性无法超脱传统名节的束缚，被强暴后不敢声张，刑法的保护范围实际上缩小化，个体的权利因为强调社会整体利益而被漠视。

（2）犯罪对象上：被害人仅限于女性。德国1975年刑法典的强奸罪明确规定"强迫妇女"发生性行为，1962年美国法学会起草的《模范刑法典》中规定："一个男人……与一个不是他的妻子的女人性交，即构成强奸罪。"被害人仅限于女性体现了男权文化设定的"男强女弱"的性别二元观。由于女性是柔弱的代名词，而男性则富于进攻性和侵略性，因此强奸只可能是男性对于女性所施加的行为，性主动或加害人的角色只能由男性扮演，女性则是性暴力被动的承受者。

（3）犯罪客观方面：强奸罪是违背妇女意志，与之强行性交的行为。性交仅指阳具插入阴道，为典型的"阳具中心性交观"，除此以外的性接触均认为是猥亵或侮辱。这是由于传统上，人类一向以生殖为性行为的价值取向，从而形成对性交方式的单一理解。千百年来，人类性行为的表现方式就是单纯的阳具与阴道的交合。因此，人们一提到性交，自然就指可能引起妇女妊娠的男女性器官的交合。如中国香港1865年《侵害人身条例》第53条"性交之定义"规定就是指"性器官进入"，亦即男子性器官插入女子性器官。[①] 而判断一个女性是否"失贞"现实中也以是否被奸入为标准。

[①] 参见宣炳昭《香港刑法导论》，中国法制出版社1997年版，第269页。

(4) 犯罪主体上：强奸只能由男子构成。女子可以构成强奸罪的教唆犯或帮助犯，但不能构成强奸罪的实行犯。英国《1956年性犯罪法》规定强奸罪是"男子强奸妇女的犯罪行为"①。美国伊利诺伊州1961年刑法典规定："14岁以上男子同……性交的，是强奸罪。"强奸只能由男子实施，成了强奸罪不言自明、约定俗成的语义之一。同时，强奸只在婚姻外的两性关系中发生，丈夫不构成强奸罪的主体。1857年马萨诸塞州最高法院在一份判决中宣称：存在婚姻关系始终是强奸罪的辩护理由，由此确立了美国的婚内豁免权。到1977年为止，美国有29个州的法律明确规定：丈夫不应因强奸妻子而被起诉。② 1975年《德国刑法典》规定"以暴力或胁迫手段，强迫妇女与自己或他人实施婚姻外性交行为者"为强奸。在清人所著小说《醒世姻缘录》中，妻子薛素姐不愿与丈夫性交，丈夫狄希陈对薛强行施暴。对此暴行不仅没有受到法律之制裁，反而为士大夫所称颂，亦为市井所传扬。③ 这是因为在男主女从的传统社会中，妻子只被视为传宗接代的工具，必须"事夫如天"。在妇女依附于男性的大背景下，妻子是法定的性奴隶，因而，丈夫对妻子的性行为（即使采用暴力方式）被认为是天经地义之事，而无须取得妻子的同意，丈夫理所当然地享有强奸的"豁免权"。

2. 发展中的变化：强奸罪的现代立法模式

一项法律制度的确定，总是与那个时代的文明状况相适应。由上可见，传统的强奸罪立法模式，是作为时代特征的男权制社会的产物。然而，历史是一条"永动的河流，随着它的奔腾，独特的个性不断被抛弃，并且总是在那个新的法律基础上形成新的个性结构"④。随着时代的发展，被认为"人类之天性"的男权制度开始受到质疑与挑战。1848年7月19日至20日在纽约州召开了第一届女权大会，大会中女性仿照《独立宣言》发表了《情感宣言》，这是女性首次向男权制社会公开挑战。随之，

---

① 参见［英］J. C. 史密斯、B. 霍根《英国刑法》，李贵方等译，法律出版社2000年版，第507页。
② 参见李立众《婚内强奸定性研究》，《中国刑事法杂志》2001年第1期。
③ 参见周永坤《婚内强奸罪的法理学分析》，《刑事法学》2001年第1期。
④ 转引自［美］E. 博登海默《法理学：法律哲学与法律方法》，邓正来译，中国政法大学出版社1999年版，第80页。

一方面，20世纪50年代末到70年代，西方社会掀起了席卷全球的女权运动。这场运动"爆发的实质是西方个体主义思想和个体主义社会结构的发展同继续维持妇女在传统父权制中的从属、依赖地位的矛盾深化的反映"，文艺复兴、宗教改革为个体主义的确立鸣锣开道并成为其思想基础。① 在经过若干世纪的沉寂以后，女性的自我意识开始苏醒，不再甘于做男性的附庸品及边缘公民的地位，要求在政治、经济、地位上与男性平分秋色。《玩偶之家》中娜拉摔门出走则从文学的角度表明了这种革命的自然主义宣言。另一方面，20世纪60年代欧美国家出现的"性革命"将人人自由、平等的观念深入性道德上，促使女性的性主体意识复苏，女性开始冲破传统宗教、文化所设定的性禁忌，性观念与行为方式均发生了巨大变化。在两性生活中，女性开始日愈重视性生活对自己的价值，而不仅仅是对丈夫和婚姻的意义②，女性不再总充当性行为的被动承受者，而开始以主动的性要求者姿态出现。

在女权运动和性革命中，妇女的解放是缓慢的、痛苦的，是部分的、有条件的，但这仍然对人类的思想意识产生了深刻的影响。它不仅让女性，也让男性思考传统制度的合理性。夏娃与亚当是平等的，起源说是一种空想。人文主义的传播向人们张扬了这样一种思想："作为人，男人和女人是相同的。作为人，男人和女人是平等的。"③ 但传统许多法律制度的设计，都因无视了占人类组成1/2的女性的独立人格而缺失了平等，从而让人们产生出非正义的感觉。女性权利不断扩大的事实，社会性观念的改变，以及人类精神本能中对正义、平等的追求，这一切都要求"法律必须与日益变化的文明状况相适应，而社会的义务就是不断地制定出与新的情势相适应的法律"④。因此，域外一些国家或地区开始对强奸罪传统立法模式进行修订，形成新的强奸罪立法模式：

---

① 参见杜芳琴《中国社会性别的历史文化寻踪》，天津社会科学院出版社1998年版，第208—209页。
② 参见李盾《个体权利与整体利益关系——婚内强奸在中国的法律社会学分析》，载陈兴良主编《刑事法判解》（第1卷），法律出版社1999年版，第409页。
③ 参见［法］皮埃尔·勒鲁《论平等》，王允道译，商务印书馆1988年版，第55页。
④ 参见［美］E. 博登海默《法理学：法律哲学与法律方法》，邓正来译，中国政法大学出版社1999年版，第142页。

（1）将强奸罪规定为侵犯个人法益的犯罪。对强奸罪所侵害法益的这种理解直接地反映出人们的价值趋向。随着个体权利的日益重视，对主体独立的人格的确认，人们认识到强奸不仅是破坏了性秩序，更主要的是侵犯了个人的性自主权。因此，域外一些国家纷纷调整强奸罪的归属。如法国1994年刑法典将强奸罪由"妨害风化罪"节转入第二章"伤害人之身体或精神罪"，意大利1996年12月15日颁布的66号法律也将性暴力犯罪从"侵犯公共道德和善良风俗罪"转至侵犯人身罪。[①] 将强奸罪由侵害社会法益之犯罪归属于侵害个人法益之犯罪，剥离掉"风化""风俗"等语词所赋予的伦理色彩，有助于被害人及民众更清晰地认识强奸罪的实质，表明法律对受到侵害的被害人个体权利的关注，从而鼓励被害人勇于出面举发强奸犯，导正社会及公众观念，更有效地保护被害人。因此，将强奸罪放在侵害个人法益的犯罪中，成为世界立法潮流。

（2）犯罪对象上：被害人不仅包括女性，也包括男性。强奸不再仅是男性对女性施加的暴力行为，也可以由女性对男性、女性对女性或男性对男性实施。《意大利刑法》"609—2 性暴力"规定："采用暴力或威胁手段或者通过滥用权利，强迫他人实施或者接受性行为的，处以5年至10年有期徒刑。"这里强奸罪的主体和对象可以是任何男性与女性。[②] 德国1998年新刑法典将1975年刑法典中的"强迫妇女"修改为"强迫他人"，法国1994年重订刑法典第222—223条规定受害者为"他人"，意即包括男性和女性。[③] 中国台湾地区1999年立法亦将强奸罪的对象由"妇女"修改规定为"男女"，从而使被害人由原来仅限于女性扩充至也包括男性。这主要是由于在女权运动和性革命的影响下，女性性主体意识开始苏醒，不再在任何时候都是性行为的被动承受者或受害者，女性强暴男性的事情开始发生。同时，性革命使"同性恋"事实公开化。1969年6月，在美国纽约的格林尼治村发生"石墙暴动事件"，这是"争取同性恋人权运动"的肇始。1991年6月30日，旧金山有25万多人

[①] 见黄风译《意大利刑法典》，中国政法大学出版社1998年版，第151页。
[②] 参见周永坤《婚内强奸罪的法理学分析》，《刑事法学》2001年第1期。
[③] 参见苏彩霞《域外强奸罪立法的新发展》，《法学杂志》2001年第2期。

参加的大游行,被称作全球最大的同性恋者集会。① 今天,人们看待同性恋的目光已日渐宽容,一些国家甚至以立法方式确认同性恋的合法性。在这种状况下,同性间性行为的比例在上升,男性遭受同性强迫发生性行为之事屡有发生,而被强暴的男性身心所遭受的伤害并不亚于被奸女性,其性自主权同样遭到了侵犯。因此,基于社会生活这一现实,及对男性性自主权的同等保护,强奸罪的行为对象由女性扩大到包括男性。

(3) 犯罪客观方面:强奸罪表现为违背被害人意志,强行与之性交的行为。虽然其字面表述与传统模式差异不大,但由于对"性交"的内涵理解扩大化,而使强奸罪的外延较以往宽泛。法国 1994 年刑法典第 222—223 条规定:"以暴力、强制、威胁或趁人无备,对他人施以任何性进入行为,无论其为何种性质,均为强奸罪。"② 因此立法扩大了强奸罪的行为方式,使传统上被认为是猥亵的一些行为纳入强奸的范畴。

(4) 犯罪主体上:强奸行为既可以由男子实施,也可以由女子实施,女子可以构成强奸罪的实行犯。加拿大 1983 年强奸/性罪行法律改革时,就淡化了对强奸罪主体性别的要求。意大利 1996 年刑法典中强奸罪的主体可以由女性构成。美国得克萨斯州的规定有奸淫男孩罪,其犯罪主体为妇女。③ 我国台湾地区 1999 年修订强奸罪后,强奸罪的主体已既可以是男子,也可以是女子。强奸罪被告人和受害人性别的淡化,意味着女子可以成为强奸罪的实行犯,它包括女性强暴男性及女性强暴女性两种情况,这与女同性恋事实之存在及女性由性行为的被动接受者到主动的性要求者之转变紧密相关。同时,在犯罪主体上,立法承认婚内强奸,对配偶也可犯强奸罪。美国传统的普通法承认婚内豁免权,但 20 世纪 70 年代,新泽西州刑法典规定:"任何人都不得因年老或者性无能或者同被害人有婚姻关系而被推定为不能犯强奸罪",率先打破了普通法传统。到 1993 年,北卡罗来纳州成为全美最后一个废除婚内强奸豁免权的州。④

---

① 参见欧阳涛、刘德法主编《当代中外性犯罪研究》,社会科学文献出版社 1994 年版,第 18 页。
② 参见《法国刑法典》,罗结珍译,中国人民公安大学出版社 1995 年版,第 64—65 页。
③ 参见欧阳涛、刘德法主编《当代中外性犯罪研究》,社会科学文献出版社 1993 年版,第 117 页。
④ 参见[美]哈里·D. 格劳斯《家庭法》,法律出版社 1999 年版,第 69 页。

1996年，修订后的《瑞士刑法典》第190条（强奸罪）第2款规定："行为人是被害人的丈夫，且二人共同生活的，告诉乃论。告诉权的有效期限为6个月。"① 1998年颁布的《德国刑法典》第177条废除了1975年刑法典强奸罪中"婚姻外性交"这一特征。② 我国台湾地区1999年通过的《妨害性自主罪章》第229条规定，对配偶也可犯强奸罪，但告诉乃论。肯定婚内强奸，是将对主体性自主权的保护从婚外扩大到婚姻内这座围城。因为结婚登记并非丈夫强奸妻子（或妻奸夫）的法定许可证，而仅是从形式的方面肯定性生活的合法性，婚姻承诺的是"爱"而不是忍受暴力，性行为合法的实质是双方之合意，婚内强奸的实质与婚外强奸并无不同③，因此，从尊重人权、凸显夫妻性权利平等的角度出发，立法承认婚内强奸这一事实状态。

强奸罪立法新模式建立在社会生活变化这一事实基础之上。由于其设立是以两性完全平等为假想前提的，因而从某种意义上说，它又是理想主义的结晶，是人类追求人权、平等、自由这些永恒价值的体现。强奸罪立法新模式代表着一种"应然"，成为理想主义的结晶。

（二）中国现行刑法中的强奸罪立法特点

中国现行刑法中的强奸罪立法，采取了兼顾现代法治理念和适当关照中国传统文化观念的立法模式，其突出特点是：

1. 强奸罪的对象

关于强奸罪的对象，由立法规定（限定）为"妇女""幼女"。可以认为，中国刑法规定的强奸罪，立法用语上采用"强奸妇女""奸淫幼女"等表达方式本身就是一个较为显著的特点，它不同于其他国家和地区关于强奸罪规定所采用的"强奸他人""强迫他人实施或者接受性行为"等表达方式，从而，中国刑法排除了"男性"成为强奸罪对象的可能性。

2. 强奸罪的行为定型

关于强奸罪的行为定型，也由立法规定（规范）适当限定了强奸行

---

① 参见《瑞士联邦刑法典》，徐久生译，中国法制出版社1999年版，第69页。
② 参见《德国刑法典》，徐久生、庄敬华译，中国法制出版社2000年版，第145页。
③ 其理由详见李立众《婚内强奸定性研究》，《中国刑事法杂志》2000年第11期。

为的行为方式，即将强奸行为限定为强行实施的传统的自然性交行为方式。作出这种判断的根据有二：一是《刑法》第236条所使用的立法用语，采用了"强奸妇女""奸淫幼女"等表达方式；二是《刑法》第237条所规定的强制猥亵、侮辱罪，该罪的行为定型包括（但不限于）传统的自然性交行为方式之外的其他性行为。

因此，男性针对女性（以及男性针对男性）强行实施的性行为，就不符合强奸罪的行为定型，依法不能定性为强奸罪，而只构成强制猥亵、侮辱罪。我国《刑法》第237条对强制猥亵、侮辱罪的规定是"以暴力、胁迫或者其他方法强制猥亵他人或者侮辱妇女的，处五年以下有期徒刑或者拘役。""聚众或者在公共场所当众犯前款罪的，或者有其他恶劣情节的，处五年以上有期徒刑。"我国《刑法》第237条对猥亵儿童罪的规定是"猥亵儿童的，处五年以下有期徒刑；有下列情形之一的，处五年以上有期徒刑：（一）猥亵儿童多人或者多次的；（二）聚众猥亵儿童的，或者在公共场所当众猥亵儿童的，情节恶劣的；（三）造成儿童伤害或者其他严重后果的；（四）威胁手段恶劣或者有其他恶劣情节的"。可以认为，在中国现行刑法规定的语境下，强奸罪的刑法解释必须同时对照《刑法》第236条和第237条进行体系解释，才可能得出妥当结论。

3. 罪名设置

由于"两高"司法解释的明确规定，应当认为，我国刑法只设立了一个"强奸罪"罪名，从而取消了我国传统理论上和过去司法实践中所一贯坚持的"奸淫幼女罪"罪名。

但是，针对这个司法解释，理论界还存在争议。有学者指出，取消"奸淫幼女罪"罪名并不合理，因为，该罪名具有其独特的内涵、独立的构成要件和特殊的处罚原则。[①]

我们认为，是否应当取消"奸淫幼女罪"罪名这个问题还值得研究，

---

① 参加以下文献资料（部分）：刘明祥：《奸淫幼女若干问题探析》，《国家检察官学院学报》2004年第1期；林号兵：《论应该设立奸淫幼女罪——评法释〔2002〕7号司法解释》，引自中国法律信息网，http：//www.law‑star.com/cacnew/200606/25012381.htm，2021年11月16日访问。

因为，针对幼女（其实还应该包括"幼男"）的特殊保护，法律在理念上应当说是存在差异的，在犯罪的主观方面和客观方面要件设置上都存在特殊性，处罚原则也不同；在这种意义上，应当认为保留"奸淫幼女罪"罪名的学术意见还是有一定道理的。再者，从长远计，还应当研究以下问题：是否可以考虑将男性儿童的性权利纳入刑法保护的范围，设置一个更具有包容性的保护未成年人性权利的罪名，例如可考虑设置"奸淫未成年人罪"罪名；以及是否将那些强奸男性的行为、同性之间的强奸行为等纳入强奸罪的行为方式，以扩张强奸罪的范围和包容量等问题，均值得进一步研究。

二 强奸双性人的行为定性处理

如前所述，我国刑法规定的强奸罪的犯罪对象只能是妇女、幼女，而不包括男子（含男性儿童）。从刑法解释论上看，我国现行刑法并没有将"强奸男性行为"规定为强奸罪，应当将其解释为强制猥亵罪。但是，"双性人"是否可以成为我国刑法规定的强奸罪对象，仍然存在一些争议。

关于福建省泉州市强奸双性人案，从刑法的文义解释合法性看，"双性人"本身就具有女性特征（并且同时也兼有男性特征），从而将"双性人"解释为"女性"就具有合法性。从刑法的论理解释合理性和法社会学解释合目的性看，社会生活中的部分"双性人"，如果其社会身份是女性身份（即以女性身份进行社会生活和交往），有的甚至结婚组成家庭，这种情形下"双性人"就可以成为强奸罪的犯罪对象，将"双性人"解释为作为强奸罪对象的"女性"就具有合理性和合目的性。最早发现人的社会性别差异的是人类学家米德，米德提出两性差异不是生物的，而是社会的，因而米德提出了人非生而为男女的命题。基于此，我国有学者指出"社会性别是组成以性别差异为基础的社会关系的成分""社会性别作为一种法律分析方法是国际女权运动尤其是女权主义法学运动的产物，但目前已超出妇女研究的范围，成为立法与决策中普遍运用的分析方法"[①]。这

[①] 郭慧敏：《社会性别与妇女人权问题——兼论社会性别的法律分析方法》，《环球法律评论》2005年第1期。

里所谓"法律分析方法",可以认为主要是指法律的论理解释方法和法社会学解释方法,证立了将"双性人"解释为作为强奸罪对象的"女性"的合理性和合目的性。综上,通过充分发挥刑法解释方法确证功能,可以得出福建省泉州市强奸双性人案定性为强奸罪(既遂)的解释结论。

但是,"双性人"的社会身份如果不是女性而是男性时(即以男性身份进行社会生活和交往),其是否可以成为强奸罪的犯罪对象的问题还值得研究:从"双性人"有女性器官并被强行插入的行为定型来看,其仍然较为符合强奸罪的行为特征,似乎可以定强奸罪;但是从其社会身份是男性来看,似乎又不能定强奸罪,而只能定性为强制猥亵罪。因此,在"双性人"自己自主地将其社会身份定位于男性,社会交往中其他人(乃至整个社会)都将其社会身份定位于男性,行为人在认识到作为被害人的"双性人"的男性社会身份的前提下,强行奸入行为应当如何定性处理,仍然存在解释性难题。笔者认为,在我国现行立法规范的语境下,如果"双性人"的社会身份不是女性而是男性,行为人强行奸入行为,相对来说更为合理的解释结论是(定性为)强制猥亵罪。需要指出的是,针对"双性人"实施强奸行为的刑法解释难题,根源还在于立法,从应然的刑法立法原理看,立法上将强奸罪的对象规定为"他人"可能是更加科学合理的办法,不但更加符合世界范围内的强奸罪立法趋势,更有利于解决针对男性、女性、"双性人"以及其他情形下性别难辨者的强行奸入行为的定性疑难问题,也更有利于实现科学立法、公正司法等更深刻的法治价值。

还有一个问题也值得研究,就是针对妇女、幼女进行的"变态性行为",是否构成强奸罪?有的学者认为可以定强奸罪[1],但是笔者倾向于认为不能定强奸罪而只能定强制猥亵、侮辱罪或者猥亵儿童罪,这是由中国现行立法规范的语境下刑法解释的合法性、体系性与融贯性所决定的。

---

[1] 劳东燕:《功能主义刑法解释论的方法与立场》,《政法论坛》2018年第2期。

三 奸淫精神病人的行为定性处理

奸淫精神病人的行为是否一律构成强奸罪？有关司法解释规定要按照强奸罪处理，通常而言是没有太明显的问题，但是也不能排除在某些较为特殊的情形下依法不宜定罪。

这里介绍一起真实的案件供分析讨论：

【案例】江苏省苏州市刘某强奸案[①]

2006年7月31日晚上，在江苏省苏州市金阊区打工的青年刘某在宿舍吃过饭后，便到附近打桌球。打球期间他发现店门前有一个十八九岁的女孩子老是朝他微笑。刘某便主动上前搭讪，并试探着对那女孩说，想跟她交个朋友。让刘某惊喜的是，那女孩竟然马上表示同意了。交谈中，刘某得知女孩姓黄，见小黄老实巴交的，刘某提出一起出去散步，小黄欣然答应。刘某拉着小黄的手散步，把小黄带到一块空旷的草地上开始亲吻，并说自己属于一见钟情型的男孩，想娶小黄做老婆。小黄听了非常开心，迅速脱光了衣服并积极配合刘某的亲热行动。刘某顺利地同小黄发生了性行为，然后离开现场。当天晚上，小黄的父亲发现女儿有与他人发生性行为的迹象，随即向公安机关报案。次日下午，刘某被警察抓获。经司法鉴定，小黄精神发育迟滞，缺乏性自我保护能力，据此，苏州市金阊区人民检察院以刘某涉嫌强奸罪提起公诉。面对公诉，年仅20岁的刘某想不通，他在庭审中申辩说：对方是自愿与他发生性行为的，他自己并没有采取任何暴力手段，怎么能说是强奸呢？

法院审理认为，刘某在晚上遇到小黄，互相不认识，但在刘某的要求下，小黄欣然答应跟他散步，然后脱下衣服与刘某发生性行为。种种迹象表明，刘某肯定知道小黄智力上存在障碍。小黄在与

---

① 见《"艳遇"弱智女也属强奸》，《法制文萃报》2007年2月5日第13版。

刘某发生性行为时虽然没有反抗行为，但是经司法鉴定患有精神发育迟滞。而刘某明知小黄是弱智者，仍与其发生性行为，视为违背妇女意志，其行为构成强奸罪。法院最终以强奸罪判处刘某有期徒刑4年零6个月。

笔者倾向于认为，这个案件对刘某的判决可能有失公允。因为刘某的行为并不完全符合强奸罪的构成条件；尤其是法院在法律逻辑上把小黄欣然同意散步和脱衣服发生性行为等作为判断刘某主观上具有实施强奸行为的故意的重要依据，存在主观武断地推断刘某"明知"小黄弱智并且"明知"违背妇女意志的现象，由此认定刘某构成强奸罪的做法并不公正。表面上看这是"证据能力"和"证明力"问题，实质上看这是涉及违法性和责任性的判断问题，只有当行为人明知对方是弱智女性（并且是达到无性自主行为能力的程度）而对其实施性侵的行为，才可构成强奸罪的违法性和有责性，否则不应定强奸罪。

婚内强迫性行为的定性处理

婚内强迫性行为在我国具有一定程度的多发性。如北京的一份调查发现，43.3%被丈夫殴打的妇女紧接着受到性暴力的摧残；周美蓉先生对上海市的抽样调查表明，在夫妻的性行为中，有8.5%是在妻子不同意的情况下发生的；而潘绥铭先生在全国范围的抽样调查发现，女性中有17.5%的人经常在自己没有性要求时为满足丈夫而性交。[①]

那么，丈夫可否成为强奸罪主体，对婚内强迫性行为应当如何定性处理？在我国，针对婚内强迫性行为的司法定性处理问题，不同的法院作出了不同的判决，比较混乱。一种是无罪判决。例如，1997年的辽宁省义县白俊峰婚内强迫性行为案，法院判决被告人无罪[②]；2000年的四川

[①] 李盾：《个体权利与整体利益关系》，载陈兴良主编《刑事法判解（第1卷）》，法律出版社1999年版，第395—418页。

[②] 参见《白俊峰强奸案［第20号］——丈夫强奸妻子的行为应如何定罪》，载最高人民法院刑事审判第一庭编《刑事审判参考》总第3辑，法律出版社1999年版，第23—26页。

省南江县吴某某婚内强迫性行为案,法院判决被告人无罪。另一种是有罪判决。例如,1989 年的河南省信阳县靖志平婚内强迫性行为案,法院以强奸罪判处靖志平有期徒刑 6 年①;2000 年的上海市青蒲县王卫明婚内强迫性行为案,法院也以强奸罪对王卫明判处有期徒刑 3 年,缓刑 3 年。②

但是,针对婚内强迫性行为的定性处理问题,在理论上也一直是各执一词,其基本观点大致上可以归为以下四种:肯定说、否定说、他罪说、两罪说。③

肯定说认为,丈夫对妻子的强迫性行为构成强奸罪。主要理由是强奸罪的主体是一般主体,我国刑法并未将丈夫排除在强奸罪主体之外。在认定上又分为以下主张。(1) 时间肯定说。时间肯定说主张构成婚内强奸的情形主要有三种:一是男女双方已登记结婚,但尚未按当地风俗习惯举行婚礼或同居,女方提出离婚的;二是夫妻感情确已破裂,并且长期分居的;三是一审法院已判决离婚的。④ (2) 情节肯定说。这种学说主张通过具体情节的判断来认定是否构成婚内强奸。如果丈夫采用的是严重伤害妻子身体的暴力行为,且造成了严重的危害后果的;或未造成严重人身伤害,但有其他严重情节的。即婚内强迫性行为具有"严重的社会危害性"时,丈夫可以成为强奸罪的主体。

否定说认为,应当明确否定婚内强行性交行为构成强奸罪。具体理由:(1) 妻子承诺论。这是理论界较为通行的观点。按照西方的传统观点,婚姻是男女双方自愿订立的以长久共同生活为目的的一种民事契约关系,根据婚姻契约,妻子已经事先承诺在婚姻关系存续期间服从丈夫的性要求,丈夫不需要在每一次性生活前都必须征得妻子的同意。(2) 暴力伤害论。这种观点认为如果丈夫运用暴力或胁迫手段强行与妻子发生性行为,妻子所拒绝的并不是性生活本身,而是丈夫的暴力或胁迫

---

① 参见李盾《个体权利与整体利益关系》,载陈兴良主编《刑事法判解(第 1 卷)》,法律出版社 1999 年版,第 395—418 页。
② 参见《王卫明强奸案 [第 51 号] ——丈夫可否成为强奸罪的主体》,载最高人民法院刑事审判第一庭编《刑事审判参考》总第 7 辑,法律出版社 2000 年版,第 26—29 页。
③ 魏东:《刑法分则解释论要》,北京大学出版社 2020 年版,第 123—124 页。
④ 参见周琦、胡卫国《王卫明强奸案》,《判例与研究》2000 年第 2 期。

行为。因此，婚内强奸不应针对性行为本身，而应惩罚丈夫在性行为过程中所实施的对妻子造成严重身心伤害的暴力或胁迫行为。（3）促使妻子报复论。认为允许妻子控告丈夫强奸，将使丈夫经常处于提心吊胆状态，容易造成性心理变异，并且有可能助长妻子歪曲或捏造夫妻生活的真相，使妻子的报复手段合法化。（4）道德规范调整论。认为合法的夫妻关系受法律保护，婚姻双方均有性生活的权利义务，因此丈夫不能成为强奸罪的主体。此外，还有同居义务说、合法性行为说、婚内无"奸"论、婚姻家庭秩序论、罪刑法定论、客体不一致说、不可操作性论、刑法谦抑性说等观点。

他罪说认为婚内"有强无奸"，对于婚内强迫性行为不能以强奸罪论处，若要作为犯罪处理，须另立罪名。丈夫强行与自己的妻子发生性行为，属于道德范畴问题，但是，对于丈夫在妻子拒绝的情况下，仍采取暴力胁迫手段强行与妻子发生性关系的行为，法律不应对此不做任何回应，应从丈夫所采取的暴力胁迫行为的实际定性，视情节以杀人、伤害、侮辱或虐待等相关罪名定罪处罚。可见，他罪说实质上是否定说（否定强奸罪）。

两罪说认为，对婚内强迫性行为应当具体问题具体分析。如果在夫妻长期分居期间，丈夫强行与妻子发生性关系；或者在夫妻离婚诉讼过程中，夫妻已经分居，丈夫强行与妻子发生性关系等，应当认定构成强奸罪。如果夫妻双方在并非处于办理离婚期间或分居期间，丈夫以暴力强迫妻子与其发生性关系，可以按照虐待罪处理，而不能认定为强奸罪。可见，两罪说实质上是肯定说（有条件地肯定强奸罪）。

笔者认为，从婚姻的本质和强奸罪的本质看，应当予以有限犯罪化，即应当从严掌握，可以限定在婚姻处于非正常状态下（如已经分居、处于离婚诉讼中等）的"婚内强迫性行为"，情节特别恶劣的，才能认定为强奸罪。

但是，还有一种较为特殊的情况：丈夫蒙面强奸妻子的行为如何定性处理？

【案例】福建省泉州市邵某蒙面强奸妻子案[①]

2013年12月18日上午,丈夫邵某早早出门上班,妻子小燕正好待在宿舍休息。上午9时许,小燕正在洗菜,隐约听到细碎声响,一回头,突然看见一名陌生男子,头戴面具,手持水果刀对着她。"不许动,不许喊,不然杀了你。"男子低声威胁道。小燕吓得腿软而不敢反抗,男子一手持刀,一手搜身,将小燕身上仅有的35块钱抢走;接着又将小燕裤子脱下,强行与之发生性关系,强暴持续了十分钟。案发后查明,这些抢劫、强奸行为均为小燕的丈夫邵某所为。邵某交代说,因发现老婆小燕常与陌生人进行微信、QQ聊天,还有意避开他,这让他怀疑老婆可能有外遇。邵某之所以蒙面抢劫、强奸自己的老婆,就是要给老婆一个教训,让她知道,如果出去随便与网友见面,很可能就是这个下场。警方认为邵某已经涉嫌强奸罪,小燕请求警方不要追究邵某的刑事责任。

本案中,福建泉州市男子邵某蒙面强奸妻子的行为构成强奸罪吗?从媒体介绍的案情来看,邵某故意在妻子不知情的情况下蒙面强行同妻子发生性行为具有较为严重的社会危害性,但是在刑法解释论上是否将邵某行为解释为强奸罪还是应当慎重,需要进行谨慎权衡,可以从行为立场(行为刑法)、行为人立场(行为人刑法)、被害人立场(被害人刑法)等诸多视角来展开。基于行为和行为人立场观察,邵某出于"教训"妻子的动机,故意针对妻子进行强行性交的行为本身,尽管对妻子本身造成了心灵伤害(暂时没有发现身体伤害),并且对社会也造成了较大伤害(恐怖气氛),因而具有较为严重的社会危害性,也具有一定的客观违法性,以及一定的值得予以责难的责任性和人身危险性;但是,邵某主

[①] 参见《海峡都市报》报道《泉州一男子怀疑老婆有外遇,戴人皮面具将其强奸》,来源:福州新闻网,http://news.fznews.com.cn/dsxw/2013-12-25/20131225SNzXMBR4JJ84431_3.shtml,2013年12月31日访问。

观上实则没有"强奸"其妻子以外的妇女的故意,客观上也没有"强奸"其妻子以外的妇女的行为,因而就行为类型而言,邵某的行为具有"婚内强迫性行为"的性质,应当按照"婚内强迫性行为"的相关法理加以解决。而"婚内强迫性行为"的刑法解释结论,学理上存在肯定说(肯定强奸罪)、否定说(否定强奸罪)、折中说等三种不同观点,详细分析这里不再重复。

基于被害人立场观察,刑法在具体决定是否对某种行为定罪处罚的时候,应当适当考虑被害人的合法权利之有效保护。邵某的妻子在遭受邵某蒙面强奸时,其身心之苦应当得到确认和强调,从而也应当确认邵某的行为具有严重社会危害性。不过,被害人承诺(包括被害人基于婚姻关系的承诺)、被害人同加害人之间的特殊关系以及刑事和解等方面的法理考察,尤其是在邵某的妻子明确提出"谅解愿望"的情况之下,应当承认本案邵某的行为具有刑事政策意义上的出罪因素(或者减轻责任因素)。

综上,基于"婚内强迫性行为"、被害人承诺与谅解(刑事和解)、刑法谦抑性以及宽严相济刑事政策等的法理分析,邵某的行为不定罪可能更合理。

四 "先强奸后通奸"等行为的定性处理

"先强奸后通奸"与"先通奸后强奸"案件的定性处理问题。司法实践做法是对前者宽、对后者严。对前者宽,是指对前者从宽处理、通常不轻易定罪处刑,但不是说一律不作为犯罪处理,对于某些社会影响恶劣的先强奸后通奸行为仍然应当依法定罪(强奸罪)处罚;对后者严,是指对后者从严处理、通常应当定罪处刑,但不是说一律都作为犯罪处理,对于某些情节较轻的先通奸后强奸行为依法可以不定罪(强奸罪)处罚。

"半推半就"案件的定性处理问题。关键是要考察:行为人的行为方式是否采取了暴力、胁迫等方法;妇女的"推"与"就"的具体方式和情形等,需要进行综合考量。例如:如果行为人只是一般的要求发生性关系,带有一些主动性、挑逗性的行为,暴力和胁迫的性质不突出,这种情形下妇女半推半就地同意发生性行为的，就不宜定强奸罪。

利用"优势地位"奸淫妇女行为的定性处理问题。"优势地位"主要指利用收养关系、从属关系、职务上或者业务上的上下级关系而占据优势和有利的地位。按照有关司法解释，对此类行为并非都按照强奸罪处理。对于其中仅仅将优势地位作为一种单纯的引诱手段使用的情形，以及其中具有"互相利用"性质的情形，一般不能定强奸罪；对于那些利用优势来单方面威胁、强制妇女就范的，可以定强奸罪。但是，在实践中的一些具体案子并不好定性，需要综合考察全案的具体事实和情节来谨慎定性。

五　"轮奸"情节的解释适用

"轮奸"只能是一种客观事实，即必须在客观上存在被害人已经实际被"二人以上"成功强奸"两次以上"的事实，才能认定成立"二人以上轮奸的"情节。如果被害人在实际上并没有被轮奸，则不能成立"二人以上轮奸的"情节。换言之，作为强奸罪加重法定刑情节的"二人以上轮奸的"只能是客观事实判断和客观违法性判断基础上的责任判断，而不能将那些客观上并不存在"轮奸"事实的情形也作为"轮奸未遂"来理解，"轮奸"只有既遂形态，但"轮奸"不成立未遂形态，否则将会出现几乎所有的共谋共同正犯形态下的共同强奸犯罪都按照"轮奸"量刑的状况（即使强奸未遂也如此），这种解释结论并不合理；再者，从"以刑制罪"立场看，"二人以上轮奸的"情节所对应的法定刑是"处十年以上有期徒刑、无期徒刑或者死刑"，如此重刑所对应限定的违法和责任只能是"轮奸"既遂形态的违法和责任。

例如，甲、乙、丙三人共谋共同轮奸丁，如果实际上只有甲奸淫成功，其余二人尚未成功奸淫，则只能成立强奸罪（既遂）的一般共同犯罪来定性处理，但不能成立"二人以上轮奸的"情节。但是，假如甲、乙两人事实上已经成功奸淫，而只有丙没有成功奸淫，则可以成立"二人以上轮奸的"情节，且丙也应当按照"二人以上轮奸的"情节来认定，因为该三人属于共同犯罪，该种情形下的共同强奸罪已经在整体上具备了"二人以上轮奸的"情节，从而丙当然应当对"二人以上轮奸的"情节负责,再根据各自在共同犯罪(轮奸)中的地位和作用确定刑罚轻重。

六 强奸罪的既遂与未遂标准

关于强奸罪的既遂与未遂标准,理论界有三种主张:接触说;插入说(结合说);射精说或者性欲满足说。通说主张是:强奸罪的既遂标准采取插入说(结合说);奸淫幼女罪的既遂标准采取接触说。

笔者认为,从法理妥当性立场分析,强奸罪的既遂标准应当统一采取结合说,即使在奸淫未成年人的场合,也应当以结合说为标准。理由在于:法律的正当理性在于保护人的尊严、自由以及个人与社会生活中的实质性价值,引导社会生活和人类文明的健康发展,现行刑法关于奸淫幼女犯罪既遂的接触说标准,在根本立场上是非理性主义、重刑主义的表现,无论是从保护被害人的利益、被告人的人权、促进正常性行为方式和性文化的健康发展,还是从充分体现刑法立法的科学合理性、刑法的谦抑性等立场来说都存在诸多弊端。因此,应当在法理上、立法与司法实务上统一强奸罪既遂标准的插入说(结合说),反对并废弃奸淫幼女犯罪既遂标准的接触说。[①]

关于共同强奸的既遂问题,有学者认为,强奸罪属于亲手犯,如果某个共犯实际上并没有成功奸入,则即使其他共同犯罪人强奸既遂,该未成功奸入的共犯也只能成立强奸未遂。笔者认为这种看法不妥,不符合共同犯罪理论的基本立场。其实,共同犯罪是一个整体,其犯罪性质应当进行整体性判断。因此,在共同强奸中,其既遂标准也应当统一到客观上是否存在"结合"或者"插入"的事实:如果客观上存在这个事实,即使只有一行为人完成而其他人并没有完成,也应当认定共同强奸罪成立既遂,从而所有共同犯罪人都应当成立强奸罪的既遂。

但是还有一种非常特殊的情形值得研究:教唆强奸他人,结果教唆者反被被教唆者强奸,教唆者如何定性处理?

---

① 魏东、蒋春林:《论奸淫幼女犯罪既遂的认定标准》,《政法论丛》2007年第4期。

【案例】教唆强奸者反被被教唆者强奸案（教学案例）

张三教唆歹徒强奸室友李四，结果歹徒误将张三当作李四，而实施了强奸张三的行为。被教唆者"歹徒"和教唆者张三的行为应当如何定性处理？

这个案例分析，涉及刑法上的认识错误理论。刑法上的认识错误，是指行为人对于自己行为的法律性质或者事实情况的认识发生错误。因此，刑法上的认识错误可分为两大类：法律认识错误和事实认识错误。法律认识错误，又叫违法性认识错误、违法性错误、违法性的错误、禁止的错误、禁止错误等，是指行为人对自己的行为在法律上是否构成犯罪、构成何种犯罪以及应当受到何种处罚的错误认识。法律认识错误的类型有假想的犯罪、假想的无罪、罪刑轻重的认识错误三种情况。一般认为，法律认识错误对行为的性质及法律后果并没有影响，但是在"假想的无罪"缺乏违法性认识可能性时应当依法认定行为人无罪（阻却责任）。由于法律认识错误已在前面"违法性认识可能性"中进行了详细阐述，因此这里重点讨论事实认识错误。

事实认识错误，是指行为人主观上对决定其行为性质及刑事责任的有关事实情况存在不正确的理解。事实认识错误可以分为具体的事实认识错误与抽象的事实认识错误两类。具体的事实认识错误，又称为同一构成要件内的错误，是指行为人认识的事实虽然与实际发生的事实不一致，但没有超出同一犯罪构成的范围的情形。抽象的事实认识错误，又称为不同犯罪构成的错误，是指行为人认识的事实与实际发生的事实不一致，并且超出同一犯罪构成的范围的情形。事实认识错误还可以细分为以下六种具体种类：客体错误、对象对错、行为性质错误、工具错误、因果关系错误、打击错误。

事实认识错误的处理原则，传统刑法学理论上存在具体符合说与法定符合说的争议，但是"理论的通说和司法实践均采法定符合说"①。例如"误杀案"，某甲意欲杀死某乙，误杀旁边某丙，根据不同的处理原则可得出不同的处理结论。具体符合说认为，行为人所认识的事实与实际发生的事实，只有在具体地保持一致时，才成立故意的既遂犯。根据具体符合说，"误杀案"中由于行为人的主观认识和客观事实没有形成具体的符合，所以某甲成立对某乙的故意杀人罪未遂和对某丙的过失致人死亡罪，按照想象竞合从一重处断。具体符合说重视法益主体的区别，要求故意的认识内容包括对具体的法益主体的认识。法定符合说认为，行为人所认识的事实与实际发生的事实，只要在犯罪构成范围内是一致的，就成立故意的既遂犯。根据法定符合说，"误杀案"中由于某甲主观上具有杀人的故意，客观上的杀人行为也导致他人死亡，二者在故意杀人罪的犯罪构成内是完全一致的，因此成立故意杀人罪既遂。法定符合说重视法益的性质，认为不必重视主体的区别。理论上，尽管认为"理论的通说和司法实践均采法定符合说"，但是还有学者针对打击错误提出了一种折中的"行为计划理论"，认为：如果方法错误导致行为计划失败，就不成立故意犯罪既遂，反之则成立故意犯罪既遂。但是由于"行为计划理论以故意是违法要素为前提"，并且这种理论只说明了部分案件的处理意见，因此理论上支持者不多。②

笔者认为，笼统地采用具体符合说或者法定符合说均存在难以克服的缺陷，应当主张具有折中意义的"事实认识可具体包容的法定符合说"，具体包括"客体认识可具体包容的法定符合说""对象认识可具体包容的法定符合说""行为性质认识可具体包容的法定符合说""工具认识可具体包容的法定符合说""因果关系认识可具体包容的法定符合说""打击认识可具体包容的法定符合说"。例如"误杀案"，首先需要判断其错误类型，如果某甲意欲杀死某乙，但是基于故意而误杀旁边某丙（对象错误），采用对象可具体包容的法定符合说来判断，某甲针对某乙和某丙均构成故意杀人罪，差异仅在于某甲针对某乙构成故意杀人罪的未遂，但是针对某丙构成故意杀人罪的既遂，这时故意杀人罪的既遂可以具体

---

① 贾宇主编：《刑法学》（上册·总论），高等教育出版社2019年版，第187页。
② 张明楷：《刑法学》（第五版）（上），法律出版社2016年版，第274页。

地包容故意杀人罪的未遂，最终认定为故意杀人罪的既遂。对象可具体包容的法定符合说所得出的这一结论表面上与传统的法定符合说所得出的结论是一致的，但是"法理"并不相同。如果某甲意欲杀死某乙，基于过失而误杀旁边某丙（打击错误），采用打击可具体包容的法定符合说来判断，某甲针对某乙的故意杀人成立故意杀人罪的未遂，某甲针对某丙的过失致人死亡行为相对于故意杀人罪而言不符合打击可具体包容的法定符合标准（即不属于辅以杀人行为），仅成立过失致人死亡罪，这一结论表面上又与传统的具体符合说的结论是一致的，但是"法理"也与传统的具体符合说不同（因为传统的具体符合说没有进一步区分打击可具体包容的行为类型是故意杀人行为还是过失致人死亡的行为）。可见，采用可具体包容的法定符合说，通过统一标准（事实可具体包容的法定符合标准）来区分事实错误的不同情形，可以得出妥当结论，而不像传统的具体符合说或者传统的法定符合说那样很容易出现错误的结论。再如，客体错误也可以采用客体可具体包容的法定符合说来判断：如果行为人基于概括的盗窃故意（即可以盗窃任何物品），那么，行为人盗窃枪支的行为成立盗窃枪支罪客体可具体包容的法定符合特征而不存在认识错误（即可以成立盗窃枪支罪）；如果行为人基于盗窃普通财物的盗窃故意，那么，行为人误盗窃枪支的行为就不能成立盗窃枪支罪客体可具体包容的法定符合特征（即存在认识错误），根据客体可具体包容的法定符合说，行为人（基于盗窃普通财物的盗窃故意）误盗窃枪支的行为就只成立普通的盗窃罪（而不成立盗窃枪支罪）。再如，"行为性质认识可具体包容的法定符合说""工具认识可具体包容的法定符合说""因果关系认识可具体包容的法定符合说"也可以采用事实认识可具体包容的法定符合说来分析判断。

那么，"教唆强奸者反被被教唆者强奸案"中，教唆者（张三）和被教唆者（歹徒）均存在认识错误，但是二者的认识错误类型有所不同，可以分别归属于对象错误（相对于歹徒）、打击错误（相对于教唆者），因此可以采用"对象认识可具体包容的法定符合说"与"打击认识可具体包容的法定符合说"来分析：（1）歹徒误将张三当作李四而实施强奸行为，属于对象错误（相对于歹徒），按照"对象认识可具体包容的法定符合说"，歹徒强奸张三和李四中的任何一位女性，均符合强奸罪对象可具体包容的法定符合标准,歹徒针对李四成立强奸罪未遂,歹徒针对张三成立强奸罪既遂,最终按照强奸罪既遂论处。(2)张三教唆歹徒强奸李四而张三自己反被歹徒强奸的行为,属于打击错误(相对于教唆者),按照"打击认识可具体包容的法定符合说",张三自己针对自己实施的强奸行为(通过被教唆的人实施强奸行为)不符合强奸罪打击认识可具体包容的法定符合标准从而不成立强奸罪,但是张三针对李四实施的强奸行为(通过被教唆的人实施强奸行为)符合强奸罪打击认识可具体包容的法定符合标准从而成立强奸罪未遂(因李四并未被强奸成功),因此,张三成立强奸罪的教唆犯的未遂。

主要参考文献

一 专著

白建军：《法律实证研究方法》，北京大学出版社2008年版。

白洁：《刑法中的客观处罚条件研究》，群众出版社2017年版。

北京大学哲学系外国哲学史教研室编译：《古希腊罗马哲学》，生活·读书·新知三联书店1957年版。

毕志强、肖介清：《职务侵占罪研究》，人民法院出版社2001年版。

蔡墩铭：《刑法总纲论文选集（上）》，五南图书出版公司1988年版。

陈家林：《外国刑法理论的思潮与流变》，中国人民公安大学出版社、群众出版社2017年版。

陈家林：《外国刑法通论》，中国人民公安大学出版社2009年版。

陈金钊：《法律解释的哲理》，山东人民出版社1999年版。

陈金钊：《法律解释学——权利（权力）的张扬与方法的制约》，中国人民大学出版社2011年版。

陈金钊、熊明辉：《法律逻辑学》（第二版），中国人民大学出版社2015年版。

陈金钊、焦宝乾等：《法律解释学》，中国政法大学出版社2006年版。

陈金钊、焦宝乾、桑本谦、吴丙新、杨建军：《法律解释学》，中国政法大学出版社2006年版。

陈海帆、崔新建：《澳门刑法典分则释义》，澳门基金会2000年版。

陈航：《刑法论证方法研究》，中国人民公安大学出版社2008年版。

陈琴：《刑法中的事实错误》，中国人民公安大学出版社2009年版。

陈兴良：《共同犯罪论》，中国社会科学出版社1992年版。

陈兴良：《刑法哲学》，中国政法大学出版社1992年版。
陈兴良：《刑事司法研究》，中国方正出版社1999年版。
陈兴良：《当代中国刑法新境域》，中国政法大学出版社2001年版。
陈兴良：《刑法理念导读》，法律出版社2003年版。
陈兴良：《共同犯罪论》，中国人民大学出版社2006年版。
陈兴良：《刑法哲学（上）》，中国政法大学出版社2009年版。
陈兴良：《刑法的知识转型（方法论）》，中国人民大学出版社2012年版。
陈兴良：《判例刑法学》（教学版），中国人民大学出版社2012年版。
陈兴良：《教义刑法学》（第二版），中国人民大学出版社2014年版。
陈兴良主编：《刑法各论的一般理论》，内蒙古大学出版社1992年版。
陈兴良主编：《刑法方法论研究》，清华大学出版社2006年版。
陈兴良主编：《刑法知识论研究》，清华大学出版社2009年版。
陈兴良、周光权：《刑法学的现代展开》，中国人民大学出版社2006年版。
陈兴良、张军、胡云腾主编：《人民法院刑事指导案例裁判要旨通纂（上卷）》，北京大学出版社2013年版。
陈允、应时：《罗马法》，商务印书馆1931年版。
陈忠林：《刑法散得集》，法律出版社2003年版。
陈忠林：《刑法散得集（Ⅱ）》，重庆大学出版社2012年版。
陈子平：《刑法总论》，中国人民大学出版社2009年版。
储槐植、江溯：《美国刑法》（第四版），北京大学出版社2012年版。
淡乐蓉：《藏族"赔命价"习惯法研究》，中国政法大学出版社2014年版。
邓子滨：《中国实质刑法观批判》（第二版），法律出版社2017年版。
邓子滨：《中国实质刑法观批判》，法律出版社2009年版。
董皞：《司法解释论》，中国政法大学出版社2007年版。
杜芳琴：《中国社会性别的历史文化寻踪》，天津社会科学院出版社1998年版。
杜宇：《重拾一种被放逐的知识传统——刑法视域中"习惯法"的初步考察》，北京大学出版社2005年版。
付立庆：《积极主义刑法观及其展开》，中国人民大学出版社2020年版。

高铭暄主编：《刑法专论（上编）》，高等教育出版社 2002 年版。
高铭暄主编：《刑法专论（下编）》，高等教育出版社 2003 年版。
高铭暄、马克昌主编：《刑法学》，北京大学出版社、高等教育出版社 2016 年。
高铭暄、马克昌主编：《刑法学（上编）》，中国法制出版社 1999 年版。
高铭暄、马克昌主编：《刑法学》（第二版），北京大学出版社、高等教育出版社 2005 年版。
高铭暄主编：《刑法学》，法律出版社 1982 年版。
高铭暄主编：《中国刑法学》，中国人民大学出版社 1989 年版。
高明暄、赵秉志：《中国刑法立法文献资料精选》，法律出版社 2007 年版。
郭贵春、贺天平主编：《现代西方语用哲学研究》，科学出版社 2006 年版。
何秉松主编：《刑法教程》，法律出版社 1987 年版。
何秉松主编：《刑法教科书》，中国法制出版社 1993 年版。
何勤华、夏菲主编：《西方刑法史》，北京大学出版社 2006 年版。
洪汉鼎主编：《理解与解释——诠释学经典文选》，东方出版社 2001 年版。
洪汉鼎：《诠释学——它的历史和当代发展》，人民出版社 2001 年版。
黄茂荣：《法学方法与现代民法》（第五版），法律出版社 2007 年版。
黄异：《法学方法》，（台北）元照出版有限公司 2009 年版。
黄金兰：《法律移植研究——法律文化的视角》，山东人民出版社 2010 年版。
黄荣坚：《基础刑法学》，中国人民大学出版社 2009 年版。
姜福东：《法律解释的范式批判》，山东人民出版社 2010 年版。
姜涛：《刑法解释的基本原理》，法律出版社 2019 年版。
季卫东：《法治秩序的建构》，中国政法大学出版社 1999 年版。
金凯、章道全主编：《中华人民共和国刑法简明教程》，山东人民出版社 1987 年版。
姜伟主编：《刑事司法指南》2000 年第 2 辑，法律出版社 2000 年版。
孔祥俊：《法律方法论》（第 2 版），人民法院出版社 2006 年版。

赖正直：《机能主义刑法理论研究》，中国政法大学出版社2017年版。
劳东燕：《功能主义的刑法解释》，中国人民大学出版社2020年版。
李安宅：《藏族宗教史之实地研究》，上海人民出版社2005年版。
李光灿、马克昌、罗平：《论共同犯罪》，中国政法大学出版社1987年版。
李国如：《罪刑法定原则视野中的刑法解释》，中国方正出版社2001年版。
黎宏：《刑法学》，法律出版社2012年版。
黎宏：《日本刑法精义》，法律出版社2008年版。
李可：《习惯法——一个正在发生的制度性事实》，中南大学出版社2005年版。
李立众：《刑法一本通》（第十一版），法律出版社2015年版。
李立众：《刑法一本通》（第十二版），法律出版社2016年版。
李秋零：《德国哲人视野中的历史》，中国人民大学出版社1995年版。
李希慧：《刑法解释论》，中国人民公安大学出版社1995年版。
李希慧、龙腾云、邱帅萍编著：《刑法解释专题整理》，中国人民公安大学出版社2011年版。
梁根林：《刑事政策：立场与范畴》，法律出版社2005年版。
梁根林主编：《刑法方法论》，北京大学出版社2006年版。
梁慧星：《民法解释学》，中国政法大学出版社1995年版。
梁慧星：《民法解释学》（第四版），法律出版社2015年版。
梁治平：《清代习惯法：社会与国家》，中国政法大学出版社1996年版。
梁治平：《法辩——中国法的过去、现在和未来》，中国政法大学出版社2002年版。
梁治平主编：《法律解释问题》，法律出版社1998年版。
林钰雄：《新刑法总则》，（台北）元照出版有限公司2018年版。
林山田：《刑法通论（上）》，北京大学出版社2012年版。
林维：《刑法解释的权力分析》，中国人民公安大学出版社2006年版。
刘明祥、张天虹主编：《故意与错误论研究》，北京大学出版社2016年版。
刘宪权、卢勤忠：《金融犯罪理论专题研究》，复旦大学出版社2002

年版。

刘艳红：《实质出罪论》，中国人民大学出版社 2020 年版。

刘艳红：《走向实质的刑法解释》，北京大学出版社 2009 年版。

刘艳红：《实质刑法观》，中国人民大学出版社 2009 年版。

刘艳红：《刑法学》，北京大学出版社 2016 年版。

刘远：《刑事法哲学初论》，中国检察出版社 2004 年版。

刘志伟编：《刑法规范总整理》（第十二版），法律出版社 2021 年版。

刘作翔：《法律文化理论》，商务印书馆 1999 年版。

吕世伦、文正邦主编：《法哲学论》，中国人民大学出版社 1999 年版。

罗豪才、宋功德：《软法亦法——公共治理呼唤软法之治》，法律出版社 2009 年版。

罗豪才主编：《软法的理论与实践》，北京大学出版社 2010 年版。

马克昌主编：《犯罪通论》，武汉大学出版社 1991 年版。

苗东升：《系统科学精要》，中国人民大学出版社 1998 年版。

苗东升：《系统科学辩证法》，山东教育出版社 1998 年版。

牛克乾：《刑事审判视野中的刑法解释与适用》，法律出版社 2010 年版。

欧阳本祺：《刑事政策视野下的刑法教义学》，北京大学出版社 2016 年版。

欧阳涛主编：《当代中外性犯罪研究》，社会科学文献出版社 1993 年版。

潘德荣：《西方诠释学史》（第二版），北京大学出版社 2016 年版。

钱学森等：《论系统工程》（增订版），湖南科学技术出版社 1988 年版。

全国人民代表大会常务委员会法制工作委员会刑法室审编：《中华人民共和国刑法（2016 年审编版）》，中国民主法制出版社 2016 年版。

曲新久：《刑事政策的权力分析》，中国政法大学出版社 2002 年版。

曲新久：《刑法的精神与范畴》，中国政法大学出版社 2000 年版。

阮齐林：《刑法学》，中国政法大学出版社 2011 年版。

疏义红：《法律解释学实验教程——裁判解释原理与实验操作》，北京大学出版社 2008 年版。

苏力：《法治及其本土资源》，中国政法大学出版社 2004 年版。

苏联科学院法学研究所编：《马克思列宁主义关于国家与法权理论教程》，中国人民大学出版社 1995 年版。

孙国祥、魏昌东：《联合国反腐败公约与贪污贿赂犯罪立法研究》，法律出版社 2011 年版。

孙万怀：《在制度和秩序的边界刑事政策的一般理论》，北京大学出版社 2008 年版。

田成有：《法律社会学的学理与运用》，中国检察院出版社 2002 年版。

王海桥：《刑法解释的基本原理——理念、方法及其运作规则》，法律出版社 2012 年版。

王洪：《制定法推理与判例法推理》，中国政法大学出版社 2016 年版。

王利明：《法律解释学导论——以民法为视角》，法律出版社 2017 年版。

王庆节：《解释学、海德格尔与儒道今释》，中国人民大学出版社 2009 年版。

王泽鉴：《民法总则》，中国政法大学出版社 2001 年版。

王泽鉴：《民法概要》，中国政法大学出版社 2003 年版。

王勇：《定罪导论》，中国人民大学出版社 1990 年版。

王永巧、蒋学伟：《基于时变 Copula 的金融系统性风险度量》，中国经济出版社 2016 年版。

王昭振：《犯罪构成视野下规范性构成要件要素基础理论研究》，中国检察出版社 2008 年版。

王政勋：《刑法解释的语言论研究》，商务印书馆 2016 年版。

王作富主编：《刑法分则实务研究（中）》，中国方正出版社 2010 年版。

王作富主编：《刑法分则实务研究（下）》，中国方正出版社 2010 年版。

魏东：《案例刑法学》，中国人民大学出版社 2019 年版。

魏东：《刑法分则解释论要》，北京大学出版社 2020 年版。

魏东：《刑事政策原理》，中国社会科学出版社 2015 年版。

魏东：《刑法各论若干前沿问题要论》，人民法院出版社 2005 年版。

魏东：《保守的实质刑法观与现代刑事政策立场》，中国民主法制出版社 2011 年版。

魏东：《刑法理性与解释论》，中国社会科学出版社 2015 年版。

魏东：《当代刑法重要问题研究》，四川大学出版社 2008 年版。

魏东主编：《刑法》，中国民主法制出版社 2016 年版。

魏东主编：《中国当下刑法解释论问题研究——以论证刑法解释的保守性

为中心》，法律出版社 2014 年版。

魏东主编：《刑事政策学》，四川大学出版社 2011 年版。

魏东主编：《刑法解释》总第 3 卷，法律出版社 2018 年版。

魏东主编：《刑法解释》总第 4 卷，法律出版社 2019 年版。

魏东主编：《刑法解释》总第 5 卷，法律出版社 2020 年版。

魏东主编：《刑法解释》总第 6 卷，法律出版社 2021 年版。

魏治勋：《法律解释的原理与方法体系》，北京大学出版社 2017 年版。

文海林：《论罪刑法定的事实明确》，中国政法大学出版社 2016 年版。

翁岳生：《行政法与现代法治国家》，台大法学丛书 1982 年版。

吴学斌：《刑法适用方法的基本准则》，中国人民公安大学出版社 2008 年版。

吴丙新：《修正的刑法解释理论》，山东人民出版社 2007 年版。

谢晖、陈金钊：《法律：诠释与应用——法律诠释学》，上海译文出版社 2002 年版。

谢晖、陈金钊主编：《民间法》，山东人民出版社 2002 年版。

《刑法学》编写组：《刑法学（上册·总论）》，高等教育出版社 2019 年版。

徐岱：《刑法解释学基础理论建构》，法律出版社 2010 年版。

徐光华：《刑法文化解释研究》，中国政法大学出版社 2012 年版。

许道敏：《民权刑法论》，中国法制出版社 2003 年版。

许秀中：《刑事政策系统论》，中国长安出版社 2008 年版。

许玉秀：《当代刑法思潮》，中国民主法制出版社 2005 年版。

许玉秀主编：《刑事法之基础与界限——洪福增教授纪念专辑》，（台北）学林文化事业公司 2003 年版。

宣炳昭：《香港刑法导论》，中国法制出版社 1997 年版。

严存生：《法的"一体"和"多元"》，商务印书馆 2008 年版。

严存生：《西方法哲学问题史研究》，中国法制出版社 2013 年版。

严励：《中国刑事政策的建构理性》，中国政法大学出版社 2010 年版。

严平：《走向解释学的真理——伽达默尔哲学述评》，东方出版社 1998 年版。

杨春洗等：《刑法总论》，北京大学出版社 1981 年版。

杨敦先、张文：《刑法简论》，北京大学出版社 1986 年版。
杨堪、张梦梅：《中国刑法通史》（第八分册），辽宁大学出版社 1987 年版。
杨立新：《中国民法典精要》，北京大学出版社 2020 年版。
杨仁寿：《法学方法论》，中国政法大学出版社 1999 年版。
杨仁寿：《法学方法论》，（台北）三民书局 1986 年版。
杨仁寿：《法学方法论》，文太印刷有限公司 1987 年版。
杨艳霞：《刑法解释的理论与方法：以哈贝马斯的沟通行为理论为视角》，法律出版社 2007 年版。
喻中：《乡土中国的司法图景》，中国法制出版社 2007 年版。
于世忠：《中国刑法学总论》，厦门大学出版社 2017 年版。
袁林：《以人为本与刑法解释凡是的创新研究》，法律出版社 2010 年版。
曾粤兴：《刑法学方法的一般理论》，人民出版社 2005 年版。
张德美：《探索与抉择——晚清法律移植研究》，清华大学出版社 2003 年版。
张济民：《渊源流近——藏族部落习惯法法规及案例辑录》，青海人民出版社 2002 年版。
张明楷：《刑法原理》，商务印书馆 2017 年版。
张明楷：《诈骗罪与金融诈骗罪研究》，清华大学出版社 2006 年版。
张明楷：《刑法学》，法律出版社 2007 年版。
张明楷：《刑法学》（上），法律出版社 1997 年版。
张明楷：《刑法学》（第二版），法律出版社 2003 年版。
张明楷：《刑法学》（第四版），法律出版社 2011 年版。
张明楷：《刑法学》（第五版）（上），法律出版社 2016 年版。
张明楷：《刑法学》（第五版）（下），法律出版社 2016 年版。
张明楷：《刑法学》（第六版）（上），法律出版社 2021 年版。
张明楷：《刑法学》（第六版）（下），法律出版社 2021 年版。
张明楷：《犯罪构成体系与构成要件要素》，北京大学出版社 2010 年版。
张明楷：《罪刑法定与刑法解释》，北京大学出版社 2009 年版。
张明楷：《刑法分则的解释原理（上）》（第二版），中国人民大学出版社 2011 年版。

张明楷：《刑法分则的解释原理（下）》（第二版），中国人民大学出版社2011年版。

张明楷：《外国刑法纲要》（第三版），法律出版社2020年版。

张明楷：《诈骗犯罪论》，法律出版社2021年版。

张蔚伟：《犯罪故意认识因素研究》，知识产权出版社2016年版。

张志铭：《法律解释学》，中国人民大学出版社2015年版。

张志铭：《法律解释操作分析》，中国政法大学出版社1998年版。

赵秉志：《犯罪未遂的理论与实践》中国人民大学出版社1987年版。

赵秉志：《刑法基本问题》，北京大学出版社2010年版。

赵秉志主编：《刑法总则要论》，中国法制出版社2010年版。

赵秉志主编：《刑法教学案例》，"编写说明"，法律出版社2007年版。

赵秉志主编：《刑法学教程》，中国人民大学出版社2001年版。

赵秉志主编：《刑法解释研究》，北京大学出版社2007年版。

赵秉志主编：《刑法新教程》（第四版），中国人民大学出版社2012年版。

赵秉志、魏昌东编著：《刑法哲学专题整理》，中国人民公安大学出版社2007年版。

赵秉志、杨诚主编：《〈联合国反腐败公约〉在中国的贯彻》，法律出版社2011年版。

赵秉志、张军主编：《中国刑法学年会文集（2003年度）第一卷：刑法解释问题研究》，中国人民公安大学出版社2003年版。

赵运锋：《刑法解释论》，中国法制出版社2012年版。

赵震江主编：《法律社会学》，北京大学出版社1998年版。

郑永流主编《法哲学与法社会学论丛（六）》，中国政法大学出版社2003年版。

郑玉波：《法谚（一）》，法律出版社2007年版。

中华人民共和国最高人民法院刑事审判第一、二、三、四、五庭：《刑事审判参考指导案例》，法律出版社2009年版。

中国人民大学刑事法律科学研究中心编：《刑事法学的当代展开》，中国检察出版社2008年版。

钟震：《系统重要性金融机构的识别与监管研究》，经济管理出版社2014年版。

周光权：《刑法各论》，中国人民大学出版社2008年版。

周光权：《刑法各论》（第四版），中国人民大学出版社2021年版。

周光权：《刑法客观主义与方法论》，法律出版社2013年版。

周光权：《刑法客观主义与方法论》（第二版），法律出版社2020年版。

周强主编：《最高人民法院司法解释汇编（1949—2013）》（上），人民法院出版社2014年版。

周少华：《刑法之适应性——刑事法治的实践逻辑》，法律出版社2012年版。

周永坤：《法律学——全球视野》（第四版），法律出版社2016年版。

周振杰：《日本刑法思想史研究》，中国法制出版社2013年版。

朱道华：《教唆犯研究》，法律出版社2014年版。

朱景文：《比较法导论》，中国检察出版社1992年版。

朱景文主编：《法理学专题研究》（第二版），中国人民大学出版社2010年版。

最高人民法院刑事审判第一庭编：《刑事审判参考》总第3辑，法律出版社1999年版。

最高人民法院刑事审判第一庭编：《刑事审判参考》总第7辑，法律出版社2000年版。

［奥］凯尔森：《纯粹法理论》，张书友译，中国法制出版社2008年版。

［德］阿图尔·考夫曼、温弗里德·哈斯默尔主编：《当代法哲学和法律理论导论》，郑永流译，法律出版社2002年版。

［德］伯恩·魏德士：《法理学》，丁小春、吴越译，法律出版社2003年版。

［德］恩格斯：《费尔巴哈和德国古典哲学的终结》，人民出版社1997年版。

［德］冈特·施特拉腾韦特、洛塔尔·库伦：《刑法总论Ⅰ——犯罪论》，法律出版社2006年版。

［德］哈贝马斯：《在事实与规范之间——关于法律和民主法治国的商谈理论》，童世骏译，生活·读书·新知三联书店2003年版。

［德］汉斯-格奥尔格·伽达默尔：《真理与方法——哲学诠释学的基本

特征》（上卷），洪汉鼎译，上海文艺出版社 2004 年版。

［德］汉斯·海因里希·耶赛克、托马斯·魏根特：《德国刑法教科书》，徐久生译，中国法制出版社 2001 年版。

［德］汉斯·海因里希·耶赛克、托马斯·魏根特：《德国刑法教科书》（上），徐久生译，中国法制出版社 2017 年版。

［德］卡尔·恩吉施：《法律思维导论》，郑永流译，法律出版社 2014 年版。

［德］卡尔·拉伦茨：《法学方法论》，陈爱娥译，商务印书馆 2003 年版。

［德］康德：《纯粹理性批判》，邓晓芒译，人民出版社 2004 年版。

［德］克劳斯·罗克辛：《刑事政策与刑法体系》（第二版），蔡桂生译，中国人民大学出版社 2011 年版。

［德］克劳斯·罗克辛：《德国刑法学总论》（第 1 卷），王世洲译，法律出版社 2005 年版。

［德］克劳斯·罗克辛：《德国最高法院判例刑法总论》，何庆仁、蔡桂生译，中国人民大学出版社 2012 年版。

［德］拉德布鲁赫：《法律哲学概论》，徐苏中译，中国政法大学出版社 2007 年版。

［德］罗伯特·阿列克西：《法律论证理论——作为法律证立理论的理性论辩理论》，舒国滢译，商务印书馆 2019 年版。

［德］罗尔夫·旺克：《法律解释》（第 6 版），蒋毅、季红明译，北京大学出版社 2020 年版。

［德］齐佩利乌斯：《法学方法论》，金振豹译，法律出版社 2009 年版。

［德］魏德士：《法理学》，吴越等译，法律出版社 2005 年版。

［德］乌尔斯·金德霍伊泽尔：《刑法总论教科书》，蔡桂生译，北京大学出版社 2015 年版。

［德］英格博格·普珀：《法律思维小学堂》，蔡圣伟译，北京大学出版社 2012 年版。

［德］耶赛克、魏根特：《德国刑法教科书》（总论），徐久生译，中国法制出版社 2001 年版。

［法］保罗·利科尔：《解释学与人文科学》，陶远华等译，河北人民出版社 1987 年版。

［法］布律尔：《法律社会学》，廖美天译，（中国）台北1990年版。

［法］罗伯斯庇尔：《革命法制与审判》，赵涵舆译，商务印书馆1986年版。

［法］皮埃尔·勒鲁：《论平等》，王允道译，商务印书馆1988年版。

［法］涂尔干：《社会分工论》，渠东译，生活·读书·新知三联书店2000年版。

［古希腊］亚里士多德：《修辞学》，罗念生译，生活·读书·新知三联书店1991年版。

［韩］李在祥：《韩国刑法总论》，韩相敦译，中国人民大学出版社2005年版。

［荷］高罗佩：《中国古代房内考》，李零等译，上海人民出版社1990年版。

［美］昂格尔：《现代社会中的法律》，吴玉章译，译林出版社2001年版。

［美］伯尔曼：《法律与革命》，贺卫方译，中国大百科全书出版社1993年版。

［美］E. 博登海默：《法理学——法哲学及其方法》，邓正来译，华夏出版社1987年版。

［美］E. 博登海默：《法理学：法律哲学与法律方法》，邓正来译，中国政法大学出版社1999年版。

［美］弗里德曼：《实证经济学方法论》，载《弗里德曼文萃（上）》，胡雪峰、武玉宁译，首都经贸大学出版社2000年版。

［美］弗兰克·费希尔：《公共政策评估》，中国人民大学出版社2003年版。

［美］哈里·D. 格劳斯：《家庭法》，法律出版社1999年版。

［美］赫希：《解释的有效性》，王才勇译，生活·读书·新知三联书店1991年版。

［美］凯特·米利特：《性政治》，宋文伟译，江苏人民出版社2000年版。

［美］理查德·A. 波斯纳：《法理学问题》，苏力译，中国政法大学出版社1994年版。

［美］罗伯特·C. 埃里克森：《无需法律的秩序——邻人如何解决纠纷》，苏力译，中国政法大学出版社2003年版。

［美］罗纳德·德沃金：《法律帝国》，许杨勇译，上海三联书店 2016 年版。

［美］罗斯科·庞德：《法律史解释》，曹玉堂、杨知译，华夏出版社 1989 年版。

［美］罗斯科·庞德：《通过法律的社会控制》，沈宗林等译，商务印书馆 1984 年版。

［日］大谷实：《刑法讲义总论》，黎宏译，中国人民大学出版社 2008 年版。

［日］大塚仁：《刑法概说（总论）》，冯军译，中国人民大学出版社 2003 年版。

［日］大冢仁：《犯罪论的基本问题》，冯军译，中国政法大学出版社 1993 年版。

［日］井田良：《变革时代的理论刑法学》，庆应义塾大学出版社 2007 年版。

［日］千叶正士：《法律多元——从日本法律迈向一般理论》，强世功等译，中国政法大学出版社 1997 年版。

［日］前田雅英：《刑法总论讲义》（第 6 版），曾文科译，北京大学出版社 2017 年版。

［日］山口厚：《刑法总论》，付立庆译，中国人民大学出版社 2018 年版。

［日］西田典之：《刑法总论》，刘明祥、王昭武译，法律出版社 2013 年版。

［日］西田典之：《刑法各论》，王昭武、刘明祥译，法律出版社 2013 年版。

［日］西田典之：《日本刑法各论》，刘明祥、王昭武译，武汉大学出版社 2005 年版。

［日］小野清一郎：《犯罪构成要件理论》，王泰译，中国人民公安大学出版社 2004 年版。

［日］野村稔：《刑法总论》，全理其译，法律出版社 2001 年版。

［苏］别利亚耶夫科瓦廖夫：《苏维埃刑法总论》，马改秀等译，群众出版社 1987 年版。

［苏］基里钦科：《苏维埃刑法中错误的意义》，蔡枢衡译，法律出版社

1956 年版。

［英］布罗尼斯拉夫·马林诺夫斯基、［美］索尔斯坦·塞林：《犯罪：社会与文化》，许章润、么志龙译，广西师范大学出版社 2003 年版。

［英］丹宁勋爵：《法律的训诫》，杨百揆等译，群众出版社 1985 年版。

［英］弗里德利希·冯·哈耶克：《法律、立法与自由（第一卷）》，邓正来等译，中国大百科全书出版社 2000 年版。

［英］怀特海：《过程与实在》杨福斌译，中国城市出版社 2003 年版。

［英］霍布斯：《利维坦》，黎思复、黎廷弼译，商务印书馆 1986 年版。

［英］J. C. 史密斯、B. 霍根：《英国刑法》，李贵方等译，法律出版社 2000 年版。

［英］鲁伯特·克鲁斯：《法律解释》，孔小红等译，西南政法学院 1986 年版。

［英］梅因：《古代法》，沈景一译，商务印书馆 1984 年版。

［英］维尔：《宪政与分权》，苏力译，生活·读书·新知三联书店 1998 年版。

［意］贝卡利亚：《论犯罪与刑罚》，黄风译，中国大百科全书出版社 1993 年版。

［意］杜里奥·帕多瓦尼：《意大利刑法学原理（注评版）》，陈忠林译，中国人民大学出版社 2004 年版。

［意］彭梵得：《罗马法教科书》，黄风译，中国政法大学出版社 1998 年版。

二　期刊论文

白建军：《法学研究中的实证发现——以刑事实证研究为例》，《政治与法律》2019 年第 11 期。

柏浪涛：《规范性构成要件要素的错误类型分析》，《法商研究》2019 年第 1 期。

蔡桂生：《违法性认识不宜作为故意的要素——兼对"故意是责任要素说"反思》，《政治与法律》2020 年第 6 期。

蔡桂生：《梅茨格尔犯罪阶层体系的新康德主义根基》，《清华法学》2009 年第 6 期。

蔡桂生：《敌人刑法的思与辨》，《中外法学》2010年第4期。

蔡军、刘夏：《不得已原则：刑法的边界及根据》，《检察日报》2019年6月22日第3版。

蔡琳：《融贯论的可能性与限度——作为追求法官论证合理性的适当态度和方法》，法车浩《理解当代中国刑法教义学》，《中外法学》2017年第6期。

车浩：《刑法理论的教义学转向》，《检察日报》2018年6月7日第3版。

车浩：《法定犯时代的违法性认识错误》，《清华法学》2015年第4期。

陈斌彬：《完善我国小额贷款公司法律监管的思考》，《南方金融》2009年第12期。

陈洪兵、麻侃：《由"淫秽性"谈规范构成要件要素认定的实体及程序路径》，《湖南公安高等专科学校学报》2005年第4期。

陈洪兵：《体系性诠释"利用职务上的便利"》，《法治研究》2015年第4期。

陈洪兵：《不必严格区分法条竞合与想象竞合：大竞合论之提倡》，《清华法学》2012年第1期。

陈金钊：《法律解释及其基本特征》，《法律科学》2000年第6期。

陈璐：《综合主义刑法观念的提倡》，《法制日报》2014年4月30日第12版。

陈文华、孙日华：《规范法学视野下的民间法》，《广西社会科学》2010年第7期。

陈曦：《法律融贯论辨析》，《北方法学》2017年第6期。

陈旭均、蒋小美：《提供手淫"服务"不构成介绍、容留卖淫罪》，《人民司法》2008年第16期。

陈璇：《责任原则、预防政策与违法性认识》，《清华法学》2018年第5期。

陈璇：《克服正当防卫判断中的"道德洁癖"》，《清华法学》2016年第2期。

陈兴良：《刑法教义学与刑事政策的关系：从李斯特鸿沟到罗克辛贯通——中国语境下的展开》，《中外法学》2013年第5期。

陈兴良：《中国刑法学研究40年（1978—2018）》，《武汉大学学报》（哲学社会科学版）2018 年第 2 期。

陈兴良：《走向学派之争的刑法学》，《法学研究》2010 年第 1 期。

陈兴良：《刑法教义学的逻辑方法：形式逻辑与实体逻辑》，《政法论坛》2017 年第 5 期。

陈兴良：《论我国刑法中的连累犯》，《法律科学——西北政法学院学报》1989 年第 1 期。

陈兴良《婚内强奸犯罪化：能与不能——一种法解释学的分析》，《法学》2006 年第 2 期。

陈兴良：《刑事法治视野中的刑事政策》，《江苏社会科学》2004 年第 5 期。

陈兴良：《互殴与防卫的界限》，《法学》2015 年第 6 期。

陈兴良：《形式与实质的关系：刑法学的反思性检讨》，《法学研究》2008 年第 6 期。

陈兴良：《形式解释论的再宣示》，《中国法学》2010 年第 4 期。

陈兴良：《形式解释论与实质解释论：事实与理念之展开》，《法制与社会发展》2011 年第 2 期。

陈兴良：《四要件犯罪构成的结构性缺失及其颠覆——以正当行为切入的学术史考察》，《现代法学》2009 年第 6 期。

陈兴良：《构成要件的理论考察》，《清华法学》2008 年 1 期。

陈兴良：《虚拟财产的刑法属性及其保护路径》，《中国法学》2017 年第 2 期。

陈泽宪：《刑法修改中的罪刑法定问题》，《法学研究》1996 年第 6 期。

陈忠林：《如何让法学成为科学——走向科学的法学变革与理论重构》，《学术论坛》2019 年第 5 期。

程红：《论刑法解释方法的位阶》，《法学》2011 年第 1 期。

储陈城：《防卫挑拨之正当防卫权丧失与限制》，《刑事法判解》2014 年第 1 期。

储槐植、闫雨：《"赎罪"——既遂后不出罪存在例外》，《检察日报》2014 年 8 月 12 日第 3 版。

杜强强：《论宪法规范与刑法规范之诠释循环——以入户抢劫与住宅自由概念为例》，《法学家》2015 年第 2 期。

杜宇:《当代刑法实践中的习惯法:一种真实而有力的存在》,《中外法学》2005 年第 1 期。

杜宇:《"类型"作为刑法上之独立思维形式——兼及概念思维的反思与定位》,《刑事法评论》2010 年第 1 期。

冯军:《刑法教义学的立场和方法》,《中外法学》2014 年第 1 期。

冯军:《论刑法解释的边界和路径——以扩张解释与类推适用的区分为中心》,《法学家》2012 年第 1 期。

付立庆:《论积极主义刑法观》,《政法论坛》2019 年第 1 期。

付立庆:《交叉式法条竞合关系下的职务侵占罪与盗窃罪——基于刑事实体法与程序法一体化视角的思考》,《政治与法律》2016 年第 2 期。

高铭暄、孙道萃:《预防性刑法观及其教义学思考》,《中国法学》2018 年第 1 期。

高巍:《论规范的构成要件要素之主观明知》,《法律科学(西北政法大学学报)》2011 年第 3 期。

葛洪义、陈年冰:《法的普遍性、确定性、合理性辨析——兼论当代中国立法和法理学的使命》,《法学研究》1997 年第 5 期。

龚振军:《刑法解释限度理论之关系论纲》,《法制与社会发展》2011 年第 4 期。

龚振军:《刑法解释限度新论——以日本刑法学说为主要切入点》,《当代法学》2010 年第 2 期。

顾培东:《判例自发性运用现象的生成与效应》,《法学研究》2018 年第 2 期。

郭慧敏:《社会性别与妇女人权问题——兼论社会性别的法律分析方法》,《环球法律评论》2005 年第 1 期。

何卫平:《西方解释学的第三次转向——从哈贝马斯到利科》,《中国社会科学》2019 年第 6 期。

泓峻:《"强制阐释论"的基本立场、理论建树与学术关怀》,《社会科学辑刊》2021 年第 3 期。

胡东飞:《危险犯的形态及其法条适用》,《西南政法大学学报》2005 年第 6 期。

黄振地:《谢林"绝对同一"自我的建构过程》,《广西师范大学学报》

（哲学社会科学版）2012 年版第 6 期。

霍桂恒：《黑格尔、马克思和怀特海——从"过程"所体现的西方哲学思维方式的转变看科学与人文之间的冲突》，《江苏行政学院学报》2006 年第 5 期。

冀洋：《刑法主观主义：方法论与价值观的双重清理》，《法制与社会发展》2016 年第 3 期。

姜敏：《正当防卫制度中的"城堡法"：渊源、发展和启示》，《法学评论》2018 年第 5 期。

焦宝乾：《法的发现与证立》，《法学研究》2005 年第 5 期。

江溯：《超越共犯从属性与共犯独立性之争——刑法第 29 条第 2 款的再解释》，《苏州大学学报》2014 年第 2 期。

江溯：《规范性构成要件要素的故意及错误——以赵春华非法持有枪支案为例》，《华东政法大学学报》2017 年第 6 期。

姜涛：《基于主体间性分析范式的刑法解释》，《比较法研究》2015 年第 1 期。

姜涛：《需罚性在犯罪论体系中的功能与定位》，《政治与法律》2021 年第 5 期。

蒋熙辉：《刑法解释限度论》，《法学研究》2005 年第 4 期。

劳东燕：《能动司法与功能主义的刑法解释论》，《法学家》2016 年第 6 期。

劳东燕：《功能主义刑法解释论的方法与立场》，《政法论坛》2018 年第 2 期。

劳东燕：《刑事政策与功能主义的刑法体系》，《中国法学》2020 年第 1 期。

劳东燕：《功能主义刑法解释的体系性控制》，《清华法学》2020 年第 2 期。

劳东燕：《刑法解释中的形式论与实质论之争》，《法学研究》2013 年第 3 期。

雷磊：《融贯性与法律体系的建构——兼论当代中国法律体系的融贯化》，《法学家》2012 年第 2 期。

雷磊：《什么是法教义学？——基于 19 世纪以后德国学说史的简要考

察》,《法制与社会发展》2018年第4期。

雷磊:《主题的拓展与方法意识的觉醒——四十年来规范法学的发展》,《北京航空航天大学学报》(社会科学版)2019年第1期。

李传良:《我国民间法重构途径探索》,《山东社会科学》2007年第9期。

黎宏:《"禁止类推解释"之质疑》,《法学评论》2008年第5期。

黎宏:《论盗窃财产性利益》,《清华法学》2013年第6期。

李凯:《刑法解释方法的体系建构——以目的论解释之限定为视角》,《中国刑事法杂志》2014年第1期。

李凯:《刑法解释学与刑法教义学的关系》,《中国社会科学报》2018年2月7日法学版。

李立众:《台湾岛强奸罪立法之新发展》,《人民检察》2000年第11期。

李立众:《婚内强奸定性研究》,《中国刑事法杂志》2001年第1期。

李佳欣:《刑法解释的功能性考察》,《当代法学》2014年第6期。

李建明:《收受他人财物后退还或者上交对受贿罪构成的影响》,《人民检察》2007年第16期。

利子平:《试论刑法中之类推与扩张解释》,《南昌大学学报》1988年第3期。

梁根林:《罪刑法定视域中的刑法适用解释》,《中国法学》2004年第3期。

梁根林:《刑法适用解释规则论》,《法学》2003年第12期。

梁治平:《法治进程中的知识转变》,《读书》1998年第1期。

刘明祥:《再释"被教唆的人没有犯被教唆的罪"——与周光权教授商榷》,《法学》2014年第12期。

刘明祥:《奸淫幼女若干问题探析》,《国家检察官学院学报》2004年第1期。

刘明祥:《论窃取财产性利益》,《政治与法律》2019年第3期。

刘霜、赵浩森:《违法性认识的理论争议与实践判定》,《辽宁大学学报》(哲学社会科学版)2020年第6期。

刘宪权:《论拒绝执行防疫措施行为的刑法定性》,《法治研究》2020年第2期。

刘宪权、吴波:《骗取小额贷款公司贷款行为的定性研究》,《中国刑事法杂志》2012 年第 9 期。

刘艳红:《网络时代刑法客观解释新塑造:"主观的客观解释论"》,《法律科学》2017 年第 3 期。

刘艳红:《中国刑法教义学化过程中的五大误区》,《环球法律评论》2018 年第 3 期。

刘艳红:《我国犯罪论体系之变革及刑法学研究范式之转型》,《法商研究》2014 年第 5 期。

刘志刚、邱威:《形式解释论与实质解释论之辨析》,《河南省政法管理干部学院学报》2011 年第 3 期。

刘志伟:《完善妨害传染病防治罪立法的建议》,《民主与法制》2020 年第 9 期。

刘志远:《刑法解释的限度——合理的扩大解释与类推解释的区分》,《国家检察官学院学报》2002 年第 5 期。

龙卫球:《数据新型财产权构建及其体系研究》,《政法论坛》2017 年第 4 期。

卢勤忠:《涉典当犯罪的法教义学分析》,《法学》2016 年第 3 期。

罗欢平:《从小贷公司的法律属性看其监管主体的确立》,《金融理论与实践》2012 年第 9 期。

马乐:《为刑法主观主义辩》,《环球法律评论》2014 年第 2 期。

马荣春:《理性交往刑法观:"融合范式"的生成》,《法学家》2018 年第 2 期。

马荣春:《社会管理创新下的新刑法观》,《福建法学》2016 年第 4 期。

马荣春:《刑事案件事实认定的常识、常理、常情化》,《北方法学》2014 年第 2 期。

马姝:《论功能主义思想之于西方法社会学发展的影响》,《北方法学》2008 年第 2 期。

马颖:《小额贷款公司的法律困境分析》,《湖北经济学院学报》(人文社会科学版)2012 年第 8 期。

孟庆华、王法:《"意见"是否属于刑法司法解释表现形式问题探析》,《临沂市师范学院学报》2010 年第 5 期。

聂立泽、高猛:《论财产性利益的刑法保护》,《法治社会》2016 年第

3 期。

聂立泽、庄劲:《从"主客间性"到"主体间性"的刑法解释观》,《法学》2011 年第 9 期。

欧阳本祺:《论网络时代刑法解释的限度》,《中国法学》2017 年第 3 期。

潘德荣:《理解方法论视野中的读者与文本——伽达默尔与方法论诠释学》,《中国社会科学》2008 年第 2 期。

戚进松:《刑法解释方法的位阶与运用》,《国家检察官学院学报》2015 年第 4 期。

齐文远、周详:《论刑法解释的基本原则》,《中国法学》2004 年第 2 期。

曲新久:《刑法解释的若干问题》,《国家检察官学院学报》2014 年第 1 期。

任彦君:《论我国刑法漏洞之填补》,《法商研究》2015 年第 4 期。

沈顺祥:《黑格尔历史过程论思想的方法论及其当代启示》,《甘肃社会科学》2009 年第 4 期。

时延安:《刑法规范的合宪性解释》,《国家检察官学院学报》2015 年第 1 期。

施景新、金涛:《小额贷款公司金融机构主体资格的确认与刑法保护》,《西南政法大学学报》2013 年第 4 期。

舒国滢:《并非有一种值得期待的宣言——我们时代的法学为什么需要重视方法》,载宋振保《法律解释方法的融贯运作及其规则——以最高院"指导案例 32 号"为切入点》,《法律科学》2016 年第 3 期。

宋小海:《程序自然法视域中法律解释的任务》,《浙江社会科学》2011 年第 6 期。

苏彩霞:《刑法解释方法的位阶与运用》,《中国法学》2008 年第 5 期。

苏彩霞:《域外强奸罪立法的新发展》,《法学杂志》2001 年第 2 期。

苏力:《反思法学的特点》,《读书》1998 年第 1 期。

苏力:《当代中国法律中的习惯——一个制定法的透视》,《法学评论》2001 年第 3 期。

孙海波:《"后果考量"与"法条主义"的较量——穿行于法律方法的噩梦与美梦之间》,《法制与社会发展》2015 年第 2 期。

孙国祥:《违法性认识错误的不可避免性及其认定》,《中外法学》2016

年第 3 期。

孙国祥：《行政犯违法性判断的从属性和独立性研究》，《法学家》2017 年第 1 期。

唐斌、罗关洪：《利用职务便利骗得贷款如何定性》，《检察日报》2015 年 4 月 17 日第 3 版。

唐稷尧：《论犯罪成立要件中规范性要素之认识错误及其判断路径》，《政治与法律》2019 年第 1 期。

王彬：《论法律解释的融贯性——评德沃金的法律真理观》，《法制与社会发展》2007 年第 5 期。

王彬：《民俗习惯的司法功能》，《湖南公安高等专科学校学报》2009 年第 1 期。

王充：《明确性与妥当性之间——论刑法解释界限的设定标准》，《社会科学研究》2012 年第 1 期。

王锴：《宪法解释的融贯性》，《当代法学》2012 年第 1 期。

王蕾、王德政：《形式与实质的艰难权衡——评魏东教授〈保守的实质刑法观与现代刑事政策立场〉》，《中外企业家》2013 年第 2 期。

王林敏：《论民间法的识别》，《山东大学学报》（哲学社会科学版）2008 年第 5 期。

王青林、张晓萍：《试论民间法的性质及其效力基础》，《江西社会科学》2009 年第 1 期。

王世洲：《刑法信条学中的若干基本概念及其理论位置》，《政法论坛》2011 年第 1 期。

王人博：《中国法学的三种基本态势》，《现代法学》2008 年第 1 期。

王彦强：《业务侵占：贪污罪的解释方向》，《法学研究》2018 年第 5 期。

王勇：《论我国〈刑法〉第 147 条的罪过形式——基于刑法立法的解读》，《法学杂志》2011 年第 3 期。

王昭振：《类型思维，刑法中规范构成要件要素存在的法理根据》，《法制与社会发展》2009 年第 1 期。

王昭振：《类型思维：刑法中规范构成要件要素存在的法理根据》，《法制与社会发展》2009 年第 1 期。

王昭振：《论规范构成要件要素的刑法内涵与类型》，《法学评论》2009

年第 2 期。

王昭振：《规范构成要件要素与开放构成要件关系之辩证》，《大连海事大学学报》（社会科学版）2009 年第 1 期。

王政勋：《刑法解释的立场是客观解释——基于会话含义理论的分析》，《法律科学》2012 年第 3 期。

王政勋：《范畴理论与刑法解释立场》，《法律科学》2009 年第 6 期。

王中江：《"原意"、"先见"及其解释的"客观性"——在"方法论解释学"与"哲学解释学"之间》，《学术界》2001 年第 4 期。

王祖书：《刑法目的论解释的功能界定》，《北方法学》2016 年第 2 期。

王祖书：《法诠释学视域内"可能的字义"界限理论之反思》，《北方法学》2015 年第 1 期。

魏东：《刑法解释学基石范畴的法理阐释——关于"刑法解释"的若干重要命题》，《法治现代化研究》2018 年第 3 期。

魏东：《从首例"男男强奸案"司法裁判看刑法解释的保守性》，《当代法学》2014 年第 2 期。

魏东：《侵占罪犯罪对象要素之解析检讨》，《中国刑事法杂志》2005 年第 5 期。

魏东：《案例刑法学的研究方法》，《政法论丛》2021 年第 6 期。

魏东：《刑法解释方法体系化及其确证功能》，《法制与社会发展》2021 年第 6 期。

魏东：《论在"打虎拍蝇"中的法治理性》，《法治研究》2014 年第 10 期。

魏东：《刑法解释学的功能主义范式与学科定位》，《现代法学》2021 年第 5 期。

魏东：《论社会危害性理论与实质刑法观的关联关系与风险防范》，《现代法学》2010 年第 6 期。

魏东：《论"使用盗窃"犯罪的立法设置方案》，《中国刑事法杂志》2006 年第 4 期。

魏东：《侵占罪犯罪对象要素之解析检讨》，《中国刑事法杂志》2005 年第 5 期。

魏东：《论广义刑事政策的基本内涵》，《清华法学》2011 年第 2 期。

魏东：《论传统侵财罪的保护法益——基于实质所有权说的法理阐释》，《法学评论》2017 年第 4 期。

魏东：《职务侵占的刑法解释及其法理》，《法学家》2018 年第 6 期。

魏东：《我国传统犯罪构成理论的实质合理性与逻辑自洽性》，《人民检察》2011 年第 11 期。

魏东：《刑法知识体系刍论》，《法治研究》2017 年第 2 期。

魏东：《"收受干股型"受贿罪的刑法解释适用》，《法学论坛》2015 年第 1 期。

魏东、蒋春林：《论奸淫幼女犯罪既遂的认定标准》，《政法论丛》2007 年第 4 期。

魏东、张福英：《法律的评价要素之认识错误》，《南海法学》2019 年第 3 期。

魏治勋：《法律解释：在对象与目标的张力中探寻规范含义》，《南通大学学报》（社会科学版）2017 年第 1 期。

温登平：《反思常识主义刑法观》，《中国刑事法杂志》2013 年第 9 期。

王建华：《关于语境的构成与分类》，《语言文字运用》2000 年第 3 期。

邬焜：《〈老子〉、〈易传〉及汉唐时期哲学家们的过程论和生成论思想》，《江南大学学报》（人文社会科学版）2008 年第 4 期。

肖中华：《刑法目的解释和体系解释的具体运用》，《法学评论》2006 年第 5 期。

熊伟：《主观解释论之提倡》，《中国人民公安大学学报》（社会科学版）2013 年第 5 期。

徐雨衡：《法律原则适用的涵摄模式：基础、方法与难题》，《甘肃社会科学》2020 年第 2 期。

薛瑞麟：《论刑法中的类推解释》，《中国法学》1995 年第 3 期。

闫顺利：《论马克思社会实践过程辩证法的确立》，《哈尔滨工业大学学报》（社会科学版）2009 年第 5 期。

闫顺利：《哲学过程论》，《北方论丛》1996 年第 3 期。

杨剑波：《规范的构成要件要素初探》，《中国刑事法杂志》2007 年第 1 期。

姚万勤、陈鹤：《盗窃财产性利益之否定——兼与黎宏教授商榷》，《法学》2015 年第 1 期。

叶良芳、申屠晓莉：《论理解释对文理解释的校验功能——"两高"指导性案例马乐利用未公开信息交易案评释》，《中国刑事法杂志》2018 年第 1 期。

喻名峰：《伪造类犯罪的扩张现实与限缩适用——以伪造金融票证罪司法实践为视角》，《政治与法律》2014 年第 12 期。

俞燕：《小额贷款公司案件适用骗取贷款罪的问题探析》，《中国检察官》2013 年第 3 期。

于志刚：《"双层社会"中传统刑法的适用空间——以"两高"〈网络诽谤解释〉的发布为背景》，《法学》2013 年第 10 期。

袁林：《超越主客观解释论：刑法解释标准研究》，《现代法学》2011 年第 1 期。

余双彪、周颖：《规范的事实化和事实的规范化——以刑法规范构成要件要素为视角》，《东南法学》2015 年第 1 期。

张福英：《小额贷款公司的刑法定位问题之探讨》，《研究生法学》2020 年第 2 期。

张建军：《论规范的构成要件要素的明确性》，《当代法学》2012 年第 5 期。

张江：《强制阐释论》，《文学评论》2014 年第 6 期。

张江：《再论强制阐释》，《中国社会科学》2021 年第 2 期。

张力：《法人功能性分类与结构性分类的兼容解释》，《中国法学》2019 年第 2 期。

张庆立：《德日机能主义刑法学之体系争议与本土思考》，《华东政法大学学报》2018 年第 3 期。

张明楷：《实质解释的再提倡》，《中国法学》2010 年第 4 期。

张明楷：《规范的构成要件要素》，《法学研究》2007 年第 6 期。

张明楷：《宪法与刑法的循环解释》，《法学评论》2019 年第 1 期。

张明楷：《刑法学中的概念使用与创制》，《法商研究》2021 年第 1 期。

张明楷：《妥善对待维权行为，避免助长违法犯罪》，《中国刑事法杂志》2020 年第 5 期。

张明楷：《也论刑法教义学的立场——与冯军教授商榷》，《中外法学》

2014年第2期。

张明楷：《危险驾驶罪及其与相关犯罪的关系》，《人民法院报》2011年5月11日第6版。

张明楷：《刑法学研究中的十关系论》，《政法论坛》2006年第2期。

张明楷：《法条竞合中特别关系的确定与处理》，《法学家》2011年第1期。

张明楷：《受贿罪中收受财物后及时退交的问题分析》，《法学》2012年第4期。

张明楷：《论盗窃财产性利益》，《中外法学》2016年第6期。

张明楷：《危险驾驶罪的基本问题——与冯军教授商榷》，《政法论坛》2012年第6期。

张明楷：《刑法学中的概念使用与创制》，《法商研究》2021年第1期。

张明楷：《贪污贿赂罪的司法与立法发展方向》，《政法论坛》2017年第1期。

张明楷：《行为功利主义刑法观》，《法制日报》2010年3月24日学术版。

张明楷：《行为功利主义违法观》，《中国法学》2011年第5期。

张明楷：《对向犯中必要参与行为的处罚范围》，《比较法研究》2019年第5期。

张明楷：《立法解释的疑问》，《清华法学》2007年第1期。

张卫平：《在"有"与"无"之间——法学方法论杂谈》，《法治研究》2010年第1期。

张新宝：《侵权责任法的一般条款》，《法学研究》2001年第4期。

张远新：《马克思主义哲学过程论初探》，《东岳论丛》1994年第4期。

赵秉志：《中国刑法哲学发展面临新机遇》，《人民日报》2015年12月13日第8版。

赵秉志、陈志军：《论越权刑法解释》，《法学家》2004年第2期。

赵明仁：《对"过程"认识的过程及其意义——重读〈反杜林论〉中关于过程的思想》，《中共贵州省委党校学报》2004年第6期。

赵蓬：《论社会转型期我国民间法的延续与转换——以民间法的秩序形成功能为切入点》，《甘肃政法学院学报》2010年第3期。

赵运锋:《功能主义刑法解释论的评析与反思——与劳东燕教授商榷》,《江西社会科学》2018年第2期。

赵运锋:《刑法实质解释的作用、适用及规制》,《法学论坛》2011年第5期。

郑永流:《出释入造——法律诠释学及其与法律解释的关系》,《法学研究》2002年第3期。

郑泽善:《网络虚拟财产的刑法保护》,《甘肃政法学院学报》2012年第5期。

周光权:《刑法解释方法位阶性的质疑》,《法学研究》2014年第5期。

周光权:《风险升高理论与存疑有利于被告原则——兼论"赵达文交通肇事案"的定性》,《法学》2018年第8期。

周光权:《"被教唆的人没有犯被教唆的罪"之理解——兼与刘明祥教授商榷》,《法学研究》2013年第4期。

周光权:《侵占罪疑难问题研究》,《法学研究》2002年第3期。

周光权:《积极刑法立法观在中国的确立》,《法学研究》2016年第4期。

周光权:《法条竞合的特别关系研究——兼与张明楷教授商榷》,《中国法学》2010年第3期。

周光权:《论常识主义刑法观》,《法制与社会发展》2011年第1期。

周详:《教义刑法学的概念及其价值》,《环球法律评论》2011年第6期。

周永坤:《婚内强奸罪的法理学分析》,《刑事法学》2001年第1期。

周折:《刑事政策视野中的刑法目的解释》,《中外法学》2007年第4期。

邹兵建:《网络中立帮助行为的可罚性证成——一个法律经济学视角的尝试》,《中国法律评论》2020年第1期。

朱道华:《论教唆行为的法律本质》,《中国刑事法杂志》2011年第2期。

[德]古斯塔夫·拉德布鲁赫:《法教义学的逻辑》,白斌译,《清华法学》2016年第4期。

[德]拉伦茨:《论作为科学的法学的不可或缺性——1966年4月20日在柏林法学会的演讲》,赵阳译,《比较法研究》2005年第3期,第148页。

[德]罗克辛:《正当防卫与法确证》,王德政译,《西北师大学报(社会

科学版)》2018 年第 2 期。

［德］沃尔福冈·弗里希:《法教义学对刑法发展的意义》,赵书鸿译,《比较法研究》2012 年第 1 期。

Gunther Jakobs, Feindstrafrecht? —Eine Untersuchung zu den Bedingungen von Rechtlichkeit, HRRS 8 - 9/2006, S. 293.

Le Pluealism Jueidique, edite by John Gilissen, 1972.

Legal Pluralism in the Arab World, by B. Dupret, M. Berger and L. al - Zwaini, 1999. pp. 4 - 5.

［美］爱德华. L. 拉宾:《新法律过程、话语综合和制度微观分析》,王保民、刘言译,《地方立法研究》2018 年第 2 期。

［美］列纳·翰德:《法官判决时拥有多少理由》,郑好好译,《中国律师》2003 年第 4 期。

［日］关哲夫:《论机能主义刑法学——机能主义刑法学的检讨》,王充译,载赵秉志主编《刑法论丛》总第 17 卷,法律出版社 2009 年版。

三 学位论文

程荣:《刑法文义解释论》,博士学位论文,四川大学,2020 年。

邓多文:《论刑法的合理解释》,博士学位论文,西南政法大学,2010 年。

李红:《刑法客观解释研究》,博士学位论文,四川大学,2020 年

李希慧:《刑法解释论》,博士学位论文,中国人民大学,1993 年。

田杜国:《刑法解释过程论》,博士学位论文,四川大学,2020 年。

田馨睿:《刑法解释限度论》,博士学位论文,四川大学,2020 年。

王凯石:《刑法适用解释研究》,博士学位论文,西南政法大学,2006 年。

王祖书:《刑法目的论解释研究》,博士学位论文,吉林大学,2015 年。

杨艳霞:《正当性刑法解释路径研究》,博士学位论文,中国政法大学,2004 年。

邹治:《法律漏洞的认定与填补——司法的研究视角》,博士学位论文,中国政法大学,2008 年。

四 网络资料

海峡都市报:《泉州一男子怀疑老婆有外遇,戴人皮面具将其强奸》,来

源：福州新闻网，http：//news. fznews. com. cn/dsxw/2013 - 12 - 25/ 20131225SNzXMBR4JJ84431_3. shtml，2013 年 12 月 31 日访问。

李翔：《"两高两部"〈意见〉司法适用解析》，来源：北大法律信息网，http：//article. chinalawinfo. com/ArticleFullText. aspx？ ArticleId =111295，2020 年 2 月 13 日访问。

林号兵：《论应该设立奸淫幼女罪——评法释［2002］7 号司法解释》，中国法律信息网，http：//www. law - star. com/cacnew/200606/ 25012381. htm，2021 年 11 月 16 日访问。

牟治伟：《法官如何通过方法实现正义——读齐佩利乌斯〈法学方法论〉有感》，中国普法网：http：//www. legalinfo. gov. cn/index/content/2018 - 01/05/content_7440374. htm，2018 年 10 月 20 日访问。

南方都市报：《200 万雇凶杀人，遭层层抽水转包！结局来了！》，南方周末新版客户端：http：//www. infzm. com/contents/161336，2021 年 11 月 16 日访问。

人民日报：《贺岁片〈非诚勿扰〉剧情引争议，律师：涉嫌故意杀人》，来源：新华网，http：//news. xinhuanet. com/legal/2011 - 01/25/c_ 121019282. htm，2011 年 1 月 25 日访问。

搜狐：《中国第一起强奸"双性人"案判决 被强奸"女孩"是男性》，来源：搜狐网，http：//www. sohu. com/a/378457149_120206730，2021 年 11 月 16 日访问。

网易：《他的"醉驾"撞上了死刑》，来源：南方周末（广州），网易http：//focus. news. 163. com/09/0730/10/5FFDS6I700011SM9. html，2009 - 07 - 30 10：58：11 访问。

新华网：《男子捉奸在床勒索触法 检察院不予批捕》，来源：新华网，http：//news. xinhuanet. com/legal/2010 - 09/18/c_12582991. htm，2010 年 9 月 18 日访问。

新华网：《行贿田玉飞 四川省犍为电力原老总被判无期》，来源：新华网，http：//www. sc. xinhuanet. com/content/2007 - 04/29/content_9924236. htm，2007 年 4 月 29 日访问。

岳亦雷：《北京摩托二环十三郎被判拘役仨月 罚款 3000 元》，来源：新华网，http：//www. xinhuanet. com/city/2015 - 10/31/c_128378959.

htm，2018年8月18日访问。

张明:《"和"的刑法观与和谐社会》,来源:中国法院网,https://www.chinacourt.org/article/detail/2006/01/id/194555.shtml,2020年9月1日访问。

浙江在线:《浙江法院二审判决"QQ相约自杀案"腾讯公司不担责》,来源:新华网,http://news.xinhuanet.com/legal/2012-02/12/c_122690030.htm,2012年2月13日访问。

中新网:《杭州飙车案被告胡斌一审获刑3年》:来源:新浪网,http://news.sina.com.cn/c/2009-07-20/165318259141.shtml,2011年4月6日访问。

中国人民银行:《2019年三季度小额贷款公司统计数据报告》,来源:http://www.pbc.gov.cn/goutongjiaoliu/113456/113469/3908333/index.html,最后访问时间2021年10月8日。

中国监察:《约定受贿后尚未兑现应怎样定性》,来源:中华人民共和国监察部,http://www.ccdi.gov.cn/djfg/ywgw/201308/t20130822_46486.html,2016年7月5日访问。